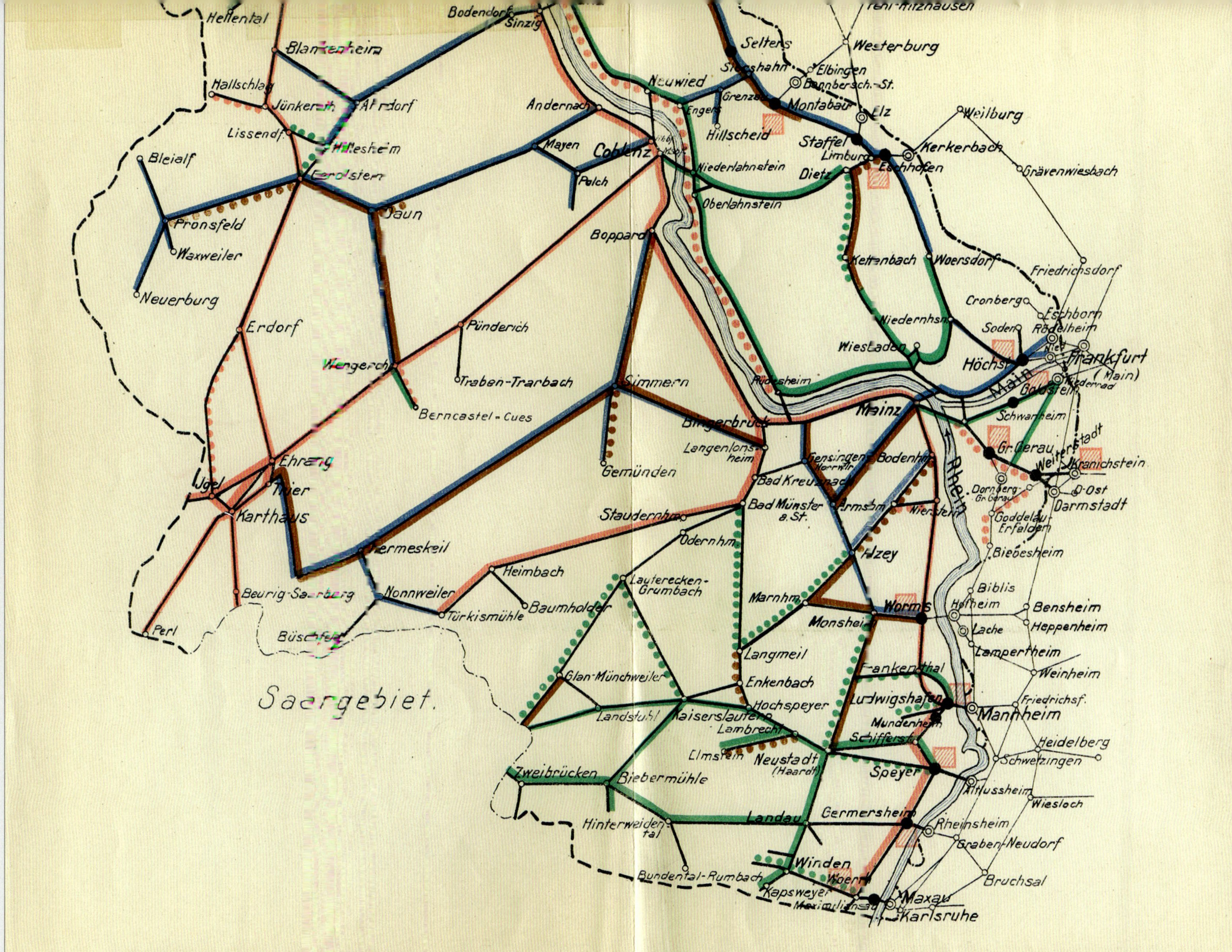

„Ruhrbesetzung und Reichsbahn"

Verlag von Julius Springer in Berlin.

Klaus Kemp

Regiebahn

Reparationen, Besetzung, Ruhrkampf, Reichsbahn

Die Eisenbahnen im Rheinland und im Ruhrgebiet 1918-1930

EK-VERLAG

Titelseite
Großes Bild: Am 21. Juli 1924 haben im Bw Aachen-Rothe Erde eingesetzte Eisenbahner der „Régie de chemin der fer des territoires occupés" (Regiebahn im besetzten Gebiet) vor einer preußischen G 8[1] (vermutlich Lok 4926 „Halle", die später bei der 1926 gegründeten SNCB die Nummer 8126 zugeteilt bekam) Aufstellung zu einem Gruppenfoto bezogen. AUFNAHME: SAMMLUNG HARALD KURKOWSKI

Kleines Bild: Ein französischer Soldat bewacht einen mit Briketts beladenen Güterwagen. AUFNAHME: SAMMLUNG KLAUS KEMP

Rückseite
Oben: Außerordentlich herausgeputzt zeigt sich die eigentlich zum rechtsrheinischen Netz gehörende S ¾ Nr. 3661 auf dieser vermutlich im Jahr 1920 entstandenen Aufnahme. So festlich dekoriert mit Wappenschild „RF" und der Trikolore zeigten sich zur damaligen Zeit vor allem die Lokomotiven von Sonderzügen des französischen Präsidenten (vom 23. September 1920 bis zum 11. Juni 1924 war dies Alexandre Millerand), der im September 1920 die Interalliierte Rheinlandkomission in Wiesbaden besuchte.
AUFNAHME: SAMMLUNG ERNST ANDREAS WEIGERT

Unten: Ein französischer Soldat bewacht nach der Übernahme des Verkehrs durch die Regiebahn Lokomotiven und Betriebsstoffe in einem Bahnbetriebswerk in Düsseldorf. Bemerkenswert ist sind vor allem die sorgfältig parallel zum Gleis aufgeschichteten Kohlenbriketts. AUFNAHME: BIBLIOTHÈQUE NATIONALE DE FRANCE

Vorsatz: Karte „Ruhrbesetzung und Reichsbahn" aus dem Jahr 1926 mit einer Darstellung der zu unterschiedlichen Zeiten von der Regie betriebenen Strecken im besetzten rheinischen Gebiet und den angrenzenden Linien der Reichsbahn. Wegen eines fehlenden Stücks der Originalkarte zwischen Bonn und Remagen ist die Karte hier mit einer Lücke abgedruckt. ABBILDUNG: SAMMLUNG EK-VERLAG

Nachsatz: Zusammenstellung verschiedener Notgeldscheine. Im Deutschen Reich wurde in den Jahren während und nach dem Ersten Weltkrieg eine große Menge von Notgeld in Umlauf gebracht, insbesondere im Jahr 1923 während der Hyperinflation.
Darüber hinaus zeigt die Zusammenstellung einen von der Regiebahn selbst herausgegebenen Geldschein (siehe auch S. 210) sowie zwei heute sehr seltene, von der Regiebahn am 17. Juli 1923 und von den Saarbahnen ebenfalls am 17. Juli 1923 ausgestellte Fahrscheine für eine Reise im Transit durch das Saargebiet, nämlich von Forbach als französischer Grenzbahnhof nach Namborn an der Strecke Neunkirchen (Saar) – Türkismühle als Grenzbahnhof zwischen dem Saargebiet und dem besetzten Rheinland und weiter über Türkismühle bis nach Mainz.
ABBILDUNGEN (16): SAMMLUNG KLAUS KEMP (11), SAMMLUNG EK-VERLAG (5)

ISBN: 978-3-8446-6404-1

Bearbeitung/Gestaltung: Norman Kampmann, Dr. Rainer Humbach
Bildbearbeitung: Rico Schreiber

EK-Verlag GmbH – Lörracher Straße 16 – 79115 Freiburg
www.eisenbahn-kurier.de

Unser Gesamtverzeichnis erhalten Sie kostenlos unter Tel. 0761-70 310 0 oder unter service@eisenbahn-kurier.de

Inhaltsverzeichnis

Im Hauptquartier, den 31. Januar 1923

Verordnung

Da sich Unruhen, wie die vom 25. Januar, nicht mehr wiederholt haben, und da die Bevölkerung seit diesem Tage eine ruhige Haltung bewahrt hat, werden vorläufig, bezüglich des Nachtverkehrs, die Vorschriften des Abschnittes 2, § b der Verordnung des Kommandierenden Generals vom 29. Januar 1923 aufgehoben.

Der Kommandierende General.
DEGOUTTE.

Une PENSÉE
de DUISBOURG
REX
1352

Bild 1, oben – Aufhebung einer Verkehrssperre am 31. Januar 1923.

Bild 2, rechts – Dass man sich auf einen langen Aufenthalt in Deutschland einrichtete, zeigen unter anderem die vielen Ansichtskarten mit ausschließlich französischer Beschriftung, hier „ein Gedanke von Duisburg" mit einem Eisenbahnmotiv.

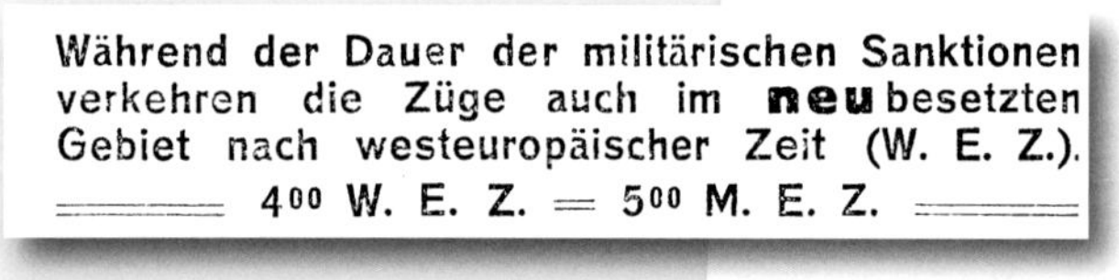

Während der Dauer der militärischen Sanktionen verkehren die Züge auch im **neu** besetzten Gebiet nach westeuropäischer Zeit (W. E. Z.).
4[00] W. E. Z. = 5[00] M. E. Z.

Bild 3, oben – Anzeige in einem Fahrplan von 1921 über die Anwendung der Westeuropäischen Zeit (WEZ) in den besetzten Gebieten.
Abbildungen (3): Sammlung Klaus Kemp

Das Freundschaftsverhältnis, das heute zwischen Deutschland und Frankreich besteht, ermöglicht eine unbefangene Darstellung jener Ereignisse aus einer Zeit der Völkerzwietracht. Die historische Rückbesinnung zeigt uns zudem, wohin Hass und Misstrauen unter den Völkern führen, und mahnt uns, alles zu tun, um diese Freundschaft zu erhalten und zu einem Frieden für die Welt auszugestalten.

Geschrieben von **Edgar Spoelgen** im Jahre 1964 als Einleitung seines Artikels „*Aus Bonns jüngster Vergangenheit. Erinnerungen an die Jahre 1923, 1924 und 1925*".

Bild 4 – Eine Lok der Baureihe 38 verlässt unter dem wachsamen Blick des französischen Militärs mit einem stilrein aus preußischen Abteilwagen gebildeten Nahverkehrszug den Bahnhof Düsseldorf. Auf dem Bild sind gleich zwei die falsche Abzweigrichtung signalisierende Weichenlaternen sichtbar – im normalen Bahnbetrieb eigentlich undenkbar und äußerst gefährlich. Sie zeigen, dass die Weichenstelleinrichtungen nicht mehr ordnungsgemäß funktionieren und absichtlich sabotiert worden sind. AUFNAHME: BIBLIOTHÈQUE NATIONALE DE FRANCE

Vorwort

Vor neunzig Jahren verlief die Bahnstrecke Köln – Koblenz im Bereich der heutigen Bonner Vororte Dottendorf und Friesdorf im Süden der Stadt durch Felder und Gärten. Es gab nur wenige Häuser, denn die genannten Orte lagen, dicht um ihre Kirchen geschart, einige hundert Meter von der Bahnstrecke entfernt zum Berg (Kottenforst) hin, während die Hauptverkehrsstraße jenseits der Bahn in diesem Bereich durch nahezu unbebautes Gelände verlief. Eines der wenigen Häuser war das meiner Großeltern an der Godesberger Allee, die damals Kölner Straße hieß. Der nächste Nachbar lebte einige hundert Meter entfernt. Heute befinden sich dort die Geschäftsräume eines Reifenhändlers, während die Straße von großen Bürohäusern gesäumt ist.

In den frühen Morgenstunden des 29. März 1923 schreckte eine Explosion in der Nähe des einsam liegenden Hauses dessen Bewohner auf. Schnell war klar, was geschehen war: Auf die etwa 200 m hinter dem Haus verlaufende Bahnstrecke war ein Sprengstoffanschlag verübt worden. Damals war das Rheinland auf Grund des Versailler Friedensvertrags von fremden Truppen besetzt. Sie verhängten als Strafe über die Gemeinde Godesberg eine Verkehrssperre mit einer nächtlichen Ausgangssperre. Die Ausgangssperre störte den Großvater als Landwirt nicht so sehr wie die Verkehrssperre, denn es war die Jahreszeit des Pflügens und der Aussaat, in der es ihm verboten wurde, mit Pferden und Fuhrwerken seine Äcker zu bestellen.

Ob er an dem Anschlag beteiligt war oder nicht, ist in der Familie nicht überliefert, es ist aber wegen seiner Sympathien für die Separatisten eher unwahrscheinlich. Diese wollten das Rheinland von Preußen lösen und waren deshalb nicht gegen die Besetzer eingestellt, sondern unterstützten sie in diesem Bestreben.

Diese turbulente Zeit hat mich schon seit meiner Jugend fasziniert und in mir den Wunsch geweckt, darüber zu schreiben. Aber die Schwierigkeit, die komplizierten Ereignisse der ersten Jahre nach dem Weltkrieg darzustellen, hat mich bis jetzt davor zurückschrecken lassen, weil lange Zeit nur sehr einseitige deutsche zeitgenössische Berichte zu finden waren. Erst das Erscheinen neuer Literatur, welche die damaligen Ereignisse objektiver darstellt, sowie der Zugang zu englischen und französischen Texten haben mir den Mut dazu gegeben, dieses Projekt in Angriff zu nehmen.

Dank schulde ich all den Einzelpersonen und Institutionen, die mich unterstützt haben, allen voran Hans-Jürgen Wenzel, Dr. Brian Rampp, Andreas Knipping sowie den Stadtarchiven von Bonn, Düsseldorf und Herne. Ebenso muss ich an dieser Stelle meinen Sohn Christian erwähnen, der mir sehr viel logistische Zuarbeit geleistet hat, sowie meinem Bruder Ulrich, der sowohl eine kritische Durchsicht als auch sprachliche Korrekturen besorgt hat.

Klaus Kemp, im September 2016

1 Vorbemerkungen

Wenn man Kriegsgegner hinsichtlich ihrer Kapazitäten beurteilt, dann spielen Mannschaftsstärken, Art, Menge und Technik der Bewaffnung ebenso eine große Rolle wie die Kampfmoral der Truppe und das taktische Geschick der Generäle. Je länger die Auseinandersetzung dauert, umso mehr kommen zusätzliche Faktoren ins Spiel, nämlich die Kapazität, verbrauchte Munition und zerstörte Waffen zu ersetzen sowie frische Truppen zu stellen. Da sich in der Regel weder die Soldaten noch das Material in Frontnähe befinden, bedarf es eines leistungsfähigen Nachschubsystems.

Schon beim Bau der ersten Eisenbahnen im früheren 19. Jahrhundert hatten manche Militärstrategen den Wert der Eisenbahn für ihre Zwecke erkannt, die damit vom völkerverbindenden Element zur Waffe umfunktioniert wurde. *„Die Eisenbahnen sind ein beachtenswertes Unterstützungsmittel für die Kriegsführung, und ihre militärische Bedeutung ist in allen Kriegen der Neuzeit in hervorragendem Maße in Erscheinung getreten. Deshalb ist es nur erklärlich, daß das erste Bemühen des eingedrungenen Feindes darauf hinausgeht, sich die Eisenbahnen und ihr Material zu sichern. Die völkerrechtliche Seite der Eisenbahnfrage wurde erstmalig durch das Verhalten der Deutschen im Kriege 1870/71 aufgerollt. Denn diese ergriffen damals im französischen Besatzungsgebiet von den Eisenbahnen Besitz.“*[1)]

Bereits zur Niederschlagung der badischen Revolution von 1848 hatte sich die Eisenbahn als ein wertvolles Hilfsmittel zum schnellen Heranführen von Truppen über größere Entfernungen erwiesen. Im amerikanischen Bürgerkrieg (Sezessionskrieg) von 1861 bis 1865, der auch als erster „totaler“ industrialisierter Krieg angesehen wird, spielte die Eisenbahn bereits eine entscheidende Rolle. In den deutschen Einigungskriegen von 1864, 1866 und besonders 1871 nutzte das deutsche Militär ebenfalls schon im großem Umfang und erfolgreich die Eisenbahn für Truppentransporte und ihre Logistik.

Nach der Reichsgründung 1871 begann das Deutsche Reich im großem Umfang mit dem Bau bzw. Ausbau von „strategischen Bahnen“ für den Kriegsfall – im Volksmund treffend als „Kanonenbahnen“ bezeichnet – wie z. B. die Strecke Berlin zur Festungsstadt Metz in Lothringen.

Durch die Französisch-Russische Allianz von 1894 sah sich das Reich durch einen möglichen Zweifrontenkrieg im Osten und Westen bedroht. Als Abwehrszenario entwickelte Ludwig von Moltke auf Grundlage einer Denkschrift von Alfred Graf von Schlieffen aus dem Jahr 1905 den sog. „Schlieffen-Plan“, den die deutsche Führung in der Krise vor Kriegsausbruch 1914 als verhängnisvollerweise einzige militärische Planung in der Schublade hatte. Der Schlieffen-Plan sah vor, zum Angriff auf Frankreich den französischen Festungsgürtel westlich von Metz und Straßburg über das Territorium von Belgien und Luxemburg zu umgehen, um dann das französische Heer schnell zu umfassen und zu vernichten, noch bevor die russische Armee vollständig mobilisiert war. Der Schlieffen-Plan basierte jedoch u. a. auf der fatalen Fehleinschätzung, Großbritannien würde bei einem deutschen Angriff auf Belgien erst einmal stillhalten. Tatsächlich aber trat Großbritannien noch am Tag des deutschen Überfalls auf Belgien in den Krieg gegen Deutschland ein. Durch die weltweit verteilten britischen „Dominions“ weitete sich der Krieg zum Weltkrieg aus.

Die deutschen Planungen basierten auf der raschen Truppenverschiebung mittels Eisenbahn. Ohne sie hätte dieser Weltkrieg nicht in der Form stattfinden können, wie er geführt wurde: als Materialschlacht großen Ausmaßes, mit einer bisher unbekannten räumlichen Ausdehnung der Fronten. Die hohe Bedeutung der Eisenbahn zeigt auch die Reparationsforderung an Deutschland, u. a. 5.000 gebrauchsfähige Lokomotiven und 150.000 Eisenbahnwagen an die Alliierten abzugeben. Auch die nachfolgenden Jahre eines unsicheren Friedens wären ohne die Transportkapazität der Eisenbahn nicht denkbar gewesen, als sie erneut zur Waffe wurde. Die Sieger wollten für die erlittenen Schäden vollständig kompensiert werden und verlangten die Übergabe von Millionen Tonnen von Brennstoff und Industriegütern, die größtenteils auf der Schiene transportiert wurden. Der Besiegte weigerte sich und „zerschlug“ die Waffe, indem er die Bahnen an entscheidenden neuralgischen Punkten lahmlegte. Am Ende einigten sich Sieger und Besiegter doch noch, als sie einsahen, dass die Fortsetzung des Konflikts keinem weiterhalf, und wieder waren es die Bahnen, die darunter litten. Nun mussten sie ihre Gewinne als Reparationen an den Sieger abführen, zu denen sich Deutschland im Friedensvertrag verpflichtet hatte.

Damit ist unser Thema grob umschrieben, nämlich die Rolle der Eisenbahnen zwischen dem Waffenstillstand, den Deutschland und die Alliierten am 11. November 1918 unterzeichneten, sowie dem Ende der alliierten Besetzung des Rheinlandes und des Ruhrgebietes im Juni 1930.

Der Verlauf des Ersten Weltkriegs wird nicht berücksichtigt, weil über die allgemeinen Kriegsereignisse und die Eisenbahnen in dieser Zeit bereits ausreichend Literatur vorliegt. Dagegen werden sowohl die organisatorische Umstrukturierung der deutschen Staatsbahnen bis zum Ende der Besatzungszeit verfolgt als auch die Entwicklung der Eisenbahnen in den besetzten Gebieten, die Nutzung ihres Netzes an Rhein und Ruhr zum Abtransport der Beute der Sieger und die Heranziehung der deutschen Eisenbahnen in ihrer Gesamtheit als Garant für die Wiedergutmachungszahlungen.

Das einleitende Zitat deutet es bereits an: Das Thema dieser Ausarbeitung bildet ein schwieriges Kapitel in den Beziehungen zu unserem westlichen Nachbarn, Beziehungen, die heute als sehr freundschaftlich gelten. Bis zum Ende des Zweiten Weltkriegs und noch darüber hinaus waren sie dagegen vom Begriff der „Erbfeindschaft“ geprägt, die auf beiden Seiten der Grenze gepredigt wurde. Das spiegelt sich auch in der zeitgenössischen Literatur über die Ereignisse der zwanziger Jahre wider, vorwiegend in deutschen und französischen Schriften. Es war eine von gegenseitigem Hass und Misstrauen geprägte Zeit, wie man sie heute vielleicht in religiös motivierten Auseinandersetzungen und Rassenhass findet. Beide Seiten fühlten sich im Recht und agierten aus heutiger Sicht wider jede Vernunft und beharrten auf ihren Positionen, was einen Ausgleich unmöglich machte. *„Das ist sicher in erster Linie auf die inneren Verhältnisse der damaligen Staaten Europas zurückzuführen, also auf die Krisenerscheinungen, auf die allgemeine Not und Unsicherheit, unter denen sie alle nach der Katastrophe des Großen Krieges zu leiden hatten, und die es den leitenden Politikern und Diplomaten jener Zeit – trotz allen Anstrengungen – nicht möglich machten, eine allen Beteiligten annähernd akzeptabel erscheinende europäische Neuordnung zu verwirklichen.“*[2)] Erst in neuester Zeit, seit etwa drei oder vier Jahrzehnten, gibt es bei den früheren Kriegsgegnern eine objektivere Bewertung der damaligen Ereignisse, gefördert durch einen Dialog der Historiker der beteiligten Länder und durch gemeinsame Geschichtskommissionen. Wenn heute die Beziehungen von Freundschaft und Verständnis füreinander geprägt sind, so hat dieser Sinneswandel seinen Ursprung nicht zuletzt in den turbulenten Zeiten der zwanziger Jahre.[3)]

Um den damaligen Konflikt zu verstehen, muss man viel weiter zurückgehen als bis zum Ersten Weltkrieg oder zum Deutsch-Französischen Krieg von 1870/71. Es handelt sich um einen jahrhundertealten, schon seit dem Mittelalter dauernden Konflikt zwischen dem französischen Königreich und den zersplitterten Herrschaftsgebieten der römisch-deutschen Kaiser. Nach dem Mittelalter mit seinen zahlreichen Kriegen entwickelte sich ab dem 16. Jahrhundert der habsburgisch-französische Gegensatz um die Vorherrschaft in Europa. Zu den beispiellosen Zerstörungen im Dreißigjährigen Krieg trug auch Frankreich als Kriegspartei bei, das durch den Westfälischen Frieden von 1648 im Elsass seine Grenze bis an den Rhein ausdehnen konnte. Im Pfälzischen Erbfolgekrieg von 1688 bis 1697 verwüsteten französische Truppen deutsche Gebiete in der Pfalz und Baden.

Der absolute Höhepunkt der französischen Vorherrschaft waren die Eroberungen Napoleons I., der u. a. die linksrheinischen Gebiete zu einem Teil Frankreichs machte und dort auch die politische Ordnung umgestaltete. Erst durch die gesamteuropäische Anstrengung der Befreiungskriege konnte Napoleon besiegt werden. Im anschließenden Wiener Kongress wurden die Hoffnungen auf ein geeintes Deutschland jedoch nicht erfüllt. Frankreich war jahrhundertelang im deutschen Bewusstsein als Großmacht gegenwärtig, gegen die man sich auf eigenem Boden wehren musste. Im aufkommende Nationalismus wurde Frankreich so zum quasi natürlichen „Erbfeind“ erklärt. Als 1840 selbst im zersplitterten Deutschland nationalstaatliches Denken ein Teil der Politik geworden war, erzeugte die Forderung Frankreichs nach dem Rhein als seiner Ostgrenze eine handfeste diplomatische Krise.

Der Sieg über Frankreich 1870/71 und die Reichseinigung erzeugten nicht zuletzt deshalb eine enorme nationale Begeisterung in Deutschland, weil man sich mit dem ersten großen Sieg über Frankreich aus eigener Kraft nun erstmals als militärisch ebenbürtig und sogar überlegen fühlen konnte. Die deutsche Kaiserproklamation im Königsschloss von Versailles, einem der bedeutendsten Identifikationsorte Frankreichs, war zugleich eine schwere Demütigung für die „Grande Nation“.

Das durch die Geschichte entstandene Feindbild, die Erfahrungen der Schlachtfeldes von 1870/71 und die Friedensverhandlungen danach beeinflussten die Kriegsführung im Ersten Weltkrieg. als Schlagworte wie „Materialschlachten“ und „Kanonenfutter“ entstanden, welche die Art der Kriegsführung beschreiben. Die jahrelangen zermürbenden Grabenkämpfe sowie der Einsatz von chemischen Kampfstoffen führten auch im übertragenen Sinn zu einer weiteren Verhärtung der Fronten zwischen den Kriegsgegnern.

Im Gesamtkontext des Konflikts spielten die Kriegsziele beider Seiten ebenfalls eine große Rolle. Je mehr Kriegsmaterial eingesetzt wurde, umso mehr Soldaten auf dem Schlachtfeld ihr Leben ließen, umso erbitterter der Krieg geführt wurde, desto größer, rachsüchtiger und maßloser wurden die Kriegsziele der Kontrahenten. Das manifestiert sich in den Friedensverhandlungen sowohl durch die Art, wie sie geführt wurden, als auch durch den Inhalt des Vertrages, den man am Ende unterschrieb bzw. unterschreiben musste.

In Russland hatte 1917 zwar die Februarrevolution die Zarenherrschaft beendet, die anschließende provisorische Regierung führte den Krieg jedoch fort. Um Russland weiter zu schwächen und endlich zu besiegen, ließ das Deutsche Reich im April 1917 den Revolutionär Wladimir Iljitsch Lenin aus seinem Schweizer Exil mit der Eisenbahn durch Deutschland über Skandinavien nach Russland reisen – die wohl folgenreichste Bahnfahrt des ganzen 20. Jahrhunderts. Lenins Bolschewiki rissen in der Oktoberrevolution die Macht an sich. Nach einem Waffenstillstand im Dezember 1917 erzwangen die Mittelmächte im März 1918 im Frieden von Brest-Litowsk das Ausscheiden Russlands aus der Koalition der Gegner. Die an der Ostfront freiwerdenden Truppen wurden umgehend an die Westfront verlegt, konnten jedoch dort keine militärische Wende mehr herbeiführen.

Nach dem Waffenstillstand im Westen zogen sich die Amerikaner in den entscheidenden Jahren zurück, und auch die relative Passivität der Engländer in der Zeit nach dem Friedensschluss führten zu einer direkten Konfrontation zwischen Deutschland, dem großen Verlierer, und Frankreich, das so etwas wie die Rolle des Vorreiters in allen Verhandlungen und im Laufe der Zeit auch die des Polizisten zur Durchsetzung der Forderungen seiner Alliierten übernahm. Hierbei wurde es von Belgien unterstützt.

Dabei kann man die Zeit nach dem Waffenstillstand als eine Fortsetzung des Weltkriegs mit anderen Waffen betrachten, der erst mit dem Ende der Ruhrbesetzung 1924 in Mitteleuropa sein Ende fand. In all ihren Aktionen benutzten Franzosen und Belgier immer wieder Erfahrungen der Jahre von 1914 bis 1918 mit den Deutschen, ja sogar des deutsch-französischen Krieges von

Bild 5
53 7041 ist 1928 mit einem Güterzug in der typischen niederrheinischen Landschaft bei Krefeld unterwegs.

Aufnahme: Carl Bellingrodt, Sammlung Klaus Kemp

Bild 6 – Die Loks der preußischen Gattung S 10 bildeten das Rückgrat des Schnellzugverkehrs im Rheinland. Hier verlässt 17 007 im Jahr 1929 mit ihrem Zug den Bonner Hauptbahnhof in Richtung Köln.
AUFNAHME: CARL BELLINGRODT, SAMMLUNG KLAUS KEMP

Bild 7 – Die Lokomotiven 58 2038 und 58 1559 fahren am 11. September 1929 mit ihrem Güterzug von der Rheinischen Strecke über das Verbindungsgleis von Wuppertal-Lüntenbeck kommend in den Rangierbahnhof Vohwinkel ein.
AUFNAHME: CARL BELLINGRODT/EK-VERLAG

1870/71, um dem Gegner einen Spiegel vorzuhalten. Vor allem mit dem Einmarsch ins Ruhrgebiet wird dies sehr deutlich.

Im Reich wollte niemand wahrhaben, dass die eigene Armee mit dem Einmarsch in ein neutrales Land, nämlich Belgien, bestehendes Völkerrecht gebrochen hatte und zudem an allen Fronten mit unnötiger Brutalität vorgegangen war, angefangen von der Ausplünderung und Zerstörung von Industriebetrieben über die Vertreibung und Tötung von Zivilisten bis hin zu Geiselerschießungen. Im Frontbereich wurden vor allem in Nordfrankreich und Belgien ganze Ortschaften und Landstriche teilweise flächendeckend zerstört. Die damaligen Schlachtfelder sind sogar selbst heute – 100 Jahre später – stellenweise immer noch Gefahrengebiete und verursachen massive Umweltprobleme.

Selbst bei den von der Front zurückkehrenden Soldaten, die es hätten besser wissen müssen, gab es einen Verdrängungsprozess, wie man ihn ja auch nach dem Zweiten Weltkrieg beobachten konnte. Daher fehlte jedes Gefühl für die in der Sache berechtigten Forderungen der Sieger nach einer wenigstens materiellen und in gewissem Sinne moralischen Wiedergutmachung der angerichteten Schäden.

Ein wesentliches Problem war, dass sich der Krieg bis auf einen kleinen Teil Ostpreußens und an den Grenzen Elsass-Lothringens außerhalb des Deutschen Reichs abgespielt hatte. Da es noch nicht die heutige umfassende Berichterstattung, sondern nur eine im besten Fall gefilterte, wenn nicht sogar zensierte Informationen über die Kriegsereignisse gegeben hatte, war sich die deutsche Öffentlichkeit nicht über das Ausmaß der angerichteten Zerstörungen im Klaren. Auch nach dem Ende des Ersten Weltkriegs ist dieser Aspekt in der deutschen Öffentlichkeit nicht ausreichend diskutiert worden, trotz einer starken „Nie-wieder-Krieg-Bewegung" oder entsprechender Literatur wie z. B. Remarques „Im Westen nichts Neues".

Nach dem Ende der Kampfhandlungen konnte man vor allem bei den Franzosen eine alttestamentarische Reaktion der Rache beobachten. Es begann mit Form und Umfang der Wiedergutmachung, zu der man Deutschland verurteilte, und die Art, wie sie eingetrieben wurde. Dazu kam, dass die Deutschen schlechte Verlierer waren, was zur weiteren Verschärfung des Konflikts führte. Der gipfelte schließlich vier Jahre nach Kriegsende in der im Friedensvertrag nicht vorgesehenen Besetzung des industriellen Herzens Deutschlands, des Ruhrgebiets. So sehr man auch seitens der Franzosen und Belgier darauf bestand, dass es sich dabei um eine Friedensbesetzung handele, so zeigte ihr Vorgehen etwas anderes. Es konnte nämlich nicht die Grundtatsache verdecken, dass 1923 an der Ruhr sehr wohl Krieg herrschte. Ein Konflikt, der in vielem an den Krieg von 1914/18 erinnerte und für die Besatzer in gewisser Weise eine Möglichkeit bot, Deutschland endlich auch den wirklichen Krieg spüren zu lassen – und sich selber vom Trauma der deutschen Kriegsbesetzung zu befreien.

Die Waffengänge des 19. Jahrhunderts hatten bereits Tendenzen einer veränderten, vor allem brutaleren Kriegsführung aufgezeigt, die auch immer mehr die Zivilbevölkerung in Mitleidenschaft zog. Deshalb versuchte man, so etwas wie „Ritterlichkeit" in bewaffnete Konflikte zurückzubringen. Schon vor 1900 hatten viele Nationen nach langen zähen Verhandlungen in einem Abkommen die Rechte und Pflichten Krieg führender Länder festgelegt, um einen mit Waffen ausgetragenen Konflikt für die Zivilbevölkerung „humaner" zu machen, falls ein Krieg das überhaupt sein kann. Dieses Abkommen wurde 1899 in seiner ersten und 1907 in seiner zweiten Version unterzeichnet und unter dem Namen Haager Landkriegsordnung bekannt.[4] Es umfasst einen Hauptteil, der sich mit der Anwendung des Abkommens befasst, und einen wesentlich größeren Anlageteil, der Ausführungsbestimmungen behandelt. Es beginnt mit der Definition des Begriffs der Kriegsführenden, behandelt die Art, wie Feindseligkeiten durchgeführt werden dürfen, und legt die Grenzen militärischer Gewalt auf besetztem feindlichen Gebiet fest. Dieser Abschnitt ist hier von besonderem Interesse. Er umfasst Aspekte wie Wiederherstellung der öffentlichen Ordnung, Verbot des Zwangs zum Treueeid, Schutz des Einzelnen und des Privateigentums, Verbot der Plünderung und von Kollektivstrafen für die Handlung Einzelner. Einige Artikel sind im vollen Wortlaut zitiert, weil sie für das Folgende wichtig sind.

Kriege finden zwischen Staaten statt und nicht zwischen Bürgern oder untergeordneten Behörden. Deshalb macht die Haager Landkriegsordnung einen Unterschied zwischen Staat und Gemeindeverwaltung, obwohl der einzelne Bürger bis zu einem gewissen Grade zum Unterhalt des Besatzungsheeres herangezogen werden kann, wie der Artikel 52 zeigt: *„Naturalleistungen und Dienstleistungen können von Gemeinden oder Einwohnern nur für die Bedürfnisse des Besetzungsheers gefordert werden. Sie müssen im Verhältnisse zu den Hilfsquellen des Landes stehen und solcher Art sein, daß sie nicht für die Bevölkerung die Verpflichtung enthalten, an Kriegsunternehmungen gegen ihr Vaterland teilzunehmen. Derartige Natural- und Dienstleistungen können nur mit Ermächtigung des Befehlshabers der besetzten Örtlichkeit gefordert werden. […]"*

Über die Sachen, die beschlagnahmt werden können, sagt der Artikel 53 folgendes: *„Das ein Gebiet besetzende Heer kann nur mit Beschlag belegen: das bare Geld und die Wertbestände des Staates sowie die dem Staate zustehenden eintreibbaren Forderungen, die Waffenniederlagen, Beförderungsmittel, Vorratshäuser und Lebensmittelvorräte sowie überhaupt alles bewegliche Eigentum des Staates, das geeignet ist, den Kriegsunternehmungen zu dienen. Alle Mittel, die zu Lande, zu Wasser und in der Luft zur Weitergabe von Nachrichten und zur Beförderung von Personen oder Sachen dienen, mit Ausnahme der durch das Seerecht geregelten Fälle, sowie die Waffenniederlagen und überhaupt jede Art von Kriegsvorräten können, selbst wenn sie Privatpersonen gehören, mit Beschlag belegt werden. Beim Friedensschlusse müssen sie aber zurückgegeben und die Entschädigungen geregelt werden."*

Dieser Artikel räumt dem Feind das Recht zur Besitzergreifung der Eisenbahnen ein, jedoch nicht zur Aneignung. Sie erfolgt zum eigenen Gebrauch, um die eigene Kriegsführung zu unterstützen. Das gestattet es sogar, rollendes Material des Feindes an anderer Stelle als nur in Frontnähe einzusetzen.

Artikel 55 befasst sich mit der Nutznießung staatlichen Eigentums: *„Der besetzende Staat hat sich nur als Verwalter und Nutznießer der öffentlichen Gebäude, Liegenschaften, Wälder und landwirtschaftlichen Betriebe zu betrachten, die dem feindlichen Staate gehören und sich in dem besetzten Gebiete befinden. Er soll den Bestand dieser Güter erhalten und sie nach den Regeln des Nießbrauchs verwalten."*

Im Artikel 56, dem letzten der Anlage, wird noch einmal hinsichtlich der Gemeinden, aber auch Kirchen und anderer öffentlicher Einrichtungen ein Unterschied zum Staat gemacht: *„Das Eigentum der Gemeinden und der dem Gottesdienste, der Wohltätigkeit, dem Unterrichte, der Kunst und der Wissenschaft gewidmeten Anstalten, auch wenn diese dem Staate gehören, ist als Privateigentum zu behandeln. Jede Beschlagnahme, jede absichtliche Zerstörung oder Beschädigung von derartigen Anlagen, von geschichtlichen Denkmälern oder von Werken der Kunst und Wissenschaft ist untersagt und soll geahndet werden."*

Die Erfahrung sowohl des Ersten Weltkriegs wie die der nachfolgenden bewaffneten Konflikte zeigt, dass diese hehren Grundsätze so gut wie nie zur Anwendung kommen. Andererseits helfen sie, die Aktionen und Reaktionen der am Ruhrkampf Beteiligten einzuordnen.

Hyperinflation und Wirtschaftskrise werden nur am Rande erwähnt, und auf die Putschversuche von Rechts und Links, rasche

Bild 8 – 38 3559 hat im Jahr 1928 mit ihrem Zug den Kölner Hauptbahnhof verlassen, dessen Hallen man noch so eben, wenn auch nur schemenhaft, sieht, wie die Domtürme. Bemerkenswert ist das dreiflügelige Hauptsignal, das einem Leerzug Einfahrt in die Abstellgruppe anzeigt. Etwa auf Höhe des Zuges befindet sich heute ein S-Bahn-Haltepunkt.
AUFNAHME: CARL BELLINGRODT, SAMMLUNG KLAUS KEMP

Regierungswechsel[5] und die rheinische Separatistenbewegung wird ebenfalls nur so weit eingegangen, wie es für das Verständnis der Entwicklung notwendig ist. Elsass-Lothringen und das Saargebiet werden nur kurz erwähnt. Ersteres, weil es spätestens seit dem Friedensvertrag nicht mehr zu Deutschland gehörte, und das zweite, weil es durch die organisatorische und wirtschaftliche Abtrennung selbst vom besetzten Teil des Reichs eine gesonderte Entwicklung nahm.

Für die Zwecke dieser Ausarbeitung werden die alten preußischen Rheinprovinzen, Rheinhessen, die bayerische Pfalz, die hessische Provinz Rheinhessen mit Teilen der hessischen Provinz Starkenburg, die Besitzungen Oldenburgs um Birkenfeld sowie das zu Baden gehörende Kehl dort, wo es angebracht erscheint, als „Rheinland" zusammengefasst. Eine ähnliche Vereinfachung wurde bei der Benennung der Siegermächte vorgenommen. Die Signatarmächte des Versailler Vertrages sind im strengen Sinne die westlichen Alliierten, nämlich Belgien, Frankreich und Großbritannien. Da die Vereinigten Staaten diesen Vertrag nicht unterschrieben, sondern einen Sonderfrieden mit dem Deutschen Reich abschlossen, galten sie als assoziierte Macht. Da sie jedoch in den Gremien, die mit dem Deutschen Reich verhandelten und die die Besetzung des Rheinlandes durchführten, bis zu ihrem Abzug im Prinzip gleichberechtigt auftraten, wurden für den Zweck dieser Ausarbeitung diese vier Länder unter dem Begriff Alliierte zusammengefasst.

Die meisten Leser werden wissen, dass Elberfeld heute ein Teil der Stadt Wuppertal ist. Vielleicht ist ja auch Schalke bekannt genug, um zu wissen, dass es ein Stadtteil von Gelsenkirchen ist. Aber höchstwahrscheinlich werden die meisten bei Bahnhofsnamen wie Hacheney oder Mehlem passen müssen. Deshalb erschien es angebracht, die kompletten Ortsbezeichnungen zu verwenden, nämlich Dortmund-Hacheney und Bonn-Mehlem, um die Orientierung zu erleichtern.

Ein ähnliches Konzept wurde der Einfachheit halber auch im Falle von Wuppertal angewandt, obwohl die heutige Stadt erst 1929 entstand.[6] Da es bis zu der hier beschriebenen Zeit nur einen Weltkrieg gegeben hatte, wird im Folgenden in der Regel auf den Zusatz „Erster" verzichtet.

Die Altmeister der Eisenbahnfotografie wie Hubert, Maey und Bellingrodt begannen in den frühen zwanziger Jahren mit dem systematischen Dokumentieren von Fahrzeugen und Bahnanlagen. Allerdings war das Fotografieren in den besetzten Gebieten verboten, und so bewegten sie sich bis etwa 1925 nur am Rande des Rheinlands wie etwa Carl Bellingrodt im Wuppertaler Raum. Das erschwerte die Bildauswahl für dieses Buch. Da es sich um die Zeit des Übergangs von den Länderbahnen auf die Reichsbahn handelt, habe ich mich entschlossen, neben Illustrationen, die sich direkt auf den Text beziehen, auch auf Betriebsbilder zurückzugreifen, die typische Fahrzeuge dieser Zeit zeigen, selbst wenn sie vorher oder nachher entstanden sind, mich aber andererseits im Wesentlichen auf solche aus dem Rheinland und dem Ruhrgebiet zu beschränken.

Damit ist die Bühne bereit für ein Drama europäischer Geschichte mit Deutschland, Frankreich und Belgien als Hauptakteuren und den Schienenwegen als einem wichtigen Element.

❑

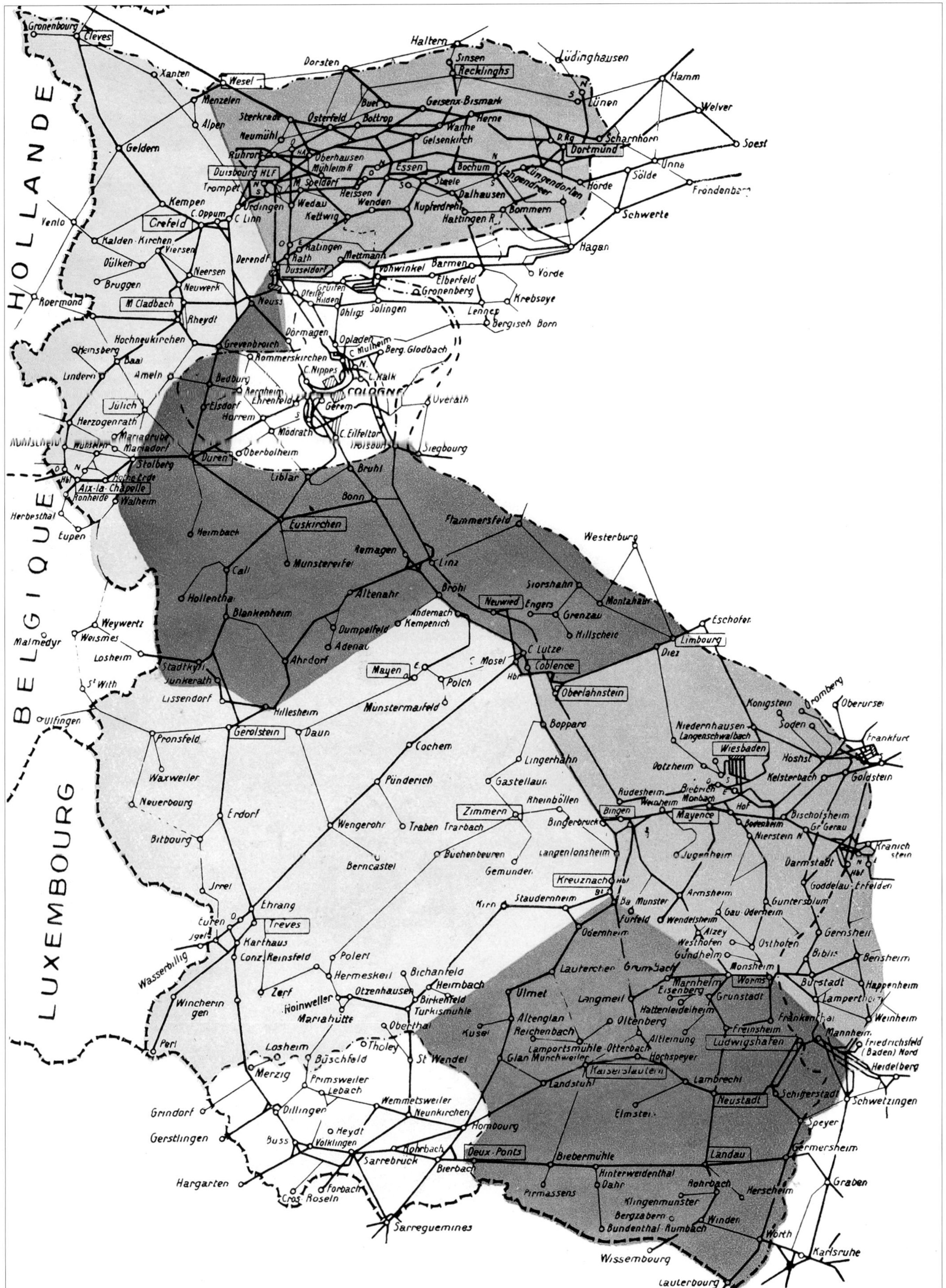

Bild 9 – Als französische und belgische Truppen das deutsche Eisenbahnnetz an Rhein und Ruhr übernahmen, richteten sie im März 1923 eine eigene „Regie“ genannte Verwaltung ein. Die Grenzen der Direktionen der Reichsbahn (Ludwigshafen, Main, Trier, Köln und Essen) blieben bestehen. Die Direktion Köln wurde in einen belgischen Teil (Sitz in Aachen) und einen französischen (Düren) aufgeteilt. Die Strecken im Bereich der englischen Besatzungszone um Köln blieben unter der Verwaltung der Reichsbahn. ABBILDUNG: SAMMLUNG KLAUS KEMP

Bild 10 – Verunglückter Zug in Belgien aufgrund von Sabotage. Auch das gehört zur Kriegsführung, nämlich den Feind hinter seiner eigenen Front zu treffen.
AUFNAHME: SAMMLUNG KLAUS KEMP

2 Der Erste Weltkrieg

Liest man Schilderungen aus dem Jahr 1914, scheint niemand Krieg gewollt zu haben, aber als er dann ausgebrochen war, machten alle begeistert mit. Zumindest vermittelt die Propaganda auf beiden Seiten dieses nur teilweise der Wirklichkeit entsprechende Bild. Der Verlauf der Schlachten ist nicht unser Thema, jedoch zum besseren Verständnis des Auftretens der Akteure nach Ende der Kampfhandlungen sollen Fragen angerissen werden wie: Was waren die Ziele der Kriegsgegner? Wie verhielten sie sich gegenüber der Zivilbevölkerung in den eroberten und besetzten Gebieten? Wer war Schuld an diesem Krieg?

Um den Rahmen dieser Ausarbeitung nicht zu sprengen, ist die Betrachtung stark verkürzt und soll auf Deutschland und seine Gegner im Westen begrenzt werden, weil nur sie in der Besetzung des Rheinlands und des Ruhrgebiets involviert waren.

2.1 Kriegsziele

Alle europäischen Großmächte sahen sich bei Ausbruch des Krieges durch die Konkurrenz der anderen als äußerst gefährdet an. Nachdem sie den Krieg einmal begonnen hatten, wollten sie für das jeweils eigene Land mehr militärische Sicherheit und bessere wirtschaftliche Perspektiven erreichen. Dies ließ sich nach diesem Verständnis nur durch Annexionen, Degradierung der Nachbarn zu Trabantenstaaten, neue Kolonien und verbesserte Chancen für Wirtschaft und Handel verwirklichen. Je länger der Krieg dauerte, je mehr er sich zu einer Materialschlacht entwickelte, desto lauter musste der Ruf nach Reparationen und nach dem Ausplündern des Gegners, aber auch nach seiner Entwaffnung und seiner Zerschlagung werden.

Durch den Schlieffen-Plan vorbestimmt, verfolgte Deutschland bei Kriegsausbruch zunächst nur das militärische Ziel eines raschen Sieges über Frankreich, um einen Zweifrontenkrieg zu vermeiden. Die Kriegsziele Deutschlands wurden erst nachträglich nach Kriegsausbruch 1914 von Reichskanzler Bethmann-Hollweg im geheimen „Septemberprogramm“ formuliert. Es sah vor, auf erdenkliche Zeit Deutschlands Vormacht abzusichern. Dazu gehörte die Annexion von Teilen Frankreichs. Auf jeden Fall sollte das an Lothringen angrenzende Erzbecken um Longwy und Briey einverleibt werden, aber vielleicht im Süden auch Belfort und im Norden ein Küstenstreifen von Dünkirchen bis Boulogne. Weiterhin sollte Frankreich durch Reparationszahlungen wenigstens 20 Jahre lang nicht genügend Mittel für eine Wiederaufrüstung haben. Insgesamt war es das Ziel, das Nachbarland in eine wirtschaftliche Abhängigkeit von Deutschland zu bringen. Obwohl Belgien bei Kriegsausbruch neutral gewesen war, wollte man Lüttich und Verviers Preußen einverleiben. Weiterhin hatte Belgien das Los, im Falle eines Sieges zu einem Vasallen Deutschlands zu werden, ebenso wie Luxemburg. Insgesamt wollte man eine mitteleuropäische Wirtschaftszone von Frankreich bis Polen und Österreich, von Skandinavien bis Italien unter deutscher Hegemonie gründen. Einen offiziellen und verbindlichen Charakter für die Politik hatte dieses „Septemberprogramm" jedoch zu keinem Zeitpunkt. So gesehen handelt es sich eher um eine Sammlung bzw. Auflistung von mehr oder weniger realistischen Maximalforderungen einzelner Personen.

Auf Grund des Angriffskriegs, den Deutschland führte, wollten Frankreich, Belgien und Großbritannien ausdrücklich keinen Verhandlungsfrieden, sondern einen Sieg erreichen. Vor allem nach der Vorstellung von Frankreich sollte Preußen aufgelöst werden, weil man diesen Staat als die Ursache allen Übels ansah. Um sich vor dessen Militarismus und Großmachtansprüchen zu schützen, wollte man diesen Staat zerschlagen. Letztlich gedachte man das u. a. durch eine Aufteilung Deutschlands in kleinere Staaten zu erreichen, wie es schon Napoleon Bonaparte getan hatte.

Wichtigstes Einzelziel Frankreichs war die Rückkehr Elsass-Lothringens. Hierbei spielten nicht nur verletzter Stolz über die Niederlage von 1871 eine Rolle, sondern auch handfeste wirtschaftliche Interessen, weil dadurch die Kapazität der Eisen- und Stahlindustrie des eigenen Landes verdoppelt würde. Allerdings fehlte ein ausreichender Zugang zu Kohle, und so bot sich die Einverleibung des Saargebietes geradezu an. Auch eine Ausdehnung der Einflusssphäre ins Rheinland und ins Ruhrgebiet, wenn nicht sogar deren Annexion, wurde in Betracht gezogen. Immerhin schlug dort damals das industrielle Herz Deutschlands. Wer diesen Bereich kontrollierte, kontrollierte Deutschland. Vor dem Krieg war Deutschland zur zweitstärksten Industriemacht der Welt geworden, vor der sich Frankreich fürchtete. Nur wegen seines Industriepotentials hatte es diesen Krieg so lange durchstehen können. Auch aus diesem Grunde war Frankreich nun bestrebt, das Ruhrgebiet unter seine Kontrolle zu bekommen. Das bedeutete letztlich eine wirtschaftliche Neuordnung Europas.

Zudem hatte sich in Frankreich ein historischer Anspruch auf den Rhein als „natürliche Grenze" herausgebildet, der auf Kardinals Richelieu zurückgeführt wird und den Frankreich durch die Annexion des Elsass im Dreißigjährigen Krieg mit dem Westfälischen Frieden 1648 realisierte. In der Zeit der Französischen Revolution wurde dieser Anspruch erneut populär, den Napoleon Bonaparte mit seinen Eroberungen sogar noch weiter ausdehnte. Angesichts der Idee der Nationalstaaten, auf der letztlich das 14-Punkte-Programm des amerikanischen Präsidenten beruhte und die zur Gründung unabhängiger Staaten wie Polen und Jugoslawien führte, musste diese Politik ebenso absurd und konfliktfördernd erscheinen wie die zu Ende des neunzehnten Jahrhunderts aufkommende deutsche Idee vom Lebensraum im Osten.

Großbritannien sah als wichtigstes Ziel die Restaurierung der staatlichen Souveränität Belgiens an. Mit dem Verlauf des Krieges dachte man auch über die Wiederherstellung des 1866 von Preußen einverleibten Königreichs Hannover nach, das bis 1837 in Personalunion durch den König von Großbritannien und Hannover regiert worden war. Während Frankreich eine völlige Entmachtung Deutschlands anstrebte, sah London im Gegensatz dazu die Notwendigkeit eines starken Deutschlands als Gegengewicht zu Frankreich und Russland. Diese Einstellung sollte die Haltung des Landes bei den Friedensverhandlungen in Versailles beeinflussen, insbesondere bei den Annexionsversuchen Frankreichs im deutschen Westen, die Großbritannien zu verhindern half.

Die USA formulierten als Kriegsziele die Wiederherstellung der belgischen Souveränität und Wiedergutmachung an Belgien, die Räumung Frankreichs sowie das Selbstbestimmungsrecht der Völker. Bei der Vermischung der Volksgruppen und Nationalitäten in Europa war dies jedoch eine fast nicht realisierbare Forderung. Zudem waren bei der endgültigen Grenzziehung oft Macht- und wirtschaftspolitische Überlegungen wichtiger als der Wunsch der Bevölkerung, einem bestimmten Staat anzugehören.

Interessanterweise besaß Belgien nur geringe gegen Deutschland gerichtete Kriegsziele, vielleicht abgesehen von Reparationsforderungen, sondern vor allem gegen das Königreich der Niederlande, weil das die Ausfahrt des belgischen Hafens Antwerpen kontrollierte. Außerdem war es an einer Angliederung Luxemburgs interessiert. Die Annexion von Eupen und Malmedy erschien in den Friedensverhandlungen als ein Punkt geringer Priorität. Die Niederlande waren nicht am Krieg beteiligt gewesen und verwahrten sich erfolgreich gegen dieses Ansinnen. Luxemburg widersetzte sich ebenso erfolgreich einem Anschluss an Belgien. Somit blieben Belgien in den Friedensverhandlungen nur die direkten Forderungen an Deutschland.

Bild 11
Von März bis November 1918 befand sich das Große Hauptquartier der deutschen Obersten Heeresleitung im belgischen Spa, wo Kaiser Wilhelm II. eine Villa bewohnte. Hier steht er auf dem Hausbahnsteig des Bahnhofs Spa, umgeben von Offizieren. Wilhelm II. war für die Alliierten der Inbegriff des preußischen Militarismus und der Alleinschuldige an diesem Krieg.

AUFNAHME: SAMMLUNG KLAUS KEMP

2.2 Kriegsgräuel

Die Europäische Geschichte war von jeher von einer langen Reihe von Kriegen geprägt, so dass Kriege lange Zeit als ein unabwendbares, praktisch natürliches Übel hingenommen wurden. Im früheren 19. Jahrhundert schrieb der Kriegstheorektiker Carl von Clausewitz seinen berühmten Satz *„Der Krieg ist eine bloße Fortsetzung der Politik mit anderen Mitteln"*, was meinte, die Politik habe den Vorrang und bestimme über das Militär und die militärischen Ziele. Von den deutschen Militärs der Kaiserzeit wurde dieser Satz jedoch so uminterpretiert, dass sich im Kriegsfall die Politik dem Militär unterordnen müsse.

Deutschland hatte sich bei Kriegsbeginn ins Unrecht gesetzt, weil es mit der Besetzung Belgiens den Vertrag von London von 1839, der diesem Land die Neutralität garantierte und dessen Mitunterzeichner Preußen gewesen war, verletzt hatte. Augenscheinlich richtete sich die deutsche Kriegsführung mit voller Brutalität auch gegen die Zivilbevölkerung: *„Während dieser ersten Kriegswochen führte das deutsche Oberkommando ein Terrorregime gegen die Zivilbevölkerung. Mehrere tausend Menschen wurden in Ardenne, Dinant, Tamines, Löwen, Aarschot, Rossignol und anderen Städten niedergemetzelt… Am 25. August brannten die Deutschen eine Reihe von Häusern in Löwen nieder, darunter die wertvolle Bibliothek, und töteten mehr als zweihundert Zivilisten."* [7] Die Liste der wirklichen, aber auch der erfundenen Kriegsgräuel ist endlos lang und diente auf beiden Seiten dazu, das eigene Vorgehen zu rechtfertigen und die Truppen zu noch größeren Anstrengungen zu veranlassen.

Die deutsche Seite rechtfertigte ihr Vorgehen mit angeblichen Angriffen von Freischärlern („Franktireurs"). Ihr Auftreten im Krieg von 1870/71 war eine traumatische Erfahrung gewesen und wurde von den Lehrbüchern des deutschen Heeres für diesen neuen Krieg von vornherein als Tatsache angesehen, noch ehe die Kampfhandlungen überhaupt begonnen hatten, was vor allem in den beiden ersten Monaten des Weltkrieges zu paranoiden Vorstellungen führte. Dazu kam auf deutscher Seite Propaganda von Misshandlungen verwundeter Deutscher und ähnliches. Nur so lässt sich die Erschießung von rund 900 Zivilisten zwischen August und Oktober 1914 erklären. Dazu gesellten sich die Wut über die anfangs erfolgreiche Verteidigung von Brüssel durch die Belgier, aber auch Probleme mit der Disziplin deutscher Truppen und mangelhafte Vorschriften für den Umgang mit Zivilisten. Während viele der im Laufe der Kampfhandlungen erfolgten Zerstörungen bis zu einem gewissen Grade als unausweichliche Kriegsfolge akzeptiert wurden, verübelte man den Deutschen die planmäßigen

Bild 12
St. Quentin nach der deutschen Besetzung 1918. Dieser Ort liegt an der Somme in Nordfrankreich. Man beachte das Schild mit dem Hinweis auf den Ausgang in deutscher Sprache. Die Aufnahme entstand nach dem Abzug der deutschen Truppen.

Bild 13
Longwy liegt im Département Meurthe-et-Moselle, das an das bis 1918 deutsche Lothringen anschließt. Es war ein Zentrum der französischen Stahlerzeugung, die sich das Reich einverleiben wollte. Jenseits des Bahnhofs sieht man eines der Stahlwerke.

Aufnahmen (2): Sammlung Klaus Kemp

Bild 14 – Die amerikanischen Truppen, die nach dem Kriegseintritt der USA 1917 während der Kampfhandlungen einen Sektor der Front zugewiesen bekamen, bauten ihre eigene Eisenbahninfrastruktur auf. Das Bild zeigt das Betriebswerk von Nevers an der Strecke Lyon – Tours der PLM mit amerikanischen Lokomotiven. AUFNAHME: SAMMLUNG KLAUS KEMP

und systematischen Zerstörungen von Industrieanlagen und Bergwerken auf ihrem Rückzug im Lauf des Jahres 1918. Wenn sich auch vieles, was im Laufe der Jahre als Anschuldigungen von Seiten der Alliierten vorgebracht wurde, als bewusste Fälschung erwies, so scheint es inzwischen doch bewiesen, dass die deutsche Seite mit unnötiger Härte und Grausamkeit gegen die Zivilbevölkerung im besetzten Belgien vorging. Ein Beleg dafür ist das den Offizieren in die Hand gegebene Handbuch mit dem Titel „Kriegsbrauch im Landkrieg“, das Handlungen vor allem gegen die Zivilbevölkerung – die laut der auch vom deutschen Reich unterzeichneten Haager Landkriegsordnung verboten waren – weiter zuließ.[8]

Die deutsche Besatzung teilte Belgien in zwei Bereiche auf: In die Front, die direkt vom Militär kontrolliert wurde, und in den Rest des Landes, der neben der belgischen eine deutsche Zivilverwaltung erhielt. Diese griff sehr stark ins zivile Leben ein, mit Kontrollen und Einschränkungen der Bewegungsfreiheit, Verhaftungen und Ausweisungen. Zudem wurden im Kriegsverlauf auf deutscher Seite mehr als 300 angebliche oder tatsächliche Spione erschossen – für die Gegenseite Patrioten und Märtyrer.

Insgesamt prägten diese Vorfälle das Bild des Deutschen bei den Alliierten als rücksichtslos, grausam und brutal. Sie bestimmten zu einem großen Teil auch das spätere Vorgehen von Franzosen und Belgiern während der Rheinlandbesetzung und während des Ruhrkampfes.

2.3 Kriegsschuld

Vor dem Ersten Weltkrieg war der Begriff der „Kriegsschuld“ von untergeordneter Bedeutung. Krieg galt weder als verbrecherisch noch als unmoralisch, sondern als etwas Natürliches oder sogar Notwendiges. Der Verlierer hatte alle Schäden zu tragen und die Bedingungen der Sieger zu akzeptieren. Otto von Bismarck hatte mit seiner Bündnispolitik stets versucht, ein Gleichgewicht zwischen den Großmächten zu wahren, doch nach Bismarcks Entlassung 1890 begann Kaiser Wilhelm II. eine aggressive Außenpolitik mit dem offenen Streben nach Weltmachtgeltung sowie Kolonien und begann ein Flottenwettrüsten mit Großbritannien. Deutschland hatte sich schon jahrzehntelang auf einen Krieg vorbereitet, ihn aber nicht gezielt geplant. So ließ es Deutschland 1914 wohl bewusst auf eine kriegerische Auseinandersetzung mit Russland und Frankreich ankommen, weil es einerseits auf die eigene militärische Überlegenheit vertraute und andererseits die politischen Möglichkeiten zur Vermeidung dieses Krieges nicht nutzte, oder vielleicht auch nicht richtig erkannte.

Frankreich bestand auf der vertraglichen Feststellung der Alleinschuld von Deutschland und Österreich-Ungarn und schaffte es auch, dass ein entsprechender Artikel in den Friedensvertrag aufgenommen wurde. Ziel war einerseits die Entschädigung für alle entstandenen Kriegsschäden, andererseits die dauerhafte Schwächung des Gegners.

„Am Ende stand ein Friedensvertrag, den die Deutschen als schreiendes Unrecht empfanden, obwohl er das Reich bestehen ließ und ihm die Möglichkeit einräumte, wieder zur Großmacht zu werden. Eine selbstkritische Auseinandersetzung mit der deutschen Kriegsschuld fand nicht statt, obschon bereits im April 1919 eine interne Aktensammlung vorlag, die keinen Zweifel daran ließ, dass die Reichsleitung im Juli 1914 alles getan hatte, die internationale Krise zu verschärfen. In Abwehr der alliierten These, Deutschland und seine Verbündeten trügen die alleinige Verantwortung für den Kriegsausbruch, entstand eine Kriegsunschuldlegende, die ebenso viel Unheil stiftete wie ihre Zwillingsschwester die Dolchstoßlegende.“ [9]

Auch wenn heute noch die These von einem maßgeblichen Beitrag des Deutschen Reiches zum Kriegsausbruch vertreten wird, geht man nicht mehr – wie im Vertrag von Versailles formuliert – von einer alleinigen Kriegsschuld aus, sondern bezieht auch die Situation im Juli 1914 und die damaligen Machtkonstellation mit ein, die einen Kriegsausbruch erleichterten. ❑

3 Und nach dem Krieg: Frieden?

3.1 Kapitulation und Waffenstillstand

Wegen wachsender Versorgungsprobleme war es im Sommer 1918 für die deutsche Heeresleitung absehbar, dass sie die Front nicht mehr lange würde halten können. Hatte man noch bis Anfang 1918 von großen Kriegszielen geträumt, so stellte sich spätestens nach den gescheiterten Frühjahroffensiven Ernüchterung ein. Nicht nur Lebensmittel für die Bevölkerung wurden knapp, sondern auch Waffen und Munition. Immer klarer zeichnete sich auch der Zusammenbruch der deutschen Verbündeten ab. Zudem hatte man die Front unter dem Druck der Alliierten zurücknehmen müssen und dabei wichtige Eisenbahnknoten und leistungsfähige Strecken verloren. Der Kieler Matrosenaufstand wurde zum Zündfunken der deutschlandweiten „Novemberrevolution", die auch das Rheinland ergriff. Ab dem 8. November traten in Köln Soldatenräte auf und am nächsten Tag auch in Aachen. Als erste Aktion besetzten sie die Bahnhöfe, entwaffneten Soldaten und öffneten die Militärgefängnisse. *„Die Bahnhofskommandanturen Aachen Hauptbahnhof und Aachen West hatten von der Linienkommandantur Köln die Anweisung, der Rätebewegung keinen Widerstand entgegenzusetzen."* Es wurden wohl bürgerkriegsähnliche Zustände im Rücken des Westheeres befürchtet.[10)]

Nachdem der US-amerikanische Präsident Wilson im Januar 1918 ein 14-Punkte-Programm mit Grundsätzen für Friedensverhandlungen veröffentlicht hatte, erhoffte sich die deutsche Seite erträgliche Friedensbedingungen, die sie vielleicht auch bekommen hätte, wenn sie früher darauf eingegangen wäre. Engländer und Franzosen dagegen spürten, dass sie die Oberhand gewannen, und so diktierten sie, als es soweit war, einen Waffenstillstand, der einer Kapitulation gleichkam und vom Verlierer Deutschland als drückende Last empfunden wurde. Dabei hatte Frankreich nicht einmal bei den eigenen Verbündeten seine Maximalforderungen durchsetzen können, nämlich die Zerschlagung von Preußen und die Abtrennung des Rheinlands vom Reich. Trotzdem reflektieren die Bedingungen sehr stark die Position Frankreichs im Hinblick auf eine zeitweilige, wenn nicht sogar dauerhafte Besetzung des deutschen Westens einschließlich des Ruhrgebietes. Und sie nahmen viele der Bestimmungen des endgültigen Friedensvertrags vorweg, die man später sicher nicht mehr erreicht hätte.

Federführend in den Verhandlungen war der französische Marschall Ferdinand Foch, der bereits im Krieg von 1870/71 gegen Deutschland gekämpft hatte. Seit März 1918 war er Oberbefehlshaber aller alliierten Streitkräfte an der Westfront. Er gehörte zu den Verfechtern einer Zerschlagung Deutschlands und einer Verlegung der französischen Militärgrenze bis an den Rhein. Seine harte Linie spiegelt sich in den Bedingungen des Waffenstillstandsvertrags und dessen Umsetzung wider. Für Frankreich konnte es keine Sicherheit ohne Annexionen und ohne Erweiterung seiner industriellen Basis auf Kosten von Deutschland geben. Neben diesen langfristigen Zielen ging es ebenfalls darum, Deutschland so weit zu schwächen, dass es nicht in der Lage sein würde, die Kampfhandlungen wieder aufzunehmen. Diese Ohnmacht, nichts mehr zur eigenen Verteidigung unternehmen zu können, spürt man in den folgenden Jahren in vielen Entscheidungen der deutschen Politik.

Der Waffenstillstandsvertrag wurde am 11. November 1918 im Wald von Compiègne, wo sich das französische Hauptquartier befand, bezeichnenderweise in einem Eisenbahnwagen unterzeichnet. Um einen Krieg dieses Ausmaßes möglich zu machen, hatte man auf beiden Seiten die Eisenbahn gebraucht. So nahm sie in al-

Bild 15 – Der Salonwagen von Marschall Foch, in dem der Waffenstillstand unterzeichnet wurde, hier in den dreißiger Jahren in Paris ausgestellt. AUFNAHME: SLG. DIERK LAWRENZ

Bild 16
Der Bahnhof von Compiègne vor dem Ersten Weltkrieg. Die Unterzeichnung des Waffenstillstands fand allerdings nicht hier, sondern östlich des Ortes in einem Waldstück statt.

AUFNAHME: SAMMLUNG KLAUS KEMP

len militärischen Überlegungen einen breiten Raum ein, zu Beginn hinsichtlich des Aufmarschs, während der Kampfhandlungen hinsichtlich des Nachschubs und der Truppenumgruppierungen und nach dem Ende des Waffengangs bei der militärischen Besetzung des Rheinlandes. So verwundert es nicht, dass neben Gebietsräumungen und -abtretungen sowie der Ablieferung von Waffen auch Verkehrsfragen besonders im Hinblick auf Eisenbahnen im Waffenstillstandsvertrag einen breiten Raum einnehmen.

Die **Waffenstillstandsbedingungen** mit 34 Artikeln sahen – auf den Westen und vor allem das Rheinland bezogen – u. a. vor:

- Deutschland musste seine Truppen aus allen eroberten Gebieten auf eine Linie hinter der Grenze vom August 1914 zurückziehen. Elsass-Lothringen war an Frankreich abzutreten.
- Die deutschen Truppen hatten das Westufer des Rheins zu räumen. Es wurde von alliierten Truppen besetzt. Am Ostufer war eine neutrale waffenfreie Zone einzurichten.
- Große Mengen Kriegsmaterial waren den Alliierten abzuliefern.
- Alle alliierten Kriegsgefangenen waren sofort freizulassen und ihren Heimatländern zu übergeben.
- Nicht zuletzt hatten die Deutschen für die angerichteten Schäden Reparationen zu leisten.

Insgesamt bestätigten diese Bedingungen den Eindruck, dass es sich nicht um einen Waffenstillstand, sondern um eine Unterwerfung handelte. Ein Eindruck, der sich noch verstärkt, wenn im Detail nachzulesen ist, wie die Verhandlungen seitens der Sieger geführt wurden. Im Hinblick auf die Reparationen wurde der deutschen Regierung im Schlussprotokoll der Finanzkommission der internationalen Waffenstillstandskommission am 1. Dezember 1918 speziell auferlegt, dass sie die deutschen Eisenbahnen weder verkaufen noch verpfänden, noch sie Dritten im Rahmen einer Konzession überlassen durfte, weil sie ein gemeinsames Pfand der Alliierten für die Zahlung der Reparationen bilden würde – Leistungen, auf die sie ein Recht hätten. Damit wurden die deutschen Staatsbahnen bereits von Anfang an als Garanten für die Wiedergutmachungszahlungen durch das Deutsche Reich in Betracht gezogen.

Die durch den Krieg angerichteten Schäden waren im materiellen wie immateriellen Bereich nicht unbeträchtlich. Hier einige Zahlen für Frankreich: Bei einer Einwohnerzahl von rund 40 Mio. waren 1.140.000 Gefallene, 100.000 Todesfälle durch Kriegsverletzungen und etwa 300.000 tote Zivilisten zu beklagen. Dazu kamen 3 Mio. Verletzte und 1 Mio. Invaliden. Zwei Generationen lang gab es infolgedessen ein Defizit von 700.000 Geburten. Das Land hatte auch große materielle Schäden erlitten: 600.000 Wohnungen waren beschädigt oder zerstört, 20.000 Betriebe dem Erdboden gleichgemacht, 5.000 km Eisenbahnstrecken zerstört, 53.000 km Straßen verwüstet und 3 Mio. ha Ackerland unbrauchbar. Im Vergleich dazu hatte Deutschland bei einer Bevölkerungszahl von ca. 64 Mio. Personen 2 Mio. Gefallene und 4,2 Mio. Verletzte zu beklagen. Weil der Krieg im Prinzip außerhalb der deutschen Grenzen stattgefunden hatte, waren die materiellen Schäden auf deutscher Seite gering. Nicht vergessen werden darf, dass die Amerikaner den Krieg auf britischer und französischer Seite zum großen Teil finanziert hatten. Im Juli 1921 lagen die Schulden Frankreichs gegenüber den USA bei 15 Mrd. Goldmark und die der Briten sogar bei mehr als 19 Mrd., ein Betrag, der fast so hoch war wie die geschätzten direkten Kriegsschäden.

Durch den **Waffenstillstandsvertrag** sollte bereits eine erste Wiedergutmachung erreicht werden. Deshalb enthielt er sehr detaillierte Bestimmungen. Im Rahmen dieser Ausarbeitung interessieren daraus besonders drei Artikel[11]:

Artikel V: *„Räumung der linksrheinischen Gebiete durch die deutschen Armeen. Die Gebiete auf dem linken Rheinufer werden durch die örtlichen Behörden unter Aufsicht der Besatzungstruppen der Alliierten und der Vereinigten Staaten verwaltet. Die Truppen der Alliierten und der Vereinigten Staaten werden die Besetzung dieser Gebiete durch Garnisonen bewirken, die die wichtigsten Rheinübergänge (Mainz, Koblenz, Köln) inbegriffen je einen Brückenkopf von 30 km Durchmesser auf dem rechten Ufer beherrschen und außerdem die strategischen Punkte des Gebietes besetzen. Auf dem rechten Rheinufer wird eine neutrale Zone geschaffen. Sie verläuft zwischen dem Fluss und einer Linie, die parallel den Brückenköpfen und dem Fluss gezogen wird, in einer Breite von 10 km von der holländischen bis zur Schweizer Grenze. Die Räumung der rheinischen Gebiete auf dem linken und rechten Ufer wird so geregelt, dass sie in einem Zeitraum von weiteren 16 Tagen durchgeführt ist, also im ganzen in 31 Tagen nach der Unterzeichnung des Waffenstillstandes“* […]

Artikel VII: *„Die Verkehrsstraßen und -mittel jeder Art, Eisenbahnen, Schiffahrtsstraßen, Landstraßen, Brücken, telegraphi-*

Bilder 17/18 – Raymond Poincaré (Bild links, * 20. August 1860 in Bar-le-Duc; † 15. Oktober 1934 in Paris) war ein französischer Politiker in der Dritten Republik. Er war mehrmals Ministerpräsident und vom 18. Februar 1913 bis 17. Februar 1920 Staatspräsident und bestimmte im Wesentlichen die Politik gegenüber Deutschland während der Friedensverhandlungen und in den Jahren der Rheinland-Besetzung. **Ferdinand Foch** (Bild rechts, * 2. Oktober 1851 in Tarbes im Département Hautes-Pyrénées; † 20. März 1929 in Paris) war ein französischer Marschall, der zu den Mitunterzeichnern des Waffenstillstands gehörte und nach seinem Ausscheiden aus dem aktiven Dienst 1921 weiter als Berater des französischen Präsidenten Poincaré diente. AUFN. (2): SAMMLUNG KLAUS KEMP

sche und telephonische Anlagen dürfen nicht beschädigt werden. Das gesamte dort gegenwärtig verwendete Zivil- und Militärpersonal verbleibt im Dienst. [12] *5.000 gebrauchsfertige Lokomotiven und 150.000 Eisenbahnwagen in gutem Zustand sowie mit allen Ersatzteilen und dem nötigen Gebrauchsgerät ausgestattet sind den assoziierten Mächten innerhalb des im Anhang festgelegten Zeitraums, aber nicht mehr als 31 Tage, auszuliefern.* [...] *Die Eisenbahnen Elsass-Lothringens sind innerhalb eines Zeitraums von 31 Tagen zu übergeben, zusammen mit dem Vorkriegs-Personal und -Material. Weiterhin hat das für den Betrieb der Eisenbahnen in den Ländern am linken Rheinufer befindliche Material dort zu bleiben. Alle Lager mit Kohle und Material für den Unterhalt der Schienen, Signale und Reparaturwerkstätten haben zu verbleiben. Diese Lager sind von Deutschland zu unterhalten, soweit es den Betrieb der Eisenbahnen in den Ländern auf dem linken Rheinufer betrifft.“* [...]

Artikel IX: *„Das Recht der Requirierung wird von den Armeen der Alliierten und der Vereinigten Staaten in allen besetzten Gebieten ausgeübt, unter Vorbehalt der Abrechnung mit den zuständigen Stellen. Der Unterhalt der Besatzungstruppen der rheinischen Gebiete (Elsaß-Lothringen ausgenommen) erfolgt auf Kosten der deutschen Regierung.“*

Bei der Unterzeichnung des Waffenstillstandsvertrages präsentierten die Sieger der deutschen Delegation zwei Zusatznoten. Die erste regelte die Räumung der bisher von deutschen Truppen besetzten Gebiete, des linken Rheinufers einschließlich Elsass-Lothringens, der Brückenköpfe und der entmilitarisierten Zone sowie die Übergabe von Kriegsmaterial. Die zweite Zusatznote bezog sich ausschließlich auf die Bedingungen des Artikels VII und damit auf die Verkehrsmittel. Über den Waffenstillstandsvertrag hinaus beinhaltete die Vollmacht des Oberkommandierenden der Alliierten das Recht, alle von ihm für notwendig angesehenen Schritte zur Besetzung und zum Betrieb der Verkehrswege einzuleiten. Das schloss auch die Befehlsgewalt über deren Personal ein. Außerdem hatte Deutschland vom Schienennagel bis zu Signalen alles Material zu liefern, das zum Wiederaufbau der zerstörten Bahnlinien in Frankreich und Belgien nötig war.

Diese Bedingungen waren hart, entsprachen aber zu einem Teil den Kriegszielen der Alliierten, wenn auch nur in abgemilderter Form dem, was Frankreich hatte erreichen wollen. Form und Umgang mit den Deutschen spiegelte die durch die Propaganda und die Unerbittlichkeit wider, mit der gekämpft worden war, und erzeugte vor allem auf Seite Frankreichs eine Atmosphäre von Hass und Misstrauen. *„Über die demütigenden und politisch unklugen, vom französischen Sicherheits- und Revanchedenken nicht unwesentlich bestimmten Bedingungen dieses ‚Friedens‘ besteht aus Historiker-Sicht in beiden Ländern kein Zweifel.“* [13]

Abgesehen davon dienten vor allem den Briten die Waffenstillstandsbedingungen als Vorbild, die Preußen und das Deutsche Reich 1866, 1871 und zuletzt 1918 (gegen Sowjetrussland) diktiert hatten. Dass andererseits das Misstrauen gegenüber dem Reich nicht unbegründet war, zeigten die deutschen Versuche, immer wieder die Abrüstungsbestimmungen durch die Zulassung paramilitärischer Verbände und später durch eine Kooperation mit der Sowjetunion auf dem Gebiet moderner Waffentechnik zu umgehen, die laut Versailler Vertrag dem Deutschen Reich eigentlich untersagt waren.

Bereits Ende November 1918 hatten hohe Militärs der Mittelmächte die „Dolchstoßlegende“ in die Welt gesetzt. Vertreter der Obersten Heeresleitung, die wesentlich sowohl am Kriegsausbruch wie an dessen Ausgang schuld gewesen waren, versuchten sich

Bild 19
Blick in den Innenraum des Salonwagens von Marschall Foch und den Konferenztisch, an dem das Waffenstillstandsabkommens am 18. November 1918 unterzeichnet wurde.

AUFNAHME: SAMMLUNG KLAUS KEMP

Bilder 20/21, oben und rechts
Laut Waffenstillstandsabkommen mussten die Deutschen ihr Kriegsgerät abliefern. Die USA erhielten einen Teil der Beute, hier zwei Aufnahmen von der Verladung von Kanonen am 24. Dezember 1918 in Koblenz, ausgerechnet an Heiligabend! Obwohl die Motorisierung während des Kriegs fortgeschritten ist, verzichtet man noch nicht auf Pferdewagen, wie auf dem rechten Bild gut zu erkennen ist.

AUFNAHMEN (2): SIGNAL CORPS US ARMY

durch die Behauptung, dass das deutsche Heer im Felde unbesiegt geblieben sei, der Verantwortung für den verlorenen Krieg zu entziehen. Durch oppositionelle „vaterlandslose" Gesellen habe man einen „Dolchstoß" in den Rücken erhalten, was die Niederlage herbeigeführt habe. Diese Auffassung fand weite Verbreitung in der Bevölkerung, vor allem in rechten Kreisen, was wesentlich zu den politischen Problemen ab den zwanziger Jahre beitragen sollte, weil nicht akzeptiert wurde, dass der Krieg verloren war. Dabei vergaßen viele, dass sie den Waffenstillstand herbeigesehnt und das Ausrufen der Republik mit Jubel begrüßt hatten. Bestärkt wurde dieser Eindruck der „Unbesiegtheit" vielleicht auch dadurch, dass die deutschen Truppen mit ihren Waffen zurückmarschierten und mit einem Teil des Trosses, den sie auf die Schnelle mitnehmen konnten. Außerdem kehrten sie in geschlossenen Formationen zurück. Sah so eine Armee aus, die den Krieg verloren hatte?

Die Waffenstillstandsverhandlungen mit Deutschland fanden in Spa [14] in Belgien statt und die nachfolgenden Friedensverhandlungen in Versailles, aber es gab außerdem noch Verhandlungen über die Verlängerung des Waffenstillstands auf deutschem Boden, nämlich in Trier. Man wählte diesen Ort, weil der französische Marschall Foch sein Hauptquartier in Luxemburg aufgeschlagen hatte, während das benachbarte Trier von Amerikanern besetzt war. Als wichtigstes Thema verhandelte man die Verlängerung des Waffenstillstands, nachdem das Abkommen vom 11. November bereits am 17. Dezember 1918 auslief. Das Treffen begann am 12. Dezember 1918 im Salonwagen Fochs auf dem Trierer Hauptbahnhof und dauerten zwei Tage. Der ehemalige Speisewagen der CIWL (Compagnie Internationale de Waggon Lits), den der Oberbefehlshaber der Alliierten Marschall Foch als Salonwagen benutzte, war übrigens derselbe, in dem bereits am 11. November 1918 der Waffenstillstand unterzeichnet worden war. Das Treffen endete mit einer Verlängerung des Waffenstillstandes bis zum 17. Januar 1919.

Diesen ersten Verhandlungen folgten noch zwei weitere in Trier, in denen es neben der Verlängerung des Waffenstillstands um Ausführungsfragen wie etwa Aufhebung der Blockade Deutschlands und Rückführung deutscher Kriegsgefangener, aber auch um die Besetzung des Brückenkopfs von Kehl als Absicherung der jetzt wieder französischen Festung Straßburg ging. Weil nach Meinung der Alliierten die deutsche Seite die Bedingungen des Waffenstillstands nicht ausreichend erfüllte, drohten die Sieger bereits in der ersten Verlängerungssitzung mit einer Ausdeh-

Bild 22
In Spa etablierten die Alliierten nach der deutschen Niederlage Unterkommissionen, die Details des Waffenstillstandsabkommens ausarbeiteten und deutschen Vertretern übermittelten. Es kommt sicher nicht von ungefähr, dass sie dafür den letzten Standort des Großen Hauptquartiers der deutschen Obersten Heeresleitung wählten.

nung der Besatzungszone ins Ruhrgebiet hinein bis vor die Tore von Essen.

Neben den Hauptverhandlungen bildeten sich schnell auf beiden Seiten Unterkommissionen, um die Einzelheiten festzulegen bzw. die Wünsche der Sieger entgegenzunehmen. Bereits am 13. November forderte der Chef der deutschen Feldeisenbahnen die Linienkommandanturen[15)] der Direktionen Köln, Mainz, Ludwigshafen und Saarbrücken auf, am 16. November eine Kommission zusammenzustellen, um hinter der Front mit einer Feldeisenbahn-Kommission der Entente[16)] Kontakt aufzunehmen. Auf deutscher Seite sollte sie aus einem Offizier sowie je einem betriebstechnischen und einem maschinentechnischen Mitglied der vier genannten Bahndirektionen bestehen, also insgesamt zwölf Mann.

Tatsächlich machten sich jedoch nur zehn deutsche Vertreter auf den Weg. Ihr Auftrag war es, Auskunft über den baulichen Zustand, die Betriebsverhältnisse sowie die Ausstattung der Bahnanlagen ihrer Direktionen zu erteilen. Ab dem 17. November begannen die Besprechungen südlich von Nancy unter dem Vorsitz des Chefs der französischen Feldeisenbahnen, Oberst Boquet, und in Anwesenheit von Vertretern der alliierten und assoziierten Mächte. Die Bestimmungen des Waffenstillstands wurden erläutert. Bereits in dieser Besprechung wurde die Einrichtung einer Zentralstelle der Feldeisenbahnen für die besetzten Gebiete angekündigt, in der die betroffenen Eisenbahndirektionen vertreten sein sollten, um Befehle und Weisungen über die Leitung und Beaufsichtigung der Bahnen direkt in Empfang nehmen zu können.

Auf Verlangen der Alliierten benannte der preußische Minister der Öffentlichen Arbeiten den Geheimen Oberrat Dr. Stapff als Ansprechpartner. Da auch die Pfalz zum besetzten Gebiet gehörte, über die Dr. Stapff keine Verfügungsgewalt besaß, entsandte München kurz darauf ebenfalls einen Vertreter zur Interalliierten Feld-

Bild 23
Der Hauptbahnhof von Trier. Hier fanden Nachverhandlungen des Waffenstillstands statt, und zwar wieder im Salonwagen von Marschall Foch.

AUFNAHMEN (2): SAMMLUNG KLAUS KEMP

eisenbahn-Kommission (C.I.C.F.C.), die mit dem Einmarsch der alliierten Truppen ihren Sitz in Trier nahm. Aufgabe der beiden Deutschen war es, die Ausführung der betriebstechnischen Anordnungen auf den besetzten Eisenbahnlinien sicherzustellen und in diesem Kontext anfallende finanzielle Fragen zu klären. Ihnen war es gestattet, einen kleinen technischen Stab aufzubauen, um ihre Aufgaben pünktlich erfüllen zu können. Auch sie residierten in Trier, sodass sie leicht zitiert werden konnten (vgl. Abschnitt 5.5).

In den Verhandlungen zur Verlängerung des Waffenstillstands musste die deutsche Seite am 16. Januar 1919 akzeptieren, dass neben dem, was Deutschland an Kriegsmaterial und sonstigen Gütern abzuliefern hatte, auch alles aus Frankreich und Belgien nach Deutschland verbrachte Material zurückgegeben werden musste. Die Alliierten richteten speziell dafür einen „Dienst zur Industriellen Wiederherstellung" ein, der am 5. Februar 1919 seine Arbeit in Wiesbaden aufnahm. Gut einen Monat später, am 11. April, bildete man vier Kommissionen. Eine widmete sich der Rückführung von Eisenbahnmaterial.

Als Nachsatz zu diesem Abschnitt sei noch darauf hingewiesen, dass schon der Friedensvertrag zwischen Deutschland und Frankreich von 1871 Reparationen vorgesehen hatte sowie eine Teilbesetzung Frankreichs als Sicherheit für die Zahlung der Kriegsentschädigung. Diese war in Quoten zu entrichten. Mit der Überweisung der jeweiligen Rate räumten die deutschen Truppen ein vorher bestimmtes Gebiet. Die Besetzung dauerte bis zum 16. September 1873.

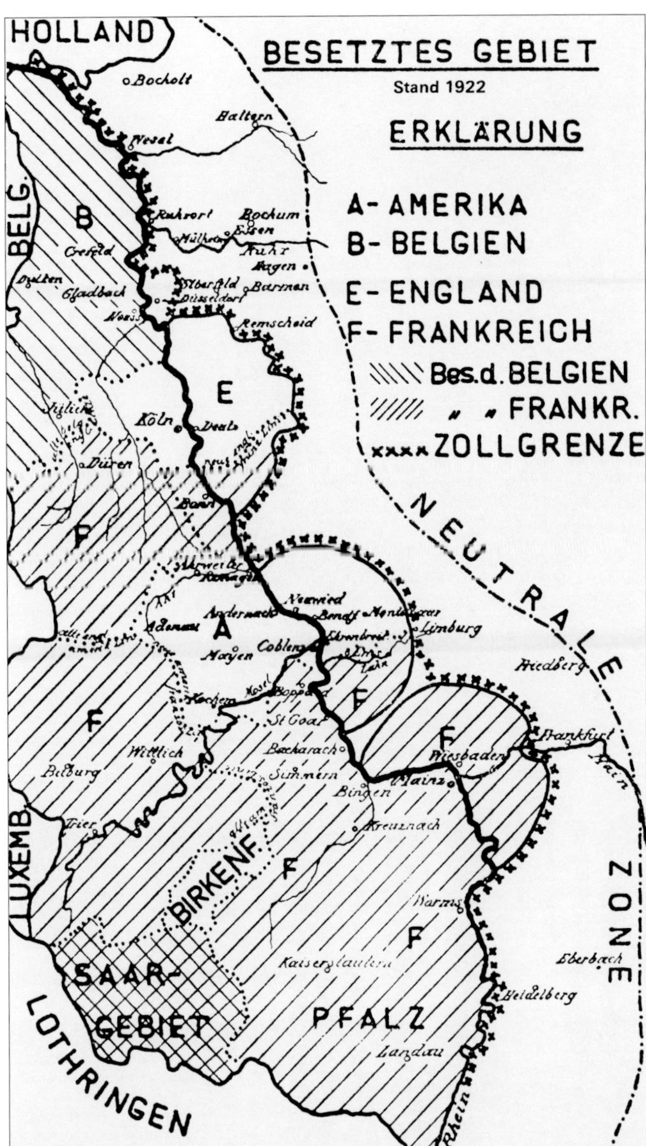

Bild 24 – Diese Karte zeigt die Besatzungszonen im Rheinland, wie sie den verschiedenen Alliierten auf Grund des Waffenstillstandsabkommens und durch Vorgaben des französischen Marschalls Foch zugewiesen wurden (Stand 1922).
ABBILDUNG: SAMMLUNG KLAUS KEMP

3.2 Der deutsche Rückzug aus Belgien und Frankreich

Obwohl ein Kriegsende noch lange nicht in Sicht war und eine Niederlage erst recht nicht vorstellbar erschien, begann der Chef der deutschen Feldeisenbahnen bereits im Verlaufe des Jahres 1917 mit Vorbereitungen für die Durchführung von Demobilisierungstransporten. Im September 1918 waren die Planungen abgeschlossen. Ein erster Gebrauch davon wurde im Oktober 1918 gemacht, als die deutschen Truppen sich auf die Antwerpen-Maas-Linie zurückzogen. Planmäßige Räumungszüge verließen Belgien und Frankreich in Richtung Reich. Vom 12. bis zum 31. Oktober fuhr man 10.488 Wagen ab und vom 1. bis zum 15. November weitere 13.063. Sie wurden mit weniger als 20 Zügen täglich befördert. Im Vergleich zum Aufmarsch 1914 war das eine geringe Menge. Selbst das Demobilisierungsprogramm hatte 150 Züge pro Tag vorgesehen, ein Indiz für die nachlassenden Kräfte des Reiches.

Die deutschen Truppen hatten laut Waffenstillstandsvertrag nicht nur die besetzten Gebiete Belgiens und Frankreichs zu räumen, sondern auch das komplette linke sowie eine entmilitarisierte Zone auf dem rechten Rheinufer. Der Rückzug hatte unter Zurücklassung allen Materials einschließlich des für den Betrieb und Unterhalt der Eisenbahnen notwendigen Personals schnell zu erfolgen, sodass ein geordneter wohlorganisierter Transport per Eisenbahn wie beim Aufmarsch von 1914 nicht möglich war. In den bisher besetzten Gebieten Belgiens und Frankreichs mussten rund 3.000 Lokomotiven und circa 80.000 Wagen nebst allen Eisenbahnern zurückgelassen werden. Für die Alliierten gehörte alles dort vorgefundene Material zur Kriegsbeute und wurde zuerst nicht auf die laut Waffenstillstandsabkommen abzuliefernden Fahrzeuge angerechnet. Trotzdem gelang es unter Verletzung der Waffenstillstandsbestimmungen, die meisten Länderbahnloks bis jenseits des Rheins abzufahren.

Um ein Minimum von Ordnung in das drohende Chaos zu bringen, wurde zuerst jeglicher Eisenbahnverkehr aus dem Inneren des Reichs zur Front eingestellt. Als Ausnahme waren lediglich Versorgungszüge mit Verpflegung, Bekleidung und Betriebsstoffen sowie Lazarettzüge zugelassen. Die Eisenbahnen ließ sich ohnehin nur für kurze Pendelfahrten nutzen, da die Züge das linksrheinische Gebiet ohne Genehmigung der Alliierten nicht mehr verlassen durften. Trotzdem gelang es, Kranke und Verwundete auf der Schiene in die Heimat zurückzubringen. Ebenfalls mit der Eisenbahn transportiert wurden *„für den Fußmarsch ungeeignete Formationen"* [17] und solche Güter, die in der Heimat dringend benötigt wurden.

Man versuchte allerdings Truppen, die in Belgien gekämpft hatten, schon vom linken Rheinufer aus weiter ins Reich hinein zu bringen, aber bis Ende November konnten nur 13 Divisionen von Bahnhöfen links des Rheins abtransportiert werden. Dort gab es nämlich eine große Anzahl von Deserteuren, Einzelformationen und Etappeneinheiten, die ebenfalls zurückdrängten und einen geordneten Abmarsch behinderten. Alleine aus Köln mussten täglich 30 bis 40 in dieser Form nicht geplanten Züge mit *„wilden Transporten"* [18] ins Reich hinein gefahren werden. Aus dem Rheinland stammende Soldaten entließ man zum Teil bereits dort, vor allem die Eisenbahner unter ihnen, weil sie dringend ge-

Bild 25
Auch die Besatzungsmächte blieben nicht von den Unbilden des Wetters verschont. Einer der niedrigsten Punkte der beiden Bahnlinien im Mittelrheintal befindet sich in Bingen, dessen Bahnhof dann bei Hochwasser als erster überflutet wird. Diese Aufnahme entstand im Januar 1920.

AUFNAHME: SAMMLUNG KLAUS KEMP

Bild 26, oben – November 1918: Rückflutende deutsche Truppen auf der Hohenzollernbrücke in Köln.

Bild 27, unten – Rückzug der deutschen Truppen über die Kaiserbrücke in Mainz am 30. November 1918. Die Bevölkerung reicht den Soldaten Erfrischungen. Ein Gleis ist mit Bohlen ausgelegt, sodass der Tross die Eisenbahnbrücke nutzen kann.

AUFNAHMEN (2): SAMMLUNG KLAUS KEMP

braucht wurden, um diesen ungeahnten Verkehr einigermaßen geordnet abzuwickeln.

Tatsächlich transportierte die Bahn unter Verletzung der Bestimmungen des Waffenstillstandsvertrages auch große Mengen Material bis jenseits des Rheins ins Reich hinein, darunter auch Züge mit Lebensmitteln, die von der ausgehungerten Bevölkerung teilweise ausgeplündert wurden.

Das hörte erst auf, als die Siegermächte mit der Besetzung des linken Rheinufers begannen. Da die Kapazität der Bahnen für die Mannschaften nicht ausreichte, legten die meisten Truppenteile den Weg von den Schützengräben bis ins Reich hinein gezwungenermaßen zu Fuß zurück. Dabei mussten sie pro Tag rund 30 km zurücklegen. Erst jenseits des Rheins gelang es, die Eisenbahn als Transportmittel in geordneter Form einzusetzen. Dafür musste allerdings der zivile Verkehr im ganzen Reich sehr stark eingeschränkt werden.

Gefahren wurden:

Zeitraum	Züge täglich
19. bis 30. November	40 – 80,
1. bis 10. November	98,
11. bis 20. November	bis 100.

Die Rückführung des Heeres aus dem Westen dauerte bis Mitte Januar 1919, wobei bis zum Schluss etwa 100 Züge pro Tag benötigt wurden. Beim Aufmarsch 1914 waren es 1.210 Züge täglich gewesen, also ein Vielfaches im Vergleich zu 1918. Allerdings kehrten die Soldaten jetzt ohne schwere Waffen, Pferde und sonstige Ausrüstung in ihre Heimatorte zurück.

Während des Rückzugs der deutschen und des Vormarschs der alliierten Truppen durften keine Züge zwischen den feindlichen Linien verkehren mit der Ausnahme von Arbeiterzügen und einigen Güterzügen zur Versorgung der Alliierten. In einigen Fällen durften mit der speziellen Erlaubnis der Interalliierten Eisenbahn-Kommission komplette Transporte mit Erz, Kohle usw. sowie Versorgungszüge für die Bevölkerung die Linien zwischen den feindlichen Armeen passieren. Wider Erwarten gelang die Räumung in der vereinbarten Frist. Am 3. Dezember 1918 überquer-

Bild 28 – Die heimkehrenden Soldaten wurden überall so empfangen, als hätten sie den Krieg gewonnen. Es entstand der für das Begreifen dessen, was geschehen war, fatale Spruch: „Im Felde ungeschlagen!“ AUFNAHME: SAMMLUNG KLAUS KEMP

ten die letzten deutschen Soldaten auf der Kölner Hohenzollernbrücke den Rhein, bevor in Koblenz die letzten deutschen Truppen am 7. Dezember 1918 die Stadt verließen. Damit war das gesamte linke Rheinufer geräumt.

Nach den Erfahrungen in anderen Teilen Deutschlands befürchtete das deutsche Oberkommando einen Bereich ohne staatliche Ordnung zwischen den abmarschierenden deutschen und den nachrückenden alliierten Truppen. Deshalb bat man die Sieger darum, gewisse deutsche Kontingente in größeren Städten bis zum Eintreffen der Besatzer halten zu dürfen, was Marschall Foch ablehnte.

Auf der anderen Seite war er bereit, Voraustruppen zu senden, die für Ruhe und Ordnung sorgen könnten. Dafür sollten die Deutschen Züge bereitstellen. Da jedoch die Eisenbahn so sehr mit der Rückführung des deutschen Heeres gebunden war, sah man keine Möglichkeit, diesen Transport zu organisieren. Am Ende sorgten Soldatenräte für Sicherheit.

Eine Ausnahme bildete Koblenz. Ein amerikanisches Bataillon, das als Vorausabteilung dorthin verlegt werden sollte, stand am 8. Dezember bereits um 4.15 Uhr im Trierer Hauptbahnhof bereit. Es dauerte allerdings bis 9 Uhr, ehe sich der Zug in Bewegung setzte. Er fuhr langsam, wie es in dem Bericht heißt, und traf deshalb erst um 14.30 Uhr in Koblenz ein. Sofort nach ihrer Ankunft wurden die Soldaten zur Sicherung wichtiger Punkte in der Stadt eingesetzt.

Insgesamt vollzogen sich der deutsche Rückzug und der alliierte Vormarsch laut Plan und ohne allzu große Reibungen, weil es gelang, eine Distanz zwischen den feindlichen Truppen aufrecht zu erhalten.

Mit Ausnahme eines beschränkten Berufsverkehrs ruhte der Personenverkehr in dieser Zeit, während ein reduzierter Güterverkehr zur Versorgung der Bevölkerung aufrecht erhalten wurde. Dort gab es allerdings immer wieder Störungen, weil verschiedene alliierte Offiziere unterer Ränge nicht ausreichend über die Transportvereinbarungen informiert waren.

3.3 Die Besetzung der Gebiete links des Rheins

3.3.1 Preußische, hessische, bayerische und oldenburgische Gebiete

Da zwar die Waffen schwiegen, aber immer noch Kriegszustand herrschte, war der Oberbefehlshaber der Siegermächte in der Person des Marschalls Foch nach internationalem Recht die höchste Autorität in den besetzten Gebieten. Dabei ließ man sich von dem Gedanken leiten, dass das Rheinland politisch, wirtschaftlich und verkehrstechnisch eine Einheit bildete, die bewahrt werden sollte, weshalb verschiedene Funktionen auch auf Seiten der Besatzer zentralisiert wurden. Als erstes legte Marschall Foch federführend für die Alliierten die **Verantwortlichkeit verschiedener Kommissionen** für die zurückgewonnenen eigenen und die zu besetzenden deutschen Gebiete fest, darunter

- die bereits existierende „Calais“-Kommission zur Kontrolle der belgischen Eisenbahnen;
- die erst am 14. Dezember 1918 gegründete Feldeisenbahn-Kommission (C.I.C.F.C.) zur Kontrolle der luxemburgischen und der deutschen Eisenbahnen in den zu besetzenden Gebieten, mit Unterkommissionen in Saarbrücken, Mainz, Koblenz und Luxemburg sowie einer speziellen britischen Unterkommission für die Bahnen in der ihnen zugewiesenen Besatzungszone;
- die Brüsseler Interalliierte Abnahme-Kommission, um das von der deutschen Armee abzuliefernde rollende Material zu untersuchen und anzunehmen oder abzulehnen; diese Aufgabe übernahm bald darauf die Waffenstillstandskommission in Spa; sowie weitere Kommissionen zur Überwachung von Straßen und Schifffahrtswegen sowie von Telefon- und Telegrafenleitungen. Später wurden noch weitere Kommissionen gegründet.

Bild 29
Mit der Besetzung des linken Rheinufers durch die Alliierten wurde der Verkehr mit dem unbesetzten Deutschland anfangs ganz unterbrochen und später streng kontrolliert. Da der Rhein an vielen Stellen die Grenze bildete, ließen sich diese Kontrollen auf den Brücken besonders leicht bewerkstelligen, wie hier durch belgische Truppen an der Oberkasseler Brücke in Düsseldorf.

AUFNAHME: SAMMLUNG KLAUS KEMP

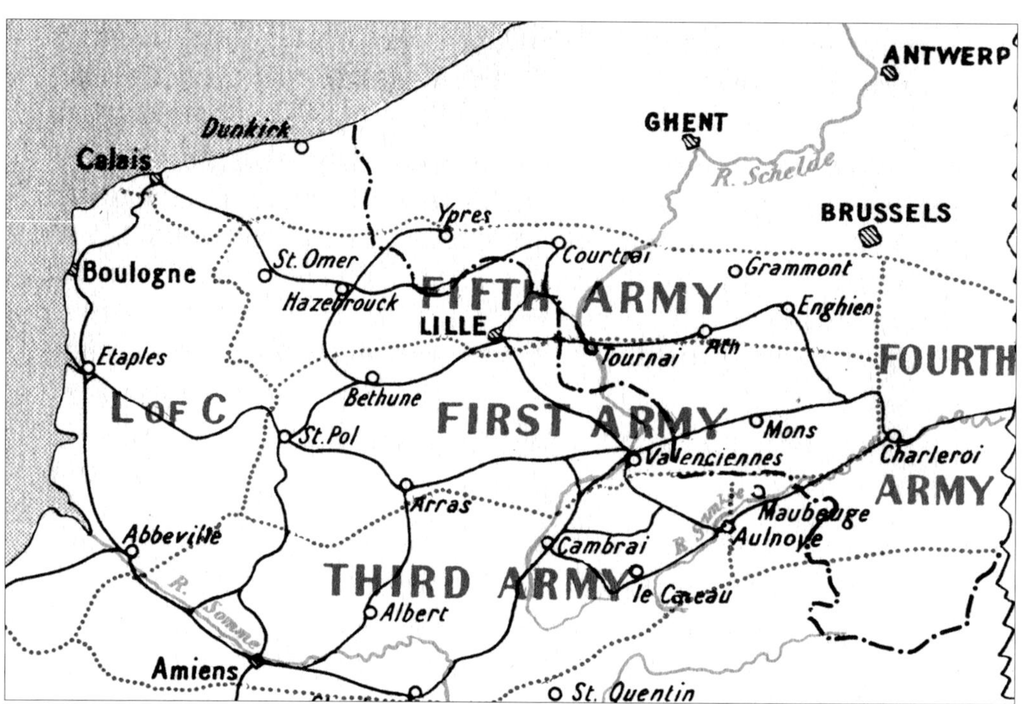

Bilder 30/31, Mitte und unten
Aus dem Frontabschnitt heraus, den der jeweilige Alliierte verteidigt hatte, ergab sich die Zone, die ihm bei der Besetzung des Rheinlands übertragen wurden. Die Karte zeigt die Stellungen der Briten beim Waffenstillstand und den von ihnen zu kontrollierenden deutschen Bereich.

ABBILDUNGEN (2):
SAMMLUNG KLAUS KEMP

Am 15. November 1918 um 14 Uhr mussten mit Vollmachten versehene Vertreter des deutschen Heeres bei der Calais-Kommission vorstellig werden, um dort die Instruktionen des belgischen Königs hinsichtlich der von Deutschland in Belgien benutzten Eisenbahnen entgegenzunehmen. Vor allem hatten sie Unterlagen über den Zustand der belgischen Eisenbahnen, über das beschäftigte Personal und über die vorhandenen Lokomotiven und Wagen abzuliefern. Aber das war noch nicht alles. Am 16. November hatten sich zwei bevollmächtigte Vertreter des Heeres in Nancy einzufinden, um vom Präsidenten der alliierten Feldeisenbahn-Kommission Befehle hinsichtlich der Luxemburger Eisenbahnen und der Bahnstrecken in den zu besetzenden Gebieten zu empfangen. Damit nicht genug. Deutsche Vertreter waren weiterhin abzustellen für zwei weitere Kommissionen, eine in Brüssel, die andere in Metz, einmal für eine volle Information über die von Elsass-Lothringen nach Frankreich führenden Bahnlinien, zum anderen für die Übergabe der abzuliefernden Lokomotiven und Wagen.

Die Alliierten folgten den abziehenden deutschen Truppen in der Regel im Abstand von ein bis zwei Tagen. Sie rückten alle gleichzeitig ab dem 1. Dezember 1918 im Wesentlichen ohne Unterstützung der Eisenbahn ins Rheinland ein, weil durch die Frontlinie, in deren Bereich in einem breiten Streifen zu beiden Seiten meistens alles zerstört worden war, so schnell keine Bahnverbindung herzustellen war. Da die Alliierten dem Frieden nicht trauten, rückten sie feldmäßig ausgerüstet vor für den Fall, dass deutsche Truppen sie wider Erwarten doch noch angreifen sollten. Die Unterbrechung im Bahnnetz im englischen Frontabschnitt betrug etwa 30 bis 50 km, die nicht so schnell zu reparieren waren. Sobald man auf der Gegenseite unzerstörte Bahnlinien erreichte und Loks und Wagen fand, dienten sie dem Nachschub. Parallel dazu wurden die zerstörten Bahnstrecken im bisherigen Frontbereich unter Hochdruck wieder aufgebaut. Jedem Besatzungsheer waren Strecken zugeordnet, den Briten zum Beispiel Brüssel – Lüttich – Aachen – Köln. Laut den Bedingungen des Waffenstillstands hätten die deutschen Eisenbahner in Belgien auf ihren Posten bleiben müssen. Stattdessen flohen sie aus Angst vor Repressalien der lokalen Bevölkerung, immerhin rund 10.000 Mann, und nahmen dabei wichtige Unterlagen mit. Trotz aller Schwierigkeiten gelang es den britischen Truppen in ihrem Bereich, den ersten Zug am 8. Dezember 1918 bis an die deutsche Grenze zu fahren.

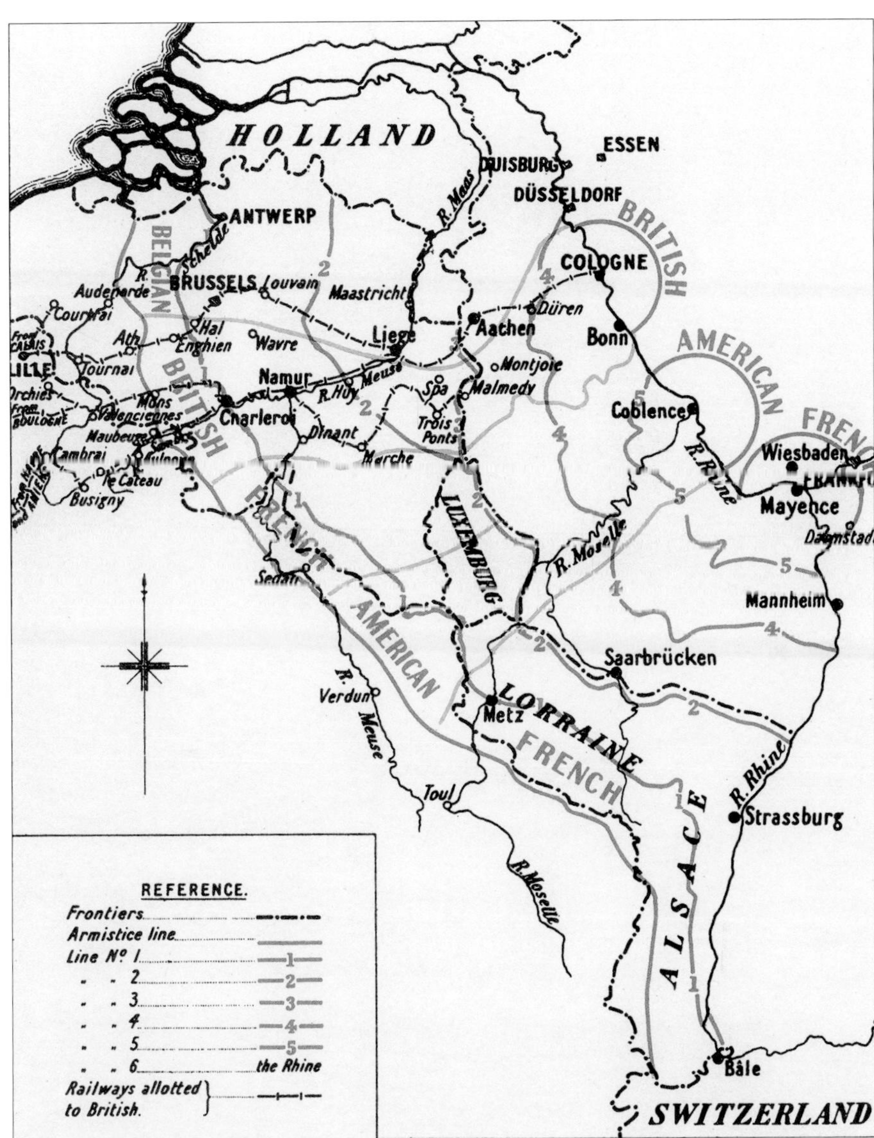

Bild 32 – Das Vorrücken der alliierten Truppen hatte Marschall Foch peinlich genau festgelegt. Es sollte verhindert werden, dass sie auf die deutsche Nachhut trafen und sich womöglich Gefechte entwickelten.
ABBILDUNG: SAMMLUNG KLAUS KEMP

Da für eine so große Truppenmenge sowie für die damals noch üblichen Kavallerieabteilungen Verpflegung benötigt wurde, musste der Nachschub sichergestellt werden. Vor allem die Briten und Amerikaner wollten ihren Einmarsch in Deutschland nicht gleich mit der Beschlagnahmung von Lebensmitteln beginnen. Mit Hochdruck arbeiteten sie deshalb am Wiederaufbau zerstörter Eisenbahnlinien, um den Nachschub möglichst nahe an die vorrückende Truppe heranzuführen. Am 1. Dezember überschritten britische Truppen die deutsche Grenze in der Eifel und erreichten Monschau. Die Versorgungszüge konnten an diesem Tag im Tal der Maas bis etwa 20 km vor Lüttich geführt werden. Allerdings wurde der Nachschub einige Tage lang wegen eines Unfalls bei Charleroi unterbrochen. Am 2. Dezember lief er wieder, nur um erneut von zahlreichen Unfällen unterbrochen zu werden. Nach einem Zwangsaufenthalt von zwei Tagen wurde der Vormarsch, sobald die Versorgung wieder sichergestellt war, fortgesetzt.

Die britischen Truppen erreichten bereits am 6. Dezember 1918 Bonn und Köln. Am 7. Dezember hatte sich die Situation auf den Bahnstrecken in Belgien so weit normalisiert, dass der Nachschub wieder rollte, und es wurde am 8. Dezember begonnen, erste Truppenteile von Düren bis Köln-Ehrenfeld auf der Bahn zu transportieren. Bis Ende des Monats folgten weitere Truppenteile auf der Schiene, wobei Köln-Ehrenfeld weiter als Entladebahnhof diente. Am 12. Dezember 1918 war die Besetzung der britischen Zone vollzogen. Im Gegensatz zu den Briten, die sehr stark auf die Unterstützung durch die Eisenbahn setzten, verzichteten die Amerikaner bewusst darauf, weil sie die Bahnlinien durch die Eifel und den Hunsrück für nicht geeignet hielten. Erst nach Erreichen des Rheins durch die Hauptmasse ihrer Truppen am 11. Dezember 1918 nutzten auch sie die Schiene für ihren Nachschub.

Während in Mainz die ersten französischen Soldaten am 8. Dezember 1918 auf Straßenfahrzeugen eintrafen, um mit deutschen Offizieren die Übergabe der Stadt zu organisieren, folgten ihnen

Bild 33
Die Franzosen erwählten Mainz zu ihrem Hauptquartier. Als sie im Dezember 1918 die Stadt besetzten, nahmen sie als erstes den Hauptbahnhof ein. Vor dem Ersten Weltkrieg, als diese Aufnahme des Empfangsgebäudes entstand, suchten sich die Fotografen bevorzugt Tageszeiten mit besonders wenig Verkehr aus, um Bewegungsunschärfen zu vermeiden.

Bild 34
In den ersten Wochen und Monaten der Besetzung waren die Rechte der Zivilbevölkerung stark eingeschränkt. Für eine Reise benötigte man eine spezielle Erlaubnis. Am 19. Januar 1919 kontrollieren französische Soldaten den Ausgang des Bahnhofs Landau.

Aufnahmen (2): Sammlung Klaus Kemp

am nächsten Tag etwa 1.000 Mann, die mit einem Sonderzug ankamen und auf dem Hauptbahnhof ausgeladen wurden. Sie waren für den Wachdienst der Kasernen vorgesehen und bezogen Posten, ehe der Hauptteil der Truppen herangeführt wurde. Der Rhein wurde erst am 13. Dezember 1918 zur Besetzung von Wiesbaden und des Rheingaus überschritten, nachdem das Gros der Besatzungsarmee eingetroffen war. Die 30-km-Linie wurde nicht eingehalten. Marschall Foch verzichtete darauf, Vororte von Frankfurt (M) und Darmstadt, die innerhalb dieser Linie lagen, zu besetzen. Trotzdem verschob er am 12. April 1919 die Grenze auf Frankfurt zu, wodurch das erst im Januar 1918 eröffnete Ausbesserungswerk in Frankfurt (M)-Nied Teil des Mainzer Brückenkopfes wurde.

Wenig bekannt ist, dass in der Pfalz und in Rheinhessen (Bezirke Bergzabern und Germersheim) für kurze Zeit sogar italienische Truppen stationiert waren, obwohl sie nicht an der Westfront gekämpft hatten.

Neben den linksrheinischen Gebieten besetzten die Alliierten am 13. Dezember 1918 außer Mainz/Wiesbaden zwei weitere Brückenköpfe auf dem rechten Rheinufer, nämlich Koblenz und Köln. Als letzter folgte Kehl, in das französische Truppen allerdings erst am 30. Januar 1919 einrückten. Belgischen Truppen hatte Marschall Foch das nördliche Rheinland (Krefeld, Kleve, Neuss) zugewiesen. Ihr Hauptquartier schlugen sie in Aachen auf. Den Kölner Brückenkopf übernahmen die Engländer. Die Amerikaner richteten sich entlang der Mosel von Trier bis Koblenz und in der Südeifel ein. Der Löwenanteil fiel jedoch an Frankreich, und zwar der Rest der preußischen Rheinprovinz, Rheinhessen und die Pfalz. Ihr Hauptquartier richteten sie in Mainz ein.

Die Besetzung der rheinischen Gebiete wurde im Friedensvertrag von Versailles bestätigt, aber gegen das Bestreben von Frankreich auf 15 Jahre begrenzt.

Als die Alliierten den Rhein erreichten, ordnete Marschall Foch am 6. Dezember 1918 an, die Truppen hätten in ihren Besatzungszonen sicherzustellen, dass auch alle Straßen- und Eisenbahnbrücken sowie alle Fähren über den Rhein zwischen der Schweizer und der niederländischen Grenze außerhalb der Brückenköpfe bewacht und in Ordnung gehalten würden. Dafür könnte technisches Personal der Besatzungstruppen auch auf der rechten unbesetzten Seite des Stromes in unmittelbarer Nähe der Übergänge Position beziehen, wenn es für notwendig erachtet würde. Nachdem den belgischen Truppen kein besonderer Brückenkopf zugewiesen worden war, hatten sie in einer recht großzügigen Auslegung dieser Bestimmungen am 15. Dezember 1918 Emmerich sowie am 19. Januar 1919 Wesel zur Verstärkung des Hafenschutzes und zur Sicherung der für die Besatzungstruppen notwendigen Transporte besetzt, wo sie bis Anfang Februar 1921 blieben. Mitte Januar setzten sie sich außerdem in Duisburg-Ruhrort und Duisburg-Meiderich fest. Am 10. März 1919 verstärkten sie die Besatzung durch zwei zusätzliche Kompanien. Gut zwei Wochen später nahmen sie auch den Düsseldorfer Hafen ein.

Für eine Stadt wie Kehl bedeutete die Besetzung den Verlust wichtiger Verkehrsbeziehungen, nämlich über den Rhein mit Straßburg, sowohl auf den Linien der badischen Staatseisenbahnenbahn, als auch auf denen der Straßburger Straßenbahngesellschaft. Obwohl die Stadt nun zur französischen Zone gehörte, gab es keinen durchgehenden Verkehr mehr auf der vor dem Krieg stark frequentierten Relation Appenweier – Kehl – Straßburg auf die andere Rheinseite. Elsass war nun Ausland und ins unbesetzte Deutschland gelangten Reisende nur mit besonderer Erlaubnis.

Ab dem 5. Dezember 1918 unterbrachen die Besatzer den Güterverkehr zwischen dem linken und dem rechten Rheinufer fast vollständig. Nur wenige Rohstoffe und einzelne Lebensmittel konnten passieren. Am 13. Dezember 1918 erließ das Alliierte Oberkommando die folgende **Verfügung betreffend den Eisenbahnverkehr über den Rhein**[19]:

„Keine Personen-, Güter- oder Leerzüge werden den Rhein von dem Moment an überqueren, in dem die Vorhut der Alliierten Truppen den Strom erreicht. Als Ausnahme dürfen die folgenden den Rhein überqueren:

(a) Militärzüge der Alliierten Streitkräfte, d. h. Truppen in den Brückenköpfen von Köln, Koblenz und Mainz – und ihre zurückkehrenden Leerzüge;

(b) Züge, die Rohmaterial vom rechten Rheinufer bringen, das für Elsaß-Lothringen und die rheinischen Provinzen auf dem linken Ufer bestimmt ist, und von den zurückkehrenden Leerzügen, die für diesen Zweck genutzt worden sind;

(c) Züge mit rollendem Material, Lokomotiven und Eisenbahnwagen, die im Rahmen der Bestimmungen des Waffenstillstandsvertrages von den Deutschen an die Alliierten geliefert werden.

Auf die Anordnung des Alliierten Oberkommandos hin wird der Transport von Lebensmitteln auf dem Wasserwege erfolgen."

Als Übergangspunkte, die allerdings scharf kontrolliert wurden, dienten jetzt nur noch die Rheinbrücken in Duisburg, Köln, Koblenz und Mainz (dort nur die Kaiserbrücke, heute Nordbrücke) sowie später auch Worms. Im grenzüberschreitenden Verkehr mit dem unbesetzten Gebiet sowie zwischen den Besatzungszonen genehmigten die neuen Herren im Rheinland zwar Personenzüge, aber diese dienten lediglich dem Berufsverkehr. Da sich die Fahrgäste aufwendigen Kontrollen unterwerfen mussten, gab es an den neuen Kontrollstellen zeitintensive Aufenthalte.

Vor dem Krieg waren rund 75.000 deutsche Soldaten in dem jetzt von den Alliierten besetzten Gebiet stationiert gewesen. Die Alliierten marschierten mit bis zu 950.000 Mann nach Deutschland ein. Im Verlaufe des Januars 1919 verringerte sich die Truppenstärke auf 600.000, lag damit aber immer noch weit über jener der Friedensbesatzung vor dem Krieg. Nachdem die Truppen bis zum Frühjahr 1919 auf einen „friedensmäßigen" Stand gebracht worden waren, befanden sich trotzdem noch rund 29.000 belgische, 10.300 englische, 20.000 amerikanische und 106.000 französische Soldaten im Rheinland, insgesamt 165.300 Mann – mehr als doppelt so viele wie zuvor – die alle untergebracht werden mussten.

Sobald die Truppen einmal ihre Quartiere erreicht hatten, wurde der zivile Verkehr innerhalb der besetzten Gebiete wieder freigegeben. Als dann der militärische Nachschub ab Mitte Januar 1919 auf der Schiene rollte, erfüllte das deutsche Personal mit

Bild 35 – Eine Lok der preußischen Gattung P 8 verlässt im Jahr 1926 mit einem Personenzug den wichtigen Knotenpunkt Bingerbrück in Richtung Bad Kreuznach. Rechts sind die ausgedehnten Anlagen des Bahnbetriebswerkes zu erkennen. AUFNAHME: DLA DARMSTADT, BILDARCHIV DER EISENBAHNSTIFTUNG

Aufruf!

Die alliierte Militärbehörde übernimmt den Oberbefehl im **Lande.**

Sie verlangt von allen den strengsten Gehorsam.

Die Gesetze und Verordnungen, die bei Beginn der Besetzung in Kraft waren, werden durch uns gewährleistet, soweit sie unsere Rechte nicht beeinträchtigen und unsere Sicherheit nicht gefährden.

Unter der Aufsicht und der Leitung der Militärbehörden werden die öffentlichen Verwaltungen aufgefordert, in Tätigkeit zu bleiben.

Die Staats- und Kommunalbeamten sind verpflichtet und angehalten, die ihnen übertragenen Aemter gewissenhaft und in ehrlicher Weise auszuüben; die Gerichte werden weiter Recht sprechen.

Die Einwohner haben sich jeder feindseligen Handlung, sei es in Wort oder Tat, gegenüber den alliierten Behörden zu enthalten.

Sie sind verpflichtet, den **gesetzmäßig** auferlegten Requisitionen Folge zu leisten.

Jeder, der eines Verbrechens oder eines Vergehens überführt wird, sei er Urheber oder Mitschuldiger, wird sofort verhaftet und vor ein Kriegsgericht gestellt.

Jedes Vergehen gegen die der Bevölkerung bekannt gegebenen Erlasse, sowie jede Gehorsamsverweigerung werden streng bestraft.

Die Besetzung des Landes durch die alliierten Armeen wird durch diesen Aufruf festgelegt; er bestimmt für jeden seine Pflicht, die darin besteht, an der Wiederaufnahme der örtlichen Verkehrsverhältnisse mit Tatkraft, Ruhe und Disziplin mitzuwirken; möge ein jeder sich eifrig daran beteiligen.

LE MARÉCHAL DE FRANCE,

Höchstkommandierender der Alliierten Armeen,

FOCH.

Bild 36, links – Plakat der Besatzungsmacht aus den ersten Tagen der Machtübernahme im Rheinland.

Bild 37, oben – „Wacht am Rhein“: Ein algerischer Soldat bewacht die Bonner Rheinbrücke mit dem Siebengebirge im Hintergrund.

Bild 38, rechts – Propagandakarte mit der Botschaft, dass von nun an die Alliierten die „Wacht am Rhein“ übernehmen, um sich so vor einem neuerlichen Angriff Deutschlands zu schützen.

Abbildungen (3): Sammlung Klaus Kemp

„Disziplin, Willfährigkeit und äußerster Pünktlichkeit“ [20] seinen Dienst für die neuen Herren. Nun wuchsen die Anforderungen an die deutschen Eisenbahner, denn es setzte ein starker Urlauberverkehr der Alliierten zwischen den besetzten Gebieten und den Heimatländern ein. Verstärkt wurde er durch die Demobilisierung vieler Truppenteile, nachdem sich herausgestellt hatte, dass nicht mehr die volle Kampfstärke benötigt wurde. Gleichzeitig verlagerte sich der Verpflegungsnachschub des Besatzungsheeres von der Straße auf die Schiene. Der dritte Faktor war die beginnende Abfuhr von Reparationsgütern, vor allem nach Belgien und Frankreich.

Die Angst vor einer Wiederaufnahme der Feindseligkeiten blieb, und so wurden Vorsichtsmaßnahmen getroffen: Alleine in der britischen Besatzungszone gab es rund 25.000 deutsche Eisenbahner, die für den friedensmäßigen Betrieb nötig waren. Sollte jedoch der Krieg wieder ausbrechen, konnten und wollten sich die Besatzer nicht auf sie verlassen. Deshalb wurden Ende Januar 1919 britische Eisenbahntruppen im Bereich der deutsch-belgischen Grenze und in der Gegend von Mons (nahe der französischen Grenze) stationiert. [21] Dabei wurden 1.500 bis 2.000 Mann für ausreichend erachtet, um einen kriegsmäßigen Betrieb in der Besatzungszone zur Sicherstellung des Nachschubs aufrecht erhalten zu können.

Die militärischen Befehlshaber der Sieger übernahmen die Verwaltung der besetzten Gebiete unter dem Konzept des Belagerungszustandes. Es gab einschneidende Maßnahmen, u. a. wurden der private Post-, Telefon- und Telegrafenverkehr unterbrochen. Geschäftspost musste offen versandt werden und unterlag der Zensur. Zeitungen mussten ihr Erscheinen einstellen. Jeder Personen- und Güterverkehr mit dem unbesetzten Deutschland wurde auf Befehl von Marschall Foch ab dem 1. Januar 1919 unterbunden und in den besetzten Gebieten stark eingeschränkt. Bei diesen Bedingungen, so wurde es immer wieder betont, diente die deutsche Besetzung Frankreichs im Krieg von 1870/71 als Vorbild. Nach deutscher Auffassung entsprach dies nicht dem Buchstaben und dem Geist des Waffenstillstandsabkommens, was die Sieger jedoch nicht daran hinderte, das aus ihrer Sicht richtige Vorgehen beizubehalten. Diese Bestimmungen führten zu Reibereien zwischen Besatzung und Beamten, wie der folgende Vorfall zeigt: In der belgischen Zone wurde ein Eisenbahner zu 14 Tagen Gefängnis verurteilt, weil er die Pünktlichkeit der Züge über alles setzte und Züge abfertigte, die Post transportierten, ohne die Briefe zuvor der Zensur vorzulegen.

Durch die Brückenköpfe befand sich die Besatzungsgrenze in weiten Bereichen östlich des Rheins im Hinterland. In der Eisenbahndirektion Frankfurt (M) mit ihren bis zur Sieg reichenden Strecken bildeten die Bahnhöfe und Blockstellen Neu-Isenburg, Frankfurt (M)-Goldstein, Frankfurt (M)-Griesheim, Frankfurt (M)-Höchst, Eschborn und Weiskirchen im Mainzer Brückenkopf die Grenze zum unbesetzten Gebiet. Im Koblenzer Brückenkopf waren es Eschhofen, Staffel und Flammersfeld, während Hennef bereits an der Grenze des Kölner Brückenkopfs lag. Besonders ungünstig für die Bevölkerung war die „Zerstückelung“ der rechten Rheinstrecke zwischen Köln und Koblenz. Wer etwa von Neuwied nach Troisdorf wollte, wurde auf dem Grenzbahnhof Höfingens von den Franzosen kontrolliert und in Bonn-Oberkassel von den Engländern, später dann auch von den Franzosen, als diese Teile der britischen Zone übernahmen. In den Zeiten, in denen ein Grenzübergang möglich war, fanden auf diesen Grenzbahnhöfen zwischen besetztem und unbesetztem Deutschland Pass- und Zollkontrollen statt. Teilweise liefen die Züge nicht durch, sondern es musste umgestiegen werden.

Erlaubt wurden in den Brückenköpfen Arbeiterzüge über die neue Grenze hinweg, wenn auch begrenzt in ihrer Zahl und der Länge ihres Laufweges. Aber die Fahrgäste dieser Fahrten wurden täglich durchsucht, um sicherzustellen, dass jeder die entsprechenden Ausweispapiere besaß und dass weder Pakete noch Briefe geschmuggelt wurden. Der einzige andere Zug, der diese Grenzlinie überqueren durfte, war der Schnellzug Berlin – Spa. In ihm waren für die an den Waffenstillstandsverhandlungen Beteiligten ständig 160 Sitz- und 20 Schlafwagenplätze reserviert.

Für die Menschen, die bisher mitten im Land gelebt hatten und die sich nun plötzlich mit einer Grenze konfrontiert sahen, hatte diese Situation tiefgreifende Auswirkungen. Das zeigt ein Beispiel aus dem Umland von Frankfurt (M): Der Mainzer Brückenkopf unterbrach im Süden Frankfurts die Verbindung nach Darmstadt. Als Umleitungsstrecke wurde die von Offenbach über Ober-Roden nach Dieburg verlaufende Nebenbahn herangezogen, die dort auf die Strecke Darmstadt – Aschaffenburg trifft. Andere Züge befuhren noch längere Umleitungsstrecken, nämlich über Hanau nach Babenhausen – ebenfalls an der Strecke nach Aschaffenburg gelegen. Die in Buchschlag-Sprendlingen nach Ober-Roden von der Strecke Frankfurt (M) – Darmstadt abzweigende Linie musste ganz eingestellt werden, weil Buchschlag von den Franzosen besetzt wurde. Ab dem 27. Januar 1919 gab es Er-

Bild 39
Die Kaiserbrücke stellt die Verbindung zwischen Mainz Hbf und Wiesbaden Hbf her. Dort hatte die Interalliierte Feldeisenbahn-Kommission, die die Bahnstrecken in den besetzten Gebieten kontrollierte, ihren Sitz.

Aufnahme:
Sammlung Dierk Lawrenz

Bild 40
Das Südwestportal der Ludwigshafener Rheinbrücke. Jenseits des Stroms lag das unbesetzte Deutschland. Vor allem Franzosen und Belgier kontrollierten den Grenzverkehr sehr genau. Dieses um 1922 entstandene Foto zeigt die Behelfsbauten für die Wachmannschaften und Zöllner am Brückenportal sowie eine Sperre für den Straßen- und Straßenbahnverkehr.

Aufnahme:
Sammlung Klaus Kemp

Bild 41
Über die Mainzer Südbrücke sind Rüsselsheim und Frankfurt (M) erreichbar. Ein Personenzug mit 38 2381 erreicht soeben das linke Rheinufer.

Aufnahme:
Carl Bellingrodt/EK-Verlag

Bild 42 – Während der alliierten Besetzung posieren 1920 vor dem Lokschuppen des Bw Worms mehrere Eisenbahner und Zivilisten vor der pfälzischen $P\,3^1$ Nr. 228 „LAHN" (Krauss 4239/1902), an deren Führerstand „Kaiserslautern" angeschrieben ist. Dahinter stehen eine unbekannte preußische $S\,5^2$ und ganz links die $G\,8^1$ Nr. 5161 der AL, die 1913 von Henschel (Fabriknummer 12232) an die Reichseisenbahn in Elsaß-Lothringen (EL) geliefert worden war. AUFNAHME: SAMMLUNG CHRISTIAN DAHM

Bild 43
Weil die Reichswehr ins Ruhrgebiet eingerückt war, um einen bewaffneten Aufstand niederzuschlagen, besetzten als Gegenmaßnahme französische Truppen Anfang April 1920 kurzfristig Frankfurt (M). Auf Druck der Briten und Amerikaner mussten sie Frankfurt wieder freigeben, sobald sich die Reichswehr aus dem Ruhrgebiet zurückgezogen hatte. Hier stehen französische Panzer am 6. April im Stadtzentrum.

AUFNAHME: SAMMLUNG KLAUS KEMP

satz durch eine Buslinie zwischen Frankfurt (M) und Darmstadt außerhalb der Grenzen des Brückenkopfes. Erst ab dem 19. Mai fuhren wieder durchgehende Personenzüge bis Darmstadt, für deren Benutzung man nun jedoch einen Reisepass brauchte.

Für Klein-, Privat- und Straßenbahnen, deren Betrieb durch diese innerdeutschen Grenzen durchschnitten war – wie etwa die Bröltalbahn, die Straßenbahn Bonn – Königswinter oder die Nassauische Kleinbahn – brachte diese Situation teils erhebliche Einnahmeverluste. Solange diese zweifelsfrei nachgewiesen werden konnten, erstattete das Reichsschatzministerium die Ausfälle.

Die Zollkontrollen dauerten an. Am 8. April 1920 erließ die Interalliierte Rheinlandkommission eine Verordnung, die alle aus dem unbesetzten Gebiet eingeführten Waren mit einem Zoll von 25 % belegte, während für Ausfuhren aus dem besetzten Rheinland ins Reich dessen Zolltarife angewandt werden mussten. De facto richteten die Franzosen so mitten in Deutschland eine Zollgrenze ein. Da sich jedoch viele Zöllner weigerten, diese Zölle zu erheben, stellten die Besatzer Beamte ab, die im Umgang mit den Zolltarifen ungeübt waren.

Das wirkte sich auf den Eisenbahnverkehr generell, vor allem aber auf den Güterverkehr aus. Es kam zu Stauungen auf den Bahnhöfen. Insbesondere die schleppende Abfertigung von Lebensmitteltransporten machte sich bemerkbar. Mangel und Verknappung führten zu einer Verteuerung. Insgesamt hatte die Einführung des Zolls auf die Dauer eine Verringerung des Güterverkehrs in beide Richtungen zur Folge.

Der Bahnbetrieb wurde von Anfang an der aus der kriegsmäßigen Feldeisenbahn-Kommission (C.I.C.F.C.) hervorgegangenen Commission Interalliée des Chemins de Fer de Campagne des Pays Rhénans (C.I.C.F.C.P.R.) unterstellt, welche in Luxemburg gegründet worden war und dann ihr Hauptquartier in Trier aufschlug. Als Präsident dieser Kommission wurde der französische General Payot bestellt, der den Titel Generaldirektor für Kommunikation und Versorgung der Armeen erhielt.

Im März 1920 verlegte die C.I.C.F.C.P.R. ihren Sitz nach Wiesbaden. Dieser Einheit oblag es (vgl. Abschnitt 3.1), das Funktionieren der Eisenbahnen in den besetzten Gebieten sicherzustellen sowie Befehle der Militärbehörden an die Eisenbahner zu übermitteln. Drei Befehle vom 24. November 1918 aus dem großen Hauptquartier der Alliierten regelten die Zusammensetzung und die Aufgaben der Kommission im Detail. Auf deren Basis setzte die C.I.C.F.C.P.R. Unterkommissionen bei den Eisenbahndirektionen Köln, Ludwigshafen, Mainz und Saarbrücken – ähnlich den deutschen Linienkommandanturen – ein. Die Unterkommission in Köln wurde mit englischem, die drei anderen mit französischem Personal besetzt.

Bild 44
Ursprünglich war Trier von den Amerikanern besetzt, wurde von diesen jedoch zu Gunsten der Franzosen geräumt. Für Frankreich war es ein wichtiger Eisenbahnknotenpunkt, weil sich hier die Nachschubstrecken durch die Eifel und an der Mosel entlang zum Rhein trafen. Die Aufnahme zeigt ein großes Versorgungslager (Zentralmagazin) in Trier.

Aufnahme: Sammlung Klaus Kemp

Diese Unterkommissionen nahmen ihre Aufgabe zusammen mit dem Vorrücken der alliierten Truppen im Rheinland auf: am 29. November in Saarbrücken, am 2. Dezember 1918 in Aachen (später in Köln), am 6. Dezember in Ludwigshafen und am 13. Dezember in Mainz. Zur Regelung des Militärverkehrs im Brückenkopf Koblenz richtete die C.I.C.F.C.P.R. noch eine zusätzliche Delegation ein, die aus amerikanischen und französischen Mitgliedern bestand. Diese gab ihre Befehle dem dortigen Betriebsamt zur Ausführung. Nach der Unterzeichnung des Friedensvertrages wurde die Mannschaftsstärke der Feldeisenbahner auf 500 reduziert. Das Personal rekrutierte sich aus Eisenbahnern der großen französischen Bahngesellschaften, ausgenommen in Elsass-Lothringen, weil dort nach dem Abschieben deutscher Eisenbahner qualifiziertes Personal fehlte.

Die Zeitung des Vereins Deutscher Eisenbahnverwaltungen veröffentlichte 1920 eine Schilderung der Situation:

„Auf eine peinlich pünktliche Durchführung aller Militärtransporte wurde höchstes Gewicht gelegt, was bei dem schlechten Zustand der Betriebsmittel der deutschen Bahnen viele Mühen und Unannehmlichkeiten bereitete. Mit der fortschreitenden Abgabe von Lokomotiven und Wagen an die Entente erhöhten sich noch diese Schwierigkeiten. Dazu trat bei der längeren Dauer der Besatzung und der wachsenden Lebensmittelknappheit noch eine immer größer werdende Widerwilligkeit des Personals zur Dienstleistung für den Feind, die besonders in jenen Gegenden bedenklich zu werden drohte, wo politische Bestrebungen für eine Abtrennung besetzter Gebietsteile vom deutschen Reichsverband im Werk waren, wie im Saargebiet und der bayerischen Pfalz, teilweise auch in der preußischen Rheinprovinz. Seitens der C.I.C.F.C. in Trier wurde hierbei die gesamte Verantwortung für die Aufrechterhaltung des glatten Bahnbetriebes, also für die Unterdrückung jeder Streikgefahr, den betreffenden Eisenbahndirektionspräsidenten persönlich auferlegt, wodurch diese mehrfach in keine beneidenswerte Lage gekommen sind."[22)]

Bereits vor der offiziellen Gründung dieser Kommission quartierte sich am 4. Dezember 1918 eine Vorausabteilung (Souscommission des Chemins de Fer de Campagne) im Gebäude der Eisenbahndirektion Ludwigshafen in der Pfalz ein. Feldeisenbahner trafen unter militärischer Begleitung auf verschiedenen Bahnhöfen ein und richteten sich in Diensträumen, Wartesälen und Wohnungen dienstlich ein. Da man den Deutschen nicht traute, überwachten die französischen Feldeisenbahner den Zugverkehr durch mitfahrende französische Begleiter und französische Lokführer. Den deutschen Eisenbahnern war es verboten, französische Besatzungssoldaten an den Bahnsteigsperren, in den Bahnhöfen und in den Zügen zu kontrollieren. Da ihnen also nichts gesagt werden durfte und weil sie Vorschriften missachteten, führte das in der Folge zu Unfällen. Zusätzlich wurde das gesamte Eisenbahnsystem der besetzten Gebiete sorgfältig studiert. Es wurden Pläne der Eisenbahnstrecken angefertigt, um die Alliierten so in die Lage zu versetzen, den gesamten Eisenbahnbetrieb im Falle des Ausbrechens von Feindseligkeiten oder eines Streiks des deutschen Personals selbst zu übernehmen.

Bald darauf gingen die Besatzungstruppen im ganzen Rheinland ähnlich vor. Auf allen wichtigen Bahnhöfen wurden nun militärische, teilweise auch technische Bahnhofskommissare sowie Wachen und Kontrollposten eingeteilt. Dazu kamen noch eine große Anzahl mobiler, nicht an einem Ort fest eingesetzter Eisenbahner, die vor allem aus Frankreich und Belgien stammten. Für den von Frankreich besetzten Teil des Rheinlands waren sie in der 5. Sektion der Feldeisenbahnen mit Sitz in Saarbrücken zusammengeschlossen.

Im ersten Vierteljahr der Besetzung folgten die Befehle der C.I.C.F.C einander in dichter Folge. Sie regelten den Vorrang der Militärzüge und anderer im Interesse der Besatzungsbehörden durchgeführter Transporte vor dem übrigen Zugverkehr. Während eine der Errungenschaften der Novemberrevolution die Einführung des Achtstundentages gewesen war, wurden die Eisenbahner der besetzten Gebiete verpflichtet, zehn Stunden täglich zu arbeiten. Der Güteraustausch zwischen dem besetzten und unbesetzten Deutschland, soweit er überhaupt noch stattfand, musste statistisch erfasst werden.

Deutlich von Misstrauen gegenüber den Deutschen geprägt war der Austausch von Güterwagen mit dem unbesetzten Gebiet. Die Alliierten glaubten, man würde den Wagenpark auf dem linken Rheinufer verringern. Es dauerte lange und bedurfte zäher Verhandlungen, bis man sich auf die Formel einigen konnte, dass der *„zur Zeit des Abschlusses des Waffenstillstands vorhandene Wagenvorrat im besetzten Gebiet nicht verringert würde."*[23)]

Bild 45
Die Amerikaner rückten unter anderem durch das Ahrtal zum Rhein vor. Blick auf den Bahnhof Mayschoss unterhalb der Saffenburg am 1. Februar 1919. Der Personenzug fährt weiter in Richtung Altenahr.

Bild 46
Obwohl der Vormarsch zuerst auf der Straße erfolgte, sicherten die Amerikaner dennoch die Bahnstrecke ab. Hier steht am 14. Januar 1919 ein einsamer Posten am Laacher Tunnel zwischen Mayschoss und Altenahr.

Bild 47
Am 14. Januar 1919 dient der Bereich vor dem Bahnhof von Bad Neuenahr als Parkplatz für amerikanische Militär-Lkw. Beachtenswert ist die Oberleitung im Vordergrund für den Obus-Verkehr, der am 1. April 1917 eingestellt worden war. Die kupferne Oberleitung war größtenteils als kriegswichtiges Material abgeliefert worden.

AUFNAHMEN (3):
SIGNAL CORPS US ARMY

Die Besatzungsmacht verhängte nächtliche Ausgangssperren. Es sollte einige Wochen und Monate dauern, ehe diese Einschränkungen gelockert oder ganz aufgehoben wurden. *„Wie vorsichtig man englischerseits zu Werke ging, ergab der Umstand, daß die Eisenbahnzüge, die ins rechtsrheinische unbesetzte Gebiet gingen, an der Demarkationslinie genau untersucht wurden, und daß auch da, wo die neutrale Linie verlief, Schützengräben und Drahtverhaue geschaffen wurden, um gegen Ueberraschungen geschützt zu sein.“* [24)]

Um die Kontrolle zu erleichtern, wurden Eisenbahnlinien ganz einfach blockiert, manchmal sogar durch Herausreißen der Schienen. Als die Franzosen den Wiesbadener Brückenkopf einrichteten, sperrten sie den Bahnverkehr der Strecke Wiesbaden – Diez ab dem Bahnhof Wiesbaden-Dotzheim. Wann der durchgehende Verkehr wieder aufgenommen wurde, ist nicht bekannt, es dürfte jedoch spätestens nach Unterzeichnung des Friedensvertrages der Fall gewesen sein. Ein ähnliches Vorgehen durch die Briten ist auch aus dem Kölner Brückenkopf bekannt.

Es dauerte länger, bis es zu Lockerungen im Eisenbahnverkehr kam. In der belgischen Zone wurde er ab dem 20. Mai 1919 grundsätzlich von 4 Uhr bis 23 Uhr erlaubt. Erst um die Jahresmitte wurde er im gesamten besetzten Gebiet generell freigegeben, wobei allerdings nach wie vor jeder Reisende eine Genehmigung, ausgestellt von der örtlichen Militärbehörde, vorweisen musste. Wer die besetzten Gebiete zeitweise verlassen wollte, brauchte sowohl die Genehmigung des Zonenkommandanten als auch die des Passbüros des Oberkommandos der Besatzungsmacht. Deutsche, die im Besatzungsgebiet wohnten, aber im unbesetzten Teil arbeiteten, erhielten Arbeiterpässe die maximal drei Monate gültig waren. Sie wurden jedoch nur in einem beschränkten Umfang ausgegeben. Wenn man in umgekehrter Richtung reisen wollte, wurde es komplizierter und erinnert ein wenig an die Prozedur der Einreise in die spätere DDR für Verwandtenbesuche. Einreisende mussten sich an ihrem Wohnort beim Landrat oder Bürgermeister einen speziellen Ausweis ausstellen lassen. Die Behörde leitete den Ausweis zusammen mit einer Begründung für die Reise und Angabe der geplanten Aufenthaltsdauer an die deutsche Behörde des Ortes hin, der besucht werden sollte. Dort musste der Antrag an die Besatzungsbehörde weitergegeben werden. Wenn sie die Reise genehmigte, konnte der Betreffende einreisen – im Falle der Briten zum Beispiel nach Köln Hbf, wo der Einreisende einen für wenige Tage gültigen Pass erhielt. Ähnlich wurde auch verfahren, wenn von einer Besatzungszone in die andere gereist werden sollte. Im britischen Einzugsbereich wurden die Formalitäten weniger streng ausgelegt, hier konnten die Nahverkehrsmittel in die Umgebung ohne eine spezielle Genehmigung genutzt werden. Ab Ende Januar durften auch Reisen in die amerikanische Zone (Koblenz – Trier) durchgeführt werden, ohne zuvor einen Verkehrsschein einholen zu müssen.

Gleich nach dem Waffenstillstand richtete Marschall Foch in Luxemburg vier Kommissionen ein, darunter die Wirtschaftskommission, die sich mit Verkehrsfragen befasste. Bereits am 12. November 1918 ernannte er Paul Tirard zum Generalkontrolleur der Verwaltung der besetzten rheinischen Gebiete (Contrôleur Général de l'Administration des Territoires Rhénans Occupés). Dieser hatte sich Lorbeeren in dem damaligen französischen Protektorat Marokko verdient und schien deshalb für die neue Position besonders qualifiziert – ganz im Sinne von Marschall Foch – das Rheinland für Frankreich zu kolonisieren. Tirard glaubte bei seiner Ankunft am Rhein nicht nur eine administrative, sondern auch eine politische (und zivilisatorische im weitesten Sinne des Wortes) Aufgabe vor sich zu haben. Durch ihn würde Frankreich seinen Geist, seine Werte und seine Kultur ins Rheinland einbringen bzw. wiederbeleben. Nach einem Jahrhundert der preußischer Vorherrschaft würde die Geschichte Frankreichs im Rheinland wieder aufblühen. Tirard begriff sich als Statthalter der Provinz, im Einklang mit der traditionellen monarchistischen wie auch der revolutionären französischen Politik. Man setzte damit einen Verfechter der Loslösung des Rheinlandes von Preußen und dem Reich an diese wichtige Position, auf der er Verordnungen mit Gesetzeskraft erlassen konnte und auf der er seine Stellung dazu benutzte, separatistische Bewegungen ebenso zu fördern wie eine territoriale und wirtschaftliche Abtrennung der Region vom Reich. Damit half Tirard, den Konflikt zwischen Deutschland einerseits und andererseits vor allem Frankreich und Belgien zu verschärfen. Für seinen Arbeitsstab warb er vornehmlich französische Generäle und Offiziere in den besetzten Gebieten an. Der Stab nahm seine Arbeit am 22. November 1918 auf.

Obwohl Tirard bereits am Tag nach dem Waffenstillstand für diese Position ernannt worden war, präsentierte ihn die französische Seite erst zu Beginn der zweiten Kommissionssitzung am 20. Dezember 1918 den anderen Besatzungsmächten. Er übernahm gleich den Vorsitz der Besprechung. Bis zum Ende der Besatzung sollte er auf dieser Stelle bleiben und dabei wesentlich den Geist prägen, wie mit den Deutschen umzugehen sei. Auf dieser Sitzung wurden einige „unbedeutende“ Angelegenheiten beschlossen, darunter jedoch eine, die sehr viel Ärger und böses Blut machen sollte: die Einführung der Grußpflicht für alle Deutschen in Uniform, wozu neben Postbeamten und Polizisten auch die Eisenbahner und selbst Feuerwehrleute zählten, sobald sie einem alliierten Offizier begegneten. Mit dem Inkrafttreten des Friedensvertrags wurden wenigstens die Eisenbahner, Postbeamten und Straßenbahner von dieser Pflicht entbunden, während andererseits viele Deutsche darauf verzichteten, einen Hut oder eine Mütze zu tragen. [25)]

Das Verhältnis zwischen Besatzern und Besetzten, vor allem im französischen Machtbereich, blieb bis zum Abzug der Alliierten gespannt. *„In den Augen der meisten Franzosen – und vor allem ihrer Militärs – waren alle Deutschen preußisch infizierte Militaristen, die es nach der Katastrophe des von ihnen vom Zaun gebrochenen Weltkrieges auch moralisch in die Knie zu zwingen galt. Die Siegerpose bestimmte daher das Benehmen zahlreicher französischer Soldaten gegenüber der Bevölkerung im besetzten Rheinland, ein Verhalten, das als ein Problem der inneren Führung die französische Militärverwaltung noch* [bis zum Abzug aller Truppen] *beschäftigen sollte.“* [26)]

Das Verharren in alten Feindbildern und ein entsprechendes Auftreten gegenüber der deutschen Bevölkerung führten fast zwangsweise dazu, dass die Politik der Besatzungsmacht im Rheinland in Misskredit geraten musste.

Die dortige Industrie litt ebenso wie die Bevölkerung unter den Verkehrs- und Kommunikationsbeschränkungen, da vor dem Krieg mehr als 80 % des Warenaustauschs sowohl im Empfang wie im Versand mit Deutschland rechts des Rheins erfolgt war. Nach der faktischen Handelssperre musste auch die Produktion im linksrheinischen Gebiet stark eingeschränkt werden oder kam sogar ganz zum Erliegen. Ein Bericht aus Aachen beschreibt die damalige Situation anschaulich:

„Nur ganz allmählich und schrittweise fand sich die [belgische] *Besatzung zu einer Lockerung der Handelssperre gegenüber dem rechtsrheinischen Deutschland bereit. Um die Industrie in Gang zu halten, erlaubte ein Befehl des Generals Michel vom 20. Dezember 1918 erstmalig den Bezug industrieller Rohstoffe von rechts des Rheins; die Einfuhr musste zwar grundsätzlich genehmigt werden, aber es gab ‚Befreiungslisten für gewisse Gruppen von industriellen Bedarfsmaterialien‘. Ein Versand von Waren in die rechtsrheinischen Gebiete war jedoch nur, in ganz beschränktem Umfange möglich, dagegen wurde der Güterverkehr innerhalb des besetzten Gebietes mit demselben Befehl freigegeben. Am 22. Januar 1919 erfolgte eine Neuregelung durch*

Bild 48 – Ein amerikanischer Tross bewegt sich auf der Landstraße am 17. Januar 1919 laut Bildtitel „zwischen Bonn und Koblenz“ neben der Trasse der linken Rheinstrecke.
AUFNAHME: SIGNAL CORPS US ARMY

Bild 49 – Die Grenzen der Besatzungszone mussten bewacht werden, weil vor allem die Franzosen den Verkehr mit dem unbesetzten Deutschland weitgehend unterbinden wollten. So stehen in diesem Fall zwei Soldaten im amerikanischen Brückenkopf Wache an einer Straße in der Gegend von Montabaur. AUFNAHME: SAMMLUNG KLAUS KEMP

die Interalliierte Wirtschaftskommission, die ihren Sitz in Luxemburg hatte. Der Bezug aller von der Industrie benötigten Rohstoffe wurde nun ‚ohne weiteres gestattet', die bis dahin geltenden Bezugslisten entfielen somit. Alle weiteren Einfuhren von rechts des Rheins jedoch, die nicht direkt von der Industrie benötigt wurden, sowie grundsätzlich der gesamte Güterverkehr nach rechtsrheinischen Gebieten waren weiterhin nur auf Antrag möglich. Zur Bearbeitung dieser Bezugs- und Versandanträge richtete die Besatzung örtliche Wirtschaftskommissionen ein – für die belgische Zone je eine in Krefeld und Aachen –, die über die Anträge nach vorheriger Begutachtung durch die entsprechende deutsche Handelskammer entschieden, eventuell noch unter Konsultation der Interalliierten Kommission in Luxemburg. Daß dieses umständliche, zeitraubende und darüber hinaus zur Handels- und Wirtschaftsspionage einladende Verfahren lähmend auf das Wirtschaftsleben des besetzten Gebietes einwirkten, liegt auf der Hand. … Überall herrschten Kohlen- und Rohstoffmangel, fehlende Absatzmöglichkeiten für die Fertigwaren und, auch nach Aufhebung der Verkehrsbeschränkungen durch die Besatzung, weiterhin schlechte Transportverhältnisse, die, wie schon in der Kriegszeit, auf der ungenügenden Gestellung von Eisenbahnwagen beruhten.“ [27)]

Mit den Beschränkungen im Verkehr mit dem unbesetzten Deutschland verfolgte Frankreich, das die alliierten Entscheidungsgremien dominierte, zwei wesentliche Ziele. Beim Güterverkehr war es das Bestreben, die deutsche Produktionskapazität, soweit sie in französischer Hand war, für sich zu nutzen. Unter dieser Maxime durften Waren jeglicher Art in die besetzten Gebiete in dem Maße eingeführt werden, wie es von Vorteil war, während jede Ausfuhr, die den eigenen Nießbrauch hätte schmälern können, unterbunden wurde. Beim Reiseverkehr spielte die Personenkontrolle zwar eine bedeutende Rolle, aber noch wichtiger war die Abgrenzung des Rheinlandes vom übrigen Deutschland mit dem Ziel, eine Anbindung an Frankreich zu erreichen.

Die am 18. Januar 1919 ausgesprochene Lockerung des Verkehrs mit dem unbesetzten Deutschland bezog sich dementsprechend auf den Transport von Lebensmitteln, Rohstoffen, Kohle und Industriegütern, die speziell für die Einfuhr in die besetzten Gebiete zugelassen waren. Die damit beladenen Züge mussten den Rhein jedoch außerhalb der Brückenköpfe überqueren, und nur Leerzüge durften zurückkehren. Die Ausfuhr dagegen war extrem begrenzt. Eine deutliche Besserung der Situation von Wirtschaft und Handel in den besetzten Gebieten trat nach der Unterzeichnung des Friedensvertrages ein. Als dessen Folge hoben die Alliierten am 12. Juli 1919 die Blockade gegenüber dem unbesetzten Deutschland auf.

Bereits vorher hatte es Verbesserungen im Personenverkehr der besetzten Gebiete mit dem westlichen Ausland gegeben. Schon am 23. Dezember 1918 waren – vor allem für die Alliierten – direkte Schnellzüge zwischen den Rheinlanden und Paris eingerichtet worden. Ab dem 15. Juni 1919 gab es wieder einen direkten Personen- und Gepäckverkehr zwischen Aachen, Koblenz, Köln, Krefeld, Düren, Kaiserslautern, Landau, Ludwigshafen, Mainz, Mönchengladbach, Saarn, Trier und Wiesbaden einerseits und wichtigen Stationen der Französischen Nord- und Ostbahn, der PLM sowie der belgischen Staats- und Nordbahn andererseits. [28)] Nach der Unterzeichnung des Friedensvertrages wurden die Verbesserungen auf das ehemals deutsche Gebiet Elsass-Lothringen und auf Luxemburg ausgedehnt. Obwohl der Güterverkehr zwischen beiden Rheinufern bereits am 12. Juli 1919 in einem beschränkten Umfang zugelassen wurde, erfolgte die weiterhin begrenzte Freigabe für die Rheinbrücken Worms, Germersheim und Maxau erst einen guten Monat später am 16. August 1919.

Als Kuriosum sei erwähnt, dass es im Bonner Umfeld Orte gab, die trotz allem unbedingt die fremden Truppen haben wollten. Die Grenzen der Brückenköpfe wurden entsprechend deutscher Verwaltungsgrenzen festgelegt. Dadurch lagen im britischen Bereich Siegburg und (Bonn-)Beuel innerhalb und Niederdollendorf und Königswinter außerhalb der Besatzungszone. Da diese Orte sehr stark von/nach Bonn ausgerichtet waren, beantragten sie, Teil der Besatzungszone zu werden – den Alliierten sollte es recht sein. Hier gab es nämlich ein „Loch“ in ihrer Überwachung, durch das Briefe und Pakete unzensiert ins freie Deutschland gebracht werden konnten, denn obwohl weiter südlich Koblenz in der Hand der Alliierten war, führte noch eine nicht kontrollierte Bahnlinie durch den Westerwald bis an den Rhein. So gab man in Niederdollendorf oder Königswinter seine Sachen bei der Post auf, die sie auf der Schiene nach Linz brachte, von wo aus es dann über die Steilstrecke nach Flammersfeld und über Altenkirchen weiter ging. Weil der deutsche Vertreter bei der Waffenstillstandskommission in Spa aus grundsätzlichen Bedenken Einspruch gegen diesen Antrag erhob, um keinen Präzedenzfall zu schaffen, wurde dem Einspruch stattgegeben.

Ähnlich war die Lage zwischen den Brückenköpfen Koblenz und Mainz, zwischen denen tatsächlich nur ein schmaler Streifen

Bild 30
Zwar begann während des Ersten Weltkriegs die Motorisierung, aber Pferde waren nach wie vor unentbehrlich. Dieser entgleiste gedeckte Güterwagen, aufgenommen am 11. Januar 1919 in Andernach, war auch für den militärischen Pferdetransport verwendungsfähig.

AUFNAHME: SIGNAL CORPS US ARMY

in der Form eines Flaschenhalses übrig geblieben war. Das war übrigens auch der Name, den diese Zone erhielt. Er erstreckte sich entlang des Rheins von Bodenthal bei Lorch bis zum Rossstein jenseits von Kaub, mit einem schmalen Streifen Hinterlandes, das an der engsten Stelle nicht einmal einen Kilometer breit war. Es gab keine reguläre Straße, die durch dieses immer noch freie Gebiet ins unbesetzte Reich geführt hätte. Dadurch war eine Verbindung per Bus oder Lkw unmöglich und konnte nur über Feldwege mit Pferdefuhrwerken aufrechterhalten werden. Verwaltungsmäßig gehörte diese Zone zu mehreren deutschen Kreisen, was jede behördliche Tätigkeit erschwerte oder fast unmöglich machte. Hier wollte der Regierungspräsident von Wiesbaden diesen Bereich der Besatzungszone zuschlagen, um eine einheitliche Verwaltung zu garantieren. Dem widersetzte sich die deutsche Waffenstillstandskommission. Da dieses Stück freies Deutschland wie ein Stachel in die besetzten Gebiete reichte und damit dem Schmuggel jeglicher Art Vorschub leistete, wollten sich die Franzosen dieses Gebiet ebenfalls einverleiben. Dem widersprachen jedoch die Amerikaner. Daraufhin unterbrachen die Franzosen die Telefon- sowie Telegrafenverbindung und schließlich sogar den Postverkehr in diesen „Flaschenhals". Das veranlasste die deutschen Behörden, die Region um Lorch dem Regierungspräsidenten in Kassel zu unterstellen. Dieser beauftragte den Landrat des Landkreises Limburg mit der kommissarischen Verwaltung für die von ihren Kreishauptstädten abgeschnittenen Gemeinden der Kreise Unterlahn, St. Goarshausen, Rheingau und Untertaunus.[29)]

Nachdem es den Franzosen nicht gelang, diesen Bereich zu besetzen, verboten sie das Anhalten der Züge in Lorch, Lorchhausen und Kaub. Ebenso wenig durften hier Schiffe anlegen – es waren Maßnahmen, um den „Flaschenhals" unter Druck zu setzen. Hier halfen die Schiffer aus, im Schutze der Dunkelheit Waren an Land zu bringen, ohne deshalb anlegen zu müssen. Für sie war es leichter als für die Eisenbahner. Dieser Zustand endete mit der Ratifizierung des Friedensvertrages, und am 1. Juli 1920 hob man die kommissarische Verwaltung durch Limburg auf.

Bereits in den letzten Kriegsjahren hatte es einen großen Mangel an Lebensmitteln gegeben, was bereits damals zu Hamsterfahrten aufs Land geführt hatte. Nach dem Kriegsende verschärfte sich die Ernährungslage noch durch die chaotischen politischen Zustände wie Streiks und bewaffnete Aufstände, aber auch durch die bereits spürbar werdende Inflation. Ab Sommer 1919 nahmen die Hamsterfahrten solche Ausmaße an, dass sich die ED Münster am 19. August des Jahres zu folgender Bekanntmachung veranlasst sah [30)]:

„Zur Einschränkung der verbotenen Mitnahme von Lebensmitteln in den Zügen werden alle Reisenden auf die folgenden Bestimmungen der deutschen Eisenbahnverkehrsordnung (§ 28) aufmerksam gemacht: Leicht tragbare Gegenstände (Handgepäck) dürfen in den Personenwagen nur mitgenommen werden, wenn keine Polizeivorschriften entgegenstehen. Kartoffeln und mehrere andere Arten von Lebensmitteln z. B. Fett, Fleisch, Mehl, dürfen nach allgemein bekanntgemachten Polizeivorschriften nicht unbefugt in den Verkehr gebracht werden. Diese Lebensmittel dürfen daher nach § 28 Eis.-Verk.-Ord. nicht ohne Erlaubnisschein der zuständigen Behörden als Handgepäck oder Traglasten in den Personenwagen mitgenommen werden.

In der 4. Klasse darf jeder Reisende nur eine Traglast mit sich führen. Gegenstände, die wegen ihres Umfangs, Gewichts oder ihrer Anzahl ein einzelner Fußgänger nicht zu tragen vermag, werden nicht als Traglasten zugelassen, und zwar auch dann nicht, wenn mehrere Fahrkarten vorgezeigt werden. Zuwiderhandelnde Reisende haben behördliches Einschreiten zu gewärtigen."

Das hielt die Bevölkerung jedoch nicht von Hamsterfahrten ab. Trotz aller Beschränkungen der Bewegungsfreiheit in den besetzten Gebieten sah es dort ähnlich aus. *„Schon im Februar* [1919] *wurde das Bauernland rings um Aachen von Haufen darbender Städter überflutet. Namentlich die Eifelstrecken hatten einen bis dahin unerhörten Verkehr aufzuweisen. Stationen, die in Friedenszeiten eine Fahrkarteneinnahme von 20 bis 40 Mark hatten, buchten täglich 300 bis 400 Mark."*

Bild 51 – Als Marschall Foch den Alliierten verschiedene Besatzungszonen zuwies, hatte er die Bedeutung Kölns als Drehscheibe des Eisenbahnnetzes im Westen Deutschlands unterschätzt. Aber die Briten erkannten schnell, welches Faustpfand sie damit in der Hand hatten, und widersetzten sich in den folgenden Jahren allen Versuchen, die Bahnen den Franzosen zu überlassen. Auf diesem Bild ist der Abstellbahnhof Köln-Deutz im Jahr 1927 zu sehen. AUFNAHME: CARL BELLINGRODT, BILDARCHIV DER EISENBAHNSTIFTUNG

Aber auch der Landkreis Eupen, der noch zu Deutschland gehörte, „*... wurde von Hamsterern überflutet, obwohl in ihm die Abgabe und Ausfuhr von Lebensmitteln durch die Besatzung streng verboten war. Jeder Kleinbahnwagen, der von dorther kam, jeder Milchkarren, jede Kalkfuhre wurde scharf kontrolliert. Alle Straßen, alle Waldwege waren mit Wachen besetzt. Geschmuggelt und gehamstert wurde doch.*“ [31)]

Auch wenn Frankreich am Ende im Friedensvertrag einer zeitlich begrenzten Besetzung des Rheinlandes zustimmte, so bildeten dessen Abtrennung vom Reich und wenigstens die Bildung eines oder mehrerer Pufferstaaten weiterhin ein Fernziel der Politik, wenn schon keine Einverleibung nach Frankreich gelingen sollte. Dieses Streben bestimmte sehr stark die französische Politik in den besetzten Gebieten. Das zeigte sich in der dominierenden

Bild 52
US-amerikanische Soldaten offensichtlich als Touristen in der Braubach vor der Kulisse der alten Häuser in der Oberalleestraße und einer Lok der Nassauischen Kleinbahn.

AUFNAHME: SAMMLUNG KLAUS KEMP

Stellung, welche Frankreich in den Besatzungsorganen einnahm ebenso wie in seiner unverhohlenen Unterstützung separatistischer Bewegungen im Rheinland. Vor allem die Engländer widersetzten sich diesen Bestrebungen, weil sie davon ausgingen, dass man einerseits ein starkes Deutschland gegen die Bedrohung durch ein bolschewistisches Russland brauche und zum anderen ein territorial und damit auch in seiner Wirtschaftskraft verkleinertes Deutschland nicht in der Lage sein würde, die geforderten Reparationen zu zahlen. Aber selbst Belgien hätte die Bildung eines Pufferstaates unter französischer Dominanz nicht behagt, da es sich dadurch eingekreist gefühlt hätte. So agierte man zwar mit Frankreich zusammen, jedoch mit dem Ziel, einen eigenen Rheinstaat zu verhindern. Die Bevölkerung des Rheinlands reagierte vor allem auf die französischen Besatzer sehr abweisend, was einen ihrer kommandierenden Generale zur Aussage veranlasste, dass sie *„in weiter Entfernung von Frankreich fremd dastanden inmitten einer Bevölkerung mit offensichtlich feindseliger Einstellung.“* [32]

Am 13. März 1920 kam es zu einem rechtsgerichteten Putschversuch unter Führung von Wolfgang Kapp mit Unterstützung von Erich Ludendorff, einem der Weltkriegsgenerälle. Er brach nicht zuletzt wegen eines Generalstreiks im unbesetzten Deutschland nach einigen Tagen zusammen.[33] Inzwischen hatte sich die Linke formiert und vor allem im Ruhrgebiet etwa 50.000 Arbeiter, zum großen Teil mit Fronterfahrung, zusammengezogen. Mit Waffengewalt eroberten sie beim „Ruhraufstand“ das Ruhrgebiet, unterstützt durch einen Streik der Bergarbeiter. Trotz aller Zugeständnisse der Berliner Regierung legten sie die Waffen nicht nieder. Da ein Teil des betroffenen Gebiets in der entmilitarisierten Zone lag, suchte man um die Erlaubnis der Alliierten nach, trotzdem mit Militär einrücken zu können, um den Aufstand niederzuschlagen. Dies wurde von der alliierten Botschafterkonferenz gestattet, jedoch von Paul Tirard, dem Präsidenten der Interalliierten Rheinlandkommission, versagt.

Nachdem eine friedliche Lösung nicht zu erreichen war, entschied sich die Regierung Anfang April, unter Verletzung der Bestimmungen des Versailler Vertrages mit Waffengewalt gegen diesen vor allem von Kommunisten getragenen Aufstand vorzugehen. Beide Seiten bedienten sich der Eisenbahnen und Straßenbahnen für Truppenverschiebungen. Vor allem die Aufständischen sprengten Brücken südlich und nördlich von Dorsten sowie bei Oberhausen-Osterfeld und Gleise an verschiedenen Stellen, um den Vormarsch der Reichswehr zu behindern. Nur unter Einsatz regulärer Truppen und Freikorps konnte die Rebellion niedergeschlagen werden. Diese Kämpfe wurden von beiden Seiten teilweise mit schwerer Artillerie und gepanzerten Eisenbahnzügen durchgeführt. Auf beiden Seiten gab es Gräueltaten, wobei die der Reichswehr und Freikorps die der Aufständischen bei weitem übertrafen. Am Ende waren bei den letzteren mehr als 1.000 Tote zu beklagen, bei den Ordnungskräften etwa 250.

Während der Kampfhandlungen war auf den Eisenbahnstrecken des Ruhrgebiets an keinen geregelten Verkehr zu denken. Anfang April wurden der Zugbetrieb ganz eingestellt und die Bahnhöfe geschlossen. Damit waren auch von Berlin aus die direkten Verbindungen ins besetzte Rheinland unterbrochen, und selbst die nach den Niederlanden waren in Mitleidenschaft gezogen. Ein Zeitungsbericht vom 27. März 1920 enthält eine Notiz dazu: *„Samstag Abend 10 Uhr traf im Amsterdamer Hauptbahnhof zum ersten Mal wieder ein Zug aus Deutschland ein. Der Zug umging die von den Spartakisten besetzten Bahnhöfe in Rheinland-Westfalen. Auf verschiedenen Strecken wurde nachts mit gelöschten Lichtern gefahren, weil auf den Zug geschossen worden sei.“* [34]

Bei Beginn der Kämpfe im Ruhrgebiet dehnten die französischen und belgischen Truppen am 18. März 1920 ihr Besatzungsgebiet auf dem rechten Rheinufer aus und bemächtigten sich der Bahnhöfe Mülheim/Ruhr-Speldorf (vollständig) und Mülheim/Ruhr Hbf (westlicher Teil). Als Reaktion auf das Vorgehen der Reichsregierung gegen die Aufständischen im Ruhrgebiet besetzten Einheiten der französischen Armee am 6. April 1920 die Städte Frankfurt (M), Darmstadt, Hanau und Dieburg sowie am folgenden Tag auch Homburg v. d. H., Friedberg und Usingen – übrigens ohne britische Zustimmung. Die Truppen rückten teilweise gefechtsmäßig auf der Straße ein, teilweise wurden sie auch mit der Eisenbahn herangebracht. Dazu gehörte auch ein kleineres belgisches Kontingent, das auf französischen Druck hin an der Aktion teilnahm und am 14. April mit der Eisenbahn in Frankfurt (M) eintraf. Am darauffolgenden Tag kam es zu Demonstrationen der Bevölkerung gegen die Besatzung, durch die sich die Soldaten bedroht fühlten und in die Menge schossen. Auf deutscher Seite gab es drei Tote und rund 30 Verletzte.

Ein Zeitzeuge berichtete: *„... die Eisenbahn* [wurde] *sofort unter militärischer Kontrolle genommen, mit starker Wache versehen und mit Posten auf den einzelnen Bahnsteigen, alles mit aufgepflanzten Seitengewehren.* [...] *Das mit der Bahn ankommende Publikum wurde bezüglich des Gepäcks einer Revision unterworfen. Wie mir persönlich Wachmannschaften erklärten, hatten sie Befehl, das Gepäck nach Waffen zu durchsuchen.“* [35] Am folgenden Tag (7. April) zogen die Franzosen die Kontrollen vom Frankfurter Hauptbahnhof wieder ab, um sie stattdessen an den Rand der neuen Besatzungszone zu verlagern, z. B. für Züge in Richtung Hannover und Berlin nach Hanau. Alle deutschen Reisenden wurden dort von der französischen Bahnhofswache aus dem Zug herausgeholt. Die französischen Staatsangehörigen dagegen durften weiterfahren.

Der durchgehende Reiseverkehr des unbesetzten Deutschlands über Frankfurt (M) wurde zwar nicht unterbrochen, aber nur als Transit aufrechterhalten. Die Reisenden durften also weder ein- noch aussteigen. Weiterhin wurde Limburg besetzt, weil diese Stadt für die Franzosen als Rückzugsort für Unruhestifter aus den besetzten Gebieten galt. Außerdem hoffte man so auch den „Flaschenhals“ um Lorch kontrollieren zu können. Sobald sich die deutschen Truppen aus dem Ruhrgebiet zurückgezogen hatten, nämlich am 17. Mai, verließen die fremden Truppen die genannten Städte ebenfalls, allerdings nur auf Druck der Amerikaner. Da die Franzosen Zwischenfälle befürchteten, forderten sie die Stellung von Geiseln und die Hinterlegung einer Bürgschaft von einer Million Mark. Insgesamt war das ein Präzedenzfall für militärische Sanktionen gegen Deutschland, und er bildete gleichzeitig einen der Faktoren für die Entfremdung zwischen Frankreich und Großbritannien.

Innerhalb der Besatzungszonen gab es immer wieder Grenzverschiebungen, als die USA und Großbritannien mit der Reduzierung ihrer in Deutschland stationierten Truppen begannen. Nachdem der Friedensvertrag unterzeichnet war, sahen sie keinen Grund mehr, ein kriegsmäßiges Kontingent in Deutschland zu belassen. Die Amerikaner – eher kriegsmüde und genervt vom Gezänk der Europäer – gaben den Bereich um Trier auf und konzentrierten sich auf Koblenz. Auch die Briten, die dringend Truppen in anderen Teilen ihres Empires (wie z. B. in Irland im dortigen Bürgerkrieg) brauchten, waren froh, ihre Besatzungszone verkleinern zu können. Auf die Anordnung von Marschall Foch hin übergaben sie noch vor der im Friedensvertrag für Eupen und Malmedy geforderten Volksabstimmung diese Landkreise am 12. August 1919 an Belgien. Düren, Schleiden und Euskirchen nebst Umland räumten sie am 3. November 1919 und Bonn, Siegburg und Bensberg am 12. Februar 1920. Damit beschränkte sich die britische Zone auf den Brückenkopf Köln. In die frei werdenden Bereiche rückten Franzosen und Belgier nach. Als britische Truppen aus dem im Rheinland stehenden Kontingent ins Abstimmungsgebiet von Oberschlesien gesandt wurden, hätten die Franzosen gerne weitere Bereiche um Köln herum besetzt. Dies gestatteten die

Bild 53 – Am 17. Dezember 1918 gab es in Fahr-Ihrlich südlich von Neuwied einen Auffahrunfall, in den die Lok 5651 „Essen“ (eine pr G 8), die spätere 55 3589, erbaut von Henschel 1915, verwickelt war. Der Hochbordwagen, auf den die Lok auffuhr, stammte von den Sächsischen Staatseisenbahnen. Die Wucht des Aufpralls kann daraus ermessen werden, dass der Güterzuggepäckwagen auf den dahinter gekuppelten Wagen geschoben wurde. AUFNAHME: SAMMLUNG DR. BRIAN RAMPP

Briten jedoch nur so lange, wie ihre Truppen abwesend waren, weil es ihren Einfluss weiter gemindert hätte. Auf der anderen Seite gab es Verschiebungen zwischen Franzosen und Belgiern. Letztere übernahmen am 2. September 1922 Jülich, während Düren, das sie als wichtigen Verkehrsknoten auch gerne kontrolliert hätten, in französischer Hand blieb.[36)]

Vor allem die Pfalz sahen die Franzosen als eine Provinz an, die eigentlich ihnen gehörte. Deshalb unternahmen sie dort jede Anstrengung, separatistische Bewegungen zu fördern. Um nach außen zu zeigen, dass die Pfalz frankophil sei, war ihnen jedes Mittel recht, wie der folgende Vorfall zeigt:

„13. Mai 1919. General Foch besucht Landau; die deutsche Eisenbahnverwaltung muß aus diesem Anlaß vorhandene deutsche und bayerische Fahnen zerschneiden und daraus Flaggen in den Nationalfarben der Alliierten zur Ausschmückung des Bahnhofs fertigen lassen. Die Eisenbahnbeamten von Landau werden unter Strafandrohung gezwungen, in Uniform oder dunklem Anzug mit Dienstmütze zu erscheinen, vor der Ehrenkompagnie der Franzosen mit der Kopfbedeckung in der Hand aufgestellt und einer Reihe von Filmoperateuren preisgegeben; der Film wird dann später in Paris mit dem Titel: ‚Die deutschen Beamten beim Empfang des Marschalls Foch‘ vorgeführt.“[37)]

Immer wieder kam es hauptsächlich in den von den Franzosen besetzten Teilen des Rheinlandes zu Übergriffen gegen die Zivilbevölkerung, trotz aller gegenteiliger Beteuerung der politischen und militärischen Führung. Als am 12. Juni 1920 drei Arbeiterführer wegen angeblicher Spionage verhaftet wurden, traten die Mitarbeiter des Ausbesserungswerks Ludwigshafen am 15. Juni in den Streik. Auf einer Massenversammlung von etwa 18.000 bis 20.000 Teilnehmern wurde der Beschluss gefasst, einen Generalstreik auszurufen, wenn die Verhafteten nicht bis zum 18. Juni freigelassen würden. Danach nahmen die Eisenbahner am Tag nach der Versammlung die Arbeit wieder auf. Als dann am besagten 18. Juni drei weitere Arbeiterführer wegen beleidigender Äußerung gegen die Franzosen auf der großen Versammlung in Gewahrsam genommen wurden, führte das am 19. Juni zu einem Generalstreik. Bereits sechs Tage später verurteilte ein Militärgericht die am 18. Juni Verhafteten zu sechs Monaten Gefängnis und einer hohen Geldstrafe. Am 26. Juli wurden sie jedoch wieder entlassen. Schließlich verlangte die Interalliierte Rheinlandkommission im September 1920 die Versetzung des Regierungsdirektors Wilhelm Staby der Rbd Ludwigshafen in eine andere Provinz des besetzten Gebietes, weil er den Streik der Eisenbahner im Juni nicht zu vermindern versucht habe. Daraufhin wurde Staby in die Zweigstelle Bayern des Reichsverkehrsministeriums berufen und gleichzeitig zum Ministerialrat befördert.

3.3.2 Elsass-Lothringen

Rechtliche Grundlagen

Die direkt dem Deutschen Reich unterstehende kaiserliche Generaldirektion der Reichseisenbahnen in Elsass-Lothringen mit Sitz in Straßburg hatte bis 1918 hauptsächlich die dem Reich gehörenden Bahnen in Elsass-Lothringen betrieben, aber auch von der Schweizer Bundesregierung und von der Wilhelm-Luxemburg-Eisenbahn gepachtete Strecken.

Dazu kamen noch Eisenbahnstrecken in der preußischen Rheinprovinz im Bereich des späteren Saargebietes. Außerdem gab es noch die der Bayerischen Staatsbahn (linksrheinisches Netz) gehörende und in Lothringen gelegene Strecke Saargemünd

Bild 54
Als Teil der Moselstellung hatte die Festung von Metz eine hohe militärische Bedeutung für das Deutsche Reich. Dem Schlieffen-Plan für den Aufmarsch gegen Frankreich folgend wurde u. a. von 1905 bis 1908 der Bahnhof von Metz als leistungsfähiger Knotenpunkt für das Militär völlig neu erbaut. Hier verlässt der von Saarbrücken kommende Schnellzug nach Paris den Bahnhof Metz, dessen Zuglok AL 1115, eine elsass-lothringische Variante der S 10¹, 1914 von Henschel erbaut wurde. Nach der Übernahme durch die SNCF erhielt sie die Nummer 230 G 115. Sie war in Metz-Sablon stationiert.

Bild 55
Saarburg liegt im südlichen Lothringen an der Strecke Straßburg – Nancy – Paris und ist ein wichtiger Bahnknoten.

AUFNAHMEN (2): SAMMLUNG KLAUS KEMP

– bayerische (pfälzische) Grenze. Der **Artikel 67 des Versailler Vertrages** bestimmte, dass *„die französische Regierung in alle Rechte des Deutschen Reiches auf allen gegenwärtig in Betrieb oder Bau befindlichen Strecken eintritt, die unter Verwaltung der Reichseisenbahnen stehen.“* [38)]

Frankreich übernahm die Bahnanlagen, die dazu gehörenden Betriebsmittel und Vorräte an Brennstoffen, Ersatzteilen, Baumaterial usw., bewegliche Einrichtungsgegenstände und Werkzeuge. Während der Wert der an andere Staaten abgetretenen Strecken wie z. B. Polen dem Reparationskonto gutgeschrieben wurde, erfolgte die Abtretung der Eisenbahnen an Frankreich ohne Entschädigung, weil es die Abtretung von Elsass-Lothringen an das Deutsche Reich 1871 als unrechtmäßig ansah – und das, obwohl das Deutsche Reich die damals existierenden Bahnstrecken von der französischen Ostbahn käuflich erworben hatte.

Wenn eine Brücke über einen Fluss die Grenze zweier Bahnnetze bildet, teilen sich beide Bahngesellschaften üblicherweise die Kosten von Bau und Unterhalt dieses Bauwerks, und jede besitzt es bis zur Mitte des mittleren Bogens. So war es auch bei den fünf 1918 bestehenden, über den Rhein führenden Eisenbahnbrücken zwischen Baden und dem Elsass, nämlich bei Kehl, Hüningen, Wintersdorf, Breisach und Neuenburg. Im Gegensatz zu dieser Praxis bestimmte der **Artikel 66 des Friedensvertrages**:

„Die Eisenbahn- und anderen Brücken, die gegenwärtig im Bereich von Elsaß-Lothringen über den Rhein führen, werden in allen ihren Teilen und in ihrer ganzen Länge Eigentum des französischen Staates, dem ihre Unterhaltung obliegt.“

Das war der einzige Fall, in dem Deutschland außerhalb von Elsass-Lothringen Eisenbahnstrecken an Frankreich abtreten musste. Die französischen Unterhändler schienen allerdings die finanzielle Tragweite dieser Entscheidung nicht überschaut zu haben. Denn einmal musste Frankreich für die kostspielige Unterhaltung der Brücken alleine aufkommen und war außerdem verpflichtet, Deutschland die Hälfte der Brücken abzukaufen. Um sich den im Laufe der Jahre steigenden finanziellen Lasten zu entziehen, bot Frankreich 1933 der deutschen Regierung an, zur alten Regelung zurückzukehren. Dazu war letztere nicht bereit. Als es 1934 zu einem Vertrag über die Höherlegung der Kehler Rheinbrücke und den Neubau der Eisenbahnbrücke von Hüningen kam, musste Frankreich die Kosten alleine tragen.

Bild 56
Blick aus Richtung Straßburg auf das deutsche Kehl und die zwei Rheinbrücken, die beide Städte miteinander verbinden, um 1925. Im Vordergrund erstrecken sich Gleisanlagen des Straßburger Hafens, während auf der gegenüberliegenden Rheinseite das pompöse Empfangsgebäude von Kehl herausragt.

Die Übernahme der Bahnen

In der Form der Inbesitznahme bildete Elsass-Lothringen, das wieder nach Frankreich eingegliedert wurde, eine Ausnahme. Da der Verzicht auf dieses Gebiet den Deutschen bereits mit dem Waffenstillstandsvertrag aufgezwungen worden war, verlief die Inbesitznahme naturgemäß anders als in den vorher beschriebenen Teilen des Reiches ab. Vor der zivilen Verwaltung übernahmen jedoch auch hier zuerst einmal Militärs das Kommando. Im Auftrag des Kriegsministers wurde am 30. November 1918 eine Feldeisenbahn-Kommission gegründet, deren Personal aus Eisenbahnern der großen französischen Bahngesellschaften bestand. Sie übernahm als militärische Organisation die Eisenbahnen, praktisch als Vorgesetzte der deutschen Verwaltung. Der erste **Befehl des Präsidenten der Feldeisenbahner** lautete: *„Die Eisenbahnen in Elsaß-Lothringen werden durch eine militärische Feldeisenbahnkommission geleitet, die bei der Generaldirektion zu Straßburg ihren Sitz hat. Dieser Kommission untersteht das gesamte Zivil- und Militärpersonal, welches am 11. November 1918 im Dienst, sowie das Personal, das sich zu diesem Zeitpunkt nicht im Bezirk aufhielt, aber durch die deutsche Regierung zurückgeführt werden muß. Dieses gesamte Personal gilt als militärisch angefordert, untersteht den französischen Militärgesetzen und Bestimmungen, und ist deshalb den Kriegsgerichten unterworfen. Der Dienst ist unter den bisherigen Bedingungen fortzuführen.* [...]“[39]

Am 21. November stellte die deutsche Seite den öffentlichen Personen- und Güterverkehr von und nach Elsass-Lothringen ein. Ausgenommen waren die Strecken von Saarbrücken und Zweibrücken nach Saargemünd, weil diese beiden Bahnlinien von Bayern und Preußen betrieben wurden.

Die Verwaltung und der Betrieb der Reichseisenbahnen blieben so lange in der Hand der deutschen Beamten, bis sich die neuen Herren etabliert hatten. Die Franzosen zeichneten die Befehle und Anweisungen der deutschen Stellen gegen. Außerdem übte die Militärmacht ein Aufsichtsrecht aus. Bereits am 17. Dezember 1918 veröffentlichte sie den Befehl, nach dem die Eisenbahnen in den ehemaligen Reichslanden und die Wilhelm-Luxemburg-Bahn[40] mit Wirkung vom 1. Dezember 1918 auf Rechnung des französischen Staates betrieben wurden. Rein rechtlich gesehen, war diese Anordnung fragwürdig, denn Elsass-Lothringen war nicht im Krieg erobert, sondern auf Grund des Waffenstillstandsvertrags besetzt worden. Deshalb galten in diesem Falle die Bestimmungen der Haager Landkriegsordnung nicht. Im Laufe der Zeit wurden die deutschen Beamten zunehmend aus ihren Ämtern vertrieben. Beim Umgang mit dem deutschen Personal stellten sich erstmals die Fragen, die vier Jahre später von großer Bedeutung sein sollten, nämlich ob Staatsbeamte gezwungen werden können, gegen ihren Willen in den Dienst einer Besatzungsmacht überzutreten. Daraus folgern rechtliche Bedenken, ob Beamte unter diesen Umständen den französischen Militärgesetzen und Bestimmungen unterstellt

Bild 57
Durch den Verlust von Elsass-Lothringen aufgrund des Waffenstillstands und des Friedensvertrags wurde das Netz der Straßburger Straßenbahn geteilt. Aus dem Netz auf dem rechten Rheinufer entstand die Mittelbadische Eisenbahn. Hier fährt ein Zug dieser Schmalspurbahn über die Kinzigbrücke in Offenburg (Aufnahme um 1915).

Aufnahmen (2):
Sammlung Norman Kampmann

Bild 58
Ein Zug der Straßburger Straßenbahn hat Kehl erreicht und steht – nach Umfahrung des Beiwagens durch den Triebwagen – für die Rückfahrt nach Straßburg bereit (Aufnahme vor 1914).

AUFNAHME: SAMMLUNG KLAUS KEMP

werden konnten. Auch der weitere Umgang mit deutschen Beamten weist Parallelen zu den Vorkommnissen im Jahr 1923 auf. Durch das Waffenstillstandsabkommen war die Unverletzlichkeit des Eigentums gewährleistet. Obwohl das mehrfach von französischer Seite wiederholt wurde, wurden zahlreiche Eisenbahner interniert, ausgewiesen und/oder ihr Vermögen beschlagnahmt.

Am 1. Juni 1919, noch vor Unterzeichnung des Friedensvertrags, übertrug der französische Ministerpräsident die Eisenbahnen der Verwaltung des Departements Elsass-Lothringen. Und am 19. Juni 1919 erhielten die Bahnen als siebtes Netz Frankreichs eine Zivilverwaltung sowie Statuten, die sich an die der anderen großen Staatsbahnen anlehnten. Die Ostgrenze Frankreichs verschob sich, was den Bau neuer Grenzbahnhöfe erforderte und die Umlenkung von Verkehrsströmen nach sich zog. Natürlich mussten auch neue Uniformen her. Da das nicht von einem Tag auf den anderen zu bewerkstelligen war, wurde Anfang September 1919 mit dem Austausch der Mützen durch neue nach dem Muster der großen französischen Bahnen mit den Buchstaben A. L. für Chemins de Fer d'Alsace et de Lorraine[41)] auf dem Stirnband über dem Mützenschirm begonnen.

Als Frankreich 1871 Elsass-Lothringen abtreten musste, ging die Verwaltung der Eisenbahnen auf das Reich über. Eine Kompetenzübertragung auf das neue Reichsland erfolgte nicht. Die deutsche Verwaltung betrachtete lokale Mitarbeiter mit einem gewissen Misstrauen. So erhielten Elsässer und Lothringer in der Regel nur untergeordnete Arbeitsplätze. Wichtige Positionen oder solche, die etwas mit der militärischen Sicherheit zu tun hatten, wurden vorzugsweise mit von Berlin entsandten Beamten besetzt. Bei Kriegsende kamen je nach Position 55 bis 70 % der Beschäftigten aus anderen Teilen des Reiches.

Diese zentralistische Ausrichtung rächte sich 1918. Die „deutsche Gesinnung" wie es sie z. B. in Posen oder im Rheinland gab, war in Elsass-Lothringen nicht in dem Maße vorhanden, sodass dessen Rückgabe ohne große Proteste ablief.[42)] Von insgesamt 47.000 Mitarbeitern der Eisenbahn wurden 6.000 nach Deutschland ausgewiesen und durch Franzosen ersetzt. Um allerdings nicht zu viele Fachleute zu verlieren, bot man den „Deutschen" an, bleiben zu können, wenn sie die französische Staatsbürgerschaft annahmen. Vor allem für die Betreuung der vertriebenen Beamten und Arbeiter wurde im März 1919 eine Reichseisenbahnzweigstelle in Karlsruhe eingerichtet. Ihre Arbeit übernahm am 1. April 1922 die spätere Reichsbahndirektion Karlsruhe.

Die Straßburger Straßenbahn-Gesellschaft

Ein Opfer der Grenzziehung nach dem verlorenen Krieg wurde eine große Privatbahn, die zu ihren besten Zeiten 450 km Streckenlänge auf beiden Seiten des Rheins umfasst hatte. Seit 1878 gab es in Straßburg ein normalspuriges Netz von Straßenbahnen, das ab 1886 durch meterspurige Überlandstrecken ergänzt wurde. Bis zur Jahrhundertwende waren die meisten Strecken elektrifiziert und alle auf Meterspur umgestellt. 1898 wurde eine Linie über die neue Rheinbrücke nach Kehl eröffnet. Sie verband die bereits 1892 in Betrieb genommene Strecke Kehl – Bühl mit dem Stammnetz. Bis 1914 baute die Straßburger Straßenbahn insgesamt 95,5 km Bahnstrecken in Baden mit Endpunkten in Rastatt, Bühl, Offenburg und einem Anschluss an die Lahrer Straßenbahn. Straßburg hatte nämlich immer starke wirtschaftliche Beziehungen mit Baden gepflegt.

Bereits 1912 hatte die Stadtverwaltung von Straßburg eine Aktienmehrheit von 51 % an der Gesellschaft erworben. Nach Ende des Krieges nannte sich die Gesellschaft Compagnie des Tramways Strasbourgois (CTS). Nachdem mit dem Friedensvertrag 1920 der Rhein auch völkerrechtlich die Grenze zwischen Deutschland und Frankreich wurde, lehnte es die Gesellschaft ab, ihre Strecken auf dem rechten (dem badischen) Rheinufer weiter zu betreiben. Am 15. August 1920 kündigte sie ihre Konzession und forderte gleichzeitig Schadensersatz, sowohl für die Anlagen wie für ihre Aufwendungen in Baden. Durch einen am 7. Juni 1922 geschlossenen Vergleich vor einem deutsch-französischen Schiedsgericht gingen die Strecken (jetzt „Kehler Bahnen") auf das Land Baden über. Es musste 1,5 Mio. Fr für die ehemaligen Strecken der Straßburger Straßenbahn in Baden zahlen und erhielt dafür alle Anlagen einschließlich des rollenden Materials. Das in Baden beschäftigte Personal wurde übernommen. Außerdem musste das Land die ab dem 15. August 1920 angefallenen Verwaltungskosten erstatten. Die ED Karlsruhe war bereits ab diesem Datum mit der Betriebsführung beauftragt worden. Die Reichsbahn sah sich jedoch nicht in der Lage, diese Strecken zu betreiben. Schließlich kam es nach längeren Verhandlungen zu einer Fusion mit der Lahrer Eisenbahn-Gesellschaft. Dazu erließ der Landtag am 31. Dezember 1923 ein Gesetz, mit dem Baden 75 % der Aktien der Lahrer Eisenbahn übernahm. Am 30. Juni 1923 konstituierten sich die Kehler Bahnen als neue Gesellschaft unter dem Namen „Mittelbadische Eisenbahn Aktiengesellschaft" (MEG) und übernahmen im November 1923 den Betrieb der Bahnstrecken.

Bild 59 – Die bayerische S 3/6 Nr. 3301, bereits mit der Nummer USA 10464 versehen, fand der Fotograf am 9. Juni 1919 in Is-sur-Tille. Sie kam später als Nr. 3351 zur französischen Ostbahn/Compagnie des Chemins de fer de l'Est (EST).
AUFNAHMEN (2): US ARMY SIGNAL CORPS

3.4 Ablieferung von Loks und Wagen

3.4.1 Länderbahnloks für die Alliierten

Nachdem die Deutschen sowohl die Industrieanlagen als auch die Eisenbahnen der von ihnen besetzten Gebiete teilweise systematisch ausgeplündert hatten, wurden sie durch den Artikel VII des Waffenstillstandsvertrags verpflichtet, den Alliierten neben anderen Gütern auch rollendes Material zu übereignen. Dies betraf innerhalb von 31 Tagen 5.000 Lokomotiven und 150.000 Eisenbahnwagen in gutem Zustand, einschließlich Ersatzteilen. Der Wortlaut dieser Forderung war schon in seiner Abfassung ein Beweis für die Inkompetenz der Verfasser dieser Paragraphen und musste deshalb zwangsläufig zu Reibereien und Problemen führen. Ein Widerspruch bestand zudem in der Forderung des Artikels VII des Waffenstillstandsvertrags, dass das für den Betrieb der Eisenbahnen in den Ländern am linken Rheinufer befindliche Material dort zu bleiben hatte, während die linksrheinischen Direktionen gleichzeitig auch Lokomotiven an die Entente abgeben mussten. Alleine bei der ED Köln handelte es sich um mehr als 300 von knapp 1.700 Maschinen.[43)]

Auf Anordnung von Marschall Foch entstand für die Übernahme von rollendem Material die Commission Interalliée de Réception de Matériel (C.I.R.M.), die alleine deshalb nicht sehr effizient sein konnte, weil sie aus rund 20 französischen Offizieren bestand, jedoch aus keinem Eisenbahner. Belgier, deren Bahnnetz im Verhältnis sehr viel mehr in Mitleidenschaft gezogen worden war, waren ursprünglich nicht vertreten. Für diese Kommission ließ Foch eine spezielle Anordnung in der Annahme ausarbeiten, dass die deutsche Seite ihre Verpflichtungen pünktlich erfüllen würde:[43)]

Bild 60
Diese Aufnahme der badischen IId Nr. 733 entstand 1919 nach ihrer Ablieferung an die Alliierten in Nevers. Bei den Amerikanern wurde sie als 10330 registriert und ging später an die französische Staatsbahn/Chemins de fer de l'État (ETAT) als Nr. 221.901.

1) Das von den Deutschen abgelieferte rollende Material wird für die regulären Transportbedürfnisse der Alliierten eingesetzt. 80.000 Eisenbahnwagen werden den belgischen Bahnen zugewiesen und von den britischen sowie belgischen Truppen unterhalten und repariert. Davon werden 40.000 Stück von der französischen Nordbahn sowie 30.000 Wagen von der französischen Ostbahn unterhalten. Die Lokomotiven werden zwischen den Alliierten Streitkräften entsprechend des Bedarfs der Bahnstrecken aufgeteilt, die jede von ihnen betreibt.
   Abgelieferte Lokomotiven, die von den Alliierten Armeen auf den belgischen Bahnen benutzt werden, werden diesen später zur Verfügung gestellt, und wenn die belgischen Bahnen den Betrieb übernehmen, ihnen bis zu einer Gesamtmenge übereignet, die nicht geringer ist als die Gesamtzahl der von den Deutschen in Belgien erbeuteten Lokomotiven.[45)]
2) Die Interalliierte Kommission, die für die Überprüfung und in Empfangnahme zuständig ist, übernimmt diese Aufgabe im Namen des Marschalls Foch, der die Interalliierten Armeen befehligt. Die Kommission wird aus Mitgliedern der beteiligten alliierten Armeen bestehen. Letztere werden das notwendige technische Personal zur Verfügung stellen, um diese Aufgabe durchführen zu können.
   Die Vertreter der Alliierten Armeen werden ihren jeweiligen Eisenbahntransportabteilungen alle notwendigen Anweisungen geben, um das rückwärtige Abfahren der gelieferten Wagen und die Übernahme der ihnen zugewiesenen Lokomotiven sicherzustellen.
   Die 5.000 Lokomotiven, die ausgehändigt werden, sollten in der Lage sein eine Last von 900 t auf einer Steigung von 1 : 100 ohne Schnellfahren zu ziehen.
   Sie werden mit Personal abgeliefert (drei Spezialisten pro Maschine) und können entweder mit dem eigenen oder von anderem Personal auf allen Strecken benutzt werden, die unter der Kontrolle der Alliierten Armeen stehen.
   Die Eisenbahnfahrzeuge werden die übliche Anzahl geschlossener Wagen, Vieh-, Flach- und Personenwagen umfassen sowie 1.000 Kesselwagen.
   All dies rollende Material wird sich in gutem Zustand befinden und mit den üblichen Ersatz- und Ergänzungsteilen ausgerüstet sein.

Eine erste **Zuweisung von Lokomotiven** erfolgte nach folgendem Schema (mit Stückzahl):

Strecken	Belgien	Belgien	Elsass-Lothringen	
Armee	Belg./Franz.	Britisch	Amerikanisch	Franz.
ab Tag 10*	400	500	100	500
ab Tag 11*	400	500	100	500
ab Tag 21*	400	300	300	1.000

* Anzahl Tage nach Unterzeichnung des Waffenstillstandsvertrags

Die Anforderungen wurden noch weiter spezifiziert. Danach sollten von den Lokomotiven 2.000 „schwerste", 2.000 schwere und 1.000 leichtere sein. Weiterhin waren abzuliefern 15.000 Personenwagen, 6.500 Gepäckwagen, 60.000 offene und 40.000 gedeckte Güterwagen sowie 28.500 Spezialgüterwagen.

Innerhalb von 31 Tagen sollte das alles erledigt sein. Es hätte bedeutet, dass vom Tage der Unterzeichnung des Waffenstillstandes an täglich mehr als 160 Lokomotiven und über 4.800 Wagen hätten abgeliefert werden müssen. Dazu kam noch die Registrierung und Überprüfung der Lieferungen. Das hätte vielleicht gelingen können, wenn zur Zeit des Waffenstillstands bereits alle Vorbereitungen für diese Ablieferungen getroffen gewesen wären. Es dauerte jedoch fast eine Woche, bis die zuständigen deutschen Behörden den Text des Abkommens erhielten. Bei eingehender Durchsicht stellte sich heraus, dass die genauen Bedingungen für die Ablieferungen noch nicht festgelegt waren, sondern erst noch von der Waffenstillstandskommission in Spa erarbeitet werden sollten. Selbst nach zwei Monaten lagen sie immer noch nicht vor. Trotzdem lieferten die Deutschen im Bestreben, den Waffenstillstandsvertrag pünktlich zu erfüllen, noch Ende November die ersten Lokomotiven und Wagen.

Es existierten zwar Strukturen, deren man sich bedienen konnte, es gab jedoch noch keinerlei Anweisungen für die Umsetzung der Forderungen. Deshalb entschloss sich die deutsche Seite, zu allererst die Lokomotiven und Wagen abzuliefern, die während des Krieges in Frankreich und Belgien erbeutet worden waren. Darüber hinaus wählte man solche Fahrzeuge aus, die nach Leistung und Bauart dem Durchschnitt des deutschen Materials entsprachen. Wie sich später herausstellte, waren jedoch die Alliierten mit diesen Auswahlkriterien nicht zufrieden und sandten viele Wagen und Lokomotiven zurück. Die Deutschen hatten noch mit anderen Schwierigkeiten zu kämpfen. Gleichzeitig mit der Ablieferung des rollenden Materials mussten die deutschen Truppen zurückgeführt, der Westen geräumt und revolutionäre Unruhen im Reich bekämpft werden. Auch von daher waren die Terminvorgaben illusorisch. Trotzdem sagten die Deutschen wider besseres Wissen zu, in den ersten zehn Tagen jeweils 100 Lokomotiven und 2.400 Wagen zu überstellen und danach für weitere 20 Tage jeweils die 1,5-fache Menge. Andererseits ging es auch den Alliierten nicht viel besser. Kriegszerstörungen in der Nähe der bisherigen Front behinderten sie ebenso wie das Fehlen von geeignetem Personal für die Abnahmekommissionen, die sie deshalb erst verspätet aufstellten. Dazu gesellten sich noch überzogene Forderungen der eigenen Eisenbahnexperten an die Deutschen. All das behinderte auf alliierter Seite eine geordnete Übernahme des aus Deutschland kommenden Materials.

Die deutsche Seite beklagte sich darüber, dass die alliierte Abnahmekommission auch dann noch nicht gebildet worden war, als sich an der Grenze bereits Züge mit Lokomotiven und Wagen zur Übergabe stauten. Als nächstes fühlte man sich davon überrascht, dass man die Lokomotiven und Wagen nicht mehr nur an einer, sondern an zwei Stellen abliefern musste. Inzwischen hatte sich die Kommission für den Empfang des Eisenbahnmaterials in zwei Gruppen aufgeteilt, in die nun auch die anderen Alliierten mit einbezogen wurden. Eine Kommission etablierte sich in Brüssel für Belgien, die andere in Metz für Elsass-Lothringen. Gleichzeitig waren sie auch für die angrenzenden französischen Gebiete zuständig. Vertreter dieser Kommissionen wurden sofort nach Saarbrücken, Aachen und Lüttich entsandt sowie dann auf deutschen Wunsch auch nach Köln, Krefeld, Neuss, Koblenz, Mainz und Ludwigshafen, um die dortigen Betriebswerke und Materiallager vor Plünderungen zu schützen. Um die alliierten Truppen- und Nachschubtransporte ins Rheinland hinein nicht zu behindern, gestattete man höchstens acht Züge pro Tag mit von Deutschland abgeliefertem Material über die Waffenstillstandslinie hinüber. Für die technischen Prüfungen wurden die Behandlungsanlagen der Bahnbetriebswerke herangezogen.

Um diese riesige Aufgabe bewältigen zu können, richtete auch die deutsche Seite eine Unterkommission für Transportwesen in Spa ein, wo die Einzelheiten des Waffenstillstandes ausgehandelt wurden. Ein Großteil der Mitarbeiter wurde jedoch gleich nach Düsseldorf beordert, wohin die bisher in Brüssel stationierte Militär-Generaldirektion verlegt wurde. Da aus dem Reich auch Werkzeugmaschinen für Eisenbahnwerkstätten sowie Ersatzteile für Lokomotiven und Wagen geliefert werden mussten, besaß die Unterkommission Dienststellen in Frankfurt am Main und Neuwied. Das dort in Empfang genommene Material wurde an die alliierte Übernahmekommission weitergeleitet. Somit ergab sich für die deutsche Seite eine ähnliche Organisationsstruktur wie die, welche Marschall Foch für die Alliierten festgelegt hatte.

Bild 61 – In Le Mans steht ein kompletter Lokzug zur Übergabe an die Amerikaner bereit. Unter den Personen sind neben amerikanischen Soldaten auch einige deutsche Eisenbahner zu erkennen. Die erste Lok trägt die Nummer USA 10180. Dabei handelt es sich um die preußische G 7^1 4790 Essen, die später an die Compagnie des Chemins de fer de l'Est (EST) als Nr. 4730 weitergereicht wurde.

Bild 62, Seite 45, oben – Die preußische S 7 702 „Kattowitz" wurde zur USA-10080 und kam dann als Nr. 2705 zur französischen Ostbahn (EST).

Bild 63, Seite 45, unten – Die sächsische XI 834 steht am 9. Juni 1919 in Is-sur-Tille und ist bereits mit der Nummer USA-10394 versehen. Sie wurde anschließend der Compagnie du chemin de fer de Paris à Orléans (P.O.) zugeteilt, wo sie zuerst die Nummer PO 5563 und dann 5542 erhielt.

Aufnahmen (3): US Army Signal Corps

USA 10080

Es war vorgesehen, die Hälfte der abzugebenden Lokomotiven und 30.000 Wagen bis zum 12. Dezember 1918 über Saarbrücken nach Frankreich abzufahren. Deshalb wurde auf der deutschen Seite bis auf einen geringen Berufsverkehr der gesamte Personenverkehr eingestellt. Ehe diese Lokomotiven abgenommen wurden, mussten sie noch auf deutschem Boden eine eingehende Prüfung über sich ergehen lassen. Die Übernahmekommission war in Übergabegruppen in Saarbrücken-Schleifmühle (für Ersatzteile), Homburg (Saar) und Trier unterteilt. Zu Homburg gehörten Untergruppen in St. Wendel und Neunkirchen (Saar) (für Fahrzeuge) sowie zu Trier Ehrang, Karthaus und Wengerohr. Im Norden richtete man das Übergabebüro in Aachen ein. Über dieses sollten bis zum 12. Dezember 1918 wenigstens 700 Lokomotiven und 30.000 Wagen abgeliefert werden. Die Strecke Euskirchen – Jünkerath – Losheim war für die Überführung des an Belgien abzuliefernden Materials vorgesehen. Eine der Empfangsstellen befand sich in Gouvy bei St. Vith, eine weitere in Aachen West (für Werkzeugmaschinen, Lokomotiven und Wagen einschließlich Ersatzteile). Lokomotiven und Wagen aus badischen Beständen mussten in Straßburg abgeliefert werden.

Es dauerte zwar, aber dann war alles durchorganisiert. Ein ehemaliger Eisenbahner, der in dieser Zeit an der Strecke Köln – Aachen stationiert war, erinnerte sich, *„dass mancher Lokzug mit je 8-10 Loks und hunderte neuen Wagen in Zügen zu je 40-50 Wagen, Personen-, Schnellzug- und Güterwagen aller Art in Richtung belgische Grenze fuhren.“* [46] Die Lokomotiven bekamen Schilder mit der Aufschrift „CIRM Guerre belge françe“.

Die abzuliefernden Wagen wurden in einem geeigneten Bahnhof ein Stück von der Grenze entfernt aufgestellt. An beiden Seiten der Wagenreihe lief ein belgischer oder französischer Beamter zusammen mit einem Deutschen an den Wagen entlang. Ihnen folgten deutsche Facharbeiter, die kleinere Schäden sofort beseitigten. Gab es Mängel, die man nicht an Ort und Stelle beheben konnte, sandte man die Wagen in ein Bahnbetriebs- oder Ausbesserungswerk im besetzten Rheinland. Waren die Mängel zu schwerwiegend, wurden auf den Wagen mit weißer Farbe Buchstaben aufgetragen, die besagten, dass sie endgültig zurückgewiesen waren. Diese kehrten in das unbesetzte Deutschland zurück. Bei Lokomotiven wurde ähnlich verfahren. Je länger die Aktion lief, desto schwieriger wurde es, die Wünsche der Abnahme-Beamten zu erfüllen, weil mehr und mehr ganz spezielle Wagen und Lokomotiven beizubringen waren, die man im Reich immer weniger im geforderten Zustand auftreiben konnte.

Die Kommissionen auf beiden Seiten waren zuständig für die Abwicklung aller sich aus der Umsetzung des Artikel VII und der Zusatznote ergebenden Lieferungen aus Deutschland. Dazu gehörten neben dem rollenden Material auch Signale, Schienen, Werkstattausrüstungen usw., Ausrüstungen, die man während des Krieges aus dem Kampfgebiet ins Reich gebracht hatte oder die durch Kampfhandlungen zerstört waren. Daneben waren die Dienstverhältnisse für die Eisenbahner zu klären und zu regeln, die zeitweise in Belgien und Frankreich für die Alliierten arbeiteten. Zusätzlich gab es auf Verlangen der Alliierten noch spezielle Transporte für deren Bedürfnisse als Besatzungstruppen zu organisieren.

Über die abzuführenden Materialien und Ausrüstungsgegenstände kam es immer wieder zu Meinungsverschiedenheiten zwischen Siegern und Besiegten. Abgesehen von dem, was man erbeutetet hatte, gingen die Alliierten davon aus, dass die Deutschen zu diesem Zeitpunkt wenigstens 30.000 Lokomotiven besaßen und dass mehr als die Hälfte davon für militärische Zwecke eingesetzt gewesen waren, nämlich zum Transport von Mannschaften und Nachschub. Deshalb hielt Marschall Foch die Zahl von 5.000 abzuliefernden Maschinen für gerechtfertigt. Nach Auffassung der Alliierten versuchten die Deutschen immer wieder, ihnen schlechtes oder veraltetes Material unterzuschieben. In der Sitzung der Waffenstillstandskommission in Trier am 12. Dezember 1918 warfen die französischen Unterhändler der deutschen Seite vor, dass 75 % der Loks und 30 % der Wagen nicht akzeptabel gewesen seien. Begründet wurde der Zustand des vorgeführten Materials von deutscher Seite meistens damit, dass es sich wegen des Krieges in einem schlechten Zustand befände [47], wegen der Revolutionsunruhen die Reparaturen zudem kaum durchzuführen seien und dass die Alliierten die Abnahmebedingungen zu hoch geschraubt hätten. Neben einem negativen Einfluss auf das Wirtschaftsleben würde es auch die vereinbarte Rückführung alliierter Kriegsgefangener behindern. Am letzten Tag der vorgesehenen Frist (12. Dezember 1918) hatte man den Alliierten tatsächlich nur 2.000 der geforderten 5.000 Loks und 21.000 von 150.000 Wagen vorgeführt, wovon nur ein Bruchteil abgenommen wurde.

Die Deutschen verhandelten lange und zäh über die Lieferbedingungen und Termine. Am Ende konnten sie gewisse Erfolge

Bild 64
Stellvertretend für die abzuliefernden Wagen ist hier der Güterwagen Gattung Gm „Altona“ 17943 gezeigt, aufgenommen in Nevers 1919.

Aufnahme:
US Army Signal Corps

Bild 65 – Amerikanische Soldaten, die an der Übergabe von rollendem Material beteiligt sind, haben am 20. Februar 1919 vor einer bayerischen G 4/5 H Aufstellung genommen, deren Betriebsnummer 5551 lesbar ist. AUFNAHME: US ARMY SIGNAL CORPS

vorweisen. Ursprünglich waren Lokomotiven verlangt worden, die in der Lage waren, einen Zug von 900 t auf einer Steigung von 1 : 100 zu befördern. Später änderte man diese Anforderung dahingehend, dass die Hälfte der Loks in der Lage sein müsse, mit einem Zug von 900 t und die andere Hälfte mit einem Zug von 750 t in einer Steigung von 1 : 100 anfahren zu können. Das erschien den Deutschen eine zu hohe Anforderung, weil dadurch alle schweren Lokomotiven verloren gehen würden. Das andere Thema war die Anzahl der abzuliefernden Tenderlokomotiven. Während in Deutschland vor dem Krieg etwa ein Drittel aller Loks Tenderloks waren, wollten die Alliierten nicht mehr als 10 % annehmen. Schließlich gelang es den deutschen Unterhändlern, diese Zahl auf knapp 15 % zu erhöhen und zu erreichen, dass auch leichtere Lokomotiven abgegeben werden konnten.

Auch bei den Wagen gab es Meinungsverschiedenheiten. Wagen der vierten Klasse, die immerhin mehr als ein Viertel des deutschen Bestands an Personenwagen ausmachten, wurden generell zurückgewiesen, selbst wenn sie mit Sitzbänken ausgestattet waren. Vielleicht als Reaktion darauf, was bisher vorgeführt worden war, verlangte die Entente ab Ende Dezember dann D-Zug-Wagen in größerer Zahl. Differenzen gab es auch darüber, was unter *„mit den üblichen Ersatz- und Ergänzungsteilen ausgerüstet“* [48] zu verstehen sei. So viel wie verlangt wurde hatte man nicht auf Lager und musste es erst neu anfertigen lassen, was die Ablieferung der Fahrzeuge ebenfalls verzögerte. Unterschiedlich interpretiert wurde auch die Forderung nach rollendem Material *„in gutem Zustand“*. Die deutsche Seite verstand darunter lauffähig und gut unterhalten, während die Alliierten praktisch fabrikneues Material erwarteten. Das bedeutete, dass jede Lokomotive und fast jeder Wagen untersucht und besonders instandgesetzt werden musste, ehe er einigermaßen mit Erfolg der Abnahmekommission der Alliierten vorgeführt werden konnte.

Weiterhin klagte die deutsche Seite über uneinheitliche Abnahmekriterien der einzelnen Kommissionen und sich verändernde Anforderungen, die man den Deutschen nicht bekannt gab, sodass sie aus dem Reich rollendes Material umsonst nach Westen schickten, was in einer angespannten Situation die Verkehrslage weiter verschlechterte. Die nicht angenommenen Fahrzeuge verstopften die Bahnhöfe und Strecken im Grenzbereich, weil die Alliierten anfangs die Rückführung des nicht akzeptierten rollenden Materials ins unbesetzte Reich nicht gestatteten. Die Sperrung der Rheinübergänge in den Brückenköpfen reduzierte obendrein die Möglichkeiten, die Wagen und Lokomotiven zur Abnahme heranzubringen. Schließlich und endlich gab es noch Auslegungsprobleme des Textes des Waffenstillstandsabkommens. „Machines montées“ übersetzte man in Deutschland mit „gebrauchsfähigen Maschinen“, während die Franzosen darunter „besetzte Lokomotiven“, also solche mit Personal verstanden. Da es beim Abzug vor allem aus Belgien zu Übergriffen unter anderem auch auf deutsche Eisenbahner gekommen war, fanden sich nur wenige

Bild 66 – Amerikanische Militärs und deutsche Eisenbahner verhandeln am 20. Februar 1919 die Übergabe vermutlich einer preußischen G 8[1] an die Alliierten. AUFNAHME: SAMMLUNG DR. BRIAN RAMPP

Lokführer und Heizer die bereit waren freiwillig dorthin zurückzukehren, um die Maschinen abzuliefern.

Aufgrund der deutschen Lieferschwierigkeiten gestatteten die Alliierten in den Verhandlungen zur Verlängerung des Waffenstillstands in Trier am 16. Januar 1919, 500 Lokomotiven und 19.000 Güterwagen durch landwirtschaftliches Gerät zu ersetzen, das bis spätestens zum 1. Juni 1919 zu liefern war. Ebenso erreichten sie, dass die alliierte Unterkommission Lokomotiven entsprechend ihrer Häufigkeit im deutschen Bestand akzeptierte. Das verhinderte, dass moderne, in relativ kleinen Serien gebaute Lokomotivtypen komplett abgegeben werden mussten. Aber auch die Wagenmengen und Wagengattungen wurden neu verhandelt. Nun waren abzuliefern: 70.000 offene Wagen, 20.000 Flach- und Niederbordwagen, 1.000 Kesselwagen, 35.500 gedeckte Wagen, 2.500 Güterzug-Gepäckwagen, 10.000 Personenwagen, 800 Personenzug-Gepäckwagen und 10.200 Wagen unterschiedlicher Gattungen, darunter auch 23 Bahnpostwagen.

Bis zum 6. Februar 1919 führten die Deutschen 9.000 Lokomotiven und 200.000 Eisenbahnwagen vor. Abgenommen wurden bis dahin 3.861 Lokomotiven und 118.698 Wagen. Was die Amerikaner betraf, waren die Verpflichtungen hinsichtlich des Eisenbahnmaterials erst am 13. Februar erfüllt, während die Briten noch bis zum August 1919 warten mussten. Vom gesamten Material erhielten in einer ersten Festlegung Belgien ein Zehntel, die USA zwei, Großbritannien drei und Frankreich vier Zehntel. Die folgende Tabelle zeigt den **Stand der Ablieferung** zu bestimmten Stichtagen:

Abgabe		**Lokomotiven**	**Wagen**
Soll zum	11.12.1918	5.000	150.000
Ist am	11.12.1918	206	9.098
	11.01.1919	2.263	72.199
	10.02.1919	4.054	123.269
	01.11.1919	4.961	146.025

Für eine relativ kleine Bahnverwaltung wie die Großherzoglich Badischen Staatseisenbahnen bedeutete die Ablieferung von 106 Lokomotiven einen ziemlichen Aderlass. Bereits während des Krieges hatte man Maschinen für fernliegende Kampfgebiete in Osteuropa abgeben müssen. Anfang 1919 waren noch 978 Loks vorhanden, von denen am Ende 106 Stück oder 10,8 % abgegeben werden mussten. Es waren zwar nicht immer die neuesten Maschinen, aber auf jeden Fall die mit dem besten Erhaltungszustand. Baden führte erst am 15. Januar 1919 Lokomotiven vor. Von diesen 132 wurde wie in den anderen Fällen ein Teil zurückgewiesen. Im Gegensatz zu den übrigen Länderbahnen war ihre Quote bereits am 25. März 1919 erfüllt. Zusätzlich mussten übrigens auch 204 badische Personenwagen, 87 Gepäckwagen und 135 Güterwagen abgeliefert werden. Von den 27.600 badischen Güterwagen waren 7.307 Stück (26,5 %) und von den 2.500 Personenwagen 400 Stück (16 %) abzugeben.

Ein endgültiger Abschluss der ursprünglich in 31 Tagen zu erfolgenden Lieferungen konnte erst Ende 1920 erreicht werden. Zwar hatte man relativ schnell eine grundsätzliche Einigung darüber erreicht, was geliefert werden sollte, aber nicht immer war das verfügbar, was auf der Liste stand. Am Ende akzeptierten die Alliierten auch schadhafte Fahrzeuge, die sie dann im Empfängerland gegen Kostenerstattung reparierten. Ähnlich wurde mit den Ersatzteillieferungen verfahren. Ein detailliertes Abkommen vom 25. März 1919 legte Art und Umfang der Lieferungen fest. Material, das während des Krieges nach Deutschland verbracht worden war, vor allem Werkzeugmaschinen, reparierten neben einigen Privatfirmen vor allem die Ausbesserungswerke Meiningen und Frankfurt-Nied. Wie viele Loks tatsächlich abgeliefert wurden, konnte zwar nicht vollständig geklärt werden, Albert Mühl geht jedoch in einem 1996 erschienenen Artikel nach einem Vergleich der verschiedenen Quellen von 4.774 Lokomotiven aus.

Nach einem belgischen Bericht erhielt dieses Land tatsächlich 2.000 deutsche Loks. Vom Übergabe-Betriebswerk Walkenraedt aus sandten die Belgier zwischen Januar und Mai 1919 etwa 120 Loks als für nicht brauchbar zurück. Insgesamt übernahmen sie 1.959 deutsche Loks, von denen alleine 1.820 aus Preußen kamen.[49)] Sie verteilten sich auf insgesamt 43 verschiedene Gattungen. Die nachfolgende Liste führt die hauptsächlich von der Staatsbahn genutzten Loks auf:

Preuß. Gattung	P 8	S 6	S 9	S 10	S 10^1	S 10^2	
belg. Reihe (ab 1924)	*64*	*66*	*69*	*60*	*61*	*62*	
Preuß. Gattung	G 5^4	G 7^1	G 7^2	G 8	G 8^1	G 9	G 10
belg. Reihe (ab 1924)	*74*	*71*	*72*	*80*	*81*	*79*	*90*
Preuß. Gattung	T 9^3	T 12	T 13	T 14	T 16		
belg. Reihe (ab 1924)	*93*	*96*	*99*	*97*	*98*		

Dazu kamen noch preußische, bayerische, badische und sächsische Lokomotiven, die größtenteils nicht mehr in das Nummernschema von 1924 übernommen wurden:

dt. Länderbahn	bay S $^3/_6$		bad IVe	sä XIV HT			
belg. Reihe (ab 1924)	–		–	–			
Preuß. Gattung	P 6	P 7	S 2	S 5^2	S 7	G 3	G 4^1
belg. Reihe (ab 1924)	–	–	–	–	–	–	–
Preuß. Gattung	G 4^2	G 4^3	G 5^1	G 5^2	G 5^3	G 7^3	G 12
belg. Reihe (ab 1924)	–	–	*75*	–	–	*73*	*92*

Am stärksten vertreten waren die preußische G 8^1 mit 576 Maschinen und die P 8 mit 168 Stück, während von der S 2 nur ein einziges Exemplar nach Belgien kam. Die meisten der in der zweiten Tabelle aufgeführten Lokomotiven wurden bereits 1922 und 1923 ausgemustert oder an andere Bahnen verkauft. Die drei bayerischen S $^3/_6$, die dorthin kamen, beförderten Schnellzüge zwischen Brüssel und Ostende, ehe sie als Splitterbauart 1922 ausgemustert wurden.

Bis Ende Januar 1922 lieferte Deutschland insgesamt 2.270 Lokomotiven, 5.902 Personen- und 73.944 Güterwagen sowie fast 6.000 t Ersatzteile an die Belgische Staatsbahn. Dazu kamen noch 13 Lokomotiven und 326 Wagen für Privatbahnen. Die Lieferung weiterer 14 Lokomotiven und 47 Wagen für letztere stand noch aus.

Die Quellen geben nur sehr allgemeine Gründe für die Rückweisung des rollenden Materials an. Von daher kann man nur spekulieren. Da von den Alliierten Fahrzeuge aus neuerer Produktion gefordert wurden, hätte unter normalen Umständen die Quote zurückgewiesener Wagen und Lokomotiven sehr viel geringer sein müssen. Selbst wenn man Vorsatz unterstellt (was übrigens zu dieser Zeit in der Literatur kaum zu sehen ist), wären die Zahlen immer noch zu hoch.

Also bietet sich nur eine andere Erklärung an. Durch die Seeblockade während des Krieges hatte das Deutsche Reich weitgehend den Zugang zu Bunt- und Edelmetallen verloren. Was vorhanden war, hatte man zu Geschossen verarbeitet. Kupferne Feuerbüchsen und Stehbolzen hatte man durch eiserne ersetzen müssen, die sehr viel schadanfälliger waren. Es fehlten Antimon und Zinn für Gleitlager von Loks und Wagen sowie Nickel und Wolfram zur Herstellung hochfester Stähle, wie sie für die Steuerung der Lokomotiven benötigt werden. Ebenso führte der Mangel an geeigneten Dichtungsstoffen, neben Gummi damals auch noch Asbest, zu Problemen im Betrieb. Deutschland konnte also im Prinzip nur Fahrzeuge abliefern, in denen Ersatzstoffe eingebaut waren. Das mag einer der Hauptgründe für die hohe Rückweisungsquote gewesen sein.

Bild 67
Aufnahme aus dem Januar 1919 aus Anlass der Übergabe dieser Lokomotive an die Alliierten. Am Führerhaus sind bis auf das Gattungszeichen P 8 alle deutschen Schilder entfernt und durch die Bezeichnung „Treves“ – französisch für Trier – ersetzt worden. Vorne trägt sie noch die Nummer 2480. Leider ist die Direktionsbezeichnung nicht zu entziffern. Die Lokomotiven mit dieser Nummer der Direktionen Stettin und Kattowitz gingen nach Italien, die aus Breslau und Königsberg nach Frankreich.

Aufnahme: Sammlung Klaus Kemp

Wenn das vorher Gesagte sicher im Allgemeinen gilt, gab es im Einzelfall auch andere Gründe. Die Reparationslieferungen boten auch die Möglichkeit, ungeliebte Lokomotiven loszuwerden, was nicht in jedem Fall gelang. Dazu gehörte die Einzelgängerin Cöln 1900, eine preußische T 15 mit innen liegender Steuerung und geteiltem Triebwerk Bauart Koechy. Sie war 1902 von Henschel gebaut worden, erwies sich jedoch im Vergleich zu der von der Fa. Hagans entwickelten Bauform als sehr störanfällig, und so wurde nur eine Maschine gebaut, die nach St. Vith kam. Dort setzte man sie für den Dienst auf der Rampe St. Vith – Ulflingen[50] mit einer Steigung von 1 : 70 ein. 1906 erhielt sie die Nummer Cöln 8001. Ab 1908 war sie die meiste Zeit in Stolberg/Rhld. stationiert und zog bis 1918 leichte Güterzüge und Güterzüge mit Personenbeförderung zwischen Stolberg und Malmedy. Zusammen mit elf weiteren Lokomotiven der Bauart Hagans wurde sie im Rahmen der Ablieferungen auf Grund des Waffenstillstandsvertrags nach Frankreich gesandt. Die Abnahmekommission schickte sie wegen Untauglichkeit zurück. Bis 1922 blieb sie in Stolberg/Rhld. beheimatet, wurde dort zu Rangierarbeiten eingesetzt und dann ausgemustert.

Neben Loks und Wagen musste das Reich auch sonstiges Eisenbahnmaterial zur Wiederherstellung zerstörter Strecken wie Schienen, Schwellen und Signale abliefern. Diesen Teil des Waffenstillstandsabkommens erfüllte Deutschland bis zum 1. März 1919.

Wegen des übereilten Abzugs aus Nordfrankreich und Belgien musste Deutschland große Mengen an Eisenbahnmaterial bis hin zu fertig zusammengestellten Räumungszügen zurücklassen. Die deutsche Seite besaß keine genauen Unterlagen, schätzte jedoch den Umfang auf 4.200 Lokomotiven, von denen vielleicht 3.000 betriebsfähig waren, und etwa 100.000 Wagen. Die Sieger behandelten dieses rollende Material anfangs als Kriegsbeute, aber einige Wochen später durfte es bis zu einem gewissen Umfang auf die laut Waffenstillstandsvertrag zu liefernden Mengen angerechnet werden. Allerdings war es weniger, als die Deutschen gehofft hatten, nämlich nur 643 Lokomotiven und etwa 42.000 Wagen. Von dem Material, das die Alliierten nicht wollten, konnte Deutschland wenigstens 1.786 Lokomotiven und rund 29.000 Wagen ins Reich zurückbringen. Ein Teil der Fahrzeuge musste jedoch erst wieder lauffähig gemacht werden. Die meisten Wagen waren noch beladen. Teils handelte es sich um Nachschub, teils um Kriegsbeute, die man nicht mehr mitnehmen konnte. All das musste zurückbleiben, da nur leere Fahrzeuge nach Deutschland gebracht werden durften. Die Rückführung zog sich bis Ende 1919 hin, denn für die Arbeit im ehemaligen Feindesland standen kaum Kräfte zur Verfügung, und die dafür notwendige Zusammenarbeit mit den Alliierten wurde zudem als schwierig geschildert. Das rollende Material stellte man unter die Leitung von hierfür gebildeten Abfahrgruppen in Brüssel, Antwerpen, Namur und Trier zu Zügen zusammen und schickte es in Richtung unbesetztes Deutschland auf die Reise. Etwa 570 Lokomotiven und rund 9.000 Wagen verblieben dagegen endgültig als Kriegsbeute in Belgien und Frankreich.

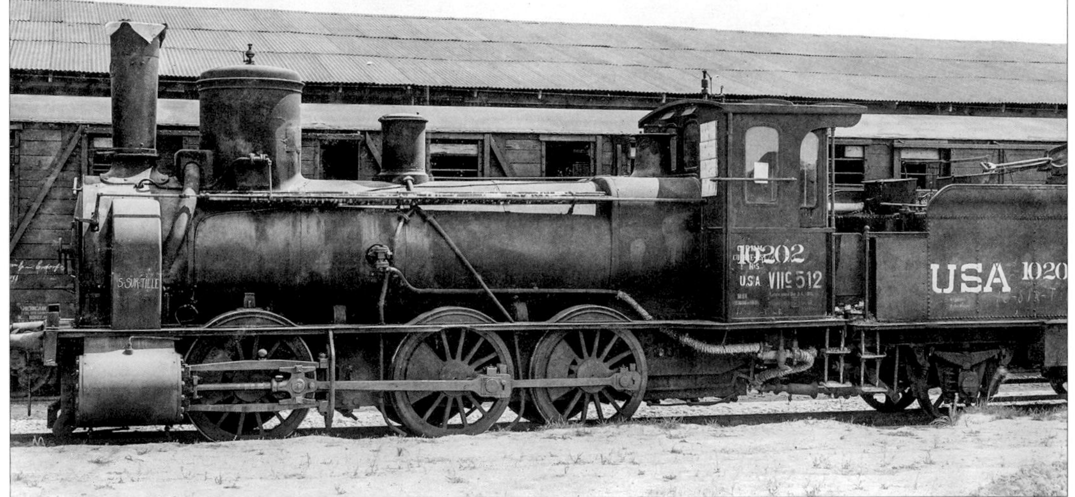

Bild 68
Die badische VII c 512 hat von den Amerikanern bereits die Nummer USA 10202 erhalten. Die Aufnahme entstand am 8. Juni 1919 in Is-sur-Tille, einem Ort in Burgund, etwa 20 km nördlich von Dijon. Die Lok ging an die P.O. und kehrte 1920 nach Baden zurück.

Aufnahme: US Army Signal Corps

Deutschland hatte auf Grund des Artikels 282 des Friedensvertrages alles Material, das es aus den besetzten Gebieten entfernt hatte, zurückzugeben. Immerhin handelte es sich bis zum 30. September 1918 um 2.970 Loks, von denen alleine 2.457 aus Belgien stammten. Dazu kam noch eine unübersehbare Menge von Wagen. Loks waren leicht zu erkennen und wurden in den ersten Tagen der Besetzung aus dem Rheinland nach Frankreich und Belgien zurückgebracht.

Bei Wagen war das nicht ganz so einfach, weil sich viele Bauarten ähnelten. Marschall Foch ließ deshalb die auf dem linken Rheinufer befindlichen Eisenbahnfahrzeuge auf ihre Herkunft überprüfen. Ende Oktober 1919 informierte er die belgische Regierung, dass man neben französischen auch rund 40.000 mögliche belgische Wagen identifiziert hatte und bat um die Entsendung einer Delegation zur endgültigen Feststellung, um sie nach Belgien rückführen zu können. Anfang 1921 handelte es sich immer noch um 25.000 bis 30.000 Wagen. Zum Stichtag 31. August 1921 hatte Deutschland die folgenden Fahrzeuge zurückgegeben:

	Staatsbahnwagen	Privatbahnwagen
Frankreich	5.107	599
Belgien	10.567	208

Nachdem sich nicht alles einwandfrei klären ließ, kam man mit Belgien überein, dass Deutschland die übrigen aus diesem Land stammenden Wagen behalten und stattdessen neue nach belgischen Plänen liefern sollte.

Die Reparationen wurden zwar in Geldwerten ausgedrückt, bestanden aber nicht nur aus der Überweisung von Finanzmitteln, sondern auch und vor allem aus Kohle, Koks, Stahl und Industrieprodukten jeder Art. Eine der vielen Forderungen der Reparationskommission war die Erstattung des ganzen von Deutschland in den alliierten Ländern erbeuteten Eisenbahnmaterials. Nachdem die Alliierten im Frühjahr 1921 die vom Reich zu zahlenden Reparationen auf 132 Mrd. Goldmark festgelegt hatten, gelang es dem deutschen Wiederaufbau- und späteren Außenminister Walter Rathenau mit seinem französischen Kollegen Luis Loucheur, Minister für Wiederaufbau, ein Abkommen mit einer Laufzeit von vier Jahren auszuhandeln, das statt Devisenzahlungen Sachlieferungen im Werte von 7 Mrd. Goldmark vorsah. Dieses Abkommen unterzeichneten beide am 7. Oktober 1921 in Wiesbaden. Es sah einerseits die sofortige Rückführung von 6.200 französischen Personen- und Güterwagen nach Frankreich vor, die als Kriegsbeute nach Deutschland gekommen waren, und andererseits die Verpflichtung Deutschlands, 4.500 fabrikneue Wagen an Frankreich zu liefern.

Für jeden Wagentyp übermittelte das französische Ministerium der öffentlichen Arbeiten die technischen Zeichnungen und Spezifikationen an die deutschen Behörden, die sie an die deutsche Waggonbauindustrie weiterleitete. Die Kosten für die Quali-

Bild 70 – Die preußische S 8 „Erfurt" 802 wurde später zur S 10 umgebaut. Sie musste ebenfalls abgeliefert werden und kam an eine der französischen Bahnen.
Aufnahme: Carl Bellingrodt, Sammlung Klaus Kemp

Bild 69, linke Seite oben
Die preußische G 8 „Altona“ 4875 musste ebenfalls abgeliefert werden. Sie wurde erst 1916 erbaut und steht hier im Jahr 1919 in Nevers in Frankreich. Ihr weiterer Verbleib ist nicht geklärt.

AUFNAHME: US ARMY SIGNAL CORPS

Bild 71
Die an preußische Normalien angelehnte Lokomotive der Großherzoglich Oldenburgischen Staats-Eisenbahnen wurde 1903 von Hanomag gebaut und musste 1918 an die Alliierten abgeliefert werden. Sie kam zur ETAT Belge, wo sie vor 1925 ausgemustert wurde.

AUFNAHME: KREBS/EK-VERLAG

tätskontrolle bei der Herstellung und Ablieferung hatte die deutsche Regierung zu übernehmen. Eine deutsch-französische Kommission setzte die Lieferfristen für diese Wagen fest und regelte die Einzelheiten für die Abnahme der fertigen Waggons durch die französische Regierung. Durch dieses Abkommen waren die Verpflichtungen Deutschlands, was die Rücklieferung von Lokomotiven und Eisenbahnwagen betraf, abgegolten. Als eine erste Abschlagsleistung lieferte Deutschland aufgrund des im vorigen Absatz erwähnten Abkommens zwischen dem 18. April und dem 15. Mai 1921 nach Frankreich 1.605 Wagen sowie nach Belgien weitere 3.480. Sie erfolgte zusätzlich zu den oben geschilderten Lieferungen aus dem Waffenstillstandsvertrag.

Laut Vertrag hatten die Deutschen das bei Kriegsende bei den Bahnen für Betrieb und Unterhalt eingesetzte Zivil- und Militärpersonal auf ihren Posten zu belassen sowie die Lokomotiven mit Personal zu liefern, wie bereits erwähnt. Außerdem hatten die Alliierten das Recht, dieses Personal an jeder beliebigen Stelle in Frankreich und Belgien auch jenseits der bisherigen Frontlinie einzusetzen. Tatsächlich begrenzten sie den Einsatz auf eine Linie Dijon – Paris – Le Havre. Die Bezahlung erfolgte von Deutschland her über die betroffenen Bahngesellschaften wie etwa die französische Nordbahn. Anfangs war die Behandlung der Lokpersonale nicht gut, weil es sowohl Ausschreitungen der Bevölkerung gegen die deutschen Eisenbahner wie auch Schikanen der örtlichen Behörden gab. Da die Alliierten diese Eisenbahner für eine gewisse Zeit brauchten, gelang es der deutschen Unterkommission für Transportwesen relativ schnell, Verbesserungen für sie auszuhandeln. Sie war daran interessiert, weil sie zunehmend Schwierigkeiten hatte, Freiwillige zu finden, die bereit waren, unter diesen schwierigen Bedingungen in Frankreich oder Belgien zu arbeiten. Anfangs gab es 6.000 Deutsche in diesen Positionen. Als dieser Einsatz im Juni 1919 endete, waren es nur noch 250 statt der etwa 10.000 im Moment des Waffenstillstandes.

Die Amerikaner überließen einen Teil des ihnen zustehenden rollenden Materials den Bahnen im Großherzogtums Luxemburgs als Gegenleistung für die zeitweilige Inanspruchnahme von Einrichtungen dieses Landes. Die meisten der rund 500 Lokomotiven, die sie erhielten, gaben sie allerdings an Frankreich ab. Später gingen 100 Lokomotiven aus diesem Kontingent an die neu gegründeten Polnischen Staatsbahnen. Die Britische Armee besaß im Februar 1919 in Belgien und Frankreich rund 1.000 Normalspurloks und 55.000 Güterwagen sowie 30 Lazarettzüge. Dazu kamen noch rund 2.900 km verlegter Normalspurgleise. Da man wegen des engeren Lichtraumprofils auf der Insel weder die Lokomotiven noch die Wagen gebrauchen konnte, wovon ein Teil aus den deutschen Lieferungen nach dem Waffenstillstand bestand, verkaufte man am Ende den größten Teil an Frankreich und Belgien.

Vor allem die Franzosen hatten Probleme mit den deutschen Lokomotiven, weil auf französischen Strecken Linksverkehr herrscht, sich jedoch die Lokführerseite in den Führerständen deutscher Dampfloks rechts befindet, was die Lokführer insbesondere bei der Signalbeobachtung behinderte. Die in Deutschland verwendete Kohle war hochwertiger als die französische, was zu einer schnellen Verschlackung und damit einer Minderung der Leistung der Loks führte. Viele der vor allem über Straßburg und Saarbrücken nach Frankreich verbrachten Maschinen wurden durch einen Befehl der Kommission im Depot Metz Sablon zusammengezogen.

Durch die Menge der täglich ankommenden Lokomotiven und Wagen war die Aufnahmekapazität schnell erschöpft, sodass bald ein großes Durcheinander entstand. Mit der Zeit füllten sich alle Nebengleise rund um Metz und in den Nachbarbezirken der Ostbahn. Diese Masse und vor allem bei den Lokomotiven die Vielzahl der Splittergattungen führte dazu, dass man einen Teil des rollenden Materials schließlich vergaß und es am Ende nur noch verschrotten konnte.

Nach diesen Erfahrungen zeigten sich die Alliierten übrigens im Zusammenhang mit der Abtretung von Eisenbahnstrecken an andere Länder wie z. B. Polen bei der Ablieferung von Fahrzeugen nachsichtiger. In einer Note vom 29. Mai 1919 bemerkte die deutsche Verhandlungsdelegation zur Ablieferung von Lokomotiven und Wagen „in normalem Zustand“, wie es der Artikel 371 des Friedensvertrags forderte: *„Die Abtretung von Eisenbahnmaterial kann nur in dem tatsächlich vorhandenen Zustand nach Maßgabe des Istbestandes erfolgen.“*

Hiermit erklärten sich die Alliierten in ihrer Antwort vom 16. Juni 1919 einverstanden: *„Nach der Absicht der Alliierten und assoziierten Mächte sollen Eisenbahnen und rollendes Material zweifellos in dem Zustand abgetreten werden, in dem sie sich im Augenblick der Unterzeichnung des Waffenstillstandes befanden.“* Das erleichterte in dem von uns betrachteten Gebiet die Übergabe der Bahnstrecken von Eupen und Malmedy mit dem entsprechenden rollenden Material.

Während der Ablieferung der Lokomotiven und Wagen kam es zu einem ersten Akt der Sabotage gegen Bahnanlagen. Am 19. Dezember 1918 entfernten Unbekannte ein Schienenstück bei Siegburg, nachdem die Strecke Köln – Gießen eine der Linien war, auf der das abzuliefernde Material gen Westen rollte.

In der Verwirrung und im Chaos bei Kriegsende hatten die englischen Truppen eine große Menge Beute an sich genommen, die sie nicht verwerten konnten und deshalb an Privatpersonen und an eine eigens dafür gegründete Verwertungsgesellschaft verkauften. Unter dem, was Eigentum des deutschen Staates zu sein schien, befand sich vieles, was Belgien jetzt zurückforderte. Es kam zu einem Prozess, wobei sich die Beklagten darauf beriefen, alles in gutem Glauben von Großbritannien gekauft zu haben. Das Gericht folgte dieser Argumentation, erklärte Großbritannien zum rechtmäßigen Besitzer und sah damit die Verkäufe als rechtens an.

Bild 72
Obwohl die Ansichtskarte aus den zwanziger Jahren stammt, zeigt der Bahnhof Hagenau in nördlichen Elsass bei der technischen Ausrüstung noch deutsche Einflüsse.

AUFNAHME:
SAMMLUNG KLAUS KEMP

3.4.2 Elsass-Lothringen

Im Rahmen der Lieferungen von Eisenbahnfahrzeugen ist auch Elsass-Lothringen zu erwähnen. Dieser Teil Deutschlands, den das Reich durch den Krieg von 1870/71 annektiert hatte, fiel an Frankreich zurück und war, was die Eisenbahnen anging, innerhalb eines Monats in dem Zustand zurückzugeben, in dem er sich bei Kriegsausbruch befunden hatte. Das betraf vor allem das rollende Material. Die Erfüllung dieser Bedingungen schien etwas einfacher, indem man zuerst einmal alles an Loks und Wagen zurückbrachte, was sich außerhalb befand. Da der Verkehr mit Baden und der Pfalz noch mehr oder weniger normal lief, kehrten die Züge ohne weitere Formalitäten nach Elsass-Lothringen zurück. Das betraf jedoch nur den Nachbarschaftsverkehr.
Viele Loks waren über ganz Deutschland verstreut. Eine Zählung ergab, dass von den ursprünglich 1.463 Loks 156 nicht auffindbar waren. Andererseits wurden 147 Maschinen anderer deutscher Direktionen vorgefunden, die leistungsfähiger und größer als die fehlenden waren. Da sich keine deutsche Behörde fand, um nach den vermissten Maschinen zu suchen und einen Loktausch zu organisieren, wurde schließlich entschieden, auf die in Deutschland verbliebenen Loks zu verzichten und stattdessen die in Elsass-Lothringen stehengebliebenen in den eigenen Fahrzeugbestand einzureihen. Dazu wurden noch 83 amerikanische Kriegsloks übernommen (Baldwin 1917-1919, 1'D-Schlepptenderloks, 61 Stück Typ „Pershing", 22 Stück Typ „Slade").

Aus dem von Deutschland abzuliefernden Kontingent an Loks wurden 277 Elsass-Lothringen zugesprochen, unter denen sich 58 Neubauten aus deutschen und elsässischen Fabriken befanden, die die Bahnen Elsass-Lothringens allerdings 1919/20 bei ihrer Lieferung bezahlen mussten. 219 Maschinen kamen also aus den Beständen anderer deutscher Länderbahnen. Allerdings überwies die Empfangs-Kommission in Metz nahezu 20.000 deutsche Güterwagen an diesen Landesteil, der eigentlich auf die für die Entente bestimmten Lieferungen hätte angerechnet werden müssen. Dadurch entstand eine gewisse Konfusion, die nicht ganz geklärt werden konnte. Immerhin kehrten etwa 6.000 zu viel gelieferte Wagen nach Deutschland zurück, während ein anderes Kontingent nach Belgien gebracht wurde, wo man es den deutschen Lieferungen gutschrieb. Die **Ablieferungszahlen für Elsass-Lothringen**:

Abgabe		**Lokomotiven**	**Wagen**
Soll zum	11.12.1918	1.442	41.449
Ist am	12.12.1918	1.440	23.591
	13.01.1919	1.442	23.591
	10.02.1919	1.442	36.051

Im Übrigen befand sich das rollende Material in einem ähnlich schlechten Zustand wie im Rest von Deutschland. Die Hälfte der Loks war außer Betrieb. Diejenigen, die fahrbereit waren, konnten keinen normalen Dienst gewährleisten, weil sie sich durch fehlende Schmiermittel in einem schlechten mechanischen Zustand befanden. Darüber hinaus waren wegen des Mangels wichtiger Metalle wie Zinn und Kupfer wie bei allen deutschen Loks und Wagen Ersatzstoffe eingebaut worden, was die Schadanfälligkeit erhöhte. Man brauchte etwa drei Jahre, um alle notwendigen Reparaturen durchzuführen und die Fahrzeuge in einen normalen Betriebszustand zurückzuversetzen.

Bild 73
Bei der AL 5565 handelt es sich um eine ehemalige preußische G 12, die 1920 von Grafenstaden erbaut wurde. Sie wurde in Luxemburg eingesetzt, nachdem sich Frankreich den Betrieb der dortigen Bahnen durch den Friedensvertrag gesichert hatte.

AUFNAHME:
SAMMLUNG KLAUS KEMP

3.5 Transportprobleme/Nachschubsorgen der Besatzungstruppen

Aus der englischen Besatzungszone liegen detaillierte Berichte über den Nachschub während des Vormarsches zum Rhein und der nachfolgenden Besatzungszeit vor.

Für die britischen Truppen war das in Kapitel 3.2 beschriebene Nachschubproblem Ende Dezember 1918 noch nicht gelöst. Es lag jedoch hauptsächlich außerhalb Deutschlands, nämlich in Lüttich, dessen Bahnanlagen sich zu einem Engpass entwickelten. Dazu kam der sprunghaft gestiegene Verkehr zur Rückführung alliierter Kriegsgefangener sowie von Heimatvertriebenen durch Kriegshandlungen im Bereich der französischen Nordbahn und der Belgischen Staatsbahn. Ein vielleicht noch wichtigerer Grund war, dass nicht nur in Deutschland, sondern auch bei den Gegnern nach mehr als vier Jahren Krieg die Bahnanlagen abgewirtschaftet und das Personal ausgelaugt waren. Deshalb erreichten die Militärtransporte ihr Ziel in Deutschland in der Regel mit einer Verspätung von mehr als 150 % der planmäßigen Fahrzeit. Wenn Züge auf Abstellgleisen halten mussten, gab es oft Plünderungen, vor allem, wenn sie Verpflegung transportierten. Am 20. Dezember 1918 erreichte ein Zug Köln mit 15.000 kg Fleisch, das wegen überlanger Transportzeit verdorben war. Im Januar 1919 hatte sich die Situation noch nicht verbessert. Für den Transport von Soldaten, die in ihre Heimat zurückkehrten, waren für die Strecke Köln – Boulogne 35 Stunden veranschlagt, aber oft genug nahm die Reise bis zu vier Tage in Anspruch. Die Beschreibung dieser Züge findet sich im Anhang. Bis Mai 1919 hatten sich die Bedingungen auf den Bahnstrecken so weit normalisiert, dass ein Zug von Köln bis Calais[51)] 16 und bis Boulogne 22 Stunden brauchte.

Nachdem sich die Besatzungstruppen im Rheinland etabliert hatten, verhandelten die Franzosen mit Engländern und Amerikanern wegen des Transports von Nachschub. Einerseits hatten die Bahnlinien in Frankreich unter den Kriegshandlungen stark gelitten, und andererseits befand sich ein großer Teil des rollenden Materials immer noch in den Händen des französischen Militärs, das es für eigene Zwecke gebrauchen wollte. Deshalb wurden die Verbündeten gebeten, möglichst viele eigene Transporten von den französischen Eisenbahnen fernzuhalten. Als Alternative bot sich ein Transport in Kähnen auf dem Rhein von Rotterdam und Amsterdam aus an. Man sah das nicht nur als eine Entlastung der französischen Eisenbahnen an, sondern auch als eine Kostenreduzierung für Briten und Amerikaner. Parallel dazu entwickelte sich die Strecke Köln – Aachen – Ostende – Dover als die Hauptroute für den Personenverkehr mit Großbritannien, während für die Post der Weg über Antwerpen und Harwich bevorzugt wurde.

Um ihre Standorte in der Stadt Köln besser auf der Schiene erreichen und sie mit Ausrüstungsgütern und Lebensmitteln versorgen zu können, musste die dortige Straßenbahn zwischen 1920 und 1924 Verbindungen zwischen ihren Linien und der Staatsbahn herstellen sowie Straßenbahnverbindungen nach Köln-Riehl zur Kaserne in der Boltensternstraße legen und zu dem Bereich, wo die britischen Offiziere neue Quartiere erhielten.

Etwas Ähnliches gab es im französisch besetzten Mainz. Vor dem Krieg war ein ausgedehntes Netz von 600- und 1.000-mm-Schmalspurbahnen zur Verbindung der außerhalb liegenden Festungen mit der Stadt entstanden. Nach dem Kriege und im Zuge der „Entfestigung“ mussten die Strecken der Armierungsbahnen bis auf eine 1.000-mm-Bahn abgebaut werden. Diese führte vom damaligen Bahnhof Finthen, dem Endpunkt der von der Süddeutschen Eisenbahn-Gesellschaft (SEG) betriebenen Mainzer Vorortbahnen, nach Wackernheim. Dort ließ die Interalliierte Rheinlandkommission für die französische Besatzung einen Flughafen anlegen. Sie forderte die Aufnahme des Betriebs am 1. Oktober 1921. Tatsächlich begann er jedoch erst am 7. Februar 1922, weil sich die Ankunft des französischen Fliegerregiments verzögerte. Weil die Armierungsbahn keine eigenen Fahrzeuge mehr hatte, übernahmen die Mainzer Vorortbahnen der SEG den Betrieb mit Personal und Dampfzügen, die von Gonsenheim über Finthen bis Wackernheim verkehrten. Als die Vorortbahn elektrifiziert wurde, fuhren die Züge nach Wackernheim nur noch ab Finthen im direkten Anschluss an die Vorortbahn.

Für den Betrieb und den Unterhalt der Armierungsbahn war das Deutsche Reich zuständig. Für die Übernahme der Besatzungskosten in den rheinischen Gebieten hatte die Regierung die

Bild 74
1923 bestellte das Reichsvermögensamt für die Armierungsbahn Finthen-Wackernheim zwei meterspurigen Benzoltriebwagen des DWK-Typs IV. Wohl als Provokation gegen die Besatzer trugen beide Fahrzeuge zuerst mit großen Anschriften die Namen „DEUTSCHES REICH I“ bzw. II und mussten dann – angeblich auf Druck der Franzosen – umgehend in Nr. 1 und 2 umbenannt werden. Vermutlich 1925 steht einer der beiden VT vor der ehemaligen SEG-Lokhalle in Finthen, die für die Triebwagen 1924 eigens aufgestockt wurde. Nach Einstellung der Armierungsbahn 1927 wurden beide VT an die SEG verkauft und auf der Zell-Todtnauer Eisenbahn eingesetzt.

Aufnahme: Sammlung Harald Neise

Reichsvermögensverwaltung mit Sitz in Koblenz gegründet. Da die Fahrzeuge der dampfbetriebenen Vorortbahnen heruntergewirtschaftet waren, suchte man bereits seit Mitte 1922 nach einem Ersatz. Schließlich entschied man sich im Frühjahr für zwei Triebwagen der Deutschen Werke AG in Kiel (DWK Typ IV), die jedoch erst Mitte August 1924 den Betrieb aufnehmen konnten. Vorher waren sie von der Rbd Köln abgenommen worden, da die Rbd Mainz im Zuge der Ereignisse des Jahres 1923 nach Darmstadt verlegt worden war und damit niemanden mehr nach Mainz abstellen konnte. Auch als man im November 1923 die Genehmigung für einen Einmannbetrieb beantragte und erhielt, musste das ebenfalls über die Rbd Köln erfolgen.

Trotzdem hielt man noch zwei Dampfloks vor. Als eine davon im Mai 1924 ausfiel, brachte die HEAG eine andere Lok der ehemaligen SEG-Dampfstraßenbahn in Darmstadt, wobei es allerdings Probleme mit der Einfuhr in die Besatzungszone gab. Die Fahrzeuge der Dampfbahn blieben bis Januar 1926 in Betrieb. Die Triebwagen erfüllten die Erwartungen nicht. Immer wieder kam es wegen Reparaturen zu kürzeren oder längeren Betriebsunterbrechungen. Deshalb ruhte ab dem 14. Juli 1927 der Betrieb. Am 28. September 1927 teilte der Kommandierende General der Rheinarmee mit, dass man auf die Benutzung der Bahnlinie verzichte. Die Armee hatte sich auf einen Betrieb mit eigenen Lkw und Bussen umgestellt. Die Reichsvermögensverwaltung kündigte daraufhin am 1. Oktober 1927 den mit der Stadt Mainz zwei Jahre zuvor abgeschlossenen Betriebsvertrag. Danach wurden die Linie abgebrochen und die Triebwagen an die SEG verkauft.

Erwähnenswert ist in diesem Zusammenhang auch die Wasgauwaldbahn, die sich in der südlichen Pfalz an der Grenze zu Frankreich befand. Mit der Inbesitznahme von Elsass-Lothringen 1918 hatten die Franzosen den alten preußischen Truppenübungsplatz bei Bitsch übernommen und wieder belegt. Da sich dieser Platz aber für die Erprobung der neu entwickelten Langrohrgeschütze als zu klein erwies, requirierten sie auf deutscher Seite das Gelände östlich des Übungsplatzes bis hin zum Bahnhof Rumbach-Bundenthal. Das Deutsche Reich musste auf die französische Anforderung hin ein Militärlager anlegen, das in der Nähe des Ortes Ludwigswinkel gebaut wurde. Es stellte das größte für die Besatzungsmächte ausgeführte Bauvorhaben dar. Das Areal blieb formal im Besitz Bayerns, für das es vom Reich während der Nutzung durch die Franzosen eine vertraglich festgelegte Pacht vom Reich erhielt.

Da das Reich auf Grund des Artikels 375 für alle Transportanforderungen der Besatzungsmächte aufzukommen hatte, wurde der Bau einer Materialbahn mit einer Spurweite von 600 mm vom Bahnhof Rumbach-Bundenthal bis zum Truppenlager nach Ludwigswinkel gefordert. Im März 1922 begann der Bau der 14,5 km langen Strecke. Auftraggeber, Besitzer und späterer Betreiber war die Reichsvermögensverwaltung für die besetzen Gebiete. Den Bau führte das Reichsneubauamt aus. Bereits im November 1922 konnte der Betrieb als Materialbahn für das Militärlager Camp de Ludwigswinkel eröffnet werden. Als sich im Rahmen der Neuverhandlung der Besatzungskosten deren Übernahme durch die Alliierten selbst abzeichnete, erlaubten die Franzosen ab September 1924 inoffiziell die Mitnahme von Zivilisten als zahlende Fahrgäste. Nachdem die entsprechenden Genehmigungen erteilt waren, konnte die Strecke am 1. Mai 1925 als Bahn des öffentlichen Verkehrs in Betrieb genommen werden. Mit dem Ende der Besatzungstruppen kam auch das Ende der Wasgauwaldbahn, da das Verkehrsaufkommen in dieser dünn besiedelten Gegend zu gering war. Letzter Betriebstag war der 31. Oktober 1930. Im November wurden die Anlagen verkauft und fanden neue Verwendung als Materialbahn in den italienischen Dolomiten. Die Bahn besaß bei der Eröffnung sechs Dn2t-Heeresfeldbahnloks, zu denen ab 1925 noch zwei Cn2t-Maschinen kamen. Das Material für Bau und Betrieb kam von der Forstbahn Reit im Winkel, von der erwähnten Festungseisenbahn Mainz am Rhein und aus deutschen Heeresfeldbahnbeständen, die alle die gleiche Spurweite von 600 mm besaßen, sowie von der meterspurigen Waldbahn Ruhpolding.

Auf Grund der weiter oben erwähnten französischen Wünsche gab die amerikanische Armee bis Ende 1919 die Verbindung über Brest auf, das bisher als Nachschubhafen gedient hatte. In der amerikanischen Besatzungszone dienten die Häfen von Bendorf, Andernach und Koblenz-Lützel zur Entladung der Kähne. Den notwendigen Schiffsraum sowie die entsprechenden Kräne musste laut Waffenstillstandsabkommen die deutsche Seite stellen. Der erste Transport traf am 23. März 1919 ein. Als ein Großteil der kämpfenden Truppen in die Heimat entlassen wurde, nutzen die USA diesen Weg auch in die andere Richtung, um schwere Waffen und Ausrüstung erst nach Rotterdam und dann nach Antwerpen zu senden. Allerdings blieb der Wasserweg die Ausnahme. Die Mehrzahl der Materialtransporte benutzte weiterhin der Schiene.

Anfangs, als man noch die volle Kampfstärke erhalten wollte, sandte man keine geschlossenen Einheiten in die USA zurück, sondern stellte Gruppen von Soldaten verschiedener Einheiten zusammen. Sie wurden in Koblenz zusammengezogen und in Sammeltransporten, mit denen in der Regel mehrere hundert Mann befördert wurden, nach Antwerpen gesandt, von wo aus sie die Reise nach Übersee antraten. Die erforderlichen Züge hatte die deutsche Seite zu stellen. Erst ab Ende 1921 traten geschlossene Einheiten den Heimweg an, für die die Reichsbahn Züge an ihren bisherigen Standorten bereitstellte. Ihnen wurden teilweise Schlafwagen beigestellt. Für diese Zwecke, aber auch, um eine gewisse Kontrolle über die Eisenbahnen auszuüben, wurden amerikanische Offiziere auf folgenden Bahnhöfen stationiert (Stand 1. Januar 1920): Koblenz Hbf, Koblenz-Lützel, Koblenz-Mosel, Andernach, Mayen, Bendorf, Trier und Köln (Stand 31. Dezember 1921 zusätzlich in Engers, Remagen und Aachen). Aber auch im befreundeten Ausland waren Verbindungsoffiziere stationiert (Stand 1. Januar 1920): In den belgischen Städten Herbesthal, Brüssel und Antwerpen, im französischen Metz sowie in Paris (Ostbahnhof) und im luxemburgischen Wasserbillig.

Der Wechsel von Herbesthal nach Aachen erfolgte, weil sich mit dem Friedensvertrag die Grenze zwischen Deutschland und Belgien änderte und damit auch die Zollbahnhöfe verlegt wurden (siehe Abschnitt 5.1.3). Während die Transporte innerhalb Deutschlands zu Lasten des Deutschen Reiches erfolgten, mussten die Amerikaner in Belgien dafür bezahlen. Sie handelten deshalb Vorzugstarife aus. Bis zum 20. Juni 1922 folgten umfangreiche Transporte aus Anlass der Reduzierung der Truppen im Raum Koblenz. Es gab sowohl Züge für Soldaten unterschiedlicher Einheiten, die zusammen in die USA zurückkehrten, als auch solche, mit der geschlossene Einheiten befördert wurden. Dazu kamen komplette Güterzüge für nicht mehr benötigte Versorgungsgüter, Armeeausrüstung, Pferde usw. Im Verlaufe des Jahres 1922 entschieden sich die USA, ab dem 1. Juli des Jahres statt Antwerpen die Häfen von Hamburg und Bremen sowohl für Nachschub als auch für Truppentransporte zu benutzen. Obwohl die letzten Transporte von amerikanischen Truppen durch das unbesetzte Deutschland abgewickelt wurden, gab es weiterhin eine Vereinbarung mit der belgischen Regierung, um im Falle von Unruhen im unbesetzten Deutschland eine „sichere" Verbindung mit den USA zu haben.

Nach der Abtrennung des Saargebiets und der Einrichtung einer separaten Verwaltung sahen sich vor allem die britischen und amerikanischen Oberbefehlshaber genötigt, Konditionen für den Durchgangsverkehr auszuhandeln, was allerdings erst 1922 stattfand. Da die Truppen in Koblenz in dieser Zeit aus Washington die Order zum vollständigen Abzug aus Deutschland erhielten,

Bild 75 – Obwohl die Stadt Neuwied am rechten Rheinufer lag, befand sie sich im Brückenkopf Koblenz, den die Amerikaner besetzt hatten. Am Heiligabend 1918 laden amerikanische Soldaten Güter von der Bahn auf bereitstehende Armeelastwagen um.

Bild 76 – Der amerikanische YMCA (zu deutsch „Christlicher Verein junger Männer" CVJM) sammelte Liebesgaben für die im Feld stehenden US-Soldaten. Hier werden sie am 8. Februar 1919 auf einem Koblenzer Bahnhof in Lastwagen umgeladen.

AUFNAHMEN (2): US ARMY SIGNAL CORPS

Bild 77 – Aber auch sonstige Industriegüter mussten abgeliefert werden. Als Deutschland mit der Lieferung von Eisenbahnmaterial nicht nachkam, durfte es einen Teil davon durch landwirtschaftliche Geräte ersetzen. Aufnahme: Sammlung LWL-Medienzentrum für Westfalen

wurden die Verhandlungen im gegenseitigen Einvernehmen abgebrochen.

Für die Versorgung ihrer Truppen legten die amerikanischen Streitkräfte zentrale Lager in Koblenz-Lützel (haltbare Lebensmittel, Kleidung und sonstiges), Andernach (Viehfutter für die Pferde) und Bendorf (frisches Obst und Gemüse, frisches Fleisch, Benzin, Öl und Schmiermittel) an. Von dort aus versorgten sie auf der Schiene Verteilstationen in Koblenz, Bendorf, Andernach und Mayen.

Anfangs hatten die Amerikaner keine Eisenbahntruppen vorgesehen. Erst ab dem 31. Dezember 1919 standen etwa 260 Mann zur Verfügung, von denen die Mehrzahl erfahrene Eisenbahner waren. Da sie jedoch keine Kenntnisse der deutschen Verhältnisse besaßen, organisierte man für sie eine spezielle Ausbildung. Neben der notwendigen Theorie gab es auch Praxis. Sowohl in Andernach wie in Bendorf waren größere Kontingente amerikanischer Truppen einschließlich der erwähnten Versorgungseinrichtungen stationiert. Das bot eine ausgezeichnete Gelegenheit, die Eisenbahntruppen Rangierlokomotiven bedienen zu lassen, um Lok- und Rangierpersonale in der Bedienung eines Bahnhofs auszubilden. Die Rangierlok in Bendorf[52)] wurde fast zwei Jahre lang ununterbrochen von amerikanischem Personal gefahren.

Auf den amerikanischen Wunsch hin ermöglichte es die Rbd Köln, auch einen richtigen Zugbetrieb zu üben. Die Kosten dafür übernahmen die Amerikaner. Die Reichsbahn stellte einen Lokführer als „Lotsen" sowie Lokomotiven, Wagen, Brenn- und Schmierstoffe sowie Ersatzteile zur Verfügung. Die Züge, die im Rahmen dieses Abkommens betrieben wurden, wurden „Amerikanische Schulungszüge" genannt. Auf jeder Lokomotive fuhr ein erfahrener Lokführer mit. Das Zugpersonal bestand ganz aus Amerikanern, aber Bahnhofs- und Stellwerkspersonal stellten die Deutschen. Schulungszüge liefen auf zwei Nebenbahnen in der amerikanischen Besatzungszone. Eine Kompanie Eisenbahntruppen wurde in Kreuzberg im Ahrtal stationiert. Von hier nach Jünkerath betrieb man von Montag bis Freitag (ausgenommen Feiertage) drei Züge täglich. Das waren jedoch eigentlich nur „Zugattrappen", da sie außer in Notfällen weder Fracht noch Fahrgäste beförderten, sondern nur mit deutschen Bahnbeamten und amerikanischen Feldeisenbahnern besetzt waren. Die andere Kompanie war in Kottenheim stationiert. Sie betrieb zwischen Andernach und Mayen ebenfalls montags bis freitags drei Züge. Sie beförderten Personal der alliierten Streitkräfte, Personal amerikanischer Wohlfahrtsorganisationen und der Interalliierten Rheinland-Kommission. Da in der Gegend starke Truppenkontingente stationiert waren, beförderte man eine relativ große Anzahl von Fahrgästen. Die notwendigen Wartungsarbeiten an Lokomotiven und Wagen führte das amerikanische Personal selbst durch. Dafür nutzte man die Betriebswerke in Kreuzberg und Mayen.

Im Verlaufe des Jahres 1919 verkauften die Amerikaner ihr rollendes Eisenbahnmaterial an Frankreich. Ausgenommen war ein Hospitalzug. Dessen Wagen wurden in den Bahnbetriebswerken Kreuzberg und Mayen stationiert, wo sie auch von amerikanischem Personal gewartet wurden. Von der französischen Regierung wurden ebenfalls 1919 fünfundzwanzig Kühl- und zehn Tankwagen angemietet, obwohl sie bereits an französische Privatbahnen verkauft worden waren. Da keine Einigung über den Mietpreis erzielt werden konnte, gaben die Amerikaner die Wagen im April und Mai 1922 an die Franzosen zurück. Als Ersatz wurden fortan bei Bedarf Wagen von der Deutschen Reichsbahn angemietet.

3.6 Der Vertrag von Versailles und die Reparationen

In Versailles, wo 1871 Deutschland seinen größten Triumph gefeiert hatte, nämlich die Gründung des Deutschen Reiches, sollte es 1919 seine größte Niederlage besiegeln müssen. Bei den von Januar bis Juni 1919 stattfindenden Verhandlungen zeigten sich die französischen Verhandlungsführer unversöhnlich und versuchten ihre Kriegsziele (siehe Abschnitt 2.1) durchzusetzen, allen voran die langfristige Schwächung Deutschlands. England dagegen war eher an einem stabilen Deutschland in der Mitte interessiert und weniger an einem übermächtigen Frankreich. Deshalb stellte es sich in dieser Frage entschieden gegen den Bündnispartner, schon während des Krieges, aber erst recht jetzt in Versailles. Zudem hielt es seine wesentlichen Kriegsziele mit der Zerschlagung der deutschen Marine, der Verringerung der deutschen Handelsflotte und der Abtretung der deutschen Kolonien für erfüllt.

Die USA sahen im Völkerbund eine Möglichkeit, in Zukunft Konflikte zwischen einzelnen Staaten friedlich zu lösen und betrachteten daher die harte Linie in der französischen Verhandlungsführung eher befremdet. Nach einer sich bereits damals abzeichnenden Kehrtwende ihrer Außenpolitik zogen sich die Vereinigten Staaten in den folgenden Jahren zunehmend aus Europa zurück und überließen die Europäer sich selbst. Insgesamt bildete der Friedensvertrag, der im Prinzip nicht über die Forderungen des Waffenstillstandsvertrags hinausging, auf der Seite der Alliierten einen Kompromiss, den vor allem die Franzosen auf die Dauer nicht akzeptieren wollten. Für die Deutschen hingegen bedeutete er ein Diktat, weil man nicht in die Verhandlungen einbezogen worden war und weil er in der Form eines Ultimatums zur Unterschrift vorgelegt wurde.

Die deutschen Verhandlungsführer wurden erst zugelassen, als der Vertragstext bereits fertig war. Unterstützt durch technisches Personal, verließen sie Berlin am 27. April 1919 in einem Sonderzug. Ein zweiter Sonderzug folgte einen Tag später. Die Fahrt führte über Magdeburg, Hannover und Hamm nach Köln. Dort übernahmen Vertreter der französischen Regierung die Züge, die ihre Fahrt über Brüssel und Charleroi nach Maubeuge fortsetzten, wo sie französischen Boden erreichten. Von dort ging es weiter nach Paris und schließlich nach Versailles, dem Ort der Verhandlungen. Die Fahrt dauerte fast 24 Stunden.

Als der Friedensvertrag nach langen Diskussionen unterschriftsreif vorlag, waren sich die Alliierten nicht sicher, ob die deutsche Seite ihn tatsächlich unterzeichnen würde. Deshalb setzten sie ihre Besatzungstruppen am Rhein in erhöhte Alarmbereitschaft. Schließlich gab es im Reich eine lautstarke Opposition gegen das Vertragswerk. Seine Ablehnung durch Deutschland hätte die Kündigung des Waffenstillstands bedeutet. Dann wäre man nach 72 Stunden automatisch wieder im Kriegszustand mit dem Deutschen Reich gewesen. Für diesen Fall sahen die Alliierten ein Eindringen ins unbesetzte Gebiet vor, wobei den Engländern die Einnahme des Ruhrgebiets zugefallen wäre, nachdem sie von ihrem Brückenkopf Köln aus die besten Voraussetzungen dafür besaßen. Dabei wurde die vollständige Kontrolle der deutschen Eisenbahnen als wesentlich angesehen. Unter dem Druck eines drohenden Einmarsches stimmte die deutsche Nationalversammlung, die in Weimar die neue Verfassung ausarbeitete, am 23. Juni 1919 mit 257 gegen 138 Stimmen für die Annahme des Vertrags. Erst am 28. Juni 1919 wurde die Alarmbereitschaft aufgehoben.

An diesem Tage wurde der 440 Artikel umfassenden Friedensvertrag von Vertretern beider Seiten im Spiegelsaal des Schlosses von Versailles unterzeichnet. Die Drohung der Alliierten mit einer Wiederaufnahme der Kampfhandlungen hatte gewirkt. Deutschland war bereits so weit abgerüstet, dass es keine Chance hatte, größeren Widerstand leisten zu können, sodass man sich dem Druck der Sieger beugen musste und unter Protest unterschrieb. In der Folge bezeichnete man den Vertrag auf deutscher Seite als Diktat. In diesem Sinne versuchte man in den kommenden Jahren, seine Bestimmungen zu unterlaufen oder zu ignorieren. Nach seiner Ratifizierung und dem Austausch der Urkunden trat der Vertrag von Versailles am 10. Januar 1920 in Kraft. Damit war dieser Krieg – wenigstens formal – endgültig beendet.

Der **Friedensvertrag** umfasste acht Hauptaspekte:

- Die Feststellung der alleinigen Kriegsschuld Deutschlands.
- Die Festlegung immenser Reparationszahlungen an die Siegermächte.
- Gebietsabtretungen seitens Deutschlands.
- Umfangreiche Entwaffnungsbestimmungen.
- Sanktionsbestimmungen im Falle einer Nichterfüllung einzelner Vertragsbestimmungen durch Deutschland.
- Auslieferung von Kriegsverbrechern, darunter auch Kaiser Wilhelm II.
- Annullierung der deutschen Friedensverträge von 1917/18 mit Russland, Finnland und Rumänien.
- Die Völkerbundsakte, wobei Deutschland allerdings zu diesem Zeitpunkt explizit ausgeschlossen wurde.

Auch heute noch, ein Jahrhundert nach Ausbruch des Ersten Weltkriegs, geht die Diskussion weiter, ob Deutschland der Alleinschuldige an diesem Krieg war. Die Form und der Inhalt des Friedensvertrages mit den Alliierten werden heute eher negativ beurteilt, da er die Weimarer Republik wirtschaftlich destabilisierte und etliche der Voraussetzungen schuf, unter denen der Nationalsozialismus seinen verhängnisvollen Weg nehmen konnte, der in den nächsten Weltkrieg führte. Bereits die beiden ersten Punkte des 1920 verkündeten NSDAP-Parteiprogramms fordern das deutsche Selbstbestimmungsrecht für ein Groß-Deutschland und die Abschaffung des Versailler Friedensvertrages. Die Diskussion über die Kriegsschuld neigt sich im Augenblick in Richtung einer für Deutschland positiveren Sichtweise.[53] In diesem Zusammenhang ist es interessant darauf hinzuweisen, dass es am 6. November 1918 zu einem Vorvertrag zum Waffenstillstandsvertrag zwischen den Deutschen und den Amerikanern kam. Darin vereinbarte man, die Kampfhandlungen in dem Moment einzustellen, in dem Deutschland die 14 Punkte des amerikanischen Präsidenten Wilson akzeptierte. Während die Amerikaner und Briten sich weitgehend daran hielten, verneinten die Franzosen später die Existenz dieser Übereinkunft, da auf deren Basis der Vertrag sicher weniger drückend ausgefallen wäre. Im Vertrag wurden die Waffenstillstandsbedingungen hinsichtlich Abtretungen von Gebieten und die Besetzung des Westens zementiert. Neben Neutral-Moresnet, einem etwa 3,4 km² großen neutralen Gebiet südwestlich von Aachen, musste Deutschland nach einem Volksentscheid die Kreise Eupen und Malmedy an Belgien abtreten, obwohl es überwiegend deutschsprachige Gebiete waren. Hauptgrund war das Vorhandensein des großen Truppenübungsplatzes Elsenborn an der von Aachen nach Luxemburg verlaufenden Vennbahn, aber ebenso, weil es das Einzige war, was die anderen Alliierten Belgien als Kriegsgewinn anbieten konnten.

Auch das Saargebiet wurde abgetrennt. Durch den Friedensvertrag erhielt Frankreich als Beitrag zur wirtschaftlichen Wiedergutmachung seiner Kriegsschäden das Eigentum an den Kohlenfeldern und Kohlengruben der Saar. Vordergründig wurde für diese spezielle Entscheidung die gezielte Zerstörung der Kohlegruben in Nordfrankreich durch die Deutschen angeführt. Eigentlich ging es jedoch um die Energiesicherheit für das Land. Während Frankreich deshalb eine volle Einverleibung anstrebte,

Bild 79, rechte Seite
Ein Zug der Köln-Bonner-Eisenbahn (KBE) durchfährt die flache Ackerlandschaft des Rheinischen Braunkohlenreviers bei Brühl (um 1932).

Aufnahme: RBD Köln, Bildarchiv der Eisenbahnstiftung

Bild 78
Die Reichseisenbahnen beschafften 1902/03 an französische Vorbilder angelehnte Lokomotiven der Bauart de Glehn als Baureihe A 17, die 1906 zur Gattung S 4 und 1912 zur P 7 wurden. Einige davon waren den Wilhelm-Luxemburg-Eisenbahnen zugeteilt, die die Reichseisenbahnen ebenso betrieben wie auch später die AL. Hier ist die AL P 7 2318 im Depot Luxemburg zu sehen.

Aufnahme: Sammlung Klaus Kemp

gelang es ihm wegen des Widerstands der USA nur, eine zeitweise Nutznießung der Bodenschätze zu erreichen. Nach einer 15-jährigen Besatzung sollte ein Volkentscheid über die endgültige Staatszugehörigkeit entscheiden. Nominell übernahm der Völkerbund die Verwaltung des Saargebietes, das jedoch durch die wirtschaftlichen Verflechtungen die der Friedensvertrag erzeugte vom westlichen Nachbarn abhängig war. Somit erschien es logisch, dass man anfangs Frankreich die Verwaltung übertrug. Dieser abgetrennte Bereich war ein künstliches Gebilde und bestand zum überwiegenden Teil aus preußischem sowie aus rheinpfälzischem (bayerischem) Gebiet [54)].

Die Grenzen des damaligen Saargebietes stimmen nicht mit den Grenzen des heutigen Saarlandes überein, das erst nach dem Zweiten Weltkrieg entstand. Als Vertretung des Völkerbundes wurde eine Regierungskommission mit Sitz in Saarbrücken eingesetzt, die die Vollmacht besaß, die Eisenbahnen, Kanäle und verschiedenen öffentlichen Betriebe zu verwalten und auszubeuten. Diese Kommission nahm am 20. Februar 1920 ihre Arbeit auf. Damit schied das Saargebiet auf Jahre hinaus aus dem deutschen Staatsverband aus. [54)]

Was in der deutschen Öffentlichkeit nicht wahrgenommen wurde, war die Tatsache, dass das Reich trotz der Gebietsverluste als Staat erhalten blieb, während Deutschlands Verbündete, das Reich Österreich-Ungarn und das Osmanische Reich, zerschlagen wurden. Nimmt man den Verlust von Elsass-Lothringen und des Saargebiets sowie die Herauslösung von Luxemburg aus dem deutschen Zollverein und zählt die Beschlagnahmung aller Gruben, Stahlerzeuger und Metall verarbeitenden Industrie in Elsass-Lothringen hinzu, so bedeutete das im ersten Augenblick eine schmerzhafte Schwächung der deutschen Industrie. Dies betrifft vor allem die Industrie der Ruhr, die vor dem Kriege sehr stark in Lothringen investiert und einen Teil ihrer Produktion dahin verlegt hatte, weil es dort es das billigste Eisenerz gab, die so genannte Minette. Es war auch billiger, mit der Eisenbahn Koks für die Herstellung von Stahl nach Lothringen zu schaffen als Eisenerz ins Ruhrgebiet.

Was von deutscher Seite jedoch noch schwerer wog als das Aufbrechen dieser weiträumigen Industrieverflechtung, und was als besonders drückend und beschämend angesehen wurde, war die im § 231 festgelegte deutsche Alleinschuld am Kriegsausbruch: *„Die alliierten und assoziierten Regierungen erklären und Deutschland erkennt an, dass Deutschland und seine Verbündeten als Urheber aller Verluste und Schäden verantwortlich sind, welche die alliierten und assoziierten Regierungen und ihre Angehörigen infolge des ihnen durch den Angriff Deutschlands und seiner Verbündeten aufgezwungenen Krieges erlitten haben."*

Aus diesem Artikel leiteten die Sieger über die bisherigen Leistungen hinaus noch viel umfangreichere Reparationsforderungen an das Deutsche Reich ab. Sie sollten zur Wiedergutmachung sowohl von Schäden an Privateigentum als auch von solchen dienen, die durch die deutsche Invasion und Besetzung verursacht worden waren, sowie die Kosten für Kriegsrenten abdecken. Im Versailler Vertrag selbst wurden weder die Höhe der Forderungen an Deutschland noch ein Zahlungsplan festgelegt. Mit der Unterschrift unter den Friedensvertrag ging Deutschland also nicht kalkulierbare Folgekosten ein. Dieser Punkt sollte bittere Konflikte über die Reparationszahlungen erzeugen. Die Alliierten forderten Zahlungen an alle Kriegsteilnehmer auf der Seite der Gewinner, während Deutschland lediglich die in Belgien und Frankreich entstandenen Schäden wiedergutmachen wollte. Noch ehe die Höhe der Reparationen feststand, legte man fest, wie sie zu verteilen seien. Frankreich sollte den Löwenanteil mit 52 % erhalten, Großbritannien 22 %, Italien 10 %, Belgien 8 %, Japan 0,75 %, Portugal 0,75 % und die anderen Alliierten 6,5 %.

Dieses Thema blieb ein Streitpunkt, selbst als 1921 Forderungen in Höhe von 132 Mrd. Goldmark, zahlbar in 42 Jahren bei einer Verzinsung von 6 % pro Jahr festgelegt wurden. Zusätzlich hatte Deutschland über dieselbe Periode jährlich 40 Mio. t Kohle, die hauptsächlich für Frankreich bestimmt war, und 26 % des Einkommens aus Exporten zu zahlen. Frankreich besaß ein ganz besonderes Interesse an der Ruhrkohle, weil sie eine der besten für die Verkokung und damit für die Erzeugung von Stahl war. Dagegen ist die in Nordfrankreich und an der Saar gefundene Kohle wenig für die Herstellung von Hochofenkoks geeignet. Deshalb blieben die lothringischen Hüttenwerke, die vor dem Kriege deutsch gewesen waren, nach wie vor von den Lieferungen von der Ruhr angewiesen. Aus diesem Grund sollten bis zu 2 Mio. t Koks monatlich als Teil der Reparationskohlen geliefert werden. Dass diese Lieferungen jedoch negative Auswirkungen auf die Wirtschaft der Siegerländer hatten, zeigte sich sehr bald in Frankreich und Belgien, wo Bergwerke ihre Produktion mangels Absatzmöglichkeiten einstellen mussten. Selbst für England brachen Absatzmärkte auf dem Kontinent weg, sodass auch dort die Arbeitslosigkeit wegen der deutschen Reparationskohle stieg.

Diese Reparationsschulden wurden als Anleihen A mit 12 Mrd. Goldmark, Anleihen B mit 38 Billionen Goldmark und Anleihen C mit 112 Mrd. Goldmark aufgelegt. Dabei ging man selbst auf Seiten der Alliierten davon aus, dass die Anleihen C nie bezahlt werden würden. Sie erschienen in den Abkommen nur deshalb, um vor allem in Frankreich der Öffentlichkeit das Gefühl zu geben, dass der Kriegsgegner tatsächlich alle Schäden gutmachen würde.

Diese Zahlen zeigen, dass Deutschland im Gegensatz zu den politischen Verlautbarungen von 1919 im Umfeld der Verhandlung des Friedensvertrages nicht für alle Schäden und Folgekosten aufkommen musste. Trotzdem akzeptierten weder die deutsche Öffentlichkeit noch die Politik diese Reparationszahlungen, weil man sie als zu hart und als eine *„Verknechtung des deutschen Volkes"*[55] ansah. Zuerst weigerte sich die deutsche Regierung, diese Forderungen zu akzeptieren. Die Alliierten drohten im August 1921 mit der Besetzung des Ruhrgebiets, des industriellen Herzens Deutschlands, und gaben eine Frist von sechs Tagen. Angesichts dieser Drohungen sah die Reichsregierung keinen anderen Ausweg, als den Zahlungsplan zu akzeptieren.

Die Festlegung dieser Summen erfolgte durch eine alliierte Reparationskommission auf der Basis der deutschen Möglichkeiten und nicht auf der alliierter Forderungen. Zwischen 1920 und 1931, als die Zahlungen ausgesetzt wurden, bezahlte Deutschland tatsächlich effektiv nur 20 Mrd. Goldmark, davon 12,5 Mrd. in bar, Geld, das zum größten Teil von New Yorker Banken kam. Den Rest beglich man in Waren wie etwa Kohle, chemische Produkte und Eisenbahnmaterial.

Zu den Reparationszahlungen im weiteren Sinne gehörten auch die Besatzungskosten für die in den westlichen Grenzgebieten stationierten alliierten Streitkräfte. Sie waren im Artikel 249 des Friedensvertrages spezifiziert: *„Deutschland trägt die gesamten Unterhaltskosten der alliierten und assoziierten Heere in den besetzten deutschen Gebieten von der Unterzeichnung des Waffenstillstandsvertrags vom 11. November 1918 an. Darunter fallen: die Ausgaben für* [...] *das gesamte Beförderungswesen (sowie Eisenbahn, See- und Flußschiffahrt und Lastkraftfahrzeuge), Verkehrs- und Nachrichtenwesen* [...] *die für die Ausbildung der Truppen, die Erhaltung ihrer Bestände und ihrer militärischen Leistungsfähigkeit erforderlich sind."* Ab dem 1. Mai 1921 wurden sie in Höhe von maximal 350 Mio. Goldmark aus den deutschen Sachleistungen gedeckt. Ab Mai 1922 waren jährlich 220 Mio. Goldmark an Besatzungskosten zu zahlen.

Sämtliche Personen- und Gütertransporte der Besatzungstruppen auf der Reichsbahn ebenso wie auf den Privatbahnen waren für sie kostenlos, solange die Besatzungsbehörden dafür Freifahrscheine ausstellten. Diese gab es für Dienstfahrten oder offizielle Urlaubsreisen. Für außerdienstliche Fahrten einigten sich das Reich und die Besatzungsbehörden auf einen besonderen verbilligten Militärtarif. Die Interalliierte Rheinlandkommission dehnte das Recht auf Freifahrten mit der Zeit auch auf Familienangehörige der Militärs wie der Zivilangestellten der Besatzungsmächte aus. Für außerdienstliche Fahrten setzten die Besatzungsbehörden zudem bei mehreren Straßenbahnbetrieben in den besetzten Gebieten ermäßigte Fahrpreise durch.

Der Artikel 234 des Friedensvertrages bot Verhandlungsmöglichkeiten in Bezug auf die Reparationen. Das benutzten vor allem die Franzosen dazu, immer neue Forderungen zu stellen und vor allem keine festen Beträge zu nennen, mit denen ein Ende der Reparationszahlungen absehbar gewesen wäre. Insgesamt bleibt festzustellen, dass die Reparationsforderungen der Siegermächte einer Versöhnung und Verständigung im Wege standen. Vor allem die Beziehungen zum „Erbfeind" Frankreich wurden dadurch stark belastet, weil es die treibende Kraft bei der Festlegung möglichst hoher Schadensersatzansprüche war.

Dahinter stand der Versuch, keine deutsche Großmachtstellung mehr zuzulassen und die deutsche Wirtschaftskraft einzuschränken. Erklärtes Ziel des französischen Ministerpräsidenten Raymond Poincaré war nicht zuletzt die vollständige Kontrolle über das rheinisch-westfälische Industriegebiet. Nachdem das in den Friedensverhandlungen nicht gelungen war, versuchte man es in der Folgezeit über die Reparationsfrage zu erreichen.

In späteren Jahren kamen Ökonomen und Historiker zu dem Schluss, dass Deutschland seine Schulden hätte zahlen können, wenn es gewollt hätte und sogar mehr, als letztlich festgesetzt worden war. Andererseits erscheint der französische Wunsch einer Schwächung Deutschlands bei gleichzeitiger Erfüllung der Reparationsforderungen zur Unterstützung der Wirtschaft Europas und der Welt als unvereinbarer Gegensatz. Interessant ist auch, dass die Abtrennung von Elsass-Lothringen in der öffentlichen Diskussion im Gegensatz zur Frage der Reparationen und der Rheinlandbesetzung nur eine untergeordnete Rolle spielte.

Neben den vorgenannten Aspekten nahmen die Eisenbahnen im Friedensvertrag einen breiten Raum ein. Er enthielt Verkehrsbestimmungen über die Luxemburger Eisenbahnen, das Saargebiet, den Kehler Hafen, die Eisenbahnen von Elsass-Lothringen, Eupen – Malmedy und die Verpflichtung des neugegründeten Staates Polen, Deutschland ein Durchfahrrecht nach Ostpreußen zu gewähren. Dabei handelte es sich meist um territoriale Änderungen, die sich auch auf die Eisenbahnen und ihre Besitzverhältnisse auswirkten.

Es gab einen weiteren Artikel, der sich mit der Wiederinkraftsetzung internationaler Verträge auch für die Eisenbahnen wie etwa die zollsichere Einrichtung von Eisenbahnwagen im internationalen Verkehr und die technische Vereinheitlichung der Eisenbahnen befasste. Der Teil XII des Vertrages (Häfen, Wasserwege und Eisenbahnen) widmete sich in 66 Artikeln ausschließlich generellen Fragen des Verkehrs.

Bild 80 – Der Zug des Quartiermeisters in Bassenheim an der Strecke Koblenz – Mayen am 20. September 1921 anlässlich einer Militärübung. Beachtenswert sind die zusammengekuppelten dreiachsigen Tender, die als Wasserwagen dienen, der zur Küche umfunktionierte Güterwagen mit einer Tafel „MESS CAR" und seitlich angebrachtem Ofenrohr, aber auch der vierachsige Kühlwagen amerikanischer Bauart für den Fleischtransport am linken Bildrand. AUFNAHME: US ARMY SIGNAL CORPS

3.7 Etablierung der Besatzungstruppen im Rheinland

Um die besetzten Gebiete im deutschen Westen (mit Ausnahme des Saargebietes) zu verwalten, bildeten die westlichen Sieger- und Besatzungsmächte Frankreich, Belgien, Großbritannien und die USA am 10. Januar 1920 auf der Basis des Versailler Friedensvertrages und des im Zusammenhang damit abgeschlossenen Rheinlandabkommens vom 28. Juni 1919 den Interalliierten Hohen Ausschuss für die Rheinlande (H.C.I.T.R.) oder auch Interalliierte Rheinlandkommission genannt. Er war aus einer bereits während der Waffenstillstandsverhandlungen gebildeten, im Abschnitt 3.3 genannten Kommission hervorgegangen und stellte die oberste Verwaltungsbehörde der Besatzungsmächte dar. Ihren Vorsitz übernahm wie selbstverständlich Paul Tirard, der das volle Vertrauen von Marschall Foch besaß.

Man bildete vier Besatzungszonen, eine belgische am Niederrhein mit Sitz in Aachen, eine britische mit Sitz in Köln, eine amerikanische mit Sitz in Koblenz und eine französische mit Sitz in Mainz. Ihren Amtssitz nahm die H.C.I.T.R. im damaligen Oberpräsidium der Rheinprovinz (heute Oberlandesgericht) in Koblenz, wo sie bis November 1929 verblieb. Ausschlaggebend für die Wahl des Amtssitzes war laut Paul Tirard, dass Koblenz zentral lag und eine gute Infrastruktur besaß. Daneben war die Stadt als Sitz des Oberpräsidiums der preußischen Rheinprovinz auch symbolisch von großer Bedeutung. Die Mitglieder der Kommission hatten bereits im Mai 1919 ihren Amtssitz von Luxemburg dorthin verlegt. Die Kosten für diese Kommission hatte das Deutsche Reich zu tragen, alleine im Kalenderjahr 1923 fast 21,5 Mio. Goldmark. Mit dem Abzug der letzten Besatzungstruppen Ende Juni 1930 wurde sie aufgelöst.

Die Interalliierte Rheinlandkommission besaß vier Bevollmächtigte, und zwar je einen Vertreter der an der Besetzung des Rheinland beteiligten Länder. Den Vorsitz erhielt der französische Vertreter, der im Falle einer Stimmengleichheit bei Abstimmungen den Ausschlag gab.[56)] Dazu kam noch ein italienischer Verbindungsoffizier.

Die H.C.I.T.R. übernahm im Wesentlichen die Aufgaben früher gebildeter Kommissionen wie die der Eisenbahn-Kommission. Die USA nahmen jedoch nach der Ablehnung des Friedensvertrages von Versailles durch den amerikanischen Senat nur einen Beobachterstatus ein. Bei Abstimmungen besaß der Vorsitzende bei Stimmengleichheit eine zusätzliche Stimme, was ihm nahezu uneingeschränkte Entscheidungsvollmachten verlieh. In den Jahren vor der Ruhrbesetzung wurden jedoch die Entscheidungen in aller Regel einstimmig getroffen.[57)] Ihr Partner auf deutscher Seite bildete das Reichskommissariat für die besetzten rheinischen Gebiete, dem Vertreter aller betroffenen deutschen Länder angehörten. Es war 1919 auf die Initiative Preußens entstanden.

Die Kommission handelte als Besatzungsmacht auf der Basis der Haager Landkriegsordnung von 1907, was ihr weitgehende Rechte hinsichtlich der Nutzung staatlicher Einrichtungen und staatlichen Vermögens einräumte. Das Haager Abkommen war neben anderen Ländern von allen ehemaligen Kriegsteilnehmern unterzeichnet worden. Die Bestimmungen hinsichtlich der Nutzung der Eisenbahnen (**Rheinlandabkommen Artikel 10**) zeigen deutlich seinen Einfluss:

„Das im Betrieb auf den Verkehrswegen (Eisenbahnen oder Kleinbahnen, Straßenbahnen jeder Art, Strömen und Kanälen – mit Einschluß des Rheins –, Straßen und Flüssen) angestellte Personal hat den Befehlen, die ihm von dem Höchstkommandierenden der alliierten und assoziierten Armeen oder in seinem Namen zu militärischen Zwecken erteilt werden, Folge zu leisten. Sämtliches Material und Zivilpersonal, das zur Unterhaltung und zur Ausnutzung der Verkehrswege erforderlich ist, ist im Betrieb auf diesen Wegen in den besetzten Gebieten vollzählig zu erhalten.

Bild 81 – Den Friedenstag am 28. Juni 1919, der Tag, an dem Deutschland den Vertrag von Versailles unterzeichnete, begingen die Briten mit Kanonendonner am Rheinufer in Köln, nördlich der Hohenzollernbrücke. AUFNAHME: SAMMLUNG KLAUS KEMP

Die Beförderung von Truppen oder einzelnen Soldaten und von Offizieren, die mit einem Eisenbahnbeförderungsschein versehen sind, hat unentgeltlich zu erfolgen."

Insgesamt beinhaltete das Rheinlandabkommen eine sehr viel stärkere militärische Aufsicht, als sie in Friedenszeiten von deutschen Militärbehörden vor dem Krieg ausgeübt worden war. Außerdem behinderte es die freie Verfügbarkeit der Bahnverwaltung über ihr Personal, Fahrzeuge und Werkstätten. Bereits am Tag des Inkrafttretens des Friedensvertrages erließ die Interalliierte Rheinlandkommission ausführliche Ausführungsbestimmungen als Verordnung 6, die noch einmal die Rolle der Interalliierten Feldeisenbahn-Kommission bekräftigte. Bis zum Abschluss des Friedensvertrags waren die jeweiligen Oberbefehlshaber der Alliierten in ihren Besetzungszonen relativ unabhängig in ihren Entscheidungen gewesen.

Mit dem Inkrafttreten des Rheinlandabkommens fand eine Umorganisation statt. Die französischen Truppen, die bisher in zwei Gruppen mit zwei Generälen als Befehlshaber aufgeteilt gewesen waren, erhielten am 12. Oktober 1919 als alleinigen Oberbefehlshaber General Degoutte, der vom selben Tag an auch Oberkommandierender aller alliierten Streitkräfte in den besetzten Gebieten wurde.

Im Zusammenhang mit dem Artikel 10 des Rheinland-Abkommens besaß die deutsche Seite Klärungsbedarf. Deshalb überreichte der Vorsitzende der deutschen Kommission für das Abkommen über die militärische Besetzung der rheinischen Gebiete am 7. August 1919 den Alliierten ein Schreiben mit Erläuterungen zu einzelnen Punkten, in die auch die Wünsche der Eisenbahnverwaltung einflossen. Die vier alliierten Regierungen antworteten am 14. Oktober 1919. Dadurch wurden folgende Punkte geklärt:

- Die Eisenbahnen sollten grundsätzlich wie im Frieden in erster Linie wirtschaftlichen Zwecken dienen. Die militärischen Anforderungen sollten hierauf Rücksicht nehmen.
- Man kam überein, für den Bezirk der deutschen Eisenbahnverwaltung nach Art der deutschen Linienkommandanturen eine Stelle zu schaffen, durch die alleine die deutsche Eisenbahnverwaltung die Befehle des Höchstkommandierenden der alliierten Truppen übermittelt bekamen. Für diesen Zweck richtete man eine interalliierte Feldeisenbahnkommission ein, die durch Unterkommissionen für die Bahnnetze und militärischen Organe bei jeder Bahndirektion ergänzt wurde. Der Kommission wurde ein deutscher Delegierter beigegeben, dem sie ihre Instruktionen übermittelte.
- Die Zivilverwaltung der deutschen Eisenbahnen mit den sich daraus ergebenden Folgen blieb in der Hand deutscher Behörden.
- Die deutschen Bahnen behielten die volle Selbständigkeit in der Betriebsführung, der Gestaltung des Fahrplans und der Benutzung der Bahnhöfe. Die einheitliche Betriebsführung sollte auch an den Grenzen des besetzten Gebietes keine Störungen erleiden. Für die Benutzung der Betriebsmittel traf man spezielle Vereinbarungen. Die alliierten Regierungen behielten sich allerdings das Recht vor, jeden Augenblick zu kontrollieren, ob das Personal und das Material, die für die Unterhaltung und den Betrieb aller Bahnstrecken nötig waren, in vollständigem Zustand in den besetzten Gebieten erhalten waren.
- Für die Rechtsstellung der Eisenbahnbeamten und -arbeiter waren nach Abschluss des Waffenstillstandes Beschränkungen eingeführt worden. Mit dem Rheinlandabkommen wurden die deutschen Vorschriften für die Stellung der Bahnbeamten und -arbeiter wieder maßgebend. Die Interalliierte Feldeisenbahnkommission behielt sich jedoch das Recht vor, alle nützlich erscheinenden Strafandrohungen entweder selbst auszusprechen oder durch die deutschen Behörden zu veranlassen, um die Ausführung der Verordnungen des Kommandos sicherzustellen. Auch die Befugnis zu Abberufungen und Ausweisungen blieb der Hohen Kommission im Rahmen des Rheinlandabkommens vorbehalten.

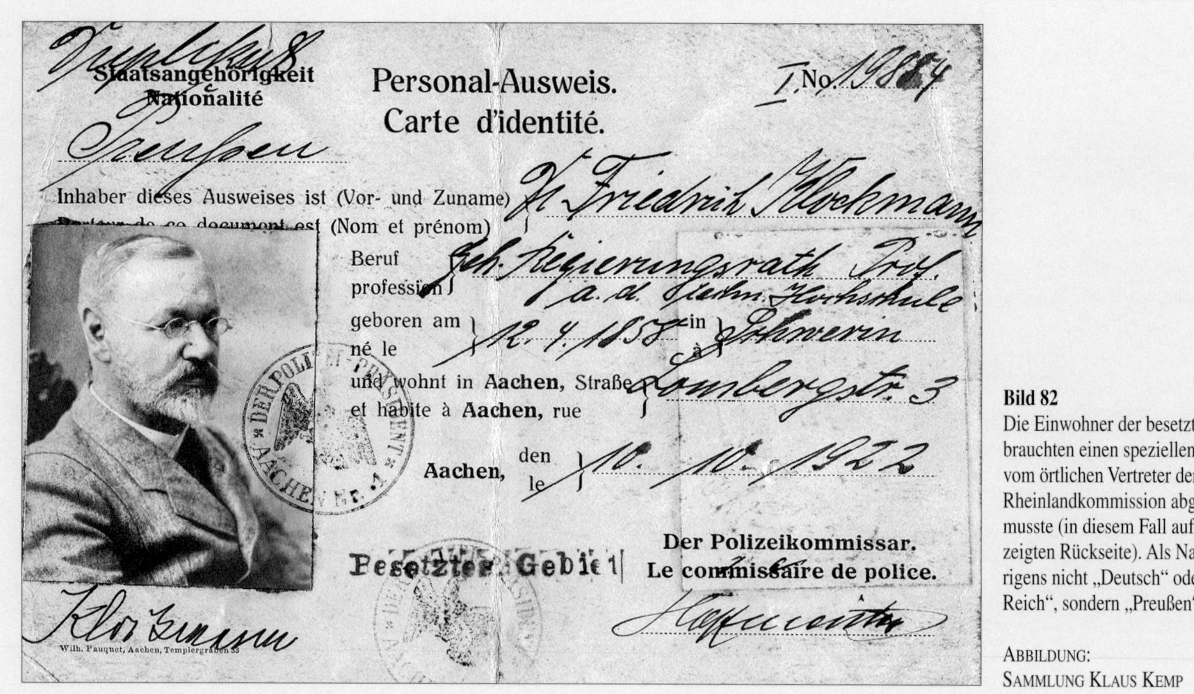
Staatsangehörigkeit
Nationalité
Preussen

Personal-Ausweis.
Carte d'identité.

I. No 19884

Inhaber dieses Ausweises ist (Vor- und Zuname) Dr. Friedrich Klockmann
Porteur de ce document est (Nom et prénom)

Beruf
profession Geh. Regierungsrath Prof. a. d. Techn. Hochschule

geboren am
né le 12. 4. 1858 in Schwerin

und wohnt in Aachen, Straße
et habite à Aachen, rue Lombergstr. 3

Aachen, den
le 10. 10. 1922

Besetztes Gebiet

Der Polizeikommissar.
Le commissaire de police.

Klockmann

Wilh. Pauquet, Aachen, Templergraben 35

Bild 82
Die Einwohner der besetzten Gebiete brauchten einen speziellen Ausweis, der vom örtlichen Vertreter der Interalliierten Rheinlandkommission abgestempelt sein musste (in diesem Fall auf der nicht gezeigten Rückseite). Als Nationalität ist übrigens nicht „Deutsch" oder „Deutsches Reich", sondern „Preußen" angegeben.

Abbildung: Sammlung Klaus Kemp

- Die deutsche Sprache wurde als offizielle Sprache für die Bedürfnisse der deutschen Verwaltung anerkannt.
- Die deutschen Stellen gingen dabei davon aus, dass im Falle eines Wagen- und Lokomotivmangels in anderen Teilen Deutschlands auch aus dem besetzten Gebiet die entsprechenden Fahrzeuge herangezogen werden konnten. Diesem Wunsch kamen die alliierten Mächte nicht nach, da nach Art. 10 Abs. 2 des Rheinlandabkommens sämtliches Material und Zivilpersonal, das zur Unterhaltung und zur Ausnutzung der Verkehrswege erforderlich war, im besetzten Gebiet vollzählig zu erhalten war.
- Über die Frage der kostenfreien Beförderung von Truppen, Soldaten und Offizieren und die Kontrolle dieser Transporte vereinbarte man, detailliertere Vorschriften auszuarbeiten, die dem deutschen Eisenbahnpersonals ein Kontrollrecht zugestanden.
- Die deutschen Bahnen mussten zwar die Transporte für die Alliierten unentgeltlich durchführen, hafteten jedoch im Schadensfalle wie bei jedem regulären Beförderungsvertrag, da das Rheinlandabkommen vom 28. Juni 1919 in sich selbst eine vertragliche Regelung darstellte.

In der späteren Umsetzung hielt sich die Besatzungsmacht oft nicht an diese Zusagen. Zwar ließ sie sich von der Haager Landkriegsordnung leiten, aber auf der anderen Seite war das Verhalten der deutschen Truppen in den von ihnen eroberten Gebieten noch deutlich in Erinnerung. So nahm sie sich deren Verhalten spätestens mit dem Einsetzen des passiven Widerstands zum Vorbild für ihr eigenes Vorgehen.

Der deutsche Große Generalstab hatte – angelehnt an das zweite Haager Abkommen von 1899 – bereits im Jahr 1902 eine Vorschrift für das Verhalten in eroberten Gebieten entwickelt, die sie als „Kriegsbrauch im Landkrieg" bezeichnete. Darin waren Kollektivstrafen nicht ausdrücklich verboten und andererseits Geiselnahmen im Gegensatz zum Haager Abkommen erlaubt. Als zulässige Maßnahmen waren vorgesehen: Kriegsgerichtsbarkeit als Ersatz für zivile Gerichte, Entlassung von Beamten, die den Deutschen nicht gehorchten, Eingrenzung der Bewegungsfreiheit und vieles mehr.

Diese Leitlinien, die von den Deutschen in aller Brutalität angewandt worden waren, dienten Paul Tirard und Marschall Foch

Bild 83 – General Henry T. Allen, hier auf einer Aufnahme vom 4. Dezember 1923, war der amerikanische Vertreter bei der Interalliierten Rheinlandkommission. Er widersetzte sich vielen gegen Deutschland gerichteten Anordnungen.

Bild 84 – An den Grenzen zum Besatzungsgebiet entstanden Kontrollstellen, wie hier auf dem Bahnhof Frankfurt (M)-Goldstein. (Aufnahme vom 19. April 1919)

Aufnahmen (2): Sammlung Klaus Kemp

Bild 85, oben
Eine preußische G 7 leistet am 1. Oktober 1921 Nachschub für einen amerikanischen Militärzug in Grenzau (Strecke Engers – Siershahn), bestehend aus englischen Abteilwagen und einem Kühlwagen amerikanischer Bauart mit Eigentümeranschrift „TP“. TP steht für das französische „Ministère des Travaux Publics“, welches den Wagen von den USA erwarb.

AUFN.: US ARMY SIGNAL CORPS

Bild 86
Marschall Petain, der spätere Staatschef von Vichy-Frankreich, besucht 1919 französische Truppen in der Pfalz, hier seine Ankunft auf dem Bahnhof Landau.

Bild 87
Ein Trupp britischer Soldaten stellt sich Anfang 1919 zum Erinnerungsfoto auf dem Bonner Rheinuferbahnhof auf. Bemerkenswert an diesem Bild ist, dass Köln hier noch mit C geschrieben ist (ab April 1919 galt die heutige Schreibweise).

AUFNAHMEN (2): SAMMLUNG KLAUS KEMP

Bild 88, oben – Diese Aufnahme zeigt noch einmal den ganzen Zug des Quartiermeisters in Bassenheim am 20. September 1921. Bei der Lok könnte es sich um die pr. T 16 Nr. 8122 Köln handeln. Die zwei preußischen Abteilwagen 2. Klasse dienten wohl für Offiziere.

Bild 89, links – Die alliierten Truppen führten regelmäßig Manöver in den besetzten Gebieten durch, hier amerikanische Offiziere in der Nähe des Bahnhofs Ochtendung an der Strecke Koblenz – Mayen am 28. September 1921. AUFNAHMEN (2): US ARMY SIGNAL CORPS

Bild 90, unten – Zwischen 1862 und 1864 entstand die Pfaffendorfer Brücke in Koblenz für die Rheinische Eisenbahn. Mit dem Bau der weiter südlich gelegenen Horchheimer Eisenbahnbrücke 1879 wurde ihre Südseite dem allgemeinen Verkehr übergeben. Im Jahr 1899 wurde die Brücke der Koblenzer Straßenbahn überlassen. Die letzten Eisenbahnzüge überquerten die Pfaffendorfer Brücke zu Beginn des Ersten Weltkriegs im August 1914. Das Schloss am anderen Rheinufer war Sitz des Preußischen Regierungspräsidenten. Während der Besetzung des Rheinlands quartierte sich dort die Interalliierte Rheinlandkommission ein. AUFNAHME: SAMMLUNG KLAUS KEMP

als Vorbild in der Ausarbeitung von Vorschriften für die besetzten deutschen Gebiete.

Der Artikel 5 des Rheinlandabkommens legte fest, dass die Behörden in den besetzten Gebieten in deutscher Hand blieben und der deutschen Gesetzgebung unterlagen. Andererseits besagte der Artikel 3, dass die Interalliierte Rheinlandkommission ermächtigt war, Verordnungen zu erlassen, um diese Verwaltung *„mit den Bedürfnissen der militärischen Besetzung in Übereinstimmung zu bringen. Es herrscht Einverständnis darüber, daß die deutschen Behörden bei Strafe der Abberufung verpflichtet sind, sich nach allen auf Grund des vorstehenden Artikels 3 ergangenen Verordnungen zu richten."* In den folgenden Monaten gab es ausführende Verordnungen oder Ordonnanzen, die sich mit diesen Themen befassten, nämlich der Gehorsamspflicht deutscher Beamter den Anweisungen der Besatzungsmacht gegenüber, und dem Recht der Alliierten, bei Gehorsamsverweigerung Beamte aus dem Dienst zu entfernen.

Mit der Zunahme der Spannungen, vor allem nach der Besetzung des Ruhrgebietes und der Ausrufung des passiven Widerstandes, häuften sich die Fälle von Ausweisungen und Bestrafungen von Beamten. Die Reichsregierung protestierte wiederholt weitestgehend vergeblich gegen dieses Vorgehen der Besatzungsmächte.

Unter der Führung des Franzosen Paul Tirard, nach heutiger Ausdrucksweise ein Hardliner, nahm die Interalliierte Rheinlandkommission eine Haltung ein, die in dem Schreiben vom 2. Februar 1923 an die Reichsregierung sehr deutlich zum Ausdruck kommt: *„Keine Behörde und keine Privatperson im besetzten Gebiet ist berechtigt, darüber zu entscheiden, ob die Rheinlandkommission bei Ausübung der Gesetzgebungsbefugnisse, die ihr auf Grund der Besetzung und des Rheinlandabkommens zustehen, ihre Zuständigkeit überschritten hat oder nicht. Dieser Satz ist ein Grundsatz des öffentlichen Rechts angesichts der Vollmachten, welche die Rheinlandkommission auf Grund des Rheinlandabkommens besitzt."*[58] Ausweisungen waren übrigens auch ein häufig angewendetes Instrument der Besatzungspolitik des deutschen Heeres von 1914 bis 1918 gewesen.

In letzter Konsequenz stand also die Kommission in den besetzten Gebieten über dem Reich und seiner Gesetzgebung. Sie war nicht nur deutschen Behörden gegenüber weisungsberechtigt, sondern deutsche Gesetze und Verordnungen mussten ihr zur Genehmigung vorgelegt werden. Wer gegen die Anweisungen der Besatzungsmacht verstieß, machte sich strafbar. Das führte zu einem Konflikt mit dem Reich, weil die Kommission damit letztlich in die deutsche Gesetzgebung eingriff. Für Deutschland bedeutete das einen Eingriff in seine Souveränität, die es auch in den besetzten Gebieten besaß. Und damit traten Gesetze dort nicht in dem Augenblick in Kraft, in dem sie in Berlin erlassen wurden. Von den Vätern des Versailler Vertrags war das Rheinlandabkommen als eine liberale Verfassung gedacht, tatsächlich wurde die Verwaltung durch die Interalliierte Rheinlandkommission jedoch autoritär ausgeübt, und da es kein Kontrollorgan gab, das man hätte anrufen können, übte sie sogar eine absolute Macht aus.

Ein besonders sensibler Bereich für die Besatzungsmächte war die Sicherstellung des Verkehrs und der Versorgung für ihre eigenen Bedürfnisse. In diesem Sinne hatte der Kommandierende General der belgischen Zone bereits am 9. Juni 1919 das Personal der Aachener Kleinbahn sowie der städtischen Gas-, Wasser- und Elektrizitätswerke „requiriert", d. h. dienstverpflichtet. Als die Angestellten der Kleinbahn Anfang November 1919 in einen Streik traten, führte das zu einer Konfrontation mit den Besatzungsbehörden. Der Stadtkommandant sah seine Autorität und das Ansehen der Besatzungsmacht angetastet. Der Oberbürgermeister konnte ihn nur mit Mühe von der Verhängung von Strafen gegen die Streikenden abhalten und musste gleichzeitig das Personal der Kleinbahn anhalten, die Arbeit wieder aufzunehmen, obwohl nach deutschem Recht die Aktion des Kleinbahnpersonals zulässig war.

Als zusätzliche Beispiele für den Vorrang der alliierten Bestimmungen seien zwei weitere Vorfälle angeführt. Anfang Januar 1920 begann ein Streik in den Braunkohlegruben in der Gegend von Köln, dem sich die Arbeiter der Verkehrsbetriebe in Solingen und Ohligs anschlossen sowie schließlich auch die Beschäftigten der Reichsbahn. Britische Truppen besetzten strategische Punkte, darunter alle Kölner Bahnhöfe, um das Aufstellen von Streikposten zu verhindern. Einige Streikführer wurden verhaftet, obwohl die Eisenbahner peinlich darauf bedacht waren, Transporte der Alliierten nicht zu behindern. Trotzdem kam es zu Behinderungen vor allem im Paketverkehr. Von Köln aus wurde er ins unbesetzte Deutschland sowie auf den Strecken Köln – Düsseldorf, Köln – Solingen und Köln – Bensberg und Overath gesperrt, nachdem es in Städten wie Düsseldorf, Dortmund und Bochum zu Streiks kam.

Ähnlich war es bei einem großen Streik der Eisenbahn im Jahre 1922. Auslöser war die wachsende Inflation. Als die Lohnverhandlungen zwischen der Reichsregierung und den Eisenbahnergewerkschaften scheiterten, traten am 1. Februar rund 700.000 Arbeiter und Beamte der Reichseisenbahnen in den Streik, der sieben Tage dauerte. Die Eisenbahner in den besetzten Gebieten beteiligten sich jedoch nicht, weil die Interalliierte Rheinlandkommission ein absolutes Streikverbot erließ und mit der Verhängung des Kriegsrechts drohte, falls doch gestreikt würde. Paul Tirard nahm das zum Anlass, in der Interalliierten Rheinlandkommission die Militarisierung der Bahnen in den besetzten Gebieten und den Übergang der Verwaltung auf die Verbündeten zu fordern. Das ging weit über ein Sicherstellen der Transporte für die Besatzungstruppen hinaus. Weder die amerikanischen noch die britischen Streitkräfte waren von dieser Idee angetan und zeigten in ihren Zonen zudem keinen großen Eifer dabei, die Verordnungen der Rheinlandkommission in jedem Fall bis zur letzten Konsequenz anzuwenden, wie das in den von Belgiern und Franzosen besetzten Gebieten geschah. Insgesamt verhinderten sie durch ihre Haltung, dass die Bahnen des Rheinlands unter die Verwaltung der Alliierten kamen.

Anders verliefen dagegen zwei Streiks des Jahres 1921. Als die Angestellten der Koblenzer Straßenbahn in den Ausstand traten, verhafteten die Amerikaner die Streikführer und drohten dem Rest der Belegschaft mit Strafmaßnahmen, was diese dazu veranlasste, sofort an ihre Arbeitsplätze zurückzukehren. Die Besatzungsmacht warf den Streikenden vor, nicht die Order N° 53 beachtet zu haben, die im Falle eines Disputs eine Schlichtung vorsah. Diese Schlichtung gab es dann nach dieser Intervention der Amerikaner, was die Differenzen zwischen Arbeitgeber und Arbeitnehmer beilegen konnte. Bei einem Eisenbahnerstreik im Dezember 1921 traten auch einige Beamte in den besetzten Gebieten in den Ausstand. Nachdem sie zwangsverpflichtet wurden, gab es keine weiteren Probleme mehr.

Neben anderen Dingen zeigten sich auch bei der Beurteilung von Streiks durch deutsche Eisenbahner Risse in der Allianz der Alliierten. Nach amerikanischer Einschätzung schien die französische Besatzungsmacht die Streikwilligkeit zu fördern, um dann einen Vorwand zu haben, sich der Eisenbahnen zu bemächtigen. *„Und da die Bahnen durch alle Besatzungszonen liefen, gab es keine Möglichkeit, die Beschlagnahmung zu begrenzen, sobald sie einmal begann, und das würde tatsächlich in der vollständigen Kontrolle durch die Franzosen resultieren. Logischerweise befürchtete das Amerikanische Hauptquartier, dass es sehr schwierig werden würde, die Eisenbahnen wieder unter deutsche Kontrolle zu stellen, wenn sie erst einmal unter französischer Verwaltung standen."*[59] Damit es in ihrer Besatzungszone nicht

dazu käme, verweigerten die Amerikaner deshalb den deutschen Eisenbahnern das Streikrecht.

Es waren Anordnungen der Besatzer dieser Art und ihr Auftreten gegenüber der Bevölkerung, die statt zu einer Verständigung letztlich zur Konfrontation führten. Dabei waren die Voraussetzungen für eine Annäherung nicht einmal schlecht, denn selbst noch in der Jugendzeit des Autors gab es bei der Generation der Eltern und Großeltern ein Echo des Widerstandes des katholischen Rheinlandes gegen das protestantische Preußen und des im 19. Jahrhundert so heftig ausgetragenen Kulturkampfes. Noch stärker war dieses antipreußische Gefühl in der Umgebung von Wiesbaden, das als Teil von Hessen-Nassau erst 1866 einverleibt worden war. So empfanden sich weite Bevölkerungskreise rechts und links des Rheins als *„Muss-Preußen, nachdem es dessen führenden Schichten nicht gelungen war, die Rheinländer nahtlos in den preußischen Staatsverband zu integrieren.“* [60] Das erzeugte gewisse Sympathien für einen eigenen rheinischen Staat.

Der Vertrag von Versailles als äußere Bedrohung einte jedoch das Volk in der Rückbesinnung auf die deutsche Geschichte und in der Abwehr des Separatismus. Man beschwor Bilder des mittelalterlichen Deutschen Reiches, an dem das Rheinland einen wesentlichen Anteil hatte. Je mehr man sich von den Besatzern unterdrückt fühlte, desto mehr besann man sich auf die nationale (preußische und deutsche) Identität. Zur Verstärkung der Nationalgefühle trug bei, dass Wortführer und Hauptakteur auf alliierter Seite ausgerechnet Frankreich war, der erklärte Erbfeind. Dazu kam, dass man zwar mehr als vier Jahre lang in einen schrecklichen Krieg verwickelt war, der sich jedoch weitestgehend außerhalb der Reichsgrenzen und so für einen Großteil der Deutschen außerhalb der eigenen Wahrnehmung abgespielt hatte. Dadurch fehlte jegliches Verständnis für das Vorgehen der alliierten Besatzer, das als hart und ungerecht gebrandmarkt wurde.

In der französischen Wahrnehmung dagegen gab es für die rheinische Bevölkerung keinerlei Behinderungen in ihren persönlichen Rechten, was etwa Religion, Presse, Wahlen, Handel und Wandel sowie den Verkehr zwischen dem besetzten und dem unbesetzten Gebiet anging.

„Die rheinischen Provinzen haben alleine durch die Tatsache der Besatzung und ihrer Verordnungen – liberal aber wachsam – die harte Regelung der Einschränkungen der bürgerlichen Freiheiten die zur gleichen Zeit dem übrigen Deutschland auferlegt wurden, vermeiden können.“ [61]

3.8 Besondere Transporte

Im Friedensvertrag gibt es zwei Artikel, die sich mit speziellen durch Deutschland zu leistenden Transporten auseinandersetzen. Sinngemäß gab es sie bereits im **Waffenstillstandsvertrag**:

*„**Artikel 375** – Deutschland hat die Anweisungen auszuführen, die ihm hinsichtlich der Beförderung durch eine im Namen der alliierten und assoziierten Mächte handelnde Behörde gegeben werden, nämlich:*

1. für die Beförderung von Truppen, die in Ausführung des gegenwärtigen Vertrages bewerkstelligt wird, ebenso wie für die Beförderung von Material, Munition und Proviant für den Bedarf der Armeen;

2. vorübergehend für die Beförderung von Nahrungsmitteln für bestimmte Gegenden, für die möglichst schnelle Wiederherstellung normaler Beförderungsverhältnisse und für die Einrichtung von Post- und Telegraphenverbindungen.“

Während für den Heimtransport von entlassenen alliierten Kriegsgefangener die Kostenübernahme durch Deutschland im Artikel 217 aufgeführt ist, kam der Artikel 375 für die anderen unten erwähnten Fälle zur Anwendung.

3.8.1 Kriegsgefangene

Der Austausch von Kriegsgefangenen lässt sich in zwei Phasen einteilen. Im Waffenstillstandsabkommen bestanden die Alliierten auf der sofortigen Auslieferung und Rückführung ihrer in Gefangenschaft geratenen Soldaten, während das Gros der Soldaten der Mittelmächte, vor allem, soweit sie sich auf französischem Boden befanden, erst nach Unterzeichnung und Ratifizierung des Friedensvertrags in die Heimat zurückkehren durften, also nach dem 10. Januar 1920. Die Kosten dafür hatte das Deutsche Reich zu übernehmen.

Die Rückführung der etwa 800.000 alliierten Kriegsgefangenen lief in den ersten Tagen nicht so wie von den Strategen des Waffenstillstands geplant. Viele Gefangene in Frontnähe wurden von ihren Bewachern, die sich ja schnellstens auf den Heimweg machen mussten, einfach freigelassen und liefen den alliierten Truppen entgegen.

Auch der Transport aus den Lagern innerhalb von Deutschland verlief chaotisch. Von den insgesamt 88 Lazarettzügen, über die

Bild 91, linke Seite
Die Rückkehr von Kriegsgefangenen war ein Ereignis. Auf deutschem Boden wurden sie auch wesentlich komfortabler transportiert. Hier ein Zug mit Rückkehrenden am 27. Februar 1920.

AUFN.: B. D. EISENBAHNSTIFTUNG

Bild 92
Die schmalspurige Wasgauwaldbahn führte von Bundenthal-Rumbach nach Ludwigswinkel und war 14,5 km lang. Sie bestand von 1921 bis 1930 und wurde als Heeresfeldbahn für das französische Militär gebaut, das im Zusammenhang mit der Alliierten Rheinlandbesetzung bis 1930 ein Lager in Ludwigswinkel unterhielt. Das Bild zeigt den Lokschuppen in Ludwigswinkel.

AUFNAHME: SAMMLUNG KLAUS KEMP

Deutschland verfügte, waren nur acht dienstbereit, was die Rückführung Verwundeter erschwerte. Wegen der Ablieferung von rollendem Material gab es einen generellen Mangel an Transportmitteln auf der Schiene. Bei den Waffenstillstandsverhandlungen argumentierten die deutschen Unterhändler, in den Personenzügen, die man hätte nutzen können, gäbe es weder Küchen zur Versorgung der Freizulassenden noch Toiletten. In der kurzen Zeit, in der die Alliierten die Rückführung abgewickelt haben wollten, sei es nicht möglich, unterwegs in entsprechenden Bahnhöfen für Verpflegung zu sorgen.

Schließlich verlangten die Alliierten den Transport auf dem Wasserwege zu den Häfen von Königsberg, Stettin, Lübeck, Hamburg, Bremerhaven und Rotterdam. Lediglich auf dem Rhein funktionierte das reibungslos, weil dort genügend Schiffe zur Verfügung standen, die normalerweise als Ausflugsdampfer dienten. Am Ende wurden doch gut 200.000 oder etwa ein Drittel aller in Deutschland internierten Gefangenen auf der Schiene zu den deutschen Häfen gebracht, etwa die gleiche Menge per Schiff nach Rotterdam und ein weiteres Drittel auf der Schiene nach Calais und Boulogne. Über die Schweiz wurden nur 3.000 ehemalige Kriegsgefangene per Eisenbahn in ihre Heimat zurückgebracht. Dafür hatten die Amerikaner Lazarett- und Sonderzüge nach Baden gesandt. Alle transportfähigen alliierten Gefangenen hatten bis zum 14. Januar 1919 ihre Heimatländer erreicht.

Weitere 1.250.000 Kriegsgefangene, die aus Russland und Rumänien stammten, waren zurückzuführen. Ein Teil davon war im Rheinland interniert. Da die Alliierten nicht für sie aufkommen wollten, verlangten sie eine schnelle Rückführung in ihre jeweilige Heimat, während die Rückführung der anderen die Alliierten weniger interessierte. Auch hier fehlten die Transportmittel auf der Schiene, um alle zügig in ihre Heimat zurückzubringen. So kehrte auch hier ein Großteil über die Ostsee per Schiff zurück. Da die Alliierten zeitweise befürchteten, dass dieser Personenkreis die Bolschewisten unterstützen könnte, untersagten sie den Deutschen einige Monate lang deren Entlassung. Dadurch zog sich ihre Rückkehr bis zum Herbst 1919 hin.[62)]

Großbritannien begann Ende Januar 1919 mit der Rückführung von mehr als 20.000 deutschen Zivilgefangenen sowie von schwer verwundeten Soldaten und Invaliden. Auffanglager für sie war die Stadt Wesel, wo sie in einer Kaserne untergebracht und vom Roten Kreuz betreut wurden. Die Linienkommandantur stellte Sonderzüge für die Weiterfahrt der Ankömmlinge in ihre Heimat zur Verfügung, soweit es die Verhältnisse zuließen. Doch hatte es bereits vor Ende der Kampfhandlungen einen Austausch von Verwundeten gegeben. Bekannt ist der Halt eines Lazarettzuges in der Halle des Roten Kreuzes in Aachen West mit 317 meist schwerverwundeten Austauschgefangenen aus England (1. November 1918).

Nachdem der Friedensvertrag ratifiziert war, begann die Rückführung der im Westen von den Alliierten festgehaltenen etwa 450.000 Deutschen. Zu ihrem Empfang entstanden im Bahnhof Köln-Deutz tief zwei große Baracken, wo die Ankömmlinge aufgenommen, versorgt und betreut wurden. Diejenigen Kriegsgefangenen, die ins unbesetzte Deutschland wollten, wurden mit Sonderzügen nach Gießen gebracht, von wo aus sie weiterverteilt wurden, während diejenigen, die im besetzten Gebiet zuhause waren, in ein Lager in Köln-Dellbrück weitergeleitet wurden. Die ersten Kriegsgefangenen, die dort empfangen wurden, trafen am 20. Juli 1919 ein. Sie kamen aus Saloniki und waren per Schiff nach Rotterdam gebracht worden, von wo aus sie die Heimreise auf der Schiene antraten. Nachdem die Einrichtungen in Köln fertig waren, kamen auch die aus England zurückkehrenden Gefangenen dorthin. Für die Verwundeten wurden spezielle Sanitätszüge benutzt.

Ab dem 17. September 1919 entließen die Amerikaner rund 3.000 deutsche Kriegsgefangene pro Tag. Die aus dem unbesetzten Teil des Reiches stammenden 755 Offiziere und 35.461 Mannschaften entließ man in Limburg, während die Rheinländer (3.921 Mann) in Koblenz den deutschen Behörden übergeben wurden.

Die französische Regierung benutzte die Kriegsverhandlungen als ein Druckmittel, um z. B. zu erreichen, dass Deutschland Oberschlesien räumt. Man sagte die Entlassung der Gefangenen bereits im August 1919 zu, verzögerte das Datum jedoch immer wieder. Die Amerikaner boten ihrerseits an, zwischen 3.000 und 6.000 Mann täglich zu entlassen, die in Frankreich interniert waren, wenn Deutschland genügend Transportkapazität zur Verfügung stelle. Dazu waren die deutschen Staatsbahnen jedoch nicht sofort in der Lage, und so begann die Rückführung erst am 30. August mit 1.000 Mann. In den nächsten drei Tagen folgte ihnen pro Tag die gleiche Anzahl, die zum Teil nach Köln-Deutz und zum Teil nach Koblenz gebracht wurden. Danach schafften es die Staatsbahnen, täglich 3.000 Entlassene in die Heimat zurückzuführen, die alle aus amerikanischen Lagern kamen.

Für die aus französischer Kriegsgefangenschaft entlassenen deutschen Soldaten bestanden die Züge jeweils zur Hälfte aus Per-

Zum Transport der polnischen Truppen aus Frankreich durch Deutschland nach Polen: Essenausgabe für die polnischen Truppen auf einer deutschen Station.

Infolge des entschiedenen Widerstandes der deutschen Regierung verzichteten unsere Gegner auf die beabsichtigte Landung der polnischen Truppen in Danzig. Der Transport fand nunmehr unter strenger Ueberwachung auf dem Eisenbahnwege quer durch Deutschland statt. Die polnischen Truppen tragen als Kopfbedeckung die viereckige polnische „Tschapka" und den Stahlhelm.

Bild 93 – Polnische Truppen, die auf der Seite der Alliierten in Frankreich gegen Deutschland gekämpft hatten, wurden 1919 per Eisenbahn nach Polen gebracht. Hier werden sie bei einem Halt aus einer Gulaschkanone, die auf einem Hochbordwagen mitgeführt wird, verpflegt. ABBILDUNG: SAMMLUNG KLAUS KEMP

sonen- und Güterwagen. Sie wurden von französischem Personal gefahren, da deutsches auf französischen Linien keine Streckenkenntnis besaß und welches man aus verständlichen Gründen dort auch nicht dulden wollte. Soldaten und Offiziere wurden getrennt transportiert. Ebenso sortierte man die im Besatzungsgebiet Beheimateten aus und brachte sie getrennt von den anderen zurück.

Am 21. Januar 1920 gegen 6 Uhr morgens traf der erste Zug mit 1.000 ehemaligen Soldaten im Grenzbahnhof Herbesthal bei Aachen ein. Er kam aus Lille und fuhr bis Jülich, wo die Entlassung der Soldaten erfolgte. Der nächste Zug folgte ihm im Abstand von zwei Stunden. Er brachte Gefangene aus einem Lager in der Gegend von Calais. Ein dritter Zug erreichte deutschen Boden gegen 10 Uhr. Er kam aus Albert im Departements Somme, wo die Schlacht an der Somme 1916 ihren Anfang genommen hatte. Diese beiden Transporte liefen bis Düren und Eschweiler. In den darauf folgenden Tagen erreichten zwölf weitere Züge das Rheinland, die entlassene Gefangene aus dem Osten Frankreichs brachten. Die letzten kehrten im Oktober 1920 zurück. Die deutschen Kriegsgefangenen waren während ihrer Gefangenschaft für Aufräumarbeiten in der ehemaligen Kampfzone eingesetzt worden.

Schneller befreit wurden die Soldaten, die aus annektierten Gebieten wie dem Saarland und Eupen-Malmedy stammten. Ins Saarland wurden die ersten bereits Ende Juni 1919 entlassen. Sie trafen mit dem Zug von Lothringen herkommend in Brebach südlich von Saarbrücken ein, wo sie vom Roten Kreuz empfangen wurden.

Weniger Glück hatten von Engländern festgehaltene Deutsche. Sie wurden per Bahn bis Verviers gebracht und mussten von dort aus zu Fuß den Weg zurück nach Deutschland zurücklegen. Immerhin handelte es sich um 20.000 Mann.

3.8.2 Polnische Blaue Armee

Es gab auch noch andere Truppentransporte, die die deutschen Eisenbahnen unter Beteiligung der besetzten Gebiete leisten mussten. An der Westfront hatten nicht nur die Alliierten gegen die Deutschen gekämpft, sondern auch polnische Verbände.

Die so genannte Blaue Armee (oder Haller-Armee, benannt nach ihrem Anführer) war im Juni 1917 aus Polen, die in der französischen Armee dienten, gebildet worden. Dazu kamen polnische Kriegsgefangene aus der deutschen und der österreichischen Armee sowie polnischsprachige Freiwillige aus den USA, Kanada und Brasilien. Die Alliierten forderten Deutschland auf, die Truppen von Frankreich in das eben entstandene Polen zu transportieren. Nach Auffassung der Franzosen handelte es sich bei diesen Verbänden um alliierte Truppen, weshalb sie sich für diese Rückführung auf den Artikel XVI des Waffenstillstandsabkommens beriefen, der den Alliierten freien Zugang zu den von den Deutschen an ihren Ostgrenzen geräumten Gebieten zusicherte zu dem Zweck, die Bevölkerungen dieser Gebiete verpflegen und die Ordnung aufrecht erhalten zu können. Die Deutschen wollten diese Truppen nicht in Danzig haben aus Angst, sie könnten diese Stadt dem neuen Polen einverleiben. Dass diese Sorge nicht unbegründet war, zeigt das Ansinnen, dass sie die Bahnstrecke Thorn – Danzig besetzen sollten, zu diesem Zeitpunkt formal immer noch deutsches Hoheitsgebiet. Deshalb zogen sich die Verhandlungen über diese Transporte lange hin.

Am 4. April 1919 kam es im Rahmen einer Sitzung der Waffenstillstandskommission in Spa zu einer Einigung zwischen Marschall Foch und Reichsminister Erzberger. Ein Teil der Truppen sollte auf dem Seeweg nach Stettin und Königsberg und von da mit der Bahn nach Warschau transportiert werden, ein Teil aber auch über das Rheinland mit folgenden Routen:

- über Koblenz – Gießen – Kassel – Halle – Lissa – Kalisch,
- über Frankfurt/M – Bebra – Erfurt – Leipzig – Lissa – Kalisch.

Nachdem die technischen Einzelheiten geklärt waren, begannen die Transporte am 16. April mit jeweils drei Zügen täglich auf den genannten Strecken und liefen bis zum 24. Juni reibungslos. Wegen eines Streiks in Deutschland und Streckenunterbrechungen in Frankreich konnte die Überführung erst im Juli 1919 beendet werden. In insgesamt knapp 400 Zügen wurden etwa 10.000 Mann mit Ausrüstung und Munition befördert.

Bereits Anfang 1919 begannen die Amerikaner mit einer Truppenreduzierung und damit einhergehend mit dem Verkauf von Heeresausrüstung. Darunter fielen auch 5.000 Armeepferde, die man Mitte Juli 1918 der polnischen Regierung verkaufen konnte. Allerdings gab es ein Problem, als 1.400 polnische Soldaten nach Koblenz kamen, um die Pferde nach Polen zu bringen. Als die Tiere und ihre Betreuer bereit waren die Reise anzutreten, teilten die Preußischen Staatsbahnen mit, dass es wegen einer Kohlenknappheit keine Züge gäbe, um sie zu befördern. Als sich die Polen und Amerikaner auf den oben bereits erwähnten Artikel des Waffenstillstandsabkommens beriefen, wurde die Kohleknappheit nicht länger ins Feld geführt, und die Tiere traten ihren Weg durch das unbesetzte Deutschland hindurch nach Warschau an.

Als Unterstützung des neu gegründeten Staates Polen in seinem Krieg gegen Sowjetrussland sandte die Entente Waffen und Munition unter Nutzung der Rechte auf Eisenbahntransporte aus dem Friedensvertrag. Kommunistische Eisenbahner in Deutschland sabotierten vor allem 1920 diese Transporte. Wagen mit Munition und Kriegsgerät wurden festgehalten. In Marburg hielten Eisenbahner Ende Juli 1920 einen Zug mit polnischen Soldaten auf, die mit Frauen und Kindern reisten. Die in angehängten Güterwagen transportierten Gewehre wurden von einer aufgebrachten Menge herausgeholt und zerschlagen. Erst auf eine Intervention der Reichsregierung hin konnte der Zug seine Fahrt fortsetzen. In Halle und Erfurt gingen die Eisenbahner Ende August sogar so weit, die Munition durch Sprengung unschädlich zu machen. Selbst wenn diese Züge von alliierten Soldaten begleitet wurden scheuten sich die Eisenbahner nicht, sie aufzuhalten und Waffen und Munition zu zerstören. In Oberschlesien kam es deshalb zu Zusammenstößen mit französischen Truppen, die dort wegen der Abstimmung stationiert waren. Die Eisenbahner erreichten, dass dort der Nachschub für die polnischen Truppen unterblieb. Dieser Boykott war so effektiv, dass Polen militärisch in schwere Bedrängnis geriet.

Ähnliche Zwischenfälle wiederholten sich mit tschechoslowakischen Soldaten, die in Hamburg auf dem Seeweg ankamen und auf der Schiene in ihre Heimat transportiert werden sollten. Ihnen nahmen die Hafenarbeiter Gewehre, Säbel und Munition weg. Nach all diesen Vorkommnissen legte die Reichsbahn fest, dass von Soldaten dieser Länder keine bewaffneten Transporte mehr erfolgen durften. Belgien sandte 1920 für Polen bestimmte Sanitätszüge durch Deutschland. Sie wurden von deutschem Personal an der Grenze genauestens kontrolliert, weil man sie nicht als Nachschubzüge der Alliierten behandelte, die bei Vorliegen eines beglaubigten Frachtbriefes ohne Aufenthalt und Kontrolle ans Ziel befördert wurden, sondern als gewöhnliche Züge.

Während des Krieges und in den Jahren danach gab es in Russland, den baltischen Staaten und Polen eine Typhus-Epidemie. Zwischen 25 und 30 Mio. Personen erkrankten. Die Alliierten befürchteten ein Vordringen der Epidemie nach Mittel- und Westeuropa. Da Hygiene ein wichtiger Faktor ist, um die Ansteckungsgefahr zu reduzieren, entschlossen sie sich, die Ausbreitung der Krankheit an Ort und Stelle zu bekämpfen. So sandten sie die Entlausungs- und Desinfektionsausrüstungen, die während des Krieges in den Gräben der Front im Westen verwandt worden waren, durch Deutschland hindurch vor allem nach Polen. Alleine die Amerikaner ordneten aus ihrer Besatzungszone heraus 500 Personen aus ihrer Sanitätsabteilung für diesen Zweck ab, die sich im August 1919 zusammen mit 800 Eisenbahnwagen und 700 Lastwagen voller Geräte und Desinfektionsmittel auf den Weg nach Polen machten. Während die Hauptarbeit bis November 1919 erledigt war, kehrten die letzten erst im November 1920 nach Koblenz zurück.

3.8.3 Abstimmungsgebiete

Die Reichsbahn hatte in den besetzten Gebieten regelmäßige Sonderleistungen für die Besatzungstruppen zu erbringen, vor allem Truppentransporte und Versorgungszüge. Darüber hinaus hatte sie auch auf die Anordnung der Interalliierten Eisenbahn-Kommission hin für die Verlegung von Einheiten der Alliierten in die Abstimmungsgebiete von Schleswig, Ostpreußen und Oberschlesien zu sorgen.

Es liegen Daten über den Transport britischer Truppen Ende Februar 1921 nach Lublinitz (Lublinice) in Oberschlesien vor. Der Zielort gehörte zu dem Teil, der als Ergebnis des Plebiszits an Polen fiel. Fünf Infanterie-Regimenter wurden dorthin verlegt. Es dürfte sich damit um etwa 4.000-5.000 Mann gehandelt haben. Die Entfernung von Köln dorthin betrug rund 1.100 km. Laut Kursbuch 1925 hätte man sie in 24 bis 30 Stunden zurücklegen können, während die Transportzeit für die Militärzüge bei wenigstens drei Tagen lag. Ein Grund war die Verpflegung nicht nur für die Soldaten, sondern vor allem für die auch bei der Infanterie mitgeführten Pferde. Dafür wurden spezielle Halte mit den entsprechenden Laderampen eingerichtet, die es ermöglichten, die Tiere zu bewegen und die Wagen, in denen sie transportiert wurden, zu säubern. Für das leibliche Wohl der Soldaten sorgte ein in jedem Zug mitgeführter Küchenwagen. Das Vorauskommando verließ Köln am 28. Februar und hätte laut Plan bereits am 2. März ankommen sollen. Tatsächlich traf es erst vier Tage später, nämlich am 6. März, am Ziel ein. Auch der Haupttransport brauchte länger. Er verließ Köln am 3. März und kam am 8. März 1921 in Lublinitz an. Winterwetter behinderte offensichtlich die Aktion.

Die Ausarbeitung des Fahrplans mit den Versorgungshalten für Mensch und Tier erfolgte durch die Interalliierte Eisenbahn-Kommission, während die Zusammensetzung jedes Zuges in Zusammenarbeit mit dem britischen Verantwortlichen für die nach Oberschlesien verlegten Bataillone erfolgte. Jedem Zug wurden Rationen für 15 Tage mitgegeben. Das Verladen erfolgte im Bahnhof Köln-Eifeltor. Zu jedem Zug, der Personal beförderte, gehörten ein Sanitäts- und ein Küchenwagen. Die weitere Versorgung der Truppen stellte eine wöchentliche Zugverbindung zwischen Mainz und Oppeln sicher.

Wegen der Kämpfe zwischen Polen und Deutschen in Oberschlesien verlegten die Briten Ende Mai sechs weitere Bataillone dorthin. Dazu benötigte man 18 Züge, von denen jeweils zwei pro Tag ab dem 26. Mai 1921 Köln verließen. Ein Jahr später erfolgte der Rückzug der alliierten Truppen aus dem Abstimmungsgebiet. Er begann am 25. Mai 1922 und nahm mehr als einen Monat in Anspruch. Nachdem die Franzosen auch solche Städte Polen zugesprochen hatten, in denen eine Mehrheit für Deutschland gestimmt hatte, befürchteten die Alliierten Ausschreitungen gegen die französischen Truppen. Deshalb mussten Briten ihren Abzug während des Verladens auf den Bahnhöfen militärisch decken.

Auch für die im Westen des Reiches lebende ehemalige Bewohner Oberschlesiens gab es Sonderzüge ins Abstimmungsgebiet, darunter zwei aus dem am Tag zuvor von alliierten Truppen besetzten Duisburg sowie je einer aus Oberhausen und Frankfurt.

3.8.4 Spezielle Reparationstransporte

Laut Friedensvertrag war Deutschland verpflichtet, für die Kriegsschäden nicht nur in Form von Geld aufzukommen, sondern auch in Form von Sachlieferungen. Leicht kann man sich die endlosen Reihen von Kohlenzügen vorstellen. Aber es gab auch die Lieferungen von Stahl, chemischen Produkten, Landmaschinen – und lebenden Tieren. Von einigen Kuriositäten dieser Transporte sei kurz berichtet.

„Die deutschen Schweinetransporte nach Belgien waren in den letzten Tagen derart zahlreich, dass auf der Linie Köln – Brüssel einzelnen Personenzügen Spezialwagen angekuppelt werden mussten.“ [63)]

Im Oktober 1921 erfolgte der Versand von 3.450 Bienenvölkern aus Ahlhorn (Strecke Oldenburg – Osnabrück) in „Extrawagen“. Sie wurden als Expressgut behandelt und deshalb mit Personenzügen befördert. Ziel war Belgien. Frankreich erhielt auf Grund des Friedensvertrages 40.000 Bienenstöcke, 23.000 davon im Herbst 1921. Sie kamen aus der Gegend von Hannover. Für ihren Transport nach Nordfrankreich stellte man im Gegensatz zu den nach Belgien bestimmten sechs Zügen zu je 25 Wagen zusammen. Die restliche Lieferung erfolgte ein Jahr später. ❑

Bild 94 – Auf beiden Seiten wurden Gefangene gemacht, die dann weit hinter die Front gebracht wurden. Hier sind es Franzosen, die in Güterwagen die Fahrt nach Deutschland antreten werden. AUFNAHME: SAMMLUNG KLAUS KEMP

Bild 95 – Französische Panzer rollen durch die Stadt und behindern den Straßenbahnverkehr. Ein Kurs der Linie 8 der Städtischen Straßenbahn von Düsseldorf ist auf dem Weg nach Düsseldorf-Hamm.
Aufnahme: Bibliothèque nationale de France

4 Die Ruhrkrise

4.1 Die Wiedergutmachungsleistungen

4.1.1 Die Einforderung der Reparationen

Bereits im vorherigen Kapitel ist die Frage der Wiedergutmachung der Kriegsschäden oder Reparationen in großen Zügen umrissen worden. Zum Verständnis der Ereignisse des Jahres 1923 wird das Thema noch einmal etwas detaillierter aufgegriffen. In der zeitgenössischen deutschen Politik gab es zwei Strömungen. Die eine versuchte, den Zahlungsverpflichtungen pünktlich nachzukommen in der Hoffnung, nach einigen Jahren eine Revision des Versailler Vertrags zu erreichen und die immer wieder angedrohte Besetzung des Ruhrgebiets zu vermeiden. Die freien Gewerkschaften unterstützten diese Politik durch ein Abkommen über zusätzliche Schichten der Bergleute, um die geforderten Kohlelieferungen sicherzustellen. Dies wurde in der Öffentlichkeit als „Erfüllungspolitik" verunglimpft. Die andere wollte die Revision der Reparationsleistungen durch die Schaffung einer katastrophalen wirtschaftlichen Situation provozieren, sodass den Alliierten nichts anderes übrigbleiben würde, als die Bedingungen von Versailles abzuschwächen.

Der Bergbau an der Ruhr hatte Probleme, die geforderten Förderquoten zu erfüllen. Dafür gab es mehrere Gründe. Die beiden wichtigsten waren die Einführung des Acht-Stunden-Tages und der akute Nahrungsmangel, der die Leistungskraft der Bergleute beeinträchtigte. Um ihre Lieferungen sicherzustellen, boten deshalb die Niederlande im Frühjahr 1920 einen Kredit für die deutsche Regierung zur Lebensmittelbeschaffung speziell für das Ruhrgebiet an. Das lehnte die Reparations-Kommission ab. Ihrer Meinung nach wäre eine vergrößerte Fördermenge nur der deutschen Industrie zugutegekommen. Frankreich und Belgien waren zudem nicht in der Lage, mehr Kohle auf der Schiene und auf dem Wasserweg zu transportieren, als sie bereits erhielten.

Anfang Juli 1920 fand in Spa eine internationale Konferenz zur Umsetzung des Versailler Friedensvertrags statt, welche die deutsche Entwaffnung zum Thema hatte. In deren Verlauf kamen auch die deutschen Reparationen und insbesondere die Kohlelieferungen zur Sprache, mit denen Deutschland durch den Kapp-Putsch und den nachfolgenden Aufstand im Ruhrgebiet in Verzug geraten war. Nach einer heftigen Auseinandersetzung mit den Deutschen ließen die Alliierten den französischen Marschall Foch, den General der britischen Truppen Wilson und den Oberbefehlshaber der Rheinarmee Degoutte zusammenrufen, um demonstrativ über eine Besetzung der Ruhr zu beraten. Diese Erpressung brachte die deutschen Vertreter dazu, die Forderungen der Alliierten zu akzeptieren und Reparationslieferungen zuzustimmen, die sie eigentlich für unerfüllbar hielten. In dem entsprechenden Abkommen musste das Reich den Alliierten allerdings für den Fall zu geringer deutscher Kohlelieferungen bis Ende 1920 das Recht zugestehen, neue deutsche Gebietsteile wie etwa das Ruhrgebiet oder irgend einen anderen zu besetzen.

Dieses alliierte Vorgehen stand im krassen Widerspruch zum Versailler Vertrag, nach dessen Wortlaut alleine die Reparationskommission für Streitfragen zuständig war. Allerdings machten die Alliierten gewisse Konzessionen hinsichtlich der Versorgung der Bergarbeiter. Belgien verpflichtete sich außerdem noch im selben Monat, Lebensmittel zur Verfügung zu stellen, die Deutschland mit der Lieferung von dreitausend Eisenbahnwagen bezahlen sollte.

Die gesteigerte Lieferung von Reparationskohle, die kostenlos an Frankreich und Belgien abgegeben werden musste, war für diese Länder in diesem Augenblick in jeder Hinsicht von Vorteil. Selbst Großbritannien stimmte dem zu, weil es dort eine Kohleknappheit gab, sodass es im Augenblick nicht in der Lage gewesen wäre, größere Mengen zu exportieren, wie es das in früheren Jahren gemacht hatte. Mit der Zeit drängte jedoch der englische Vertreter in der Reparationskommission darauf, die deutschen Liefermengen zu reduzieren, damit das Reich in die Lage versetzt würde, seine Reparationspflichten insgesamt zu erfüllen. Vor allem die Franzosen beschuldigten ihn daraufhin, nur den englischen Kohleexport fördern zu wollen. Das Argument war nicht ganz aus der Luft gegriffen, weil man in London inzwischen tatsächlich eine Beeinträchtigung der eigenen Exporte befürchtete, vor allem, solange deutsche Kohle unter Preis angeboten wurde. Die erhöhten Kohlelieferungen nach Westen, die zu wenig für den Eigenverbrauch überließen, veranlassten deshalb das Reich dazu, verstärkt Kohle aus Großbritannien einzuführen. 1922 erreichten diese Importe von der Insel fast den Umfang, den sie vor dem Kriege gehabt hatten.

Als eine alliierte Konferenz in Paris im Januar 1921 endlich die Gesamthöhe der von Deutschland zu zahlenden Reparationen festlegte, hielt die deutsche Seite diese Forderungen für absolut unerfüllbar, da die deutsche Wirtschaft durch Kriegsschulden und Inflation überfordert sei. Zudem seien wichtige Industriegebiete, nämliche Teile von Oberschlesien und das Saargebiet, verloren gegangen. Allerdings überschätzte die deutsche Politik ihre Möglichkeiten, Widerstand zu leisten und die Zahlungen zu verweigern. Als man Anfang März 1921 ein alliiertes Ultimatum ablehnte, zeigte sich die Gegenseite kompromisslos und im Sinne der früheren Drohungen konsequent. Französische und belgische Truppen mit britischer Unterstützung besetzten kurzerhand am 8. März 1921 die Rheinhäfen Düsseldorf, Duisburg und Ruhrort, während man das besetzte Rheinland vom übrigen Deutschland durch eine Zollgrenze trennte. Befehligt wurde die Aktion von General Degoutte. Die Briten rückten auf der Straße mit zwei Schwadronen Kavallerie in Düsseldorf ein. Die vier Panzer, die die Aktion unterstützen sollte, kamen einige Stunden später auf der Eisenbahn nach und stellten sich vor dem Hauptbahnhof auf. Bis zum 18. März 1921 folgten noch Hamborn, Ratingen, Valbeck und Walsum sowie die Bahnhöfe Mülheim/Ruhr, Oberhausen-West und Speldorf. Es war der Beginn der so oft angedrohten Besetzung des Ruhrgebiets.

Das Wohlverhalten Großbritanniens muss man im Zusammenhang mit den Friedensverhandlungen der Entente mit der Türkei als Nachfolgerin des Osmanischen Reichs sehen, die am 9. März begannen. Die dortigen Interessensgegensätze der beiden alliierten Mächte Frankreich und Großbritannien beeinflussten sehr stark die Politik an der Ruhr. Im Nahen Osten befand sich London in der schwächeren Position und wollte deshalb keinen Konflikt mit Paris in Deutschland. Trotzdem beteiligten sich die britischen Truppen nicht länger an dieser Ausdehnung der Besatzung, sondern zogen sich bereits am 21. März 1921 zurück.

Die deutsche Verweigerungshaltung spielte Marschall Foch in die Hände. Denn diese Besetzung bildete Teil einer von ihm entwickelten Strategie, das Ruhrgebiet unter französische Gewalt zu bringen und damit vielleicht doch noch die Loslösung des Rheinlands vom Reich zu erreichen. Die in diesem Gebiet anfallenden Zölle behielt man ein. Und der Bereich Düsseldorf – Duisburg – Ruhrort wurde den Bedingungen des Rheinlandabkommens unterworfen, obwohl er laut Friedensvertrag nicht zur alliierten Besatzungszone gehörte. Allerdings geschah das wegen britischer Einwände indirekt durch die Unterstellung unter eine französisch-belgische Militärverwaltung, welche die Verordnungen der Interalliierten Rheinlandkommission auch für diese neu besetzten Gebiete übernahm. Düsseldorf erhielt einen französischen Eisenbahnkommissar mit zwei in Düsseldorf und Duisburg stationierten deutschen Beamten zum Befehlsempfang. Besondere Schwierigkeiten bereitete den betroffenen Städten die Unterbringung der Soldaten, weil auch hier wie vorher schon im linksrheinischen Gebiet die Besatzer mit größeren Kontingenten kamen, als vor dem Krieg in diesen Orten stationiert gewesen waren. Nachdem neben den vorhandenen Kasernen immer mehr Schulen beschlagnahmt wurden, entschied sich die Stadt Duisburg, den gerade erst fertiggestellten Güterbahnhof als Kaserne zur Verfügung zu stellen und dazu noch zwei Barackenlager zu bauen.

Bild 96
Der Bahnhof von Autre Église liegt nördlich von Namur in Belgien an einer Nebenstrecke. Diese Postkartenansicht zeigt die Durchfahrt eines Zuges mit Reparationskohle von der Ruhr als eine *„Rückgewinnung für Frankreich (Krieg 1914-1918)"*.

Aufnahme: Sammlung Klaus Kemp

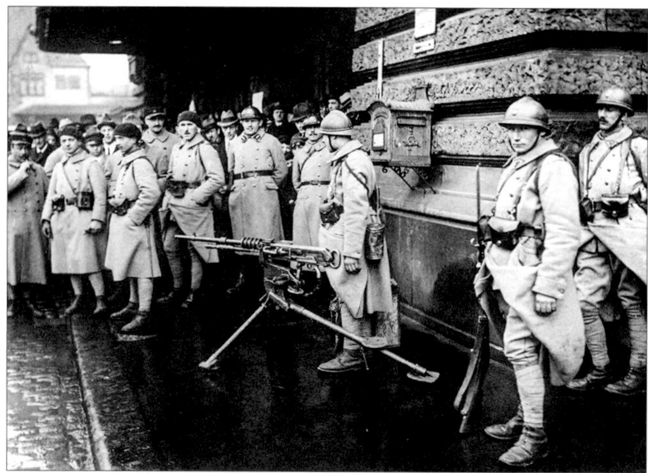

Bild 97 – 1921 besetzen französische und belgische Truppen Düsseldorf und Duisburg. Hier bewachen am 8. März 1921 Teile von ihnen mit einem Maschinengewehr den Eingang des Hauptbahnhofs Düsseldorf. AUFNAHME: SAMMLUNG KLAUS KEMP

Bild 98 – Die Aufschrift über der Türe bedarf keiner weiteren Erklärung. Man fragt sich allerdings, wie die Besatzer mit dieser Einstellung die Bevölkerung für sich gewinnen wollten. AUFNAHME: SAMMLUNG DIERK LAWRENZ

Am 20. April 1921 wurde entlang des Rheins die erwähnte Zollgrenze zum unbesetzten Deutschland hin eingerichtet. Alle Ein- und Ausfuhren bedurften nun einer Genehmigung, für deren Erteilung ein spezielles Amt in Bad Ems eingerichtet wurde, das dem Wirtschaftskomitee der Interalliierten Rheinlandkommission unterstand. Es war aus dem deutschen Amt für Aus- und Einfuhrbewilligungen entstanden, das vorher in Köln ansässig gewesen war. Der neue Standort war gewählt worden, weil er als Kurort ausreichende Unterkunftsmöglichkeiten für eine Behörde bot, die schnell auf über 500 Beschäftigte – deutsche wie alliierte Beamte – anwuchs. Durch das langwierige Genehmigungsverfahren, für das eine eigene Verordnung erlassen wurde, reduzierte sich der bisher schon durch Vorschriften behinderte Warenverkehr über den Rhein sehr stark, was ganz im französischen Sinne einer Abtrennung der Rheinlande vom Rest Deutschlands war. Zudem stockte der Verkehr nach der Einrichtung von Zollstationen wegen aufwendiger Revisionen und kam nur sehr zögernd wieder in Gang. Nach Osten und Norden blieben die Straßen und Eisenbahnen der neu geschaffenen Brückenköpfe nur für den örtlichen Arbeiterverkehr und für die durchgehenden Schnellzüge geöffnet.[64] Die Kontrollen dauerten acht bis zehn Stunden pro Zug und fanden auf Bahnhöfen statt, die dafür nicht eingerichtet waren. Die Kontrolle erfolgte durch deutsche Beamte unter der Aufsicht französischer Kontrolleure nur tagsüber. Dazu hieß es in der lokalen Presse: „*Im Eisenbahndirektionsbezirk Köln warteten am 23. Juni 4.136 Güterwagen auf ihre zollamtliche Abfertigung; von ihnen konnten ‚in Anbetracht der geringen Zahl zur Verfügung stehender Zollbeamten nur ein kleiner Bruchteil* [täglich] *abgefertigt werden*' ".[65]

Die Direktion Köln sah sich genötigt, eine Zeit lang die Annahme von Gütern für das unbesetzte Deutschland zu sperren. In der umgekehrten Richtung traf die Direktion Elberfeld die gleiche Maßnahme für Fracht in Richtung der Düsseldorfer Bahnhöfe. Lediglich die Kohlezüge ins besetzte Gebiet hinein verkehrten unbehelligt. Zwischen Ratingen und Köln-Kalk stauten sich die Güterzüge, und rund um Düsseldorf waren alle Güterbahnhöfe überfüllt. In Limburg sollten an einem bestimmten Werktag sieben Güterzüge in Richtung Osten abgehen. Durch die Kontrollen konnte tatsächlich nur einer abgefertigt werden. Die anderen sechs mit insgesamt 270 Wagen blieben stehen. Wie im Norden stauten sich auch in Mainz die Güterzüge und verstopften die Bahnhöfe. Im diesem Bezirk waren es 80 Züge, die nicht abgefertigt werden konnten.

Angesichts dieser Transportverzögerungen stellte der Handelskammerbezirk Worms bereits wenige Tage nach Einrichtung der Zollgrenze den Güterverkehr ins unbesetzte Deutschland fast vollständig ein. Um das entstandene Chaos zu beseitigen, wurde im Juli 1921 drei Wochen lang der gesamte Güterverkehr gesperrt. Aber selbst danach stauten sich auf den Kölner Bahnhöfen immer noch rund 800 – und im ganzen Direktionsbezirk über 2.000 – Wagen, die noch vom Zoll abgefertigt werden mussten. Die Versender versuchten auf die Straße auszuweichen, was die Besatzungsmächte mit einer Reduzierung der Kontrollpunkte für den Lkw-Verkehr beantworteten. Um den zunehmenden Schmuggel in Personenzügen zu unterbinden, mussten die Züge ab dem 20. Juli 1921 in den Grenzbahnhöfen zum unbesetzten Gebiet einen Aufenthalt von 20 min einlegen, um Zollkontrollen durchführen zu können. Zum unbesetzten Hessen hin gab es für den Güterverkehr drei Zollbahnhöfe (Frankfurt-Griesheim, Frankfurt-Höchst und Weiterstadt), die zu längeren Aufenthalten der Züge und Schikanen durch peinlich genaue Kontrollen der Reisenden führten. Das brachte Zugverspätungen und verpasste Anschlüsse mit sich. Auch der Stückgutverkehr litt unter empfindlichen Störungen.

Ein erneutes Ultimatum aus London kam am 27. April 1921. Die Höhe der gesamten Reparationen wurde bei gleichbleibenden jährlichen Zahlungsraten auf 132 Mrd. Goldmark zuzüglich 26 % der Exporteinnahmen reduziert. Bei Nichterfüllung der Forderungen wurde wieder einmal die Besetzung des Ruhrgebiets angedroht. Pläne dafür hatte der französische Generalstab bereits im Dezember 1919 ausgearbeitet. Als das die deutsche Regierung erneut ablehnte, erreichte sie im 5. Mai 1921 aus London ein neues Ultimatum, das eine Frist von sechs Tagen für die Annahme setzte. Um dem Nachdruck zu verleihen, zogen die Alliierten 250.000 Soldaten entlang des Rheins zusammen. Sammelpunkte befanden sich in Duisburg, Düsseldorf, Bonn, Trier und Mainz. Für den Fall einer Besetzung des Ruhrgebiets und eines nachfolgenden Streiks

Bild 99 – In Remagen beginnt die Ahrtalbahn, die im Rahmen des Schlieffenplans 1912 zweigleisig bis ans andere Ende der Eifel ausgebaut wurde. Trotzdem blieb sie während des passiven Widerstands längere Zeit in der Hand der deutschen Eisenbahner. AUFNAHME: SAMMLUNG KLAUS KEMP

der deutschen Eisenbahner standen französische Feldeisenbahner bereit, um den Betrieb auf der Schiene aufrecht zu erhalten, während den Briten Schutz und Sicherung der Bahnanlagen zufiel. In ihrem Bereich waren Wermelskirchen, Solingen und Solingen-Ohligs als Ausladebahnhöfe für Truppen vorgesehen. Deshalb bewachten sie diese Bahnhöfe besonders, ebenso wie den Eisenbahnknoten Opladen und drei nahe Brücken über die Dhünn. Selbst Zöllner wurden in Frankreich und Belgien für den Fall einer Erweiterung des Besatzungsgebietes in Bereitschaft versetzt.

Trotz dieses Drucks wollte sich die Regierung Fehrenbach nicht beugen und trat zurück. Eine realistische Einschätzung der Situation zeigte, dass das Reich absolut nicht in der Lage war, erneut in einen Kriegszustand mit den Alliierten zu treten. So war es eine der ersten Handlungen der neuen Regierung unter Reichskanzler Joseph Wirth, die Forderungen am 11. Mai bedingungslos anzunehmen. Ein weiterer Grund nachzugeben war die anstehende Aufteilung von Oberschlesien zwischen Deutschland und Polen, bei der die Regierung auf eine Unterstützung durch Großbritannien hoffte, wenn sie das Ultimatum akzeptierte.

Bis zum Ende des Jahres bezahlte Deutschland seine Verpflichtungen pünktlich und vollständig. Das veranlasste die Alliierten, die Zollgrenze am 30. September 1921 aufzuheben. Die immer noch in Bereitschaft stehenden Truppen für einen möglichen Einmarsch ins Ruhrgebiet zogen die Alliierten zum selben Datum zurück. Ebenso gaben sie am 1. Oktober 1921 Emmerich wieder frei, während die anderen im März 1921 besetzten Gebiete weiter in alliierter Hand blieben. Der Düsseldorfer Brückenkopf wurde sogar noch am 31. Januar 1922 um die Bahnhöfe Mülheim-Broich und Mülheim-Saarn erweitert.

Damals schlossen die Minister Rathenau und Loucheur das in Abschnitt 3.4.1 erwähnte Abkommen für die Lieferung von Material und Ausrüstungsgegenständen für den Wiederaufbau der zerstörten Landstriche in Frankreich ab. Es kam jedoch zu keiner weitreichenden Umsetzung dieses Abkommens, weil es nicht im Interesse der französischen Industrie liegen konnte, aus Deutschland im vereinbarten Umfang Waren zu erhalten, weil das ihre eigene Produktion negativ beeinflussen musste. Einige Historiker gehen davon aus, dass viele der Schwierigkeiten bezüglich der Reparationen bis hin zur Ruhrbesetzung und der Hyperinflation hätten verhindert werden können, wenn man den Vertrag ausgeführt hätte.

Bei der Abstimmung in Oberschlesien sprachen sich 60 % der Bevölkerung für einen Verbleib bei Deutschland aus. Trotzdem entschieden die Alliierten am 20. Oktober 1921, die Gegend um Kattowitz, wo sich 91 % der Kohlevorräte dieser Region befanden, an Polen zu übergeben. Das widersprach dem Grundsatz des Selbstbestimmungsrechtes der Völker, den der amerikanische Präsident Wilson 1918 aufgestellt hatte. Auch die erhoffte britische Unterstützung blieb aus. Diese Entscheidung steigerte den Hass auf die Siegermächte weiter und förderte auf deutscher Seite eine Konfrontationspolitik, weil die Sieger nicht einmal den eigenen Vertrag von Versailles einhielten. 1922 erfolgten die Reparationszahlungen schleppend. Ursache waren nach deutscher Sichtweise weniger wirtschaftliche Schwierigkeiten im Zusammenhang mit der Besetzung des Rheinlandes, als die durch Kriegsanleihen zwischen 1914 und 1918 hervorgerufene Inflation, die sich erst jetzt richtig bemerkbar machte. Für die Alliierten, allen voran die Franzosen, provozierte Deutschland dagegen diese Situation *„durch eine Politik der Verschwendung und Vergeudung“.*[66] Statt einer strengen Kontrolle von Wirtschaft und Steuern habe das Reich das Eisenbahnnetz gekauft,[67] halte die Bahntarife künstlich niedrig, während gleichzeitig die Zahl der Beschäftigten und deren Gehälter erhöht würden, baue eine neue Handelsflotte auf, grabe neue Kanäle usw. Statt das Budget auszugleichen, lasse man die Notenpresse schneller laufen und heize dadurch die Inflation an. Was die Franzosen jedoch nicht in Rechnung stellten, war die Tatsache, dass Deutschland durch die Lieferung von Reparationskohle nicht mehr genug für den Eigenbedarf fördern konnte und seit 1921 in einem steigenden Maße Kohle aus England einführen musste. Im Sommer 1922 war die Importmenge größer als die, die als Reparation abgeführt werden musste. Sowohl diese Ausfuhren wie auch die Importe mussten über den Staatshaushalt bezahlt werden.

Tatsächlich schien es nicht zusammenzupassen, dass auf der einen Seite die deutsche Wirtschaft modernisiert wurde und in vielen Bereichen trotz der verlorenen Industriegebiete bereits wieder höhere Produktionskapazitäten besaß als bei Ausbruch des Krieges und auf der anderen Seite mit den Reparationszahlungen immer wieder in Verzug geriet. Das veranlasste die französische Presse bereits Anfang Januar 1922 zu fordern, *„durch Besetzung der Eisenbahnknotenpunkte des reichen Ruhrgebiets die Kohlenausfuhr ins Innere des Reiches zu unterbinden.“* [68] Und ein anderes Blatt ging davon aus, dass das einzige Mittel, Deutschland zur Zahlung der Reparationen zu bringen, das Beschlagnahmen der Ruhrkohle sei.

Die Reichsregierung versuchte auf das Verlangen der Alliierten hin, durch eine Kürzung der Subventionen für Post und Eisenbahnen den Haushalt zu entlasten und dadurch den Inflationsdruck zu senken. Weil diese Maßnahmen auch zu Lasten der Beschäftigten gingen, führte das zu Streiks in Nord- und Mitteldeutschland. Der Bahnverkehr ruhte zeitweise. Gegen den Widerstand der Industrie setzte die Reichsbahn deutlich höhere Tarife durch. Ebenso fielen Subventionen für Lebensmittel weg. Die höheren Kosten wurden auf die Verbraucher abgewälzt, was weiteren inflationären Druck erzeugte. Die Spirale drehte sich weiter, denn eben wegen der Inflation mussten Post und Bahn nur wenige Monate später ihre Tarife erneut erhöhen.

Als Deutschland wieder einmal einen Zahlungsaufschub für die Reparationen forderte, verlangte Poincaré deshalb aus den vorgenannten Gründen bereits auf einer Konferenz in London am 9. August 1922 „produktive Pfänder“, unter denen sich neben der Kontrolle der Reichsbank und der Erhebung von Steuern sowie Zöllen auch eine Beteiligung an der Einnahme der Eisenbahnen befand. Bereits Ende April 1922 hatte er gesagt, dass er auf einen Zusammenhalt aller Alliierten hoffe, falls Deutschland seinen Verpflichtungen nicht nachkäme, *„aber wir werden in voller Unabhängigkeit die französische Sache zu verteidigen wissen und wir werden keine der Waffen ungenutzt lassen, die uns der Vertrag* [von Versailles] *zugesteht.“* [69]

Die wachsenden Spannungen hatten den britischen Standortkommandanten in Köln veranlasst, im Frühjahr 1922 eine Aufstockung seiner Truppen vorzusehen, nachdem deren Stärke bis dahin permanent reduziert worden war, und Euskirchen, Bonn sowie Siegburg erneut zu besetzen. Dem widersetzte sich Marschall Foch entschieden, weil es seine langfristigen Pläne einer Besetzung des Ruhrgebietes stark behindert hätte. Wenn er schon ohne das Drehkreuz Köln auskommen musste, so bildeten für sein Konzept einer Beherrschung des Eisenbahnnetzes an Rhein und Ruhr vor allem Euskirchen und Bonn wichtige Eisenbahnknoten.

Zum Ende des Jahres 1922 hin stockten die deutschen Zahlungen und Lieferungen immer häufiger. In der Reparationskommission argumentierten die Vertreter Belgiens und Frankreichs wieder einmal, dass man Deutschland nur zur pünktlichen Zahlung zwingen könne, wenn man das Ruhrgebiet mit seinem Wirtschaftspotential als Faustpfand nähme. Die britischen Vertreter verlangten dagegen eine Senkung der Zahlungen.

Die unnachgiebiger werdende Linie Frankreichs war die Folge eines Regierungswechsels. Raymond Poincaré, der von 1917 bis 1920 bereits Ministerpräsident gewesen war und eine harte Linie gegen Deutschland vertrat, wurde am 15. Januar 1922 erneut auf diesen Posten berufen. Nach der Ermordung des Außenministers Rathenau durch rechte Gruppierungen sowie die schnell anwachsende deutsche Inflation, wurde Poincaré durch die schwieriger werdende und instabile politische Lage Deutschlands in seiner Haltung zum Nachbarland negativ beeinflusst. Als Konsequenz verfolgte er zunehmend eine kompromisslose, sich im Verlaufe des Jahres weiter verhärtende Politik. Konsequenterweise lehnte er jeden Zahlungsaufschub ab und drohte gleichzeitig mit empfindlichen Sanktionen. Damit torpedierte er allerdings auch die „Erfüllungspolitik“ des Reichskanzlers Wirth. Für seinen belgischen Partner schien es klar, dass Poincaré einen Vorwand suchte, das Herz der deutschen Industrie, das Ruhrgebiet, besetzen zu können. Reden und Interviews, die er seit Mitte 1922 gab, legen das nahe:

„Wir gehen ganz einfach – und ich fühle mich dabei sehr wohl – der dauernden Besetzung des linken Rheinufers entgegen. Mir für meinen Teil würde es weh tun, wenn Deutschland zahlte, denn dann müssten wir das Rheinland räumen und würden den Nutzen unserer Experimente verlieren, die wir unternehmen, um friedlich, aber mit der Waffe in der Hand, die Bevölkerung am Ufer des Grenzflusses zu erobern. Ich für meinen Teil ziehe die Besetzung und die Eroberung dem Geldeintreiben vor. Daher werden Sie verstehen, wenn wir eine starke Armee, einen Waffenpatriotismus brauchen, und dass das einzige Mittel, den Versailler Vertrag zu retten, darin besteht, es so zu arrangieren, dass unsere Gegner, die Besiegten, ihn nicht einhalten können.“ [70]

Der britische Premierminister Lloyd George billigte diese Politik nicht. Im August 1922 warnte er seinen französischen Kollegen, dass eine eigenmächtige Besetzung des Ruhrgebiets durch Frankreich die Rechtsgrundlage des Versailler Vertrages zerstören würde. Zudem könnte die Entente daran zerbrechen. Über die Folgen einer Ruhrbesetzung sagte er: *„Das Unternehmen wird die Alliierten sehr teuer zu stehen kommen und die deutsche Industrie vernichten. Es wird Arbeitslosigkeit und Hungersnot hervorrufen, Deutschland dem Bolschewismus überliefern und Reparationen unmöglich machen. Denn sie können nur durch die Arbeit von sechzig Millionen Menschen gesichert werden. Deshalb sage ich offen: ich halte den Plan für eine Chimäre. Ich ziehe die Drohung vor.“* [71] Diese Politik konnte er allerdings nicht fortsetzen, da seine Regierungskoalition im Oktober zerbrach und sein Nachfolger Andrew Bonar Law eine abwartende Haltung Frankreich gegenüber einnahm, obwohl auch er Poincaré vor den absehbar negativen Folgen eines Alleingangs warnte. Trotzdem sicherte Großbritannien Frankreich für die bevorstehende Ruhrbesetzung eine wohlwollende Neutralität zu. [72]

Poincaré hatte offensichtlich längst entschieden, das Ruhrgebiet zu besetzen. Jacques Seydoux, der Leiter der Wirtschaftsabteilung des französischen Außenministeriums, arbeitete einen Plan aus, Bergbau-Experten und sonstige Beamte unter begrenztem militärischen Schutz an die Ruhr zu senden, durch die Erhebung von Steuern auf die geförderte Kohle und auf den Export von der Ruhr zu erheben. Im Falle von Widerstand der Arbeiter oder der deutschen Verwaltung waren strenge militärische Sanktionen vorgesehen. Auf einer außerordentlichen Kabinettssitzung, an der auch der Staatspräsident sowie Marschall Foch und General Degoutte teilnahmen, bildeten die Pläne von Seydoux das zentrale Thema, und offensichtlich wurde bereits da im Grundsatz die Besetzung der Ruhr beschlossen.

Mitte Oktober erhielt Kanzler Wirth konkrete Hinweise darauf, dass Poincaré sich der Ruhr bemächtigen wollte. Es fehlte lediglich ein äußerer Anlass. Den lieferte ihm Deutschland bald genug. Als es wieder einmal mit seinen Leistungen in Verzug war – diesmal mit Holzlieferungen –, beschloss der französische Ministerrat am 27. November 1922 auf Drängen von Poincaré, das Ruhrgebiet auf der Basis der von Seydoux ausgearbeiteten Pläne militärisch zu besetzen. Die Belgier schlugen sich auf die französische Seite, weil sie glaubten, damit weiter an den Reparationszahlungen beteiligt zu sein, vor allem aber nur so das französische Handeln beeinflussen und einen direkten Konflikt zwischen Deutschland und Frankreich verhindern zu können. Durch eine Teilnahme an den Aktionen gegen Deutschland wollte man verhindern, dass der Verbündete das Rheinland am Ende abtrennen würde. Das hätte nämlich aus der Sicht Brüssels eine Einkreisung Belgiens bedeutet.

Bild 100 – Blick auf den Duisburger Hauptbahnhof im Jahr 1926. Die noch mit ihrer preußischen Nummer „1017 Essen" aufgenommene Lok 17 134 verlässt mit D 252 den Bahnhof. Zwischen den beiden Bahnhofsteilen steht im Hintergrund das alte Bahnhofsgebäude in Insellage, das die Köln-Mindener Eisenbahn-Gesellschaft 1846 in Betrieb nahm und das ab 1931 durch einen Neubau ersetzt wurde. AUFNAHME: RVM, BILDARCHIV DER EISENBAHNSTIFTUNG

Als eine der Maßnahmen zur Vorbereitung der Ruhrbesetzung fuhren bereits seit Anfang Oktober wiederholt französische Offiziere und Unteroffiziere sowie französische Eisenbahner in Militäruniformen auf Lokomotiven mit, um Streckenkenntnisse zu erlangen. Außerdem besichtigten sie Stellwerke und beobachteten deren Bedienung. Sie erkundigten sich nach Lagern für Oberbaustoffe, Geräte und anderen Materialien, um in der Lage zu sein, den Betrieb auch ohne deutsche Eisenbahner durchzuführen.

Genau in dieser schwierigen Situation gab es in Deutschland einen Regierungswechsel. Kanzler Wirth war mit seiner Erfüllungspolitik gescheitert. Als seine Koalition zerbrach, trat er am 14. November 1922 zurück. Es brauchte acht volle Tage, um eine neue Regierung unter dem parteilosen Wilhelm Cuno zu bilden, bisher Generaldirektor der Hamburg-Amerika-Linie. Von ihm, der aus der Wirtschaft kam, erhoffte man sich die Lösung der wirtschaftlichen Probleme des Reiches und eine effektive Bekämpfung der Inflation.

Hinsichtlich der Reparationslieferungen waren die Franzosen besonders erbittert darüber, dass Deutschland zuerst selbst angegeben hatte, wie viel Holz man in der Lage sei zu liefern, und diese Quote dann später noch gesenkt worden war. Deshalb sahen sie den Lieferverzug als vorsätzlich herbeigeführt an, um auszuloten, wie die Alliierten auf eine völlige Einstellung der Reparationszahlungen reagieren würden.

Die Engländer und Amerikaner widersetzten sich der französischen Rheinpolitik, boten ihr anderseits aber auch keinen Einhalt. Dieses Stillhalten war eine sehr wichtige Konzession und für Poincaré äußerst entscheidend. Es ermöglicht es Frankreich, im Verlaufe des Jahres 1923 in den besetzten Gebieten seine wirtschaftlichen und politischen Vorhaben zu entwickeln, ohne einen wirksamen Widerstand aus England befürchten zu müssen, zur großen Enttäuschung Deutschlands. So kam es auf der zweiten Londoner Konferenz im Dezember 1922 zu einer Radikalisierung der Politik, um die geforderten Reparationszahlungen durchzusetzen.

Das Reich lieferte im Januar 1923 einen weiteren Vorwand mit einem neuerlichen Verzug bei den Kohlelieferungen, dem 34. Mal in 36 Monaten. Nachdem Raymond Poincaré am 2. Januar auf einer Konferenz der Staatsmänner der Entente von den Briten vergeblich eine Unterstützung bei der Durchsetzung von Sanktionen gefordert hatte, entschloss er sich, das Ruhrgebiet nötigenfalls im Alleingang militärisch zu besetzen. Es ging ihm nicht nur um die ausstehenden Lieferungen von Holz und Kohle, sondern auch um die Durchsetzung der Bestimmungen des Versailler Vertrages im Sinne der französischen Ziele einer Kontrolle des Westteils Deutschlands. Belgien unterstützte aus den genannten Gründen aktiv diese Politik. Dabei hoffte man auf einen schnellen Erfolg kombiniert mit den Zielen, eine spezielle Rheinlandpolitik Frankreichs zu verhindern, schnell zu einer Annäherung an England zu kommen und greifbare Ergebnisse hinsichtlich der Reparationen zu erreichen.

Um eine Besetzung des Ruhrgebiets vor der Weltöffentlichkeit noch besser begründen zu können, brachte Poincaré die von Frankreich dominierte Reparations-Kommission dazu, ein Fehlverhalten Deutschlands in seinen Lieferungen festzustellen. Rein ziffernmäßig war die Kommission im Recht, da Deutschland nur 84 % seines Solls geliefert hatte. Bisher hatte sie keinerlei Maßnahmen eingeleitet oder wenigstens eine Verwarnung ausgesprochen, denn Deutschland hatte für den Verzug gewichtige Gründe wie einen Eisenbahnerstreik Anfang 1922 und die verringerte Produktion durch die Abtrennung eines Teils von Oberschlesien. Da der Beschluss zum Einmarsch ins Ruhrgebiet bereits feststand, verhallten die Proteste ungehört.

Vorgesehen war die Besetzung von Schlüsselbetrieben durch Fachleute aus Frankreich, Belgien und Italien, welche die pünktli-

Bild 101 – Die Zeche „Carolinenglück" in Bochum. Bindeglied zwischen Kohle und Stahl war die Eisenbahn. In den Bergwerken fanden sich ausgedehnte Gleisanlagen zum Transport der Kohle zu den Hütten oder anderen Verbrauchern, aber oft auch schmalspurige Bahnen zum internen Transport. Bemerkenswert auf dieser Aufnahme von 1931 ist das große Lager mit Holzstämmen, die für das Abstützen der Stollen untertage benötigt wurden. AUFNAHME: RVM, BILDARCHIV DER EISENBAHNSTIFTUNG

chen Reparationslieferungen sicherstellen sollten. Man war sich klar darüber, dass das nicht ohne militärischen Einsatz zum Schutz der Experten und zum Durchsetzen von deren Entscheidungen gehen würde, da man nicht nur von der deutschen Führung, sondern auch von der Arbeiterschaft Widerstand erwartete. Da ein militärischer Einsatz als eine Verletzung des Versailler Vertrages interpretiert werden konnte, beteiligte sich Italien, als es darüber informiert wurde, nur mit zwei Ingenieuren an diesem Unternehmen.5

Als Begründung berief sich Poincaré auf die Anlage II zum Teil VIII (Wiedergutmachungen) des **Friedensvertrages von Versailles**, die sich in 23 Artikeln mit der Reparations-Kommission befasst. Die Paragrafen lauten im Einzelnen:

Bild 102
Der Phoenix AG für Bergbau und Hüttenbetrieb in Duisburg-Ruhrort gelang es 1880 erstmals, einteilige Rillenschienen (Vignol-Schienen) zu walzen. Heute gehört die Firma zu den Mannesmann Röhrenwerken.

AUFNAHME: SAMMLUNG KLAUS KEMP

„§ 17: Kommt Deutschland irgendeiner seiner Verpflichtungen aus diesem Teile des gegenwärtigen Vertrags nicht nach, so zeigt der Ausschuß diese Nichterfüllung unverzüglich jeder der beteiligten Mächte an und teilt ihr gleichzeitig seine Vorschläge über die im Hinblick auf diese Nichterfüllung angebracht erscheinenden Maßnahmen mit.

§ 18: Die Maßnahmen, zu denen die alliierten und assoziierten Regierungen, falls Deutschland vorsätzlich seinen Verpflichtungen nicht nachkommt, berechtigt sind und die Deutschland sich verpflichtet, nicht als feindselige Handlungen zu betrachten, können in wirtschaftlichen und finanziellen Sperr- und Vergeltungsmaßregeln, überhaupt in solchen Maßnahmen bestehen, welche die genannten Regierungen als durch die Umstände geboten erachten.“

Nach der deutschen Rechtsauffassung berechtigte das höchstens zur Verhängung wirtschaftlicher Sanktionen, während der französische Ministerpräsident den letzten Halbsatz des § 18 als Berechtigung zum Ergreifen militärischer Maßnahmen auslegte. Die britische Position dagegen war nicht weit von der deutschen entfernt. Das führte im Verlaufe des Jahres 1923 auch zu einem Abrücken Londons von Paris und drohte die Entente zu zerbrechen.[73)]

Die französische Regierung sah in diesem Vorgehen erneut die Möglichkeit, den Vertrag von Versailles doch noch in ihrem Sinne zu revidieren und das durchzusetzen, was ihr die anderen Alliierten während der Friedensverhandlungen verweigert hatten. Eine breite Öffentlichkeit unterstützte diese Position. Dazu passt auch die Aussage von Poincaré in einem Gespräch mit dem belgischen Botschafter in Paris am 24. März 1923. Er ging davon aus, die Besetzung auf 30 Jahre auszudehnen, und gleichzeitig sprach er sich für eine Autonomie oder die politische Unabhängigkeit des Rheinlandes gepaart mit einem Wirtschaftsabkommen mit dem Reich aus. Das sollte Frankreich die Sicherheitsgarantien gegen ein Deutschland geben, das sich wirtschaftlich schnell erholte und womöglich militärisch wiedererstarkte und damit seinen Nachbarn bedrohte. Trotzdem hielt der belgische Botschafter diese Vorschläge für riskant und unvernünftig. Ein anderer Aspekt war die wirtschaftliche Abhängigkeit Frankreichs von den Reparationslieferungen, während der Franc gleichzeitig eine ähnliche, wenn auch nicht so drastische inflationäre Entwicklung durchmachte wie die Reichsmark.

4.1.2 Auswirkungen auf den Kohlemarkt

In den zwanziger Jahren hing die Energieerzeugung noch überwiegend von der Kohle ab. Rauchende Schornsteine waren deshalb ein Sinnbild der boomenden Wirtschaft. Gab es nicht genug Kohle, mussten sowohl Verkehr wie Produktion darunter leiden. Mit dem Kriegsende und der danach einsetzenden Streikwelle sank die Kohleproduktion im Ruhrgebiet Anfang 1919 auf unter ein Drittel der Fördermenge von 1913. Dazu kam der Wagenmangel zum Abtransport der Kohle. Nur 1.000 der geforderten 2.100 Fahrzeuge pro Tag konnte die Bahn tatsächlich stellen. Das führte sowohl bei der Eisenbahn wie auch bei den Gas- und Elektrizitätswerken zu einem gefährlichen Schrumpfen der Vorräte. In einzelnen Städten musste die Gasversorgung mangels Kohle reduziert werden. Eine davon war Brühl, wo am 8. Februar die Gaslieferung an Industrie und private Haushalte eingestellt werden musste.

Ein Bergarbeiterstreik[74)] ab Mitte Februar 1919 führte dazu, dass die Produktion auf ein Viertel der üblichen Menge sank mit der Folge, dass von 18.000 deutschen Ziegeleien 16.000 ihren Betrieb aus Mangel an Brennstoff einstellen mussten, was die Bauindustrie sehr stark behinderte. Die Verteilung von Lebensmitteln wurde sehr erschwert, weil aus demselben Grund die notwendige Zahl Güterzüge nicht mehr gefahren werden konnte. Der Personenverkehr musste eingeschränkt oder ganz eingestellt werden. Selbst Essen, mitten im Kohlerevier gelegen, war aus Mangel an Brennstoff nicht mehr in der Lage, Gas zu produzieren. Die geringen Mengen, die noch zur Verfügung standen, erhielten die Eisenbahnen, um ihren Betrieb notdürftig aufrecht erhalten zu können, sowie eine Reihe von Gas- und Elektrizitätswerken. Der Kohlemangel führte dazu, dass die Lieferverträge mit der Schweiz aufgehoben werden mussten. Sie bezog daraufhin Kohle aus England und den USA sowie zu einem geringen Teil aus Belgien, das seinerseits Reparationskohle aus dem Ruhrgebiet erhielt.

Nachdem die Bergarbeiter die Arbeit wieder aufgenommen hatten, begannen Ende Juni Streiks der Eisenbahner in Breslau, dem sich Anfang Juli die Eisenbahner in Frankfurt und Mainz anschlossen. Diese Streiks brachten vor allem die Staatsbahn in Bayern in eine schwierige Lage, weil dadurch die üblichen Transportwege, über die sie Kohle bezog, nämlich die Ruhr-Sieg-Strecke und die Rheintalbahn, blockiert waren. Auch nach Ende der Streiks litten die Eisenbahn und die Industrie noch länger unter dem Kohlemangel. Für letztere bedeutete das Produktionsausfälle

Bild 103
Dieser Teil des Ruhrorter Hafens in Duisburg heißt bis heute Eisenbahnhafen. Seinen Namen hat er von dem 1852 erbauten Eisenbahntrajekt erhalten. Mittels eines Aufzuges, der sich in dem vor der Brücke sichtbaren Turm befand, wurden Eisenbahnwagen zur Fähre heruntergelassen. Bis zu 200 Wagen täglich beförderte man auf diese Weise. 1912 legte man nach dem Bau der Eisenbahnbrücke bei Baerl die Fähre still. Von den Trajekttürmen ist nur der Homberger erhalten. Der hier sichtbare Ruhrorter Turm wurde 1972 abgerissen.

Aufnahme: Sammlung Klaus Kemp

und in letzter Konsequenz Betriebsstilllegungen, während die Bahn nicht in der Lage war, den anfallenden Verkehr zu bewältigen. Daneben gelang es nicht, Vorräte für den Winter anzulegen.

Im August 1919 wurden Notpläne für den Fall ausgearbeit, dass die Kohleproduktion nicht gesteigert werden könnte. Die Reichskohlenstelle ließ verlauten, dass sie die anderen Verbraucher nicht zugunsten der Eisenbahn benachteiligen könne, weshalb diese mit einer geringeren Kohlenmenge rechnen müsse. Die Eisenbahnen planten deshalb bereits ab dem 1. September mit einer starken Verringerung des Angebots im Personenverkehr und ab dem 1. Oktober dann mit dem völligen Wegfall aller Schnellzüge. Außerdem sah man vor, dass dann nur noch ein Viertel aller im Normalfahrplan vorgesehenen Personenzüge verkehren sollte. Selbst an eine Beschneidung der Anzahl der Güterzüge wurde gedachte und sogar die komplette Betriebseinstellung auf einzelnen Linien befürchtet. Um noch mehr Energie zu sparen, sollten während des Winters die Züge weder beheizt noch beleuchtet werden. Um dem befürchteten Andrang auf die wenigen dann noch verkehrenden Züge zu begegnen, wurde die Einführung von Reisescheinen geplant, die alleine zur Benutzung der Bahn, und zwar für genau vorgegebene Züge, gelten sollten. Für die Lebensmittelversorgung der Bevölkerung drohte ein Zusammenbrechen der Verteilung von Grundnahrungsmitteln wie Kartoffeln. Sollte es so weit kommen, wurde als einziges Gegenmittel die zeitweise Einstellung des Personenverkehrs gesehen.

Ein wochenlanger Niedrigwasserstand des Rheins im Herbst verschärfte die Transportprobleme, sodass sich die Regierung gezwungen sah, in den privaten Schiffsverkehr einzugreifen und zu erzwingen, dass weniger wichtige Transporte zugunsten der Kohlebeförderung zurückgestellt wurden. Deshalb kam es vom 5. bis zum 15. November 1919 in den unbesetzten Gebieten tatsächlich zu einer völligen Stilllegung des Personenverkehrs, um die Versorgung mit Kartoffeln und Kohle zu verbessern. Darunter litt allerdings auch die Post, da sie in der Regel in Personenzügen befördert wurde. Ab dem 16. des Monats wurde der Personenverkehr nur mit den absolut notwendigen Zügen wieder aufgenommen.

Im besetzten Rheinland konnte man wegen der Alliierten den Verkehr nicht ganz einstellen, reduzierte ihn allerdings auf wenige Fahrten. Nach der Aufhebung der Totalsperre verkehrte jeweils ein internationales Schnellzugpaar auf den Hauptstrecken, während die Zahl der übrigen Züge auf ein Viertel reduziert wurde. Auf den Nebenbahnen gab es nur noch jeweils eine Verbindung morgens und abends in jede Richtung. Auf einigen Strecken verkehrten sogar nur gemischte Züge (GmP). Zur Vorbeugung einer Überfüllung wurden nur noch so viele Fahrkarten verkauft, bis der Zug voll war. Um das zu erreichen, gab man nur noch Wochenkarten für Entfernungen bis 40 km und Monatskarten für Entfernungen darüber aus.

Trotzdem waren die Züge total überfüllt. Weiterhin gab es Schwierigkeiten mit der Kohleversorgung des Rheinlands, weil die Reichsregierung die Zechen des Aachener Reviers und des linken Niederrheins vorrangig für die Lieferung der Reparationskohle und die an der Ruhr für die Versorgung des unbesetzten Gebietes benutzte. Dadurch blieb kaum etwas für die Besatzungszone übrig. Das führte am 7. November zur Anordnung der Interalliierten Rheinlandkommission, dass öffentliche Lokale um 22 Uhr schließen und die Beleuchtung von Läden und Schaufenstern um 19 Uhr ausgeschaltet werden mussten. Straßenbahnen durften nur bis 21.30 Uhr verkehren. Ab dem 1. Dezember 1919 wurde die Sperre gelockert, aber noch nicht vollständig aufgehoben.

Anfang 1920 normalisierte sich die Situation im Kohlebergbau an der Ruhr so weit, dass die Tagesförderung 300.000 t betrug. Trotzdem reichte die Menge nicht aus, um alle Anforderungen zu erfüllen, sodass im Mai des Jahres Italien und Frankreich auf einen Teil der ihnen zugesagten Mengen zugunsten der Niederlande verzichteten, das auf seine vertraglichen Rechte pochte. Mitte 1920 stellte die Reichsbahn zwischen 18.000 und 18.600 Wagen täglich für die Kohleabfuhr bereit. Nach dem neuen Verteiler, der in Spa verhandelt worden war, blieb allerdings zu wenig für die deutsche Industrie übrig, was die Wirtschaftslage negativ beeinflusste, während die Entente vertragsgemäß beliefert wurde. Trotz aller Anstrengungen gelang es bis Dezember nur, die Förderung auf 330.000 t pro Tag zu erhöhen. Damit lag sie immer noch 50.000 t unter dem Wert von 1913. Im Dezember 1920 lieferte England erstmals Kohle an Deutschland, das auf diese Weise die Lücke zu stopfen hoffte, die die Reparationslieferungen in die heimische Versorgung rissen, was aber gleichzeitig auch einen Verlust von Devisen bedeutete, die man anderswo sicher nötiger gehabt hätte. Die Wagengestellung erhöhte sich im April 1921 auf durchschnittlich 21.700 bis 22.400 täglich.

Die französische Politik, die Deutschland zu einer erhöhten Förderung zwang, brachte den europäischen Kohlemarkt völlig durcheinander. Das Land erhielt mehr Kohle, als es brauchte, und verkaufte den Überschuss mit Gewinn nach Italien und Osteuropa, da es die Reparationslieferungen zu einem sehr günstigen Preis bekam. Ähnlich verfuhr es mit der an der Saar geförderten Kohle, die zum Teil nach Großbritannien ging, weil sie billiger als die dort produzierte war. Auf der Insel sah man sich im Winter 1921 trotz der Lieferungen nach Deutschland durch diese Politik benachteiligt. Nachdem es in Belgien zur selben Zeit eine Wirtschaftsflaute gab, fand die deutsche Reparationskohle dort keine Abnehmer mehr und musste auf Halde gelegt werden.

Die Widersinnigkeit der französischen Politik, die von einer Knebelung der deutschen Industrie beherrscht wurde, um ihr Wiedererstarken zu verhindern, zeigt das folgende Zitat vom März 1923: *„In den Jahren 1921 und 1922 ergingen aus Frankreich und Belgien 32 Angebote an neutrale und deutsche Firmen auf Lieferung deutscher Reparationskohle. In 15 Fällen wurden insgesamt etwa 200.000 t und 1.042 Wagen Reparationskohle angeboten, während die übrigen 17 Angebote keine Zahlenangaben über die angebotenen Mengen enthielten. Die tatsächliche Ausfuhr deutscher Reparationskohle aus Belgien und Frankreich nach dem Auslande wurde in 59 Fällen mit zusammen über 1 ½ Millionen Tonnen in den beiden letzten Jahren festgestellt.“* [75)]

Zum Winter 1920/21 hin führte der Rhein wieder Niedrigwasser, sodass ein Teil der Schiffe nicht mehr und ein Teil nur mit einer verminderten Frachtmenge verkehren konnte. Diesen zusätzlichen Verkehr mussten die Eisenbahnen aufnehmen. Neben den fahrplanmäßigen legte man zusätzliche Güterzüge ein. Schiffe, die vor den Engstellen des Mittelrheins festlagen, kehrten nach Koblenz um, wo ihre Ladung auf Eisenbahnwagen umgeschlagen wurde. Insgesamt handelte es sich bei den Bahntransporten fast ausschließlich um Fracht für die Alliierten, nämlich Kohle, Koks, Eisen und Holz. Trotzdem war die Bahn kaum im Stande, diesen plötzlichen Zusatzverkehr zu bewältigen. Andererseits verschlechterte sich die Kohleversorgung im Südwesten Deutschlands ähnlich wie 1919, sodass dort erneut Verkehrsbeschränkungen drohten. Vielleicht war das der Grund, auf der schwach frequentierten Strecke Gerolstein – Hillesheim den Personenverkehr am 1. Januar 1922 „bis auf weiteres“ völlig einzustellen.

1922 betrug die Menge der Güterwagen, welche die Reichsbahn für den Abtransport von Kohle, Koks und Briketts aus dem Ruhrgebiet zur Verfügung stellte, im wöchentlichen Durchschnitt 22.370. Die erhöhten Reparationslieferungen führten jedoch weiterhin zu einer Kohleknappheit in der deutschen Industrie, vor allem bei den Hüttenwerken, der man durch einen verstärkten Import walisischer Kohle entgegenzuwirken versuchte. Das veränderte die gewohnten Transportwege, denn nun kam die Kohle für das unbesetzte Deutschland nicht mehr aus Essen oder Dortmund, sondern über Bremen und Hamburg. [76)]

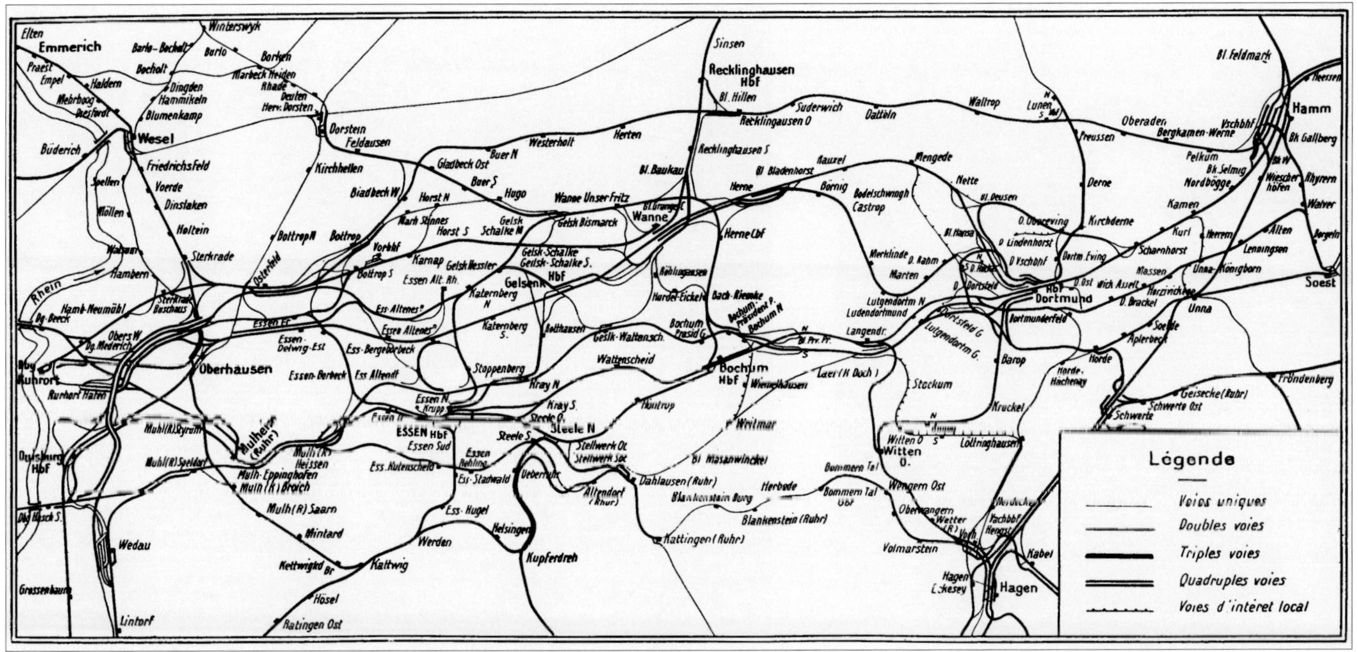

Bild 104 – Eine französische Karte des Bahnnetzes des Ruhrgebietes zu Beginn der zwanziger Jahre. Abbildung: Sammlung Klaus Kemp

4.2 Die Besetzung des Ruhrgebiets

4.2.1 Der Vormarsch

Aus deutscher Sicht handelte es sich bei den nicht erfolgten Holzlieferungen um einen vergleichsweise kleinen Rückstand der Reparationslieferungen. Für Frankreich dagegen war es der sprichwörtliche Tropfen, der das Fass zum Überlaufen brachte. Aus den Drohungen wurde bitterer Ernst. Am 3. Januar 1923 ordnete Poincaré nach einer Kabinettssitzung die Besetzung des Ruhrgebiets an. Noch am selben Tag erhielt General Degoutte, der Oberbefehlshaber der alliierten Truppen im Rheinland, den Befehl, den Einmarsch vorzubereiten. Die Pläne dafür hatte er längst ausgearbeitet.[77] Als eine der ersten Maßnahmen forderte er von der Deutschen Reichsbahn die Gestellung von 95 Sonderzügen. Obwohl man sich denken konnte, wofür sie gebraucht würden, führten die deutschen Beamten den Befehl pflichtgetreu aus, denn irgendwelche Gegenmaßnahmen gab es weder seitens der Eisenbahner noch der deutschen Regierung. Paul Tirard beschreibt das so: *„Die Eisenbahner nahmen jedoch nicht* [am bald einsetzenden Protest] *teil, und Züge erlitten keine Verzögerungen. Insbesondere die Militärkonvois, die unsere Truppen transportierten, wurden ganz normal zur Ruhr geleitet. Ohne Zweifel ist dies das Ergebnis der großzügigen Sozialpolitik, die von der Hohen Kommission in Bezug auf das deutsche Eisenbahnpersonal ständig praktiziert wird. Es ist darüber hinaus ein Hinweis darauf, dass die Bevölkerung der besetzten Gebiete die Besetzung des Ruhrgebiets nicht als einen Akt der Feindseligkeit betrachtete.“*[78]

Allerdings hatte man den Zügen Feldeisenbahner mitgegeben, welche sie zur Not auch hätten führen können, falls sich die deutschen Eisenbahner verweigert hätten. Diese Einheiten waren im Vorfeld des Einmarsches um 250 Mann auf 750 aufgestockt worden. Teilweise dienten sie auch zur Bewachung der Bahnen. So wurde in der Pfalz eine größere Zahl von Bahnwärterposten der Strecke Kaiserslautern – Neustadt zur Sicherung der Tunnel militärisch besetzt. Auf fast allen größeren Bahnhöfen erhielt die Besatzung Verstärkung. Die Gemeinden hatten für die Unterbringung der neu ankommenden Feldeisenbahner zu sorgen, soweit sie nicht Diensträume der Bahn mit Beschlag belegten. Aber auch in anderen Teilen des Rheinlandes besetzten sie in der Nacht vom 8. auf den 9. Januar die bisher nicht vom Militär bewachten Bahnhöfe.

Ab dem 8. Januar brachten dann neben den deutschen Zügen zusätzlich französische verschiedene Truppeneinheiten aus der Pfalz, Rheinhessen und aus Frankreich (Nancy, Chaumont und Châlons) sowie aus Belgien ins nördliche Rheinland, vor allem in die Gegend von Düsseldorf. Insgesamt waren es 179 Truppen-

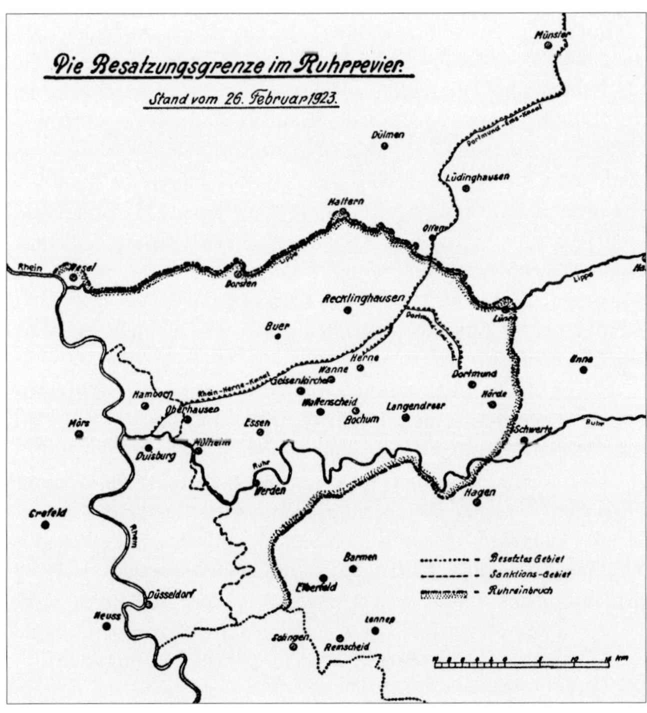

Bild 105 – Besatzungsgrenzen im Ruhrgebiet von 1918, 1921 und 1923. Abbildung: Sammlung Klaus Kemp

Bilder 106/107 – General Jean-Marie Joseph Degoutte (linkes Bild) befehligte die alliierten Truppen im besetzten Rheinland sowie den Einmarsch ins Ruhrgebiet. Hohe belgische Offiziere besuchen in der ersten Februarhälfte ihre am Ruhreinbruch beteiligten Truppen (rechtes Bild). AUFNAHMEN (2): SAMMLUNG KLAUS KEMP

transporte. Zwischen dem 8. und 14 Januar fuhren auf den Strecken Köln – Worringen – Neuss und Köln – Mülheim – Düsseldorf alleine 133 Militärtransporte. Dazu wurden Lokomotiven und Wagen herangezogen, die eigentlich für den öffentlichen Verkehr bestimmt waren, woraufhin dieser empfindlich gestört wurde. Selbst die Direktion Essen schränkte ihren Personen- und Güterverkehr im unbesetzten Teil erheblich ein, um die von der Besatzung für Düsseldorf angeforderten Züge für den Truppentransport bereitstellen zu können. Der eigentliche Aufmarsch begann am 11. Januar um 9 Uhr. Das Gros der Truppen hatte als Ziel die Bahnstrecke Düsseldorf – Kettwig. Für die Verbände, die auf der Bahn ins Ruhrgebiet hineingeführt wurden, benötigte man 84 Züge. Das Ausladen erfolgte in dem großen Waldgebiet zwischen Ratingen Ost und Hösel. Fast ausnahmslos fuhren sie durch die britische Besatzungszone. Der Aufmarsch dauerte bis zum 14. Januar 1923 um 19.30 Uhr. Die Steuerung und Sicherung der Transporte übernahmen Pioniere und Feldeisenbahner. In ihrem Hoheitsbereich stellten britische Truppen an insgesamt sechs Strecken die Bahnwache, obwohl sie sich offiziell nicht am Ruhreinmarsch beteiligten.[79)]

Nachdem für einen ersten Vormarsch genügend Truppen verfügbar waren, marschierten fünf französische Divisionen und einige belgische Einheiten, insgesamt rund 60.000 Soldaten, am 11. Januar 1923 unter dem Oberbefehl des französischen Generals Degoutte[80)] von den Brückenköpfen Düsseldorf und Duisburg aus in drei Kolonnen in das Ruhrgebiet ein. An dessen Südrand in Stellung gegangene Artillerie sicherte den Vormarsch. Nachdem die wichtigsten Punkte genommen waren, wurde die Besatzungsarmee in den folgenden Tagen durch Truppentransporte auf der Schiene laufend vergrößert. Diese Vormärsche brachten den zivilen Verkehr nahezu vollständig zum Erliegen. Das betraf auch die Straßenbahnen wie etwa die Züge der von Wuppertal-Elberfeld herkommenden Bergischen Kleinbahn, die am 15. Januar in Hattingen stundenlang stehenblieben. An diesem 15. und am 16. Januar dehnten die Franzosen ihre Besatzungszone bis zu den Städten Bochum, Witten und Recklinghausen aus. Dafür wurden noch einmal 14 Züge benötigt.[81)]

An diesem 15. Januar verkehrte auch der erste Militärtransport auf der Ruhrtalbahn. Für die in Richtung Witten vorrückenden Truppen brachte er schweres Kriegsmaterial, darunter Maschinengewehre, Artilleriegeschütze und Panzer. Zusätzlich nachrückende Soldaten erreichten ihr Einsatzgebiet ebenfalls auf der Schiene. Sie wurden zwischen Blankenstein/Ruhr und Herbede ausgeladen und marschierten von dort in Richtung Bochum bzw. Witten und Werden weiter. In Bochum wurden der Haupt- und der Nordbahnhof, das Eisenbahnbetriebsamt, die Post sowie das Telegrafenamt besetzt. Die zentrale Proviantausgabestelle für ihre Truppen richtete die französische Armee auf dem Gelände des Bahnhofs Herbede ein. Ab Ende Januar kamen zu den reinen Kampftruppen auch Eisenbahnpioniere und Fernmeldespezialisten. Nach Süden dehnte sich die Besatzungszone bis Sprockhövel aus. Schließlich erreichte man am 25. Februar mit der Besetzung des Bahnhofs Schee den Stadtrand von Wuppertal.

Die Besetzung erfolgte trotz aller gegenteiligen Beteuerungen kriegsmäßig und mit allen Waffengattungen. Neben Kanonen und Panzerfahrzeugen führten die Truppen wie in einem Feldzug Feldküchen, Munitions- und Lazarettwagen mit sich. Während z. B. französische Soldaten die Stadt Dortmund am 16. Januar in Besitz nahmen, sicherten Militärflugzeuge den Einmarsch aus der Luft. Eine Kompanie französischer Infanterie wurde mit dem Zug zum Hauptbahnhof gebracht und verwandelte die Bahnsteige in ein Heerlager. Vor dem Eingang des Bahnhofs fuhren Geschütze auf. In der Nähe von Kettwig ging schwere Artillerie in Stellung. Einmal am Ziel, requirierten die Besatzer Kasernen und sonstige öffentliche Gebäude, aber auch Privatwohnungen für Offiziere sowie Hallen und ähnliches von Privatunternehmen. So musste zum

Bild 108
Französische Soldaten stellen sich am 29. Januar 1923 vor der Kulisse eines Bergwerks von Hugo Stinnes zu einem Erinnerungsfoto an die Besetzung des Ruhrgebiets auf.

AUFNAHME: SAMMLUNG KLAUS KEMP

Beispiel die Straßenbahn Herne – Recklinghausen eine Wagenhalle zur Unterbringung von rund vierzig Pferden hergeben. Die Stadt Bochum musste in der Anfangszeit knapp viertausend Mann unterbringen. Die Mannschaften erhielten Massenquartiere. 110 davon kamen in den Haupt-, 180 in den Nordbahnhof und 60 ins Eisenbahnbetriebsamt.

Das Besatzungsgebiet erstreckte sich im Norden zwischen Wesel und Lünen bis zur Lippe, im Osten bis zu einer Linie jenseits von Lünen, (Dortmund-)Brackel, (Dortmund-)Aplerbeck und (Hagen-)Hengstey. Als Südgrenze wählten die Franzosen die Ruhr von Hengstey bis Kettwig und von da eine Linie über Land in Richtung Düsseldorf, das sie ja bereits vorher besetzt hatten. Dort, wo Flüsse die Grenze bildeten, ließ sich an den Brücken relativ einfach eine Kontrolle des Verkehrs organisieren. Wo das nicht möglich war, errichtete man Stacheldrahtverhaue und Sperren an Straßen und Bahnstrecken am Übergang ins unbesetzte Gebiet. Zwar rechneten die Franzosen den Bereich am Südufer der Ruhr nicht zu ihrer Besatzungszone, aber um die Ruhrtalbahn für ihre Zwecke abzusichern, stationierten sie dort Militäreinheiten. Im Norden übernahmen belgische Truppen die Besetzung von Duisburg aus bis Dorsten, das sie am 15. Januar besetzten. Der Bahnhof erhielt allerdings erst am 19. Januar eine permanente Wache. Am 13. Februar wurde die Okkupationszone nochmals erweitert. Belgische Truppen nahmen die Städte Emmerich sowie

Bild 109 – Auch dieses Bild, im Februar 1923 vor dem Essener Bahnhof aufgenommen, vermittelt ein Gefühl der Bedrohung. AUFNAHMEN (2): SAMMLUNG KLAUS KEMP

Bild 110 – Panzer patrouillieren in den Straßen von Essen. Die Aufnahme entstand am 12. Januar 1923 und zeigt, weshalb die deutsche Bevölkerung nicht an eine friedliche Aktion zu glauben vermochte.

Bild 111 – Französische Offiziere inspizieren – so lässt es das Richtungsschild „Kettwig" eines Reisezugwagens vermuten, das an der Motordraisine angebracht ist – die militarisierte Strecke von Düsseldorf aus in Richtung Essen.
AUFNAHME: SAMMLUNG KLAUS KEMP

Bild 112 – 12. Januar 1923: Mit der Eisenbahn herangebrachte französische Kürassiere und ihr Tross werden auf einem Essener Bahnhof ausgeladen.
AUFNAHME: BIBLIOTHÈQUE NATIONALE DE FRANCE

Wesel und französische die Stadt Gelsenkirchen ein. Bis Juli 1923 war die Truppenstärke im Ruhrgebiet auf 80.000 französische und 7.000 belgische Soldaten angewachsen. Als Übergang zwischen dem Ruhrgebiet und dem unbesetzten Gebiet wurden 25 Grenzkontrollstellen eingerichtet. Für die Unterbringung der Truppen requirierte man zunehmend Gasthäuser und Schulen, die mit Stacheldrahtzäunen gesichert wurden. Dazu kam auch die Anforderung von Möbeln und Ausrüstungsgegenständen wie Geschirr und Handtücher. Die Offiziere verlangten komfortable Privatunterkünfte, was oft genug zur Vertreibung der deutschen Besitzer führte. Auch andere Unterkünfte wurden requiriert. Am 24. Januar belegte man die Wartesäle 3. und 4. Klasse des Bahnhofs Hattingen, um die Bahnhofswache und Eisenbahntruppen unterzubringen. Als der Bahnhofswirt daraufhin alle anderen Räume verschloss, wurde er gezwungen, auch den Wartesaal 1. und 2. Klasse für die Besatzungstruppen zu öffnen.

Noch am Tag des Einmarsches wurde über das besetzte Gebiet der Belagerungszustand verhängt. Plakate in deutscher und französischer Sprache verkündeten der Bevölkerung eine nächtliche Ausgangssperre zwischen 19.00 Uhr abends und 7.00 Uhr morgens. Für die Besatzungszone wurden besondere Pass- und Einreisebestimmungen erlassen. Zur weiteren Absicherung der Besatzungszone richtete man zudem ab dem 18. Januar 1923 eine Zollgrenze zwischen dem Ruhrgebiet und dem unbesetzten Reich ein. *„Eine weitere Phase des Weltkrieges hat begonnen – die Belagerung Deutschlands."*[82)] Für die breite Öffentlichkeit wurde klar, dass das Ziel Frankreichs weniger die Eintreibung der Reparationen war als vielmehr die territoriale, militärische und wirtschaftliche Beherrschung des besetzten Gebietes. Bestärkt wurde dieses durch die offene französische Unterstützung für die Separatisten, die ihre Aktivitäten nach dem Einmarsch bald verstärkten.

Dass es sich um eine kriegsmäßige Besatzung auch ohne Kriegserklärung handelte, zeigte sich auch daran, dass in diesen neu besetzten Gebieten der Belagerungszustand verhängt wurde. Für jede Übertretung militärischer Gesetze wurde eine Verurteilung durch Kriegsgerichte angedroht. Die Okkupationsarmeen wandten folglich bei einer Besetzung im Frieden die Bestimmungen der Haager Landkriegsordnung an. Zu deren Durchsetzung brachten die französischen Militärs auch Polizeikräfte der Gendarmerie und Nationalpolizei (Sûreté Nationale) mit, eine Gepflogenheit, die sie auch in den altbesetzten Gebieten praktizierten. Eine besonders schwerwiegende und eigentlich nach geltendem Völkerrecht verbotene Maßnahme war die der Kollektivstrafe. Mit seiner Verordnung N° 9 vom 12. Februar 1923 verfügte General Degoutte, dass im Falle einer Sabotage, deren Täter nicht zu ermitteln war, die für die öffentliche Ordnung und Sicherheit zuständigen deutschen Beamten zu verhaften und einzukerkern waren.

Trotzdem kam es von Anbeginn an zu Kundgebungen gegen die Besatzer, die gereizt reagierten. Erste Zwischenfälle ereigneten sich am 26. Januar 1923 in Trier und Dortmund, wo französische und belgische Kavallerie Demonstranten attackierte, die gegen die Verhaftung von Beamten protestierten. Mehrere der demonstrierenden Deutschen wurden getötet und viele verletzt. In Bochum beschossen die einmarschierenden Truppen, die vor dem Eisenbahnbetriebsamt Posten bezogen, noch am Tag der Besetzung (15. Januar) Demonstranten, töteten einen Lehrling, übrigens der Sohn eines Lokführers, und verletzten zwei weitere Personen, nachdem sie, wie es in französischen Berichten heißt, von deutschen Provokateuren beschossen worden seien.

4.2.2 Französische Ziele

Die offizielle französische und belgische Begründung dieser Besetzungen lautete, dass die pünktliche Lieferung der Reparationen

Bild 113 – Der französische Leiter der Direktion Essen sitzt vor einer von der Regie angefertigten Karte der Eisenbahnen der besetzten Gebiete.

AUFNAHME: BIBLIOTHÈQUE NATIONALE DE FRANCE

durch „produktive Pfänder" sichergestellt werden müsse. Infolge der deutschen Versäumnisse müsse man deshalb eine Ingenieurskommission zur Kontrolle des Kohlensyndikats in das Ruhrgebiet entsenden, zu deren Schutz Militär notwendig sei. Aufgabe dieser etwa 60 Experten sollte es sein, die Produktion von Kohle und Koks zu überwachen und deren Verteilung zu organisieren, sowohl per Schiff wie per Eisenbahn, um sicherzustellen, dass vor allem Frankreich die vereinbarte Menge Brennstoff bekam. In ihrer Begleitung befanden sich Zollexperten, die die Zölle, die bisher das Deutsche Reich einnahm, für die Alliierten abführen sollten. Dazu kamen noch Forstfachleute zur Ausbeutung der deutschen Staatsforste im Bereich des besetzten Gebietes.

Im Rahmen der Vorbereitung der Ruhrbesetzung für das zwangsweise Eintreiben der Kohlelieferungen hatte Poincaré die „Mission Interalliée de Contrôle des Usines et des Mines" (MICUM) gebildet.[83)] Er unterstellte sie trotz belgischer und italienischer Einwände dem Befehlshaber der Rheinarmee, General Degoutte. Sie bestand aus der genannten Ingenieurskommission, die sich aus 72 Mitgliedern zusammensetzte, 64 Franzosen, sechs Belgiern und zwei Italienern.[84)] Dazu kamen noch Subalterne. Sie trafen bereits am 9. Januar in Düsseldorf ein, wo sie auf ihre Aufgabe vorbereitet wurden.

Die Truppen bildeten eine besondere Einheit getrennt von denjenigen, die das Rheinland 1918 besetzt hatten, und unterstanden direkt den Regierungen in Paris und Brüssel, um nicht mit den Bestimmungen des Friedensvertrages und des Rheinlandabkommens in Konflikt zu geraten. Dazu gehörte auch die 50° Sektion der Feldeisenbahner mit 500 Mann, die in Bereitschaft stand, falls die deutschen Eisenbahner sich nicht den französischen Befehlen fügen sollten. Als diese sich den französischen Befehlen verweigerten, stockte man sie bis Ende Januar auf 1.000 und bis Ende

Bild 114 – Die deutsche Stahlindustrie gründete ein Kartell, für dessen Sitz sie 1906/08 diesen repräsentativen Bau, den Stahlhof, erstellte. Der Generalstab der französischen Einheiten beschlagnahmte das Gebäude und nutzte es von 1923 bis 1925 als seine Unterkunft und Kommandozentrale zur Ruhrbesetzung. AUFNAHME: SAMMLUNG KLAUS KEMP

Februar sogar auf mehr als 4.000 Mann auf, darunter auch belgische Feldeisenbahner.

Dazu mussten allerdings französische Reservisten zu einer sechswöchigen Übung einberufen werden, während Belgien aktive Eisenbahnbataillone einsetzte.

Poincaré begründet seinen Schritt im Brief an die Reichsregierung vom 10. Januar 1923 wie folgt:[84] „*Auf Grund der von der Reparations-Kommission festgestellten Nichterfüllung bei der Lieferung von Holz und Kohle hat die französische Regierung gemäß §§ 17 und 18 der Anlage II zum Teil 8 des Versailler Vertrages beschlossen, eine aus Ingenieuren bestehende und mit allen erforderlichen Vollmachten zur Beaufsichtigung der Tätigkeit des Kohlensyndikats versehene Kontroll-Mission ins Ruhrgebiet zu entsenden, um die Anwendung der festgesetzten Programme sicherzustellen und alle für die Bezahlung der Reparationen erforderlichen Maßnahmen zu ergreifen. Die französische Regierung legt Wert darauf zu erklären, dass sie gegenwärtig nicht daran denkt, zu einer militärischen Operation oder zu einer Besetzung politischer Art zu schreiten. Sie entsendet einfach ins Ruhrgebiet eine Mission von Ingenieuren und Beamten, deren Zweck deutlich umschrieben ist. Sie lässt ins Ruhrgebiet nur die zum Schutze der Mission und zur Sicherstellung der Ausführung ihres Auftrages erforderlichen Truppen einrücken …*“

Hält man sich vor Augen, dass jeder einzelne dieser Fachleute im Schnitt von rund 1.000 Soldaten mit der entsprechenden Anzahl von Panzern und Kanonen begleitet wurde, dann muss das nachfolgende Zitat aus einem französischen Bericht über die Ruhrbesetzung in den Ohren der Bevölkerung an der Ruhr wie blanker Hohn geklungen haben: „*Es war eine weitgehend friedlichen Zusammenarbeit, eine gütliche Einigung, die die Alliierten Deutschland bei ihrer Ankunft im Ruhrbecken anboten, eine Kombination, die nichts und niemanden gestört haben würde.*“[85]

Im Gegensatz zu dieser Ankündigung erhielten die Kontroll-Mission wie auch das sie begleitende Militär volle Befehls- und Strafgewalt über das deutsche Verwaltungspersonal ebenso wie über die Mitarbeiter aus allen Ebenen von Industrie und Handel. Weiter besaßen sie die Befugnis, von allen Ebenen der öffentlichen Verwaltung, den Handelskammern und den Arbeitgeber- wie Arbeitnehmerverbänden jede Auskunft zu verlangen sowie Büros, Bergwerke, Fabriken, Bahnhöfe und andere Anlagen untersuchen – alles Maßnahmen, für die es in Friedenszeiten einer richterlichen Durchsuchungsgenehmigung bedarf, und dafür muss in jedem Fall der begründete Verdacht einer Straftat nachgewiesen werden.

In einer französischen Schrift zum Jahrestag der Ruhrbesetzung heißt es: „*Es wurde jedoch nicht beschlossen, eine militärische Operation auszuführen. Vor dem Militär schickte man Ingenieure, Zöllner, Förster. Die Aufgabe der Armee war es, ihnen zu folgen und sie zu begleiten. Sie war anwesend, um die Techniker falls erforderlich zu schützen. Auch war sie anwesend, damit es keinen Zweifel in den Köpfen der Deutschen an der Entschlossenheit gab, die die französisch-belgische Politik bewegte. Sie war da wie ein Symbol und eine Warnung. Sie bedeutete, dass unsere Geduld erschöpft war, dass die Zeit der faulen Ausreden und Ausflüchte vorbei war, dass die Stunde der Wahrheit gekommen war.*“[86]

Am 11. Januar sagte Poincaré vor dem französischen Parlament: „*Deutschland hat uns nicht die Kohle gegeben, die es uns schuldet. Es ist nur natürlich, dass wir sie jetzt auf den Zechen suchen. Wir werden Kohle suchen, und das ist alles.*“[87]
Diese Darstellung stand ganz im Gegensatz zu seinen früheren Aussagen und seinem späteren politischen Handeln. In derselben Rede führte er weiter aus, dass er von dieser Aktion deshalb keinen

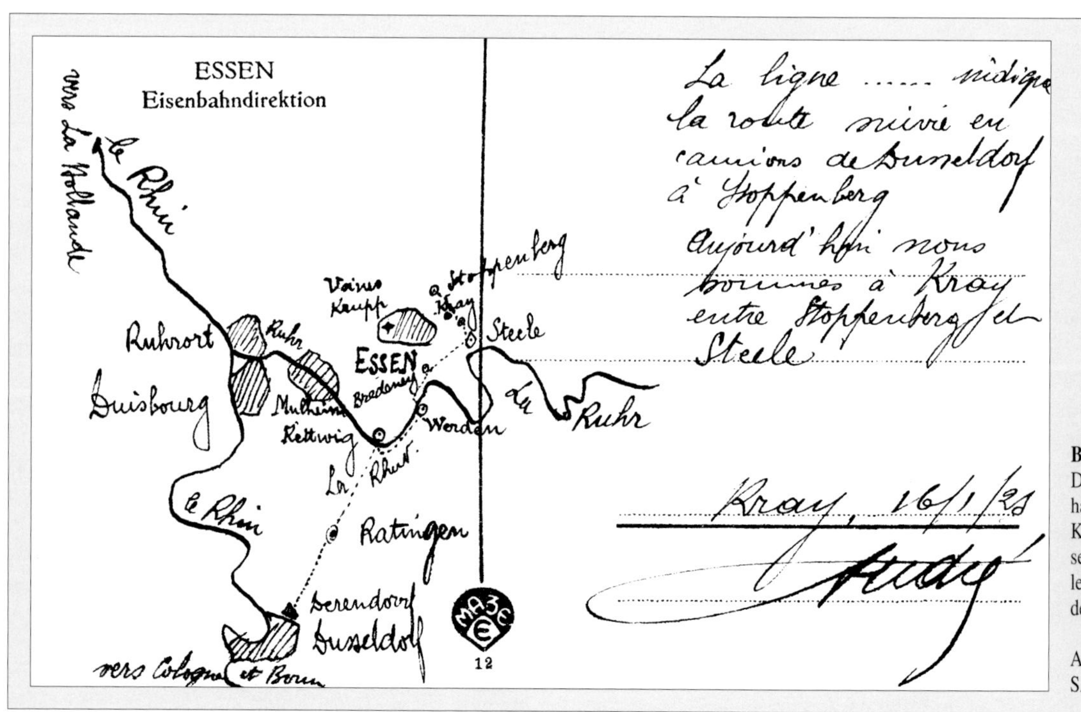

Bild 115
Die Adressseite dieser Postkarte hat ein Soldat dazu benutzt, eine Kartenskizze vom Vormarsch seiner Einheit anzufertigen. Allerdings, so vermerkt er, erfolgte der Transport in Lastwagen.

ABBILDUNG: SAMMLUNG KLAUS KEMP

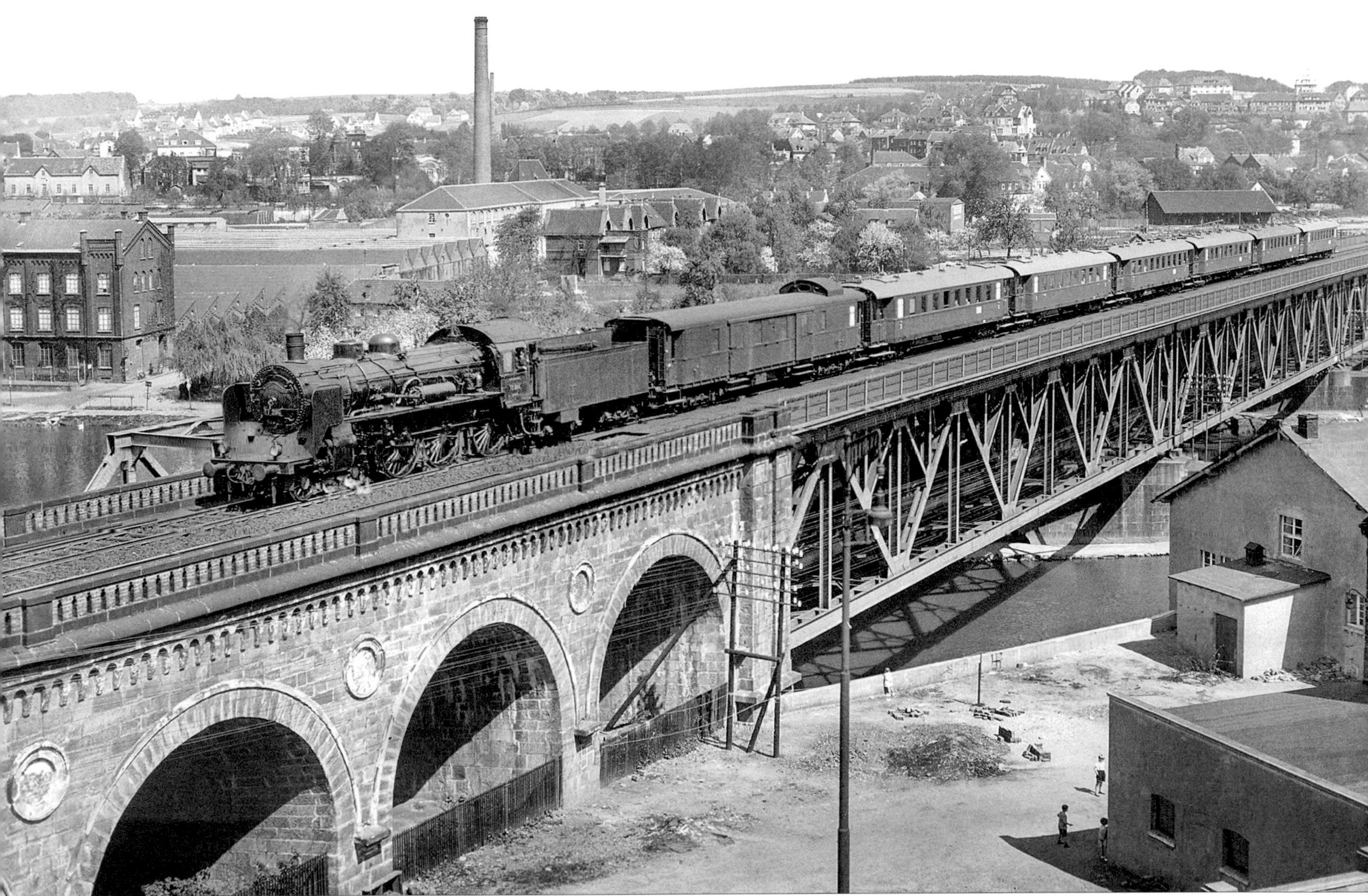

Bild 116 – 17 284, eine preußische S 10², zieht am 5. Mai 1935 Zug D 36 (Essen Hbf – Köln Hbf) über die strategisch wichtige Ruhrbrücke in Kettwig.
AUFNAHME: CARL BELLINGRODT, EK-VERLAG

großen Gewinn erwartete, weil Großbritannien sich nicht beteiligte. Interessant ist, dass der Präsident der Wiedergutmachungskommission, Louis Barthou, am 17. Dezember 1922 erklärt hatte, dass er keinen Ausfall der Kohlelieferungen sehen konnte. Die obige Erklärung Poincarés zur Rechtfertigung der Besetzung des Ruhrgebiets entsprach damit ganz offensichtlich nicht den eigentlichen Absichten. Nachdem die Amerikaner die Allianz schon verlassen hatten und die Briten sich an dieser Aktion gegen das Ruhrgebiet nicht beteiligen wollten, hoffte er, eines Tages die Bündnispartner in einer entscheidenden Konferenz über das deutsche Problem wieder auf seine Seite zu ziehen.

Nach dem heutigen Stand der Forschung waren es zwei Ziele, auf die Poincaré mit seinem Ruhr-Abenteuer abzielte: die langfristige Sicherstellung von Koks für die französische Stahlindustrie und die Zerschlagung von Preußen. Das konnte er nur durch eine Nachbesserung des Vertrages von Versailles – sowohl bei den Reparationen wie auch bei der Sicherheit im französischen Sinne – erreichen. Frankreich war bereits vor dem Kriege von deutschem Koks abhängig gewesen. Die territorialen Veränderungen der Nachkriegszeit durch die Rückgabe der lothringischen Eisenhütten hatte das Defizit an Koks in Frankreich mehr als verdoppelt. Die Reparationslieferungen konnten diese Lücke zehn Jahre lang füllen. Aber nach 1930 würde die französische Stahlindustrie erneut von deutschen Importen abhängen. Nachdem man an der Ruhr nur bis zum Kriegsende Erze aus Lothringen bekommen hatte, so hatte die deutsche Stahlindustrie bereits bis 1922 gelernt, ohne die lothringische Minette auszukommen – das Eisenerz kam jetzt aus Schweden und Spanien –, während die Franzosen nach wie vor den Koks aus dem Ruhrgebiet brauchten.[88)]

Zudem waren die Industriellen an der Ruhr für ihre Verluste in Elsass-Lothringen von der Regierung entschädigt worden und hatten diese Mittel in den Ausbau und die Modernisierung ihrer Anlagen gesteckt, sodass ihre Produktionskapazität bereits wieder der Vorkriegszeit entsprach, während gleichzeitig die Effizienz gesteigert wurde. Dies bedeutet, dass das deutsche Industriepotential trotz des negativen Kriegsausgangs ungebrochen war. Die französischen Gruben einschließlich der von Lothringen förderten dagegen nur 48 % der Erzmenge von 1913, weil ihnen der Koks fehlte. Als einzige Lösung sah Poincaré deshalb, diese Lage zwangsweise umzukehren und einen klaren Nutzen aus der Besetzung des Ruhrgebiets zu ziehen, indem er die deutschen Industriellen zwingen wollte, entweder ihre Minen als Gegenleistung für Reparationen komplett zu verkaufen oder den Franzosen wenigstens eine Mehrheitsbeteiligungen zu überlassen. Koks spielte also eine entscheidende Rolle bei der Besetzung des Ruhrgebiets. Im Gegensatz zu den öffentlichen Erklärungen von Poincaré ging es jedoch mehr um langfristige Ziele als um den unmittelbaren Bedarf.[89)]

Neben diesen wirtschaftlichen Zielen gab es langfristige politische und strategische Absichten. Ein wichtiges Element bei der Entscheidung der Pariser Regierung war der Abschluss des Vertrages von Rapallo zwischen Deutschland und der UdSSR, den man als eine Bedrohung des europäischen Machtgefüges bewertete. Und von 1922 an erwogen die französischen Verantwortlichen sehr ernsthaft, von der Besetzung des Ruhrgebiets durch die Schaffung einer eigenständigen politischen, von Frankreich abhängigen Einheit in den besetzten Gebieten einschließlich des Rheinlandes zu profitieren. Sie stellten sich ein Protektorat vor, das definitiv über den Abzug der eigenen Truppen im Jahr 1935 hinaus permanent die Sicherheit Frankreichs garantierte. Diese Ideen wurden in der oben erwähnten Besprechung am 27. November 1922 im Elysée-Palast unter Vorsitz des Staatspräsidenten Millerand konkretisiert. An dieser Sitzung nahmen neben Poinca-

Bild 117 – Belgische Soldaten haben sich vor einer im nördlichen Ruhrgebiet beschlagnahmten preußischen P 8 für ein Erinnerungsfoto aufgestellt.
AUFNAHME: SAMMLUNG KLAUS KEMP

ré auch Marschall Foch, der Kriegsminister Maginot, der Vorsitzende des Entschädigungsausschusses Barthou; der Oberkommissar der besetzten Gebiete Tirard und der Generalinspekteur der französischen Staatsbergwerke Émile Coste teil. Dabei gab Poincaré die Losung aus: *„Als Richtschnur gilt, die besetzten Gebiete vom Wirtschaftskörper des Reiches abzulösen und sie nach Westen zu orientieren."* Tirard hielt deutschen Widerstand für mehr als wahrscheinlich und falls es erforderlich würde, ließe sich dieser auch provozieren, weil das ein härteres Vorgehen der Besatzungsmächte erlaubte. Die Teilnehmer entwickelten ein Aktionsprogramm, das die Vertreibung der preußischen Beamten, die Einrichtung einer Zollschranke entlang des Rheins und die Einführung einer eigenen Währung vorsah. Poincaré war sich sicher, dass sich die besetzten Gebiete zu einem unabhängigen Staat umwandeln ließen. Es kann also festgestellt werden, dass die französischen Ziele eher einen politischen Charakter als den einer Strafaktion zur Eintreibung ausgebliebener Reparationen besaßen.[90)]

Dieses Vorgehen wurden besonders intensiv von den beiden höchsten französischen Vertretern in den besetzten Gebieten, nämlich Paul Tirard und General Degoutte, vertreten. Der Verwalter wie der Militär waren mehr als nur einfache Befehlsempfänger der Regierungsrichtlinien. Es waren zwei Männer, die vor Ort eine gewisse Autonomie des Handelns und vor allem das volle Vertrauen von Poincaré besaßen.

Insgesamt ist es sicher nicht abwegig, mit einem zeitgenössischen Chronisten zu sagen: *„In einzigartigem Zusammenklang gingen militärische, politische und wirtschaftliche Absichten bei dem Einbruch ins Ruhrgebiet ineinander über."*[91)] Nachdem die Besetzung von Düsseldorf, Duisburg und Ruhrort keine besonderen Reaktionen im Reich, weder seitens der Regierung oder der Unternehmer noch der Arbeiter, hervorgerufen hatte, ging man davon aus, dass es auch jetzt keinen großen Widerstand geben würde. Die Anzeichen einer langsam kippenden Stimmung nahm man nicht ernst oder wollte sie nicht sehen. Hatten nicht die deutschen Eisenbahner beim Aufmarsch gegen das Ruhrgebiet problemlos funktioniert?

Nachdem der wider Erwarten einsetzende passive Widerstand sowohl bei der Kohlegewinnung als auch bei deren Abtransport auf der Schiene und auf dem Wasserweg die Besatzungsmächte behinderte, mussten sie ihre Strategie neu formulieren. Das geschah bis Ende Januar 1923. Sie begannen, das besetzte Revier hermetisch vom übrigen Deutschland abzuriegeln und die Ausfuhr von Koks und Kohle ins unbesetzte Deutschland zu unterbinden. Später folgte das Einfuhrverbot für alle Rohstoffe, um die Hütten damit zu treffen, und schließlich ein totales Ein- und Ausfuhrverbot von und nach dem übrigen Reich. Geplant wurde dieses schrittweise Vorgehen, da bei einer schlagartigen Lahmlegung der Industrie an der Ruhr mit einer starken Verschlechterung der Lebensverhältnisse bis hin zu Hungerrevolten gerechnet werden musste.

Das hätte den Ruhreinmarsch und damit die Franzosen in der Weltöffentlichkeit weiter diskreditiert, die deutsche Position dagegen gestärkt. Stattdessen hoffte man, durch eine Politik der Nadelstiche die Bevölkerung zu zermürben und die Einheitsfront zum Bröckeln zu bringen. Um jedoch einen offenen Aufruhr zu vermeiden, sollten Behinderungen wie etwa des Personen- und Güterverkehrs demonstrativ von Bemühungen zur Sicherung der Lebensmittelversorgung begleitet werden. Neben den Maßnahmen zur Eindämmung und Überwindung des deutschen Widerstands gab es solche, die die Ausnutzung der Reparationspfänder sicherstellen sollte. Dazu gehörte vor allem die Kontrolle des Verkehrssystems, namentlich der Eisenbahnen.

4.2.3 Deutsche Reaktionen

Für das Deutsche Reich ebenso wie für die Reichsbahn war diese Besetzung in jeder Hinsicht eine Katastrophe. Immerhin stellte das Streckennetz an Rhein und Ruhr rund 12 % des gesamten Streckennetzes dar, auf dem ein Drittel der im ganzen Reich benötigten Güterwagen gestellt wurden. Fast die Hälfte der gesamten Güterbeförderung hatte dort ihren Ursprung, und noch 1914 hatte der Vorgänger der Reichsbahn, die Königlich Preußische Eisenbahnverwaltung, dort 40 % ihrer Gewinne erzielt. Das Ruhrgebiet war schließlich das industrielle Herz Deutschlands, wovon auch die Einnahmen der Staatsbahn zeugten. Nach Auffassung der deutschen Regierung stellte der Einmarsch einen Bruch des Völkerrechts und des Versailler Vertrags dar, und deshalb betrachtete sie die Besetzung des Ruhrgebiets als einen Akt der Feindseligkeit. Eine entsprechende Verlautbarung hatte der deutsche Außenminister bereits am 9. Januar 1923 in der Presse verbreiten lassen, wobei er die Bevölkerung gleichzeitig zu einem besonnenen Ausharren aufrief. In einer Besprechung mit der Reichsregierung warnte der preußische Ministerpräsident am folgenden Tag davor, die Eisenbahner zu einer offenen Gehorsamsverweigerung aufzurufen, um den Abtransport von Kohle zu verhindern. *„Denn dann würden die Franzosen eigene Eisenbahnregimenter schicken und die Eisenbahnen in ihre Verwaltung nehmen."*[92)] Die Reichsregierung besaß kein Konzept, wie sie dem französischen Vorgehen bis auf verbale Proteste begegnen sollte, und verhielt sich abwartend.

Reichskanzlers Wilhelm Cuno beschrieb die Besetzung des Ruhrgebiets am 13. Januar vor dem Reichstag mit folgenden Worten: *„Vorgestern, am 11. Januar 1923, drangen französische und belgische Truppen in zwei Hauptkolonnen in freies deutsches Gebiet ein, überschritten die Grenzen, die nach Artikel 428 des Vertrages von Versailles der Besetzung durch die Truppen der alliierten und assoziierten Mächte gezogen sind, ja sogar die vorgesehenen Grenze des Gebiets, das im Widerspruch mit den Bestimmungen unter dem Namen der Sanktionen seit März 1921 in die Besetzung einbezogen worden ist. Die Truppen waren kriegsmäßig ausgerüstet und führten außer ihren Feldküchen Munitionsfahrzeuge, Gerät, Gepäck und Lazarettwagen mit sich. An der Spitze marschierten Kavallerieabteilungen mit gezogenem Säbel und Radfahrabteilungen. Auf dem Marktplatze in Essen fuhren Panzerwagen auf, Maschinengewehre wurden in Stellung gebracht, der Belagerungszustand verhängt, für jede Übertretung der militärischen Gesetze gerichtliche Bestrafung angedroht …"*[93)]

Obwohl die Vorbereitungen zu diesem Einmarsch bereits vier Tage zuvor begonnen hatten, war die Reichsregierung erst am Vortag offiziell von diesem Vorhaben in Kenntnis gesetzt worden.

Die deutsche Regierung und die Bevölkerung reagierten auf die Besetzung des Ruhrgebietes mit einem fast einmütigen Aufschrei der Empörung, wenn man der deutschen Propaganda glauben darf. Ein Artikel, der bereits am 5. Januar 1923 in der Deutschen Allgemeinen Zeitung veröffentlicht wurde, spiegelt die Stimmung der Ohnmacht angesichts dieser Bedrohung wider: *„Unter anderen Umständen hätte diese Entscheidung des Monsieur Poincaré Krieg bedeutet. Diese Gefahr besteht nicht heute, denn Deutschland ist müde und ohne Waffen. Aber ein anderer Widerstand wird entstehen, der Widerstand gegen die Gewalt und gegen die Vergewaltigung. Ein schreckliches Verbrechen bereitet sich in Europa vor. Das deutsche Volk, einmütig in seinem Stolz und ruhig, unterstützt die Regierung. Schwere Stunden stehen bevor. Sie werden auf eine entschlossene Generation treffen.“*[94)]

Im Grunde genommen erwartete niemand konkrete Aktionen gegen das französische Vorgehen, da die Arbeiterschaft durch die einsetzende Inflation wirtschaftlich jeden Tag stärker getroffen wurde. Zudem versuchten die Arbeitgeber, eine der wichtigsten Errungenschaften der Revolution von 1918, nämlich den Acht-Stunden-Tag, wieder rückgängig zu machen. *„Die Masse der Bevölkerung stand so sehr unter dem Eindruck ihrer sich dramatisch verschlechternden Lebensumstände, dass sie allen Problemen, welche nicht unmittelbar Löhne, Preise und Arbeitszeit berührten, völlig apathisch begegnete“*, hieß es in einem Bericht der französischen Nationalpolizei (Sûreté Nationale) vom Dezember 1922. Das betraf auch die drohende Besetzung. Auf Grund dieses Stimmungsbildes erwarteten die Franzosen deshalb seitens der Arbeiterschaft keinen großen Widerstand.

Anfänglich beschränkten sich die Proteste gegen den Einmarsch auf Kundgebungen gegen die Besetzung und für die Einheit Deutschlands, Trauergottesdienste, schwarze Beflaggung und Trauergeläute der Kirchen. Gleichzeitig befolgte die Bevölkerung weitgehend die Aufrufe, in den Häusern zu bleiben, als die fremden Truppen ins Ruhrgebiet vordrangen, und dem Einmarsch zumindest nach außen hin keine Aufmerksamkeit zu schenken.

Am Vorabend des Einmarschs fand in Berlin eine Besprechung zwischen dem Reichspräsidenten Ebert, dem Kanzler Cuno, verschiedenen Ministern und Gewerkschaftsvertretern statt. Zwar wurde das Thema des passiven Widerstands der Eisenbahner und technischen Beamten kurz angesprochen, aber dann doch nicht weiter verfolgt, weil man die Streikbereitschaft aus den vorgenannten Gründen für gering hielt. Zum anderen wurde geglaubt, dass die Wirtschaft durch die Besetzung auf jeden Fall zu einem Stillstand kommen würde. Durch einen Streik hätte man dann den Besatzern die Verantwortung dafür abgenommen, wozu keine Veranlassung gesehen wurde. *„Vor allem jedoch, und hier deckten sich deutsche und französische Einschätzungen, konnte sich eine passive Abwehrbewegung nach dem Vorbild Gandhis nur spontan aus der Stimmung der Bevölkerung heraus entwickeln.“*[95)] Nach dem Stand der Dinge glaubte jedoch niemand daran. Trotzdem bemerkte Ebert am Schluss der Besprechung, *„daß, wenn Streikneigung vorhanden sei, man sie nicht zu dämpfen brauche, sie jedoch unter allen Umständen befristet werden müsse.“*[96)]

Auch die Gewerkschaftsführer im Revier dachten als Reaktion auf die Besetzung an einen befristeten Proteststreik aus Angst davor, wie 1920 bei der Abwehr des Kapp-Putschs, die Führung an die Kommunisten zu verlieren. Zudem waren sie sich nicht sicher, ob die zahlreichen polnischen Bergarbeiter loyal zu den Deutschen halten würden. Der französische Geheimdienst ging davon aus, dass mit der Hilfe dieser Minderheit ein möglicher deutscher Widerstand unterlaufen werden könne. Im Verlaufe der nächsten Wochen und Monate zeigte es sich jedoch, dass die polnischen, von wenigen Ausnahmen abgesehen, zu ihren deutschen Arbeitskollegen hielten. Tatsächlich begann der Widerstand dann auch eher punktuell. In den ersten Tagen der Besetzung blieb es im Ruhrgebiet mehr oder weniger ruhig. Erst das Auftreten der französischen und belgischen Truppen sowie die Verhaftung und Ver-

An alle Eisenbahnbeamten, Angestellten und Arbeiter der deutschen Reichsbahn!

Berlin, den 24. März 1923.

Die Franzosen und Belgier haben eine Regie für die Eisenbahnen der besetzten Gebiete eingerichtet, die an die Stelle der deutschen Verwaltung treten soll.

Diese Maßnahme ist völkerrechtswidrig und verletzt den Vertrag von Versailles. Alle Weisungen und Anordnungen der Regie sind ungültig. Das deutsche Reichsbahnpersonal untersteht nach wie vor allein der Deutschen Regierung und der Reichsbahnverwaltung und hat nur den deutschen Anordnungen zu folgen.

Die Deutsche Regierung befiehlt daher allen Beamten, Angestellten und Arbeitern der Deutschen Reichsbahn:

1. **Keiner Weisung der Regie ist Folge zu leisten.**
2. **Jedes Zusammenarbeiten mit der Regie wird untersagt.**
3. Der Aufforderung der Regie, unverzüglich zu dem früheren Posten zurückzukehren und den Dienst wieder aufzunehmen, **ist unter keinen Umständen und an keiner Stelle nachzukommen.**

Zu den von den Franzosen und Belgiern besetzten Stellen kehrt deutsches Personal **nur dann zurück**, wenn die betreffende Dienststelle zuvor von dem französischen oder belgischen Eisenbahnpersonal geräumt ist.

Auf den von den Franzosen und Belgiern nicht besetzten Stellen arbeitet das Personal nach der Weisung seiner deutschen Vorgesetzten weiter.

4. Verstöße gegen vorstehende Weisungen ziehen schwerste Disziplinarbestrafung, insbesondere Dienstentlassung sowie gerichtliche Verfolgung nach sich.

Die Anordnung der Regie zeigt, daß Frankreich und Belgien ohne die deutschen Eisenbahner den Eisenbahnbetrieb nicht in Gang setzen können. Deshalb kommt alles darauf an, daß jeder auch der neuen Verlockung und Drohung gegenüber Stand hält. Für die Störung der deutschen Wirtschaft tragen ausschließlich Frankreich und Belgien die Verantwortung und nicht die deutschen Eisenbahner, **die durch die fremde Militärmacht von ihren Posten vertrieben** worden sind und niemals unter fremdem Kommando arbeiten werden.

Voller Schadenersatz wird allen durch die Maßnahmen der Franzosen und Belgier betroffenen Eisenbahnern und ihren Familien zugesichert.

Haltet fest aus wie bisher!

Der Reichsverkehrsminister
Groener

Bild 118 – Aufruf des Reichsverkehrsministers Groener an die Eisenbahner vom 31. März 1923. ABBILDUNGEN (2): SAMMLUNG JOCHEN FRICKEL

An die deutschen Eisenbahner im besetzen und im Einbruchsgebiet.

Der Abwehrkampf, den Deutschland um Freiheit und Leben im Ruhrgebiet zu führen gezwungen ist, hat die deutschen Eisenbahner an Ruhr und Rhein, in Pfalz, Hessen und Baden in die vorderste Kampflinie gestellt. Unsere Gegner wissen, daß sie ohne die Mithilfe der Angehörigen der Deutschen Reichsbahn ihr Ziel nicht erreichen. Durch harte Bedrückung, brutale Verfolgung und arglistige Verlockung suchen sie daher mit aller Macht deutsche Eisenbahnbeamte und -Arbeiter auf ihre Seite zu ziehen, Eid und Pflicht, Recht und Gesetz, Völkerrecht und Vertrag mit Füßen tretend. **All dem haben die deutschen Eisenbahner ihr stummes, unbezwingliches „Nein“ entgegengestellt!** Trotzend allen Drohungen, trotzend den sich von Woche zu Woche steigernden Quälereien und unangefochten von verführerischen Versprechungen bleiben sie standhaft, bleiben sie treu ihrer beschworenen Pflicht, ihrem Vaterlande und ihrem Volke. Mag landfremde Gewalt sie aus Heimat und Eigentum vertreiben, mag brutales Faustrecht sie mißhandeln und ins Gefängnis schleppen, **sie wollen und werden keine Dienste in der Knechtschaft tun.**

Mit tiefem Mitgefühl und stolzer Bewunderung sieht ganz Deutschland dieses stille Heldentum, das uns allen als Vorbild den Mut des Ausharrens täglich neu stärkt und uns anfeuert, in den Hilfeleistungen bis an die Grenzen unserer Kraft zu gehen. Es wird eine Ehrenpflicht des ganzen Reiches sein, nach besten Kräften alle Schäden wieder zu heilen, die fremdes Unrecht dem Einzelnen zugefügt hat; es muß unsere allererste Sorge sein, unseren Volksgenossen, die militärischer Terror gefangen hält, die Freiheit wieder zu gewinnen. **Das deutsche Volk weiß, daß die Eisenbahner im Westen für eine bessere Zukunft des Vaterlandes Schweres und Bitteres tragen und weiter zu dulden bereit sind. Der Dank des ganzen deutschen Volkes für ihr Ausharren sei ihnen erneut versichert.** Dieser Dank und unsere Bewunderung sollen sie begleiten in die Zeiten hinaus, in denen wir wieder frei sind von fremder Gewalt und auf unserer Väter Erde freier Arbeit leben.

Berlin, den 8. April 1923.

Der Reichspräsident
Ebert.

Gegengezeichnet
Groener
Reichsverkehrsminister.

Bild 119 – Am 8. April 1923 wandte sich ebenfalls Reichspräsident Friedrich Ebert mit einem Aufruf an die Eisenbahner.

Bild 120 – Stellwerke wie dieses in Bingerbrück, von dem die deutschen Eisenbahner alle Bezeichnungen entfernten, ehe sie es verließen, machten den Franzosen sehr zu schaffen. Trotzdem gelang es ihnen, sie auf Dauer wieder in Betrieb zu nehmen.
AUFNAHME: BIBLIOTHÈQUE NATIONALE DE FRANCE

urteilung führender Industrieller durch ein französisches Militärgericht brachte den endgültigen Umschwung in der Meinung der Bevölkerung. Die Entstehung einer explosiven Stimmung vor allem bei den Bewohnern des Ruhrgebietes hatten sich die Besatzungstruppen durch ihre aggressive Haltung selbst zuzuschreiben, auch wenn seitens der deutschen Regierung und der Gewerkschaften bereits ein halbstündiger Proteststreik am 15. Januar 1923 vorgesehen war. Dieser fand statt, ohne dass es zu irgendwelchen nennenswerten Zwischenfällen gekommen wäre. Im Gegenteil liefen die Arbeit in den Betrieben sowie der Bahn- und Schiffsverkehr normal und störungsfrei. Dazu passte es, dass der freigewerkschaftliche Deutsche Eisenbahnerverband am 10. und 11. Januar Erklärungen herausgab, in denen er seine Mitglieder aufforderte, sich der fremden Gewalt zu fügen und darauf zu bauen, dass die internationale Arbeiterbewegung zur Hilfe kommen werde. Den Eisenbahnern als Beamten war übrigens die Teilnahme an diesem Streik ausdrücklich untersagt worden. Damit war die Rechnung der Franzosen scheinbar aufgegangen.

An anderer Stelle wurden dagegen die Weichen auf Konfrontation gestellt. Am 15. Januar weigerten sich die Zechenbesitzer, die zu einem Treffen mit einem Vertreter der MICUM zitiert worden waren, Kohle zu liefern, und beriefen sich dabei auf ein Verbot der Reichsregierung vom Vortag. Diese hatte damit eine völkerrechtlich auf unsicherem Boden stehende Ruhraktion mit einem Vertragsbruch beantwortet. Die Aufforderung der Franzosen, die Lieferungen bis zum 17. wieder aufzunehmen, wurden ignoriert. Die Reichsregierung dehnte ihrerseits am 18. Januar ihre Verweigerungshaltung mit der offiziellen Einstellung aller Reparationslieferungen aus – das waren immerhin 60.000 t Kohle pro Tag oder ein Zug alle 24 Minuten. Um zudem soweit wie möglich alle Kohlelieferungen an Frankreich und Belgien zu unterbinden, ordnete sie gleichzeitig an, die für die Reparationen vorgesehene Kohle an die Betriebswerke der Eisenbahn, an Gas- und Elektrizitätswerkeauszuliefern (vorrangig in Süddeutschland und in den besetztenGebieten) sowie die Kohle, die für Hausbrand geeignet war, an die lokale Bevölkerung abzugeben, um einer möglichen Beschlagnahmung zuvorzukommen. Im Raum Dortmund gelang es den Eisenbahnern gemäß dieser Anordnung, am 18. Januar 21.000, am 19. Januar 31.000 und am 20. Januar immer noch 25.000 beladene Kohlewagen über die Demarkationslinie ins unbesetzte Deutschland zu schleusen. Ausgenommen von diesen Bestimmungen waren die auf Grund von internationalen Verträgen vorgesehenen Lieferungen nach Holland[97] und in die Schweiz. Die Verbote der Bedienung von Belgiern und Franzosen wurden weiter verschärft und gipfelten am 1. Februar 1923 in einem Befehl an alle Gas-, Elektrizitäts- und Wasserwerke im Ruhrgebiet, dass ihnen die Abgabe von Gas, Strom und Wasser verboten war, wo die Lieferung überwiegend den Besatzern zugutekam. Die Besatzer beantworteten das am 31. Januar mit einem Verbot der Ausfuhr von Kohle und Koks ins unbesetzte Deutschland.

Die zunächst abwartende Haltung der Arbeitnehmer und ihrer Vertretungen bedeutete jedoch nicht, dass sie zu einer Kooperation mit den Besatzern bereit waren. Entsprechende Angebote der Franzosen in den ersten Tagen des Einmarschs lehnten die Gewerkschaftsführer sehr bestimmt ab. Das vermittelte der Gegenseite den Eindruck, dass die Arbeitnehmerorganisationen in ihrer Haltung der *„Verweigerung und Missachtung der französischen Autorität“*[98] weiter verharren würden. Auch die Eisenbahner verweigerten sich. Der Leiter der französischen Feldeisenbahnkommission, Oberst Clémenson, wandte sich am 17. Januar 1923 zuerst an den Präsidenten der Rbd Essen und dann an die Bezirksleitungen der Eisenbahnerverbände in Essen als einen letzten Versuch, Arbeitnehmervertretungen für sich zu gewinnen. Clémenson suchte die Kooperation mit den Eisenbahnern, verweigerte aber gleichzeitig das Streikrecht. Hier wie übrigens auch bei den Bergarbeitern versuchten die Besatzer, soziale Gegensätze zwischen Arbeitnehmern und Arbeitgebern auszuspielen. Da zu jener Zeit jedoch nationale Gefühle überwogen, hatten sie keinen Erfolg mit ihrer Politik. Die Gewerkschaftsvertreter protestierten gegen *„Rechtsbruch und Vergewaltigung“*[99] und verweigerten sich allen weiteren Gesprächen, da ihnen das Vertrauen in die Versprechungen der Besatzungsbehörden fehle. Wenn Clémenson eine weitere Kontaktaufnahme wünsche, solle er sich an die Reichsbahnverwaltung wenden. Es war der letzte französische Versuch, die Arbeiterschaft für sich zu gewinnen.

Nachdem die Reichsregierung das Lieferverbot für Kohle ausgesprochen hatte, wurde sie von der Industrie bedrängt, den passiven Widerstand auszurufen. Ein Argument war, dass von den industriellen Arbeitern nicht verlangt werden könne, den Kopf hinzuhalten, *„während die Eisenbahner absolut gefügig den Anordnungen der Besatzungsbehörde folgen.“* Am Abend des 16. Januar 1923 einigte sich das Reichskabinett schließlich nach einer kontrovers geführten Diskussion darauf, die Eisenbahner zum Widerstand aufzurufen, um einen offenen Konflikt zu vermeiden, der den Franzosen den Vorwand geben würde, die Bahnstrecken in eigener Regie zu betreiben. Entschiedener Gegner dieser Maßnahme war Reichsverkehrsminister Groener, weil selbst ein passiver Widerstand eine militärische Besetzung der Eisenbahnen nach sich ziehen würde. Sein Einspruch hatte keinen Erfolg.[100]

Als erster erteilte der Finanzminister seinen Beamten in den besetzten Gebieten den Befehl, die Anordnungen der Besatzungsbehörden zu ignorieren. Die Reichsregierung und die betroffenen Länderregierungen folgten am 19. Januar mit der Ausrufung des passiven Widerstands; das hieß, dass Befehle der Besatzungstruppen seitens aller Beamter ignoriert werden mussten und vor allem die Transportzüge mit der Kohle, die Franzosen und Belgier als Reparationen abtransportieren wollten, umzulenken und zu blockieren seien. Passiver Widerstand galt nicht nur im Ruhrgebiet, sondern auch in den bereits seit Ende 1918 besetzten Teilen des Rheinlandes und der Pfalz.

Am 19. Januar gab es im Ruhrgebiet einen Generalstreik. Am 21. Januar folgte wegen der Eingriffe der Besatzungstruppen in

Bild 121
Mitten in der Gussstahlfabrik der Fa. Krupp in Essen steht dieser kleine Bau, das Stammhaus der Krupps. In seiner Nähe ereignet sich am 31. März 1923 ein blutiger Vorfall, bei dem französische Soldaten 13 Deutsche erschießen und weitere 39 verwunden. Dieses Foto aus den dreißiger Jahren zeigt eine dreifach gekuppelte Rangierlok auf ihrer Fahrt durchs Werksgelände.

AUFNAHME: SAMMLUNG KLAUS KEMP

den Betrieb ein 24-stündiger Streik der Eisenbahner im neu besetzten Gebiet. Der Personenverkehr ruhte völlig. Vom selben Tag an brachen auch auf dem linken Rheinufer örtliche Streiks aus, was den Einsatz von französischen Feldeisenbahnern erforderte. Aus Sicht von Paul Tirard riskierte die Reichsregierung damit eine Hungersnot und Revolution im Rheinland. Als Reaktion entließen die Besatzer alle deutschen Beamten und Bahnarbeiter, die sich dem passiven Widerstand anschlossen und die wie die streikenden Industriearbeiter und Bergleute von der Reichsregierung finanziell unterstützt wurden.

Auch im Reichsverkehrsministerium war man unsicher, wie zu reagieren sei. Zuerst wurde der passive Widerstand, wie erwähnt, vollständig abgelehnt. Als der Minister im Kabinett überstimmt worden war, sagte er noch am 16. Januar 1923, dass er politische Vorgaben erwarte, ehe er seine eigenen Anweisungen an die Eisenbahner gebe. Diese erfolgten dann drei Tage später mit der Ausrufung des passiven Widerstands (siehe Abschnitt 4.3.1). Am 23. Januar traf er sich mit den Präsidenten der betroffenen Reichsbahndirektionen und trug ihnen auf, sowohl passiven wie aktiven Widerstand gegen den Abtransport von Kohle aus dem Ruhrgebiet zu leisten sowie Truppentransporte in den neu besetzten Gebieten zu verweigern. Mündlicher Kontakt mit den Franzosen sollte tunlichst vermieden werden. Stattdessen solle darauf bestanden werden, nur schriftlich zu kommunizieren. Mit den Gewerkschaften sollte sich mündlich darauf geeinigt werden, Militärtransporte zu sabotieren. Unter keinen Umständen sollte die Nutzung von Reichsbahneinrichtungen oder -gerät toleriert werden. Weiterhin empfahl der Minister, Listen und Finten anzuwenden sowie die Franzosen mit sich ständig ändernden Formen der Behinderung zu überraschen.

Dies war ein erstes Zeichen, dass die Planung der Besetzung des Ruhrgebiets nicht so verlief, wie es in Paris gedacht worden war. Damit war klar, dass trotz aller Zusagen immer mehr auf militärische Macht zurückgegriffen werden, um die gestellten Ziele doch noch zu erreichen – selbst wenn der Einmarsch nahezu reibungslos verlaufen war. In diesem Sinne meldete General Degoutte am 19. Januar 1923 dem französischen Kriegsminister: *„Der militärische Teil der Besetzung ist keinem Widerstand begegnet. Dafür trifft die wirtschaftliche Besetzung auf einen äußerst ernsthaften Widerstand, und zwar der Beamten, der Unternehmer und der Arbeiterklasse zugleich. In dem Block, den sie gegen uns bilden, gibt es für den Augenblick keinen Riss.“* [101)]

Verschiedene Faktoren waren die Ursachen hierfür: Die Lebensbedingungen der Arbeiter, die durch die immer stärker werdende Inflation bereits prekär waren, verschlechterten sich durch den Einmarsch dramatisch, denn er verursachte eine Preisexplosion. Das galt besonders für Lebensmittel, die durch Einkäufe der Besatzungstruppen immer knapper und teurer wurden. Die Bevölkerung klagte darüber, von den Truppen *„total leergefressen“* worden zu sein. Für weiteren Zündstoff sorgten eine Politik der rücksichtslosen Wegnahme von Wohnraum und Schulgebäuden sowie die Beschlagnahmung von Bargeld in den Filialen der Reichsbahn in Essen, Düsseldorf und Dortmund, weil es die Auszahlung von Löhnen infrage stellte. Auch die starke militärische Präsenz sowie die Versuche, mit Militärs in Betriebe einzudringen, und die Besetzung von Bahnhöfen trugen ihr Übriges dazu bei, dass die Arbeiterschaft, deren Stimmung inzwischen von einer offenen Feindseligkeit gegenüber den Eindringlingen geprägt war, geschlossen dem Aufruf der Regierung zum passiven Widerstand folgte. [102)]

Passiver Widerstand war eine gewerkschaftliche Kampfform, die zuerst in Frankreich ausprobiert worden war. Inzwischen war er vor allem für die Bergarbeiter und die Eisenbahner nichts Neues mehr. Letztere hatten ihn an verschiedenen Orten während des Ausstands im Januar 1920 (siehe Abschnitt 3.7) angewandt, weil sie als Beamte ein Streikverbot besaßen. Damals hatte es sich um Dienst nach Vorschrift gehandelt, nämlich die Störung des Betriebsablaufs durch ein bewusst langsames Arbeitstempo und die buchstabengetreue Ausführung der Dienstvorschriften, was schwer nachweisbar und damit auch nicht zu bestrafen gewesen war. In der jetzigen Situation hörten Streiks – bis auf einige lokale Ausnahmen auf. Stattdessen gab es nun ein bewusst verringertes Arbeitstempo und eine schleppende Ausführung von Befehlen der Besatzungsmächte, wenn sie überhaupt befolgt wurden. Bei der Post und der Bahn war letzteres der Fall. Es wurden weder Militär- oder Kohlenzüge abgefertigt noch Briefe weitergeleitet und Telefonverbindungen geschaltet.

Eine ganz unerwartete Unterstützung erhielten die Arbeiter an Rhein und Ruhr durch die Bergarbeiter des Saargebietes. Vordergründig wegen Lohnforderungen, aber in Wirklichkeit zur Unterstützung ihrer Kumpel an der Ruhr traten die Bergleute des Saar-

Bild 122 – Bereits im Verlaufe des Jahres 1922 begannen die Amerikaner mit einer Reduzierung ihrer Truppen am Rhein, nachdem die USA einen separaten Friedensvertrag mit dem Reich geschlossen hatte. Hier verlässt ein Kontingent am 17. Mai 1922 Koblenz. AUFNAHME: SAMMLUNG KLAUS KEMP

gebietes am 5. Februar 1923 in einen unbefristeten Streik, der erst Mitte Mai 1923 beigelegt wurde. Dass es ab Mitte Februar auch einen Bergarbeiterstreik in Belgien gab, hatte dagegen nach der Aussage der Streikleitung nichts mit dem Einmarsch ins Ruhrgebiet zu tun, traf aber die Verantwortlichen sicher doppelt. Dieser dauerte etwa zwei Wochen.

4.2.4 Briten und Amerikaner

Die britische Regierung nahm eine abwartende Haltung ein. Sie teilte in gewisser Weise den deutschen Standpunkt, dass der französisch-belgische Einmarsch in das Ruhrgebiet durch den Friedensvertrag nicht gerechtfertigt war, stellte andererseits deshalb die Entente jedoch nicht in Frage.

Der amerikanische Präsident befahl dagegen den Rückzug der Truppen seines Landes aus den linksrheinischen Gebieten. Das war zwar vorher schon geplant gewesen, diente aber in diesem Augenblick auch gut als Signal. Die letzten Soldaten verließen am 24. Januar 1923 Koblenz mit zwei Zügen, um von Bremen aus in die USA zurückzukehren. Am 27. Januar wurde ihre Zone offiziell übergeben. Der amerikanische Kommandant Henry T. Allen notierte in seinem Tagebuch:

„Fünf Minuten nachdem die amerikanische Zone an die Franzosen abgegeben war, hörte jeder nach Koblenz führende Eisenbahndienst auf. Die Franzosen halten jetzt den Bahnhof von Koblenz mit Truppen besetzt.“ [103)]

Seit der Ablehnung des Versailler Vertrages besaßen die Amerikaner nur noch einen Beobachterstatus in der Interalliierten Rheinlandkommission, aber ihre Meinung hatte immer noch Gewicht. Als sie ihre Truppen abzogen, schieden sie auch endgültig aus diesen gemeinsamen Gremien aus. Das sich ändernde Kräfteverhältniss in den Besatzungsorganen spiegelt der Beschluss der Reparationskommission vom 16. Januar 1923 wider. Er stellt mit den Stimmen Frankreichs (2) und Belgiens (1) bei der Enthaltung von Großbritannien (1) formell fest, dass Deutschland mit den bereits erwähnten Holz- und Kohlelieferungen im Verzug war.

Die britische Vertretung in Köln erhielt Weisungen aus London, die Franzosen bei der Ruhrbesetzung zwar nicht zu behindern, ihnen aber auch in keiner Weise behilflich zu sein. Da diese Anordnung nicht gleich mit dem Einmarsch eintraf, war der Aufmarsch auch durch britisches Besatzungsgebiet gerollt. Diese Haltung änderte sich nun: Am 24. Januar 1923 informierte der Oberbefehlshaber der Alliierten Streitkräfte am Rhein, General Degoutte, den britischen Standortkommandanten in Köln, dass er einen Streik der Eisenbahner befürchte und deshalb im belgischen und französischen Bereich den „Eisenbahn-Verteidigungs-Plan“ in Kraft gesetzt habe.

Dieser Plan sah u. a. die Bewachung und den Betrieb wichtiger Bahnstrecken durch französische Truppen vor. Sein Untergebener, General Payot, der für das Verkehrs- und Verpflegungswesen zuständig war, forderte von den Briten, 750 französische Eisenbahner entlang der Strecken der britischen Zone verteilen zu können, um im Falle eines Streiks die Fortdauer des Betriebs sicherstellen zu können. Das wurde auf Grund der Londoner Anweisungen vom britischen Befehlshaber in Köln abgelehnt. Gleichzeitig drohte er den deutschen Eisenbahnern mit einem Abzug seiner Truppen aus der Kölner Zone, falls sie sich in seinem Machtbereich dem passiven Widerstand anschließen würden. Daraufhin lief der Eisenbahnverkehr in der britischen Zone wie gewohnt weiter.

Am 25. Januar 1923 suchte General Payot um die Erlaubnis nach, die Strecke (Köln-)Mülheim – Opladen – (Düsseldorf-) Reisholz übernehmen zu dürfen, da Düsseldorf wegen eines Streiks der Eisenbahner blockiert war. Deshalb wollten die Franzosen den Verkehr nach Köln, Brüssel und Paris über diese Linie abwickeln. Auch diesen Antrag lehnten die Briten ab.

Bild 123 – Bis 1933 besaß die Höllentalbahn im Schwarzwald zwischen Hirschsprung und Hinterzarten eine Zahnstange. Trotzdem brauchten die Züge teilweise eine Schublok, um die Steigung zu meistern. Bereits 1927 wurde die Brücke über die Ravennaschlucht durch ein neues Viadukt ersetzt. Hier ist noch die alte Brücke zu sehen. Über diese Strecke mussten Schnellzüge, die sonst im Rheintal verkehrten, umgeleitet werden, als die französische Besatzung den direkten Weg durchs Rheintal versperrte. AUFNAHME: SAMMLUNG KLAUS KEMP

4.2.5 Weitere Besetzungen

Es blieb nicht bei den Besetzungen im Ruhrgebiet allein. Im Süden, im Badischen, dehnten die Franzosen ihr Besatzungsgebiet weiter aus. Am 4. Februar 1923 vergrößerten sie den Brückenkopf Kehl durch die Einnahme der Städte Offenburg und Appenweier. Als Begründung gaben sie an, dass die Deutsche Reichsbahn die Durchleitung des internationalen Zugpaares L 62/63 Paris – Kehl – Stuttgart – München – Wien – Bukarest (mit Kurswagen nach Karlsbad – Prag) am 30. Januar 1923 eingestellt habe und die Durchleitung von Kokszügen aus der Tschechoslowakei nach Lothringen verweigere. Die Reichsbahn begründete ihren Schritt damit, dass sie insgesamt ein Drittel aller Schnellzüge angesichts des allgemeinen Kohlemangels gestrichen habe. Davon betroffen waren vor allem Schlafwagen- und Luxuszüge mit relativ wenigen Reisenden. Der L 62/63 wurde nun über Belfort – Mülhausen – Basel – Zürich – Innsbruck nach Wien geleitet. Für einen Umweg von 107 km brauchte er fünf Stunden länger als bisher. Erst am 4. November 1924 kehrte dieses Zugpaar auf seinen alten Laufweg durch Deutschland zurück. Zu dieser Zeit teilten sich Loks der preußischen Gattung P 10 (BR 39^{0-2}) des Bw Karlsruhe Pbf, württembergische C (später BR 18^1) aus Stuttgart und bayerische S 3/6 (später BR 18^4) aus München die Beförderung dieses Zugpaares.

Als Reaktion auf die neuerliche Besetzung stellte die Reichsbahn ab dem 5. Februar 1923 auf der Strecke Appenweier – Offenburg den Personen- und Güterverkehr ein. Lediglich die internationalen Züge zwischen den Niederlanden und der Schweiz durften passieren. Zwei Tage später durchschnitten die Franzosen die Signaldrähte im Bahnhof Windschläg zwischen Offenburg und Appenweiher bzw. Kehl.[104] Dadurch sperrten sie die Verbindung Basel – Karlsruhe für den Fernverkehr, sodass die Reichsbahn auch die internationalen Züge umleiten musste. Nach amerikanischer Auffassung bedeutete diese Maßnahme, zusammen mit den bereits früher getroffenen, dass die Interalliierte Rheinlandkommission zunehmend als ein Instrument zur Ausübung von Repressalien benutzt wurde und nicht als oberster Repräsentant der alliierten Regierungen, um das Rheinlandabkommen umzusetzen.

Die Sperrung bedeutete eine sehr weiträumige zeitraubende Umleitung von Fernzügen über weiter östlich gelegene Strecken. Als Grenzbahnhöfe zur Schweiz dienten statt Basel nun Singen, Schaffhausen und Waldshut. Diese Umleitungen brachten wegen starker Steigungen, eingleisiger Streckenabschnitte und Richtungswechseln Fahrzeitverlängerungen von bis zu acht Stunden mit sich. Die Umleitungsstrecke führte entweder über Basel – Freiburg und die Höllentalbahn nach Donaueschingen oder von Singen nach Donaueschingen, von dort über die Schwarzwaldbahn bis Hausach, und dann über Freudenstadt und Hochdorf bei Horb in Richtung Pforzheim. Auf der Höllentalbahn, die damals noch mit Zahnradlokomotiven befahren wurde, mussten die Züge zwei-, drei- oder viermal geteilt werden.[105] Es gab aus heutiger Sicht kuriose Zugpaare, wie beispielsweise ab dem 12. April eine Nachtschnellzugverbindung Basel – Amsterdam mit Schlafwagen zwischen Hinterzarten und Frankfurt sowie im Sommer 1923 vier Nachtschnellzüge Basel – Karlsruhe. Die Fahrgäste mussten sehr viel Zeit mitbringen, brauchten aber diese Umwege nicht zu bezahlen. Der direkte Bahnpostverkehr Offenburg – Freiburg kam für die Dauer der Besetzung ebenfalls zum Erliegen.

Die Renchtalbahn Appenweier – Oppenau war ein spezieller Fall. Auch auf ihr wurde am 6. Februar der Betrieb ganz eingestellt, nachdem zuvor noch schnell alle hier eingesetzten Loks abgefahren worden waren. Mit viel Mühe wurde mit einem Straßentransporter eine Lokomotive von Renchen nach Zusenhofen gebracht, um von dort einen Inselbetrieb nach Oppenau aufnehmen zu können. Die Reichsbahn ging sogar daran, eine etwa 3 km lange Strecke von Renchen nach Zusenhofen um die Besatzungs-

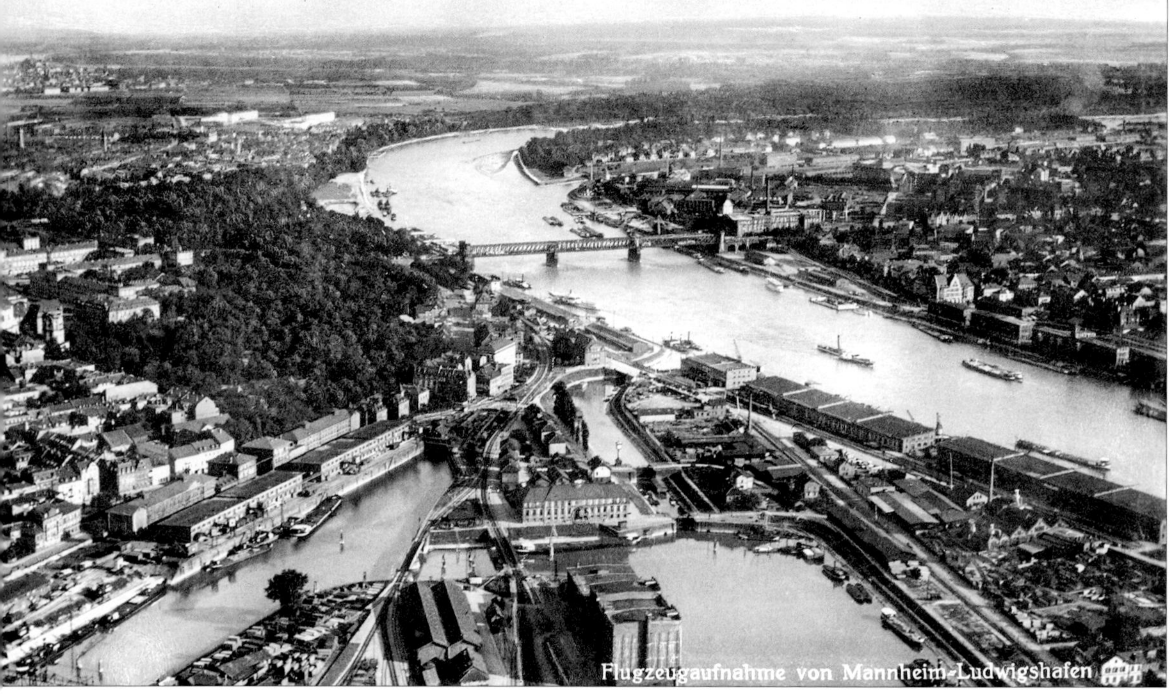

Bild 124
Am 7. März 1923 besetzten französische Truppen als eine weitere Verletzung des Versailler Vertrags den Mannheimer Güterbahnhof sowie die Häfen Mannheim und Karlsruhe. Hier ein Blick auf den Mannheimer Hafen mit der Rheinbrücke der Eisenbahnstrecke Mannheim – Ludwigshafen im Hintergrund.

AUFNAHME:
SAMMLUNG NORMAN KAMPMANN

zone herum zu bauen, sodass die Renchtalbahn ab Juni 1923 im Güterverkehr wieder einen Anschluss an das Netz der Reichsbahn besaß. Bald darauf gab es auch Personenverkehr über diese Verbindungsbahn. Nach dem Ende der Besetzung wurde diese Notstrecke wieder abgetragen. Ab dem 17. Februar 1923 richteten die Franzosen auf der Strecke Kehl – Appenweier – Offenburg den Militärverkehr ein, der vorrangig den Besatzungstruppen diente. Unter dem Druck dieser Okkupation gab die Reichsbahn auf Dauer nach und ermöglichte wieder die Durchleitung der von und nach Straßburg verkehrenden internationalen Züge. Trotzdem blieben beide badische Städte weiter besetzt. Selbst die Schweiz, die sich durch die französischen Maßnahmen ebenfalls direkt betroffen fühlte, hatte mit Protesten in Paris keinen Erfolg.

Am 25. Februar erfolgte der französische Einmarsch in die Gebiete zwischen den Brückenköpfen Mainz, Koblenz und Köln, die sich bereits seit 1920 in der Hand der Alliierten befanden. Es handelte sich um den berühmten Flaschenhals (siehe Abschnitt 3.3.1) mit den Orten Lorch und Kaub sowie weiter nördlich um Königswinter sowie Nieder- und Oberdollendorf. Die Besatzer sahen es als eine Art „Grenzbegradigung“ an, um die Zollüberwachung zu vereinfachen – mit dem Ziel, dort einen wachsenden Schmuggelverkehr zu unterbinden. Erst wurden einzelne Bahnhöfe besetzt, wie zum Beispiel an der rechten Rheinstrecke Koblenz-Ehrenbreitstein, Neuwied, Linz und Königswinter, ehe französische Feldeisenbahner die Strecken komplett übernahmen.

Am 3. März 1923 schloss sich die Besetzung der Häfen von Mannheim und Karlsruhe sowie der Eisenbahnwerkstätten von Darmstadt (an der Strecke Worms – Darmstadt) an. Die offizielle Begründung dafür war die Sperrung des Rhein-Herne-Kanals durch einen Sabotage-Akt. Auch nach der Wiederherstellung des Kanals wurde die Besetzung aufrechterhalten. Mit dem Vorrücken nach Darmstadt wurde die Verbindung Basel – Frankfurt (M) erneut unterbrochen. Zwar waren hier die Umwege nicht so weit wie im Falle von Offenburg, aber für die Fahrgäste sicher ebenso ärgerlich wie für das Bahnpersonal. Als Alternativen standen die Strecken über Dieburg – Offenbach sowie über Babenhausen – Hanau zur Verfügung. Die Bahnpostverbindung mit Frankfurt (M) entfiel, solange sich Darmstadt in der Hand der Franzosen befand.

Bis jetzt gab es eine direkte Grenze zwischen der englischen Besatzungszone um Köln und dem unbesetzten Reich. Nachdem die britische Regierung zunehmend Frankreichs Ruhrpolitik kritisierte, besetzten französische Truppen nach und nach einen etwa 10 km breiten Streifen um den Kölner Brückenkopf herum, sodass es für die Briten keine direkte Grenze mehr mit dem Reich gab. Eine letzte Erweiterung ihrer Besatzungszone nahmen die Franzosen am 15. Mai 1923 vor, als sie den Eisenbahnknoten Limburg (Lahn) vorläufig und ab dem 28. Juni dauernd einnahmen, nachdem sie auf der Suche nach Geiseln und geheimen Dokumenten immer wieder bis dorthin vorgedrungen waren. Hierfür gab es ebenso wenig eine offizielle Begründung wie für die Einschließung der Kölner Zone. Von Limburg (Lahn) aus mussten in der Besatzungszeit sowohl der Personenverkehr wie der Posttransport auf der Schiene von und nach Frankfurt (M) eingestellt werden.

Die militärische Besetzung wurde immer mehr zum Instrument des Eintreibens der Pfänder. Abwechselnd und dem Augenblick entsprechend, wurden auch Bereiche außerhalb der besetzten Zone eingenommen, Bahnhöfe, Häfen, Fabriken, Rathäuser besetzt und kurz darauf wieder verlassen.

Schon das Auftauchen französischer Bajonette reichte, um den passiven Widerstand auszulösen. So plünderten die französischen Soldaten im April die Produktionsstätten von Benz & Cie in Mannheim und im Mai 1923 der BASF in Ludwigshafen. Ein Versuch, Frankfurt (M) zu besetzen gab es nicht, wahrscheinlich aufgrund mangelnder Ressourcen, denn die Schwierigkeiten im Ruhrgebiet führten zu einer Aufstockung der Truppen von 50.000 auf 90.000 und im Rheinland von 124.700 auf 147.000 Mann.

Die Ausdehnung der Kompetenzen der Interalliierten Rheinlandkommission auf die neu besetzten Gebiete verstanden die Briten zu verhindern, weil sie sonst zu aktiven Teilnehmern an Frankreichs und Belgiens Besetzung des Ruhrgebiets geworden wären. Der britische Vertreter in dieser Rheinlandkommission enthielt sich deshalb bei jeder Abstimmung zu diesem Thema. Selbst wenn dieser Einmarsch ins Ruhrgebiet mit den zitierten Artikeln des Versailler Vertrages begründet wurde, so entschied die französische Seite doch, die von der Interalliierten Rheinlandkommission erlassenen Verordnungen nur für die altbesetzten Gebiete zu verkündigen. Der Oberbefehlshaber der Besatzungsstreitkräfte General Degoutte erließ diese Verordnungen dann in seinem Namen auch für das Ruhrgebiet. Gleichzeitig wurde darin auch die Organisation des Abtransports der Reparationen geregelt. Um die Verordnungen bewerkstelligen zu können, waren Organisationen für Wirtschaft, Finanzen und Verkehr zu schaffen und entsprechendes Fachpersonal anzuheuern. Deshalb war General Degoutte bereits ziemlich zu Anfang die MICUM unterstellt worden. Damit war die als zivil bezeichnete Aktion endgültig zu einer militärischen geworden.

4.3 Passiver Widerstand

4.3.1 Richtlinien für die Eisenbahner

Die Kontrolle über die Eisenbahnen war für die Besatzer unbedingt notwendig, wenn sie im größeren Umfang Kohle, Koks und andere Produkte aus dem Einbruchsgebiet wegschaffen wollten. Genausowenig konnten sie aus militärischen Gründen darauf verzichten, denn nur auf dem Schienenweg war die Versorgung der Truppen sicherzustellen. Deutschland wollte dagegen den Abtransport vereiteln, konnte aber den Bahntransport nicht radikal unterbrechen, wenn es die Versorgung der eigenen Bevölkerung nicht gefährden wollte. Deshalb begann der Widerstand der Ruhrbevölkerung damit, die Eindringlinge, soweit es ging, zu ignorieren, keinem ihrer Befehle zu folgen, alle Anordnungen der Besatzungstruppen zuerst einmal abzulehnen und, falls nötig, fremder Gewalt zu weichen, ohne selbst Gewalt anzuwenden. Vor dem Einmarsch waren sich Unternehmer, Gewerkschaften und Behörden über diese Vorgehensweise keineswegs einig. Deshalb gab es auch keinen Plan, wie man vorgehen wollte.

Das betraf auch die deutschen Eisenbahner, die in den ersten Tagen der Besetzung noch Züge mit Reparationskohle in Richtung Frankreich gefahren hatten. Ihre Haltung änderte sich erst, als sie aus Berlin konkrete Anweisungen erhielten, sich am passiven Widerstand zu beteiligen. Um ihre Aktionen und Reaktionen einordnen zu können, ist diesem Kapitel der Wortlaut der vom Reichsverkehrsminister am 19. Januar 1923 erlassenen **Richtlinien für die Eisenbahner an Rhein und Ruhr** vorgestellt:[106)]

„Für das Verhalten des Eisenbahnpersonals anläßlich der Ruhrbesetzung sind folgende Weisungen maßgebend:

1. *Kohle-, Koks und Brikettransporte sowie Transporte von im alt- oder neubesetzten Gebiet geschlagenem Holz nach Frankreich oder Belgien sind weder im neu- noch im altbesetzten Gebiet zu befördern, auch nicht in der englischen Zone.*
2. *Französische und belgische Truppen und Nachschubtransporte für das neubesetzte Gebiet dürfen weder im alt- noch im neubesetzten Gebiet gefahren werden.*
   Ausnahmen: Es sind zu fahren:
   a) Transporte, auf die die Besatzungstruppen nach dem Rheinlandabkommen Anspruch haben.
   b) Verpflegungszüge auch für die neubesetzten Gebiete, um Requisitionen zu vermeiden.
   c) Militärtransporte aller Art auf den in der englischen Besatzungszone gelegenen Strecken.
3. *Zusammenarbeit mit französischem und belgischem auf deutschen Strecken eingesetzten Eisenbahnpersonal wird untersagt. Dies bezieht sich auch auf das Verhalten des Personals auf im deutschen Betrieb gebliebenen Strecken zu den von den Franzosen und Belgiern militarisierten. Züge von solchen Strecken sind nicht zu übernehmen und dorthin nicht zu übergeben. Telephon- und Telegraphenverkehr mit solchen Strecken ist zu unterlassen. Errichtung von Gemeinschaftsbahnhöfen ist nicht statthaft. Als Zusammenarbeit gilt auch schon Auskunftserteilung oder Zulassung der fremden Eisenbahner zu den Dienststellen zwecks Orientierung.*
4. *Wenn fremdes Personal Züge oder Strecken zu befördern sucht, die von deutschem stationärem Personal besetzt sind, so sind diese Züge mit allen im ordnungsmäßigen Betrieb vorgesehenen Mitteln zum Halt zu bringen, ihre Weiterbeförderung ist zu verhindern.*
5. *Im übrigen muß Grundsatz bleiben, den Betrieb möglichst lange in deutscher Hand zu behalten und für diesen Zweck nutzbar zu machen.*
6. *Militarisierte Strecken sind zu beobachten und bei etwaiger Räumung sofort wieder in deutschen Betrieb zu nehmen.*

Für die Koordinierung der Maßnahmen im Zusammenhang mit der Besetzung des Ruhrgebiets verlegte die Reichsbahn auf Anordnung des Reichsverkehrsministeriums am 10. Januar 1923, also noch vor dem Einmarsch, die bis dahin in der Rbd Essen angesiedelte Oberbetriebsleitung West zur Rbd Elberfeld, die für diese Direktion wie für die von Köln und Essen zuständig war. Unter ihrer Führung entstand ein „Abwehrausschuss“, dem Vertreter verschiedener Ministerien, der Reichsbahn, der Wirtschaft und der drei größten Eisenbahnerorganisationen bestand. Er organisierte in den folgenden Wochen und Monaten den Widerstand. Von hier erhielten die Eisenbahner der Direktion Essen die vorge-

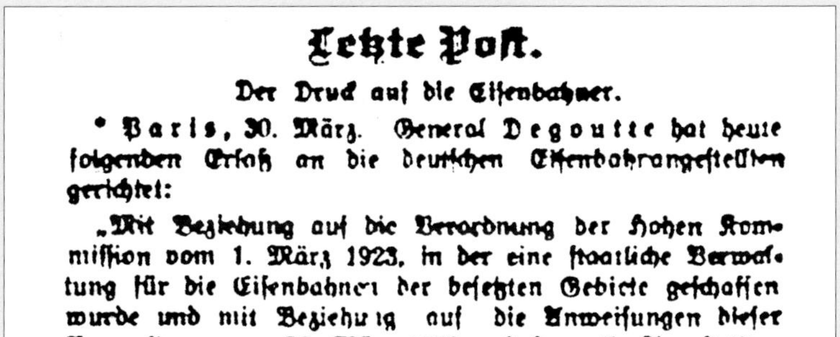

Letzte Post.

Der Druck auf die Eisenbahner.

• Paris, 30. März. General Degoutte hat heute folgenden Erlaß an die deutschen Eisenbahnangestellten gerichtet:

„Mit Beziehung auf die Verordnung der Hohen Kommission vom 1. März 1923, in der eine staatliche Verwaltung für die Eisenbahner der besetzten Gebiete geschaffen wurde und mit Beziehung auf die Anweisungen dieser Verwaltung vom 20. März 1923, mit der alle Angestellten und Arbeiter der Eisenbahnen aufgefordert wurden, ihre Arbeit wieder aufzunehmen, verordnet der Oberkommandierende der vereinigten Armeen folgendes:

Die Angestellten und Arbeiter der Eisenbahnen haben ihre Arbeit sofort wieder aufzunehmen. Alle, die sich an die Verordnung nicht halten, werden unverzüglich entlassen und können von der Hohen Kommission aus dem besetzten Gebiet ausgewiesen werden.“

Bild 125, oben – Französischer Erlass vom 31. März 1923 für die deutschen Eisenbahner.

Bild 126, rechts – Beide Seiten benutzten holzschnittartige Darstellungen, um die Gegenseite zu verteufeln, hier ein Buchtitel über die Besetzung Triers. ABBILDUNGEN (2): SAMMLUNG KLAUS KEMP

nannte Anordnung am 20. Januar 1923 und der übrigen Direktionen der besetzten Gebiete am Tag darauf. Das führte in den folgenden Tagen zu Streiks, die jedoch noch lokal begrenzt blieben und durch Verhandlungen in ihrer Mehrzahl beigelegt werden konnten. Noch wichen die Franzosen nämlich zurück, weil sie noch nicht genügend eigene Eisenbahner zur Verfügung hatten. Auf der deutschen Seite begann erst ab dem 30. Januar der allumfassende passive Widerstand gegen den Einmarsch ins Ruhrgebiet. Das drückte sich für die Eisenbahner in einer Verschärfung der obigen Vorschriften durch eine Ausdehnung auf die altbesetzten Gebiete links des Rheins aus. Verpflegungszüge waren allerdings nach wie vor noch zugelassen, um Requirierungen vor allem im Ruhrgebiet nach Möglichkeit zu vermeiden.

Für die Eisenbahner wurde die Lage schnell kritisch. In gewisser Weise standen sie in der vordersten Front. Die allgemeine Niederlegung des Dienstes im Sinne eines Generalstreiks wäre noch das einfachste gewesen, aber da das Funktionieren der Bahn auf die Dauer für die Bevölkerung lebensnotwendig war, musste der Betrieb nach Möglichkeit aufrecht erhalten bleiben. So führten örtliche Eingriffe der Franzosen in den Dienst auch nur zu örtlichem Geplänkel, Störungen und Kampfmaßnahmen auf beiden Seiten. Alleine diese stunden- oder tageweisen Unterbrechungen brachten bereits empfindliche Störungen in den Betriebsablauf. Güterzüge blieben infolge dessen tagelang stehen. Dadurch verdarb empfindliche Ware. Der Personenverkehr wurde unregelmäßig, und es gab immer weniger durchgehende Züge.

In den ersten Wochen bis Ende Januar 1923 gelang es immer wieder, lokale Übereinkünfte abzuschließen, durch die dann der Zugverkehr wieder aufgenommen wurde. So konnten die Eisenbahner es noch erreichen, dass sie bereits für andere Ziele bestimmte Kohlezüge nicht nach Frankreich umleiten mussten. Und französischen Posten wurde verboten, die Stellwerke zu besetzen. Durch ihren Streik erreichten sie ebenfalls, dass in Essen und Dortmund deswegen verhaftete Führungskräfte freigelassen wurden.

In einer zeitgenössischen Darstellung liest sich das so: „*Die Eisenbahner-Gewerkschaften richten an den Präsidenten der Feldeisenbahn-Unterkommission* [Oberst Clémenson] *ein Schreiben, in dem sie Verwahrung einlegen gegen die ständigen Eingriffe des Militärs in den Eisenbahnbetrieb. Sie betonen erneut, daß das Personal nicht gewillt ist, französischen Kommandos zu folgen. Die Gewerkschaft der Heizer und Maschinisten beschließt am 21. Januar, die Aktion der Eisenbahner zu unterstützen und auch ihrerseits, den Anweisungen der Wasserstraßenbehörde folgend, sich dem Ruhrunternehmen Frankreichs entgegenzustemmen. Am nächsten Tag liegt die Schiffahrt nach Straßburg vollständig still. Die beschlagnahmten Kohlekähne erreichen vorerst nicht ihr Ziel. Vergebens bieten die Franzosen dem Personal höhere Löhne. Lokomotivführer können in einem Monat mehr verdienen als sonst in einem Jahr. Ihre Ehre und Freiheit ist ihnen für Geld nicht feil. Auch die Gewaltanwendung muß an der geschlossenen Haltung der straff organisierten Gewerkschaftler scheitern.*“ [107)]

Die Eisenbahner verwahrten sich in diesem Schreiben an Oberst Clémenson ganz besonders gegen die Verhaftung von Eisenbahnern, das Eindringen von Unbefugten in Diensträume und die Beschlagnahmung von Dienst- und Aufenthaltsräumen. Eine Beaufsichtigung deutscher Eisenbahner durch Militär wurde entschieden abgelehnt. Überhaupt hätten alle dem Besatzungsheer oder den Besatzungsbehörden zuzurechnenden Personen den Bereich der Eisenbahnen zu verlassen. Das deutsche Eisenbahnpersonal war nicht gewillt, unter den Befehlen der Besatzungstruppen Dienst zu tun. [108)] Aber dann kam es immer häufiger zu Zusammenstößen und tätlichen Auseinandersetzungen, durch die sich die Situation veränderte. Als sich der Präsident der Rbd Essen am 20. Januar 1923 weigerte, dem Leiter der MICUM Coste einen regelmäßigen Sonderzug für Fahrten nach Düsseldorf zur Verfügung zu stellen, wurde er verhaftet und ausgewiesen. Seinen Zug bekam Coste trotzdem nicht. In den folgenden Tagen wurden weitere hohe Beamte der Direktion deportiert, weil sie ebenfalls die Befehle der Besatzer verweigerten.

Ab Anfang Februar verfügten die Franzosen und Belgier über genügend eigene Eisenbahner, um mehr und mehr auf die Mithilfe der Deutschen verzichten zu können. Das verschärfte die Konfrontation zwischen beiden Seiten. Entsprechende Vorfälle in den einzelnen Regionen schildern die folgenden Abschnitte. Um das Bahnnetz besser ausnutzen zu können, entschlossen sich die Besatzer, eine eigene Verwaltung für die Strecken der Reichsbahn in den besetzten Gebieten einzurichten (zur Entwicklung dieser sog. Regiebahn siehe Abschnitt 5.2).

Zur Unterstützung des Widerstandswillens der Eisenbahner erklärte der Reichsverkehrsminister am 25. März 1923 die Gründung der Regiebahn für völkerrechtswidrig und für eine Verletzung des Versailler Vertrages. Wichtiger für die Eisenbahner waren jedoch die weiteren Ausführungen: „*Alle Weisungen und Anordnungen der Regie sind ungültig. Das deutsche Reichsbahnpersonal untersteht nach wie vor allein der deutschen Regierung und der Reichsbahnverwaltung und hat nur den deutschen Anordnungen zu folgen.*“ [109)] Zugleich sicherte der Minister allen durch die Maßnahmen der Besatzungsmächte (Amtsenthebung, Vertreibung aus der Wohnung, Verurteilung, Abschiebung u. ä.) betroffenen Eisenbahnern und ihren Familien vollen Schadensersatz zu. Die Arbeitnehmervertretungen stellten sich voll hinter die Weisungen des Ministers. Als das Werben der Regie um deutsche Eisenbahner gewisse Erfolge zu haben schien, verschärfte der Minister seine Weisungen, indem er diejenigen Personen unter Strafe stellte, die in die Dienste des Gegners traten oder ihm auf irgendeine Weise behilflich waren. [110)] Diese für die Übernahme der Bahnstrecken erlassenen Verordnungen waren wegen des britischen Widerstands jedoch nicht auf die Kölner Zone anwendbar ebenso wenig wie viele der nachfolgenden von der Interalliierten Kommission erlassenen Ordonnanzen, die die Bewegungs- und Handlungsfreiheit der deutschen Betriebe und Geschäfte ebenso wie die jedes einzelnen Bürgers immer stärker beschränkten.

Die Eisenbahnen blieben hier weiterhin in der Hand der Reichsbahn und bildeten so etwas wie eine Oase im besetzten Gebiet, von wo aus Nadelstiche gegen Franzosen und Belgier gesetzt werden konnten. Dieses weitgehende Ignorieren der aus Koblenz kommenden Anordnungen durch die britische Verwaltung wurde sowohl in anderen Teilen der besetzten Gebiete als auch bei der Interalliierten Rheinlandkommission als eine Unterstützung des passiven Widerstands angesehen. Nachdem die Besatzungsmacht den Versand von Kohle zu Zielen im unbesetzten Teil des Reiches verboten hatte, hielten die Reichsbehörden für Lothringen bestimmte Kokszüge aus Ostrava (früher Mährisch Ostrau) ab Ende Januar 1923 fest. Ebenso wenig ließen sie Gruppen von Berg- und Hüttenarbeitern aus der Tschechoslowakei, die zur Unterstützung der Besatzung ins Ruhrgebiet gerufen wurden, durch. Wenn diese allerdings als Reiseziel Frankreich angaben, musste man sie passieren lassen, wollte man sich nicht selbst einer Verletzung des Versailler Vertrags schuldig machen.

4.3.2 Auswirkungen des passiven Widerstands …

Nachdem vor allem Frankreich seit 1920 immer wieder mit einem Einmarsch ins Ruhrgebiet gedroht hatte, hatten sich die Industriebetriebe auf einen solchen Schritt vorbereitet. Wenn auch die Produktionsstätten nicht verlegt werden konnten, so zogen wenigstens die Verwaltungen mit den wichtigsten Unterlagen in die Teile Deutschlands um, wo keine Besetzung zu befürchten war. Das betraf vor allem Hüttenwerke und Bergbaubetriebe wie z. B. die Gu-

Bild 127 – 57 2270 zieht am 21. März 1933 einen Kohlezug an der Zeche „Caroline" in Holzwickede vorüber. AUFNAHME: CARL BELLINGRODT/EK-VERLAG

Bild 128 – Blick auf die Gussstahlfabrik der Fa. Krupp in Essen mit ihrem werksinternen Gleisgewirr. AUFNAHME: SAMMLUNG KLAUS KEMP

tehoffnungshütte, die ihre Verwaltung nach Nürnberg verlegte. Anfang Januar wurden Lkw-Ladungen von Akten und Materialien, die nicht in die Hände der Besatzungstruppen fallen sollten, aus dem Revier in die neuen Unternehmenszentralen transportiert. Noch am Tag vor dem Einmarsch belgischer und französischer Truppen verlegte auch das Rheinisch-Westfälische Kohlensyndikat als Organisationszentrale des Ruhrbergbaus auf Wunsch der Reichsregierung am 11. Januar seinen Sitz von Essen nach Hamburg und entzog somit den Besatzern wichtige Informationen über Produktion, Vorräte usw. In der Nacht des Einmarsches brachte ein Sonderzug einen Großteil der Angestellten des Syndikats zum neuen Standort. Der Ammoniak- und der Benzolverband folgten diesen Beispielen und zogen ebenfalls ins unbesetzte Gebiet um.

Die Bedeutung des Rheinisch-Westfälischem Kohlen-Syndikat (RWKS) bestand darin, dass es als Kartell das Verfügungsrecht über die gesamte Kohleproduktion des Ruhrgebiets und des Niederrheins besaß. Wesentliche Nutzer dieses Kartells waren die Großindustriellen Hugo Stinnes und August Thyssen. Ende 1918 war das Syndikat zur halböffentlichen Körperschaft unter Beteiligung und Mitbestimmung des Freistaates Preußen umgestaltet

Bild 129 – Bad Münster am Stein liegt an der Mündung der Alsenz in die Nahe. Nicht nur Flüsse treffen sich hier, sondern auch zwei wichtige Bahnstrecken, nämlich die Nahebahn von Saarbrücken und die Alsenzbahn von Hochspeyer. Beide Linien waren wichtige Strecken für die französische Besatzungsmacht. Im Jahr 1925 verlässt eine preußische P 8 mit ihrem Personenzug Tender voraus Bad Münster am Stein in Richtung Bad Kreuznach. AUFNAHME: RVM, BILDARCHIV DER EISENBAHNSTIFTUNG

worden. Da nach dem verlorenen Krieg der Bergbau dieser Region fast 80 % der gesamten deutschen Kohleversorgung abdeckte, hätte man aus ihren Unterlagen über Lieferungen einen sehr guten Überblick über die deutsche Industrie bekommen. Diesen Einblick wollte man einer fremden Macht unter keinen Umständen gestatten. Zudem wäre es mit diesen Unterlagen ein Leichtes für die MICUM gewesen, die Lieferkapazität jeder Zeche festzustellen und für ihre Zwecke auszunutzen. Selbst wenn man keinen offenen Widerstand leisten wollte, stellte die Entscheidung der Verlegung dieser Institutionen aus dem Ruhrgebiet heraus die Weichen auf Konfrontationskurs.

Die Bevölkerung ließ sich dagegen nicht verlagern. Deshalb musste man sich etwas anderes einfallen lassen. Die Reichsregierung brauchte acht Tage für den Beschluss einer Gegenmaßnahme. Erst als sie überzeugt war, dass in der Arbeiterschaft eine große Streikbereitschaft bestand, erließ sie als Antwort auf die militärische Besetzung am 19. Januar die Anweisung, dass Befehle und Anordnungen der Besatzungsmächte, die im Verlauf dieser Aktion an die deutschen Beamten ergingen, rechtsunwirksam seien. Die Beamten sollten sich ausschließlich an die Weisungen der eigenen Regierung halten. Dieser Appell an das nationale Pflichtbewusstsein wurde nicht nur von der gesamten Beamtenschaft im Reichs-, Staats- und Kommunaldienst, sondern auch von den meisten Angestellten und Arbeitern aller Behörden befolgt. Diese Anweisung galt nicht nur für das Ruhrgebiet, sondern für alle bereits seit 1918 besetzten Bereiche des Rheinlands. Dabei sollte es keine generelle Arbeitsverweigerung geben, sondern nur eine gezielte, gegen die Besatzung im Ruhrgebiet gerichtete. War die Haltung der Franzosen der deutschen Bevölkerung gegenüber bereits zu Beginn feindlich, so nahm sie mit Einsetzen des passiven Widerstandes weiter zu. Eine erste Reaktion nur wenige Tage nach dessen Ausrufung war die Verhaftung und Ausweisung leitender Beamter mit der Begründung, dass diese sich geweigert hatten, Anordnungen der Interalliierten Rheinlandkommission Folge zu leisten. Bei diesen Maßnahmen finden sich vor allem in französischen Berichten immer wieder Hinweise auf ein ähnliches Verhalten der Deutschen während des Weltkrieges in den eroberten Gebieten. Damals hatte es die Androhung von Sanktionen, Geldstrafen und Ausweisungen gegen französische Beamte gegeben.

Selbst die Presse beteiligte sich auf ihre Art am Widerstand, indem sie sich weigerte, Dokumente der Besatzer wie Ankündigungen, Weisungen und Verordnungen zu veröffentlichen.

Auch das Rheinland spürte die Auswirkungen der Ruhrbesetzung von dem Augenblick an, als sich die Eisenbahner weigerten, den Befehlen der Interalliierten Rheinlandkommission zu folgen, welche die deutsche Seite als eine Verletzung des Rheinlandabkommens und des Versailler Vertrags betrachtete. Das führte auf französischer Seite zu massiven Eingriffen in den Betrieb, zur Verdrängungen des streikenden Personals und zur Ausweisung leitender Beamter in einem bis dahin nicht bekannten Ausmaß. Die Festnahme von Führungskräften der Rbd Trier beantworteten sämtliche Eisenbahnbedienstete der Direktion mit einem 24-stündigen Proteststreik. Auch die Eisenbahner, die eben noch den Aufmarsch der französischen und belgischen Truppen ermöglicht hatten, leisteten ihren Beitrag, wie ein Bericht aus der Eifel zeigt:

„Am 6. Februar 1923 hatte die deutsche Eisenbahnverwaltung auf sämtlichen Bahnhöfen, die von den Franzosen besetzt waren, den Zugverkehr eingestellt. Ebenso in Gerolstein ruhte seit diesem Tage der Verkehr, weil die Bahnbeamten und -arbeiter sich weigerten, für die Franzosen Dienst zu tun. Die Folge war, dass in der Nacht zum 28. Februar Bürgermeister Sollhe in seiner Wohnung von französischen Soldaten wegen Nichtbefolgung von Befehlen und Lässigkeit bei der Unterdrückung von Unruhen verhaftet und nach Trier gebracht wurde. Er wurde mit seiner Familie ausgewiesen. Am nächsten Tag folgten weitere Verhaftun-

gen Gerolsteiner Bürger, die von Trier aus über Limburg in das nicht besetzte Reichsgebiet ausgewiesen wurden.“ [111]

Die Besatzer agierten, und die Besetzten reagierten unterschiedlich. Man hat den Eindruck, dass es auf französischer Seite einen generellen Befehl zur Übernahme der Eisenbahnen gab; wie er jedoch an Ort und Stelle umgesetzt wurde, blieb jedem örtlichen Militärbefehlshaber überlassen, wie die folgenden Beispiele zeigen. Die Art wie das geschah vermittelt auf der anderen Seite den Eindruck, dass die Franzosen davon ausgingen, die deutschen Eisenbahner würden weiter gehorchen und ihren Dienst versehen. Insofern schien es sie völlig überrascht zu haben, auf einen so geschlossenen Widerstand zu stoßen, nachdem im Rheinland doch bisher alle Befehle zwar murrend, aber ohne aufzubegehren ausgeführt worden waren. So führte die militärische Besetzung wichtiger Bahnhöfe durch die Franzosen zu ihrer großen Überraschung am 27. Januar 1923 zu einem fast vollständigen Stillstand des Eisenbahnverkehrs auf dem linken Rheinufer.

Als am 18. Januar französische Truppen den Bahnhof Oberhausen besetzten, legten die Eisenbahner geschlossen die Arbeit nieder mit der Begründung: „*Unter französischen Bajonetten arbeiten wir nicht!*“ [112] Diese spontane Reaktion erfolgte also einen Tag vor dem offiziellen Befehl zum passiven Widerstand aus dem Reichsverkehrsministerium, und die Stadtwerke schalteten den Strom ab. Damit blieben das Bahnhofsgebäude, die Werkstätten, Stellwerke und das Bahngelände gerade in der dunkelsten Jahreszeit ohne Beleuchtung. Als die Franzosen den Betrieb wieder in Gang bringen wollten und die Stadtverwaltung aufforderten, die Stromlieferung wieder aufzunehmen, weigerte die sich. Daraufhin verhaftete der französische Ortskommandant am 9. Februar den Oberbürgermeister der Stadt. Wegen Eisenbahnsabotage wurde er am 16. Februar 1923 zu zwei Jahren Gefängnis und einer Geldstrafe von 10 Millionen Mark verurteilt. Ähnlich gingen die Besatzungstruppen in Duisburg-Meiderich Süd und Gelsenkirchen-Buer Nord vor.

Auch wenn es im Einzelnen schwere Eingriffe in den Betrieb gab, so wurde doch mehrere Monate lang vor allem im Ruhrgebiet der Güter- und Personenverkehr zwar eingeschränkt, aber nicht völlig unterbunden. Allerdings verlagerte er sich zum großen Teil auf die Straße, denn an bestimmten Punkten standen Lastwagen und Busse bereit, die einen „Schienenersatzverkehr“ vornahmen, um einen modernen Begriff zu gebrauchen. Die folgenden regional gegliederten Abschnitte geben einen Eindruck von Einzelereignissen, die mosaikartig ein Gesamtbild entstehen lassen.

Bild 130 – Die ins Bild fahrende Schnellzuglok dürfte vom Fotografen am 29. März 1923 nur als Beiwerk betrachtet worden sein, sein Augenmerk lag auf den französischen Soldaten an den Fenstern des Stellwerks in Ludwigshafen. Aufn.: Sammlung Klaus Kemp

4.3.3 ... in der Pfalz

Am 27. Januar 1923 trafen 900 französische Eisenbahner in der Pfalz ein, um den Betrieb angesichts des sich abzeichnenden deutschen Widerstands zu übernehmen. Getreu der Weisung, keine Züge mit Reparationskohle mehr zu fahren, weigerte sich der Präsident der Rbd Ludwigshafen drei Tage später (30. Januar), Güterwagen zu stellen, um Kohle von Rheinschiffen, die im Hafen lagen, auf die Schiene umzuladen und nach Frankreich zu transportieren. Daraufhin wurde er von den französischen Besatzungstruppen verhaftet und seines Amtes enthoben. Gleichzeitig erging an die Eisenbahner ein Befehl, der mit den Worten begann: „*Die Eisenbahnen vom pfälzischen Netz sind unter die hohe Beaufsichtigung des Oberkommandierenden Generals der Besatzungsarmee gestellt.*“ [113] Das deutsche Personal wurde darin aufgefordert, im Dienst zu verbleiben. Allerdings sollte das jeder schriftlich mit einem vorgegebenen Text bestätigen. Die meisten Eisenbahner verweigerten die Unterschrift.

Am Tag darauf verbot die Rbd allen ihren Beschäftigten, den französischen Befehlen Folge zu leisten und wiederholte dieses Verbot am 6. und 7. Februar. Obwohl die Franzosen sowohl mit

Bild 131
Blick auf den Hauptbahnhof von Landau in den dreißiger Jahren. Davor steht ein Zug der Pfälzischen Oberlandbahn, einer Straßenbahn, die Landau mit Neustadt an der Weinstraße verband. In der Zeit des passiven Widerstands übernahm sie den kompletten Personen- und Postverkehr zwischen beiden Städten.

Aufnahme: Sammlung Klaus Kemp

Bild 132
Während des passiven Widerstands erhielt der Bonner Bahnhof eine zunehmende Bedeutung für das von den Franzosen betriebene Netz. Die Abbildung zeigt rechts einen in Richtung Köln ausfahrenden Zug und links den Endbahnhof der Rheinuferbahn, der sich damals an der Nordseite des Bahnhofs der Preußischen Staatsbahn befand. Der Bahnübergang, auf dem der Fotograf stand, wurde um 1935 durch eine Unterführung ersetzt.

AUFNAHME: SAMMLUNG KLAUS KEMP

Bild 133
Französische Feldeisenbahner haben sich an diesem 13. Februar 1923 in Worms vor und auf einer pr. P 8 für ein Erinnerungsfoto aufgestellt.

AUFNAHME: SAMMLUNG GÜNTER KRALL

Bild 134
Das Verwaltungsgebäude der Pfälzischen Eisenbahnen in Ludwigshafen wurde nach deren Übergang auf das Reich zum Sitz der Rbd Ludwigshafen. Während der Besetzung der Ruhr beschlagnahmten die Franzosen das Gebäude vollständig.

AUFNAHME: SAMMLUNG KLAUS KEMP

Befehlen und Drohungen als auch mit weitreichenden Zusagen versuchten, die deutschen Eisenbahner an ihren Arbeitsplätzen zu halten, verweigerten sich diese weitgehend.

„Die Zeit des sogenannten ‚wilden Betriebs' der Eisenbahnen durch französisches Personal ohne jede Mitwirkung deutscher Eisenbahner beginnt. Die wilden Züge bringen schwere Betriebsgefahren und Hemmnisse für den allgemeinen Verkehr. Ihre Zahl wächst allmählich; sie können über die Pfalz nicht hinausfahren, da die Übergänge aus der Pfalz nach dem Bezirk Mainz gesperrt sind. Die Seitenlinien und Nebenbahnen werden noch längere Zeit von deutschem Personal ganz unabhängig von den Franzosen betrieben." [114)]

Der Oberbefehlshaber der Besatzungstruppen stellte die Bahnen der Pfalz am 6. Februar 1923 unter seinen Befehl und nahm das zum Anlass, den Präsidenten der ED Ludwigshafen und viele der leitenden Beamten dieser Direktion auszuweisen. Ihnen mussten noch viele Eisenbahner, vor allem Führungskräfte, folgen. Das deutsche Personal wurde aus dem Dienstgebäude der Bahndirektion vertrieben. Trotz eines Ultimatums lehnten die Eisenbahner es ab, unter französischem Militär zu arbeiten, vor allem, da dieses *„gefährlich in den Betrieb eingegriffen"* [115)] hatte. Am 3. März stellten die deutschen Eisenbahner dieser Direktion den Betrieb komplett ein, wodurch der Zugverkehr des ganzen pfälzischen Netzes zum Stillstand kam. Als Reaktion darauf verfügte die Militärverwaltung die Übernahme des Betriebs in eigener Regie. Zusätzlich besetzten die Franzosen am 7. März den Mannheimer Güterbahnhof sowie die Häfen Mannheim und Karlsruhe. Die französischen Eisenbahner, die nun eingesetzt wurden, kannten die deutschen Einrichtungen und Vorschriften nicht. Trotzdem fuhren sie viele Züge, vor allem die Schnellzüge von und nach Paris und Straßburg. Sie missachteten Haltesignale, und wenn sich Weichen nicht vom Stellwerk her bedienen ließen, brach man sie mit einer Brechstange auf. Solange noch deutsches Personal Dienst tat, konnte es geschehen, dass ein Schnellzug plötzlich auf ein Abstellgleis geleitet wurde, oder ein Güterzug wurde kurz vor dem Schnellzug abgelassen und nahm sich viel Zeit, vor dem Schnellzug in aller Ruhe von Block zu Block zu fahren. Trotz aller Kontrollen der Franzosen gelang es auch hier, vor allem neuere Lokomotiven über den Rhein ins unbesetzte deutsche Gebiet zu bringen, darunter einige Schnellzuglokomotiven der späteren Baureihe 18^{4-5} (S 3/6).

Die Reaktionen auf diesen passiven Widerstand waren Festnahmen, Strafen und Ausweisungen. Zwei Urteile gegen Pfälzer Eisenbahner mögen das verdeutlichen: Typisch war die Verurteilung eines Stationsgehilfen aus Ludwigshafen. Nach französischer Auffassung trug er die Schuld daran, dass Ende März eine Lokomotive in die Grube einer Drehscheibe fiel. Das Urteil lautete wegen Vorsatz auf zehn Jahre Zwangsarbeit. Durch die sich ändernden Verhältnisse wurde er allerdings bereits nach 9 ½ Monaten begnadigt und am 10. Februar 1924 aus der Haft entlassen.

Ein anderer Eisenbahner weigerte sich, einen Befehl der Feldeisenbahnkommission über das Verkehren der Schnellzüge Wiesbaden – Straßburg und Wiesbaden – Saarbrücken an die Bahnhöfe Schifferstadt, Neustadt, Landau und Kaiserslautern weiterzugeben. Dadurch wurde der Schnellzug Wiesbaden – Saarbrücken bei Einsiedlerhof in der Pfalz (heute Stadtteil von Kaiserslautern) auf ein Stumpfgleis geleitet. Es entstanden weder Sach- noch Personenschäden. Der Eisenbahner wurde am 27. März vom Kriegsgericht in Landau zu 20 Jahren Zwangsarbeit verurteilt.

Nachdem erste Ausweisungen aus der Pfalz erfolgt waren, ging Bayern davon aus, dass ihnen weitere folgen würden und richtete bereits im Februar 1923 eine Fürsorgestelle in Mannheim ein, deren Aufgabe es war, die ausgewiesenen Eisenbahner mit dem Nötigsten zu versorgen und ihnen eine Unterkunft zu verschaffen. Als es immer mehr wurden, organisierte diese Stelle

Bild 135 – Französische Soldaten haben den Bahnhof Irrel an der Strecke Bitburg – Igel nahe der luxemburgischen Grenze besetzt und posieren für ein Erinnerungsfoto.
AUFNAHME: SAMMLUNG HANS BORES

auch ihre Zuweisung an verschiedene Direktionen, bei denen sie vorläufig unterkommen konnten.

Nach der Verlegung der Bahndirektion Ludwigshafen nach Baden wurden am 3. März 1923 in Mannheim, Lußhof, Rheinsheim und Maxau sogenannte Randbahnhöfe eingerichtet, wo Pfälzer Eisenbahner Gütersendungen, die bereits in Richtung Pfalz aufgegeben waren, aufhielten. Teils holten die Empfänger die Sendungen selbst ab, teils organisierten die Eisenbahner den Weitertransport in Lkws (durch private Spediteure). Bis zu einem gewissen Grade konnte man den Personenverkehr, vor allem den Berufsverkehr, ebenso auf die Straße verlagern wie den Gütertransport.

4.3.4 ... im Raum Bonn/Köln

Da sich der passive Widerstand hauptsächlich gegen Kohletransporte richtete, verrichteten viele Eisenbahner auch weiterhin vor allem in den altbesetzten Gebieten ihren Dienst wie gewohnt. Als jedoch französische Soldaten am 27. Januar 1923 den Bonner Bahnhof besetzten und den Aufsichtsbeamten an der Abfertigung eines Zuges hinderten, traten die Bahnbeamten in den Ausstand, und die Züge blieben stehen. In Verhandlungen setzten es die Eisenbahner durch, dass die Franzosen sich zurückzogen. Der Verkehr floss einige Stunden wieder, bis bekannt wurde, dass auf der Rheinstrecke französische Militärzüge unter Missachtung der Signale gefahren wurden. Sofort stellte das Stellwerkspersonal seinen Dienst ein. Damit ruhte der Bahnverkehr Koblenz – Bonn – Sechtem, der Grenze zur englischen Besatzungszone, vollständig.

Als Alternative blieb den Reisenden die rechtsrheinische Strecke, wo die Züge noch – wenn auch mit Verspätungen – verkehrten. Die D-Züge Köln – Frankfurt (M) wurden über Troisdorf und Gießen umgeleitet.

Um den durchgehenden Transport von Mainz über Köln nach Düsseldorf und Duisburg unter französischer Kontrolle zu haben, beantragte General Payot bei den Briten erneut, seine Eisenbahntruppen die Strecken in der englischen Zone bedienen zu lassen. Auch diesmal wurde es verweigert. Der zuständige britische Offizier verhandelte jedoch mit dem Präsidenten der Eisenbahndirektion Köln sowie den Führern der Eisenbahnergewerkschaften und brachte tatsächlich einen Kompromiss zustande. Deutsche Eisenbahner sollten französische Militärzüge an der Grenze der englischen Zone vom französischen Personal übernehmen und sie hindurchfahren, jedoch keine Züge mit Reparations-Kohle für Frankreich. Soweit wie möglich sollten diese Züge nach und von Neuss fahren. Grenzstationen waren Worringen im Norden und Brühl im Süden der Kölner Besatzungszone. Am 29. Januar 1923 führte der Britische Oberkommandierende außerdem mit General

Bild 136 – Die Bahnhofsbesatzung stellt sich dem Fotografen, mit und ohne Uniform, aber mit Orden. Die Kulisse bildet der bergseitig gelegene Bahnsteig des Bahnhofs Rolandseck. AUFNAHME: SAMMLUNG KLAUS KEMP

Degoutte ein Gespräch mit dem Ergebnis, dass die deutschen Eisenbahner der ED Köln außerhalb der britischen Zone, die arbeitswillig waren, auf ihre Positionen zurückkehren konnten und nur nach einer dreitägigen Vorankündigung Züge mit Reparations-Kohle befördern mussten. Auf der Basis dieses Vergleichs zogen sich die Franzosen am 2. Februar 1923 aus dem Bahnhof Bonn zurück. Die deutschen Eisenbahner nahmen ihren Dienst wieder auf, und die Züge verkehrten erneut nach Fahrplan.

Der Verkehr auf der linken Rheinstrecke war jedoch noch behindert. Als französische Truppen in der Nacht vom 28. zum 29. Januar mit der Besetzung dieser Strecke begannen, leiteten deutsche Eisenbahner einen von Koblenz nach Bonn fahrenden Personenzug in Richtung Remagener Brücke um. Beim Erreichen der Brückentürme am linken Rheinufer hielten ihn die dort stationierten französischen Wachen an. Es ist nicht überliefert, was mit den deutschen Eisenbahnern und den Fahrgästen geschah. Jedenfalls stand der Zug längere Zeit auf der Brückenrampe, bis ihn französische Soldaten in Richtung Sinzig zurückfuhren. Inzwischen war der Dampfdruck im Kessel der Lokomotive so stark gesunken, dass sie beim Einfädeln in die Hauptstrecke den Dienst versagte. Der Zug blockierte beide Gleise und konnte erst nach einer Woche entfernt werden. Der Verkehr auf der Rheinstrecke ließ sich nur durch Umsteigen aufrechterhalten.

Am 4. Februar stellten die deutschen Eisenbahner in Bonn erneut den Betrieb ein, weil nach wie vor Militärzüge ohne Beachtung der Signale verkehrten und damit den Betrieb gefährdeten. So kehrten die Franzosen am folgenden Tag zurück und besetzten sowohl den Personen- als auch den Güterbahnhof, was am Nachmittag schließlich zur völligen Betriebseinstellung führte. Damit wurde auch die zuvor mit den Briten getroffene Vereinbarung, in direkter Linie durch die Kölner Zone (Köln Süd – West – Nippes) nach Norden fahren zu können, hinfällig. Gegen Ende des Monats (26. Februar) übernahmen die Besatzer auch das Zollamt am Güterbahnhof. Da die Reichsbahn wegen der französischen Militärzüge auf der Rheinstrecke nicht in die Bahnhöfe Bonn und Remagen einfahren wollte, verkehrten auf der noch von ihr betriebenen Strecke Euskirchen – Bonn die Züge nur bis Bonn-Duisdorf, während auf der Ahrtalbahn zwischen Adenau und der Blockstelle Hellenberg kurz vor der Einmündung in die linke Rheinstrecke ein Pendelverkehr eingerichtet wurde. In Hellenberg wurde mit der Zeit sogar ein Behelfsbahnsteig eingerichtet. Auch an der Eifelquerbahn Andernach – Gerolstein gab es einen solchen Notbehelf bei Andernach, kurz vor der Einmündung der Bahnlinie in die Rheinstrecke. In der anderen Richtung konnte über Mayen und Daun bis Wittlich gefahren werden, wo der Reichsbahnbetrieb endete. Am 10. August 1923 legten die Besatzer die noch von deutschen Eisenbahnern betriebene Ahrtalbahn (Remagen –) Bodendorf – Hillesheim – (Jünkerath) still, ebenso die Strecken Euskirchen – Münstereifel und Kall – Hellenthal.

Aufgeschreckt durch diese Ereignisse in seiner direkten Nachbarschaft beantragte der britische Standortkommandant bei seinen Vorgesetzten in London die Entsendung von 600 Eisenbahnern an den Rhein. Das wurde abgelehnt, weil sich die britischen Gewerkschaften dagegen aussprachen, englisches Personal für etwas herzugeben, was in ihren Augen ein Streikbrechen bedeuten würde.

4.3.5 … im Raum Troisdorf/Hennef

Das von den Briten besetzte Köln bildete nicht nur einen Brückenkopf in Richtung unbesetztes Deutschland, sondern erlaubte im Gegenteil nach dem Ruhreinbruch weiter nördlich auch eine Verbindung in die besetzten Gebiete hinein – Verbindungen, die es andernorts nicht mehr gab. Deshalb benutzten rheinische Firmen in zunehmendem Umfang ab Mitte Februar 1923 dieses Schlupfloch im Ring, den die Franzosen um das besetzte Gebiet gelegt hatten, um mit Personen- und Lastwagen sowie mit Pferdefuhrwerken ihre Geschäfts- und Handelsbeziehungen zum Reich hin aufrechtzuerhalten. Der Bahnhof Ründeroth wurde zum Verladebahnhof aller über die Straße aus Engelskirchen und Lindlar kommenden Güter.

Die Kölner Reichsbahner verstanden es, für Frankreich bestimmte Kohlenzüge, die die britische Zone durchfuhren, auf die eingleisige Aggertalbahn über Overath umzuleiten. Dabei musste bei Ründeroth die französische Zone durchquert werden, aber der Abschnitt war so kurz, dass es in der Regel mit einer Vorspannlok gelang, schwere Kohlezüge auf diese Weise ins Innere des Reichs zu entführen, ohne von französischen Posten aufgehalten zu werden. Vom Ruhrgebiet her dehnten die Franzosen ihre Besatzungszone ins Bergische hinein aus und schlossen den Kölner Brückenkopf Stück für Stück ein. Ende Februar 1923 wurde Wipperfürth besetzt. Ab dem 14. März kamen immer wieder Patrouillen nach Ründeroth. Jedes Mal, wenn sie dort auftauchten, wurden die Kohlezüge in der britischen Zone angehalten. Die endgültige Besetzung erfolgte am 3. April 1923. Damit hörten sowohl der Verladeverkehr auf dem Bahnhof wie auch der ungehinderte Zugverkehr ins unbesetzte Deutschland auf. Ründeroth wurde zu einer Zollkontrollstelle der Franzosen. Für die Bevölkerung bedeutete es, dass sie nun nicht mehr mit der Bahn von dort aus nach Gummersbach fahren konnten. Stattdessen wurde ein etwa einstündiger Fußmarsch zum Bahnhof Osberghausen nötig, von wo aus es dann wieder eine Zugverbindung gab.

Der andere Weg aus dem Kölner Brückenkopf in den freien Teil des Reiches blieb nicht lange offen. Am 1. März 1923 begann der Militärbetrieb auf der Strecke Wahn – Niederlahnstein. Das unterbrach die Verbindung nach Frankfurt (M) sowohl entlang des rechten Rheinufers wie auch durchs Siegerland und über Gießen und schloss den wichtigen Knoten Troisdorf mit ein. Damit verlor die Kölner Zone einen weiteren Zugang zum unbesetzten Deutschland. Am 18. Mai drangen französische Soldaten im Siegtal vor und besetzten auch die Bahnhöfe Siegburg sowie Hennef. Bereits seit dem März 1923 war der Zugverkehr zwischen Troisdorf und Hennef eingestellt. Hennef wurde nun Kontrollstation. Ab Hennef-Warth, etwa einen halben Kilometer vom Bahnhof entfernt, verkehrten dann wieder Züge ins unbesetzte Gebiet in Richtung Betzdorf und Siegen.

Während in anderen Gegenden die Strecken von Privatbahnen während des passiven Widerstands Ausweichmöglichkeiten boten, war bei der Bröltalbahn das Gegenteil der Fall. Ihre Strecken nach Waldbröl, Asbach und Rostingen wurden durch die Grenzen des Brückenkopfs Köln durchschnitten, was bereits in den ersten Monaten des Waffenstillstands Verkehrsunterbrechungen gebracht hatte. Danach waren es die Zollkontrollen, die den Betrieb erschwerten. Und 1923 gingen die Franzosen sogar so weit, die Schienen herauszureißen, um jeden Verkehr über die Grenze zu unterbinden. Mit der Stilllegung der Bahnhöfe Siegburg und Hennef kam auch der Übergangsverkehr zur Reichsbahn völlig zum Erliegen. Zudem wurden große Teile des erst im Jahr 1916 fertiggestellten Direktionsgebäudes der Bröltalbahn in Bonn-Beuel von der Besatzungsmacht beschlagnahmt.[116)]

Für die Franzosen war die deutsche Polizei eines der Symbole des Preußentums. Deshalb wurde sie entwaffnet und auch in ihrer Arbeit behindert, teilweise wurden Polizeikräfte sogar ausgewiesen. Diese Schwächung der Ordnungsmacht führte im Bereich von Overath, der 1920 von den Briten geräumt und an die Franzosen übergeben worden war, zum in der Presse als sogenannten „Kartoffelkrieg“ bekannt gewordenen Konflikt. Hatte die Bevölkerung schon während des Krieges gehungert, so verschärfte sich die Lage von dem Augenblick an, als die Franzosen eine Zollgrenze zum unbesetzten Deutschland einrichteten und die Einfuhr von Lebensmitteln behinderten. Die schlechte Versorgung traf die Städter natürlich besonders, während die Bauern des Umlandes durch den eigenen Anbau relativ gut versorgt waren. Das führte zu einem regen Tauschhandel zwischen Köln und seinem Umland. Bereits während des Krieges hatte es in dieser relativ ländlichen Gegend Versorgungsprobleme (und als Folge davon Hamsterfahrten) gegeben, sodass z. B. die Gemeinde Overath 1917 aus Pommern 50 Wagen Kartoffeln kommen ließ und 1918 weiter 40 Waggons.

1923 reichte die lokale Ernte wieder nicht aus. Da die Kölner davon ausgingen, nichts abzukommen, weil die Ernte für den Eigenbedarf zurückgehalten würde, ergoss sich ab dem 20. Oktober 1923 eine Masse Arbeitsloser vor allem aus den Kölner Vororten über die Strecke Köln – Olpe ins Agger- und Sülztal. Sie gingen von den Bahnhöfen aus gleich auf die Äcker, um zu ernten, wo man nicht gesät hatte. Es kam zu gewaltsamen Zusammenstößen, da die Hamsterer immer mehr dazu übergingen, auch Obst, Getreide und Kleinvieh zu stehlen. Die lokale Polizei war angesichts dieses Ansturms machtlos, und so kehrten die Plünderer in der Regel unbehelligt mit ihrer Beute auf der Eisenbahn nach Köln zurück. Die Kölner Polizei konnte in Overath und Umgebung nichts ausrichten, weil diese Gegend zur französischen Besatzungszone gehörte. Die Franzosen dagegen wären nur bereit gewesen zu helfen, wenn sich Overath der von den Separatisten ausgerufenen „Rheinischen Republik“ angeschlossen hätte. Als am Freitag, dem 26. Oktober, ein Sonderzug aus Köln ins Aggertal zum „Kartoffeleinkauf“ abgehen sollte, spitzte sich die Lage zu. Die Bauern erwarteten ihn in Overath, bewaffnet mit Knüppeln, Dreschflegeln sowie Mistgabeln und konnten die Hamsterer abwehren. Beim nächsten Zug gelang das nicht mehr. Es flogen Pflastersteine und Flaschen. Die Hamsterer zogen randalierend durch den Ort, wo viele Fensterscheiben zu Bruch gingen. Es fielen Schüsse, durch die ein Kölner sofort ums Leben kam. Ein zweiter, den man mit dem nächsten Zug nach Köln zurückbrachte, starb dort im Krankenhaus. Der Schütze selbst wurde von einem der Hamsterer erschlagen.

Bild 137 – Troisdorf lag im Kölner Brückenkopf. 1922, als diese Karte versandt wurde, saßen dort französische Truppen, wie man an der Beschriftung der Karte sieht. AUFNAHME: SAMMLUNG KLAUS KEMP

Bild 138 – Einer der Krefelder Bahnhöfe (Linn oder Oppum) dient als Kulisse für diese Aufnahme von belgischen Besatzungssoldaten und einem deutschen Eisenbahner. Der Abteilwagen 2370 trägt noch das Eigentumsmerkmal der Preußischen Staatsbahnen (P.St.E.V.). Zuglok ist eine pr. P 8. AUFNAHME: SAMMLUNG GÜNTER KRALL

Bild 139 – 1923 stellen sich französische Soldaten für den Fotografen auf den Durchfahrtsgleisen des Bahnhofs Porz-Wahn auf. AUFNAHME: SAMMLUNG KLAUS KEMP

Am folgenden Tag, dem 27. Oktober, brachte die Eisenbahn die Hamsterer wieder zu Tausenden ins Aggertal. Nach den bluti-

Bild 141 – rechte Seite, oben
Ein Blick in das Bahnbetriebswerk Neuss im Jahr 1931. Hinter der auf die Drehscheibe auffahrenden Lok 36 006 verbirgt sich die preußische P 4² „Coeln" 1903.

Aufnahme: Carl Bellingrodt, Sammlung Klaus Kemp

Bild 140
Im Jahr 1934 befördert 91 1764 ihren P 1719 durchs Aggertal in der Nähe der Bachermühle kurz vor Overath. In dieser Gegend spielten sich 1923 blutige Kämpfe zwischen Hamsterern und Bauern ab.

Aufnahme: Carl Bellingrodt, Sammlung Klaus Kemp

gen Zusammenstößen des Vortages zogen es die Einheimischen vor, sich in ihren Häusern zu verschanzen. *„Wo irgend bei einem Bauern ein Transportmittel stand, ergriff man dies, ohne zu fragen, lud die gefüllten Säcke, Kasten, Körbe, nicht nur mit Kartoffeln, sondern mit allem Eßbaren – zuweilen auch allem Greifbaren – und trabte damit zum Bahnhof.* [...] *Waren die Waggons voll, wurden sie dem Zug angehangen, und der hatte sie in Richtung Kalk*[117] *mitzunehmen.* [...] *Allein vom Bahnhof Overath wurden zehn Waggons, vollbeladen mit Kartoffeln, nach Köln abtransportiert."*[118] Auch am Sonntag gingen die Plünderungen, die in weiten Teilen organisiert und professionell erschienen, weiter.

Im Verlaufe der Woche organisierten sich die Bewohner von Overath, verstärkt durch Leute aus dem Mucher Raum. Sie erreichten eine Stärke von etwa 1.500 Mann. Es gab genug Feuerwaffen, darunter Karabiner und zwei Maschinengewehre, um wenigstens jeden Dritten damit versehen zu können. Am 29. Oktober postierte sich dieser Selbstschutz am Ortsausgang von Overath, um den Plünderern vor allem den Zugang zu den bisher am stärksten betroffenen Gemeinden zu verhindern. Auch die Bahnhöfe im Sülztal[119] wurden blockiert. Als der erste Zug mit Plünderern aus den westlichen Kölner Vororten eintraf, kam es zu einem blutigen Zusammenstoß mit dem Selbstschutz, bei dem es erneut einen Toten gab. Es gelang jedoch, die Plünderer in den Zug zurückzudrängen, der darauf sofort abfuhr. Auch am Bahnhof Honrath (vor Overath) wurden die Plünderer erfolgreich am Verlassen des Zuges gehindert. Mehr Erfolg hatten dagegen Plünderer, die mit Lastwagen in die Gegend gekommen waren, die weit genug weg von der Bahnstrecke plünderten, weil sie sich dort sicher wussten. Nachdem die Situation so weit eskaliert war, ließen die Besatzer es endlich zu, dass die Polizei in Aktion treten konnte, aber bis dahin waren die Plünderer bereits wieder abgezogen.

Dass es erneut einen Toten gegeben hatte, schreckte jetzt auch die englische Besatzung in Köln auf. Sie ließ die Kölner Bahnhöfe durch Schutzpolizei sichern, und die Frühzüge mussten die Vorortbahnhöfe Deutz, Mülheim und Kalk ohne Halt passieren. Schließlich wurde der Zugverkehr in Richtung Rösrath, Overath und Bensberg ganz eingestellt. Im November verlegten die Franzosen Kolonialtruppen nach Overath, sodass sich der Selbstschutz auf die Dauer auflöste. *„Bezeichnenderweise haben sich ähnliche Hungerkrawalle wie die hier geschilderten auch während der Zeit der Weltwirtschaftskrise (1929-1932) nicht mehr wiederholt. Es müssen also die besonderen politischen Umstände im Herbst 1923 (Inflation, Besatzung und Ruhrkampf) in erster Linie für die Unruhen verantwortlich gemacht werden."*[120]

4.3.6 ... am Niederrhein

Am 5. Februar 1923 besetzten belgische Truppen die Bahnhöfe an der Strecke Neuss – Aachen. Auf Anordnung des Betriebsamtes wurde von Dalheim bis Mönchengladbach-Rheindahlen ein Pendelverkehr eingeführt, den man bis zum 6. Juni aufrechterhalten konnte. Am 31. März wurden 13 Zöllner von belgischen Gendarmen verhaftet, in einem Lastwagen zunächst nach Geilenkirchen gebracht und von dort ins unbesetzte Gebiet abgeschoben. Innerhalb von vier Tagen mussten die Familien ebenfalls ihre Wohnungen räumen. Zahlreiche freiwillige Helfer, Eisenbahner und Ortsansässige ermöglichten die Verladung der 13 Wagen Möbel. Der Abtransport erfolgte über Vlodrop durch Holland nach Gronau.

Auf Antrag der Eisenbahndirektion Köln sperrte die Niederländische Staatsbahn am 7. April 1923 den Güterverkehr von Holland über Dalheim nach Rheydt, um die Zolleinkünfte, die von den Belgiern einkassiert wurden, zu stoppen. Gleichzeitig waren am Morgen des 11. April in Dalheim an vier Stellen Plakate mit der Unterschrift des französischen Generals Degoutte angebracht worden, in denen die Eisenbahner aufgefordert wurden, ihren Dienst unverzüglich anzutreten. Andernfalls wurden Entlassung und Ausweisung angedroht. Nach dieser Aktion, die unbeachtet blieb, wurde am 1. Mai der Autoverkehr für schwere Güter gesperrt, um die Güterbeförderung auf die Regiebahn zu zwingen.

Nachdem die Besatzer am 7. Juni 1923 mit der Einnahme des Bahnhofs Dalheim den Personenverkehr Vlodrop – Dalheim eingestellt hatten, stürmten zahlreiche Belgier mit Stahlhelm und Gewehr das Stationsgebäude und verlangten vom Bahnhofsvorsteher den Übertritt zur Regie. Andernfalls müsse er sofort die Station verlassen, und die Kasse würde einbehalten. Nachdem der Übertritt abgelehnt und der Bahnhofsvorsteher das Gebäude verlassen hatte, übernahm das mitgebrachte belgische Personal den Bahnhof, die Güterabfertigung und die Bahnmeisterei. Das gesamte deutsche Personal hatte – mit einer Ausnahme – den Übertritt zur Regie abgelehnt.

Die Weigerung, in den Regiedienst zu treten, wurde vom französischen Oberkommando als Streik aufgefasst. Es verbot jegliche Zahlung von Gehalt oder Lohn an die deutschen Beamten und Arbeiter. Von der Reichsbahn wurden Gehalt und Lohn weiter gezahlt, weil die Dienststellen aus deutscher Sicht weiter bestehen blieben. Das zur Auszahlung erforderliche Geld für die deutschen Eisenbahner wurde von Köln durch immer wechselnde Personen überbracht und dem Bahnhofsvorsteher ausgehändigt, der das Geld und die Personallisten in einem Blechbehälter unter dem

Fußboden verwahrte. Wer beim Transport und der Verteilung dieser Lohngelder ertappt wurde, musste mit der sofortigen Verhaftung, wenigstens sechs Monaten Gefängnis und anschließender Ausweisung rechnen. Der Bahnhofsvorsteher von Dalheim hatte das Glück, nie gefasst zu werden.

Unerbittlich und mit aller Gewalt setzte die Regie ihre Anordnungen durch. Verschiedene Amtspersonen wurden vom belgischen Kriegsgericht in Aachen zu Gefängnisstrafen verurteilt und anschließend ausgewiesen, weil sie sich geweigert hatten, für die Unterbringung der belgischen Regiebeamten zu sorgen. Die Ausweisungen erreichten in der Gegend um Dalheim am 28. Juli 1923 ihren Höhepunkt, als die Inhaber der Eisenbahn-Dienstwohnungen innerhalb von 48 Stunden ihre Wohnungen räumen mussten, in denen 36 Belgier, darunter befanden sich drei deutsche Überläufer, einzogen. Der deutsche Staat war außerdem für die Möblierung der Wohnungen verantwortlich. 36 Eisenbahner waren von dieser Maßnahme betroffen. Sie wurden zwar nicht ausgewiesen, mussten aber von den deutschen Behörden in Dalheim selbst sowie in Nachbarorten untergebracht werden.

Als die Bevölkerung von Moers die von der Regie betriebenen Bahnstrecken mied und stattdessen verstärkt die Straßenbahn benutzte, legte die belgische Besatzungsmacht diese zeitweise still.

4.3.7 ... im Raum Eifel/Aachen/Düren

Anfangs versuchten die Bahnbeamten auch in Aachen, auf dem Verhandlungswege die Besatzungstruppen von Eingriffen in den Bahnbetrieb abzubringen. Als es zu keiner Einigung kam, verließen alle Eisenbahner am 28. Januar ihre Dienststellen. *„Auf dem Bahnhof wurden Maschinengewehre aufgestellt, der Verkehr ruht."* Zwischen Köln und Buir verkehrten noch Züge, weil die Strecke in diesem Abschnitt zur britischen Zone gehörte, für die der passive Widerstand nicht galt. Von Buir aus besorgten in den ersten Wochen des Ruhreinbruchs dreimal am Tag Lastwagen der Post die Beförderung von Personen und Korrespondenz. Ausschließlich für Briefsendungen verkehrte einmal täglich ein Lkw von Düren nach Aachen. Lediglich der von Belgien kommende Personenverkehr bis Aachen und die internationalen Züge von dort weiter bis Köln verkehrten nach Fahrplan. [121)]

Alle Züge des Lokalverkehrs von/nach Köln begannen und endeten in Buir. Die Grenze zwischen den Besatzungszonen verlief an der Westseite des Bahnhofs am Stellwerk Bw. Während der englische Bahnhofskommandant im Empfangsgebäude residierte, musste sein französischer Gegenpart anfangs mit einem Provisorium vorlieb nehmen. Für ihn und einige Wachsoldaten entstand eine Holzbaracke neben dem Stellwerk Bw, das bald darauf durch einen Bau aus Ziegeln ersetzt wurde. [122)] In der Kölner Zone galten nach wie vor die Reichsbahnvorschriften. Das bedeutete u. a., dass der Zugmeldedienst telegrafisch mittels Morseapparaten durchgeführt wurde. Die Franzosen hingegen benutzten dafür das Telefon. Da die Engländer jedoch darauf bestanden, dass von Aachen her kommende Züge auf „deutsche Art" gemeldet wurden, stellte die Reichsbahn auf Verlangen der Besatzungsmacht einen Beamten aus Buir ab, der jeden Tag mit dem Fahrrad nach Düren fuhr, um dort die drei oder vier täglich über die Besatzungsgrenze verkehrenden Züge telegrafisch in Buir ab- bzw. zurückzumelden.

Solange es sich einrichten ließ, endete in Buir auch der Warentransport auf der Schiene aus dem unbesetzten Deutschland hier.

Bild 142 – Blick auf die Bahnsteigseite des Bahnhofs Mönchengladbach aus der Zeit vor dem Ersten Weltkrieg. AUFNAHME: SAMMLUNG KLAUS KEMP

Bild 143 – Auf diesem Foto sind nur das Datum und der Ort vermerkt, nämlich „Wiesbaden März 1923“. Ob es sich um einen Unfall aus Unkenntnis der örtlichen Gegebenheiten oder um Sabotage handelt, ist dagegen nicht bekannt. AUFNAHME: SAMMLUNG KLAUS KEMP

Einmal pro Tag kam ein Güterzug mit Fracht für Betriebe in Düren, Stolberg und Aachen. Von Buir aus wurden sie mit Lastwagen weiterverteilt. Da die Ladestraße nicht ausreichte, baute die Reichsbahn kurzfristig zwei zusätzliche Gleise. Neben dem Wagenladungsverkehr stieg auch der Stückgutverkehr sprunghaft an, sodass sich die Reichsbahn genötigt sah, eine Ladekolonne aus Köln-Gereon nach Buir zu versetzen.

Die Eisenbahner des Bahnhofs Düren begannen bereits vor der Ausrufung des passiven Widerstands damit, die Fernsprechleitungen umzuklemmen. So wurde z. B. die Verbindung nach Aachen auf Heimbach, die Kölner Leitung auf Jülich, Euskirchen auf Neuss usw. geändert. Damit man weiterarbeiten konnte, hatten sich die Eisenbahner entsprechende Notizen gemacht. Ähnlich vertauschte man in den elektrischen Einrichtungen unter anderem die Blockfelder und die Befehlsabgabefelder. In den Stellwerken wurde mit Weichenhebeln ähnlich vorgegangen. Damit war ein geordnetes Bedienen der Stellwerke und Blockwerke für den Augenblick unmöglich geworden.

Als der passive Widerstand begann, wurden im Güterbahnhof alle Gleise bis an die Weichenspitzen vollgefahren, sodass kein Zug mehr verkehren konnte. Im Personenbahnhof hatten sich französische Militäreisenbahner eingefunden, die die Bahnhöfe der Strecken nach Heimbach, Euskirchen, Neuss und Jülich besetzen sollten. Zwar fuhren Personenzüge planmäßig ab, aber die deutschen Eisenbahner sabotierten diese Fahrten. So blieb der Triebwagen [123)] in Richtung Euskirchen wegen eines angeblichen Defekts auf der Strecke vor Bubenheim liegen. Der Triebwagen in Richtung Heimbach kam bis Lendersdorf. Beim Zug nach Neuss hatte man die Kupplung hinter dem Packwagen gelöst. Als der Lokführer den Abfahrtsauftrag erhielt, fuhr er mit dem einen Wagen davon, während der Personenzug stehen blieb. So sehr sich der französische Bahnhofskommandant auch bemühte, eine Ersatzlokomotive heranzubekommen, so unmöglich war es, weil der Bahnhof völlig zugestellt war und die deutschen Eisenbahner auch nichts unternahmen, um das Chaos aufzulösen. Den Franzosen blieb am Ende nichts anders übrig, als die Militäreisenbahner auf Lastwagen zu ihren Bestimmungsorten zu transportieren. Das sich ursprünglich in deutscher Hand befindende Hüttenwerk „Rothe Erde“ bei Aachen gelangte nach Kriegsende in die Hände des französisch-belgisch-luxemburgischen Konsortiums Société Métallurgique des Terres Rouges. Die Direktion ließ alle für die Produktion benötigten Rohstoffe durch die Regiebahn heranbringen. Die Belegschaft sah darin ein Paktieren mit der Besatzung und drohte mit der Arbeitsniederlegung. Die Leitung des Betriebes kündigte daraufhin die Stilllegung der Produktion zum 1. Mai 1923 an, da eine andere Rohstoffbeschaffung als über die Schiene nicht möglich sei. [124)]

Bild 144 – In den ersten Monaten des passiven Widerstands übernahm die Reichspost den Post-, Paket-, aber auch Personenverkehr in den besetzten Gebieten wie etwa von Buir über Düren nach Aachen. AUFNAHME: SAMMLUNG KLAUS KEMP

Kurz vor Ende des Krieges, am 1. August 1918, hatten die Preußischen Staatseisenbahnen in Jülich ein Ausbesserungswerk für Lokomotiven sowie Personen- und Güterwagen eröffnet. Es wurde mit dem Vormarsch ins Ruhrgebiet im Januar 1923 von belgischen Truppen besetzt. Zu dieser Zeit standen dort fünf moderne Schnellzuglokomotiven, bei denen die Wartungsarbeiten abgeschlossen waren. Sie sollten den Besatzern unter keinen Umständen in die Hände fallen. Man spannte sie vor den abendlichen Personalzug und fuhr damit unter den Augen der belgischen Soldaten zum Jülicher Hauptbahnhof. Der Personalzug blieb dort ste-

Bild 145
Durch Sabotage ist diese Lok, eine preußische G 8, von der nur die Betriebsnummer bekannt ist (5310), in Mainz-Mombach entgleist. Das Foto entstand im Februar 1923.

AUFNAHME: SAMMLUNG KLAUS KEMP

hen, während die Aufsichtsbeamten bereits dafür gesorgt hatten, dass Signale und Weichen so gestellt waren, dass der Lokzug ohne Aufenthalt von Jülich über Ameln nach Bedburg fahren konnte. Bedburg lag bereits in der britischen Besatzungszone. Nach diesem Vorfall schlossen die Besatzer das Ausbesserungswerk.

In Jünkerath begannen die Eisenbahner am 9. Februar 1923 mit dem passiven Widerstand. Französische Soldaten, die bereits seit dem Beginn des Ruhreinmarsches dort stationiert waren, besetzten die Dienststellen und schlossen die deutschen Eisenbahner aus. Am 2. April, dem Ostermontag, gaben die Besatzungsmächte bekannt, dass alle Dienstwohnungen der Eisenbahner innerhalb von 24 Stunden zu räumen waren. Mit Hilfe von Verwandten und Bekannten gelang das auch. Nachdem jedoch die jetzt einziehenden Franzosen die Wohnungen leer vorfanden, requirierten sie die Möbel und Einrichtungsgegenstände der Eisenbahner bei ihren Gastfamilien. Wenig später erfolgte die Ausweisung der Beamten. Sie wurden mit dem Zug über Trier und Koblenz ins unbesetzte Gebiet abgeschoben. Sie kamen ins Auffanglager Bielefeld, von wo aus sie auf verschiedene Bezirke verteilt wurden, die ihre Betreuung übernahmen. Die Reichsbahn stellte den zurückgebliebenen Familienangehörigen einen Sonderzug zur Verfügung, der am 3. Juni ab Hillesheim eingesetzt wurde, weil sich die Ahrstrecke noch in deutscher Hand befand. In Kalterherberg an der Vennbahn weigerten sich deutsche Zollbeamte nachdrücklich, Zollabfertigungen durchzuführen. Dadurch erreichten sie, dass Kohlezüge, die über diese Strecke abgefahren werden sollten, aufgehalten wurden, bis die ganze Strecke verstopft war, obwohl sie von belgischem Personal gefahren wurden. Ihren Einsatz mussten die Zöllner und ihre Familien mit der Ausweisung bezahlen.

Auch in den Teilen der Rheinprovinz, die nicht direkt von Truppentransporten und militärischen Aktionen betroffen waren, gab es spürbare Auswirkungen, so auch am Niederrhein. In einem Bericht aus Viersen heißt es: *„Der gesamte Eisenbahnverkehr ist eingestellt und ruht gänzlich. Am gestrigen Sonntag* [28. Januar] *lag unser Bahnhof verödet und leer, kein Zug lief ein und aus. Für das gewerbliche und geschäftliche Leben ist dieser Zustand, über dessen Dauer man keinerlei Anhaltspunkte hat, recht ungemütlich.“* [125)]

Bild 146
Ein wichtiger Bahnknoten war Düren, wo die Regiebahn auch eine Regionaldirektion einrichtete. Auf dieser 1926 gelaufenen Postkarte steht am Giebel über dem Haupteingang des Dürener Hauptbahnhofs unter dem Bahnhofsnamen „RÉGIE FRANCO-BELGE“. Ob dieser Schriftzug am realen Gebäude oder nur auf der Postkarte vorhanden war ist nicht bekannt – die propagandistische Absicht bleibt jedoch gleich.

AUFNAHME: SAMMLUNG KLAUS KEMP

4.3.8 ... im Raum Koblenz/Mainz/Darmstadt

Am 27. Januar 1923 besetzten mehr als 200 französische und marokkanische Soldaten mit Gewehren und aufgepflanzten Bajonetten von der Rückseite her den Koblenzer Hauptbahnhof, nur Minuten, nachdem die Amerikaner ihre Besatzungszone geräumt und an die Franzosen übergeben hatten. Nachdem sie den Eilgutschuppen „erobert" hatten, setzten sie über die Gleise und vertrieben die Fahrgäste, die fluchtartig den Bahnhof verließen. Auf deutscher Seite hatte man sich auf die schon seit Tagen drohende Besetzung vorbereitet. Nachdem die Soldaten die Eisenbahner zusammengetrieben hatten, suchten sie nach Geldbeständen, aber die Kassen waren leer. Weiterhin war der Motor des bahneigenen Wasserwerks ausgebaut und ebenfalls nach Osten geschafft worden. Auch aus den Stellwerken war jede Information zu deren Betrieb entfernt worden. Nachdem keiner der Eisenbahner bereit war, Informationen über den Verbleib der Unterlagen zu geben, sperrten die Franzosen sie in die Wagenmeisterei ein. Davor wurden Soldaten aufgestellt, jedoch war übersehen worden, dass es auf der Rückseite Fenster gab, die groß genug war, um den Eisenbahnern die Flucht zu ermöglichen.

Die deutschen Eisenbahner setzten alles daran, die Lokomotiven aus Koblenz ins unbesetzte Gebiet abzufahren. Ein erster Lokzug mit 15 Maschinen benutzte die Lahntalbahn. Noch in Diez versuchten französische Truppen, den Zug aufzuhalten. Als das nicht gelang, riss man anschließend jenseits des Bahnhofs die Gleise auf einer Länge von 300 m heraus, sodass keine Züge mehr in Richtung Limburg verkehren konnten. Das Abfahren weiterer aus Koblenz geretteter Loks (ebenso wie aller nicht unbedingt notwendigen Loks der rechten Rheinstrecke) erfolgte von Linz/Rhein aus über die Steilstrecke nach Flammersfeld. Weitere Loks wurden aus den besetzten Gebieten in Sicherheit gebracht, indem sie als Vorspann bei planmäßigen Züge von dort über den unbesetzten Teil der rechten Rheinstrecke fuhren. Ab Linz verschwanden sie ebenfalls in Richtung Westerwald und unbesetztes Deutschland. Diese Loks wurden in einigen Betriebswerken außerhalb der entmilitarisierten Zone gesammelt. Gesichtet wurden etwa 15 Loks der preußischen Gattung G 9 aus dem Bw Köln-Eifeltor und dem Bw Rheydt-Verschiebebahnhof in Freienohl im Sauerland.

Den Franzosen, denen es an ausreichendem Fachpersonal mangelte, gelang es in Koblenz erst nach Tagen, einen Rumpfbetrieb in Gang zu bringen. Als erstes verkehrten Pendelzüge Nie-

Bild 147, oben – Bis zu einem gewissen Grad konnte die Schifffahrt während des passiven Widerstands als Ausweich-Transportmittel genutzt werden. Blick auf einen Schlepper und auf den Ort Kapellen-Stolzenfels südlich von Koblenz mit seiner bekannten Burg am linken Rheinufer.
AUFNAHME: C. BELLINGRODT, SLG. KLAUS KEMP

Bild 148, links – Die deutschen Eisenbahner in Mainz-Bischofsheim haben ganze Arbeit geleistet, ehe sie ihren Arbeitsplatz geräumt haben. Eine Lok steht halb auf der Drehscheibe, während eine zweite in die Grube gefahren wurde, was den Brückenteil beschädigt haben dürfte. Bei beiden Loks handelt es sich um pr. G 8^2. Die Aufnahme stammt vom 30. Januar 1923.
AUFNAHME: SAMMLUNG GÜNTER KRALL

Bild 149
Ein Trupp französischer Soldaten bewacht die Rheinbrücke von Urmitz (Strecke Koblenz – Neuwied). Sie ist mit Bohlen ausgelegt, sodass auch Straßenfahrzeuge passieren können (14. Februar 1923).

AUFNAHME: SAMMLUNG KLAUS KEMP

derlahnstein – Neuwied und Koblenz – Boppard. Dabei fuhr das französische Personal ursprünglich nur sehr langsam, weil es die Strecken nicht kannte. Später schien eher das Gegenteil der Fall gewesen zu sein, vor allem, als Soldaten zum Bedienen der Loks abstellt wurde. *„Diese Marokkaner fuhren mit denen ihnen anvertrauten Zügen im wahnwitzigen Tempo durch die einzelnen Stationen hindurch und sausten über die Weichen hinweg, dass man alle Augenblicke Entgleisungen befürchten musste.“*[126] Durch die nicht fachgerechte Bedienung der Lokomotiven wie die Unterlassung von regelmäßigem Schmieren und Entschlacken versagten bald viele Maschinen den Dienst.

Ein für Italien bestimmter Kohlenzug war auf Grund des passiven Widerstands in Rüdesheim liegengeblieben. Rüdesheimer Bürger wollten die Kohle abladen, was französische Wachposten auf dem Bahnhof verhinderten. Als ein Personenzug aus Niederlahnstein dort einlief, war der Lokführer angesichts der Situation bereit, die Kohlen wegzufahren. Er kuppelte seine Lok an die 23 beladenen Wagen und fuhr sie in den Ende Januar 1923 noch unbesetzten „Flaschenhals“ von Lorch, wo der Bürgermeister dort die Kohle an bedürftige Bürger in Lorchhausen und in Kaub verteilen ließ. Die Lok fuhr wieder nach Rüdesheim und kehrte mit dem dort zurückgelassenen Personenzug in Richtung Niederlahnstein zurück. Da der Lokführer befürchtete, am Zielort verhaftet zu werden, ließ er den Zug vorher stehen und floh ins unbesetzte Gebiet. Da die Lok für den Kohlenzug nicht länger zur Verfügung stand, mussten die für Lorchhausen und Kaub bestimmten Wagen mit Muskelkraft befördert werden. Als die Franzosen wenige Wochen später dort einmarschierten, verhafteten sie den Bürgermeister von Lorch und verurteilten ihn zu einer Gefängnisstrafe, nach deren Verbüßung er ausgewiesen wurde. Nebenan in Kaub versteckte der Bahnhofsvorsteher mit Unterstützung der örtlichen Winzer alle wichtigen Unterlagen und die für den reibungslosen Bahnbetrieb notwendigen Schlüssel in einem unbenutzten Weinfass.

Am 30. Januar ab 14 Uhr, als der passive Widerstand – provoziert durch den Eingriff französischer Feldeisenbahner in den Betriebsablauf – das ganze Besatzungsgebiet ergriffen hatte, verweigerte das Personal der Rbd Mainz geschlossen auf den im Besatzungsgebiet liegenden Strecken den Dienst. Das umfasste alle linksrheinischen Bahnen dieser Direktion sowie die rechtsrheinischen außer den nicht besetzten Linien Frankfurt (M) – Darmstadt – Heidelberg – Mannheim sowie die östlich davon gelegenen Linien, dann Mannheim – Gerresheim, Eberstadt – Pfungstadt und Weinheim – Lampertheim – Landdamm (– Worms).

Die Reaktion folgte am nächsten Tag mit dem Befehl: *„Sämtliches Personal der Eisenbahn hat an Ort und Stelle seinen Dienst aufrecht zu erhalten und alle Befehle auszuführen, die ihm in seinem Auftrag von der C.I.C.F.C. und ihren untergeordneten Stellen erteilt werden. Vergehen werden kriegsgerichtlich verfolgt. Gez. Der Oberkommandierende General der Alliierten Besatzungstruppen Degoutte“*[127] Wie überall ignorierten die Eisenbahner auch hier diesen Befehl. Die Besatzer antworteten mit Nadelstichen. Am 3. Februar 1923 legten sie den an den Mainzer Brückenkopf angrenzenden Bahnhof Frankfurt-Höchst still. Ende Juni wurde die Strecke Frankfurt – Darmstadt bei Langen unterbrochen.

Als am 3. März 1923 die Eisenbahnwerkstätten in Darmstadt von französischen Truppen besetzt wurden, geschah dies mit dem Ziel, der dort stehenden Lokomotiven habhaft zu werden. Da dieses Gebiet am Rande der Besatzungszone lag, gab es für die deutschen Eisenbahner genügend Bahnstrecken, um die Fahrzeuge in Sicherheit zu bringen. Es gelang ihnen, alles wegzuschaffen, was fahrfähig war. Die Arbeiter der Werkstätten traten in den Streik.

In den Betrieb des Ausbesserungswerkes Frankfurt-Nied hatten die Franzosen bereits frühzeitig eingegriffen. Diese Eisenbahnwerkstatt war auf die Ausbesserung von Lokomotiven spezialisiert. Die Besatzungsmacht kontrollierte bereits seit 1919 den Ausgang der ausgebesserten Lokomotiven und bestand darauf, dass hauptsächlich für das besetzte Gebiet gearbeitet wurde. Da der dortige Bedarf nicht so groß war, konnte die Kapazität des Werkes nur teilweise genutzt werden. Die Belegschaft wuchs durch den Zustrom entlassener Soldaten und Eisenbahnern aus den ehemaligen Reichsgebieten von 512 Mann auf 3.100 bis Ende 1919 an. Allerdings handelte es sich zum Teil um nicht für diese Arbeiten geschultes Personal. Als es zu Unruhen unter den Arbeitern kam, weil Entlassungen vorgenommen werden sollten, schloss der Reichsverkehrsminister das Ausbesserungswerk am 20. Januar 1920 kurzerhand. Auf Druck der Besatzungsmächte musste es jedoch bereits zwei Wochen später wieder den Betrieb aufnehmen, während *„gleichzeitig alle radikalen Elemente unter der Belegschaft“*[128] entlassen wurden. Mit dem passiven Widerstand bahnte sich ein neuer Konflikt an, als die Franzosen verlangten, dass nur noch für die Regiebahn gearbeitet werden dürfte, was Werksleitung und Belegschaft gleichermaßen ablehnten. Französische Soldaten besetzten daraufhin das Werk im Juni 1923 und legten es still. Lediglich 400 Arbeiter verblieben für Instandhaltungsarbeiten. Erst im Oktober 1923, nach Beendigung des Ruhrkampfs, wurde die Arbeit wieder aufgenommen. Allerdings setzte die Regie jetzt durch, dass nur ihre Lokomotiven ausgebessert wurden.

4.3.9 ... im Ruhrgebiet

Am 27. Januar 1923 vermerkte der amerikanische General Allen in seinem Tagebuch:[129)] *„Der Widerstand an der Ruhr wechselt beständig seine Form. [...] Augenblicklich ist die neueste Form des Widerstands die, dass der ganze Eisenbahndienst an den Knotenpunkten einfach weggeht. In diesem Augenblick sind die Bahnhöfe in Duisburg (Hauptbahnhof), Duisburg-Meiderich, Hamborn, Oberhausen, Bottrop, Dahlhausen und Düsseldorf-Rath geschlossen. Ein britischer Stabsoffizier, der eben aus Düsseldorf zurückkommt, berichtet, dass der französische General, der den Befehl über das Verkehrswesen hat, gestern eine Lokomotive und einen Wagen bestellte, um sie diesem britischen Offizier für die Fahrt von Düsseldorf bis Neuß zur Verfügung zu stellen; obgleich viele Lokomotiven und Wagen unbenutzt dastanden, war kein Mensch vorhanden, der fähig war, das komplizierte Weichen- und Signalsystem in den Düsseldorfer Bahnhöfen zu handhaben. Nach zwei Stunden angestrengter Arbeit hatten französische Ingenieurtruppen es ermöglicht, die Lokomotive an fünf Weichenstellen vorbeizuführen, da aber noch acht passiert werden mussten, ehe der Zug auf die Hauptlinie geführt werden konnte, war der Versuch als fruchtlos aufgegeben worden.“*

Wegen der unsachgemäßen Behandlung und Bedienung der Lokomotiven durch das französische Personal und die mangelhafte Versorgung mit Ersatzteilen gab es hohe Ausfälle. Im Falle von Schäden an Fahrzeugen oder Unfällen wurden sie auf Abstellgleise geschoben oder einfach vom Bahndamm gekippt und liegengelassen. Obwohl die Franzosen eine große Mengen Fahrzeuge auf den von ihnen beschlagnahmten Strecken vorgefunden hatten, stellte sich bald ein großer Mangel ein, weil sie beladene Wagen wegfuhren, aber keine leeren heranbrachten. Der einfachste Weg war, noch nicht besetzte Bahnhöfe regelrecht zu überfallen und alles abzuschleppen, was zu finden war. Da es im Ruhrgebiet viele nicht von Anfang an besetzte Strecken gab und dort auch der größte Fahrzeugpark vorhanden war, ereigneten sich diese Raubzüge dort häufiger als anderswo, wie einige der nachfolgenden Schilderungen zeigen sollen.

Der Besetzung der Rbd Essen folgte bis zum 20. Januar abhängig vom militärischen Vormarsch von Franzosen und Belgiern die Einrichtung von militärischen Kontrollstellen auf den Dortmunder Bahnhöfen Scharnhorst, Aplerbeck Süd und Brackel, dann Lünen Nord, Recklinghausen Hbf, Dorsten, Friedrichsfeld und Spellen. Sie dienten der Aufgabe, die abgefertigten Kohle- und Kokstransporte zu überwachen. Koordiniert wurden diese Aktivitäten von der MICUM, die im Gebäude der Rbd Essen Quartier bezogen hatte. Ende Januar wurden die Bahnhöfe Düsseldorf Hbf, Düsseldorf-Derendorf und Hagen-Vorhalle besetzt und die Strecken Düsseldorf – Neuss, Düsseldorf – Duisburg – Oberhausen – Lünen Süd und die Ruhrtalbahn Düsseldorf – Duisburg-Wedau – Essen-Kupferdreh – Essen-Steele Nord – Wengern – Hagen-Vorhalle in militärischen Betrieb genommen.

Düsseldorf – Kettwig – Werden – Essen

Den Bahnhof Werden besetzten französische Truppen gleich zu Beginn des Einmarsches bereits am 11. Januar 1923, mischten sich aber zunächst nicht in den Bahnbetrieb ein. Als die deutschen Eisenbahner die Strecke (Düsseldorf –) Duisburg – Essen bestreikten, wurden D-Züge Köln – Berlin über den direkten Weg Düsseldorf – Kettwig – Werden – Essen umgeleitet. Mit dem Fahren von Zügen wider jede Regel seitens französischer Militäreisenbahner auch auf dieser Strecke stellten die deutschen Eisenbahner den Betrieb ein. Einige Tage lang gab es noch einen reduzierten Nahverkehr, aber ab dem 27. Januar ruhte der Betrieb ganz, als die deutschen Eisenbahner auch auf dieser Strecke ihre Arbeitsplätze verließen. Die Feldeisenbahner richteten in Folge Arbeiterzüge ein, die jedoch von der deutschen Bevölkerung boykottiert wurden.

Ab März waren die Franzosen dann so weit, dass sie auf der „militarisierten Südstrecke“ je zwei D-Zug-Paare Essen – Paris und je drei Nahverkehrszugpaare Düsseldorf – Werden – Essen – Hattingen verkehren ließen. Der Betrieb erschien ihnen jedoch so schwierig, dass sie ihn bereits am 24. April aufgaben und den Bahnhof Werden ganz räumten. Erst ab September 1923, als der passive Widerstand aufgegeben wurde, gab es wieder einen – wenn auch reduzierten – Zugverkehr auf dieser Strecke. Nach Norden und nach Süden bestanden gewisse Möglichkeiten, aus Kettwig mit der Bahn wegzukommen; denn die Strecke Velbert – Wülfrath – Vohwinkel, welche die Reichsbahn weiterbetrieb, wurde von den Franzosen nicht besetzt und von der Regie nicht in Betrieb genommen. Ähnlich sah es auf der Strecke Mülheim/Ruhr – Kettwig aus. Sie bildete allerdings einen Inselbetrieb zwischen Mülheim und Kettwig vor der Brücke. Nur eine einzige Lokomotive stand für einen Pendelverkehr zur Verfügung, und wenn sie gewartet werden musste, ruhte der Betrieb ganz.

Am 3. März 1923 um 6 Uhr war der Essener Hauptbahnhof Ziel des französischen Militärs. Mit einem Großaufgebot an Mannschaften, Panzern und Lkws wurden sowohl der Bahnhof als auch die umliegenden Straßen besetzt. Nachdem die Eisenbahner vertrieben waren, wurde damit begonnen, die D-Züge 1 und 97 sowie weitere Loks und Personenwagen in Richtung Kettwig abzufahren. Der D-Zug 6, der die Post bringen sollte, kam gar nicht erst in den Bahnhof hinein. Erst später zeigte sich der ganze Umfang dieses „Raubzuges“: 44 Loks, mehrere Gepäckwagen, vier komplette D-Züge, etwa 120 Personenwagen, 47 Wagen mit Koks, 283 mit Kohle sowie weitere 242 Güterwagen, von denen nur 68 leer waren, fielen den Franzosen in die Hände. Von diesem Tag an richteten die Franzosen auf der militarisierten Strecke Essen – Werden – Kettwig – Düsseldorf zwei tägliche Schnellzugverbindungen mit dem Laufweg Essen Süd – Köln – Paris mit Kurswagen nach Lüttich ein. Diese Züge bestanden in der Regel aus zwei bis drei Gepäckwagen, zwei D-Zugwagen, einem Speisewagen und drei dreiachsigen Abteilwagen. Am 26. Mai 1923 gaben die Franzosen diese Verbindung auf. Gleichzeitig zerstörten sie die Gleise beim Bahnhof Essen Süd. Diese konnten erst im Oktober 1923 wieder in Betrieb genommen werden.

Duisburg – Mülheim – Essen – Bochum

Weiter wurden am 24. Februar 1923 Essen-Frintrop, am 3. März neben Essen Hbf auch Essen-Kray Nord, am 8. März Bochum-Langendreer und am 15. Mai Dorsten überfallen. Die Beute der Besatzer betrug im Norden 44 Lokomotiven, 85 Personen-, 580 Güterwagen und einen Triebwagen. Im Süden waren es 50 Lokomotiven, 36 D-Zugwagen, 120 Personen- und 600 Güterwagen.

Ebenfalls im März 1923 legten die Besatzungstruppen die Strecken Mülheim-Heißen – Essen-Borbeck Süd und Mülheim-Heißen – Essen-Altendorf sowie den Bahnhof Mülheim-Broich an der Strecke Mülheim-Styrum – Kettwig still. Bei dieser Aktion, die am 1. März begann, suchten die Besatzer besonders das Ausbesserungswerk in Speldorf mit den dort stehenden Lokomotiven und seinen Vorräten an Ersatzteilen heim, ohne allerdings großen Erfolg zu haben.

Der Bahnhof Essen-Kray Nord hatte sich durch die Verkehrsumleitungen, die die Besetzung hervorriefen, zu einem wichtigen Eisenbahnknoten entwickelt. Östlich des Bahnhofs rissen die Franzosen Anfang April 1923 die Schienen auf, sodass sowohl die Strecken von dort nach Bochum wie nach Gelsenkirchen unterbrochen wurden. Diese Maßnahmen standen im Zusammenhang mit der Besetzung des Knotens Herne. Dann besetzten französische Eisenbahner unter Geleitschutz von Infanterieabteilungen den Bahnhof Essen-Kray Nord. *„Dem Bahnhofsvorstand wurde*

Bild 150
Ein Personenzug muss auf freier Strecke im Bereich von Bochum anhalten. Französische Soldaten kontrollieren die Fahrgäste.

Bild 151
Am 18. Dezember 1923 überfährt ein Zug einen Prellbock in Dortmund-Eving. Die wenigen erkennbaren Details der Lok lassen eine preußische $G\,8^2$ vermuten

AUFNAHMEN (2): SAMMLUNG EK-VERLAG

eröffnet, daß eine Kontrollstelle für sämtliche durchgehenden Güterzüge eingerichtet werde. Da sich im Verlaufe der Verhandlungen ergab, daß die Franzosen auch beabsichtigen, alle Koks-, Kohlen- und Lebensmitteltransporte zu beschlagnahmen und auf die militarisierte Strecke Recklinghausen abzuschieben, so erklärten die deutschen Beamten, daß sie unter diesen Umständen nicht weiterarbeiten würden. Um 5 Uhr nahmen die Franzosen die Verhandlungen mit dem inzwischen eingetroffenen Amtsvorstand wieder auf. Nach deren Abschluß ist festzustellen, daß Herne Kontrollstation für alle durchgehenden Güterzüge wird, während der Personenverkehr nicht gehindert werden soll. Der Wartesaal 3. und 4. Klasse wurde von den Franzosen für ihre Zwecke beschlagnahmt. Am Eingang des Bahnhofs stehen die Posten unter Gewehr.“ [130]

Am 24. Mai 1923 erfolgte die erneute Besetzung der Mülheimer Bahnhöfe. Das riegelte die Strecken Essen West – Mülheim-Styrum, Mülheim-Styrum – Kettwig und Mülheim-Heißen – Essen-Altendorf ab. Diese Maßnahme traf die Bevölkerung besonders, weil diese Linien für die Lebensmittelversorgung wichtig waren.

Ruhrtalbahn Essen – Hattingen – Witten – Hagen

Zur Militarisierung der Ruhrtalbahn liegen einige Details vor. Sie war zwar eine der beiden Linien für den französischen Aufmarsch (siehe Abschnitt 4.2.1), blieb jedoch in den ersten Tagen in den Händen der deutschen Eisenbahner. Die Militarisierung begann erst am 18. Januar 1923 mit der Besetzung des Bahnhofs Bochum-Dahlhausen. Eine Woche später, am 24. Januar, griffen französische Feldeisenbahner in den Dienstablauf des Bahnhofs Hattingen ein, was die dortigen Eisenbahner zu einem auf 24 Stunden befristeten Streik veranlasste. Das beeindruckte die Besatzer jedoch wenig. Sie fuhren weiter Züge auf Sicht. Und so ruhte auch am 26. Januar der Verkehr zwischen Essen und Hattingen wegen der Störungen durch den nicht koordinierten Militärverkehr. In Richtung Hagen ließ sich von Hattingen aus noch ein unregelmäßiger Pendelverkehr bis Oberwengern einrichten, weil die Militärs dort noch nicht in den Betriebsablauf eingegriffen hatten. Zwischen Hattingen und Wuppertal-Elberfeld konnte der Verkehr dagegen vorläufig planmäßig abgewickelt werden.

Bild 152
Ein französischer „Train mit Pferdewagen“ passiert die Oberkasseler Rheinbrücke in Düsseldorf, hinter dem eine Straßenbahn wartet. Trotz der beginnenden Motorisierung waren im Ersten Weltkrieg und in der Zeit danach Pferde nicht nur für das Militär unverzichtbare Transportmittel.

Aufnahme: Sammlung EK-Verlag

Ohne gemeldet zu sein, durchfuhr am 27. Januar vormittags ein französischer Truppentransport den Bahnhof Hattingen in Richtung Herbede. Den noch diensttuenden Beamten gelang es durch einen telefonischen Alarm an die anderen Bahnhöfe der Strecke, einen Zusammenstoß mit einem Personenzug, der dort unterwegs war, zu verhindern. Letztlich hielt man den Zug dadurch auf, dass man ihn kurz vor Hagen-Vorhalle im Bahnhof Volmarstein auf ein Stumpfgleis leitete, wo er auf den Prellbock auffuhr. Dabei entgleisten mehrere Wagen. Einige stürzten um und blockierten die Ruhrtalbahn. Wenige Stunden später fuhr ein anderer Militärzug auf einen wartenden Güterzug im Bahnhof Hattingen auf, ohne dass größerer Schaden entstand. Die mit diesem Zug beförderten Soldaten besetzten das Empfangsgebäude und weitere Betriebsanlagen *„unter Anwendung brutaler Maßnahmen.“* [131] Da sich die Ausschreitungen auch gegen die noch im Dienst befindlichen deutschen Eisenbahner richteten, verließen sie geschlossen ihren Arbeitsplatz, nachdem sie als letztes noch den aus Elberfeld eingefahrenen abendlichen Personenzug abgefertigt hatten.

Im Konzept der Besatzer fiel dem Bahnhof Hattingen die Aufgabe einer Kontrollstelle für Güterzüge und die eines Verschiebebahnhofs für beschlagnahmte, mit Kohle und anderen Reparationsgütern beladene Waggons zu. Von hier aus besetzten die französischen Feldeisenbahner am 29. Januar 1923 die Bahnhöfe Blankenstein, Herbede, Witten-Bommern und Hagen-Vorhalle. Da die Militärs zu Anfang nicht in der Lage waren, den Betrieb aufrechtzuerhalten, versuchten sie, die streikenden deutschen Eisenbahner durch Drohungen zur Dienstaufnahme zu zwingen. Vom Vorsteher des Bahnhofs Bochum-Dahlhausen forderten sie eine Liste der streikenden Beamten, nachdem sie ihn mehrfach verhört hatten. Als er sich weigerte, hatte er am 16. Februar *„innerhalb von zwanzig Minuten das Bahnhofsgelände und anschließend das besetzte Gebiet zu verlassen.“* [132] Der Hattinger Bahnhofsvorsteher wurde zwar ebenfalls mit Ausweisung bedroht, aber obwohl er sich weigerte, in französische Dienste zu treten, durfte er letztlich bleiben, musste aber wie alle anderen Eisenbahner dort seine Dienstwohnung verlassen. Der Befehl der Franzosen gab ihnen dazu 48 Stunden Zeit. Da durch diese Maßnahmen die Hauptstrecke von Hagen nach Dortmund unpassierbar geworden war, wurden die Züge über die eingleisige Strecke Hagen – Herdecke – Dortmund-Lötringhausen – Dortmund Hbf umgeleitet, was bis etwa Ende Februar 1923 möglich war.

Da Hattingen am Südrand des Besatzungsgebietes lag, gab es anfangs noch Möglichkeiten, von Nierenhof (Strecke Essen – Vohwinkel) und von Bredenscheid (Strecke Hattingen – Wichlinghausen) nach Wuppertal zu gelangen. An der letzteren Linie richtete die Rbd Elberfeld auf Drängen der Hattinger Bevölkerung am 11. Juli 1923 am Stadtrand eine Nothaltestelle ein, aus der später der Haltepunkt Hattingen-Stadtwald entstand. Anfangs verkaufte ein in der Nähe wohnender Eisenbahner die Fahrkarten aus seiner Wohnung heraus, bis dort ein als Büro ausgebauter Güterwagen aufgestellt wurde. Am 18. Juli eröffnete die Reichsbahn näher zur Stadt eine Entladestelle für Güterwagen. Im Durchschnitt wurden täglich zehn Güterwagen be- und entladen. Deshalb legte die Bahn schließlich noch ein Nebengleis an.

Zwar konnten nach der Einrichtung der Zollgrenze die Personenzüge weiter verkehren, aber die Durchführung von Zollkontrollen in Schee (Hattinger Strecke) am 25. Februar und Nierenhof (Essener Strecke) behinderte den Handelsverkehr stark und machte ihn auf die Dauer nahezu unmöglich. Nur die Lebensmitteltransporte gelangten noch einigermaßen ungehindert bis zum Notgüterbahnhof in Hattingen. Selbst wenn die Personenzüge weiter fuhren, so verursachten die ständig schärfer werdenden Zollkontrollen der Fahrgäste lange Aufenthalte in den genannten Bahnhöfen. Die französischen Feldeisenbahner richteten bereits im März im Zusammenhang mit der Wiederaufnahme des Verkehrs zwischen Düsseldorf und Werden einen lokalen Verkehr zwischen Essen-Steele über Bochum-Dahlhausen nach Hattingen ein. Durch die Verweigerung der Deutschen blieben die täglich dreimal in beide Richtungen verkehrenden Züge leer. Nachdem die Franzosen technische Schwierigkeiten mit deren Betrieb hatten, gaben sie diese Verbindung am 24. April 1923 auf.

Obwohl Hattingen Kontrollstation war, gelang es, ganze Kokszüge aus dem Ruhrgebiet herauszufahren, die für die Hütten der Fa. Krupp im Siegerland bestimmt waren. Dazu bedeckte man den Koks mit einer dünnen Kohleschicht und deklarierte die Fracht als aus England eingeführte Kohle. Ob die so hinters Licht geführten Franzosen Verdacht schöpften, ist nicht klar. Zwar beschlagnahmten sie keinen der Züge, unterbrachen aber die Bahnstrecke zwischen Hattingen und Wuppertal kurz vor Bredenscheid. Nachdem andere Strecken im Ruhrgebiet in Betrieb genommen waren, verloren die Besatzer das Interesse an der Ruhrtalbahn. Am 20. Juni verließen sie die Bahnhöfe Blankenstein, Herbede und Witten-Bommern, nachdem sie überall die Gleise zerstört hatten. Bereits am 15. Juni 1923 boten sie die Rückgabe des Bahnhofs Hattingen an die Reichsbahn an. Da sie ihn jedoch weiter besetzt hielten, lehnte die Reichsbahn das Angebot am 2. Juli ab. Die Hattinger Ausfahrtsgleise in Richtung Hagen hatten die Franzosen bereits am 20. Juni aufgerissen. Während im Bahnhof ein Wachkommando verblieb, wurden bis Ende Juni alle anderen Bahnhöfe der Ruhrtalbahn bis hin nach Bochum-Dahlhausen vom Militär geräumt.

Am 1. Februar 1923 erhielt der wichtige Verschiebebahnhof Hagen-Hengstey eine Kontrollstelle. Wenige Tage darauf begannen die Einkreisung und die Isolierung des Brückenkopfs Köln, in dem die Briten saßen, indem man an den dort hineinführenden Strecken ebenfalls Kontrollstellen einrichtete. Gegen Ende des Monats besetzten die Franzosen den Bahnhof Bochum, gaben ihn aber zwei Monate später wieder frei. Zu Beginn des Monats März erhielt der Bahnhof Essen eine Militärbesatzung. Im selben Monat nahmen die Franzosen einen Streifen von etwa 10 km Breite auf der Ostseite der britischen Besatzungszone ein, sodass sie nun rundherum eingeschlossen war und keinen direkten Zugang mehr zum unbesetzten Gebiet besaß.

Mit dem Mainzer Abkommen zwischen der französischen Regie und der Reichsbahn vom Dezember 1923 (siehe Abschnitt 5.2.7) konnte der Betrieb auf der Ruhrtalbahn wieder aufgenommen werden. Erstes Anzeichen, dass der Verkehr bald wieder fließen würde, war die Ankunft von zehn französischen Eisenbahnern in Hattingen am 25. Oktober 1923. Sie richteten die Strecke soweit her, dass ab dem 7. November drei Personenzugpaare täglich die Strecke Essen-Steele – Hattingen – Hagen-Vorhalle bedienen konnten. Weil die Behebung der Schäden an dieser Linie einen größeren Aufwand verursachte, konnten die Güterzüge erst ab dem 8. Dezember wieder bis Hattingen verkehren. Und eine Woche später, am 16. Dezember, fuhren auch die Personenzüge wieder bis zum Hauptbahnhof durch.

Oberhausen/Gelsenkirchen – Dorsten

Der Militärbetrieb führte zu chaotischen Verhältnissen, wie folgender Bericht aus Oberhausen zeigt: [133]

„Es ist in der Tat eine Tragödie, zu sehen, wie groß z. B. auf dem Güterbahnhof Osterfeld-Süd, dem größten Sammelbahnhof im Industriebezirk, der Wirrwarr ist. Sein Flächeninhalt beträgt mehrere Quadratkilometer, mehrere Hundert Eisenbahngleise liegen nebeneinander, zehn Stellwerke regeln sonst den Verkehr, der Bedienung von rund 5.000 Arbeitern und Beamten erfordert; 600 – 700 Züge verkehren täglich auf dem Bahnhof. Und nun bietet er ein völlig totes Bild. Zug um Zug ist eingeschoben worden. Während vorne und hinten Kohle- und Kokswagen stehen, sieht man dazwischen einige Hundert Wagen mit Lebens- und Futtermitteln, Stroh, Heu, Eisenbahnmaterialien, Kirmeswagen, Möbelwagen, Brauerei- und Oelwagen, Wagen mit Heeresgut, defekte Personenwagen usw. Das Ganze ist ein einziges Chaos. Und rundherum die stärkste militärische Bewachung, eine Menge französische und belgische Bahnbeamte, darunter eine nicht unbedeutende Zahl deutschsprechender Elsaß-Lothringer. Wer hier mit nur etwas Sachverstand einhergeht, ist König, ihm folgen selbst die Offiziere beim kleinsten Wink.

Tag um Tag werden einige deutsche Eisenbahner herbeigeschleppt, diese sollen helfen, den gordischen Knoten zu lösen. Die schönsten Versprechungen prallen ab, die furchtbarsten Misshandlungen fruchten nichts. Wo so ein Deutscher die Finger im Betrieb gehabt hat, da ist am Ende ein noch größerer Wirrwarr."

Und es gibt Schilderungen, die eine gewisse Komik besitzen, wenn man sich das Geschehnis vorzustellen versucht: [134]

„Von Dortmund kommt ein Kohlenzug. Das ist ein Ereignis. Und neben ihm marschieren Soldaten und einige Hilfskräfte, die mit viel Mühe versuchen, die kostbaren Kohlenschätze der französischen Grenze näher zu bringen. Endlich, nach mehreren Stunden kommt der Zug in Wanne an. Hier muss er stoppen. Einige Dutzend anderer Züge versperren ihm den Weg. Er selbst ist zu einem neuen Hindernis geworden."

Bild 153 – Block Lippe an der Strecke Recklinghausen – Haltern – Münster. In dieser Gegend befand sich 1923 die Grenze zwischen besetztem und unbesetztem Gebiet.
Aufnahme: Sammlung Bodo Stratmann

Wie in anderen Orten auch gelang es in Gelsenkirchen ebenfalls, über nicht besetzte Strecken die Versorgung der Bevölkerung bis zu einem gewissen Grade sicherzustellen. Die Reichsbahn konnte noch den Bahnhof von Buer Süd an der Strecke Hervest-Dorsten – Wanne-Eickel erreichen. Im Juni 1923 kamen hier täglich 300 Waggons mit Lebensmitteln, 60 bis 70 Waggons mit Schlachtvieh, 80 bis 90 Waggons mit Milch und 30 bis 40 Waggons mit Eilgütern an. Die Weiterverteilung erfolgte teils durch Lkws der Reichsbahn, teils durch private Fuhrunternehmer. Der Bahnhof Dorsten besaß einige Bedeutung für die Verbindung vom Ruhrgebiet zum östlichen Holland mit seiner Lage an den von Oberhausen und Wanne-Eickel herkommenden Strecken, die einerseits nach Borken und Winterswijk und andererseits nach Coesfeld, Gronau und Enschede weiterführten. Belgier besetzten den Bahnhof am 19. Januar, jedoch noch ohne Eingriff in den Bahnbetrieb. Ab Ende des Monats gab es eine Kontrolle der Züge. Nur noch für Holland bestimmte Kohle durfte passieren. Leere Wagen durften nicht in den unbesetzten Teil gebracht werden, aus Angst, sie würden nicht zurückkommen. Mit dem Einsetzen des passiven Widerstands verschlimmerte sich die Lage. *„Die scharfe Überwachung durch die Besatzung machte den Bahnbeamten und Arbeitern den Dienst schwer, so dass auf dem Bahnhof zeitweilig eine erregte Stimmung herrschte. Die Lage spitzte sich zu, als am 5. Februar 1923 Bahnmeister Tüpker verhaftet und im Auto weggebracht wurde. Man machte ihn für verschiedene Vorkehrungen am Stellwerk verantwortlich, die er indessen nur nach Vorschrift und Weisung von oben getroffen hatte."* [135] Das lässt den Schluss zu, dass das Unbrauchbarmachen von Stellwerksanlagen und ähnliche Handlungen auf Anweisungen der Vorgesetzten beruhten.

Bild 154
Dieses als „Ruhrzeche" bezeichnete Postkartenbild zeigt vermutlich die Gelsenkirchener Kokerei Hassel gegen Ende der zwanziger Jahre. Noch ist eine Vielzahl teilweise sehr kurzer zweiachsiger Güterwagen aus der Länderbahnzeit vorhanden und zahlreiche Güterwagen sind noch mit Bremserhäusern ausgestattet.

AUFNAHME: SAMMLUNG KLAUS KEMP

Bochum – Wanne-Eickel – Recklinghausen

Auf dem Hauptbahnhof Recklinghausen wurde zu Beginn der Besetzung das Ausladen von Lebensmitteln verhindert ebenso wie die Ausgabe der angekommenen Stückgüter am Güterschuppen, ohne dass ein Grund dafür angegeben worden wäre. Die täglich in speziellen Zügen ankommende Milch wurde beschlagnahmt.

Die deutschen Eisenbahner fühlten sich durch die Besatzungstruppen dermaßen schickaniert, dass sie am 25. Januar 1923 den Betrieb einstellten, nachdem ihre Forderung, die Soldaten zurückzuziehen, nicht erfüllt worden war. Als Antwort darauf vertrieben die Besatzer 24 Stunden später das Personal des Hauptbahnhofs mit Waffengewalt. Ein Lokführer wurde bei diesen Aktionen angeschossen und der Bahnhofsvorsteher verhaftet, allerdings nach kurzer Zeit wieder freigelassen, nachdem sich der Bürgermeister Recklinghausens für ihn verwandt hatte. Wie an anderen Orten auch hatte das Lokpersonal seine Loks durch das Entfernen wichtiger Teile unbrauchbar gemacht. Der Leiter des Bahnbetriebswerks wurde verhaftet und mit unsanften Methoden verhört. Um ihn freizubekommen, mussten aus dem Lokpersonal heraus zwei Geiseln gestellt werden, die sich abwechselnd 12 Stunden lang auf der im Lokschuppen eingerichteten französischen Wache aufzuhalten hatten. Erst am 10. März 1923 wurde die Geiselstellung aufgehoben. Am 26. Januar 1923 wurde das Personal des Bahnhofs Recklinghausen Ost mit der Waffe vertrieben. Passanten, die am selben Tag einen Übergang der Bahnstrecke Hamm – Oberhausen-Osterfeld im Bereich von Recklinghausen benutzen wollten, wurden von französischen Bahnposten beschossen.

„Mit welchen Betriebsschwierigkeiten das Personal zu kämpfen hatte, erhellt am besten ein Beispiel aus der Milchzufuhr. Täglich kamen bis zu 40 Kühlwagen Milch an, die auf einem besonders hergerichteten Notgleise, das nur Raum für drei bis vier Eisenbahnwagen bot und in einer Sandgrube mündete, entladen werden mussten. Die Milch war für die Städte Bochum, Gelsenkirchen, Herne, Wanne-Eickel, Recklinghausen und die benachbarten Ämter bestimmt. Sie erreichte infolge der Entladeschwierigkeiten in einem wenig guten Zustand oft erst gegen Abend ihr Ziel. Ähnliche Schwierigkeiten zeigten sich auch bei der Entladung des für diese Städte und Ämter bestimmten Schlachtviehes. Da die Hauptrampe anfangs nicht benutzt werden konnte, musste auch hier in aller Eile ein notdürftiges Provisorium geschaffen werden. Diese Notrampe diente der Entladung von 30 bis 40 Eisenbahnwagen Schlachtvieh an jedem Samstag. Nach und nach gelang es, die vorhandenen Entladegleise in beschränktem Maße wieder in Benutzung zu nehmen. Die Bereitstellung dieser Wagen konnte anfangs nur nachts erfolgen. Später konnte ein zweites Entladegleis angelegt werden. Die Zollmaßnahmen der Besatzung verzögerten oft die Ausladung der Güter. Nicht selten verdarben Lebensmittel. Eine wesentliche Entlastung trat erst durch die im August 1923 erfolgte Freigabe der Strecke Lünen – Oberhausen mit dem an dieser Strecke gelegenen Bahnhof Recklinghausen Ost ein. Am 9. November 1923 ging der Bahnhof Sinsen in die Hände der Eisenbahnregie über." [136)]

Ähnliche Schwierigkeiten für die Milchtransporte gab es übrigens auch in Dorsten. Durch diesen Bahnhof lief die Versorgung des Großraums Essen. Auch hier erfolgte der Weitertransport auf

Bild 155 – Wenn deutsche Ladenbesitzer keine französischen Soldaten bedienen wollten, „bedienten" sie sich oft genug selbst. Hier wird ein Geschäft für Büromöbel in Dortmund ausgeräumt. AUFNAHME: SAMMLUNG KLAUS KEMP

der Straße, da die Strecken zu den Zielbahnhöfen durch die französische Besatzung gesperrt waren. Allerdings musste das im Schutze der Dunkelheit geschehen, weil man Belästigungen durch die in Dorsten stationierten belgischen Truppen befürchtete. Diese hatten mehrfach Milchzüge ebenso wie Lastwagen gestoppt und die Milch einfach ausgeschüttet.

Am 8. Februar 1923 besetzten Soldaten die Blockstellen „Wanne-Unser Fritz“ zwischen Recklinghausen Süd und Wanne sowie „Baukau“ und „Julia“ zwischen Recklinghausen, Wanne und Bochum. Diese Blockstellen bildeten neuralgische Punkte im Bahnnetz, da sich dort acht bis 18 Gleise kreuzten. Nachdem das deutsche Personal durch französische Militärs ersetzt worden war, weigerten sich deutsche Lokführer, die entsprechenden Strecken zu befahren, weil sie dadurch ihr Leben und das ihrer Fahrgäste aufs Spiel gesetzt sahen. Unter diesen Vorbedingungen muss man die Ereignisse sehen, die sich am selben Morgen im Bahnhof Wanne abspielten. Im Rahmen einer großangelegten Aktion der französischen Truppen kam es dort es zu einem schweren Zwischenfall, der das Ausmaß des gegenseitigen Misstrauens widerspiegelt. Neben den Blockstellen besetzten Soldaten auch die Bahnhöfe Herne und Wanne und legten den gesamten Betrieb still. Alle deutschen Eisenbahner wurden gewaltsam vertrieben, wohl unter der Annahme, dass sie für die Besatzer nicht arbeiten würden. Als gegen 8.30 Uhr ein aus Essen kommender Schnellzug in Wanne einlief, der nach Hamburg weiterfahren sollte, vertrieben die Soldaten auch das Begleitpersonal des Zuges. Sie wollten ihn mit eigenem Personal weiterbefördern. Da die Passagiere den französischen Eisenbahnern keine Streckenkenntnis zutrauten, wollten sie die Reise mit ihnen nicht fortsetzen. Daraufhin forderten die Franzosen die Fahrgäste auf, Zug und Bahnsteig zu verlassen. Sie trieben sie mit Revolvern und Bajonetten durch die Bahnsteigunterführung ins Empfangsgebäude und auf den Bahnhofsvorplatz, wo Kavallerie bereitstand, um die Menge in die Nebenstraßen zu zerstreuen. Da gleichzeitig ein Nahverkehrszug aus der Gegenrichtung von Bochum-Langendreer her angekommen war und dessen Fahrgäste das gleiche Schicksal erlitten, kam es an den engen Ausgängen zu tumultartigen Szenen. Am Ende gab es auf deutscher Seite einen Toten und eine unbekannte Zahl Verletzter zu beklagen.[137)] Die Reisenden in Richtung Hamburg mussten mit der Straßenbahn nach Bochum und von da mit einem Personenzug nach Hamm im unbesetzten Teil des Ruhrgebiets weiterfahren, ehe sie die Reise mit dem Schnellzug zu ihrem Ziel fortsetzen konnten.

Der Bahnhof Recklinghausen Süd an der Strecke Münster – Wanne-Eickel wurde am 24. Februar 1923 einen halben Tag lang von einem Truppenkommando besetzt. Nachdem dieses den Bahnhof nicht betreiben wollte, zerstörte es systematisch alle Telefon- und Telegrafenanlagen der fünf Stellwerke sowie der Blockstelle Grullbad. Beladene Wagen und der Güterschuppen wurden beraubt. Trotz des Vandalismus der Besatzungstruppen gelang es dem deutschen Personal, die Anlagen notdürftig wiederherzurichten. Am 10. April wurde der örtliche Bahnbetrieb endgültig eingestellt, die Eisenbahner aus ihren Wohnungen vertrieben und selbst der Bahnhofswirt verjagt, nachdem er sich geweigert hatte, die Besatzer zu bedienen.

Vom Bahnhof Wanne nahmen die Besatzer 450 t Kohle und vom Bahnhof Herne 150 t mit. Ziel sollte Recklinghausen sein, aber unterwegs stieß der Zug mit der Beutekohle mit einem Militärzug zusammen, wobei erheblicher Sachschaden entstand.

Die Reichsbahn zog die Konsequenzen aus den Übergriffen gegen die Bahnanlagen, aber auch gegen die Verwaltung und verlegte am 2. Februar die Rbd Essen nach Hamm in den Teil ihres Bezirks, der nicht besetzt war. *„Als Amtsgebäude diente der zu diesem Zwecke notdürftig hergerichtete Wasserturm, während bereitgestellte Schlafwagen Unterkunftsmöglichkeiten gewährten.“*[138)] Die ande-

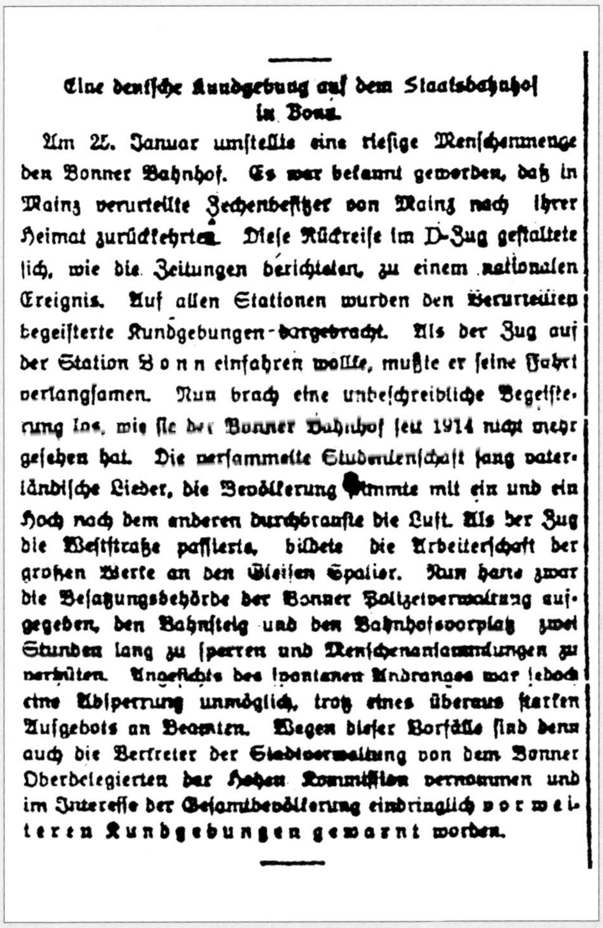

Eine deutsche Kundgebung auf dem Staatsbahnhof in Bonn.

Am 25. Januar umstellte eine riesige Menschenmenge den Bonner Bahnhof. Es war bekannt geworden, daß in Mainz verurteilte Zechenbesitzer von Mainz nach ihrer Heimat zurückkehrten. Diese Rückreise im D-Zug gestaltete sich, wie die Zeitungen berichteten, zu einem nationalen Ereignis. Auf allen Stationen wurden den Verurteilten begeisterte Kundgebungen dargebracht. Als der Zug auf der Station B o n n einfahren wollte, mußte er seine Fahrt verlangsamen. Nun brach eine unbeschreibliche Begeisterung los, wie sie der Bonner Bahnhof seit 1914 nicht mehr gesehen hat. Die versammelte Studentenschaft sang vaterländische Lieder, die Bevölkerung stimmte mit ein und ein Hoch nach dem anderen durchbrauste die Luft. Als der Zug die Weststraße passierte, bildete die Arbeiterschaft der großen Werke an den Gleisen Spalier. Nun hatte zwar die Besatzungsbehörde der Bonner Polizeiverwaltung aufgegeben, den Bahnsteig und den Bahnhofsvorplatz zwei Stunden lang zu sperren und Menschenansammlungen zu verhüten. Angesichts des spontanen Andranges war jedoch eine Absperrung unmöglich, trotz eines überaus starken Aufgebots an Beamten. Wegen dieser Vorfälle sind denn auch die Vertreter der Stadtverwaltung von dem Bonner Oberdelegierten der Hohen Kommission vernommen und im Interesse der Gesamtbevölkerung eindringlich v o r w e i t e r e n K u n d g e b u n g e n g e w a r n t worden.

Bild 156 – Notiz im Bonner Generalanzeiger vom Januar 1923 über die triumphale Rückreise der Ruhrindustriellen von ihrem Prozess in Mainz.
Abbildung: Sammlung Klaus Kemp

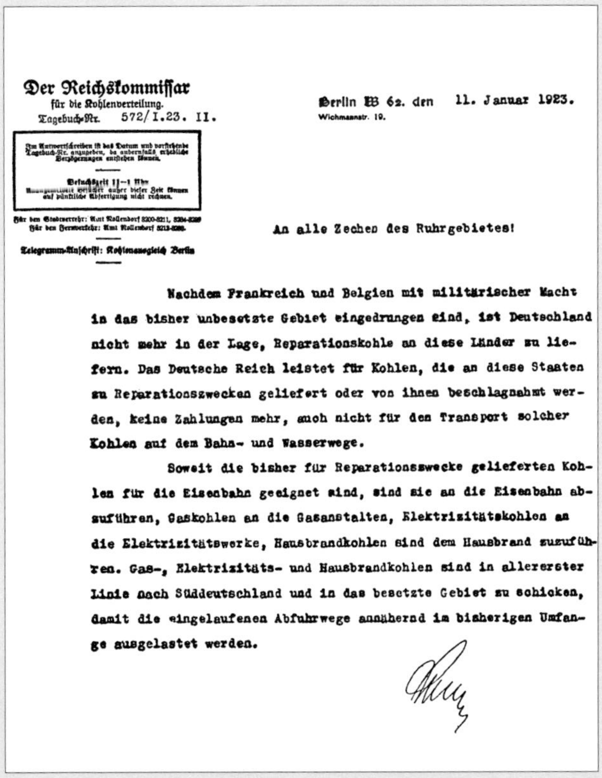

Der Reichskommissar
für die Kohlenverteilung.
Tagebuch-Nr. 572/I.23. II.

Berlin W 62. den 11. Januar 1923.
Wichmannstr. 19.

Im Antwortschreiben ist das Datum und vorstehende Tagebuch-Nr. anzugeben, da andernfalls erhebliche Verzögerungen entstehen können.
Besuchszeit 11–1 Uhr
... außer dieser Zeit können auf pünktliche Abfertigung nicht rechnen.

Für den Stadtverkehr: Amt Nollendorf 8200-8211, 8284-8289
Für den Fernverkehr: Amt Nollendorf 8212-8280.

Telegramm-Anschrift: Kohlenausgleich Berlin

An alle Zechen des Ruhrgebietes!

Nachdem Frankreich und Belgien mit militärischer Macht in das bisher unbesetzte Gebiet eingedrungen sind, ist Deutschland nicht mehr in der Lage, Reparationskohle an diese Länder zu liefern. Das Deutsche Reich leistet für Kohlen, die an diese Staaten zu Reparationszwecken geliefert oder von ihnen beschlagnahmt werden, keine Zahlungen mehr, auch nicht für den Transport solcher Kohlen auf dem Bahn- und Wasserwege.

Soweit die bisher für Reparationszwecke gelieferten Kohlen für die Eisenbahn geeignet sind, sind sie an die Eisenbahn abzuführen, Gaskohlen an die Gasanstalten, Elektrizitätskohlen an die Elektrizitätswerke, Hausbrandkohlen sind dem Hausbrand zuzuführen. Gas-, Elektrizitäts- und Hausbrandkohlen sind in allererster Linie nach Süddeutschland und in das besetzte Gebiet zu schicken, damit die eingelaufenen Abfuhrwege annähernd im bisherigen Umfange ausgelastet werden.

Bild 157 – Schreiben des Reichskommissars für die Kohleverteilung an alle Zechen vom 11. Januar 1923.
Abbildung: Sammlung Klaus Kemp

ren Direktionen auf dem linken Rheinufer folgten dem Beispiel. Die Rbd Trier wurde nach Gießen verlegt, die Rbd Mainz nach Darmstadt und die Rbd Ludwigshafen am 3. März nach Mannheim. Betroffen von den Eingriffen der Besatzungstruppen in den Betrieb eines Teils ihrer Bezirke waren noch weitere Direktionen, nämlich Münster und Elberfeld, deren Sitz jedoch außerhalb des Ruhrgebiets lag.

Im April 1923 besetzten die französischen und belgischen Truppen weitere Bahnhöfe und gaben sie, sobald das für sie interessante rollende Material und die dort in Güterwagen oder Lagern vorhandene Kohle abgefahren waren, wieder frei. Weitere Kontrollstellen richteten sie in Ründeroth, Dortmund-Mengede, Dortmund-Kirchderne und Dorsten ein. Außerdem militarisierten sie die Strecke Wanne – Dortmund-Aplerbeck. Auch im Mai erfolgte die Besetzung weiterer Bahnhöfe, namentlich Duisburg-Ruhrort und der Strecke Mülheim (Ruhr) – Essen. Gleichzeitig wurden früher besetzte Bahnhöfe geräumt. Im Juni erlitten die Essener Bahnhöfe Bergeborbeck, Katernberg Süd und Altenessen sowie Gelsenkirchen Hbf dieses Schicksal, während der Bahnhof von Herne nur wenige Tage lang besetzt wurde. Um die Monatsmitte unterbrachen die Franzosen die Strecke Gelsenkirchen-Buer Süd – Gelsenkirchen-Bismarck und besetzten die Dortmunder und Bochumer Bahnhöfe für die Dauer von 14 Tagen. Am 25. Juni 1923 errichteten die Besatzer eine Zollgrenze um das gesamte besetzte Gebiet herum, was den Verkehr mit dem unbesetzten Deutschland fast völlig zum Erliegen brachte.

Nach dem Anschlag auf einen belgischen Truppenzug auf der Rheinbrücke in Duisburg-Hochfeld (siehe Abschnitt 4.6.2) verhängten die Franzosen am 2. Juli 1923 eine Verkehrssperre über das gesamte Ruhrgebiet, gaben aber auch einige weniger wichtige Strecken wieder frei. Während des Monats August folgten weitere Besetzungen von Bahnhöfen, die Stilllegung einzelner Linien und die Einrichtung einer Zollkontrolle in Westhofen bei Schwerte, die Unterbrechung des Gütergleises an der Wuppertaler Nordbahn zwischen Wuppertal-Varresbeck und -Vohwinkel, obwohl dieses Gebiet eigentlich nicht besetzt war. Andererseits gaben die Franzosen die Strecke Lünen Süd – Recklinghausen Ost – Herten-Westerholt wieder frei. Mit dem Abbruch des passiven Widerstands kamen Bahnhofsbesetzungen immer seltener vor und hörten im November 1923 mit der in Abschnitt 5.2.6 beschriebenen Annäherung zwischen der Regiebahn und der Reichsbahn ganz auf.

Kleinbahnen

Während Privatbahnen normalerweise unbehelligt blieben, hatte die Bossel-Blankensteiner-Eisenbahn ihre Probleme mit der Besatzung. Sie bediente Zechen am Südrand des Ruhrgebiets zwischen der Ruhrtalbahn, die von den Franzosen besetzt war, und der Strecke Hattingen – Bossel – Wichlinghausen (Wuppertal), über die sie eine Verbindung ins unbesetzte Deutschland besaß. Mit der Besetzung der Ruhrtalbahn fielen die traditionellen Kunden der Bahn aus, denn alle Frachten wurden von den Franzosen kontrolliert und Kohletransporte beschlagnahmt. Sofort leitete die Bahn ihre Züge in die andere Richtung. Als die Franzosen Ende Januar auch die Gegend südlich der Ruhr besetzten, musste der Verkehr komplett eingestellt werden. Noch im März gaben die Besatzer diesen Bereich wieder auf. Nun lief der Verkehr erneut in Richtung Wuppertal. Über eine Reihe hintereinanderliegender Anschlussgleise gelang es sogar, eine am Westrand von Herbede gelegene Zeche zu bedienen, obwohl der Bahnhof Blankenstein von den Franzosen besetzt war. Als die direkte Verbindung Hattingen – Wichlinghausen von den Franzosen eine Zeit lang unterbrochen wurde, diente die Bossel-Blankensteiner-Eisenbahn zusätzlich als Umleitungsstrecke für die Ruhrtalbahn. Da man es bisher gewohnt gewesen war, beladene Züge durch das Blankensteiner Tal zur Ruhr hinunter zu fahren, besaß man keine besonders leistungsfähigen Lokomotiven. Als sich der Verkehr unter dem Druck der Ereignisse umdrehte, hatte man große Mühe, die Züge selbst mit zwei Lokomotiven zu befördern. Ganz unbehelligt blieb die Bahn jedoch nicht. Am 10. Juni 1923 kamen französische Soldaten. Sie setzten das Verbindungsgleis zum Reichsbahnhof Blankenstein, das man unbrauchbar gemacht hatte, instand und fuhren einige mit Kohle beladene Wagen ab. Dabei blieb es dann.

Auch die Bergischen Kleinbahnen, deren Netz von Wuppertal-Elberfeld aus bis an die Ruhr reichte, mit Endpunkten in Hösel, Werden, Essen-Steele und Hattingen, hatte unter den Folgen der Besatzung zu leiden. Mit dem Einmarsch der Franzosen in den südlichen Teils des Ruhrgebiets am 11. Januar 1923 fielen diese Endpunkte in die Besatzungszone. Anfang März 1923 entstand in Nierenhof eine Pass- und Zollkontrolle. Jeder Wagen wurde zweimal kontrolliert. Zuerst führten Militärs eine Passkontrolle durch und dann Zollbeamte eine Gepäckkontrolle. Fahrgäste in Richtung Hattingen mussten sogar noch eine zweite Passkontrolle

Bild 158
Eine Aufnahme der Dampfbahn Heiligenhaus – Hösel kurz nach der Eröffnung am 15. Oktober 1879. Am 27. Januar 1923 besetzten französische Truppen Heiligenhaus und beschlagnahmten die Bahn, die daraufhin den Betrieb einstellte. Nach dem Ende der Besetzung wurde er nicht mehr aufgenommen.

Aufnahme:
Archiv Carl Bellingrodt,
Sammlung Klaus Kemp

Bild 159
Ein belgischer Soldat hat diese Ansichtskarte des Empfangsgebäudes von Dorsten nach Hause gesandt und dabei darauf vermerkt, dass er etwa 2 km von dort entfernt Wache gestanden hat.

AUFNAHME: SAMMLUNG KLAUS KEMP

über sich ergehen lassen. Im April richteten die Franzosen zwei weitere Grenzposten ein, eine in Neviges für Pass- und Zollkontrolle und eine weitere in Asbruch am Nordrand des heutigen Wuppertal. Gelegentlich gab es auch Leibesvisitationen von Fahrgästen. Dreimal wurden in den Monaten Juli und September 1923 Verkehrssperren verhängt. In diesen Zeiten unterbanden die Besatzer jeden Grenzverkehr. Das machte dann einen durchgehenden Verkehr unmöglich. Am 16. Juni 1924 setzte in Neviges eine verschärfte Kontrolle ein, weil die Bergischen Kleinbahnen angeblich in Schmuggel verwickelt waren. Alle Fahrgäste mussten nun die Wagen verlassen und wurden eingehend untersucht. Vier Monate später, am 22. Oktober 1924, verließen die Franzosen das besetzte Gebiet, und der Verkehr normalisierte sich wieder.

Wegen der Probleme, die die preußische Staatsbahn während des Krieges hatte, mussten Klein- und Straßenbahnen verstärkt für sie einspringen. Bereits seit 1916 beförderten die Bergischen Kleinbahnen deshalb Kohle von Essen (Kray, Überruhr, Kupferdreh und Steele) nach Heiligenhaus sowie nach Ronsdorf jenseits von Elberfeld. Zwölf Triebwagen wurden zu Kohletransportfahrzeugen umgebaut. Während der Ruhrbesetzung musste die Bahn auch Gemüse und Schlachtvieh befördern. Dazu kam Stückgut sowie täglich ein Milchzug zwischen Velbert und Wuppertal-Elberfeld. Ihr Güterverkehrsnetz reichte von Langenberg im Westen bis nach Wuppertal und von dort nach Norden bis Essen und Bochum. Nach Ende der Ruhrbesetzung gab die Bahn als erstes 1926 den Kohleverkehr, 1928 den Stückgutverkehr und 1932 den restlichen Güterverkehr auf.

Die Strecke Velbert – Heiligenhaus – Hösel der Bergischen Kleinbahnen besaß bis Heiligenhaus elektrischen Betrieb. Die Strecke wurde von dort bis Hösel mit Dampf betrieben. Durch den Krieg gab es eine Überbeanspruchung der Fahrzeuge und Anlagen, sodass die Gesellschaft ihre Bahn schon 1920 stilllegen wollte, wenn sich die öffentliche Hand nicht an den notwendigen Straßenreparaturkosten beteiligen würde. Obwohl Zuschüsse ausblieben, betrieb man die Bahn weiter, bis französische Truppen am 27. Januar 1923 Heiligenhaus besetzten und die Bahn beschlagnahmten. Das veranlasste die Gesellschaft, den Betrieb sofort einzustellen. Am Tag der Besetzung war als letzter ein Güterzug mit 14 Stückgutwagen gefahren. Auch nach Ende der Besetzung ruhte der Betrieb. 1926 wurde das Gleis zwischen Hösel und Behmenburg, 1933 die Reststrecke bis Heiligenhaus abgebaut. Damit wurde diese Schmalspurbahn letztlich ein Opfer der Ruhrbesetzung.

Sonstiges

Die Besatzungssoldaten benutzten die Straßenbahnen in der ersten Zeit des Einmarschs ins Ruhrgebiet sozusagen als Schwarzfahrer. Sie stiegen ein, wo und wann sie wollten, ohne einen Fahrschein zu erwerben oder einen Freifahrschein vorzuweisen. Wurde ihnen die Mitfahrt verweigert, stiegen sie oftmals unter Gewaltanwendung in den Wagen und misshandelten den Schaffner. Mit der Zeit verlangten die Besatzungsbehörden von den Straßenbahngesellschaften Freifahrscheine unter Androhung von Zwangsmaßnahmen. Das änderte sich auch nicht nach der Aufhebung des passiven Widerstands. *„Daß Besatzungsangehörige die Fahrt bezahlten, ist nur in ganz vereinzelten Fällen vorgekommen."* [139)]

Den passiven Widerstand befolgten selbst die Industriellen. Das bekam die Delegation der MICUM, die sich am 11. Januar in Essen eingerichtet hatte, schnell zu spüren. Sie war an die Ruhr mit genau definierten Befugnissen und mit dem Gedanken gekommen, dass sie durch die deutsche Verwaltung in ihrer Arbeit unterstützt würde. Die deutsche Reaktion war ganz anders, als die Delegation es sich vorgestellt hatte. Die Arbeit des MICUM wurde durch die fehlende Koordination zwischen Belgiern und Franzosen und vor allem durch die schlechte Verkehrsverbindung zwischen dem Ruhrgebiet und den Heimatländern der Experten extrem behindert. So war es nur noch eine Frage der Zeit, bis die Regierungen Belgiens und Frankreichs mit Hilfe ihrer Truppen versuchten, den Widerstand zu brechen.

Auf einer Sitzung des MICUM, an der leitende Personen der größten Zechenbetriebe teilnahmen, kam es anfänglich zu einer Übereinkunft mit wichtigen Zechenbesitzern, nachdem diese glaubten, die Reichsregierung würde sie für Kohlelieferungen an die Alliierten entschädigen. Aber schon wenige Tage später gab es einen Zusammenstoß mit den Vertretern der MICUM, als sich die Industriellen gemäß der inzwischen eingegangenen Weisung der deutschen Regierung weigerten, Reparationskohle zu liefern. General Degoutte ließ die sechs deutschen Teilnehmer, die an der Sitzung teilgenommen hatten, darunter auch der Großindustrielle Fritz Thyssen, wenige Tage später verhaften und in Mainz vor ein Kriegsgericht stellen. Die Gefangenen wurden in einem Eisenbahnwagen unter militärischer Bewachung nach Mainz gebracht. Der Wagen wurde in Düsseldorf-Benrath an einen Personenzug gehängt und in Köln an einen Schnellzug. In Mainz erfolgte die Ausladung der Gefangenen aus Angst vor Tumulten der Bevölke-

Bild 160
Am Essener Hauptbahnhof in den dreißiger Jahren. In normalen Zeiten ergänzen sich die Verkehrsmittel, aber während der Besetzung der Ruhr mussten die Nahverkehrsmittel die Beförderung alleine übernehmen, bis die Besatzer durch Streckenunterbrechungen und eine Verringerung der Fahrten diesen Verkehr zu unterbinden versuchten.

Bild 161
Scheinbar unentwirrbar für die Besatzer war das Netz der öffentlichen und der Zechen- und Industriebahnen des Ruhrgebiets. Hier kreuzt eine Werklok die Gleise der Straßenbahn zwischen zwei Werksteilen der Fa. Krupp in Essen.

Bild 162
Zumindest in der Anfangszeit der Ruhrbesetzung ermöglichte das dichte und weit verzweigte Netz der Straßenbahnen, überall im Revier hinzukommen, auch ohne die Staatsbahnstrecken benutzen zu müssen.

AUFNAHMEN (3):
SAMMLUNG KLAUS KEMP

rung im Güterbahnhof. Von dort wurden sie in Lastwagen zum Verhandlungsort gebracht, wo sie später für schuldig befunden und mit hohen Geldstrafen belegt wurden. Am 25. Januar kehrten sie in Sonderwagen, die dem planmäßigen Schnellzug Mainz – Köln angehängt wurden, nach Essen zurück. *„Ihre Heimreise gestaltete sich zu einer Triumphfahrt. In den Straßen und auf allen Bahnhöfen jubelte ihnen die Menge zu.“* [140)]

Der Zug hielt in Bingerbrück, Boppard, Koblenz und Andernach, wo die dort stationierten Franzosen anscheinend noch nicht auf diese Art der Kundgebung vorbereitet waren. In Bonn versuchten sie, den Bahnhof abzusperren, was ihnen misslang. In der britischen Zone wurden diese Kundgebungen nicht behindert. In Düsseldorf war es den Besatzungssoldaten zeitweise gelungen, das Bahngelände abzusperren, aber schließlich durchbrach auch hier die Menge den Cordon. Aus Ärger über diese Kundgebungen verhängten die Franzosen am 25. Januar eine nächtliche Verkehrssperre, die am 29. Januar aufgehoben wurde. Die öffentliche Mitteilung über die Aufhebung erfolgte jedoch erst zwei Tage später.

Nachdem die Besatzer mit den Unternehmern nicht zurechtgekommen waren, versuchten sie, die Gewerkschaften auf ihre Seite zu ziehen. Oberst Clémenson, der Chef der Feldeisenbahner, rief am 17. Januar 1923 die Vertreter der Gewerkschaften der Eisenbahner im Gebäude der besetzten Rbd Essen zusammen. Er forderte sie auf, dafür zu sorgen, dass die Eisenbahnen in Betrieb blieben. Die Verweigerungshaltung war jedoch auch hier deutlich spürbar. *„Wenn die Besatzungsmacht glaubte, dass unter den französischen Waffen die Arbeitsfreudigkeit der Eisenbahner gehoben würde, so war dies ein Irrtum.“* [141)] Die Eisenbahner beharrten darauf, dass sie deutsche Beamte seien und deshalb auch nur deutschen Befehlen gehorchen würden. Damit war für die Franzosen und Belgier endgültig absehbar, dass es sowohl mit der Förderung der Kohle als auch mit deren Abtransport zu Probleme führen würde.

4.3.10 Alternative Verkehrsmittel

Die Benutzung der staatlichen Eisenbahn war, soweit sie von den Besatzern betrieben wurde, den Bürgern von amtlichen deutschen Stellen explizit verboten und als „Verbrechen gegen die Volksgesamtheit“ bezeichnet worden. Also wich man auf andere Transportmöglichkeiten aus. Im Ruhrgebiet gab es ein großes zusammenhängendes Netz von Straßenbahnen, und im Rheinland bot sich die Nutzung von Klein- und Privatbahnen an, selbst wenn der Weg dadurch länger und umständlicher wurde.

Lediglich privat betriebene Strecken wie die Moseltalbahn, die oben erwähnten Nebenbahnen der Eifel, Kleinbahnen von sonst nur örtlicher Bedeutung sowie einzelne Vorortstrecken der Reichsbahn an der Ruhr blieben in deutschen Händen. Auf letztere wird im Abschnitt 4.6 besonders eingegangen. All diesen alternativen Verbindungen war gemeinsam, dass sie aus einer Kombination verschiedener Verkehrsmittel (einschließlich Schusters Rappen) bestanden, wodurch sich die Reisezeit enorm verlängerte. Natürlich gab es auch keine auf diese Ersatzverbindungen abgestimmten Fahrpläne.

Über diesen Straßenbahnverkehr heißt es in einer rückschauenden Schilderung des Jahres 1930, als die Eindrücke noch frisch waren: *„Immerhin stand zunächst noch zwischen allen wesentlichen Orten des Ruhrreviers das weitverzweigte Straßenbahnnetz zur Verfügung. In kürzester Frist paßten sich auch diese Verwaltungen trotz stärkster örtlicher Zersplitterung den neuen Forderungen an. Vom linksrheinischen Krefeld bis zur Ostgrenze des neubesetzten Gebietes übernahmen durchgehende Straßenbahnzüge die Zufuhr notwendigster Bedarfsmittel, von Milch, Kartoffeln und selbst von Kohlen. Bis zu einer Monatsmenge von 10.000 Tonnen versorgten die Bochum-Gelsenkirchener Straßenbahnen die Westfälischen Stahlwerke mit Erz, Kohlen und Kalk. Vor allem aber ward der Personenverkehr anfangs nur wenig beschränkt. Mit offenem Sinn für das Tragikomische konnte der Schaffner am Ausgangspunkt der Straßenbahn Düsseldorf – Duisburg den sich drängenden und stoßenden Reisenden seiner Strecke gleichzeitig zum Umsteigen nach Mülheim – Essen, Bochum, Gelsenkirchen, Nord- und Ostseebäder [!] empfehlen; die etwas veralteten Wagen boten in der Tat die einzige Möglichkeit, vom südlichen Grenzort des „Sanktionsgebietes“ das freie Deutschland nach Norden hin zu erreichen. War die Beförderung auch langsam und dauerte eine Fahrt von Düsseldorf nach Essen z. B. mit dreimaligem Umsteigen, wenn es klappte, rund vier Stunden, viermal länger als die gewöhnliche Bahnfahrt, so bot sie doch Verkehrsmöglichkeiten, die wiederum die Benutzung der französisch-belgischen Eisenbahnen unnötig machte.“* [142)]

Verschiedene Straßenbahngesellschaften hatten 1922 Linien, die wegen der wachsenden Inflation unrentabel geworden waren, stillgelegt. Zu ihnen gehörte die Vestische Straßenbahn, die den Verkehr auf ihrer Wittener Strecke eingestellt hatte. Nach der Besetzung wurde diese Linie als Ersatz für die ausfallenden Eisenbahnen wieder eröffnet. Die am 7. September 1922 stillgelegte Linie Eickel – Bahnhof Wanne wurde am 11. April 1923 wieder in Betrieb genommen, allerdings als Gemeinschaftslinie mit der Bochum-Gelsenkirchener Straßenbahn (Bogestra). Eine weitere Gesellschaft war die Hattinger Kreisbahn, die ihren Betrieb am 10. Dezember 1922 eingestellt hatte. Unter dem Druck der Ereignisse fuhr sie ab dem 5. Mai 1923 wieder, bis sie ein Verkehrsverbot der Besatzungstruppen zur erneuten Stilllegung zwang (bis zum Abzug der Besatzungstruppen am 31. Mai 1924). Aufgrund der Überalterung des Wagenparks und inflationär bedingter Finanzprobleme wollte die Oberhausener Straßenbahn im März 1923 den Gesamtbetrieb einstellen, was aufgrund der Grund einsetzenden Ereignisse nicht geschah.

Wer von Aachen und aus der Nordeifel nach Köln reisen wollte, musste die Reise mit der Aachener Kleinbahn bis Eschweiler-Weisweiler beginnen. Es folgte ein Fußweg von acht bis neun Kilometern bis nach Pier. Von dort brachte die Dürener Eisenbahn die Reisenden in die gleichnamige Stadt. Am Markt in Düren stellte die Kreisbahn den Anschluss in Richtung Distelrath her, deren Züge deshalb das Richtungsschild „Köln“ trugen – sie mussten bis Nörvenich benutzt werden. Von dort aus schloss sich ein erneuter Fußmarsch von 1,7 km nach Oberbolheim an, wo es Anschlussmöglichkeiten nach Horrem gab, das in der englischen Besatzungszone lag. Ab hier verkehrten schließlich die Züge der Reichsbahn nach Köln. Diese Art der Reise nahm ungefähr einen Tag in Anspruch. Für eine Fahrt von Trier bis Köln waren sogar zwei bis drei Tage Zeit einzuplanen. Anzumerken bleibt, dass die Dürener Kreisbahn wegen der Inflation so hohe Verluste einfuhr, dass sie zum 31. Dezember 1922 ihren Betrieb einstellte. Lediglich die Strecke nach Distelrath blieb aus dem vorgenannten Grund als Straßenbahn in Betrieb. Von Distelrath nach Nörvenich ging es viermal täglich mit einem Dampfzug weiter. Der Betrieb konnte bis April 1923 aufrechterhalten werden, dann wurde er von den Franzosen verboten.

Eine ähnliche Rolle wie der beiden Dürener Privatbahnen kam auch der Euskirchener Kreisbahn zu, stellte sie doch zwischen Euskirchen und Köln die einzige Verbindung dar, um eine Fahrt mit der Regiebahn zu vermeiden. Den plötzlich angewachsenen Straßenverkehr schildert ein Zeitungsbericht vom März 1923:

„Auf den die Gilbach [143)] *durchziehenden Landstraßen nach Köln, in der Richtung Jülich – Aachen und Neuß – Düsseldorf, sehen die Leute die Zeiten ihrer Jugend wieder auftauchen, als man noch keine Beförderung mit der Eisenbahn kannte. Insbesondere ist es die Verkehrsstraße nach Köln, auf der täglich unzählige Per-*

sonen- wie Lastautos hin und her verkehren. Dazu kommen aber auch jetzt wieder schwere Pferdefuhrwerke, die hochbeladen mit Kisten und Kasten oder mit Kohlen, in langer Reihe die Straße dahinziehen, um den Güterverkehr zu vermitteln.“ [144)]

Die Köln-Bonner Eisenbahnen (KBE) war mit ihren beiden Strecken direkt nach Beginn der Besetzung des Rheinlandes besonders betroffen, weil mitten durch ihr Verkehrsgebiet die Grenze zwischen der englischen und der französischen Besatzungszone verlief. Viele Dinge waren genehmigungspflichtig, und jedes Mal waren zwei Besatzungsmächte zu befragen, die nicht immer gleich entschieden. Das besserte sich, sobald die Interalliierte Kommission in Koblenz eingerichtet war, welche verbindliche Richtlinien für alle Besatzungszonen erließ. Die Gegensätze zwischen den Alliierten brachen jedoch wieder hervor, sobald die Ruhrbesetzung begann. Als der passive Widerstand ausgerufen wurde, verhängten die Franzosen den Belagerungszustand. Für die KBE bedeutete es, dass tagsüber nur wenige Züge verkehren durften und die letzten Fahrten von Köln und Bonn aus ihre Endbahnhöfe Wesseling und Hermülheim spätestens um 19 Uhr erreicht haben mussten. Nach der Aufhebung des Belagerungszustandes wählte die Bevölkerung vor allem die Rheinuferbahn als Alternative zur Reichsbahn. Da die KBE diesem Fahrgastansturm nicht gewachsen war, half die Reichsbahn mit 4.-Klasse-Wagen aus, mit denen zwei von Dampflokomotiven gezogene Zuggarnituren gebildet werden konnten. Ab dem 13. Februar 1923 wurde eine Verbindung eingerichtet, die es vorher nicht gegeben hatte: nämlich ebenfalls mit Dampf beförderte Züge von Bonn-Ellerbahnhof über Wesseling-Rheinwerft, Berzdorf und Brühl-Vochem nach Berrenrath.

Während auf der Vorgebirgsbahn die Zugfrequenz gleichblieb (66 Züge), wurde die Anzahl der Fahrten auf der Rheinuferbahn durch das Einlegen von Vor- und Sonderzügen von 130 auf 164 gesteigert. Das blieb den Franzosen natürlich nicht verborgen, und sie ordneten an, dass ab dem 25. Juni 1923 nur mit dem Fahrplan und den Zuggarnituren aus dem Vorjahr gefahren werden durfte. Während der Personenverkehr riesige Fahrgaststeigerungen zu verzeichnen hatte, brach der Güterverkehr fast völlig weg, weil keine Braunkohle mehr befördert wurde, weder im Umschlag auf Rheinschiffe noch im Übergang auf die Reichsbahn. Es gab lediglich einen verstärkten Umschlag von Kalkstein für die Stahlindustrie, der jedoch den wegfallenden Kohleverkehr nicht auszugleichen vermochte. Um die Dampfloks fahren lassen zu können, musste auf teure englische Steinkohle zurückgegriffen werden, weil der Nachschub aus dem Ruhrgebiet ausblieb.

Im April 1923 kam es durch die Arbeitsüberlastung wegen des kaum noch zu bewältigenden Personenverkehrs zwischen Köln und Bonn und wegen den der galoppierenden Inflation nachhinkenden Löhne zu einem Streik bei der KBE. Da die Bahn für viele Fahrgäste eine Alternative zur Reichsbahnstrecke darstellte, kam der Streik beim reisenden Publikum besonders schlecht an. Denn es blieben nun nur die viel langsameren Schiffe oder der lange Umweg über die andere Rheinseite (unter Nutzung der Kölner Vorortbahnen bis Porz-Zündorf, von dort mit der Kleinbahn Siegburg – Zündorf bis nach Siegburg, und weiter mit der Siebengebirgsbahn nach Bonn). Die wenigen Autofahrer nutzten die Gelegenheit, zusätzliches Geld zu verdienen, verlangten jedoch das Fünf- bis Zehnfache dessen, was die Fahrt auf den Straßen- und Kleinbahnen kostete.

Nachdem durch die Einrichtung der Regiebahn die Kapazitäten zur Ausbesserung von Lokomotiven eingeschränkt wurden, ließ die Reichsbahn einige Loks im KBE-Bahnbetriebswerk Bonn-Dransdorf ausbessern. Die KBE unterstützte die Reichsbahn noch in einem anderen Punkt: Als der Staatsbahnhof von französischen Soldaten besetzt wurde, gelang es, dort lagernde Koffer zur KBE zu bringen. Am 7. Februar wurde in der Lokalpresse folgende Anzeige veröffentlicht: *„Die auf der Packkammer des Staatsbahnhofes Bonn noch lagernden Gepäckstücke gelangen wegen der Schließung des Bahnhofes auf der Päckerei der Rheinuferbahn zur Ausgabe. Es liegt im dringendsten Interesse der Reisenden, die Abhebung des Gepäcks möglichst bald vorzunehmen.“* [145)]

In der Pfalz boten die Rhein-Haardt-Bahn (Ludwigshafen – Bad Dürkheim) und die Pfälzer Überlandbahn (Neustadt – Landau) einen Ersatz für die Staatsbahnstrecken. Als die Nutzung auch dieser Linien ungeahnte Ausmaße annahm, wurden ebenfalls alle dort verfügbaren Fahrzeuge eingesetzt. Ebenso dienten beide Linien zunehmend dem Güterverkehr, für den die Straßenbahnbetriebe nur teilweise eingerichtet waren. In einem Bericht über die Rhein-Haardt-Bahn, die lediglich eine Konzession zur Stückgutbeförderung besaß, heißt es: *„Eine Hochkonjunktur erlebte der Güterverkehr während des Ruhrkampfes. Sendungen mit Nahrungsmitteln, lebendem Vieh, Futtermitteln, Stroh, Heu, Baumaterialien usw. gingen vom unbesetzten rechtsrheinischen Gebiet in das besetzte linksrheinische Gebiete. Die wenigen Güterwagen der Rhein-Haardtbahn reichten nicht aus. Die Oberrheinische Eisenbahn-Gesellschaft half mit ihrem umfangreichen Güterwagenpark aus. Der Güterverkehr erregte den Ärger der französischen Besatzungsmacht und wurde für mehrere Monate verboten.“* [146)]

Dieses Verbot wurde am 19. Juni 1923 erlassen und galt auch für die Pfälzer Überlandbahn.

Übrigens nahmen die Kleinbahnen auch am passiven Widerstand teil, indem sie den Wechselverkehr mit den Staatsbahnstrecken einstellten, weil sie keinerlei direkten Kontakt zur Regiebahn aufnehmen wollten. Erst mit dem Mainzer Abkommen vom 1. Dezember 1923 normalisierte sich dieses Verhältnis wieder, vor allem, weil das Magdeburger Wagenabrechnungsbüro als zwischengeschaltete Verbindungsstelle genutzt werden konnte.

Umso härter wurden Bevölkerung und Verwaltungen getroffen, als am 5. Juli 1923 neue Ordonnanzen den Straßenbahnverkehr auf den Fahrplan der Vorjahre beschränkten, und die Zahl der Fahrgäste nur jener entsprechen durfte, für die der jeweilige Wagen zugelassen war (Sitz- und Stehplätze). Der Kleinbahn- und Straßenbahnbetrieb musste so weit gedrosselt werden, dass er die Beförderungskapazität des Vorjahres nicht überstieg. In Mülheim (Ruhr) wurden zudem alle Ruhrbrücken gesperrt, sodass keine Straßenbahn mehr den Fluss überqueren konnte. Auch durften die Linien nur noch zwischen 5 und 19 Uhr verkehren. Um den Verkehr noch weiter zu behindern, ließen Franzosen und Belgier im Ruhrgebiet zwischen größeren Ortschaften die Schienen aufreißen, sodass ein durchgehender Straßenbahnbetrieb verhindert wurde. Davon betroffen war u. a. die Oberhausener Straßenbahn, von der Vororte wie Sterkrade und Osterfeld nicht mehr anfahren werden konnten. Auch der Güterverkehr wurde auf den Straßenbahnen untersagt. Dauerhaft durfte allerdings der Transport von Lebensmitteln wie Milch, Eier, Butter, Früchten und Frischgemüse durch die Straßenbahnbetriebe aufrecht erhalten werden.

Für die Reisenden bedeutete die Weigerung, die Regiebahn zu benutzen, erhebliche Zeitverluste. Für die Fahrt von Essen nach Dortmund wurden wegen des häufigen Umsteigens sieben Stunden oder mehr benötigt. Wer von Essen nach Hamm wollte, musste bis zu 14 Stunden einrechnen, vor allem wegen der langen Wartezeiten während der Grenzkontrolle. Ohne diese Behinderungen brauchte ein Personenzug für diese Strecke in der Regel 1 ½ Stunden.

Es entwickelte sich eine Konfliktsituation, die einem Guerillakrieg nicht unähnlich gewesen sein dürfte, wenn auch spontan und wenig organisiert. Zwar konnte der Abtransport von Reparationslieferung in Form von Kohle und Industriegütern nicht verhindert werden, aber er band doch auf Seiten der belgischen und französischen Besatzer relativ hohe Truppenkontingente zur Objektbewachung. Hauptstrecken erhielten ab Mitte Juli rund um die Uhr Wachposten, die von der Besatzungsarmee gestellt wurden.

Bild 163 – Um ohne Nutzung der Reichsbahn von Aachen nach Köln zu gelangen, mussten Reisende wenigstens drei verschiedene Straßenbahnen benutzen. Eine davon war die Dürener Kreisbahn. Auf diesem Bild treffen sich verschiedene Linien am Dürener Markt (um 1930). AUFNAHME: SAMMLUNG KLAUS KEMP

Dazu kam, dass sich beide Seiten einen psychologischen Kleinkrieg in Form verteilter Flugblätter und Hetzartikeln in der Presse lieferten. Auf deutscher Seite wurde von all den Verboten berichtet, welche die Interalliierte Rheinlandkommission erließ, und Schreckensnachrichten über Attentate sowie Unfälle verbreitet. Es wurden Polizisten identifiziert, die mit den Franzosen zusammenarbeiteten, und Fahrgäste aus dem Rheinland denunziert, die mit den Zügen der Regie reisten. Außerdem wurden Anstrengungen unternommen, Beschäftigte, die Arbeiterzüge benutzten, in der Nähe ihrer Betriebe unterzubringen, sodass sie auf die Fahrt mit der Eisenbahn verzichten konnten. *„Alles wird getan, um den Eisenbahnverkehr zu lähmen“.*[147)] Während die Besatzer Plakatkleber verfolgten und Zeitungen verboten, die gegen sie gerichtete Artikel veröffentlichten, publizierten sie selbst Artikel mit Gegenpropaganda in zwei eigens von ihnen gegründeten deutschsprachigen Tageszeitungen und verteilten Plakate, mit denen sie zum Teil auf die öffentlichen Anschläge mit den Befehlen für die Zivilbevölkerung zurückgriffen, welche die deutsche Armee in den besetzten Teilen Belgiens und Frankreichs benutzt hatte. Diese brauchten nicht einmal kommentiert werden, sie sprachen für sich selbst.

172c Hermülheim—Berrenrath

(Vom 1 Juni 1923) ● nur Mo, Sb u. F (Alle Züge nur 3. Kl.)

Z 1000	W 1002	Z 1004		W 1006		Z 1008		W 1010	Z 1012		Z 1014	W 1016	Z 1018	km	(Köln-Bonner Eisenbahnen)	Z 1001	W 1003	Z 1005		W 1007	Z 1009		W 1011		Z 1013		Z 1015	W 1017	Z 1019
5 25	6·50	8 0	...	11·50	...	1·25	...	3·40	4·55	...	7 30	9 20	● 12 0	0,0	Ab Hermülheim Süd 172b ... An	6·35	7·45	9 15	...	12·50	2·40	...	4·35	...	6 0	...	8 30	10 40	● 12 45
5 29	6·54	8· 4	...	11·54	...	1·29	...	3·44	4·59	...	7 34	9 24	12 4	1,8	Hürther Berg	6·31	7·41	9·11	...	12·46	2·36	...	4·31	...	5·56	...	8 26	10 36	12 41
5 32	6·57	8· 7	...	11·57	...	1·32	...	3·47	5· 2	...	7 37	9 27	12 7	2,4	Hürth	6·28	7·38	9· 8	...	12·43	2·33	...	4·28	...	5·53	...	8 23	10 33	12 38
5 35	7· 0	8·10	...	12· 0	...	1·35	...	3·50	5· 5	...	7 40	9 30	12 10	3,1	Hürther Talmühle	6·25	7·35	9· 5	...	12·40	2·30	...	4·25	...	5·50	...	8 20	10 30	12 35
5 39	7· 4	8·14	...	12· 4	...	1·39	...	3·54	5· 9	...	7 44	9 34	12 14	4,3	Knapsack	6·21	7·31	9· 1	...	12·36	2·26	...	4·21	...	5·46	...	8 16	10 26	12 31
5 42	7· 7	8·17	...	12· 7	...	1·42	...	3·57	5·12	...	7 47	9 37	12 17	5,1	Goldenbergwerk	6·18	7·28	8·58	...	12·33	2·23	...	4·18	...	5·43	...	8 13	10 23	12 28
5 45	7·10	8 20	...	12·10	...	1·45	...	4 0	5·15	...	7 50	9 40	● 12 20	6,3	An Berrenrath ... Ab	6·15	7·25	8 55	...	12·30	2·20	...	4·15	...	5 40	...	8 10	10 20	● 12 25

172d Köln—Urfeld—Bonn

(Vom 1 Juni 1923) ђ nur 3. Kl. Δ nur Sb ⬇ nur Mo bis Fr (Köln-Bonner Eisenbahnen [Rheinuferbahn])

⊙ 1) Außerdem: Δ 3·4, 3·13, 3·21, Δ 3·28 ђ; W 4·4, 4·13, 4·21, W 4·28 ђ — Ab Köln Trankgasse .. An, » Ubierring, » Marienburg, An Sürth ... Ab — W 3·59, 3·50, 3·42, W 3·35 ђ; ...; W 4·59, 4·50, 4·42, W 4·35 ђ; Δ 5·59, 5·50, 5·42, Δ 5·35 ђ

⊙ 2) Außerdem: W 4 30 / W 4 53; W 4 55 / W 5 13; W 5 0 / W 5 23; W 5 25 / W 5 18; W 5 42 / W 6·0; W 6·20 / W 6·38; 6·25 / 6·48; ђ Δ 4·0 / Δ 4·24 — Ab Köln Trankgasse .. An, Wesseling Fähre, An Bonn Endbf .... Ab — ђ Δ 1·44 / Δ 1·11; ђ Δ 1·52 / Δ 1·34 / ...; ђ ⬇ 2·44 / ⬇ 2·11 / ...; ђ Δ 2·54 / Δ 2·20 / ...

	ђ									ђ	ђ					km	
W 5 35	W6·52	6 30	7 0	7 30	7·31	Von 7 30 ab von Köln aus jede halbe Stunde ein Schnellzug bis 11 0 (um 8 30 von Wesseling Fähre ab, um 9 30 u. 10 30 auf der ganzen Strecke jedoch nur F) u. 34 Min. nach voll ein Personenzug bis 10 34	...	...	...	W5·4	Δ6 4	F11 30	11 34	12 0	F12 20	0,0	Ab Köln Trankgasse 127. 128. ⊙ 1) 2) [173. 756]
5 44	7·1	6·39	7 8	7 38	7·43		...	...	...	5·13	6 13	11 38	11 43	12 8	12 28	2,1	Köln Ubierring
5 52	7·9	6·47	7 16	7 46	7·51		...	...	...	5·21	6 21	11 46	11 51	12 16	12 36	4,7	» Marienburg
5 54	7·11	6·50	»	»	7·53		...	...	...	5·23	6 23	»	11 53	»	»	5,9	Rodenkirchen b. Köln 209 K
5 59	W7·16	6·55	»	»	7·58		...	⬇ 4·40	...	5·28	6 28	»	11 58	×12 22	×12 41	9,1	Sürth ⊙ 1)
6·4	——	7·0	»	»	8·3		...	4·46	...	5·33	6 33	»	12 3	×12 27	×12 44	12,0	Godorf
W 6·7	...	7·3	»	»	8·6		Δ1·2	4·48	W5·26	5·36	×6 36	»	×12 6	»	»	13,6	Wesseling Prov. 172 a
6·10	6 50	7·7	7 26	»	8·10		1·4	5·0	5·30	W5·38	Δ6 38	F11 56	12 8	12 30	F12 46	14,8	» Fähre 208a ⊙ 2)
6·15	»	7·12	»	»	8·15		»	5·7	5·37	Sb nur bis Sürth	...	...	...	hält bei Bedarf auf allen Stationen	hält bei Bedarf auf allen Stationen	17,9	Urfeld
6·17	»	7·15	»	»	8·17		»	5·10	»		...	...	...			19,5	Widdig
6·21	»	7·19	»	»	8·21		»	5·15	5·47		...	...	...			22,2	Hersel
6·23	»	7·22	»	»	8·23		»	»	»		...	...	...			23,4	Buschdorf
6·25	»	7·24	»	»	8·25		»	5·21	»	...	...	...	...			25,1	Bonn Nord
6·28	7 2	7·28	7 38	8 8	8·28		1·16	⬇ 5·24	W5·58	...	...	...	...			26,7	» Ellerbf 172 b
×6·32	7 6	×7·32	×7 42	×8 12	×8·32		×1·20	...	...	...	...	...	...			27,7	» Weststr.
6·34	7 8	7 34	7 44	8 14	8·34		Δ1·22	...	...	...	...	...	...			28,3	An Bonn Endbf 173. 209 B ⊙ 2)

km														
0,0	Köln Trankgasse ... An	W5 26	5 59	6·37	...	6·53	...	7·19	7 45	8·4	Von 7 0 ab von Bonn aus jede halbe Stunde ein Schnellzug bis 11 30 (um 8 30 von Wesseling Fähre ab, um 9 30, 10 30 u. 11 30 auf der ganzen Strecke jedoch nur F) u. 5 Min. nach voll ein Personenzug bis 10 5	...	...	Hält bei Bedarf auf allen Stationen
2,1	Köln Ubierring	5 17	5 50	6·28	...	6·44	...	7·10	7 36	7·55		...	...	
4,7	» Marienburg	5 9	5 42	6·20	...	6·36	...	7·2	7 28	7·47		...	...	
5,9	Rodenkirchen b. Köln 209 K	5 7	5 40	6·18	...	6·34	...	7·0	»	7·45		...	...	
9,1	Sürth ⊙ 1)	5 2	5 35	6·13	...	6·29	...	6·55	»	7·40		...	...	
12,0	Godorf	4 57	5 30	6·5	...	6·25	...	6·50	»	7·35		...	...	
13,6	Wesseling Prov. 172 a	4 51	5 27	6·2	W 6·16	6·23	W 6·39	6·47	»	7·32		...	...	
14,8	» Fähre 208a ⊙ 2)	W4 52	5 25	6·0	6·11	6·20	6·35	6·45	7 18	7·30		11 3	12 3	12 20
17,9	Urfeld	...	W5 18	W5 53	6·4	W »	6·28	W 6·38	»	7·23		10 58	11 58	×12 17
19,5	Widdig	...	5 16	5 51	»	»	»	6·36	»	7·21		10 56	11 56	»
22,2	Hersel	...	5 12	5 47	5 54	»	6·18	6·32	»	7·17		10 52	11 52	×12 11
23,4	Buschdorf	...	5 10	5 45	»	»	»	6·30	»	7·15		×10 50	11 50	»
25,1	Bonn Nord	...	5 8	5 43	»	»	»	6·28	»	7·13		10 48	11 48	»
26,7	» Ellerbf 172 b	...	5 6	5 41	W5 45	6·6	W 6·9	6·26	7 6	7·11		10 46	11 46	12 6
27,7	» Weststr.	...	×5 2	×5 37	...	×6·2	...	×6·22	×7 2	×7·7		×10 42	×11 42	×12 2
28,3	Bonn Endbf ... Ab	...	W5 0	W5 35	...	W 6·0	...	W 6·20	7 0	7·5		10 40	11 40	12 0

172b. 172d

Bild 164 – Solange es möglich war, fuhren die Köln-Bonner Eisenbahnen dampflokbespannte Personenzüge über die Rheinuferbahn bis Wesseling und vor dort über Vochem bis nach Knapsack. Dafür lieh ihr die Reichsbahn Personenwagen. Fahrplanausschnitt mit dieser außergewöhnlichen Verbindung. ABBILDUNG: SAMMLUNG HANS-PETER ARENZ

Bild 165 – Das engmaschige Netz der Werk- und Industriebahnen im Ruhrgebiet bot an so mancher Stelle den örtlichen Eisenbahnern eine gute Alternativ, den Zugverkehr auf „verschlungenen Wegen" an den Besatzungstruppen vorüberzuführen. Hier eine Ansicht der Zeche „Mathias Stinnes 3/4" in Gelsenkirchen-Brauck um 1953, mit einem Kübelwagenzug von der Zeche „Graf Moltke" zum Bahnhof Gelsenkirchen Horst Nord (im Hintergrund rechts). AUFNAHME: SAMMLUNG NORMAN KAMPMANN

4.4 Einbruch und Ausbruch

Nachdem das Ruhrgebiet für den Durchgangsverkehr der Reichsbahn gesperrt war, suchte diese durch Umleitungen der Situation Herr zu werden. Je nach Lage begannen und endeten die Schnell- und Personenzüge von und in das unbesetzte Deutschland an Ausweichbahnhöfen wie etwa Essen-Kray Süd, Essen-Stoppenberg, Essen-Altenessen, Essen-Karnap und Gladbeck West.

Als französische Truppen am 26. Januar 1923 den Bahnhof Datteln am Nordostrand des Ruhrgebietes besetzten, hatten die deutschen Eisenbahner bereits die Gleise leergeräumt und sämtliche Richtungsschilder entfernt. Noch während die Soldaten das Gelände einnahmen, konnte der einzige Kohlezug, der sich dort noch befand, dadurch gerettet werden, dass es gelang, schnell genug eine Lok aus Lünen herbeizuholen, die ihn abtransportierte.

An der Kontrollstelle Dortmund-Scharnhorst gelang es in der Nacht vom 8. auf den 9. Februar 1923 unter den Augen der Wachen, zwei Kohlezüge ins unbesetzte Gebiet zu entführen, indem man sie entgegen der normalen Richtung über den Ablaufberg in das gestellte Gleis in Richtung Hamm rollen ließ und anschließend dorthin brachte.

So wie die außerhalb liegende Hütten Koks benötigten, war für die im Revier gelegenen Stahlwerke neben Koks und Erz der Empfang von Zuschlagstoffen [148] wichtig, um weiter Stahl produzieren zu können. Als die Kalklieferung stockte, organisierte die Oberbetriebsleitung West viele Wochen lang den Versand auf dem Wasserweg, zum Teil unter holländischer Flagge. Hierzu wurden der Rhein und die Kanäle im Ruhrgebiet genutzt. Der Kalk wurde auch auf dem Schienenweg bis Hamm gebracht, um von dort über die Lippe und den Dortmund-Ems-Kanal ins Ruhrgebiet gebracht zu werden, von wo dann die Verteilung durch Lkw stattfand. Eine dritte Möglichkeit war es, Komplettzüge aus dem Siegerland bis an den Rand des besetzten Gebietes zu bringen. Hier wurde das Netz der miteinander verbundenen Werkbahnen ausgenutzt, um diesen Zuschlagstoff auf verschiedene Hütten zu verteilen. Es wurde jede sich bietende Möglichkeit wahrgenommen, jedoch musste flexibel gehandelt werden, weil sich die Situation von Tag zu Tag änderte.

Vor allem im nördlichen Ruhrgebiet konnten die verschiedenen Betriebe durch die logistische Unterstützung der Reichsbahn und der örtlichen Eisenbahner wochenlang nahezu ungestört weiterarbeiten. Die Gutehoffnungshütte, die bis dahin ihre Übergabezüge im Bahnhof Oberhausen empfangen und abgesandt hatte, wich nach der Besetzung auf den Bahnhof Essen-Frintrop aus. Komplette Kohlezüge wurden – ohne Schlusssignal – nachts über die Strecke Oberhausen-Sterkrade – Wesel ins unbesetzte Deutschland gefahren. Die hier kontrollierenden belgischen Soldaten besaßen den Ruf, sich besonders leicht bestechen zu lassen. Ein weiteres Schlupfloch bildete der Hafen Walsum, der noch bis Mitte März 1923 unbesetzt war.

Nach der Stilllegung der beiden Bahnhöfe Recklinghausen Hbf und Ost blieb neben Recklinghausen Süd nur noch der an der Nordseite der Stadt gelegene Bahnhof Marl-Sinsen an der Strecke Münster – Wanne-Eickel in deutscher Hand. Letzterer war vorrangig ein großer Verschiebebahnhof. Dort endete jetzt der Personenverkehr aus dem Münsterland, aber es wurde ein Pendelverkehr zum Block „Börste", etwa 1 km nördlich des Hauptbahnhofs, eingerichtet, wo einen Notbahnsteig installiert wurde. Die Besatzer duldeten diese Notlösung jedoch nur bis zum 9. Juni 1923. Danach war der Bahnhof Marl-Sinsen Anfangs- und Endstation für den Personenverkehr. Dort ankommende Fracht wurde monatelang auf Fuhrwerke, Lkw und Straßenbahnen umgeladen und so bis nach Düsseldorf transportiert. Sollte der französische Zoll umgangen werden, wurden in Haltern Wagen mit zollpflichtigen Waren gleich hinter der Lok in den Zug eingestellt. Nach der Ankunft in Sinsen rangierte die Lok diese Wagen auf das Anschlussgleis der Zeche Ewald. Auf dem dortigen Gelände konnte die Fracht dann ungesehen entladen und auf der Straße im Revier zugestellt werden. Obwohl Sinsen als Güterbahnhof über umfangreiche Gleisanlagen verfügte, erwiesen sich diese wegen des gewachsenen Verkehrsumfangs (Endpunkt für den Güterverkehr, der sonst durch den Bahnhof ins Ruhrgebiet hineingelaufen wäre) als zu klein. Zudem benutzten auch die Franzosen den Bahnhof für den Kohle- und Koksverkehr.

Erstaunlicherweise gelang es den örtlichen Eisenbahnern, sich durch diese schwierigen Zeiten zu lavieren, ohne mit den Besatzungstruppen in Konflikt zu geraten. Wäre der Bahnhof Sinsen für die Deutschen geschlossen worden, hätte der weiter nördlich gelegene Bahnhof Haltern genutzt werden müssen – damit wäre verbunden gewesen, dass dann jedes Straßenfahrzeug beim Passieren der Grenze den umfangreichen Zollkontrollen unterworfen war. Erst ab dem 7. April 1924 verlegten die Franzosen ihre Zollrevision von Sinsen nach Recklinghausen Hauptbahnhof, was bedeutete, dass auch der Personenverkehr aus dem unbesetzten Gebiet durchgehend bis dorthin durchgeführt werden konnte und damit für die Fahrgäste viele Unannehmlichkeiten wie Zollkontrollen unter freiem Himmel bei Wind und Wetter wegfielen. Die Kontrollen des Eilgut- und Stückgutverkehrs fanden im Güterschuppen statt, während für den Express- und Personenverkehr der Wartesaal 3. und 4. Klasse zweckentfremdet wurde. Um den Bau von Zollschuppen auf den Bahnsteigen 1 und 2 zu finanzieren, wurde jedes Gepäckstück mit einer Gebühr belegt. Am 10. September 1924 fielen die Zollkontrollen endlich weg.

Ähnlich wie Sinsen erlangte der Bahnhof Bottrop Nord eine vorher nicht gekannte Bedeutung, da er vom Essener Gebiet südlich der Emscher mit der Straßenbahn zu erreichen war. Fracht die aus Süddeutschland kam umging über Hagen, Hamm und Münster in weitem Bogen das besetzte Ruhrgebiet und erreichte ihr Ziel über Hervest-Dorsten. Allerdings waren die Randbahnhöfe von Dorsten, Haltern und Coesfeld häufig total überfüllt, was den Verkehrsfluss behinderte. Selbst im Duisburger Hauptbahnhof, dessen Personen- und Eilgüterabfertigung bereits am 22. Januar 1923 stillgelegt worden war, blieb der normale Güterverkehr bis Anfang April unbehelligt. Von hier aus verteilte die bahnamtliche Rollfuhr Fracht bis nach Aachen sowie Kleve und holte sie auch ab, um sie von Duisburg aus ins unbesetzte Gebiet zu bringen. Die in Oberhausen angesiedelten Betriebe fertigten ihre Sendungen über Duisburg West nach Duisburg-Hochfeld ab.

Nach dem Attentat auf der Rheinbrücke von Duisburg-Hochfeld am 30. Juni 1923 wurde ihnen dieser Weg versperrt, und sie konnten nur noch den Wasserweg benutzen. Im Ausbesserungswerk Duisburg-Wedau ging die Arbeit dagegen weiter. *„Auf vorgeschobenem Posten harrten Beamte und Arbeiter aus und nutzten die gewaltigen Vorräte an Holz, Eisen und sonstigen Ausrüstungsstücken zur Wiederherstellung von Wagen.“* [149] Allerdings führten sie die Arbeiten nie zu Ende, um zu vermeiden, dass die fertigen Fahrzeuge von der Regie beschlagnahmt würden.

An dem erwähnten Block „Börste“ (nach anderer Quelle Block „Lippe“) wurde von der französischen Besatzung zur Grenzkontrolle für Einreisen ein Sonderhaltepunkt eingerichtet. Da hier auch mit Kohle beladene Güterzüge halten mussten, bot sich der anliegenden und Mangel leidenden Bevölkerung die Gelegenheit, die schwere Kohlelast der französischen Güterzüge zu eigenen Gunsten zu verringern. Gegenüber von Block „Lippe“, jenseits der Doppelgleise, lag der mit hohen Hecken eingefriedete Garten einer Gaststätte. Von dort gab es Blickkontakt zum Stellwerk. Hielten also auf der Fahrt nach Haltern hier mit Kohlen beladene Güterzüge auf der Gartenseite und war die Luft rein, kam vom Stellwerk ein entsprechendes Signal, und der Kohlezug wurde erleichtert. Die Fracht wurde sofort hinter die Hecke in den Garten gebracht. Danach konnten sich auch entfernter wohnende Nachbarn mit ausreichend Kohle aus dem Garten versorgen.

In Dortmund-Derne hielt der Bahnhofsvorsteher alle Güterwagen auf, denen eine Beschlagnahmung drohte. Auf eigene Gefahr ließ er sie aus den Güterzügen herausholen und benachrichtigte die Empfänger, die bis von Essen, Gelsenkirchen, Bochum und noch weiter her kamen, um ihre Fracht wenigstens anfangs noch mit dem Lkw abfahren zu können. Als die Franzosen diese Möglichkeit zunehmend blockierten, benachrichtigte der Vorsteher die Nachbarbahnhöfe im freien Teil des Münsterlandes, um die Fracht bereits dort aufhalten und andere Transportwege suchen zu können. Für kleinere Stücke und Pakete wurde immer häufiger die Post herangezogen, ebenso wie zur Personenbeförderung mit Postbussen.

Die Beschlagnahme der Kohle brachte viele Betriebe in Schwierigkeiten, weil sie den Brennstoff für ihre Produktion brauchten. Als den Westfälischen Sand- und Thonwerken in Dorsten (heute Euroquarz GmbH) aus Kohlemangel die Stilllegung drohte, gelang es ihnen, mit Hilfe einiger Eisenbahner für Nachschub zu sorgen. Im Bahnhof Dorsten befand sich ein Kohlezug von etwa 15 Wagen, auf denen mit großen Buchstaben „beschlagnahmt“ geschrieben war. In einem unbeobachteten Moment kuppelte der Rangiermeister die ersten fünf Wagen, von denen diese Aufschrift zuvor entfernt worden war, ab und brachte sie zu den Sand- und Thonwerken. Die kostbare Ladung wurde dort in Sicherheit gebracht und die Wagen mit Sand befüllt, um sie wieder zurück zum Bahnhof zu fahren.

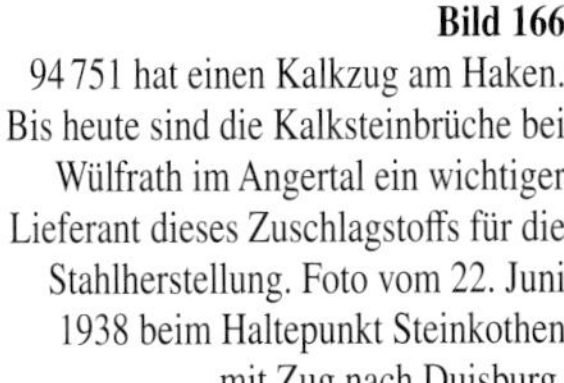

Bild 166
94 751 hat einen Kalkzug am Haken. Bis heute sind die Kalksteinbrüche bei Wülfrath im Angertal ein wichtiger Lieferant dieses Zuschlagstoffs für die Stahlherstellung. Foto vom 22. Juni 1938 beim Haltepunkt Steinkothen mit Zug nach Duisburg.

AUFNAHME: CARL BELLINGRODT, BILDARCHIV DER EISENBAHNSTIFTUNG

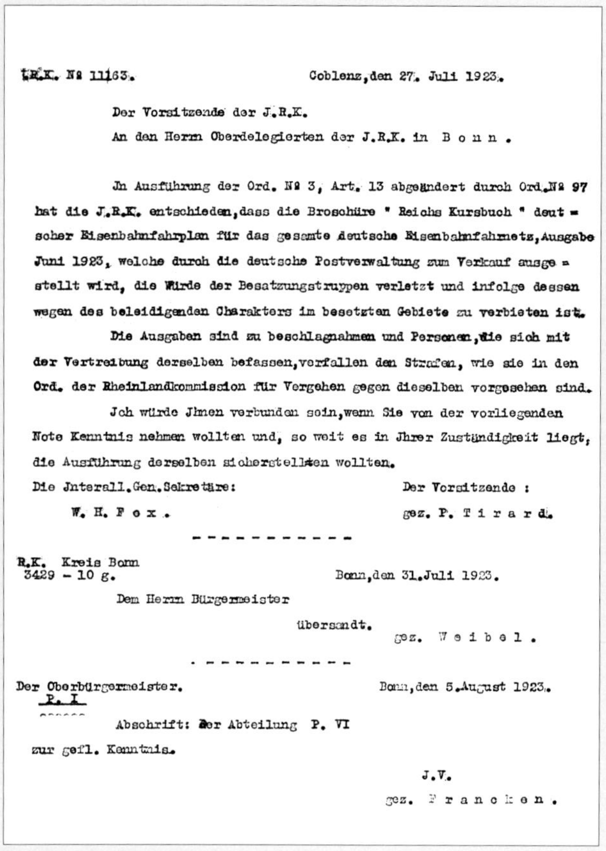

I.R.K. Nº 11163. Coblenz, den 27. Juli 1923.

Der Vorsitzende der J.R.K.

An den Herrn Oberdelegierten der J.R.K. in B o n n .

Jn Ausführung der Ord. Nº 3, Art. 13 abgeändert durch Ord. Nº 97 hat die J.R.K. entschieden, dass die Broschüre " Reichs Kursbuch " deut = scher Eisenbahnfahrplan für das gesamte deutsche Eisenbahnfahrnetz, Ausgabe Juni 1923, welche durch die deutsche Postverwaltung zum Verkauf ausge = stellt wird, die Würde der Besatzungstruppen verletzt und infolge dessen wegen des beleidigenden Charakters im besetzten Gebiete zu verbieten ist.

Die Ausgaben sind zu beschlagnahmen und Personen, die sich mit der Vertreibung derselben befassen, verfallen den Strafen, wie sie in den Ord. der Rheinlandkommission für Vergehen gegen dieselben vorgesehen sind.

Jch würde Jhnen verbunden sein, wenn Sie von der vorliegenden Note Kenntnis nehmen wollten und, so weit es in Jhrer Zuständigkeit liegt, die Ausführung derselben sicherstellen wollten.

Die Jnterall. Gen. Sekretäre: Der Vorsitzende :

W. H. F o x . gez. P. T i r a r d.

- - - - - - - - - - - -

R.K. Kreis Bonn
3429 – 10 g. Bonn, den 31. Juli 1923.

Dem Herrn Bürgermeister

übersandt.

gez. W e i b e l .

- - - - - - - - - - - -

Der Oberbürgermeister. Bonn, den 5. August 1923.
P. I

Abschrift: der Abteilung P. VI

zur gefl. Kenntnis.

J.V.

gez. F r a n c k e n .

Bild 167 – Schreiben der Interalliierten Rheinlandkommission vom 27. Juli 1923, mit dem der Verkauf des Reichskursbuches in den besetzten Gebieten verboten wurde. ABBILDUNG: SAMMLUNG KLAUS KEMP

4.5 Repressalien

Seitens der Besatzungstruppen kam es zu Ausschreitungen, die aus heutiger Sicht nur schwer verständlich erscheinen. Da die meisten dieser Schilderungen auf zeitgenössischen deutschen Quellen beruhen und französische Gegendarstellungen fehlen, ist eine objektive Bewertung der Fakten nicht immer möglich. Man möchte sie als reine Propaganda abtun, aber das wäre zu einfach, da es trotz allem genug glaubhafte Berichte gibt. Ein Vergleich deutscher und französischer Quellen über die **Zahl der Opfer** zeigt für die Zeit von Januar 1923 bis Juli 1924 folgendes Bild:

- deutsche Quelle: 154 Tote und 112 Schwerverletzte,
- französische Quelle: 118 Tote und 74 Schwerverletzte.

Hierbei ist zu berücksichtigen, dass die deutsche Seite Unfallopfer – wie etwa durch ein Militärfahrzeug verletzte oder getötete Passanten – einbezogen hat und die französische Seite sie unbeachtet ließ. Rund ein Drittel aller Vorfälle mit tödlichem Ausgang ereigneten sich im März 1923. Bis Juni blieb die Zahl relativ hoch, um dann stark abzusinken. Die Zahlen hätten angesichts der Schärfe, mit der der Konflikt ausgetragen wurde, sehr viel höher ausfallen können.

Einige Vorfälle sollen hier aufgeführt werden, weil sie ein wenig die von beiden Seiten vergiftete Atmosphäre verdeutlichen. Allein das martialische Auftreten der ins Ruhrgebiet einrückenden Truppen wurde von einer Bevölkerung, die die Schrecken des Krieges und das Verhalten der eigenen Truppen an der Front und in der Etappe nicht erlebt hatte, als eine Provokation empfunden. Den französischen Soldaten und ihren Offizieren dagegen waren die Fronterfahrungen noch frisch in Erinnerung. Zu diesem Thema passt das folgende Zitat: *„Die Bevölkerung des besetzten Landes muss erkennen und fühlen, dass wir die Herren des Landes sind, der Krieg muss schwer auf ihnen lasten. Je rigoroser und schärfer der Krieg auch in dieser Beziehung geführt wird, desto schneller ist anzunehmen, dass der feindliche Staat auch im Interesse seiner Bevölkerung und seines Landes zum Frieden geneigt sein wird. […] Sentimentale und humanitäre Erwägungen sind nicht am Platze. Sie würden zu Folgeerscheinungen führen, die eine schwere Ungerechtigkeit gegenüber unserem eigenen Volke bilden würden. Das Völkerrecht wird, wenn es nötig erschienen sollte, sich den harten Lehren dieses Weltkrieges anpassen müssen.“* [150] Dieser Absatz stammt nicht, wie man denken möchte, aus französischer Feder, sondern aus dem Bericht eines deutschen Offiziers über die Verwaltung der besetzten Gebiete Nordfrankreichs, geschrieben im September 1915.

Auf französischer Seite galt viel von dem, was auf deutscher Seite als passiver Widerstand beschrieben wurde, eigentlich schon als Sabotage – was sehr oft Ursache und Wirkung nur schwer auseinanderhalten lässt. Schlimmer war jedoch die daraus entstehende Spirale von Gewalt, unter der am Ende alle zu leiden hatten.

4.5.1 Eisenbahn

Die Besatzer benutzen den Vorwand des Widerstands, um Entscheidungen durchzusetzen, die es ihnen ermöglichten, Abläufe zu optimieren und Schwierigkeiten zu umgehen. Die wichtigste Entscheidung der französischen Militärbehörden war schon jene vom 27. Januar 1923, den Betrieb der Eisenbahnen in eigene Verwaltung zu übernehmen. Diese Entscheidung wurde gefällt, als die fast völlige Verweigerung der deutschen Eisenbahner offensichtlich wurde. Diese deutsche Haltung machte eine französische Ausbeutung der „produktiven Pfänder“, nämlich der Bergwerke und Eisenhütten, unmöglich. Dazu bauten die Besatzer wenig später eine eigene Eisenbahnverwaltung auf. Dieser als Regiebahn bekannt gewordenen Organisation ist im Folgenden ein eigenes Kapitel gewidmet.

Diese Entscheidung entzog der Reichsbahn rund 10 % ihres gesamten Streckennetzes. Da dort gleichzeitig auch die höchsten Transportleistungen erbracht wurden, sanken diese gegenüber 1922 auf dem verbliebenen Netz im Personenverkehr um 18 % und im Güterverkehr sogar um 26 %.

4.5.2 Geldbeschlagnahmung

Einer der Gründe für die nahezu ausnahmslose Beteiligung der Bevölkerung am passiven Widerstand war das Versprechen der Reichsregierung, anstelle des ausfallenden Lohns eine Unterstützung zu zahlen. Da die Besatzungstruppen daran interessiert waren, dass die Eisenbahner ihre Arbeit wieder aufnahmen, verboten sie im März 1923 diese Auszahlung und machten gezielt Jagd auf die dafür bestimmten Lohngelder. Sie sahen darin die gröbste Verhöhnung ihrer Zwangsmaßnahmen. Man hoffte die Eisenbahner zum Einlenken zu bringen, wenn sie kein Geld mehr bekämen. Dann würden sie sicher zu ihren Arbeitsplätzen zurückkehren und all die Bahnstrecken, die die Regiebahn mangels Personals alleine nicht betreiben konnte, wieder in Gang bringen. Je effizienter die Abgrenzung der besetzten Gebiete wurde, umso schwieriger stellte sich die Geldbeschaffung für Löhne und Gehälter dar. Weil es leichter schien, das Geld über die britische in die französische Zone zu bringen, wurde anfangs vielfach der Weg über Köln benutzt. Es war einer der Gründe, weshalb die Franzosen den Bahnhof Hagen-Hengstey besetzten. Am 23. Februar fuhren vier Beamte des Reichsfinanzministeriums als ganz normale Reisende getarnt von Berlin nach Köln. Sie führten sowohl 13 Mrd. Papier-

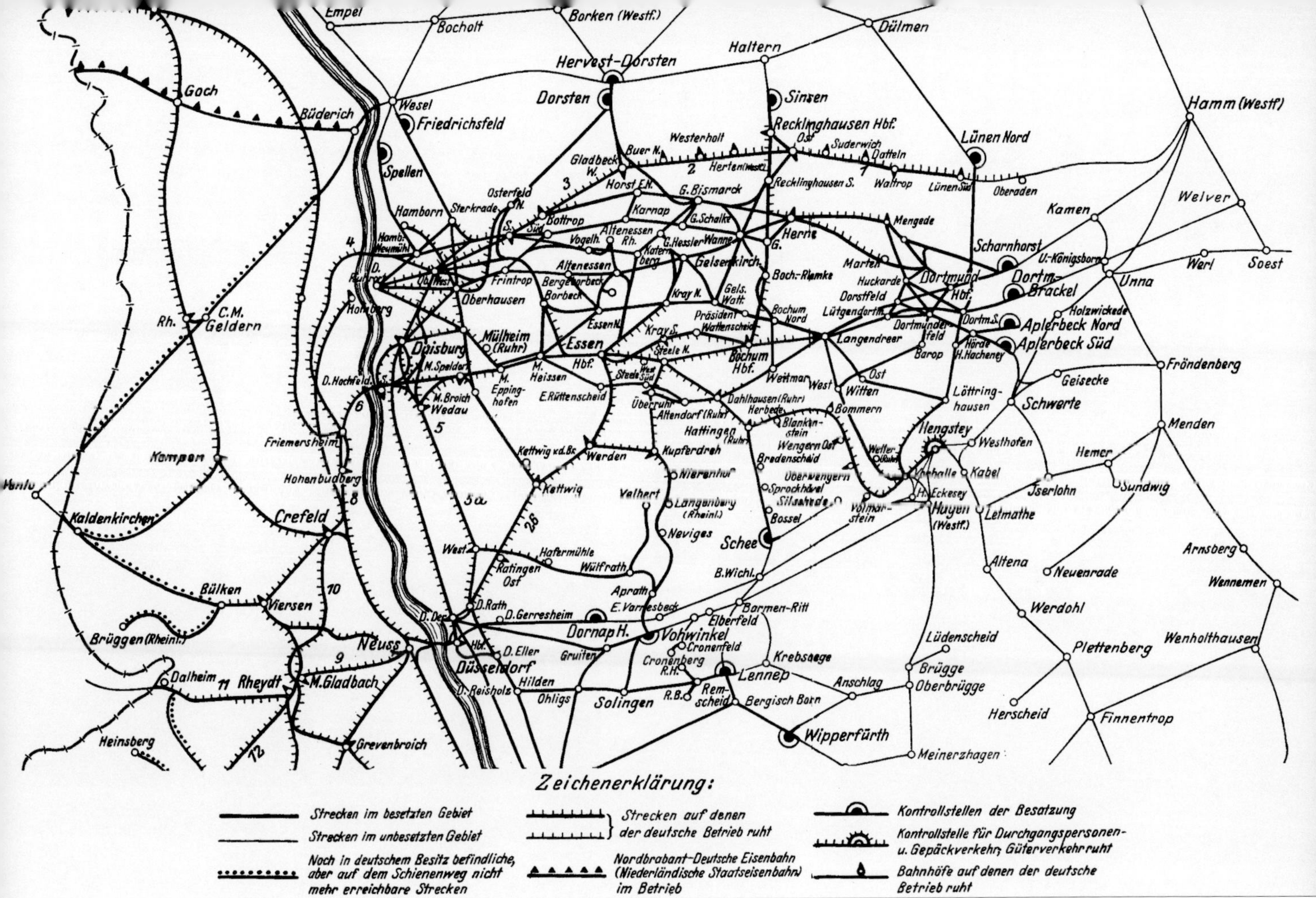

Bild 168 – Karte der französischen Eingriffe in das Eisenbahnnetz des Ruhrgebiets im Frühjahr 1923. ABBILDUNG: SAMMLUNG KLAUS KEMP

mark als auch die entsprechenden Druckplatten mit sich.[151)] Die Franzosen hatten einen Tipp erhalten und suchten gezielt nach dem Transport. Schließlich wurde das Geld beschlagnahmt, weil es aus französischer Sicht zu Propagandazwecken im Ruhrgebiet dienen sollte, während die Finanzbeamten es als Sold für die englischen Besatzungstruppen deklarierten.

Die Auszahlung musste statt in den üblichen Kassenräumen in den Wohnzimmern von Beamten, in Gaststätten, Geschäften und Banken erfolgen. Wurden die Besatzer einer solchen Auszahlung gewahr, nahmen sie das Geld mit Waffengewalt weg und wiesen denjenigen, der die Verteilung besorgte, auf der Stelle aus. Diese gewaltsamen „Beschlagnahmungen" führten vor allem in den ersten Monaten jedoch eher zu einer Verstärkung des Widerstands in der Bevölkerung als zu dessen Aufweichung. Genauso bemächtigten sich die Franzosen der Lohngelder privater Betriebe und brachen teilweise sogar die Tresore der Reichsbank auf, nachdem sich die Reichsregierung geweigert hatte, für den Unterhalt von Truppen aufzukommen. Mit der Aufhebung des passiven Widerstands musste dann jedoch bezahlt werden, was auch immer die französischen Truppen forderten.

Die Geldtransporte mussten unter größter Geheimhaltung erfolgen, weil jeder, der entdeckt wurde, mit Haftstrafen und Ausweisung rechnen musste. Das Problem verschärfte sich im Juli 1923 noch, als die Besatzungsbehörden auch die Auszahlung von Erwerbslosenfürsorge gänzlich verboten. Da wegen der galoppierenden Inflation das erforderliche Papiergeld ein immer größeres Volumen einnahm, wurde auch das Schmuggeln der Lohngelder in das besetzte Gebiet immer schwieriger. Einen Großteil der Geldtransporte übernahmen die Eisenbahner der Lebensmitteltransporte, die ständig zwischen besetztem und unbesetztem Gebiet verkehrten. Die Not machte erfinderisch, und so wurden enorme Geldsummen in Getreidesäcken, unter der Kohle im Tender von Lokomotiven, in Eisenbahnwagen mit doppelten Wänden und Böden, in Kalkwagen unter dem Kalk für die Hochöfen oder mit Möbeltransporten geschmuggelt. Kinderwagen, Milchwagen, Kranken- und Leichenwagen wurden ebenfalls für den Geldtransport herangezogen.

Laut Versailler Vertrag musste das Deutsche Reich für die Besatzungskosten aufkommen. Da nach deutscher Rechtsauffassung die Besetzung des Ruhrgebietes durch diesen Vertrag nicht gedeckt war, wurden die entsprechenden Zahlungen für Unterbringung und Verpflegung der französischen und belgischen Truppen verweigert.

Auch das veranlasste die Besatzer zu regelrechten Raubzügen in Filialen der Reichsbank und Stadtkassen. Selbst die private Post blieb nicht verschont. Tagelang wurden ab dem 10. Juli 1923 in Velbert-Nierenhof an der Strecke Düsseldorf – Elberfeld sämtliche Wertbriefe und Wertpakete aus den durchfahrenden Zügen geholt. Am 31. Juli plünderten französische Soldaten die Schiffspost Köln – Uerdingen aus. Am 30. August ereilte die Bahnpost Wuppertal-Vohwinkel – Velbert das gleiche Schicksal. An diesen Raubzügen partizipierten auch belgische Truppen, die Ende August aus einem Bahnpostwagen in Dorsten Wertbriefe über 5 Mrd. Mark mitnahmen. Diese Aktionen standen im krassen Widerspruch zur Haager Landkriegsordnung, die ein Vorgehen gegen zivile Einrichtungen und den Besitz Privater verbietet.

Diese drastischen Maßnahmen der Besatzer relativieren sich jedoch in gewisser Weise, wenn in Rechnung gestellt wird, dass die deutschen Truppen nach dem gewonnenen Krieg von 1870/71 während ihrer Besatzungszeit in Frankreich (die immerhin zweieinhalb Jahre dauerte) das Recht hatten, in den besetzten Gebieten Steuern einzutreiben und Zwangsrequisitionen vorzunehmen, falls die französische Regierung die Zahlung der Verpflegung verzögerte oder sie gar ganz verweigerte.

Bild 169 – Franzosen halten einen Zug auf freier Strecke an, um ihn zu kontrollieren.
AUFNAHME: ULLSTEIN BILDERDIENST

Bild 170 – Ein französischer Soldat bewacht einen mit Briketts beladenen Güterwagen.
AUFNAHME: SAMMLUNG KLAUS KEMP

4.5.3 Kohle

Im Jahr 1922 betrug die Kohleförderung an der Ruhr 90 Mio. t. Im Februar 1923 fiel die Produktionsziffer als Folge des Einmarschs auf 10 % des Vorjahres und betrug im März praktisch Null. Von den 70 Hochöfen, die am 1. Januar 1923 arbeiteten, funktionierten nach der Besetzung nur noch drei. Um die Kohlelieferungen zu bekommen, wegen denen sie ins Ruhrgebiet einmarschiert waren, begannen die Franzosen mit der Beschlagnahme von Zügen. Einer der ersten Transporte, der von ihnen requiriert wurde, sollte am Morgen des 18. Januar 1923 von der Zeche Mansfeld in Bochum-Langendreer 715 t Kohle und Koks nach Eisleben in Anhalt bringen. Nachmittags traf es auf dem Bahnhof Herne den regelmäßigen Pendelzug zwischen der Zeche „Friedrich der Große" und der Ilseder Hütte mit 764 t Koks und Kohle. Insgesamt fanden die Franzosen in Herne 128 beladene Kohlewagen, von denen sie mit viel Mühe nur 55 abfahren konnten, die dann jedoch an anderer Stelle im Ruhrgebiet hängen blieben.

Der Reichskohlenkommissar, ein Amt, das nach der Revolution von 1918 zur Beaufsichtigung der Kohlewirtschaft geschaffen worden war, reagierte am 26. Januar 1923 mit einem Schreiben an alle Zechen im Ruhrgebiet:[152)] *„Mit Rücksicht auf die rechtswidrige französisch-belgische Maßnahme im Ruhrgebiet verbiete ich jede Abgabe von Brennstoffen an Besatzungstruppen im neubesetzten Gebiet. Hausbrandversorgungsbezirken ist Ausgabe von Reichshausbrandbezugsscheinen und Landabsatzscheinen an Truppen im neubesetzten Gebiet und Mitwirkung an Kohleversorgung dieser Truppen ebenfalls verboten."*

Als Reaktion verboten die Franzosen am 31. Januar 1923 die Lieferung von Kohle aus dem von ihnen kontrollierten Bereich in den unbesetzten Teil Deutschlands. Das widersprach dem Artikel 231 des Versailler Vertrages, nachdem zuerst der deutsche Bedarf gedeckt werden musste, ehe Reparationsforderungen gestellt werden konnten. Die dadurch entstehende Knappheit an Brennstoff führte in vielen Bereichen der Wirtschaft zu Engpässen. Auch die Reichsbahn litt darunter und musste den Zugverkehr reduzieren. Als ersten Schritt verminderte sie den Personenverkehr um etwa 20 %. Am Ende sah sie sich genötigt, Kohle aus dem Ausland einzuführen. Diese kam aus Polen und in geringem Maß aus der Tschechoslowakei, der Hauptlieferant war jedoch England.

Selbst ein unbeteiligtes Land wie die Schweiz litt unter dieser Situation, denn der Betrieb der Schweizer Eisenbahnen hing ebenfalls von der Ruhrkohle ab. Zwar war die Reichsregierung gewillt das Land weiter zu beliefern, doch konnte wegen des Ruhrkonflikts nur weniger als vereinbart geliefert werden. Um keinen internationalen Konflikt zu provozieren, gestattete deshalb die Besatzungsmacht am 31. März die Auslieferung von Kohle ohne speziellen Erlaubnisschein an Länder, die Reparationskohle erhielten, nämlich Frankreich, Belgien und Italien, aber auch an die Schweiz und die Niederlande. Ebenso konnte die für den Betrieb der Eisenbahnen in den besetzten Gebieten bestimmte Kohle ohne besondere Erlaubnis versandt werden. Dies nutzte die Gegenseite allerdings eine Zeit lang, um Kohle ins unbesetzte Deutschland zu schaffen, indem fiktive Adressen in Italien angegeben wurden. Um sich vor Beschlagnahmungen von Kohle auf den Bahnhöfen zu schützen, ließ die Reichsbahn ab dem 1. März 1923 alle nicht unbedingt notwendigen Kohle- und Koksmengen wegschaffen.

Die Lage spitzte sich zu, denn als Reaktion auf den Lieferungsstopp an das unbesetzte Deutschland verbot die deutsche Regierung neben der Lieferung von Reparationskohle auch den regulären Export von Kohle in Drittländer. Dadurch nahm der Transport in die alliierten Länder so drastisch ab, dass z. B. fast ein Drittel der französischen Hochöfen stillgelegt werden musste. Eine Zahl zeigt das deutlich: Hatte Deutschland in den beiden ersten Monaten des Jahres 1922 noch 2,1 Mio. t Kohle nach Frankreich geliefert, waren es im gleichen Zeitraum 1923 nur noch 74.000 t. Neben dem passiven Widerstand wirkten sich auch Sabotageakte an den Schienen- und Wasserwegen aus. Zwar konnten die Besatzer die Menge der abgefahrenen Kohlen steigern, doch gelang es ihnen bis Mitte April nur weniger als 10 % der

Menge wegzuschaffen, die sonst als Reparationsleistung geliefert worden wäre. Langsam konnte die Abfuhr jedoch gesteigert werden: Wurden zu Beginn rund 1.000 t der auf Halde gelagerten Kohle pro Tag abgefahren, erhöhte sich deren Menge auf 11.000 t pro Tag im Februar und erreichte in der ersten Maiwoche 12.500 t bzw. 35 % des Solls. Im Juni pendelte sich die tägliche Abfuhr auf 25.000 t ein, und dabei blieb es bis zum Ende des Jahres. Im Juni forderte die französische Regierung auch die Lieferung von Braunkohle aus dem linksrheinischen Gebiet westlich von Köln. Jedoch gelang es der MICUM erst im August 1923, die Gruben bei Liblar und Neurath (südlich von Grevenbroich) wieder in Betrieb zu nehmen.

Erhebliche Schwierigkeiten bereitete den aus Frankreich herbeigebrachten Fachleuten die Kohleförderung aus großen Tiefen. Ohne spezielle Kenntnisse war es unmöglich, den Abbau mit ortsunkundigem Personal durchzuführen. Unter Zuhilfenahme von Fachleuten aus Lothringen und Belgien gelang es tatsächlich, einige Bergwerke wieder in Gang zu bekommen. Den Hauptengpass bildete jedoch nach wie vor nicht die Förderung, sondern der Abtransport.

Nach deutschen Angaben gelang es der Regiebahn, im Juni 1923 im Tagesdurchschnitt 756 Wagen (im Juli 657 Wagen) nach Belgien und Frankreich abzufahren. Das entsprach einer Menge von etwa 10.000 t täglich. Der Transport auf dem Wasserweg bewegte sich täglich zwischen 1.000 und 3.000 t. Vor der Ruhrbesetzung hatten sie pro Arbeitstag 1.850 Wagen erhalten. Dieser Verkehrsrückgang drückt sich auch in der Zahl der im Ruhrgebiet gefahrenen Züge pro Tag aus, wie eine französische Tageszeitung ihren Lesern berichtete. So verkehrten vor der Besetzung 1.647 planmäßige und 653 Bedarfsgüterzüge, während es im April 1923 nur noch 264 planmäßige und 253 Bedarfsgüterzüge waren, von denen fast alle auf den immer noch von den Deutschen betriebenen Strecken fuhren. Die Regie betrieb dagegen z. B. am 6. April 1923 eine Handvoll boykottierter Personenzüge, vier Nachschubzüge (davon zwei leer), sieben Kohle- und Kokszüge und acht leere Güterzüge. Das war alles! Dazu waren die Güterzüge der Regie deutlich kürzer als jene der Reichsbahn.

Der Abtransport von Kohlevorräten der Bergwerke, Hütten und sonstigen Betriebe erforderte einen großen Aufwand. Es wurden sogar Aufklärungsflugzeuge eingesetzt, die Luftaufnahmen anfertigten, um festzustellen, wo Kohle gelagert wurde. Danach rückten Truppen an, sperrten die Zugänge zu den Lagerstellen und schafften die so gefundene Kohle zu einer der militarisierten Eisenbahnstrecken. General Degoutte erließ am 31. März 1923 eine Verordnung, nach der für jedes mit Kohle oder Koks beladene Fahrzeug, selbst für Handwagen, ein Passierschein benötigt wurde. Jedem, der diesen Schein nicht vorweisen konnte, wurde die Kohle weggenommen. Das betraf vor allem die ärmere Bevölkerung, die auf den Zechen ein wenig Hausbrand ergattert hatte, sowie die Bergleute, denen auf Grund ihrer Arbeit „Deputat-Kohle“ zustand. Am Ende führte diese Maßnahme zur Stilllegung von Fabrikbetrieben, weil niemand diesen Passierschein beantragen wollte. Darunter litt jedoch auch die Energieversorgung in Form von Strom und Gas. Öffentliche Badeanstalten und Krankenhäuser mussten mangels Energie schließen. In Essen setzte der französische Truppenarzt durch, dass dem örtlichen Krankenhaus bis Mitte Mai deutsche Kohle (mit Straßenbahnwagen) zugestellt wurde. Dann ging die Stadt – wie viele andere Städte an Rhein und Ruhr auch – ebenfalls zum Bezug englischer Kohle über, wobei diese meist auf dem Wasserweg von Holland herangebracht wurde. Erst nach Aufhebung des passiven Widerstands entspannte sich die Situation.

Nachdem der Eisenbahnbetrieb vor allem im Norden und Süden des Ruhrgebiets auf einigen aus französischer Sicht strategisch wichtigen Strecken notdürftig wieder in Gang gekommen war, widmeten sich die Besatzer dem Problem der Kohlelieferungen. Am einfachsten war für die Besatzer der Zugriff auf die Vorräte an Kohle und Koks auf die auf Halde liegenden Vorräte in Zechen und Kokereien – möglichst nahe dieser Bahnstrecken. Die Beschlagnahmung erfolgte in der Regel unter militärischer Deckung und begann am 2. April 1923 mit zwei staatlichen Zechen in Buer (Gelsenkirchen) und einer privaten Zeche in Recklinghausen. Bis zum 11. April wurden insgesamt 22 Zechen besetzt. Das Aufladen auf Eisenbahnwagen mussten französische Arbeiter und Soldaten besorgen. Da die meisten modernen Verladeeinrichtungen unbrauchbar gemacht oder abmontiert worden waren, mussten die Eisenbahnwagen mit Eimern, Körben und Säcken gefüllt werden. Da sich kaum deutsche Arbeiter fanden, mussten für diese Aufgaben auch Polen [153)] und Tschechen angeheuert werden.

Als auch das noch nicht die gewünschten Mengen brachte, verschärfte die Interalliierte Rheinlandkommission die Bestimmungen und verfügte am 1. Juni, dass in dem besetzten Gebiet Kohlen- und Kokstransporte beschlagnahmt würden, wenn sie ohne den bereits bisher geforderten besonderen Erlaubnisschein und zusätzlich unter Zahlung der Kohlesteuer an die MICUM durch-

Bild 171
Blick auf das Gelände der Henrichshütte in Hattingen. Solange es ging, wurde das Werk bis zum 23. März 1923 durch Straßenbahnen mit Kohle versorgt. Ab diesem Tag unterbanden die Franzosen diesen Verkehr, und die Hütte musste ihre Produktion drosseln.

AUFNAHME: SAMMLUNG KLAUS KEMP

geführt würden. Das galt für Transporte mit Lkw und Straßenbahnen, ebenso betroffen waren Bergleute, die ihre Deputatkohlen in Handwägelchen nach Hause bringen wollten. Weder die Beschlagnahme bereits geförderter Kohle noch die Inbetriebnahme von Zechen in eigener Regie brachten die gewünschten Ergebnisse. Die Kohleförderung im Ruhrgebiet sank gegenüber 1922 um 57 %. Als Beispiel für die Auswirkungen auf die deutsche Industrie sei die Henrichshütte in Hattingen angeführt. Sie bezog ihre Kohle durch eine Seilbahn, über die Ruhrtalbahn und über die Bochum-Gelsenkirchener Straßenbahn. Mit der Militarisierung der Bahnstrecke fiel dieser Weg aus. Im Januar und Februar 1923 konnte wenigstens die Straßenbahn noch genutzt werden. Nach der Weigerung, die Kohlensteuer zu zahlen, leiteten französische Soldaten die Straßenbahnen zum Hattinger Bahnhof um, und verluden die Kohle dort in Eisenbahnwagen. Nach der Intervention der Werksleitung gelang es, bis zum 23. März beliefert zu werden. Als die MICUM an diesem Tag an der Hattinger Ruhrbrücke, die von der Straßenbahn auf dem Weg zum Werk überquert werden musste, eine Kohlensteuerstelle einrichtete, verzichtete die Hütte auf diesen Transportweg. Allerdings mussten die Hochöfen auf ein Minimum heruntergefahren werden. Um sich keine weiteren Probleme einzuhandeln, stellte die Hütte auch den Betrieb der Seilbahn am 26. März ein. Dem trauten die Ingenieure der MICUM jedoch nicht, sondern ließen bei einem Besuch der Hütte wenige Tage später zusätzlich das Zugkabel der Seilbahn durchtrennen.

Bild 172, oben – Eisenbahner und Soldaten lassen sich vor einen Gepäckwagen ablichten, den sie mit der sinngemäß übersetzten Aufschrift: *„Hilfe für Kohle der Rühr"* versehen haben – gemeint war die „Ruhr". Der Wagen besitzt bereits eine Luftdruckbremse.
AUFNAHME: SAMMLUNG KLAUS KEMP

Bild 173, links – Nicht nur Kohle, sondern auch die Hilfsmittel, um sie zu verladen und zu transportieren, wurden beschlagnahmt. Hier wird eine Werklok des Bochumer Vereins mit Hilfe von zwei Panzern zu einer anderen Zeche abtransportiert.
AUFNAHME: SAMMLUNG DIERK LAWRENZ

Das Gemeinschaftswerk Hattingen litt ebenfalls unter der Einstellung des Bahnbetriebs. Es hatte die Stadt mit aus Steinkohle erzeugter elektrischer Energie zu versorgen. Auch hier erfolgte die Lieferung vorrangig über die Reichsbahn. Als diese nicht mehr fuhr, erhielt das Werk seine Kohle über die Linie 8 der Bochum-Gelsenkirchener Straßenbahn aus den Zechen „Hasenwinkel"/ „Friedlicher Nachbar" ab Bochum-Linden bis zur Haltestelle Lembeck in Hattingen. Von dort wurde eine 400 m lange Feldbahnstrecke bis zum Werk verlegt, auf der die benutzten Feldbahnloren aufgrund des Gefälles nur zu bremsen brauchten. Bergauf mussten die Loren von Pferden gezogen werden. Täglich wurden über diesen Weg 100 t Kohle angeliefert. Die Verbindung funktionierte rund einen Monat lang, bis die Franzosen die genannten Zechen besetzten. Danach gelang es noch bis zum 19. Mai 1923 Kohle über die Straße zu befördern, ehe das Werk die Stromlieferung einstellen musste. Erst ab dem 5. Dezember 1923 wurde die Arbeit wieder aufgenommen. Als nächstes ordnete die Kommission am 24. Juni die Beschlagnahmung sämtlicher Kohlenvorräte im besetzten Ruhr- und Rheingebiet an, die bereits an Endverbraucher ausgeliefert waren. Damit sollten einerseits die deutsche Industrie zum Stillstand gebracht und andererseits die französische Wirtschaft beruhigt werden, die Kohlenengpässe befürchtete.

Diese wenig systematischen Beschlagnahmungen brachten zusätzlich Probleme mit sich, weil die Kohle und der Koks nicht „artenrein", sondern willkürlich vermischt weggeschafft wurden. Die Kohle diente bei der Stahlerzeugung jedoch nicht nur als Energiequelle, sondern wurde auch als Zumischung zum Eisen benötigt. Dieses wahllose Aufladen musste also beim Empfänger, den französischen und belgischen Stahlerzeugern, zu Problemen führen. Abfuhrstrecken für die Ruhrkohle waren die Verbindung über Koblenz und Trier, die Eifelstrecke, die Vennbahn sowie auch Durchgangsstrecken im Süden der Niederlande in Richtung Belgien. Da die Holländer jedoch mit der französisch-belgischen Politik nicht einverstanden waren, setzten sie die Durchgangstarife so hoch, dass es billiger war, die Züge über Aachen – Montzen verkehren zu lassen. Um nicht mit dem Rheinlandabkommen in Konflikt zu kommen, musste die Reichsregierung im April 1923 der Versorgung der alliierten Truppen mit Kohle auf dem linken Rheinufer notgedrungen auf Grund der Bestimmungen des Friedensvertrags zustimmen. Diese Kohle wurde natürlich mit der Regiebahn transportiert, weil die deutschen Eisenbahner inzwischen im Ausstand waren.

Die Vertreter der Reichsbahn waren Anfang Februar 1923 der Meinung, dass es nur mit dem komplexen Eisenbahnsystem der Ruhr vertrauten Fachleuten gelingen würde, den Betrieb wieder in Gang zu bringen und nennenswerte Mengen an Kohle und Koks abzufahren. Aus diesem Grunde lief die Produktion vorerst weiter. Am Ende lag auf den Halden so viel Kohle, wie Frankreich für ein ganzes Jahr brauchte. Was die Beherrschung des Eisenbahnsystems anging, belehrten die Besatzer die Deutschen eines Besseren. Ab Mitte März begannen sie, Polen, Galizier und andere Ausländer anzuheuern, die auf den zur Ausbeutung vorgesehen Zechen in Baracken untergebracht wurden. Um die Arbeit zu erleichtern, wurden waggonweise Benzollokomotiven und andere Lademateriallien aus Frankreich herangefahren. Das brachte den größten Teil der deutschen Unternehmer dazu, ihre Haltung zu ändern. Die Zechen und Kokereien produzierten nur noch, was durch Eigenbedarf und bei den Abnehmern in der direkten Umgebung sofort verbraucht werden konnte. Das hatte allerdings eine Reduzierung der Gaslieferung an private Haushalte zur Folge, was zu Missstimmung bei der Bevölkerung führte. Andererseits erfolgte dieser Umschwung so spät, dass er sich für die Besatzer kaum noch auswirkte, nachdem es ihnen inzwischen gelungen war, mit eigenen Leuten Zechen in Betrieb zu nehmen und auszubeuten. Damit kamen sie über einen kritischen Punkt hinweg und

Bild 174 – Der erste Kohlezug, den die französischen Feldeisenbahner im Januar 1923 aus Düsseldorf abfahren können. AUFNAHME: SAMMLUNG KLAUS KEMP

konnten auch vor der breiten Öffentlichkeit im eigenen Land die Besetzung des Ruhrgebiets mit stetig steigenden „Produktionszahlen" rechtfertigen.

Die Bergarbeiter protestierten gegen die Fortsetzung der Produktion, vor allem dort, wo wieder neue Halden entstanden. Die Betriebsräte sämtlicher Schachtanlagen von „Graf Bismarck" in Gelsenkirchen versammelten sich Anfang Mai 1923 und *„verurteilten aufs schärfste, daß die Zechen noch fortgesetzt Kohlen auf die Halden stürzen, die der Beschlagnahmung durch die Besatzungsbehörden ausgesetzt sind. Hierin erblicken die Betriebsräte eine unnütze Verlängerung des Abwehrkampfes."* [154] Die Betriebsleitungen dieser und anderer Zechen blieben bei ihrer Praxis, was schließlich am 27. Mai zu einer Entschließung der Reichsgewerkschaft deutscher Eisenbahner führte: *„Trotz der steten Beschlagnahme und Abfuhr vorhandener Bestände wird kräftig weiter produziert, stellenweise werden sogar neben den abzufahrenden, mit Stacheldraht umzogenen Halden* [die von den Besatzern bereits beschlagnahmt waren] *neue Bestände aufgehäuft."* [155] Forderungen der Bevölkerung, die kaum noch an Brennstoff herankam, ihr die Kohle zu vergünstigten Preisen zu überlassen, um so die Halden zu räumen, stießen auf taube Ohren. Das führte vermehrt zu Diebstählen. *„Als die Kohlennot unter der Bevölkerung schon außerordentlich groß war, bewachten die Zechen ihre Kohlenhalden Tag und Nacht durch bewaffnete Posten, bis die Franzosen und Belgier sie ablösten."* [156]

Es gab nicht nur das Problem des nicht sortenreinen Abtransports der Kohle durch die Franzosen, sondern auch eine bewusste Verschlechterung der Qualität auf deutscher Seite. Was noch an Koks produziert wurde, musste so schlecht sein, dass er für Hochöfen nicht in Betracht kam. Zusätzlich wurde der noch vorhandene Koks, wenn er aus der Kokerei kam, zerkleinert. Dies ließ ihn für die (französischen) Hochöfen unbrauchbar werden. Am 2. August 1923 verboten die Besatzer diese Praxis unter Androhung von Gefängnisstrafen bis zu fünf Jahren. Für die Franzosen bedeutete das einen zusätzlichen Aufwand. Sie ließen die Wagen mit der Beutekohle in Duisburg-Wedau sammeln, wo Spezialisten jede Ladung einzeln untersuchen mussten, um dann je nach Qualität deren Zielort zu bestimmen. Zwischen dem 11. Januar und dem 1. April 1923 besetzten die Franzosen permanent 34 Bahnhöfe, darunter wichtige Knoten wie Essen und Bochum, und noch einmal die gleiche Zahl vorübergehend. Dies versetzte sie in die Lage, immer größere Mengen beschlagnahmter Kohle und Koks abzufahren. Dazu rissen sie oft die Gleise von Anschlussbahnen auf, um einmal geortete Bestände sicherzustellen, ehe sie mit ihren Mannschaften kommen konnten, um den Abtransport zu organisieren. Diese Besetzungen bedeuteten Betriebsunterbrechungen. In vielen Fällen wurde das Personal – vom Arbeiter bis zum leitenden Angestellten – verhaftet oder gar ausgewiesen. Oft erschienen die Beschäftigten auch wegen den Behinderungen im Verkehr der Straßen- und Eisenbahnen verspätet oder überhaupt nicht zur Schicht. Auch das behinderte die Produktion erheblich.

Neben den Maßnahmen an der Ruhr beschlagnahmten die Franzosen auch Produktionsanlagen in anderen Teilen ihres Besatzungsgebietes. Besonders bekannt dürften die gewaltsamen Übernahmen der Badischen Anilin- und Sodafabrik (BASF) in Ludwigshafen und der Farbwerke Hoechst in Frankfurt (M)-Höchst am 15. Mai 1923 sein, durch die Farbstoffe beschlagnahmt und abtransportiert werden sollten. Als Grund der Beschlagnahme wurde die Entdeckung einer als Benzol-Pipeline benutzten Abwasserleitung in Dortmund (siehe Abschnitt 4.6.2) angegeben, um sich auf diese Weise an anderer Stelle für die entgangene Beute schadlos zu halten. Nachdem sich die Geschäftsleitungen beider Unternehmen geweigert hatten, den Franzosen die geforderten Produkte zu überlassen, wurden sie in Abwesenheit zu jeweils acht Jahren Gefängnis verurteilt.

Neben Kohle und ihren Derivaten beschlagnahmte das MICUM auch Eisen und Stahl. So kamen bis zum August 1923 immerhin 500.000 bis 600.000 t sowie weitere 200.000 t an Schienen und anderen Halb- oder Fertigprodukten zusammen. Ein Teil der Schienen verwendeten die Franzosen, um damit in ihren westafrikanischen Kolonien Eisenbahnen zu bauen.

4.5.4 Zölle, Ausreise- und Ausfuhrbeschränkungen

Mit der Besetzung begann der Aufbau einer Zollgrenze um das Ruhrgebiet herum. Anfangs beschränkten sich die Kontrollen auf Stichproben. Nach und nach wurde das französische und belgische Personal aufgestockt. Zur besseren Überwachung passte das Militär die Grenzziehung an seine Bedürfnisse an, indem Begradigungen vorgenommen wurden, die sich nicht an vorhandenen Verwaltungsstrukturen orientierten. Am 27. Januar 1923 war die Absperrung im Nordabschnitt und im Osten vollzogen. Am 29. Januar 1923 folgten die Bahnhöfe Blankenstein, Herbede, Bommern und Hagen-Vorhalle. Drei Tage später verfügte General Degoutte am 1. Februar 1923: *„Sämtliche Züge halten bei den Kontrollposten an, die auf den folgenden Bahnhöfen untergebracht sind: Spellen, Friedrichsfeld, Dorsten, Recklinghausen-Sinsen*[157]*, Lünen Nord, Lünen Süd, Scharnhorst, Brakel, Hörde, Hengstey, Herdecke, Vorhalle, Hattingen, Kupferdreh, Ratingen Ost. Am Eingang dieser Bahnhöfe werden die Züge auf Nebengleise geleitet. Jeder Zug, der das Signal nicht befolgt, hat mit einem Unfall zu rechnen.“* [158] Es wurden Entgleisungsanlagen in die die Grenzen überquerenden Strecken eingebaut. An Strecken auf denen kein durchgehender Verkehr mehr zugelassen werden sollte, wurden die Schienen unterbrochen. Auf dem Bahnhof Dorsten trafen am 8. Februar sechs Zollbeamte aus Belgien und Frankreich ein und begannen noch an diesem Tag mit Kontrollen. Einen Eindruck von ihrer Tätigkeit vermittelt der folgende Bericht: [159]

„Die Handhabung der Zollkontrolle am Bahnhof führte zu unerträglichen Verhältnissen. Ihr Vorgehen, das auch vor gewaltsamer Oeffnung plombierter geschlossener Wagen nicht zurückschreckte, und ihr damit gegebenes Eingreifen in den technischen Eisenbahndienst veranlaßte die deutschen Bahnhofsbeamten zum energischen Protest. Sie beantworteten das Vorgehen der Zollbeamten mit der vollständigen Stillegung der Strecke [nach] *Oberhausen und drohten bei weiteren Vorkommnissen auch mit der Stillegung der Wanner Strecke. Nur weil sie sich bewußt waren, was der Dorstener Bahnhof bedeutete, wollten sie vom Aeußersten Abstand nehmen, aber auch nur das ausführen, was sich mit ihrer Ehre und ihrem der deutschen Regierung geschworenen Eid vereinbaren ließ. Diese Abwehr veranlaßte zunächst die Zollbeamten, die nicht im geringsten über das orientiert waren, was sie zu tun hatten* [Zollkontrolle, Zollsätze usw.], *ihre Kontrolle einzustellen, vom Bahnhof zu verschwinden und sich nach eigenem Gutdünken im „Schwarzen Adler“ einzuquartieren. Nach diesem Erfolg der Abwehr nahm die Eisenbahnverwaltung den Verkehr auf der Oberhausener Strecke wieder auf, wenn auch die Züge nur noch bis Osterfeld durchgeführt wurden. Inzwischen war das Kohleausfuhrverbot dahingehend verschärft worden, daß keine Kohletransporte mehr über die Lippebrücke in das unbesetzte Gebiet geleitet werden durften. Ueberhaupt wurde an der Lippebrücke von dieser Zeit an die schärfste Kontrolle durch französische Zollbeamte in Verbindung mit belgischen Wachposten durchgeführt. Alle Waren, jedes Gepäck, auch der kleinsten Art, wurden aufs genaueste geprüft. Ebenso wurden von diesem Zeitpunkt ab auch auf dem Bahnhof die Passagiere scharf revidiert.“*

Am 12. Februar verbot die Interalliierte Rheinlandkommission die Ausfuhr aller im Ruhrgebiet produzierten Waren ins unbesetzte Reichsgebiet. Einen Tag später riegelte sie das besetzte Gebiet durch eine Zolllinie von Emmerich bis Basel vom Rest Deutschlands ab. Da auch Zollbeamte am passiven Widerstand teilnahmen, löste die Rheinlandkommission am 20. Februar 1923 die Zollbehörden auf und entließ alle Zollbeamten im seit Kriegsende besetzten Gebiet. Faktisch schob Frankreich damit seine Grenze nach Osten. Zur Regelung des Im- und Exports sowie zur Erhebung der Zölle für das besetzte Gebiet entstand das Comité Directeur d'Importation et d'Exportation. Diese Maßnahmen standen ganz im Gegensatz zu dem, was die Alliierten dem Deutschen Reich vier Jahre zuvor zugesichert hatten. In einer Note hatten die alliierten Besatzungsmächte am 29. Juli 1919 ausgeführt, *„daß die politischen, rechtlichen, administrativen und wirtschaftlichen Beziehungen der besetzten Gebiete mit dem unbesetzten Deutschland nicht gehemmt sein werden, ebensowenig wie die Verkehrsfreiheit zwischen dem besetzten und dem unbesetzten Deutschland.“* [160]

Noch bot der Kölner Brückenkopf Möglichkeiten einer Verbindung zum unbesetzten Deutschland, was die Franzosen nicht zulassen wollten. Deshalb unterbrachen sie am 2. Februar mit der Besetzung von Wuppertal-Vohwinkel die einzige noch freie Schnellzugstrecke in Richtung Berlin. Bis Mitte des Monats folgten die bergischen Bahnhöfe Remscheid-Lennep, Hückeswagen, Wermelskirchen, Osberghausen und Overath. Velbert und Heiligenhaus blieben anfangs frei, bis dann auf den Straßen von Tönisheide und Werden Zollposten eingerichtet wurden. Nur an bestimmten Stellen wurde der Durchlass von Rohstoffen für die lokale Industrie gestattet, ansonsten war das Besatzungsgebiet durch Posten und Streifen abgeriegelt. Nach und nach wurde diese Grenze durch Stacheldrahtverhaue abgesichert, um den anfangs starken Schmuggel zu unterbinden. *„An wichtigen unübersichtlichen Stellen, wie im dichtbesiedelten Bochumer Bezirk, fanden selbst Fesselballons zur Beobachtung des Grenzverkehrs Verwendung. Dorsten und Lünen im Norden sowie Hengstey und Vohwinkel im Süden durften als die wichtigsten Knotenpunkte gelten. Zwischen diesen und der Lippemündung zog sich eine ununterbrochene Kette kleiner Wachen und Posten hin; eng zusammengehörige Gemeinden, Verwaltungsbezirke und Wirtschaftsgebiete wurden willkürlich zerschnitten.“* [161]

Mit dem Aufbau einer eigenen Eisenbahnverwaltung richteten die Besatzungsmächte ab April 1923 weitere Zollübergangsstellen zum unbesetzten Gebiet ein. Im Bereich der Rbd Essen waren dies

Bild 175 – Jeder Wagen, der ins besetzte Gebiet hinein oder aus ihm heraus musste, wurde eingehend überprüft, ob die Erlaubnis vorlag und alle Zölle bezahlt waren. Dadurch verlangsamte sich der Güterverkehr erheblich. Diese Aufnahme entstand in Dortmund-Aplerbeck.

Bild 176 Auf den Grenzbahnhöfen musste sich jeder Fahrgast einer peinlichen Inspektion unterwerfen – hier in Wuppertal-Vohwinkel, das eigentlich nicht zum besetzten Gebiet gehörte. Hier konnten jedoch die Franzosen den Verkehr der Kölner Zone mit dem unbesetzten Reich kontrollieren. AUFNAHMEN (2): SAMMLUNG KLAUS KEMP

am Ende die Bahnhöfe Dortmund-Scharnhorst, Dortmund-Aplerbeck Süd, Dortmund-Brackel, Lünen Nord, Recklinghausen Hauptbahnhof, Dorsten, Friedrichsfeld und Spellen sowie später auch Marl-Sinsen, Datteln, Werne a. d. Lippe, Dortmund Süd, Dortmund-Hörde, Dortmund-Löttringhausen, Witten West, Witten-Herbede, Hattingen und Essen-Kupferdreh. Im Bereich der Rbd Elberfeld dienten die Bahnhöfe Westhofen (b. Schwerte), Hagen-Hengstey, Wuppertal-Vohwinkel, Remscheid-Lennep, Wipperfürth, Bergisch-Born und Ründeroth als Grenzkontrollstellen.

Am 13. Juni 1923 verfügte die Interalliierte Rheinlandkommission, dass alle Waren, die aus dem unbesetzten Deutschen Reich in das besetzte Gebiet transportiert würden, zollpflichtig seien. Weder die Verlader noch die Empfänger noch die Reichsregierung waren willens, einen solchen Zoll mitten im eigenen Land zu entrichten. Um die Kontrolle vor allem an der Ostseite des Ruhrgebiets zu verbessern, bemächtigten sich französische Truppen am 14. Juni der Bahnhöfe im Dortmunder und Bochumer Raum, wodurch der Verkehr in Richtung unbesetztes Gebiet völlig zum Erliegen kam.

Im Ruhrgebiet wurde die Lebensmittelversorgung täglich katastrophaler, weil sie von der Zufuhr von außen abhing. Für die Masse der Bevölkerung waren die Nahrungsmittel kaum noch erschwinglich, weil die Löhne und Gehälter gegenüber den täglich steigenden Preisen rasch an Wert verloren. Die Knappheit wurde dadurch verschärft, dass die Franzosen aus dem unbesetzten Reich kommende Lebensmitteltransporte stoppten, nachdem sich die Deutschen weigerten, Zölle zu zahlen.

Wurde kein Zoll bezahlt, blieben die Wagen auf einem Abstellgleis stehen, und die Fracht verrottete womöglich, oder es wurden dem Spediteur Bedingungen gestellt, die er nicht einhalten konnte (oder wollte). Bekannt ist ein Fall aus Osterfeld vom Februar 1923. Damals wurde dem Bürgermeister mitgeteilt, dass Lebensmittel für Duisburg den Bahnhof Osterfeld Süd nur verlassen dürften, wenn die örtlichen Händler ihre Waren wieder an die französischen Soldaten verkaufen würden, die den Bahnhof besetzt hielten. Da er das nicht garantieren konnte, blieben die Wagen stehen. Um der größten Not abzuhelfen, kamen aus dem unbesetzten Reich mehr als 800 Waggons mit Lebensmitteln als Spende für die darbende Bevölkerung ins Ruhrgebiet. Das Reich stellte im Februar 1923 zusätzlich umfangreiche Kredite zur Beschaffung haltbarer Lebensmittel, zur Verbesserung der Kartoffel- und Milchversorgung und zur Kinderspeisung zur Verfügung. Damit konnten anfangs täglich rund 400 Waggons mit Lebensmitteln aus dem unbesetzten Deutschland vor allem ins Ruhrgebiet geschafft werden.

Territoires occupés
PERSONAL-AUSWEIS Nr. 938
Gültigkeit für ein Jahr
Familienname und Vornamen: Reinholdt
Staatsangehörigkeit: Preußen frühere:
Beruf: Ehefrau
Ständiger Wohnsitz mit Adresse: Dorstfeld
Geboren am: 27. 9. 1896
Geburtsort: Dortmund-Dorstfeld
Gestalt: mittel Haar: blond
Augen: grün Gesichtsform: oval
Besondere Kennzeichen: keine
Es wird hiermit bescheinigt, daß der Inhaber die durch nebenstehendes Lichtbild dargestellte Person ist und die darunter befindliche Unterschrift eigenhändig vollzogen hat.
Dortmund, den 30. Mai 1924
Polizei-Inspektor

Bild 177 – Ausweis für eine Bewohnerin Dortmunds, von Beruf Hausfrau, ausgestellt 1924. Als Staatsangehörigkeit wurde auf allen diesen Dokumenten der Bundesstaat – in diesem Fall Preußen – angegeben.

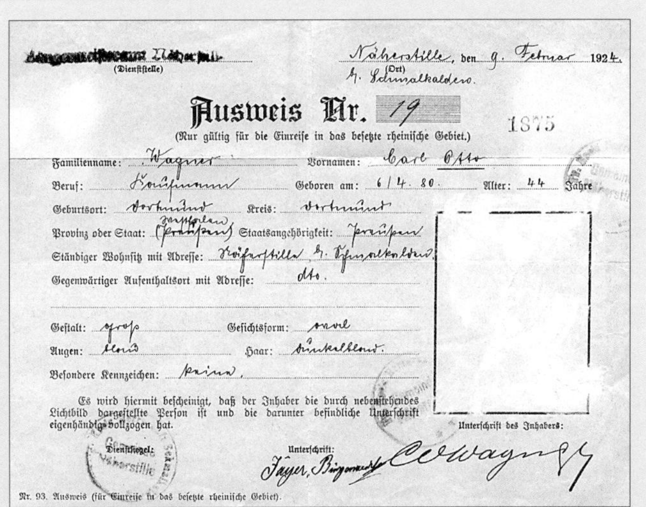

(Dienststelle) Näherstille, den 9. Februar 1924.
(Ort)
Ausweis Nr. 19
1875
(Nur gültig für die Einreise in das besetzte rheinische Gebiet.)
Familienname: Wagner Vornamen: Carl Otto
Beruf: Kaufmann Geboren am: 6/4. 80. Alter: 44 Jahre
Geburtsort: Dortmund Kreis: Dortmund
Provinz oder Staat: Staatsangehörigkeit: preußen
Ständiger Wohnsitz mit Adresse: Näherstille
Gegenwärtiger Aufenthaltsort mit Adresse: dto.
Gestalt: groß Gesichtsform: oval
Augen: blau Haar: dunkelblond
Besondere Kennzeichen: keine
Es wird hiermit bescheinigt, daß der Inhaber die durch nebenstehendes Lichtbild dargestellte Person ist und die darunter befindliche Unterschrift eigenhändig vollzogen hat.
Dienstsiegel: Unterschrift: Unterschrift des Inhabers:
Nr. 93. Ausweis (für Einreise in das besetzte rheinische Gebiet).

Bild 178 – Ausweis eines Deutschen aus dem Jahr 1924 aus dem unbesetzten Gebiet, der ins besetzte Rheinland reisen wollte.

ABBILDUNGEN (2): SAMMLUNG KLAUS KEMP

Auch der Export aus dem Rhein-Ruhr-Gebiet ins Ausland wurde mit hohen Steuern belegt. Das betraf u. a. auch die Kohlelieferungen für die Niederlande und die Schweiz, die von den Franzosen inzwischen wieder zugelassen worden waren. Beide Länder bestanden auf der Erfüllung langfristiger Verträge, die vor der Ruhrbesetzung abgeschlossen worden waren. Allerdings wollten sie die von den Besatzern eingeführte Exportsteuer von 26 % nicht zahlen. Die Niederlande wollten zudem eine Aufstockung der Liefermengen. Nach langen Verhandlungen akzeptierten die Holländer schließlich die Steuer.

Im Juni 1923 lockerten die Franzosen die Einfuhrbestimmungen für die Waren, an denen sie interessiert waren, so z. B. für Grubenholz, Kohle sowie Kohlederivate wie Teer und Benzol sowie für Industrie-Rohstoffe. Trotz weiterhin bestehender Schikanen wurde auch die Lebensmitteleinfuhr wesentlich erleichtert. Bestimmte Artikel wie etwa Malzkaffee, dessen Genuss damals sehr verbreitet war, galten nicht als Lebensmittel. Zudem war die Einfuhr über die Straße nicht gestattet, sie hatte ausschließlich über die Schiene zu erfolgen. Das bedeutete übrigens auch, dass nun im großen Stil englische Kohle nicht nur für das unbesetzte Deutschland eingeführt wurde, weil die Lieferungen aus dem Ruhrgebiet ausblieben, sondern auch für das Ruhrgebiet und die Rheinlande, weil dort inzwischen auch Kohlemangel herrschte. Allerdings gingen die Franzosen auf die Dauer dazu über, selbst diese Importkohle zu beschlagnahmen.

Nicht nur der Warenverkehr wurde behindert, sondern auch die Ein-/Ausreise von Personen. Wer aus dem Ruhrgebiet hinaus nach Norden reisen wollte, konnte den Zug nur bis Dorsten nutzen. Dort mussten die Fahrgäste den Zug verlassen und sich einer Pass- und Gepäckkontrolle unterwerfen. Wenn sie weiter ins unbesetzte Deutschland reisen wollten, mussten sie mit ihrem Gepäck 3 km zu Fuß zurücklegen. An der Lippebrücke erwartete sie eine weitere Gepäckdurchsuchung nach Schmuggelware und eine Ausweiskontrolle. Die Kontrollen nahmen mit der Zeit an Schärfe zu. In einem Bericht vom Juli 1923 heißt es: *„Zuerst begnügten sich die Franzosen damit, die aus- und einfahrenden Züge zu revidieren und die Insassen die Ausweise vorzeigen zu lassen. Seit geraumer Zeit aber müssen alle Fahrgäste den Zug verlassen und durch eine Schranke einzeln an den Franzosen vorbeiwandern, und oft dauert es Stundenlang, bis sie wieder einsteigen und weiterfahren können. Am schlimmsten ist das zwischen Dortmund und Hamm, wo die Franzosen auf freier Strecke bei der Zeche Scharnhorst ihre Ueberwachungsstelle aufgetan haben. Auf freier Strecke, also möglichst unbequem, abends bei mangelhafter Beleuchtung, müssen die Fahrgäste aussteigen, werden von den französischen Soldaten den Zollschranken zugedrängt, müssen oft stundenlang bei strömendem Regen im Freien stehen – immer bewacht, nicht selten verhöhnt und beschimpft von den Franzosen – bis endlich alle durch die kleine, von den Franzosen errichtete Nothalle hindurch sind, die die französischen Zöllner und Sünder bedacht.“* [162] Wie aus den Schilderungen zu erkennen ist, entwickelte sich die Zollgrenze zu einer schier unüberwindlichen Grenzbefestigung.

Auf Grund der Verfügung vom 27. April 1923 wurden Anträge bzw. Visa notwendig, für die Gebühren zu zahlen waren. Selbst wenn eine solche Reise genehmigt war, durfte man sich im Besatzungsgebiet nicht frei bewegen. Das veranlasste die Reichsregierung zu einem Protest: *„Durch die Verordnung wird mithin der Verkehr von deutschen Staatsbürgern innerhalb ihres eigenen Landes Beschränkungen unterworfen, wie sie nicht einmal für den Verkehr zwischen fremden Ländern üblich sind. [...] Es besteht also jetzt in den Rheinlanden der unhaltbare Zustand, daß dort Ausländer beliebig ein- und ausgehen können, während die Reisen Deutscher in ihrem eigenen Lande vom Belieben der Interalliierten Rheinlandkommission abhängig sind.“* [163]

Einen kleinen Eindruck vom damaligen Reisen vermittelt dieser kleine Bericht: [164] *„Der Verfasser dieses Berichtes erinnert sich, daß er eines Tages, von Norddeutschland kommend, über Frankfurt nach St. Goarshausen, also ins besetzte Gebiet fahren wollte. Wohlgemerkt mit einem falschen Pass. Eine andere Einreisemöglichkeit gab es nicht. Da kein Zug ging, auch vorläufig keiner in Sicht war, mußte er die linksrheinische Strecke benutzen. An der Grenzstation Goldstein (zwischen Frankfurt und Mainz) hieß es: ‚Raus! Umsteigen auf die Regiebahn!‘ Es mußte eine neue Fahrkarte gelöst werden, aber in französischen Franken. Er hatte aber nur deutsches Geld bei sich. Guter Rat war also teuer. Der Regiezug rüstete sich schon zur Abfahrt. Da erhielt er von einem Schaffner einen heimlichen Wink. Und siehe, in einer Versenkung des Bahndammes hatte sich hinter einem Lattenverschlag eine alte Vettel niedergelassen, – die ihm die deutsche Mark in Franken wechselte, dabei aber 30 % Schmuh machte. Einerlei! Her mit dem*

Einwohner des besetzten Gebietes. | Living in occupied territory. Demeurant en zone occupée.

Ausweiskarte. — Identity card. — Carte d'identité.

Nr. 7145 Abtlg.

Zuname: Surname Nom: Halker

Vorname: Christian Name Prénom: Friedrich

Staatsangehörigkeit: Nationality Nationalité: Bayern

Stand: Occupation Profession: Ofensetzer

Geboren am ... in ... Born on ... at ... né (e) le ... à ...: 20.1.98 Augsburg

Wohnung: Adresse Domicile: Bonn, Rheingasse ... Str. Nr.

Bonn, den 23.4.1923

Die Ortspolizeibehörde. I. V.

(Siegel)

Stadt 0.50 Mark Bonn

Verwaltungsgebühr M. 50

Friedr. Halker.

Bild 179
Diese Ausweise gab es auch in mehrsprachiger Ausführung, wie dieses am 23. April 1923 von der Ortspolizeibehörde Bonn ausgestellte Exemplar.

ABBILDUNG: SAMMLUNG KLAUS KEMP

Bild 180
Wegen des Anschlags auf einen belgischen Militärzug am 30. Juni 1923 auf der Rheinbrücke bei Duisburg-Hochfeld wurde sogar die außerhalb des eigentlichen Besatzungsgebietes gelegene Wuppertaler Schwebebahn zwei Wochen lang stillgelegt. Bei Wuppertal-Barmen begegnet ein Zug der Schwebebahn dem in Gegenrichtung verkehrenden Pz 400 der Staatsbahn mit 38 1009 als Zuglok.

AUFNAHME: CARL BELLINGRODT/EK-VERLAG

Zaster! Ich muß mit! – Bald darauf Zolluntersuchung in Kastel. Sämtliche Gepäckstücke auf den Bahnsteig! Öffnen! Auspacken! Die Douaniers erscheinen, wühlen in den Sachen herum, schmeißen sie kunterbunt auf den Bahnsteig, beschlagnahmen hier, beschlagnahmen da, wie es ihnen gerade passt. Eine Frau sucht ihre Kleinigkeiten wieder zusammen, wird aber nicht rechtzeitig fertig. Einerlei. Die Regiemaschine tutet. Der Zug setzt sich in Bewegung. Die Frau schreit. Die Franzmänner grinsen. Der Zug ist weg ...“

Für das Ruhrgebiet erließ General Degoutte am 8. Mai 1923 die Verordnung N° 38, mit der er den Verkehr mit dem unbesetzten Gebiet nach Möglichkeit völlig unterbinden wollte. Er glaubte nämlich immer noch, dass er durch diese Maßnahmen die Bevölkerung dem Reich entfremden und Frankreich zuführen würde. Um die Grenze überschreiten zu können, brauchten die Bewohner des besetzten Gebietes den so genannten „Verkehrsstempel“, den die mit der Ausstellung beauftragte Dienststelle der Besatzung in den Ausweis des Antragstellers drückte. Dieser Verkehrsstempel wurde jedoch Verwaltungsbeamten, Eisenbahnern, Postlern, Lehrern sowie sonstigen Verdächtigen wie Arbeitern der Eisenbahnwerkstätten in aller Regel verweigert. Für Grenzgänger wie etwa Bergleute, die außerhalb der Besatzungszone wohnten, aber im Ruhrgebiet arbeiteten, gab es den „Stempel für den Grenzverkehr“, der jedoch nur eine sehr beschränkte Zeit gültig war. Für die Bewohner des unbesetzten Gebietes war im Falle einer Einreise in das besetzte Gebiet ein „Geleitbrief“ notwendig, der beim Divisionsgeneral des Gebietes beantragt werden musste, in dem der Besuchsort lag. Im Antrag wurden detaillierte Angaben gefordert, nämlich Reiseziel, Datum der An- und Abreise, Grenzübergangsort bei Ein- und Ausreise, Personalien desjenigen, den man besuchen wollte, sowie die des Antragsstellers. Daneben mussten zwei Fotos des Antragsstellers, die Gebühren sowie Briefmarken für ein Antwortschreiben beigefügt werden. Selbst ein Transitvisum gab es, das nur 24 Stunden gültig war. Damit durften die Bahnhöfe der besetzten Gebiete nicht verlassen werden. Ab Januar 1924 lockerten sich die Bestimmungen nur für die Bewohner der besetzten Gebiete. Sie brauchten nun keinen Verkehrsstempel mehr. Am 11. Mai 1924 gab es eine neue Verordnung, nach der alle Ausweise mit dem Stempel „Territoires Occupés“ (Besetzte Gebiete) versehen sein mussten. Erst ab dem 3. September 1924 fiel die Visumspflicht für alle weg.

Neben diesen Behinderungen des Verkehrs mit dem unbesetzten Deutschland gab es Grenzsperren als Kollektivstrafen, veranlasst durch Sabotageakte. Diese Grenzsperren bedeuteten die Einstellung jedes Verkehrs – auch der Eisenbahnen. Der Anschlag auf einen belgischen Militärzug am 30. Juni 1923 auf der Rheinbrücke bei Duisburg-Hochfeld veranlasste die Besatzungsmacht, die Grenze zum Ruhrgebiet ab dem 1. Juli 14 Tage lang vollständig zu schließen, womit auch die britische Zone nicht mehr zu erreichen war. Außerdem wurde die Wuppertaler Schwebebahn stillgelegt. Das unterbrach ebenso den Berufsverkehr für außerhalb der Besatzungszone wohnende Beschäftigte. Im Süden war der Verkehr zwischen Wuppertal und dem Bergischen Land behindert, und im Norden im Bereich von Recklinghausen konnten rund 800 Bergleute ihre Zechen nicht erreichen. Die Sperre erzeugte eine große Warenknappheit, vor allem an Lebensmitteln, denn eine solche Industrieansammlung konnte nur von außen versorgt werden. Selbst der Verkehr der Kölner Zone in Richtung unbesetztes Deutschland wurde unterbrochen, und englische Staatsbürger wurden an der Weiterfahrt gehindert. Die Reichsbahn hielt die Züge in den letzten von ihr kontrollierten Bahnhöfen auf, solange die Verkehrssperre dauerte, was die Versorgung weiter erschwerte. Diese Sperre wurde ohne weitere Begründung um zehn Tage verlängert und erst am 26. Juli 1923 aufgehoben.

Ab dem 9. August 1923 wurde eine neuerliche Grenzsperre für acht Tage angeordnet. Am 23. August gab es eine verschärfte Grenzsperre. Aus diesem Anlass wurden alle bisherigen Ausnahmestempel für ungültig erklärt. Wer nun die Grenze zum unbesetzten Gebiet kreuzen wollte, brauchte einen „Geleitschein“ mit Lichtbild, der jedoch nur in den seltensten Fällen ausgestellt wurde. Diese Sperre wurde erst am 16. September 1923 wieder aufgehoben.

Aus Dorsten hieß es dazu: *„Begreiflicherweise setzte sofort ein großer Verkehr ein, da viele Leute aus dem besetzten Gebiet so schnell wie möglich lange aufgeschobene Reisen oder Geschäfte im unbesetzten Gebiet erledigen wollten. Während der Verkehr über die Lippebrücke sich in geregelten Bahnen bewegte, gab es auf dem Bahnhof Dorsten schwere Verkehrsstockungen. Manche Züge hatten stundenlange Verspätungen, einzelne Züge konnten überhaupt nicht durchgeführt werden. Zum Passieren der Lippebrücke, wie auch zur Fahrt auf der Bahn waren nach wie vor die Grenzstempel erforderlich.“* [165] Ab dem 6. Januar 1924 konnten die Einwohner der besetzten Gebiete ohne weitere Formalitäten ins unbesetzte Gebiet reisen, während für die Bewohner der unbesetzten Gebiete nach wie vor Geleitscheine notwendig waren.

Bekanntmachung der militärischen Behörde

An die Bevölkerung !

Trotz der augenfälligen Zwecklosigkeit eines Widerstandes, der Deutschlands Leiden nur vergrößern kann, besteht die Berliner Regierung darauf, die Kohlen- und Kokslieferungen, auf welche Frankreich und Belgien ein Recht haben, zu verweigern.

Mehr noch, ohne Rücksicht auf die Bedürfnisse der Bevölkerung, gibt die Berliner Regierung den Behörden und öffentlichen Diensten den Befehl, das ganze Leben im Ruhrgebiet systematisch zu desorganisieren.

In Anbetracht dieser Obstruktion waren die französische und die belgische Regierung gezwungen, neue entsprechende Maßnahmen zu treffen. Sie haben also beschlossen, vom 1. Februar 1923 ab jeden Kohlen- oder Okstransport aus dem Ruhrgebiet nach dem unbesetzten Deutschland zu verbieten.

Sollte diese Maßnahme nicht genügen, so würden andere, strengere, unentwegt angewendet werden.

Die französische und belgische Regierungen legen aber Wert darauf, noch einmal feierlich zu erklären, daß sie nie die Absicht gehabt haben, das Wohl und die Interessen der werktätigen Bevölkerung des Ruhrgebietes zu schädigen. Sie haben sich bemüht, keine Störung in das normale Leben des Gebietes zu bringen. Sie erklären heute noch, daß sie ohne irgenwelche Hindernisse alle zum Leben der Bevölkerung notwendigen Produkte, insbesondere alle Lebensmittel ins Ruhrgebiet hereinlassen werden.

Sollten Arbeitslosigkeit oder Hungersnot entstehen, so wäre die Berliner Regierung daran schuld.

Die Ruhrbevölkerung muß verstehen, daß ihr Los von der eigenen Regierung geschaffen wurde.

Frankreich und Belgien werden in keinem Falle von den Richtlinien abweichen, die durch die Haltung der Berliner Regierung bestimmt wird.

Düsseldorf, den 2. Februar 1923.

Eisenbahner, Schieber, Schwerindustrie !

Auf Wunsch der Schieber und der Schwerindustrie hat die Berliner Regierung den Eisenbahnern einen **Streikbefehl erteilt.** Dieser Streik legt den Arbeitern und **allen arbeitenden Klassen**

die schwersten Entbehrungen

Die Lebensmittel werden knapper.
Die Preise steigen.

Die Streikenden sind auf diese Weise unbewusst die Schrittmacher der

Schieber,

deren schändliche Spekulationen sie begünstigen.

Die Franzosen lassen Militärzüge verkehren und die verbrecherischen Sabotageakte können sie nicht hindern, sich nach Wunsch mit Lebensmitteln zu versehen.

Dagegen sind die in Raserei verübten Sabotageakte, die planmässige Zerstörung des wunderbaren rheinischen Eisenbahnnetzes, wobei während des Streiks das ganze reiche Material unbrauchbar gemacht wird, alles Tatsachen, welche den Wünschen der Schwerindustrie entsprechen.

Die Schwerindustrie

wird **grosse Gewinne** einstecken, wenn sie das Material wiederherzustellen haben wird, dessen Zerstörung sie billig zu stehen kam.

Woher wird dafür all das Geld geholt werden ?
Aus den Taschen der Arbeiter.
Wohin wird dieses Geld wandern ?
Ins Ausland, wo die Ruhrbarone den Ertrag der Arbeit ihrer Arbeiter hinterlegen.

Nehmt Euch in acht!
Die Dunkelmänner des Jahres 1914 sind wieder am Werk.

Bilder 181/182 – Französische Flugblätter gegen den passiven Widerstand und für die Züge der Regiebahn. ABBILDUNGEN (2): SAMMLUNG EK-VERLAG

So fährt die französische Eisenbahnregie!

Die französische Eisenbahnregie besteht fast zwei Monate. Nachfolgend einige Bilder ihres Wirkens. Großmöglichste Zahl der Unfälle bei allerdünnster Zugfolge ist Grundsatz. Die Leistungen sind erstaunlich.

Französischer Aufräumedienst nach erfolgtem Unfall (Bahnhof Brühl)

Material und Menschenleben in Grund und Boden

Pack- und Personenwagen nach dem Unfall

Militärisch bewachte Personenzugkatastrophe (Strecke Coblenz-Mainz)

Gesperrte Strecke! Auffahrt eines Personenzugs in einen durch kurz vorhergehenden Güterzugunfall hervorgerufenen Trümmerhaufen

Personenzug gegen Güterzug (Block Königsbach)

Weit über hundert, meist schwere Unfälle hat das französische Regime in knapp zwei Monaten hinter sich gebracht. Ohne Gewähr für Sicherheit, ohne Ersatz für Schäden an Leib und Leben zu gewähren, will es deutschen Reisenden seine gefährlichen Dienste bieten, während es die deutschen Eisenbahner mit Weib und Kind auf die Straße wirft.

Bild 183 – Natürlich rief die deutsche Seite im Gegenzug dazu auf, die Züge der Regiebahn nicht zu nutzen. ABBILDUNG: BARCH, PLAK 002-012-014-T2

4.5.5 Straßenverkehr

Wegen des Boykotts des Eisenbahnverkehrs wurden – sowohl innerhalb der besetzten Gebiete wie auch im Wechselverkehr mit dem übrigen Reich – vermehrt Straßenfahrzeuge zum Transport herangezogen. Es entwickelte sich ein planmäßiger Betrieb. Diesen Verkehr verstärkte die Post noch durch Omnibusverbindungen zwischen den größeren Städten der besetzten Gebiete und den Nachbarstädten im unbesetzten Teil des Reiches. Am Anfang diente er nur zur Personenbeförderung und der Zufuhr von Lebensmitteln und anderen lebensnotwendigen Artikeln. Mit der Zeit wurden die Straßenfahrzeuge aber auch für den Transport anderer Güter benutzt. Die Beförderung erfolgte ab und bis Grenzbahnhof oder einen für diesen Zweck hergerichteten Hilfsbahnhof.

Abgesehen von der Post erfuhr der Güterverkehr mangels anderer Möglichkeiten in weiten Bereichen eine Verlagerung auf die Straße. Wochen- und monatelang transportierten Lkws wichtige deutsche Gütersendungen von den Randbahnhöfen des besetzten Gebietes in regelmäßig bedienten Verbindungen bis Kleve, Aachen, Trier und Landau. Die Generalbetriebsleitung West sorgte von Elberfeld, die Eisenbahndirektion Essen von Hamm aus für die Anschlüsse. Ein regelmäßiger Botendienst der in Gießen sitzenden ausgewiesenen Verwaltungsspitzen der Rbd Trier hielt über die Telefonleitung Hagen – Köln – Mosel die Verbindung mit ihrem Bezirk aufrecht. Auch hier gab es zunehmend Beschränkungen. Es begann am 23. März mit einer Anweisung, dass Automobile und Motorräder nur noch zwischen 5 und 20 Uhr die Grenze zum unbesetzten Deutschland passieren durften. Am 31. März folgte eine Verfügung, nach der Kleinlastwagen, Pkws und Motorräder beschlagnahmt wurden, wenn sie keinen speziellen Passierschein besaßen, ausgestellt vom kommandierenden General. Es war eine erste Maßnahme, um das Abwandern der Fahrgäste von der Eisenbahn zu unterbinden. Der Lastwagenverkehr innerhalb des Ruhrgebiets unterlag dagegen vorläufig noch keinen Beschränkungen.

Die Ordonnanz N° 164 der Interalliierten Rheinlandkommission vom 18. April 1923 verfügte, dass für Lastkraftwagen und größere Personenwagen, die gewerblichen Zwecken dienten, gebührenpflichtige Verkehrszulassungsbescheinigungen eingeholt werden mussten. Sie wurden jedoch nur Unternehmen erteilt, die bereits am 15. Januar 1923 eine von deutschen Behörden ausgestellte Zulassung besaßen. Später wurde diese Anordnung ohne Ausnahme auf alle Kraftfahrzeuge ausgedehnt und auch dabei nur die Benutzung solcher Wagen gestattet, die bereits vor Beginn des passiven Widerstandes von der deutschen Regierung zugelassen gewesen waren. Für sämtliche Kraftwagen wurde die Einholung besonderer Erlaubnisscheine verlangt. Diese Ordonnanz sah zwar die Neuzulassung von Kraftfahrzeugen vor, aber sie wurde in der Praxis nicht erteilt. Ziel war es, die Bevölkerung zur Nutzung der Regiebahn zu zwingen, indem man ihr alternative Verkehrsmittel entzog. Die Reichsregierung reagierte mit dem Verbot, diese Erlaubnisscheine zu beantragen, was das Ende der Postkurse in den besetzten französischen und belgischen Gebieten ab dem 1. Mai bedeutete. Als jedoch der Straßenverkehr – einschließlich der Lkw-Transporte – trotz aller Schikanen überproportional zunahm, schritten die Franzosen zu weiteren Gegenmaßnahmen. Ab dem 1. Mai wurde von den Lkws ein Verkehrsschein verlangt, für den eine relativ hohe Gebühr zu zahlen war. Die zugehörige Rechtfertigung lautete:[166] *„Die Hohe Rheinlandkommission auf Grund des Artikels 10 des Rheinlandabkommens, auf Grund der Verordnungen 33 und 145, in Anbetracht dessen, daß die Zunahme des Straßenverkehrs die Folge der Weigerung seitens der deutschen Regierung ist, die Eisenbahnen zu benützen, deren Betrieb zu sichern die alliierten Behörden sich veranlasst sahen, und zwar infolge des Versagens der deutschen Behörden und des Eisenbahnpersonals, in Anbetracht dessen, daß die ungewöhnliche Zunahme des Verkehrs von schweren Lastautos den Zustand der Straßen schwer beeinträchtigt, Straßen, deren Erhaltung die Sicherheit, die Bedürfnisse und den Unterhalt der Besatzungstruppen unmittelbar angeht, in Anbetracht dessen, daß die Regie der rheinischen Eisenbahnen in den Stand gesetzt ist, den Verkehr von Reisenden und Waren zu sichern und dass allein das Versagen des deutschen Eisenbahnpersonals der guten Regelung dieser Transporte schaden kann …“*

Nachdem die Bevölkerung sich weiterhin weigerte, die Eisenbahn zu nutzen und stattdessen nach Alternativen suchte, erließ die Interalliierte Rheinlandkommission am 24. Mai 1923 die Verordnung N° 179, in der auch die Nutzung von Personenkraftwagen und Krafträdern von einer französischen Genehmigung abhängig gemacht wurde. Mit Wirkung vom 10. Juni 1923 war der gesamte Verkehr der besetzten Gebiete der Genehmigung durch die Interalliierte Rheinlandkommission unterworfen. Schließlich wurde der Bevölkerung überhaupt untersagt, Kraftfahrzeuge für Privatreisen zu benutzen. Alle diese Beschränkungen wurden erst Anfang September 1924 im Rahmen der Neuregelung der Reparationszahlungen aufgehoben.

Solange der Straßentransport funktionierte, und da es im öffentlichen Interesse zur Sicherstellung der Ernährung und Stützung der Wirtschaft in den besetzten Gebieten lag, wurde dieser Ersatzverkehr seitens der Regierung gefördert. Bis zum 25. Oktober 1923 erstattete das Reich die den Fuhrunternehmern entstehenden Mehrkosten. Diese Unterstützung des Kraftwagenverkehrs besaß jedoch neben den hohen Kosten für den Staat auch eine unerwünschte Nebenwirkung für die Eisenbahn: Ohne großes Risiko für die Spediteure konnte die Brauchbarkeit und Leistungsfähigkeit der Lkws im Dauerbetrieb für den Gütertransport über große Strecken unter Beweis gestellt werden. Es gab z. B. eine regelmäßige Güterbeförderung von Frankfurt (M) nach Kreuznach, Saarbrücken, Cochem, Trier usw. Damit wurden Entfernungen von mehr als 200 km abgedeckt – für die damalige Zeit eine bemerkenswerte Leistung.

Solche Verbindungen entwickelten sich auch auf den übrigen Übergangs- und Hilfsbahnhöfen wie z. B. von Bad Ems und Limburg (Lahn) nach Koblenz und Trier oder zwischen Eitorf und Köln. Selbst nachdem es im Dezember 1923 zu einer Vereinbarung zwischen der Reichsbahn und der Regiebahn über einen direkten Verkehr gekommen war, wurden immer noch größere Mengen Güter auf der Straße zwischen dem besetzten und unbesetzten Gebiet befördert. Vordergründig waren sicherlich die langen Transportzeiten der Regiebahn sowie ihre sehr unbefriedigenden Haftungsgrundsätze daran schuld. In Wirklichkeit zeigten sich jedoch die Vorteile einer schnelleren flexibleren Zustellung von Fracht sowie der Wegfall des Umladens. Sowohl Industrie als auch Fuhrunternehmer veranlasste das, verstärkt in die Beschaffung von Lkws zu investieren. So blieben diese Geschäftsbeziehungen auch über das Jahr 1924 hinaus bestehen und sollten der Eisenbahn auf Dauer noch sehr zu schaffen machen.

4.5.6 Ausweisungen

Entsprechend dem Tätigkeitsbericht von Paul Tirard, dem Leiter der Interalliierten Rheinlandkommission, gab es Ausweisungen nur in Einzelfällen. Sie sollten dazu dienen, vor Personen zu schützen, deren Anwesenheit eine Gefahr für die Besatzungstruppen darstellte. Dazu gehörten Beamte, deren *„nicht einzudämmende Opposition und Bosheit die Sicherheit“*[167] gefährdeten, nationalistische oder kommunistische Agitatoren und gewisse Damen, die der Gesundheit der Truppen gefährlich werden konnten – übrigens auch für Engländer und Amerikaner ein Thema. In den ersten Jahren einer „normalen“ Besatzung waren diese Ausweisungen im Großen und Ganzen relativ selten, obwohl bereits bei der Besetzung von Düsseldorf und Duisburg im März 1921 die generelle Ausweisung *„aller preußischer oder nichtrheinischer Beamten im besetzten Gebiet und ihre Ersetzung durch im Land geborene Beamte“* in Erwägung gezogen worden war. In der kritischen Zeit der Sanktionen in den ersten Monaten des Jahres 1923 nahmen sie durch den passiven Widerstand schlagartig zu. *„Zollbeamte, Förster und Eisenbahner verweigerten nicht nur den Dienst, sondern beteiligten sich auch an Sabotageakten, die gleichermaßen gefährlich für die Sicherheit und Versorgung der Truppen und der Bevölkerung waren.“* [168)]

Am 26. Februar 1923 erließ die Interalliierte Rheinlandkommission drakonische Strafmaßnahmen gegen die Gefährdung des Eisenbahnverkehrs. Sie sollten die Abfuhr von Kohle aus dem Ruhrgebiet trotz der Dienstverweigerung deutscher Bahnbeamter und trotz der Sabotageakte an Zügen sicherstellen. Da die Kontrolle des Schienenweges in diesem Kampf für beide Seiten eine hohe Priorität besaß, gingen die Besatzer nicht nur gegen die Eisenbahner, sondern auch gegen deren Organisationen vor (die ihre Mitglieder dazu anhielten, trotz aller Widrigkeiten den passiven Widerstand aufrechtzuerhalten). Bereits im Februar wurde der Bezirksleiter des Deutschen Eisenbahnerverbands (DEV) in Mainz zusammen mit mehreren anderen Funktionären verhaftet und im Mai zu hohen Geldstrafen verurteilt. In den folgenden Wochen und Monaten wurden so viele DEV-Funktionäre verhaftet, verurteilt und ausgewiesen sowie Büros dieses Verbands geschlossen, dass dadurch bereits ab Mitte April die Verbandsarbeit in den rheinischen Bezirken fast unmöglich wurde. Den anderen Gewerkschaften der Eisenbahner ging es auch nicht viel besser.

Während die Franzosen auf der einen Seite durch die Ausweisungen die verbleibenden Eisenbahner zum Gehorsam ihnen gegenüber zwingen wollten, gingen sie andererseits in gleicher Weise auch gegen den gesamten Verwaltungsapparat vor, hier jedoch von vornherein mit dem Vorsatz, sie aus dem Besatzungsgebiet zu entfernen. Das betraf sowohl das eben erst besetzte Ruhrgebiet wie auch das altbesetzte Rheinland. Die meisten der leitenden Beamten hatten ihre Positionen schon vor dem Weltkrieg eingenommen. Da viele von ihnen nicht aus der Region stammten, galten sie für die Besatzer als Repräsentanten des verhassten Preußentums, das es auszumerzen galt. Wenn sie aus dem Wege wären – so glaubten viele einflussreiche französische Politiker – wäre es einfacher, das Rheinland von Preußen zu lösen und einen eigenen Staat unter französischer Führung zu bilden. Das – so ging die Überlegung weiter – würde die Wirtschaftskraft des restlichen Deutschlands schwächen, damit einen Konkurrenten auf dem Weltmarkt beseitigen und gleichzeitig einen eventuellen Angriff auf Frankreich in der Zukunft fast unmöglich machen. All diese Aspekte bestimmten die Politik gegenüber Deutschland und machten die Ausweisungen zu einem weiteren Mittel der Durchsetzung der einmal gesetzten Ziele. General Degoutte legte sogar nach der Ruhrbesetzung Quoten für auszuweisende Beamte fest, die vertrieben wurden, ob sie sich nach französischer Auslegung etwas hatten zu Schulden kommen lassen oder nicht. Hierfür gab es ein vorgedrucktes Formular, in das nur noch der Name des Betroffenen eingetragen werden musste.

Die Ausweisungen erfolgten anfangs mit einer Frist von vier Tagen, was es den Betroffenen erlaubte, ihren Hausrat mitzunehmen. Später wurden sie auf der Stelle ausgewiesen, ohne etwas mitnehmen oder ihren Besitz wenigstens irgendwo unterstellen zu können. Gleichzeitig oder wenige Stunden später wurden auch ihre Familien ausgewiesen. Sie wurden auf die Bahn verfrachtet und zur ersten Station im unbesetzten Deutschland gebracht.

In einer Schilderung aus dem Kreis Daun (Eifel) über diese Zeit heißt es: *„Bei den Ausweisungen spielten sich oft dramatische Szenen ab. Die Familienvorstände wurden in der Regel morgens früh in ihrer Wohnung oder auf der Dienststelle verhaftet und in das unbesetzte Gebiet abgeschoben. Dann folgte die Ausweisung der Familienangehörigen, die innerhalb von wenigen Stunden das Notwendigste für den Abtransport zusammenpacken mussten und dann mit Fuhrwerken zum Bahnhof Walsdorf gefahren wurden. Von hier aus wurden sie mit der Bahn, die damals nicht unter französischer Regie stand, in das unbesetzte Reichsgebiet transportiert. Die Wohnungen und das Mobiliar der Ausgewiesenen wurden beschlagnahmt und den französischen Eisenbahnerfamilien zur Verfügung gestellt, die bei der Regiebahn die deutschen Bahnbeamten ersetzen sollten.“* [169)]

Eine weitere Beschreibung stammt von einem englischen Parlamentarier, der im August 1923 der Ausweisung von 150 Eisenbahnern und ihren Familien aus Mülheim an der Ruhr beiwohnte: [170)] *„Bevor sie ihre Haustüren abschlossen, wurde jede deutsche Hausfrau von den französischen Militärs angewiesen, die Betten frisch zu beziehen, sodass die französischen Hausfrauen alles für sie bereit finden würden. Nichts durfte aus den Häusern entfernt werden, und die Flüchtlinge durften nur das von ihrem Besitz mitnehmen, was sie tragen konnten. In diesem Fall bestand die Anweisung, dass sich die betroffenen Personen dem französischen Militär im etwa sechs bis acht Kilometer entfernten Duisburger Hauptbahnhof zu präsentieren hatten. […] Dann näherte sich eine Prozession von neun Straßenbahnwagen geschmückt mit Girlanden und Zweigen, um die Familien, die ausgewiesen werden sollten, nach Duisburg zu bringen. Die Abfahrt der Wagen bot einen bedauernswerten und pathetischen Anblick. […] Wir begleiteten die Straßenbahnwagen bis nach Duisburg. Und dort war das Verfahren so, wie wir erfuhren, dass jeder Name von einem Offizier aufgerufen wurde. Die betreffende Person hatte sich den französischen Behörden auszuliefern und die Schlüssel ihres Hauses zu übergeben.“*

Die folgenden Schlaglichter verdeutlichen, welcher Druck auf den einzelnen Eisenbahnern lastete: [171)]

- 17. Mai 1923: *„Gegen die Ausweisung der Eisenbahnbeamten aus dem besetzten Rhein- und Ruhrgebiet erhebt die deutsche Reichsregierung Protest in Paris, Brüssel und London. Die Eisenbahner werden mit ihren Familien in das unbesetzte Deutsche Reich ausgewiesen, weil sie den Anordnungen der französischen Eisenbahnregie nicht Folge leisten.“*
- 25. Mai 1923: *„Die Interalliierte Rheinlandkommission weist 585 passiven Widerstand leistende Beamte der deutschen Eisenbahnverwaltung aus dem besetzten Rheinland aus.“*
- 27. Mai 1923: *„Der Oberbefehlshaber der französischen Besatzungstruppen, Jean Marie Degoutte, droht allen verbliebenen Eisenbahnern im besetzten Ruhrgebiet ultimativ die Ausweisung an, wenn sie sich nicht innerhalb von zwei Tagen der französischen Eisenbahnverwaltung zur Verfügung stellen.“*
- 2. Juni 1923: *„Seit dem Beginn der Ruhrbesetzung sind bisher 4.558 Eisenbahner (mit 11.151 Angehörigen) aus ihren Wohnungen vertrieben und ausgewiesen worden. Von den 564 verhafteten Reichsbahnbeamten sind bereits 104 verurteilt worden.“*
- 26. Juni 1923: *„Innerhalb von vier Tagen werden 1.500 Eisenbahnerfamilien aus dem besetzen Rheinland ausgewiesen.“*

Zu Letzteren gehörten auch die Eisenbahner aus Recklinghausen. Am 20. Juni 1923 hatte es dort die ersten Massenverhaftungen gegeben. Die Gefangenen wurden oft wochen- und monatelang eingesperrt, ohne dass eine Anklage gegen sie erhoben oder ihnen der Grund ihrer Inhaftierung mitgeteilt wurde. Dann folgten die Ausweisungen, teils ohne, teils mit den Familien. Zehn Tage später folgte die nächste Verhaftungswelle. 42 der damals Festgesetzten wurden erst am 11. Oktober 1923 – ohne Verurteilung – ins unbesetzte Gebiet abgeschoben. Selbst als der passive Widerstand aufgegeben worden war, gingen die Ausweisungen weiter, die letzte aus Recklinghausen noch am 27. Dezember 1923.

Einer der am schlimmsten betroffenen Orte war Gerolstein, wo von rund 3.000 Einwohnern 2.000 – zumeist Eisenbahner – entweder ausgewiesen oder zumindest aus ihren Wohnungen verdrängt wurden. Neben dieser Berufsgruppe wurden auch Postler und Zöllner sowie Beamte der gesamten Verwaltungsstruktur ausgewiesen. Mitte Juli 1923 belief sich ihre Zahl auf mehr als 70.000.

Mit Stand vom 3. November 1923 betrug die Anzahl der ausgewiesenen Eisenbahner an Rhein und Ruhr auf 25.487 und auf 65.697 Angehörige. Sie waren mit etwa 50 % die zahlenmäßig größte Gruppe aller Abgeschobenen. 2.327 Eisenbahner und 628 Angehörige wurden verurteilt und verbüßten wegen ihrer Teilnahme am passiven Widerstand Haftstrafen in französischen Gefängnissen. Elf Eisenbahner fanden in den Auseinandersetzungen den Tod. Im Durchschnitt wurden etwa 12,5 % aller bei der Reichsbahn in den besetzten Gebieten beschäftigten Personen ausgewiesen. In der Pfalz war es sogar ein Drittel.

Als die Ausweisungen der Eisenbahner immer größere Ausmaße annahmen, sah sich die Reichsbahn genötigt, auf Bahnhöfen des unbesetzten Gebietes Auffanglager einzurichten. Dazu wurden sehr oft Eisenbahnwagen herangezogen. Ein Zeitzeuge berichtet, dass ein solches „Lager" im Bahnhof Borken aus einem Schlafwagen, einem dreiachsigen Personenwagen 3. Klasse und zwei Wagen der 4. Klasse bestand. In Münster setzte sich der Zug zur Aufnahme der Flüchtlinge aus zwei Speisewagen, einem Wagen 4. Klasse und einem der 3. Klasse zusammen. In Welver dienten zwei Salonwagen dem gleichen Zweck. Es handelte sich um erste Anlaufstationen, von denen die Eisenbahner und ihre Familien dann an andere Orte des Reiches verbracht wurden, solange sie nicht bei Familie oder Freunden Unterschlupf fanden. Beratungsstellen für ausgewiesene Eisenbahner gab es zudem in Bielefeld, Fulda, Mannheim, Karlsruhe und vorübergehend auch in Frankfurt (M). Interessanterweise wurden die unerwünschten Eisenbahner auch in die britische Besatzungszone nach Köln abgeschoben, von wo aus die meisten dann ins unbesetzte Gebiet weiterfuhren.

Für die Ausgewiesenen ging es von den Auffanglagern aus weiter zu Sammelstellen, wo versucht wurde, ihnen neue Arbeitsplätze zu besorgen. Für die aus der Neusser Gegend Ausgewiesenen befand sich die Sammelstelle in Bielefeld. Teilweise konnten ihnen neue Arbeitsplätze bei der Bahn zugewiesen werden, und mit ein wenig Glück gab es dort sogar freie Dienstwohnungen für sie. Zusätzlich erhielten sie teils komplette Wohnungseinrichtungen, teils Darlehen zur Beschaffung von Kleidung und Wäsche, wenn sie ihren Besitz hatten zurücklassen müssen.

Tote Demonstranten und die Massenausweisungen sorgten auch in Frankreich für Schlagzeilen und führten zu kritischen Fragen an die Regierung. Deshalb nahm Ministerpräsident Raymond Poincaré am 15. Juni 1923 vor der französischen Kammer zur Ruhrpolitik Stellung. Nach seiner Auffassung stiftete die deutsche Regierung zu Mord- und Sabotageakten an, während sie gleichzeitig Frankreich mit lächerlichen und unannehmbaren Vorschlägen provoziere. Deshalb sei Frankreich gezwungen, den Druck des Besatzungsregimes zu verstärken und zu verlängern.

Neben den Ausweisungen gab es aus heutiger Sicht auch **Verurteilungen wegen Nichtigkeiten**. Hier eine kleine Auslese:

- Ein Landwirt wollte an einen Deutschen, den er „Franzose" titulierte, weil er bei der Regie arbeitete, kein Huhn verkaufen. Das brachte ihm ein Jahr Gefängnis ein.
- Eisenbahner, die dabei gefasst wurden, wie sie während des passiven Widerstands die von der Reichsregierung weiter bezahlten Gehälter an Kollegen auszahlten, erhielten Gefängnisstrafen von ein bis zwei Jahren.
- Ein Eisenbahninspektor, der seine Kollegen zum passiven Widerstand aufforderte, erhielt zwei Jahre Gefängnis.
- Sabotage an Bahnanlagen, wie das Entfernen von Schildern in Stellwerken und ähnliches, wurde mit bis zu zehn Jahren Gefängnis geahndet.

4.5.7 Französische Schadensersatzansprüche

Während des passiven Widerstands beschlagnahmten die Besatzungstruppen vor allem im Ruhrgebiet, aber auch in den altbesetzten Gebieten Bestände an Bargeld in den Filialen der Reichsbank, aber auch bei der Reichspost und oft genug sogar bei Privatbetrieben. Diese Gelder sollten u. a. durch Sabotage entstandene Schäden begleichen. Nach dem Ende des passiven Widerstands, als sich die Reichsregierung bereit erklärte, neben den Reparationszahlungen auch die Besatzungskosten wieder zu erstatten, erließen sowohl die Interalliierte Rheinlandkommission als auch die Militärverwaltung des Ruhrgebietes Zahlungsbefehle

Bild 184
Franzosen transportieren Kohle aus dem Gussstahlwerk von Krupp ab. Da die Hilfsmittel fehlen, muss von Hand aufgeladen werden. Der Abtransport erfolgt mit einem Pferdefuhrwerk. Da sich die einheimischen Arbeiter verweigern, heuert man Arbeiter aus dem östlichen Ausland (Polen, Tschechoslowakei) an. Französische Soldaten sichern die Aktion.

Aufnahme: Spethmann, Sammlung Klaus Kemp

als Schadensersatz für durch Sabotage entstandene Schäden, die an Städte und Gemeinden wie auch an die Regierungen von Preußen und Hessen gingen. Einige davon, die sich speziell auf die Regiebahn bezogen, sind im Folgenden beispielhaft aufgeführt.

Als Unbekannte am 23. Oktober 1923 Bahnanlagen im Bereich von Düsseldorf beschädigten, verurteilte General Degoutte die Stadt, den Staat Preußen und das Reich am 23. Dezember 1923 zur Zahlung von 1.665 Goldmark. Da der passive Widerstand zu diesem Zeitpunkt bereits beendet war, lehnte das Reich jede Haftung ab, musste aber am Ende doch zahlen. Den gleichen Betrag, aber in Franc, forderte die Interalliierte Rheinlandkommission wegen der Beschädigung von Telegrafenleitungen im Ausbesserungswerk Darmstadt am 27. Dezember 1923 vom hessischen Staatspräsidenten zugunsten der Regiebahn. Am 30. Januar 1924 sprach ihr die Kommission einen Schadensersatz von 1.200 Franc für einen Sabotageakt in der Elektrowerkstatt des Ausbesserungswerks Mainz-Kastel zu, den diesmal die Stadt Mainz zahlen sollte. Noch willkürlicher erschienen die Forderungen des belgischen Standortkommandanten in Duisburg, der am 6. März 1924 die Stadt wegen verschiedener Diebstähle im Bahnhof Duisburg-Beeck (Strecke Oberhausen – Moers) zur Zahlung von 1.170 Franc verurteilte.

Und am 22. Februar 1924 erhielt der Vertreter der bayerischen Regierung in der Pfalz eine Zahlungsforderung in Höhe von 1.916.331,05 Franc zugunsten der Regiebahn aufgrund von **Sabotageakten und sonstigen Vorfällen**, die sich im Juni 1923 ereignet hatten. Im Einzelnen handelte es sich um:

- Beschädigung einer Bahnschranke zwischen Rülzheim und Rheinzabern (Strecke Lauterburg – Germersheim) zu einer Zeit, als dieser wegen des passiven Widerstands nicht besetzt war.
- Diebstahl der Telefonapparate aus zwei ebenfalls unbesetzten Posten an der Strecke Ludwigshafen – Worms.
- Plünderung der Wohnung des Bahnhofsvorstehers Luitpoldhafen (Hafenbahnhof im Südteil des Ludwigshafener Hafens).
- Anschlag auf einen Zug zwischen Landstuhl und Hauptstuhl (Strecke Kaiserslautern – Homburg [Saar]) am 23. Juni 1923, bei dem die Lokomotive eines aus Kaiserslautern kommenden Arbeiterzuges beschädigt, einige Schienen verbogen und Fensterscheiben des Zuges zerstört wurden.
- Anschlag auf einen Zug zwischen Jockgrim und Wörth (Strecke Lauterburg – Germersheim) am Tag zuvor, wodurch die Strecke zeitweise gesperrt werden musste.
- Zerstörung einer Bahnschranke in (Ludwigshafen-)Rheingönheim am 22. Juni 1923.

Bild 185 – Zeichnerische Darstellung der Ausweisung von Eisenbahnern, die – wie Schwerverbrecher behandelt – vom Trierer Güterbahnhof aus unter Bewachung abgeschoben werden. ABBILDUNG: SAMMLUNG KLAUS KEMP

Zu zwei der Vorfälle hatte die Reichsregierung Anmerkungen. Die Plünderung im Bahnhof Luitpoldhafen hielt sie für vorgetäuscht, da sich neben der Wohnung des Bahnhofsvorstehers eine französische Wache befand, an der vorbei man kaum unbemerkt eine ganze Wohnungseinrichtung hätte wegschaffen können.

Das, was die Franzosen als einen Anschlag auf einen Zug zwischen Jockgrim und Wörth bezeichneten, war nach deutscher Einschätzung ein Unfall. Demnach entgleiste ein Kohlezug in Richtung Lauterburg, weil der 9. und 10. Wagen aus den Gleisen sprangen. Die fünf folgenden Wagen stürzten den Bahndamm hinab, und sechs weitere Wagen schoben sich ineinander bzw. türmten sich auf. Ein Bremser wurde verletzt. Die Strecke war 36 Stunden lang gesperrt. Bis jedoch beide Gleise wieder befahrbar waren, vergingen drei Tage. Der Schaden wurde als besonders hoch eingeschätzt, sodass man die Reparaturen alleine mit mehr als 1,8 Mio. Franc in Rechnung stellte. Die offizielle deutsche Stellungnahme ging entweder von einem schlechten Unterhaltungszustand der Gleise oder von schadhaften Wagen aus. Hier bleibt allerdings anzumerken, dass die deutschen Bombenleger längst gelernt hatten, dass der größte Effekt – sprich Schaden – erreicht werden konnte, wenn eine Sprengsatz nicht unter der Lok, sondern mit einer Zeitverzögerung unter dem Zug zündete. Damit erscheint auch ein Anschlag als Unfallursache plausibel.

Hessen wurde für einen Anschlag am 14. Juni 1923 am 18. Februar 1924 zur Zahlung von 56.000 Franc verurteilt. Damals explodierte zwischen (Heidesheim-)Uhlenborn und Budenheim (Strecke Mainz – Bingen) ein Sprengsatz unter dem vierten Wagen des Zuges D 141. Sieben Reisende wurden verletzt, einer davon schwer. Ein Gleis wurde zerstört. In allen diesen Fällen wies die deutsche Seite jede Mitschuld an diesen Vorkommnissen weit von sich. *„Da die deutsche Regierung sich wiederholt gegen die Sabotageakte ausgesprochen hatte, kommt eine auch nur moralische Verantwortung einer deutschen Stelle nicht in Frage.“* [172)]

4.5.8 Deutsche Repressalien

Auch von deutscher Seite gab es Repressalien, die sich gegen die „Volksgenossen“, wie sie in damaligen Publikationen bezeichnet wurden, richteten, die in einer wie auch immer gearteten Weise mit der Besatzungsmacht zusammenarbeiteten. Die unterste Stufe – wenn dies so genannt werden kann – war die Denunzierung in öffentlichen Anschlägen oder Zeitungsartikeln, wo etwa Personen namentlich aufgeführt wurden, welche die Regiebahn als Fahrgäste oder zum Transport von Waren benutzt hatten. Dies wurde sogar von der Reichskanzlei in einem Rundschreiben Mitte 1923 gefördert. Zeitungen riefen zum Verprügeln der Personen auf, die sich mit Franzosen einließen. Geschäftsleute, die Waren an Besatzungssoldaten verkauften, mussten damit rechnen, dass ihnen die Schaufensterscheiben eingeworfen wurden. Es gab auch Selbstjustiz, bei der wirkliche oder vermeintliche Spione für die Franzosen exekutiert wurden.

Anfang September 1923 verhaftete die Polizei in Baden fünf deutsche Arbeiter, die bei der Regiebahn beschäftigt waren. Als Antwort darauf verhafteten die Franzosen in der Pfalz fünf angesehene Bürger als Geiseln und drohten, jeden Tag zwei weitere festzusetzen, wenn die Arbeiter nicht freigelassen würden.

Wenn dieser Abschnitt kurz ausfällt, so liegt das hauptsächlich daran, dass es kaum detaillierte Schilderungen über diese Zeit gibt. Dass die deutschen Repressalien jedoch ein Problem gewesen sein müssen, zeigt vor allem der Versuch der Franzosen zum Ende der Besatzungszeit hin, durch Verträge mit dem Deutschen Reich diejenigen zu schützen, die mit ihnen zusammengearbeitet hatten. Trotzdem gab es bis in die Nazizeit hinein noch Prozesse gegen wirkliche oder vermeintliche Kollaborateure.

Bild 186 – Wahrscheinlich zeigt dieses Bild die Folgen eines Anschlages vom Februar 1923 bei Ingelheim, wo ein Stück Schiene entfernt wurde, wodurch die Lok des Kölner Zuges entgleiste und umkippte. Wegen der langsamen Fahrt kam es nicht zu Verlusten von Menschenleben. Die nicht näher identifizierte preußische P 8 wurde vorerst nicht geborgen, sondern blieb neben den Schienen liegen. Rechts dürfte die Brücke mit der Überführung der Selztalbahn der SEG über die linke Rheinstrecke zu sehen sein. AUFNAHME: SAMMLUNG KLAUS KEMP

4.6 Aktiver Widerstand

Die Grenze zwischen passivem und aktivem Widerstand ist nicht einfach festzulegen. Das zeigt der Ausschnitt aus einem Artikel eines englischen Reporters vom März 1923: [173)]

„Zweifellos ist die Sabotage zu einer hohen Kunst gebracht worden, und keinen Augenblick kann man wissen, welches ihre nächste Tat sein wird. Ein französischer Zug z. B. bleibt an einer leichten Steigung stecken; einige Wagen werden abgekuppelt, aber immer noch kann die Maschine die paar Güterwagen nicht auf die Höhe bringen, obwohl deutsche Züge ohne Schwierigkeit 40 bis 50 Wagen über die betreffende Stelle schaffen konnten. Weshalb gelang dies den Franzosen nicht? Sie brauchten lange Zeit, bis sie den Grund entdeckten. Er bestand darin, dass die Schienen tüchtig eingeseift waren. Aber sobald der Trick herausgefunden ist und Vorkehrungen dagegen getroffen werden, so wird schon ein anderer praktiziert.

An anderer Stelle, wo die Franzosen Maschinen in Gang gebracht haben, fingen die Räder bald zu knirschen an und standen still, obwohl tagelang kein Deutscher in der Umgebung gesehen worden war. Wiederum dauerte es längere Zeit, bis man der Ursache auf die Spur kam. In diesem Fall war feinster Feilenstaub in die Oelbüchsen getan worden, der sich schließlich zu den lebenswichtigen Teilen der Maschine durcharbeitete."

Solche Handlungen, aber auch das Entfernen von Unterlagen und Schaltplänen zum Betrieb eines Stellwerks oder das Abschalten der Stromzufuhr könnten schon als aktiver Widerstand und als Sabotage angesehen werden, während sie in der zeitgenössischen Literatur als passiver Widerstand vermerkt werden. Fraglich ist auch, ob die Überführung von etwa 1.000 Lokomotiven und 30.000 Güterwagen durch die Eisenbahner ins unbesetzte Deutschland noch eine passive oder bereits eine aktive Handlung darstellt. In dieser Auseinandersetzung fand sich aber auch, was bereits damals als Sabotage klassifiziert wurde: *„Während der passive Widerstand auch offiziell von der Regierung vertreten werden konnte, brachte es die Lage des Reichs mit sich, dass der aktive Ruhrkrieg, auch soweit er vom Reich gewollt war, stets in Formen geführt werden musste, die es ermöglichten, die Kampfhandlungen offiziell zu verleugnen."* [174)] Die preußische Regierung lehnte im Gegensatz zur Reichsregierung den aktiven Widerstand kategorisch ab, da er nur schärfere Vergeltungsmaßnahmen der Besatzungstruppen provozierte, unter denen am Ende die Bevölkerung zu leiden hatte.

Eine Definition des aktiven Widerstands liefert der Essener Rechtsanwalt Prof. Dr. Friedrich Grimm, der zahlreiche Prozesse vor den Kriegsgerichten der Besatzungsmächte führte: [175)] *„Zu dem aktiven Ruhrkrieg im eigentlichen Sinne rechne ich nur die Kampfhandlungen, die ihrer Natur nach mit Gewalt gegen Personen oder Sachen verbunden waren, also in erster Linie Tötung von Menschen, gleichgültig, ob sie nur der die gewaltsame Begleiterscheinung des militärischen Angriffs oder seiner Abwehr waren, oder systematisch erfolgten [...] sodann die Sabotageakte gegen Eisenbahnen und Kanäle und endlich den blutigen Kampf gegen Verräter und Separatisten, wobei unter den Verrätern auch die Franzosenspitzel zu verstehen sind."*

In diesem Sinne sahen die Gewerkschaften das Unbrauchbarmachen von Loks, Weichen und Stellwerken bei der Eisenbahn, die Unterbrechung von Fernmeldeverbindungen bei der Post oder die Zerstörung von Verladeeinrichtungen als legitimen Teil des passiven Widerstands an, solange das ohne Gefährdung von Menschenleben geschah. Die Grenze wurde für sie allerdings dort überschritten, wo Produktionsanlagen zerstört wurden, weil das die Gefahr der Zerstörung von Arbeitsplätzen mit sich brachte. Eine Erhöhung der Massenarbeitslosigkeit barg zudem die Gefahr eines Aufbrechens der Abwehrfront, die tunlichst vermieden werden sollte.

Über diese Sabotagefälle objektiv zu berichten wird dadurch erschwert, dass beide Seiten die Vorfälle völlig unterschiedlich

Bild 187
12 Uhr Mittag: Es ist Schichtwechsel bei Krupp in Essen. Als Waffenschmiede war diese Firma für die Alliierten der Inbegriff des preußisch-deutschen Militarismus.

AUFNAHME: SAMMLUNG KLAUS KEMP

darstell(t)en. Ein Ereignis aus Hauptstuhl, einem Ortsteil von Landstuhl in der Pfalz, vom 9. Juli 1923 zeigt das deutlich:

- **Französische Darstellung**: „*In Landstuhl wird eine Patrouille, die die Bahnstrecke bewacht, um 22 Uhr von einer Gruppe Deutscher angegriffen. Der Unteroffizier wird verletzt, ein Deutscher stirbt.*“ [176)]
- **Deutsche Darstellung**: „*Bei Hauptstuhl wird der 64-jährige Gelegenheitsarbeiter Müller von einer französischen Patrouille erschossen. Die Patrouille bringt zu ihrer Entschuldigung die Behauptung vor, Müller habe mit einem Trupp von etwa 30 Personen Zerstörungen an der Bahn vornehmen wollen. Es steht einwandfrei fest, daß diese Behauptung völlig aus der Luft gegriffen ist. Durch eine große Anzahl Zeugen ist erwiesen, daß Müller um 9 Uhr abends nach einem vorausgegangenen Streit in stark angetrunkenem Zustand das Gasthaus ‚Zum Spanier' in Hauptstuhl ohne Begleitung mit den Worten verließ: ‚Ich gehe nun blatt machen', d. h. ich übernachte im Freien. Trotzdem verhängen die Franzosen scharfe Sanktionen und verlangen, dass die französischen Bahnpatrouillen von deutschen Gendarmen begleitet werden. Die Ablehnung dieser Forderung durch die Regierung brachten neue Verhaftungen und Ausweisungen.*“ [177)]

Anfangs benutzten die Saboteure einfache Sprengsätze, die beim Überfahren der Lokomotive explodierten und diese sowie einige Wagen zum Entgleisen brachten. Da dieser Effekt nicht ausreichte, gingen sie mit der Zeit dazu über, Bomben mit einem Verzögerungsmechanismus zu benutzen, welche die Sprengung unter den Wagen auslöste. „*Die Organisatoren dieser Attentate hofften, das französische und belgische Personal in Panik zu versetzen, daß – wie sie dachten – es nicht wagen würde, den Zugverkehr nachts zu gewährleisten, wenn es der Gefahr ausgesetzt würde, diesen Explosionen zum Opfer zu fallen. Dass sie es trotzdem wagten, war auf die Geisteshaltung von Eisenbahnern zurückzuführen, die ihre Pflicht mit dem gleichen Eifer und der gleichen Verachtung von Gefahr erfüllten, wie sie es von 1914 bis 1918 in weit kritischeren Perioden getan hatten.*“

Auf der anderen Seite verursachten die Besatzer selbst sehr viele Unfälle durch Nichtbeachtung von Signalen und Fahrbefehlen, unsachgemäßen Umgang mit den Lokomotiven und fehlende Wartung an Fahrzeugen und Fahrwegen. Um jedoch gegenüber Paris nicht schlecht dazustehen, wurde über solche Vorfälle so berichtet, als seien sie durch deutsche Sabotage verursacht worden. Ein weiteres Beispiel mag das verdeutlichen:

Paul Tirard schreibt: „*Zwischen Elsdorf und Bedburg* [Strecke Neuss – Düren] *explodiert beim Vorbeifahren des Zuges C.E. 59 eine Mine. Die Strecke ist unterbrochen, ein Wagen entgleist, und die Lok wird beschädigt.*“ [178)]

In einem Bericht der Generalbetriebsleitung West heißt es dagegen, dass an dieser Stelle wegen Mängeln am Fahrweg ein Güterzug aus den Schienen sprang, wodurch eines der beiden Gleise für längere Zeit gesperrt war. Wer in diesem konkreten Fall korrekt berichtete, lässt sich nicht mehr nachprüfen!

Als Reaktion auf den passiven Widerstand sowie auf Sabotageakte verhängten sowohl die französische als auch die belgische Besatzungsmacht den verschärften Belagerungszustand über das Ruhrgebiet und das Rheinland. Das schloss laut einem Befehl vom 29. Januar 1923 auch eine nächtliche Ausgangssperre von 22 Uhr bis 6 Uhr im gesamten Ruhrgebiet ein. Diese wurde Mitte Februar wieder aufgehoben. Um Sabotageakte an den Strecken der Regiebahn zu verhüten, ordnete der in Recklinghausen stationierte General Laignelot für seinen Befehlsbereich an, dass man sich ab dem 23. April 1923 den Eisenbahnlinien, Kanälen und öffentlichen Bauten innerhalb einer Zone von 500 m während der Nacht nur mit einer brennenden Laterne nähern durfte. Als Nacht wurde die Zeit von 19 Uhr abends bis 5 Uhr morgens definiert. Selbst in den Sommermonaten war schon um 19 Uhr eine brennende Laterne zu tragen. Diese Verordnung hatte bis zum 15. Oktober 1923 Bestand.

Die Besatzungstruppen teilten Ende Februar 1923 die Bahnlinien in Abschnitte ein. Für jeden Abschnitt machten sie einen deutschen Beamten verantwortlich – als ob er in der Lage gewesen wäre, Sabotageakte zu verhindern. Dieser Verantwortliche konnte Eisenbahner, aber auch städtischer Beamter sein. Im Falle eines Anschlags wurde ihm Haft angedroht, sollte der Täter nicht zu ermitteln sein. Außerdem wurden die Stadt oder Gemeinde, in deren Grenzen sich der Anschlag ereignete, mit einer Geldstrafe belegt. Geschah der Anschlag nachts, wurden Bewohner umliegender Häuser aus den Betten geholt, um die Schäden zu beseitigen. Tagsüber wurden zufällig vorbeikommende Passanten gezwungen, diese Arbeiten auszuführen. Zusätzlich wurden hohe Beamte als Geiseln genommen und auf den Zügen zum Mitfahren gezwungen. Diese Maßnahmen verstießen eklatant gegen die Haager Landkriegsordnung und sind umso unverständlicher angesichts des Bestrebens Frankreichs, die Bevölkerung auf seine Seite zu ziehen, um auf die Dauer das Rheinland von Preußen lösen zu können.

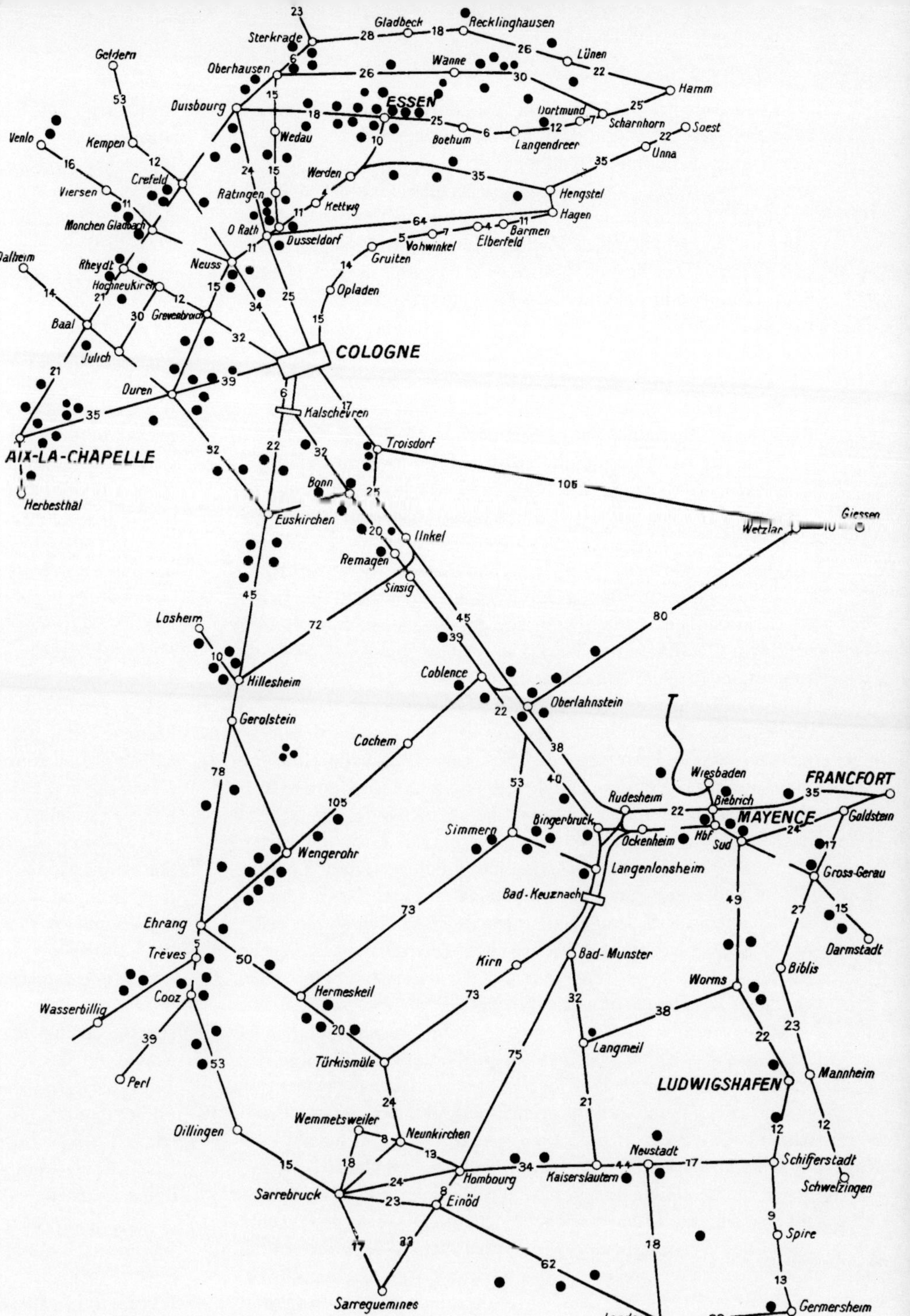

Bild 188
Verteilung der Anschläge auf Bahnstrecken des Rheinlandes und des Ruhrgebiets im Verlaufe des Jahres 1923, erarbeitet von der Regiebahn. Die Zahlen sind die Streckennummern des Regiefahrplans.

ABBILDUNG: SAMMLUNG KLAUS KEMP

4.6.1 Von außen gesteuert

Sollte es eines Vorwands für aktiven Widerstand bedurft haben, so lieferten ihn die Franzosen gleich in den ersten Tagen des Einmarsches ins Ruhrgebiet, als sie am 16. Januar 1923 in Bochum auf Demonstranten schossen. Mit dem weiter unten geschilderten Zwischenfall in den Krupp-Werken am 31. März nahm der Widerstand neue Dimensionen an. Jetzt beschränkten sich die Saboteure nicht mehr nur auf Angriffe auf Telefon- und Telegrafenleitungen, Eisenbahnstrecken sowie Weichen, sondern sie sabotierten auch Brücken, Tunnel und Kanäle – nun ohne Rücksicht auf Menschenleben. Das Massaker in den Kruppwerken diente als Katalysator in dem Versuch, dem passiven Widerstand eine aktive Komponente hinzuzufügen, wahrscheinlich auch um Gnade vor den Augen der Nationalisten zu finden. Der Einsatz von terroristischen Waffen war alles andere als eine spontane aggressive Reaktion, entpolitisiert und isoliert. Diese Form des bewaffneten Widerstands stützte sich auf drei Säulen der Weimarer Republik, nämlich auf die Armee, auf Teile der Schwerindustrie und auf die Regierung.

Weiter angestachelt wurden Sabotageakte nicht zuletzt durch die fast täglichen Meldungen von Übergriffen der Besatzungstruppen. Laut Reichstagsdrucksachen sind in der Zeit vom 1. Januar 1923 bis zum 1. August 1924 insgesamt 137 Deutsche durch Angehörige der Besatzungstruppen getötet und weitere 603 verletzt worden. Acht fanden den Tod durch Misshandlungen, 30 durch willkürliche Erschießungen, 60 durch Erschießungen durch Posten und Patrouillen sowie 39 durch Unglücksfälle. Bereits seit Ende 1919 gab es bei der Reichswehr Planungen, für den Fall einer bereits damals drohenden Besetzung des Ruhrgebietes eine Art Guerillatruppe mit dem Ziel zu organisieren, Sabotageakte durchzuführen. Zu einer Umsetzung im Vorfeld der Besatzung kam es jedoch wegen Widerständen in der Reichsregierung nicht.

Zur Gruppe derjenigen, die den aktiven Widerstand organisierten, gehörten in der Mehrzahl ehemalige Frontsoldaten, die nach dem Krieg als Freischärler einen Guerillakrieg im Baltikum und Oberschlesien gegen die dort neu entstehenden Staaten und im Reich gegen Kommunisten geführt hatten. Es fanden sich Studenten voller nationaler Ideale, die gegen Bahnlinien in der Mehrzahl Sprengstoffanschläge ausführten, die zumeist keinen großen Schaden anrichteten. „Beliebtes" Ziel war die Strecke Düsseldorf – Hagen-Vorhalle, weil sie kurvenreich ist und damals durch viel unbebautes Gebiet führte, sodass man leicht ungesehen an die Schienen herankam. Durch die Zahl der Anschläge und die Unvorhersehbarkeit bildeten sie für die Franzosen allerdings ein Problem, weil es eines erhöhten Aufwands für den Bahnschutz bedurfte.

Zuerst waren es die Schwerindustrie des Ruhrgebiets und die Reichsbahn, die Sabotageorganisationen mit dem Ziel errichteten, wichtige nach Westen führende Eisenbahnstrecken nachhaltig zu zerstören. Vor allem die Fa. Krupp beteiligte sich aktiv daran. Sie heuerte den Freikorpsführer Heinz Oskar Hauenstein an, eine Organisation im Ruhrgebiet aufzubauen, um die Bewegungen des französischen Militärs zu überwachen und die Versuche, Kohle nach Frankreich abzufahren, durch Sabotageakte zu stören. In diese Diskussionen wurden Vertreter der Handelskammer Essen-Mülheim-Oberhausen und der Generalbetriebsleitung West der Reichsbahn in Wuppertal-Elberfeld mit einbezogen. Das NSDAP-Mitglied Hauenstein saß 1922 unter Verdacht der Beteiligung an der Ermordung Rathenaus zeitweise in Untersuchungshaft, kam jedoch mangels Beweisen frei. Im August 1922 hatte Hitler gemeinsam mit Hauenstein und den Freikorpsführern Gerhard Roßbach und Albert Leo Schlageter die Ausdehnung der NSDAP nach Norddeutschland besprochen, die im Lauf des Jahres 1922 in mehreren deutschen Ländern, darunter Preußen, verboten wurde.

Zur Sabotageorganisationen kam ebenfalls der Begründer des Bahnschutzes Karl Heiges aus dem Reichsverkehrsministerium hinzu. Seit der Revolutionszeit war er *„ein bewährter militärischer Führer in allen bewaffneten innenpolitischen Auseinandersetzungen. Dies lässt den Schluss zu, dass Heiges Vorgesetzten durchaus vorschwebte, den Besatzungsmächten eine Nutzung der Reichsbahn in den neubesetzten Gebieten auch unter Einschluss gewaltsamer Mittel unmöglich zu machen."* [179)] Heiges und Hauenstein bauten in der Folge in Wuppertal-Elberfeld Sabotageorganisationen auf, die eng miteinander kooperierten.

Der Duisburger Bürgermeister Carl Jarres wandte sich anfangs gegen einen allgemeinen passiven Widerstand, sondern plädierte für eine punktuelle und gründliche Zerstörung wichtiger Verkehrsmittel und Verkehrspunkte wie Tunnel, Schleusen, Brücken und Knotenpunkten. Unter den Wirtschaftsführern gab es ebenfalls viele, die es zu Beginn des passiven Widerstands für notwendig hielten, den Rhein-Herne-Kanal an seiner Mündung in den Rhein, die Duisburg-Hochfelder Rheinbrücke und den damals noch existierenden Tunnel von Großkönigsdorf (Strecke Köln – Aachen) sowie den Cochemer Tunnel (Moselbahn) umfangreich zu zerstören. Im Juni 1923 gingen im wirtschaftlichen Abwehrausschuss für das rheinisch besetzte Gebiet die Meinungen über solche Zerstörungen jedoch weit auseinander. Einig war man sich nur in der Ablehnung der bisherigen plan- und sinnlosen Zerstörungen, wie sie die meisten Sabotageakte zur Folge hatten. Wenig später folgten die Christlichen Gewerkschaften, Reichsregierung und Reichswehr mit einer staatlichen Sabotageorganisation nach. Federführend war der Vorsitzende der Gewerkschaft deutscher Eisenbahner, Wilhelm Gutsche. Sein Ziel war es, Verkehrswege systematisch und planvoll zu unterbrechen. Diese Anschläge sollten so ausgeführt werden, dass es weder zivile noch militärische Opfer gab, weil das der deutschen Propaganda vom passiven Widerstand einer wehrlosen, „vergewaltigten" Bevölkerung den Boden entzogen hätte. Außerdem wollte er *„nationalistische Hitzköpfe"* [180)] auf diese Weise fernhalten. Hierfür wurde der ehemalige Geheimagent Kurt Albert Jahnke eingesetzt. In den letzten Januartagen wurde er zum Reichsbeauftragten für sämtliche Sabotageakte ernannt, wobei dies eine rein private Stellung war. Auf diese Weise wurde der aktive Widerstand von militärischen Fachleuten geführt, ohne die Reichswehr zu kompromittieren. Jahnke unterstand dem Reichsarbeitsministerium, das ihn bezahlte, und dem Reichswehroffizier Joachim von Stülpnagel. Sowohl die Reichswehr als auch der Gewerkschaftler Gutsche *„sahen es als vorrangige Aufgabe an, im Zusammenhang mit den Eisenbahn- und Kanalbehörden, sowie mit dem Wehrkreiskommando 17 die richtigen Objekte zu bestimmen und die Handlungen unverantwortlicher Saboteure zu unterbinden."* [181)]

Mehrere Sabotagegruppen, die bereits in den besetzten Gebieten agierten, konnte Jahnke dazu zu bringen sich ihm zu unterstellen. Darunter waren auch Hauenstein sowie der Bund Oberland, dem der Hauptmann a. D. Josef Römer als Stabsoffizier angehörte. Römer arbeitete zu dieser Zeit als Justiziar im Stinnes-Konzern und erhielt den Auftrag zur Einbindung dieser Gruppe in den Widerstand offenbar von Hugo Stinnes persönlich. Trotz aller Bemühungen einer Koordination handelten die einzelnen Organisationen unabhängig voneinander. An den verschiedenen Sprengungen dürften nach einer Schätzung wohl nicht mehr als 500 Mann beteiligt gewesen sein, von denen etwa ein Drittel in den beiden ersten Monaten in französische Gefangenschaft geriet. Französische Berichte vermeldeten die höchste Anzahl von Anschlägen in einem Monat im Mai 1923 mit 86 Attentaten, um danach auf unter 50 pro Monat abzusinken. Das lag einmal an der verbesserten Überwachung durch die Besatzer und zum anderen am schwindenden Interesse der deutschen Geldgeber an solchen Aktionen.

Die durch die Anschläge verursachten Schäden konnten von den französischen Pionieren oft in kürzester Zeit beseitigt werden. In einem deutschen Bericht über die Sabotagetätigkeit in Rheinhessen und der Pfalz heißt es, dass *„die meisten dieser Sabotageakte völlig sinn- und wirkungslos seien. Von irgendeiner ernsthaften länger dauernden Störung des französischen Betriebs könne keine Rede sein."* [182)] Für das Ruhrgebiet kamen deutsche Untersuchungen zu dem überraschenden Schluss, dass viele der Sabotageakte auf das Konto der Franzosen und Belgier selbst gingen. Teils seien sie von kriegsmüden Soldaten ausgeführt, teils angeordnet worden, um Verkehrssperren und andere Repressalien verhängen zu können. Außerdem wurden sie dazu benutzt, Gerüchte auszustreuen, um gegen die Politik der Reichsregierung Stimmung zu machen, da diese für die Anschläge verantwortlich sei.

Die Reichswehr erhielt einen unerwarteten Zustrom von Freiwilligen, vor allem aus dem Ruhrgebiet, die sich für einen Krieg gegen Frankreich zur Verfügung stellen wollten. Sie meldeten sich vorrangig in Münster, München und Berlin. Da die Reichsregierung Probleme hatte, die Reichswehr auf die im Vertrag von Versailles geforderte Zahl von 100.000 Soldaten zu verringern und sie es zudem nicht auf einen offenen Konflikt mit Frankreich ankommen lassen wollte, verbot sie den Betrieben die Ausstellung eines Führungszeugnisses zum Zweck des Eintritts in die Reichswehr und ersuchte gleichzeitig die Reichsbahn, solche Personen von der Beförderung auszuschließen. Die Kriegsbegeisterung des Jahres 1923 schien eine Wiederholung jener von 1914 zu sein. *„Ein wichtiger Unterschied wird bei der Analyse der Volksstimmung jedoch übersehen: 1914 wurde die Kriegsbegeisterung von der imperialistischen Reichsführung, die bewusst auf einen Krieg zusteuerte, gezielt geschürt; 1923 erwuchs die Kriegsbegeisterung aus der Empörung über Frankreichs Vorgehen, sie knüpfte auch eher am historischen Vorbild der Freiheitskriege gegen Napoleon denn am August 1914 an und war daher ein gutes Stück echter als zu Beginn des Ersten Weltkrieges. Vor allem aber gaben sich 1923 die Reichsregierung und auch die Reichswehr alle Mühe, die Stimmung zu kanalisieren, um es nicht zur Explosion kommen zu lassen."* [183)]

Jahnke hatte Franz Pfeffer von Salomon, Hauptmann a. D. und ehemaliger Freikorpsführer, angeworben, und setzte ihn dazu ein in Münster eine Befehlszentrale aufzubauen, die statt der ursprünglich vorgesehenen Sabotageakte damit begann, einen regelrechten Guerillakrieg gegen die Besatzungstruppen zu planen. Eine erste größere Aktion paramilitärischer Verbände in der Gegend von Wesel, die weiter unten geschildert ist, verlief ohne Blutvergießen, zeigte jedoch den Verantwortlichen die Gefährlichkeit einer solchen Politik. Sie zogen die Konsequenzen und stellten die Unterstützung der Freischärler daraufhin ein.

4.6.2 Einzelne Vorfälle

Obwohl die Reichsregierung offiziell Sabotageakte verurteilte, wurden sie von ihr insgeheim begrüßt, denn der Regiebetrieb litt darunter. Im Anhang findet sich eine Liste der in der Literatur bekannt gewordenen Vorfälle, die sicher nicht vollständig ist. Sie richteten sich gegen von Franzosen und Belgiern geführte Züge, vor allem gegen Kohletransporte. Üblich war die Sprengung von Schienen und Weichen. Es kamen zudem zu zahlreichen Entgleisungen und Zusammenstößen, die nicht nur auf Sabotageakte, sondern auch auf Unkenntnis des französischen Lokpersonals der deutschen Signaltechnik zurückzuführen waren. Interessant in diesem Zusammenhang ist, dass bei der Gegenüberstellung französischer und deutscher Quellen nur in den seltensten Fällen auf beiden Seiten dieselben Ereignisse genannt werden. Es kann nur vermuten werden, dass der erreichte Effekt unterschiedlich bewertet wurde.

Paul Tirard erließ Ende Februar 1923 die Verordnung N° 147. Darin bedrohte er die deutschen Eisenbahner, die sich den französischen Befehlen widersetzten, mit hohen Freiheitsstrafen. Und

Bild 189 – Der folgenreichste Anschlag auf eine Bahnstrecke ereignete sich am 30. Juni 1923 auf der Rheinbrücke von Duisburg-Hochfeld. Als sich ein belgischer Urlauberzug der Brücke näherte, explodierte eine Bombe unmittelbar vor den rechtsrheinischen Brückenköpfen. AUFNAHME: SAMMLUNG KLAUS KEMP

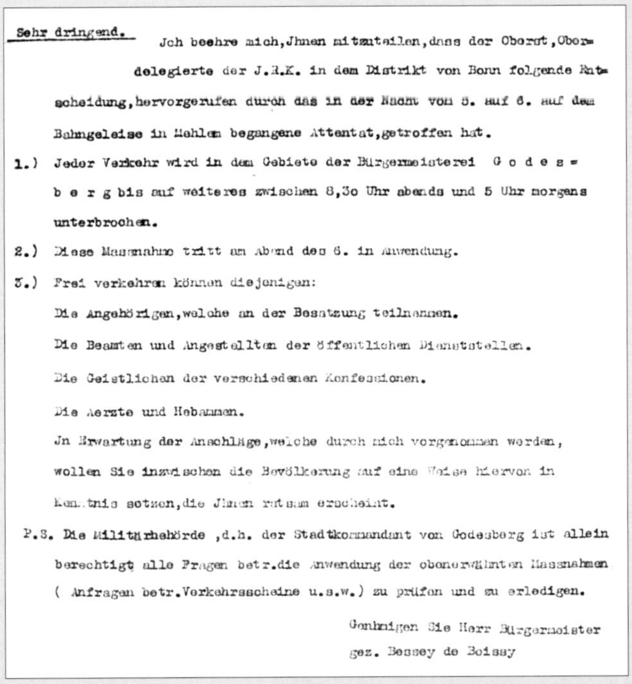

Sehr dringend. Jch beehre mich, Jhnen mitzuteilen, dass der Oberst, Oberdelegierte der J.R.K. in dem Distrikt von Bonn folgende Entscheidung, hervorgerufen durch das in der Nacht von 5. auf 6. auf dem Bahngeleise in Mehlem begangene Attentat, getroffen hat.

1.) Jeder Verkehr wird in dem Gebiete der Bürgermeisterei G o d e s b e r g bis auf weiteres zwischen 8,3o Uhr abends und 5 Uhr morgens unterbrochen.

2.) Diese Massnahme tritt am Abend des 6. in Anwendung.

3.) Frei verkehren können diejenigen:

Die Angehörigen, welche an der Besatzung teilnehmen.

Die Beamten und Angestellten der öffentlichen Dienststellen.

Die Geistlichen der verschiedenen Konfessionen.

Die Aerzte und Hebammen.

Jn Erwartung der Anschläge, welche durch mich vorgenommen werden, wollen Sie inzwischen die Bevölkerung auf eine Weise hiervon in Kenntnis setzen, die Jhnen ratsam erscheint.

P.S. Die Militärbehörde, d.h. der Stadtkommandant von Godesberg ist allein berechtigt alle Fragen betr. die Anwendung der obenerwähnten Massnahmen (Anfragen betr. Verkehrsscheine u.s.w.) zu prüfen und zu erledigen.

Genehmigen Sie Herr Bürgermeister
gez. Bessey de Boissy

Bild 190 – Nächtliches Ausgangsverbot vom 7. Mai 1923 für den Bereich von Bonn-Bad Godesberg, verhängt aufgrund eines Anschlags auf die Bahn bei Bonn-Mehlem.

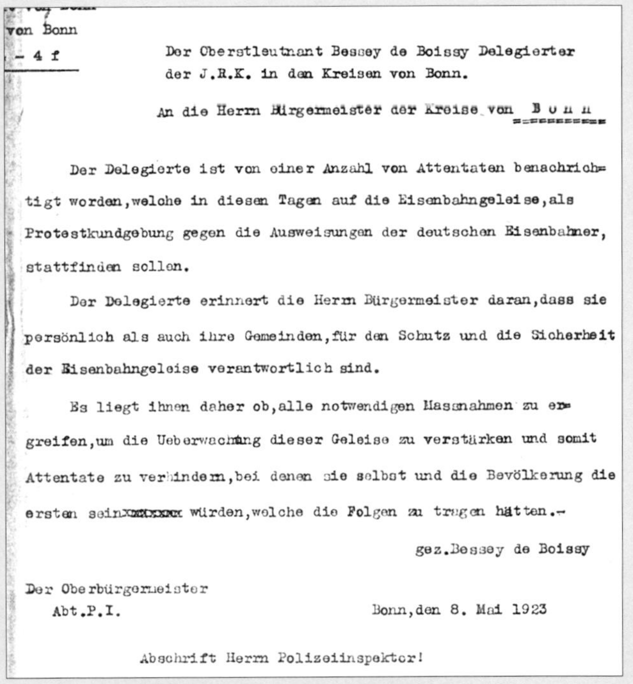

von Bonn
– 4 f

Der Oberstleutnant Bessey de Boissy Delegierter der J.R.K. in den Kreisen von Bonn.

An die Herrn Bürgermeister der Kreise von B o n n

Der Delegierte ist von einer Anzahl von Attentaten benachrichtigt worden, welche in diesen Tagen auf die Eisenbahngeleise, als Protestkundgebung gegen die Ausweisungen der deutschen Eisenbahner, stattfinden sollen.

Der Delegierte erinnert die Herrn Bürgermeister daran, dass sie persönlich als auch ihre Gemeinden, für den Schutz und die Sicherheit der Eisenbahngeleise verantwortlich sind.

Es liegt ihnen daher ob, alle notwendigen Massnahmen zu ergreifen, um die Ueberwachung dieser Geleise zu verstärken und somit Attentate zu verhindern, bei denen sie selbst und die Bevölkerung die ersten sein würden, welche die Folgen zu tragen hätten.–

gez. Bessey de Boissy

Der Oberbürgermeister
Abt. P.I. Bonn, den 8. Mai 1923

Abschrift Herrn Polizeiinspektor!

Bild 191 – In diesem Schreiben wurde der Bonner Bürgermeister auf seine Pflicht zur Bewachung der Eisenbahn hingewiesen. ABBILDUNGEN (2): SAMMLUNG KLAUS KEMP

Bild 192
Dieser Anschlag ereignete sich am 30. Juni 1923 in der Gegend von Landau (Pfalz). Betroffen war dabei ein Zug von Weißenburg nach Neustadt (Haardt). Als Folge eines Sprengsatzes, der wohl an der markierten Stelle explodierte, waren der Gepäckwagen und ein vierachsiger Abteilwagen vom Bahndamm gekippt. Der Rest des Zuges ist offensichtlich bereits geborgen worden.

Bild 193
Der Anschlag auf der Rheinbrücke in Duisburg-Hochfeld brachte einen großen Imageschaden für das Reich mit sich, das doch den passiven Widerstand auf seine Fahnen geschrieben hatte! Wie die Aufnahme zeigt, wurde beim vorderen Wagen die Hälfte des Aufbaus völlig zerstört, links auf den Schienen sind die Beine der bereits aus den Trümmern geborgenen Toten erkennbar.

Aufnahme:
Sammlung Andreas Knipping

Bild 194
Der Rhein-Herne-Kanal verbindet den Rhein mit dem Dortmund-Ems-Kanal. Als strategisch wichtige Stelle machten Bergleute seine Überquerung der Emscher in Castrop-Rauxel aus. Hier sprengten sie ein Loch in die Außenwand des Kanals, sodass er leerlief und wochenlang nicht benutzt werden konnte. Der Kanal besitzt fünf Schleusen, an denen damals Treidellokomotiven in Betrieb standen. Felten & Guilleaume lieferte 1913 insgesamt 13 mit elektrischer Ausrüstung von Siemens ausgestattete 1.000-mm-Maschinen. Hier ist eine dieser Lokomotiven an der Schleuse in Gelsenkirchen zu sehen.

Aufnahmen (2):
Sammlung Klaus Kemp

im Falle eines dadurch verursachten Unfalls mit Todesfolge sollte die Todesstrafe verhängt werden. Verschiedentlich sprachen französische Kriegsgerichte sie auch aus; tatsächlich vollstreckt wurde sie nur einmal, nämlich am ehemaligen Freikorpsoffizier Albert Leo Schlageter, der damals einer verbotenen NSDAP-Tarnorganisation angehörte. Er war am 15. März 1923 an dem Sprengstoffanschlag auf die Eisenbahnstrecke Dortmund – Duisburg bei Kalkum beteiligt, durch den die Strecke einige Tage lang unterbrochen war. Der Prozess gegen ihn und weitere sechs Angeklagte, die zu langen Haftstrafen verurteilt wurden, fand Anfang Mai in Düsseldorf statt. Die Vollstreckung des Todesurteils an Schlageter erfolgte am 26. Mai 1923 durch Erschießen auf der Golzheimer Heide bei Düsseldorf.[184] Nicht nur von der NS-Propaganda wurde Schlageter später zum Märtyrer hochstilisiert und ein regelrechter „Schlageter-Kult" um ihn inszeniert.

Seit Anfang März 1923 gingen die Franzosen dazu über, verhaftete Reichsbahnbeamte, aber auch Zivilpersonen als Geiseln auf den Lokomotiven mitzuführen, um dadurch deutsche Sabotageakte gegen den Eisenbahnbetrieb zu verhindern.[185] Diese Methode hatten die deutschen Truppen während des Krieges 1870/71 „erfunden", nachdem es immer wieder zu Sprengungen von Gleisen und Brücken durch die sich zurückziehenden französischen Truppen gekommen war. Diese Art der verschärften Geiselnahme stellte nach der zeitgenössischen Meinung kriegsrechtlich gesehen eine nicht vertretbare Maßnahme dar. Paul Tirard bezog sich in seiner Rechtfertigung darauf:[186] *„In solch kritischen Fällen* [Attentaten] *ist die Aufgabe der Besatzungsbehörden besonders empfindlich. Um die öffentliche Ordnung durchzusetzen und die Sicherheit der Truppen zu garantieren, sollte es in ihrer Verantwortung liegen, Geiseln aus der Bevölkerung zu nehmen und zum Beispiel die Bürgermeister oder Notable auf Lokomotiven zu plazieren, so wie es während der deutschen Besetzung in Frankreich im Jahre 1871 praktiziert wurde. Eine Order in Ferrières vom König von Preußen am 1. Oktober 1870 unterzeichnet, befahl tatsächlich, Honoratioren in Eisenbahnzügen zu plazieren, um einen Entgleisungsversuch* [durch Anschläge] *zu verhindern. Wir erinnern uns noch, wie in den östlichen Provinzen der Graf von Warren eingeladen und trotz seines hohen Alters als Geisel auf einer Lokomotive plaziert wurde, und wie er sich den deutschen Behörden präsentierte, in Gala-Uniform und mit allen seinen Orden „für den Ehrendienst". Die französischen und belgischen Hohen Kommissare wollten nicht die Wiederholung dieser barbarischen Szenen und die Kaltblütigkeit der Besatzungsbehörden provozieren und es* [statt dessen] *den Ausführenden in diesem offenen Kampf ermöglichen, die Explosion blutiger Feindseligkeiten zu vermeiden. Diese Haltung wurde auch durch Nutzen der zuvor etablierten Beziehungen mit der Bevölkerung erleichtert, die jeden Tag mit wachsender Ungeduld die harten Folgen einer Situation ertrug, deren wahre Schuldige sie kannte."*

In der Nacht vom 4. auf den 5. April 1923 sprengten Unbekannte an einer Stelle die Eisenbahnstrecke Werden – Kettwig. Als Folge wurde der Werdener Bürgermeister Breuer verhaftet und musste als Geisel zusammen mit anderen Leidensgenossen, darunter einem Eisenbahner aus derselben Stadt, bis zum 24. April auf Zügen der Strecke Düsseldorf – Essen mitfahren. In seiner „dienstfreien" Zeit wurde er in einen Bahnpostwagen auf dem Bahnhof Düsseldorf eingesperrt. Dieser Anschlag wurde übrigens auch Schlageter zur Last gelegt. Als Schutz vor Bombenanschlägen auf Bahnlinien zwangen die Besatzungstruppen zunehmend deutsche Zivilisten, als Geiseln auf Zügen der Regiebahn mitzufahren. Im Bezirk Aachen kamen seit dem Sommer 1923 so täglich rund 300 Personen zu einer unfreiwilligen Bahnfahrt.

Einige der Anschläge zeigen so etwas wie einen „Gesamtplan zur Lahmlegung des Bahnverkehrs". Das war der Fall bei einer Serie von fünf Attentaten in den Nächten vom 6. bis zum 8. Mai 1923

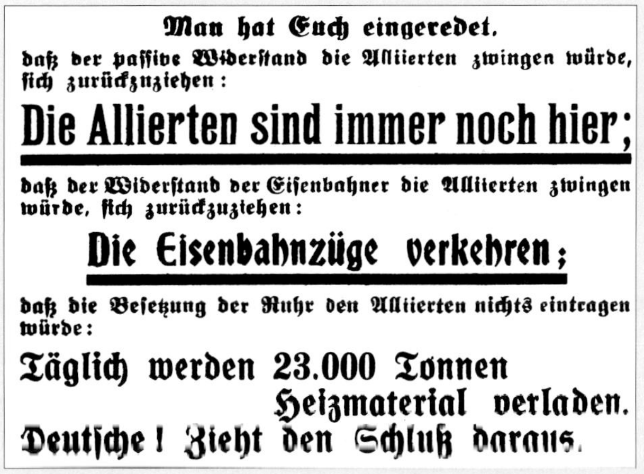

Man hat Euch eingeredet.

daß der passive Widerstand die Alliierten zwingen würde, sich zurückzuziehen:

Die Allierten sind immer noch hier;

daß der Widerstand der Eisenbahner die Alliierten zwingen würde, sich zurückzuziehen:

Die Eisenbahnzüge verkehren;

daß die Besetzung der Ruhr den Alliierten nichts eintragen würde:

Täglich werden 23.000 Tonnen Heizmaterial verladen.

Deutsche! Zieht den Schluß daraus.

Bild 195 – Französisches Propaganda-Plakat. ABB.: SAMMLUNG KLAUS KEMP

auf die Strecken Köln – Aachen, Aachen – Mönchengladbach, Neuss – Düren, Düren – Euskirchen und Euskirchen – Trier. Dadurch war der für die Regie wichtige Knoten Düren zeitweise stillgelegt. Weil es ein neuralgischer Punkt in ihrem Netz war, trafen diese Anschläge die Besatzer besonders, selbst wenn sie sich in dieser konzentrierten Form später nicht mehr wiederholten, denn dadurch wurden zeitweise die Kohletransporte nach Belgien, in die Pariser Gegend und nach Lothringen unterbrochen.

Der folgenschwerste Anschlag auf Eisenbahnanlagen erfolgte am 30. Juni 1923 auf einen Transport mit belgischen Soldaten auf der Rheinbrücke von Duisburg-Hochfeld. Der Zug bestand aus dreiachsigen Abteilwagen. Als Personal auf der Lokomotive sowie als Zugbegleitpersonal dienten belgische Eisenbahner. Nach einem Halt in Duisburg-Hochfeld Süd fuhr der Zug auf die Brücke, als eine Explosion erfolgte, die eine Notbremsung auslöste. Die zerstörten Wagen kamen auf der Flutbrücke kurz vor den Brückentürmen zum Stehen. Bei einem Wagen waren zwei Abteile zerstört, beim nächsten die Hälfte der Aufbauten. In einer der Toiletten soll eine Bombe mit Zeitzündern angebracht gewesen sein, aber Anzeichen deuten darauf hin, dass der Sprengsatz während des Aufenthalts in Duisburg-Hochfeld Süd zwischen den beiden betroffenen Wagen angebracht worden war. Acht Tote und zehn Verletzte (nach anderer Quelle 43) waren zu beklagen. Für die Belgier stand fest, dass die Täter nicht nur Deutsche waren, sondern im Auftrage der Regierung gehandelt hatten, während die Duisburger Polizei feststellte, dass ein belgischer Deserteur aus persönlichen Rachemotiven in diesen Anschlag verwickelt war. Die Reaktion der Besatzer ließ nicht lange auf sich warten. Zwischen dem 30. Juni und dem 20. Oktober 1923 wurden insgesamt 246 Duisburger Bürger, vorrangig aus der Beamtenschaft, aber auch Führungskräfte aus Betrieben, festgenommen und mussten als Geiseln auf Zügen der Regie mitfahren. Zeitweise wurde auch der Verkehr zwischen dem besetzten und dem unbesetzten Gebiet verboten.

Der Versand der Kohle erfolgte auf dem Land- oder dem Wasserwege oder einer Kombination von beiden. Einige der Zechen lagen am Rhein oder an den das Ruhrgebiet durchziehenden Kanälen. Dort wurde Kohle direkt aufs Schiff umgeschlagen. Von weiter entfernt liegenden Zechen transportierte die Eisenbahn Kohle und Koks bis zu den Häfen, allen voran Duisburg-Ruhrort, wo das Umladen erfolgte. Ebenso gab es den Versand von Kohle vollständig auf der Schiene. Auf dem Rhein verkehrte auch damals schon eine unter französischer Flagge fahrende Flotte von Frachtschiffen. Sie war nicht so einfach davon abzuhalten, Kohle nach Frankreich zu transportieren. Auch hier gab es Sabotage, vor allem in den Kanälen, weil dort die Schifffahrt leichter zu blockieren war als auf einem breiten Strom wie dem Rhein. Im Februar

1923 wurde im Schutze der Dunkelheit ein beladener Lastkahn quer in die Fahrrinne des Rhein-Herne-Kanals gelegt und anbohrt. Er lief mit Wasser voll und sackte ab. Dadurch lag er mit Bug und Heck auf den Ufern auf. Durch die Last der Ladung zerbrach der Kahn in der Mitte und sperrte dadurch die Fahrrinne. Da sich keine deutsche Firma für die Bergung fand, wurde der Auftrag an eine holländische Firma vergeben, die nach sechs Wochen das Hindernis beseitigt hatte.

Dachten die Besetzer nun, den Rhein-Herne-Kanal wieder ungehindert benutzen zu können, sahen sie sich getäuscht. An einer Stelle, an der er über die Emscher führt, wurde bei einem weiteren Anschlag ein 4 m breites Stück der Seitenwand herausgesprengt, was den Kanal vollständig leerlaufen ließ und ihn für viele Wochen unbrauchbar machte. Dadurch ließen sich die Wasserwege nicht mehr als Alternative zur Schiene benutzen. Die Sprengung wurde von einem Trupp Bergleute durchgeführt und er galt als einer der wirkungsvollsten Anschläge.[187)]

Die Gegenmaßnahmen der Besetzer entwickelten sich immer mehr zu Kollektivstrafen, mit denen die Verwaltung einer Stadt oder die Bevölkerung eines Ortes bzw. einer Region getroffen wurden, wie die beiden folgenden Beispiele zeigen. Die französische Besatzungsmacht belegte die Stadt Duisburg am 2. Juni 1923 mit einer Bußgeldzahlung von 100 Mio. Mark, weil Saboteure Eisenbahnstrecken und Telegrafenleitungen gesprengt hatten.

Weitaus drastischer fiel die Reaktion auf einen Bombenanschlag am 4. August 1923 in Düsseldorf aus. An diesem Tag warf der Werkstudent Richard Raabe eine Handgranate auf eine französische Wache, wodurch zwei Franzosen und fünf Zivilpersonen verletzt wurden. Am folgenden Tag verhängten die Franzosen ein nächtliches Verbot des Straßenverkehrs von 22 Uhr bis 5 Uhr. Am 7. August, drei Tage nach dem Anschlag, wurden der Vater und Bruder des Attentäters sowie ein Polizeioberinspektor wegen der Tat festgenommen. Ob die Ausweisung von 193 Eisenbahnern mit ihren Familien am 8. August damit im Zusammenhang stand, geht aus den Unterlagen nicht hervor. Das fünf Tage nach dem Attentat am 8. August verhängte Verbot, die Grenze zum unbesetzten Gebiet zu überschreiten, wurde mit diesem Attentat begründet. Noch einmal wegen desselben Anschlags wurde schließlich am 15. August für kurze Zeit der Verkehr mit der Straßenbahn, mit Autos usw. verboten. Erst am 18. August 1923 hoben die Franzosen diese Beschränkungen und Verbote auf.

Es gab auch andere Arten der Sabotage, bei denen es keinen Personenschaden gab, wohl aber erhebliche Störungen des Betriebes. Dabei waren der Phantasie keine Grenzen gesetzt. Zu den einfachsten Dingen gehörte das Entfernen von Sicherungen, um die Stromversorgung zu unterbrechen. Es erfolgten auch schwerwiegendere Eingriffe in die Technik. Nachdem alle Tafeln, Übersichten und Akten, die eine Anleitung zur Wiederherstellung sowie zum Betrieb hätten geben können, entfernt worden waren, verließen Stellwerkspersonale die Räumlichkeiten. Oft wurden auch Weichen unbrauchbar gemacht. Das machte die betroffenen Strecken praktisch unpassierbar. In Linz am Rhein wurden am 1. März 1923 kurz vor der Besetzung des Bahnhofs alle Loks in den Lokschuppen gefahren. An den Pumpen der Loks wurden die Ventile entfernt, was die Maschinen unbrauchbar machte, solange keine Ersatzteile vorhanden waren. Anschließend wurde die Drehscheibe quergestellt und durch das Lösen der Schrauben um den Drehzapfen in der Mitte abgesenkt. Dadurch war sie nicht mehr zu betätigen. Die für die Wiederinbetriebnahme nötigen Werkzeuge wurden an einer markierten Stelle im Rhein versenkt, um sie später wieder bergen zu können.

In Essen besetzten die Franzosen das Gebäude der Bahndirektion bereits am ersten Tag des Einmarschs (11. Januar 1923). Am 15. Januar schnitten Unbekannte die Telefonleitungen durch. Dadurch war die Verbindung mit der Post und mit den einzelnen Bahnhöfen der Direktion unterbrochen. Erst einen Monat später, am 14. März, fanden die Besatzungstruppen in einem Keller eines anderen, der Eisenbahn gehörenden Gebäudes, das gekappte Kabel. Bereits am 5. April wurde der Leiter des Eisenbahntelegraphenwesens dafür wegen Mittäterschaft bei einem Akt der Sabotage zu fünf Jahren Gefängnis verurteilt.

Als Reaktion auf das Ausfuhrverbot von Kohle ins unbesetzte Deutschland gelang es Eisenbahnern unter Ausnutzung ihrer Ortskenntnisse – schließlich besaß das Ruhrgebiet damals ein unglaubliches Wirrwarr an Staats-, Privat-, Werk- und Zechenbahnen – zwischen dem 1. und dem 6. Februar 1923 noch rund 100 Kohle- und Kokszüge ins unbesetzte Gebiet zu schleusen. Konnte jemand dafür verantwortlich gemacht werden, wurde dem oder den Betreffenden der Prozess gemacht. Als z. B. gleich zu Anfang der Besetzung zwei vollbeladene Kokszüge das besetzte Gebiet über die Strecke Dortmund – Hamm verließen, wurde dem Bahnhofsvorsteher von Dortmund-Scharnhorst am 19. Februar 1923 als einem der ersten Eisenbahner überhaupt der Prozess gemacht. Er kam jedoch mit nur 14 Tagen Haft noch glimpflich davon. Spätere Urteile fielen härter aus. Wo es die betrieblichen Verhältnisse zuließen, rissen die Franzosen zur Verhinderung weiterer Aktionen der Deutschen die Schienen zum unbesetzten Gebiet hin ab.

Trotzdem wurde immer wieder versucht, mit Kohlezügen die Sperren zu durchbrechen. Deshalb ließ General Degoutte am 22. April in der französisch-gesteuerten Presse als Verschärfung der Verordnung vom Februar eine neue Verfügung auf dem Titelblatt veröffentlichen:[188)]

*„**Bekanntmachung:** Alle Eisenbahnzüge müssen an den Sperrstationen anhalten. Besondere Maßnahmen sind getroffen, um dieses Anhalten zu erzwingen. Jeder Lokomotivführer, der es versuchen sollte, eine dieser Sperrstellen zu überfahren, ohne anzuhalten, setzt sich der Todesgefahr aus.“*

Im März 1923 begannen die Franzosen mit dem Aufbau eines eigenen Bahnbetriebs, der sogenannten Regiebahn. Da es überall an Lokomotiven und Wagen fehlte, wurde versucht, in den Lokomotivfabriken rollendes Material zu requirieren. Als die Rheinmetallwerke in Düsseldorf einen entsprechenden Requisitionsbefehl erhielten, weigerten sich Geschäftsführung und Belegschaft, ihn auszuführen. Die Arbeiter entfernten wichtige Teile der Lokomotiven, sodass sie nicht mehr bewegt werden konnten. Zudem blockierten sie die Zufahrtsgleise mit schweren Eisenteilen, was es nur mit großem Aufwand erlaubt hätte, die Lokomotiven abzufahren. Am 26. März 1923 belegten die Franzosen die Firma mit einer Strafe von 100 Mio. Mark. Als Rheinmetall nicht zahlen wollte, wurden zwei Generaldirektoren verhaftet.

Anfang Mai 1923 wurde die Kokerei der Zeche „Adolf von Hansemann“ im Dortmunder Stadtteil Mengede besetzt, um die Haldenbestände an Koks abzutransportieren. Daraufhin unterbrach die Zechenverwaltung die Dampf- und Stromzufuhr. Arbeiter zerlegten die für den Abtransport des Brennstoffs vorgesehene Zechenlokomotive. Daraufhin verhafteten die Franzosen am 8. Mai 1923 den Direktor der Zeche, ließen ihn jedoch ohne Verurteilung am 2. Juni wieder frei.

Am 2. Juli 1923 begann in Witten vor dem Kriegsgericht der Prozess gegen den Generaldirektor des Hörder Bergwerks- und Hütten-Vereins in Dortmund. Hauptanklagepunkt war die Beihilfe des Betriebes beim Herausschaffen von Benzol aus dem besetzten Ruhrgebiet. Den Ingenieuren des MICUM war aufgefallen, dass sie im ganzen Ruhrgebiet nur 50 Kesselwagen dieses Treibstoffs erbeutet hatten. Seit Februar waren die beladenen Kesselwagen auf Zechen- und Werkbahnen heimlich nach Dortmund-Hörde geschafft worden. Die Firma lag an der Grenze zum unbesetzten Gebiet, wo der Hüttenverein in Asseln zwei Bergwerke besaß. Mit Hilfe einer unterirdische Abwasserleitung wurde das Benzol aus der Besatzungszone herausgepumpt. Durch Bodenproben hatten

Bild 196 – Eine Lok der preußischen Gattung T 18 Nr. 8424 der P.St.E.V. (wahrscheinlich 8424 Frankfurt, später 78 117) wurde vorsätzlich in die Grube einer Drehscheibe gefahren, um die Nutzung der im und am Lokschuppen abgestellten Maschinen zu erschweren oder ganz zu verhindern. AUFNAHME: BIBLIOTHÈQUE NATIONALE DE FRANCE

die Franzosen die Leitung gefunden. Der Direktor wurde zu drei Monaten Haft und einer Geldstrafe verurteilt.

Ausgangssperren und Verkehrsverbote sowie weitere Sanktionen bedeuteten unterschiedlichste Belastungen für die Bevölkerung. Ohne langfristige Aussicht auf Erfolg begann der passive Widerstand zu erlahmen, im Süden des Besatzungsgebietes eher und stärker. Doch gerade dort formierten sich neue separatistische Gruppierungen, zusätzlich erschienen gewaltbereite nationalistische Kräfte auf der Bildfläche. Da die Bevölkerung der Pfalz seit dem Frühjahr 1923 die Regiebahn wieder stärker frequentierte, kam es Ende Mai und Anfang Juni zu mehreren Anschlägen auf die Bahnlinien bei Rheingönheim, Weidenthal und Insheim, obwohl die örtliche Regierung vor Gewaltakten warnte und die Taten verurteilte. Ein Personenzug und eine Lokomotive entgleisten, nachdem Schienen mit dynamitgefüllten Bleirohren gesprengt worden waren. Personen kamen aber nicht zu Schaden. *„Als Urheber der Attentate galt die nach Heidelberg verlegte ehemalige ‚Zentralstelle für pfälzische Angelegenheiten'.“* [189)]

Insgesamt zwangen alle diese Vorkommnisse die Besatzer dazu, Wachen aufzustellen und Kontrollen durchzuführen – nicht nur im Ruhrgebiet, sondern im gesamten besetzten Rheinland. Wachposten wurden in wichtigen Betrieben, Bahnanlagen, Kanälen, Straßen und Brücken gebraucht, sodass ein großer Teil der Besatzungsarmee durch diese Schutzmaßnahmen gebunden war. Insgesamt zählte die offizielle Statistik der Regiebahn 325 Anschläge, von denen 50 zu Zugentgleisungen führten. Die Höchstzahl von Attentaten wurde (wie erwähnt) im Monat Mai 1923 mit 86 erreicht. Trotz aller Opfer, die zu beklagen waren, ist es fast ein Wunder, dass ihre Zahl nicht höher lag. Immerhin stellte der Direktor der Regie in einem Bericht fest, dass die Attentate sechs Monate lang den Betrieb erheblich behinderten.

Der wohl letzte Anschlag auf Bahnstrecken im Zusammenhang mit der französischen Besatzung ereignete sich am 18. November 1926: *„Abends 8.30 Uhr bemerkt der Bahnangestellte Sauer auf der Eisenbahnbrücke Maximiliansau – Wörth etwa 700 m vom Bahnhof Maximiliansau entfernt auf dem Geleise eine 2 m lange, 5 cm dicke und 20 cm breite Holzbohle, die er entfernt. Kurz darauf passieren zwei Züge die Stelle. Als nach einer halben Stunde Bahnwärter Karcher die Strecke nochmals nachsieht, entdeckt er in der Nähe der früheren Stelle auf dem Geleise eine andere Bohle. Nach Urteilen von Sachkundigen hätte die Bohle die Entgleisung eines Eisenbahnzuges herbeiführen können. Als Täter werden zwei französische Soldaten des Brückenwachkommandos vom 171. Inf. Regt. festgestellt. Die Täter werden vom Platzkommandanten mit 14 Tagen Gefängnis belegt.“* [190)]

4.6.3 Das Unternehmen Wesel

Immer wieder gelangen auf der Schiene Ausbrüche aus dem Besatzungsgebiet. Der größte ereignete sich auf der Strecke Oberhausen – Wesel. Hierbei ging es nicht um Kohle, sondern um Halbzeuge. [191)] Durch das am 12. Februar verhängte Ausfuhrverbot für Erzeugnisse aller Art aus den besetzten Gebieten ins restliche Deutschland gerieten vor allem große Industriebetriebe in Schwierigkeiten, weil ihre Lager mangels Absatzmöglichkeiten überquollen. Sie hätten die Produktion einstellen und die Arbeiter freistellen müssen. Das sollte vermieden werden, um die Arbeitslosigkeit nicht zu vergrößern. Auf der anderen Seite fehlten ihren bisherigen Abnehmern in den unbesetzten Gebieten diese Halbzeuge, um die Produktion weiterlaufen lassen zu können. In dieser Situation schlug der betriebstechnische Leiter der Oberbetriebsleitung West der Reichsbahn vor, durch einen Blockadebruch im großen Stil Halbzeuge aus dem Ruhrgebiet herauszubringen. Ursprünglich war an 1.000 Wagen oder 20 Züge gedacht worden, wovon man jedoch aus Angst vor Spitzeln Abstand nahm.

Bild 197
Während des Ausbruchs der Züge am 1. April 1923 auf der nahegelegenen Strecke Oberhausen – Emmerich ist der Hafen von Wesel von belgischen Truppen besetzt, die jedoch nicht reagieren. Im Hintergrund ist die später während des Zweiten Weltkriegs zerstörte Brücke der Hamburg – Venloer Bahn zu sehen.

AUFNAHME: SAMMLUNG KLAUS KEMP

Infolge der Verhängung des verschärften Belagerungszustandes am 29. Januar und der konsequenten Durchführung der Bahnsperre ab dem 2. Februar 1923 gelang es nur noch vereinzelt, Ladungen in das unbesetzte Gebiet zu verbringen. Nach einer gründlichen Evaluierung möglicher Ausbruchspunkte fiel die Wahl schließlich auf Friedrichsfeld an der Strecke Oberhausen – Wesel – Emmerich. Beteiligt waren die Firmen August-Thyssen-Hütte in Mülheim, die Rheinischen Stahlwerke in Duisburg-Meiderich, die Gutehoffnungshütte in Oberhausen-Sterkrade und vor allem die Friedrich Krupp AG in Essen, die alleine drei der acht vorgesehenen Züge stellte. Insgesamt wurden zwölf Lokomotiven eingesetzt, allesamt Neubauten für die Reichsbahn der Fa. Krupp. Alle Firmen hatten sich bereits an Blockadebrechungen beteiligt und besaßen deshalb ihre Erfahrungen. Ebenso war die Strecke über Friedrichsfeld immer wieder dazu benutzt worden. „*Von der Gutehoffnungshütte wurden ganze Wagenladungen mit Kohle und Eisen nachts in Zügen, die ohne Schlusslicht fuhren, herausgebracht. Auf den Verladestationen der August-Thyssen-Hütte wurden die belgischen Kontrolleure durch junge hübsche Frauen abgelenkt, so dass jeweils bis zu vier Güterzüge unbeaufsichtigt beladen und abgefertigt werden konnten, die dann aus den besetzten Gebieten ausbrachen. Die Kruppwerke brachten fertige Erzeugnisse gelegentlich unter verwegenen Kunststücken des Schmuggels nach dem Reich heraus, neugebaute Lokomotiven wurden zunächst auf den ausgedehnten Gleisanlagen des Werksgeländes verborgen und dann über Friedrichsfeld oder über den Bahnhof Dortmund-Aplerbeck Süd herausgefahren.*“ [192)]

Für die ausgesuchte Stelle sprach, dass sich der Sitz aller vier beteiligten Firmen in der Nähe befand. Ihre ausgedehnten Werkbahnen boten die Möglichkeit, die Züge unbemerkt zu beladen und unkontrolliert bis nahe an den Bahnhof Friedrichsfeld heranzufahren. Ein weiterer Vorteil war, dass es sich um eine zweigleisige Strecke handelte, die es erlaubte, die Züge paarweise nebeneinander herfahren zu lassen. Das verringerte die Chance von Gegenmaßnahmen der belgischen Wachen, die es an vier Punkten entlang der militärisch gesicherten Grenzsperre gab. Karl Heiges vom Reichsverkehrsministerium übernahm die Planung aus eisenbahntechnischer Sicht und Franz Pfeffer aus der Befehlszentrale Nord in Münster die militärische Planung. Pfeffer sah das als eine Chance, eine offene Konfrontation mit den Besatzungsmächten zu provozieren, sodass er am Ende statt der von Heiges geforderten 100 Mann als Schutz des Unternehmens eine Truppe von dreifacher Stärke aufstellte. Ihre Waffen erhielten sie vom Wehrkreiskommando, nämlich Maschinengewehre, Karabiner, Pistolen, Handgranaten und Sprengmunition.

Die Umsetzung des Unternehmens begann in der Nacht des Karsamstags, den 31. März 1923. „*Die mit großem Aufwand geplante militärische Aktion zur Sicherung des Eisenbahndurchbruchs durch Einheiten der Zentrale Nord wuchs sich zu einem ebenso pompösen wie überflüssigen, aber glücklicherweise auch folgenlosen Unternehmen aus.*“ [193)] Das Gros der Teilnehmer, das aus den Dörfern und Städten des Münsterlandes stammte, sammelte sich auf dem Güterbahnhof von Münster. Dazu kamen noch einige Gruppen aus den Kreisen Beckum und Soest. Die meisten der Teilnehmer waren wohl Landwirte, verstärkt durch Münsteraner Studenten. Die Reichsbahn stellte einen Sonderzug mit etwa sieben Wagen 4. Klasse sowie fünf oder sechs Güterwagen für Waffen und Ausrüstung. Offiziell war es die Fahrt eines Beckumer Gesangsvereins zu einem Wettstreit. Die Fahrt begann um 17 Uhr und führte in einem weiten Bogen durch das westliche Münsterland über Coesfeld – Borken – Bocholt auf heute teilweise nicht mehr vorhandenen Nebenstrecken nach Wesel, weil die weiter südlich gelegene direkte Verbindung (Münster –) Haltern – Hervest-Dorsten – Wesel teilweise von den Besatzungstruppen kontrolliert wurde. Unterwegs stieg noch Verstärkung zu. In Blumenkamp, der letzten Station vor Wesel, wechselte man in einen aus gedeckten Wagen gebildeten Güterzug, der den Bahnhof Wesel ohne Halt durchfuhr und auf die Strecke Richtung Hervest-Dorsten einbog. Nach wenigen Kilometern, im Bahnhof Hohemark, bog der Zug in das Anschlussgleis der Rheinisch-Westfälischen Elektrizitätswerke ab, das ihn näher an die Lippe heranbrachte. Schon vorher war aus einem Sägewerk Holz herangebracht worden, um damit im Schutze der Dunkelheit einen Steg über die Lippe zu bauen. Da die Strömung unterschätzt worden war, brach der Steg zusammen, als nicht einmal die Hälfte der Teilnehmer den Fluss überquert hatte. Den Rest sollte mit Booten übersetzen, wurde dabei jedoch von belgischen Dragonern entdeckt, die jedoch nicht angriffen, sondern flüchteten. Die Freischärler umstellten die vier kritischen Punkte mit belgischer Besatzung, nämlich die belgischen Unterkünfte in Friedrichsfeld [194)], den Bahnhof Friedrichsfeld, das Stellwerk zwischen Bahnhof und Lippebrücke sowie die Grenzwache auf der Lippebrücke. „*Die belgischen Offiziere waren von einer – wie es heißt – vorsorglich bestellten – Damengesellschaft durch ein Trinkgelage weitgehend ausgeschaltet worden.*“ [195)]

Kurz vor dem Beginn der eigentlichen Aktion um 2 Uhr schaltete das örtliche RWE-Kraftwerk zur Unterstützung der Aktion

Bild 198 – Während der Ruhrbesetzung baute die Fa. Krupp in Essen weiterhin Lokomotiven für die Reichsbahn. Es handelte sich um ein Baulos der pr. G 10. Hier ist 57 3016 am 15. Mai 1935 im Bw Schweinfurt zu sehen, die von Krupp im Jahr 1923 geliefert worden war. AUFNAHME: HERMANN MAEY, BILDARCHIV DER EISENBAHNSTIFTUNG

den Strom in Friedrichsfeld, auf den Bahnanlagen und in den umliegenden Dörfern ab, sodass es keine Beleuchtung mehr gab. Gleichzeitig wurden die Telefonleitungen der Belgier im Durchbruchsraum zerstört. Wie vorher an der Lippe blieben die deutschen Stoßtrupps auch in Friedrichsfeld nicht unbemerkt, doch die belgischen Bahnhofswachen flohen, ohne einen Alarm auszulösen. Die zurückgebliebenen Teilnehmer der Unternehmung blieben am südlichen Lippeufer zurück, da sie für ihren geplanten Einsatz zu spät gekommen waren. So hätten sie nur als Sicherung des Übergangs gedient, falls belgische Truppen angegriffen hätten.

In Dinslaken, etwa 10 km vor Friedrichsfeld, wurden die Züge zusammengestellt. Die beteiligten Werke hatten ihre Züge beladen und auch auf ihrem Betriebsgelände verborgen. Im Laufe des Karsamstags wurde nach und nach mit der Bereitstellung des Materials begonnen: drei Züge im Bahnhof Dinslaken und fünf auf dem ausgedehnten Betriebsgelände der Gewerkschaft Deutscher Kaiser, einer zu Thyssen gehörenden Zeche in Duisburg-Hamborn. Bis 22 Uhr wurden diese fünf Züge nach Dinslaken weitergeleitet. Für die Eisenbahner stellte es ein Problem dar, dass die Züge erheblich länger als vereinbart waren und zudem von Krupp zusätzlich noch ein besonders langer, nicht angemeldeter Zug eintraf. Dessen Wagen mussten auf die anderen bereitstehenden Züge verteilt werden. Es wäre besser gewesen, die Züge auf dem Zechengelände zu rangieren, denn in Dinslaken konnte das Bahngelände nicht ausreichend abgeschirmt werden, um diese Arbeit unauffällig zu erledigen. Dadurch gelang es nicht, die Wagen wie gewünscht zu verteilen, schwere in den vorderen Zugteil und leichte nach hinten. Dieser Verstoß gegen die Vereinbarung der Fa. Krupp hätte zum Scheitern der gesamten Aktion führen können.

Insgesamt standen zwölf Lokomotiven der preußischen Baureihe G 10 (spätere Baureihe 57^{10-35})[196] zur Verfügung, die mehr als 400 Wagen, von denen die meisten auch Neubauten waren, befördern sollten. Jede Lok war zusätzlich mit einem Reservelokführer besetzt. Das Lokpersonal stellte Osnabrück, während die Zugführer und Schaffner aus Münster kamen. Außerdem begleiteten noch Bremser die acht Züge. Pünktlich um 1 Uhr morgens setzten sich die Züge in Bewegung und verließen den Bahnhof Dinslaken parallel nebeneinander fahrend in Richtung Wesel bis zum Block Spellerheide kurz vor Friedrichsfeld. Dort formierten sie sich für den Durchbruch: „*Vorab je eine einzelne Lokomotive, dann folgte in 50 bis 100 m Abstand der erste Zug, während der zweite Zug versetzt auf dem anderen Gleis fuhr, so dass die Spitze des hinteren Zuges ungefähr parallel zum drittletzten Wagen des vorherfahrenden Zuges auf dem Nachbargleis fuhr; entsprechend*

Bild 199 – Der Nordteil des Ruhrgebietes war von belgischen Truppen besetzt, so auch der Bahnhof Friedrichsfeld südlich von Wesel.

Bild 200 – Die Soldaten haben ein Maschinengewehr aufgebaut, um eine Brücke über das Bahngelände in Friedrichsfeld zu bewachen. AUFN. (2): SAMMLUNG KLAUS KEMP

staffelten sich die übrigen Züge. Am Schluss folgte nochmals in etwa 100 m Abstand je eine einzelne Lokomotive.“ [197]

Von den Eisenbahnern stellten sich drei Freiwillige zur Verfügung, die auf dem Bahnhof Friedrichsfeld die Durchfahrtsweichen festklemmten, sodass sie nicht mehr verstellt werden konnten. Obwohl sie anscheinend von Wachposten gesehen wurden, reagierten diese nicht und ließen die Eisenbahner unbehelligt, sodass sie sich unerkannt zurückziehen konnten. Punkt 2 Uhr begann der eigentliche Durchbruch. Alle Lokomotiven und Züge setzten sich in Bewegung und durchquerten die Sperrlinie ohne Probleme, vorbei an belgischen Posten mit ihrem Gewehr im Arm. Auch sie reagierten nicht, sondern ließen die Züge durchfahren, ohne auf die Lokmannschaften zu schießen, wie es bei anderen Gelegenheiten vorgekommen war. Dass es dann doch Schwierigkeiten gab, lag daran, dass die Züge nicht einwandfrei zusammengestellt waren. Da es keine Gelegenheit gegeben hatte, das Lademaß [198] der Wagen zu kontrollieren, konnte es geschehen, dass die Ladung eines Wagens des sechsten Zuges gegen den Überbau der Lippebrücke stieß. Das bewirkte, dass ein Teil der Fracht herabstürzte und die Kupplung durchschlug, sodass die Lokomotive mit etwa 30 Wagen weiterfuhr, während der hintere Teil ebenfalls mit 30 Wagen stehen blieb. Für den nachfolgenden achten Zug war der Bremsweg zu kurz, und er fuhr auf, wodurch sechs Wagen entgleisten. Eine aus Wesel herbeigeholte Lok schaffte es, die 24 Wagen, die noch auf den Gleisen standen, ins unbesetzte Gebiet abzufahren. Auch das Personal des aufgefahrenen Zuges konnte entkommen. Ob die am Schluss folgende Lok auffuhr oder rechtzeitig bremsen konnte, ist nicht berichtet. Durch diesen Coup gelang es, zehn neue Lokomotiven und 350 mit hochwertigen Industrieprodukten beladene Güterwagen aus dem Besatzungsgebiet herauszubringen.

Auch die Stoßtrupps zogen sich zurück, sobald die Züge in Sicherheit waren. Sie hatten sich auf eine Konfrontation mit den Belgiern eingestellt bzw. sie sogar bewusst provozieren wollen und waren erstaunt, dass es keine Reaktion gab. Die einzige Erklärung ist, dass deutsche Racheakte befürchteten wurden, wenn sie Widerstand geleistet hätten, nachdem bereits französische Soldaten an diesem Karsamstag unter Arbeitern der Kruppwerke in Essen ein Blutbad angerichtet hatten (siehe folgenden Abschnitt). Auf demselben Wege, wie sie gekommen waren, zogen sich die Stoßtrupps in ihrem Güterzug nach Blumenkamp zurück, wo sie wieder ihren Sonderzug für die Heimfahrt bestiegen. Das wurde *„zu einer feucht-fröhlichen Angelegenheit, da erhebliche Mengen guten Münsterländer Doppelkorns nebst Brot, Wurst und Räucherwaren, Kostbarkeiten in 1923,* [199] *an sie ausgegeben wurden.*“ Einige hochrangige Eisenbahner kehrten mit diesem Zug ebenfalls nach Münster zurück und begriffen erst jetzt, dass die ganze Aktion ohne ihr Wissen einen hochbrisanten politischen Anstrich hatte, der zu großem Unheil hätte führen können.

Die Eisenbahner sahen sich nicht nur durch diese auf militärische Konfrontation ausgerichtete Ausweitung ihres Unternehmens getäuscht, sondern auch durch die Fa. Krupp, die sich nicht an die Vereinbarungen gehalten hatte. Die Ladung der Wagen dieser Firma bestand nicht wie vereinbart aus Halbzeugen zur weiteren Verarbeitung in den unbesetzten Gebieten, sondern aus großen Feldbahnwagen und landwirtschaftlichen Geräten, die genauso gut im freien Teil des Reiches hätten hergestellt werden können. Die Schuld daran, dass das Unternehmen nicht vollständig glückte, hatte zum großen Teil *„die profitsüchtige Fa. Krupp, die den Hals nicht voll kriegen konnte.*“ [200] Am Ende zogen die Eisenbahner die Konsequenz daraus, keine Unternehmen dieser Größenordnung mehr zu organisieren, sondern sich auf kleinere Blockadebrechungen zu beschränken, in deren Rahmen es reichen würde, das Wachpersonal *„teils durch Schnaps, teils durch Weiber abzulenken*“ [201].

In dieser Nacht waren übrigens noch an zwei weiteren Stellen Züge ohne Zwischenfälle durch die Grenzsperren geschleust worden: Ein ähnliches Husarenstück gelang mit der Überführung von etwa 50 neuen Lokomotiven ins unbesetzte Gebiet an der Ostseite des Ruhrgebiets. In Dortmund-Aplerbeck Süd fuhren die Maschinen ohne Licht bis vor das Einfahrtsignal. Auf ein Zeichen hin ließen alle im Bahnhof stehenden Loks gleichzeitig unter viel Getöse Dampf ab. Die Wachmannschaften waren dadurch so abgelenkt, dass sie die Durchfahrt in Richtung Osten zu spät bemerkten.

Die Besatzer lernten jedoch daraus und machten die Grenze so undurchlässig wie möglich. Drei Wochen nach dem Weseler Durchbruch missglückte daher der Versuch, einen Güterzug mit Industriegütern ins unbesetzte Gebiet zu fahren. Zehn Personen, die an diesem Unternehmen beteiligt waren, wurden von den Franzosen verhaftet. Es handelte sich um einen Zug aus 22 Wagen mit Metallerzeugnissen der Fa. Krupp und drei Wagen mit Möbeln eines Essener Möbelhauses. Es war versucht worden, einen belgischen Gendarmen mit 3 Mio. Mark (etwa 1.000 US-Dollar) zu bestechen. Dieser war scheinbar darauf eingegangen, ließ dann aber den Zug im Bahnhof Dorsten kurz vor seiner Abfahrt aufhalten und das Personal verhaften.

4.6.4 Schwere Zusammenstöße

„Für den heutigen Historiker ist es natürlich schwierig, wenn nicht unmöglich, die Verantwortung für die Geschehnisse zu verteilen oder zu begründen, warum diese oder jene Brutalität geschah. Am Ende mag das auch keine Rolle mehr spielen. Es gibt nur wenige Illusionen über die Brutalität einer Soldateska, sei sie französisch oder deutsch, oder über einen gegenseitigen nationalistischen Hass. Was hier interessiert, was hier wichtig erscheint, ist nicht die Wahrheit über einzelne lokale Zwischenfälle, sondern das Bild, das sich Deutschland davon machte. Nicht die Leiden des deutschen Volkes, die real waren, sondern der Groll, der Hass, den sie entfesselten, ein Gefühl, das die Reichsregierung bestrebt war, mit dem ganzen Land und anderen Völkern zu teilen“ und propagandistisch auszuschlachten. [202] Deshalb wurde in der Presse permanent über Übergriffe der Besatzungstruppen in Wort und Bild berichtet. Auch wenn sie vielleicht nicht direkt zum Thema gehören, so sollen doch zwei Ereignisse erwähnt werden, die besonders blutig verliefen. Denn sie haben die Meinung auf der deutschen Seite vielleicht nachhaltiger beeinflusst als alle anderen, relativ kleinen Zusammenstöße mit den Besatzungstruppen.

Zwei französische Kommandos drangen am 31. März 1923 in die Krupp-Werke in Essen ein, um Lkws zu beschlagnahmen. Die Lkw-Halle wurde schnell wieder geräumt. Die Wagenhalle, die sich inmitten der Gussstahlfabrik gegenüber der Hauptverwaltung befand, blieb dagegen von einer Abteilung, die aus einem Offizier und elf Mannschaften bestand, besetzt. Hier gab es nur noch fünf Fahrzeuge, nachdem die anderen herausgefahren worden waren. Die Nachricht von diesen Beschlagnahmungen durch die Franzosen verbreitete sich rasch unter den Arbeitern der Kruppwerke und löste Unruhe aus. Um die Situation zu entschärfen, versuchten zwei Betriebsratsmitglieder mit dem französischen Offizier zu reden, der jedoch kein Deutsch verstand. Als Dolmetscher wurde einer der Soldaten herangezogen. Er war Elsässer, verstand Deutsch aber trotzdem nur unzureichend. Die Betriebsräte versuchten die Franzosen zum Abziehen zu überreden, aber der Offizier berief sich auf seinen Befehl zu bleiben, bis eine französische Kommission käme, um die Autos auszuwählen, die beschlagnahmt werden sollten. Da es seit dem Einmarsch der Franzosen ständig Übergriffe auf die Schachtanlagen, Produktionsstätten und auf die Eisenbahnwerkstatt gegeben hatte, hatten sich Firmenleitung und Betriebsrat darauf geeinigt, ein Verfahren anzuwenden, das in anderen Betrieben bereits genutzt wurde, nämlich die Sirenen einzuschalten und die Belegschaft dadurch zur Arbeitsniederlegung und zum Protest aufzurufen. Schnell kamen Tausende zusammen, neben Arbeitern auch Passanten. Noch zweimal versuchten die Betriebsräte, die Franzosen zum Abrücken zu bewegen, jedoch vergeblich. Unter die versammelten Zuschauer hatten sich inzwischen Agitatoren gemischt, die die Menge aufwiegelten.

Obwohl die Sirenen schließlich abgestellt wurden und die Betriebsräte die Anwesenden aufforderten, die Versammlung zu beenden, kehrten die Arbeiter nicht zu ihren Arbeitsplätzen zurück, sondern protestierten immer lauter und drängten gegen die Tore der Wagenhalle. Etwa zehn Teilnehmer wurden in die Halle hineingeschoben, was der französische Offizier als Beginn eines Angriffs ansah. Nach einem Warnschuss wich die Menge zurück und machte eine Gasse zum Werksausgang frei. Sobald die Soldaten aus der Wagenhalle herauskamen, schossen sie in die auf der Straße stehende und auf dem gegenüberliegenden Gebäude sitzende Menge hinein, obwohl sie niemand angriff. Zwei Personen starben auf der Stelle, elf weitere später im Krankenhaus, und 39 wurden verletzt. Sieben der Getöteten wiesen Schüsse von hinten auf. Diese Schilderung basiert auf verschiedenen Zeugenaussagen und Unterlagen und dürfte den tatsächlichen Hergang zeigen, soweit er heute noch zu rekonstruieren ist.

Nach einer französischen Darstellung wurde diese Militärabteilung innerhalb der Krupp-Werke eingekreist und bedroht, weshalb sie gezwungen, von der Waffe Gebrauch zu machen, um sich zu befreien. Der Vorsatz und die Vorplanung waren für sie einwandfrei bezeugt. Die vier Direktoren der Krupp-Werke wurden nach dieser Logik verhaftet, vor ein Kriegsgericht gestellt und als Verantwortliche für das Massaker verurteilt. Das steigerte die Erbitterung auf deutscher Seite, aber selbst in Paris hagelte es Proteste, weil Frankreich auf dem besten Wege war, seinen Ruf als Hort der Kultur und Zivilisation zu verlieren.

Ein weiterer Vorfall erregte die Gemüter damals besonders: *„Am Abend des 9. Juni waren zwei französische Adjutanten von Unbekannten in der Beurhausstraße* [in Dortmund] *erschossen worden. Die Franzosen nehmen daraufhin je zwei Beamte von Polizei und Stadtverwaltung als Geiseln und verhängen ab 21 Uhr ein Ausgangsverbot. Da der 10. Juni jedoch ein Sonntag ist und viele Dortmunder Bürger bereits an ihren Ausflugszielen weilen, erfährt ein Großteil der Betroffenen nicht rechtzeitig von der Ausgangssperre. Infolgedessen kehren zahlreiche Ausflügler erst nach Beginn der Sperrzeit in die Stadt zurück und werden von französischen Patrouillen angegriffen.“*[203] In dieser sogenannten „Dortmunder Bartholomäusnacht“ wurden sieben Männer erschossen, nachdem sie aus Unkenntnis die von der Besatzungsmacht verhängte Ausgangssperre überschritten hatten. Der Name „Bartholomäusnacht“ sollte damals Parallelen ziehen zu der Ermordung von über 10.000 Hugenotten in Frankreich am 24. August 1572, dem Bartholomäustag.

Bild 201, oben – Auch die Bahnstrecke Wuppertal – Hagen war von kleineren Sabotageakten betroffen. Insbesondere im unzugänglichen Gelände zwischen Schwelm und Ennepetal (hier 17 087 im Jahr 1926 mit D 93 am Block Martfeld) sowie im weiteren Verlauf in Richtung Hagen-Haspe wurde der Betrieb mehrfach gestört.
AUFNAHME: CARL BELLINGRODT/EK-VERLAG

Bild 202, unten – Auf dem Firmengelände von Krupp in Essen ereignete sich am 31. März 1923 ein blutiger Vorfall, bei dem französische Soldaten 13 Deutsche erschossen und weitere 39 verwundeten. Nach dem Vorfall bei Krupp patrouillierten französische gepanzerte Fahrzeuge vor dem Essener Hauptbahnhof. AUFNAHME: SAMMLUNG KLAUS KEMP

Bild 203 – Zur Zeit der Besetzung des Ruhrgebietes wurde das Ruhrtal südlich von Essen auch noch in hohem Maß von Bergbau und Schwerindustrie geprägt. Im Ruhrtal bleibt der Bahnstrecke Essen-Steele – Hattingen – Oberwengern – Hagen-Vorhalle nur wenig Platz zwischen dem gleichnamigen Fluss und der Zeche „Dahlhauser Tiefbau". Vor den imposanten Bauwerken rollt 74 476 am 5. August 1935 mit P 1066 in Fahrtrichtung Essen vorüber. AUFNAHME: CARL BELLINGRODT, BILDARCHIV DER EISENBAHNSTIFTUNG

4.7 Die Folgen der Ruhrbesetzung für die Reichsbahn

4.7.1 Nebeneinander von Regie und Reichsbahn

Wegen der vielen Strecken im Ruhrgebiet übernahmen die Besatzungstruppen zuerst Bahnlinien im Süden und Norden des von ihnen kontrollierten Gebietes, ehe sie auch mit der Besetzung von Bahnstrecken ins Innere des Kohlenpotts vordrangen. Dabei bemächtigten sie sich bevorzugt der Stellwerke an den Kreuzungen wichtiger Linien. Im Süden wählten sie die Strecke Düsseldorf – Essen-Kettwig – Essen-Kupferdreh – Essen-Steele Nord – Hattingen – Hagen-Vorhalle – Hagen-Hengstey und im Norden Düsseldorf – Duisburg – Oberhausen – Gladbeck West – Recklinghausen – Lünen Süd. Die Auswahl erfolgte mehr unter militärischen als unter wirtschaftlichen Gesichtspunkten, denn damit waren die Eisenbahnen im besetzten Ruhrgebiet praktisch eingekreist. Alle vorgefundenen Lokomotiven und Wagen wurden beschlagnahmt. Als Strecken für den Nachschub und die Abfuhr von Kohle dienten die Verbindungen Aachen – Rheydt – Krefeld – Duisburg und Düren – Neuss – Düsseldorf. Auf der anderen Seite bedeutete das jedoch auch die Stilllegung von für die Industrie wichtigen Bahnlinien, was Auswirkungen sowohl auf die Produktion als auch auf die Versorgung der Bevölkerung hatte.

Die Reichsbahn bemühte sich, die noch in ihrer Hand befindlichen Strecken so weit wie möglich zu betreiben. Auf der anderen Seite wollte sie es nicht zu einer offenen Konfrontation mit den Besatzern kommen lassen. Deshalb wurde versucht, zwischen beiden Betreibern eine Pufferzone zu schaffen, indem dort lange Reihen leerer Güterwagen abgestellt wurden. An einigen Stellen teilten diese Pufferzonen große Bahnhöfe. In Hagen-Vorhalle waren die Franzosen am Bahnbetriebswerk mit seinen zahlreichen Güterzug- und schweren Tenderlokomotiven sowie an den Durchfahrgleisen zu ihrem Endbahnhof Hagen-Hengstey interessiert. Den mehr als 1 km entfernt liegenden Personenbahnhof Hengstey hatten sie nicht besetzt, sodass deutsche Eisenbahnen von dort aus einen Pendelverkehr nach Hagen Hbf einrichten konnten. Der Verkehr zwischen Wetter und Hagen-Vorhalle wurde dagegen unterbunden, weil er zu nahe am Bahnbetriebswerk vorbeiführte und die Franzosen Angst vor Anschlägen hatten. In Duisburg hatten belgische Truppen den Hauptbahnhof besetzt, aber bis zum 27. April konnte die Reichsbahn den Hauptgüterbahnhof noch bedienen. Zum Osten hin bestand noch die Verbindung zum unbesetzten Teil. In einer Zeit, in der es die damals üblichen Personenzüge mit sehr langen Laufwegen wie Hamburg-Altona – Duisburg und Berlin – Köln gab, ließ man sie 1923 auf außerhalb des Ruhrgebiets völlig unbekannten Bahnhöfen wie Marl-Sinsen (an der Strecke Recklinghausen – Haltern), Essen-Dellwig oder Mülheim (Ruhr)-Styrum enden.

Öfters besetzten die Franzosen Strecken, die noch von der Reichsbahn bedient worden waren, alleine zu dem Zweck Kohlenhalden abzuräumen. Sobald sie damit fertig waren, überließen sie die Bahn wieder den Deutschen. Für die Reichsbahn bedeutete das viel Improvisation und Erfindungsgeist im Planen von Umleitungsstrecken, um ihren Kunden wenigstens einen Rest von Service anbieten zu können. Aber es ließ sich nicht verhindern, dass die Besatzungsmacht weitere Strecken gewaltsam übernahm. Einige davon waren (mit Datum der Beschlagnahme):

- 04.03.1923 Werden – Essen Hbf,
- 12./15.04.1923 Recklinghausen – Herne – Dortm.-Mengede, Herne – Dortmund-Marten,
- 04.05.1923 Oberhausen – Duisburg-Ruhrort,
- 24.05.1923 Duisburg Hbf – Essen Hbf – Essen-Kray Nord,
- 05.06.1923 Oberhausen – Essen-Altenessen – Wanne-Eickel – Herne,
- 15./20.06.1923 Essen Hbf – Bochum Hbf – Dortmund Hbf, Dortmund-Marten – Dortmund Hbf, Dortmund-Mengede – Dortmund Hbf.

Im Ruhrgebiet war es relativ einfach, Umleitungen zu finden. Wurde ein Bahnhof von Franzosen oder Belgiern eingenommen, so ließ er sich oft über Zechengleise umgehen. Als der Essener Hauptbahnhof besetzt wurde, dienten nacheinander die Bahnhöfe Essen-Altenessen, Essen Nord, dann Essen-Kray Süd und schließlich Essen-Stoppenberg als Ersatz. Ausrangierte Güterwagen mussten als provisorische Bahnhofsgebäude herhalten. So wurde der Bahnhof Herne zeitweise in ein Zechenanschlussgleis verlegt. Oft mussten Nothaltestellen auf freier Strecke errichtet werden. Der von Anfang an besetzte Duisburger Hauptbahnhof erhielt ein solches Provisorium an der Koloniestraße im Südosten der Stadt an der Strecke Duisburg-Hochfeld Süd – Mülheim (Ruhr)-Speldorf in der Nähe der Kreuzung mit der Güterbahn Duisburg-Wedau – Oberhausen West. Das ermöglichte eine Verbindung mit Mülheim (Ruhr), Essen und Dortmund. Sie bestand allerdings nur wenige Wochen, bis die Franzosen den Bahnhof Mülheim (Ruhr)-Speldorf besetzten. Als am 12. April die Strecke Recklinghausen – Herne – Marten weggenommen wurde, leitete die Reichsbahn ihre Züge Wanne – Dortmund auf eine Güterstrecke um und richtete eine Haltestelle Herne-G (später Herne-Rottbruch) ein. Man baute einen provisorischen Bahnsteig, auf dem der Wagenkasten eines ausgedienten Gepäckwagens als Dienstraum und Fahrkartenausgabe aufgestellt wurde. Dieses Provisorium bestand bis zum 15. Juni. Am selben Tag wurde auch der Bahnhof Wanne endgültig besetzt. Für die Strecke nach Borken baute man etwa einen Kilometer westlich des Hauptbahnhofs eine Nothaltestelle. Als Fahrkartenausgabe mietete die Reichsbahn ein Ladenlokal neben der Bahnstrecke und stellte einen alten Personenwagen dritter Klasse als Warteraum neben den Durchgangsgleisen auf.

Durch die französischen Beschlagnahmungen litt die Reichsbahn innerhalb des Ruhrgebiets an einem Mangel an Fahrzeugen. Sie versuchte ihn durch die Zuführung überzähliger Güterwagen aus Nord- und Mitteldeutschland auszugleichen. Bei den Loks griff man auf Neubauten von im Besatzungsgebiet gelegenen Fabriken zurück. Bis zum 15. März 1923 besaß die Maschinenfabrik Hohenzollern über die Güterzugstrecke Düsseldorf-Rath – Düsseldorf-Eller einen Zugang zu den unbesetzten Strecken, über die sie Loks ausliefern konnte, allerdings nur ins unbesetzte Reichsgebiet. Die Fa. Krupp in Essen lieferte eine größere Stückzahl von Nachbauten preußischer Loks der Baureihen 56^{20} (pr. G 8^2) und 57^{10-35} (pr. G 10) ins Ruhrgebiet, von denen ein Teil über Friedrichsfeld – Wesel und Dortmund-Aplerbeck Süd aus dem Besatzungsgebiet herausgeschmuggelt werden konnten. Von draußen kamen keine zusätzlichen Lokomotiven für die noch von der Reichsbahn betriebenen Strecken hinein, da die Franzosen am 14. Februar 1923 das Hinausfahren von Lokomotiven verboten hatten, wenn nicht gleichzeitig eine gleichwertige Lok von draußen in das besetzte Gebiet hineinfuhr. Auf einen solchen Tausch wollte sich die Reichsbahn mit der Regie nicht einlassen. An den Stellen, wo noch ein offizieller Grenzverkehr stattfand, nämlich in Friedrichsfeld, Spellen, Dorsten, Lünen Hbf, Dortmund-Scharnhorst, Brackel, Aplerbeck, Aplerbeck Süd und Herdecke, fand deshalb jedes Mal ein Lokwechsel statt, während die Wagengarnituren durchlaufen konnten.

Bochum ist ebenfalls ein Beispiel der sich ständig ändernden Besetzungen. Der Haupt- und der Nordbahnhof sowie der Bahnhof Bochum-Weitmar waren bereits am 15. Januar mit dem Einmarsch besetzt worden. Einige Tage später nahmen die Franzosen auch den Bahnhof Bochum-Präsident an der Strecke Bochum-Riemke – Wanne-Eickel ein. Sie vertrieben die Beamten und Reisenden unter Drohgebärden. Am 21. Februar gaben die Franzosen die Bahnhöfe Bochum Nord, -Riemke und -Präsident wieder frei. Die zurückkehrenden deutschen Eisenbahner fanden die Räume verwüstet vor. Ausrüstungsgegenstände waren verschwunden oder zerstört und zehn Lokomotiven abgefahren. Obendrein kamen die Franzosen kurzzeitig immer wieder, wobei Bochum-Nord und Bochum-Weitmar beliebte Ziele waren. *„Ueberfälle, Beraubungen und Zerstörungen waren an der Tagesordnung."* [204] Am 24. April 1923 gaben die Besatzer den Hauptbahnhof frei. Da jedoch die Beschädigungen beseitigt und die technischen Einrichtungen wieder in Ordnung gebracht werden mussten, welche die deutschen Eisenbahner zum Teil selbst unbrauchbar gemacht hatten, dauerte es längere Zeit, ehe die Deutschen den Betrieb wieder aufnehmen konnten. Nachdem die Franzosen mehr und mehr Bahnhöfe rundherum besetzten, wurde die Stadt immer stärker vom Rest des Reichsbahnnetzes abgeschnitten.

Um die Abfuhr von Kohle von den Halden der Zechen unmöglich zu machen, solange sie das nicht selbst besorgen konnten, unterbrachen die Besatzer an 14. Mai 1923 die Zufahrtgleise zu der Bochumer Zeche Carolinenglück und wenige Tage später die der Gruben Hannover I/II und Hannibal, indem sie die Herzstücke der entsprechenden Weichen entfernten. Das Verbindungsgleis zum Hüttenwerk des Bochumer Vereins wurde am 14. Juni stillgelegt, indem man Schienenstücke herausriss. Vorher hatte man jedoch noch die Werklokomotiven abgefahren. Nachdem auch der direkte Anschluss vom Bahnhof Bochum-Präsident zum Bochumer

Bilder 204/205 – Die Bahn wurde in vielen Bereichen zum Ziel von Zerstörungen. Der völlig verwüstete Aktenraum der Güterabfertigung Werden-Ruhr (oben) und französische Zerstörungen im Bahnbetriebswerk Oberhausen (unten). AUFN. (2): SAMMLUNG K. KEMP

Bild 206 – Die Strecke Düsseldorf – Essen-Kettwig – Essen-Kupferdreh – Essen-Steele Nord – Hattingen – Hagen-Vorhalle – Hagen-Hengstey war für die Franzosen von großer Bedeutung, um Zugriff auf Fahrzeugmaterial und Reparationsgut im Ruhrgebiet zu bekommen. Auch der Abschnitt Wengern – Hagen-Vorhalle, auf dem am 28. Mai 1933 der von 74 487 gezogene P 860 Volmarstein im Ruhrtal verlassen hat, wurde von ihnen kontrolliert. AUFNAHME: CARL BELLINGRODT/EK-VERLAG

Verein auf diese Weise unbrauchbar gemacht worden war, besaß dieser Industriekomplex keine Schienenverbindung mehr. Mit der Normalisierung der Verhältnisse gelang es im Dezember 1923, die Lokomotiven zurückzuholen. Bereits am 7. Mai hatten Soldaten die Drahtseilbahn gesprengt, die die Zeche Carolinenglück mit der Kokerei des Bochumer Vereins verband, um einen Abtransport von Kohle für deutsche Verbraucher auch über diesen Weg zu unterbinden.

Am 15. Juni 1923 wurden die Bochumer Bahnhöfe erneut besetzt. „*Schon in aller Frühe rückten die französischen Truppen in Begleitung von Tanks und Panzerwagen von Ehrenfeld und vom Lokomotivschuppen vor. Die beim Vorgehen angetroffenen Eisenbahner wurden verhaftet. Schon kurz nach der Besetzung lief ein Personenzug mit französischen Eisenbahnern von Kray kommend ein. Ebenso erging es dem Bahnhof Nord, der vom Lohberg aus im Laufschritt und mit gefälltem Bajonett genommen wurde. Auch hier wurden einige Beamte verhaftet und abgeführt. Zur gleichen Zeit wurde auch das Eisenbahnbetriebsamt in Besitz genommen, ebenso das der Reichsbahn gehörige Wohnhaus Humboldtstraße 60, das bisher von deutschen Eisenbahnern bewohnt war. Die Hausinsassen mußten das Haus räumen und französischen Eisenbahnern die Wohnungen überlassen. Die Möbel und alles übrige Hausgerät blieben zurück, nur ihre Habseligkeiten durften sie mitnehmen. Die gegenüberliegende Herberge (Christliches Hospiz) wurde ebenfalls in Besitz genommen und dort eine französische Wache eingesetzt.*

Dieser Tag war für die Eisenbahner voller großer Ereignisse. Auf dem Bahnhofsvorplatz herrschte ein lebhafter militärischer Verkehr. Tanks, Panzerautos, große Truppenkörper wechselten vor dem Bahnhof ihren Standort ab. Man erfuhr, daß die französische Leitung das gesamte Bahnwesen in eigene Regie übernehmen wollte. Davon zeugten die am Bahnhof angeklebten Plakate, die die deutschen Eisenbahner aufforderten, innerhalb von 48 Stunden ihre Arbeit bei der Regie der Eisenbahnen aufzunehmen, oder andernfalls ihre Ausweisung vollzogen würde.“[205)]

Durch die Inbetriebnahme der Strecken Dortmund-Mengede/Dortmund-Marten – Hagen-Vorhalle, welche die Nord- und Südstrecke miteinander verbanden, schlossen die Franzosen den Eisenbahnring um das Ruhrgebiet herum. Gleichzeitig nahmen sie die Linien Essen-Frintrop – Essen-Altenessen – Gelsenkirchen – Herne und Essen-Kray – Gelsenkirchen-Wattenscheid – Bochum-Langendreer – Dortmund in Besitz, wodurch sie auch eisenbahnmäßig mitten ins Herz des Reviers drangen. Zwar wurde der Bahnhof Bochum Nord bereits am folgenden Tag wieder freigegeben, aber da die dort verlaufenden Bahnstrecken nach Wanne und nach Bochum-Langendreer besetzt blieben, brachte das den deutschen Eisenbahnern keinen Nutzen. Bis zum 23. Juli 1923 waren dann alle die Stadt Bochum berührenden Bahnlinien in den Betrieb der Regie übergegangen.

Obwohl die Regie immer mehr Strecken in ihren Besitz nahm, hielten sich von der Reichsbahn betriebene isolierte und in der Regel sehr kurze Bahnlinien. Bereits erwähnt wurde die Strecke Mülheim (Ruhr)-Saarn – Kettwig vor der Brücke (9 km Länge). Weiterhin gab es Personenverkehr auf der Strecke Essen Nord – Essen-Borbeck (5 km). Am 12. Oktober 1923 gaben die Franzosen ein Verbindungsgleis von Essen Nord nach Essen-Stoppenberg wieder frei, was einen Zugang zum Netz der Reichsbahn erlaubte. Da diese Strecke jedoch dringend für die Lebensmittelversorgung der Bevölkerung als Zufuhrstrecke zum Großmarkt am Nordbahnhof benötigt wurde, fiel sie für den Personenverkehr

Hungerblockade !

Die Berliner Leute haben der Bevölkerung am Rhein und an der Rhur verboten, für die Transporte die Züge der französisch belgischen Regie zu benutzen.

Folglich muß die Lebensmitte versorgung durch Lastautos gesichert werden. Wißt Ihr was das heißt ?

Mit der Regie-Eisenbahn kostet der Transport

2.500 Mark pro Tonne und Kilometer

Mit Lastautos kostet er

8.000 Mark pro Tonne und Kilometer

Also Ruhreinwohner

wundert Euch nicht, wenn die Teuerung dadurch verschärft wird:

Den Berlinern ist es ganz egal,

Den Wucherern ist es ganz recht,

Den deutschen Eisenbahnern auch, denn sie kriegen doch ihr Geld und haben schon bald ein halbes Jahr Ferien hinter sich.

Wenn man aber frägt, werden deutschen Westen hungern läßt,

So wisst's Ihr's:

Berlin !

Bild 207 – Französische Propaganda. ABBILDUNG: SAMMLUNG KLAUS KEMP

aus. Die 10 km lange Strecke Essen-Rüttenscheid – Essen-Burgaltendorf verkürzte sich auf 4 km, als die Franzosen die Bahnhöfe Rüttenscheid und Rellinghausen besetzten. Für die Reststrecke Essen-Steele Süd – Essen-Burgaltendorf gelang es, in Burgaltendorf ein behelfsmäßiges Betriebswerk einzurichten. Eine nahe gelegene Zeche lieferte Kohle und Wasser für die Lokomotive.

Immerhin 17 km lang war die Verbindung von Wanne-Eickel-Röhlinghausen nach Bochum Nord und weiter über eine reine Güterzugstrecke bis zum Block Harsewinkel kurz vor Bochum-Dahlhausen. Die Verbindung Essen-Karnap – Gelsenkirchen-Schalke war nur 5 km lang. Am 2. Oktober 1923 nahmen die Franzosen der Reichsbahn die 18 km lange Verbindung Dortmund-Barop – Witten West – Wetter weg. Um einige dieser Inselbetriebe aufrechterhalten zu können, musste die Kohle für die Lokomotiven in Fuhrwerken herangeschafft werden. Wirtschaftlich gesehen war es unsinnig, die meisten dieser Strecken zu betreiben. Es ging hier nicht um Wirtschaftlichkeit, sondern um Widerstand und darum, Flagge zu zeigen.

Anfang Juli 1923 verließen die Franzosen die Bahnhöfe von Westerholt und Buer Nord an der Strecke Lünen – Oberhausen. Der Bahnhof Herten war schon vorher von ihnen aufgegeben worden. Am 13. August übergaben sie den Bahnhof Recklinghausen Ost an die Stadtverwaltung. Dadurch konnte die Strecke von Lünen Süd bis Westerholt unter Umgehung des Hauptbahnhofs von Recklinghausen wieder von der Reichsbahn betrieben werden. Allerdings befanden sich die Anlagen in einem desolaten Zustand, und überall fanden sich Zeichen mutwilliger Zerstörung. Die Strecke wurde nun zur Heranschaffung von Lebensmitteln benutzt. Außerdem wurde auf der freigegebenen Strecke Reparationskohle für Italien, die in drei an der Bahnlinie gelegenen Zechen gefördert wurde, abtransportiert. Weiterhin konnte man auch wieder in der Gegend geförderte Kohle nach Holland versenden. Vor allem für den herbstlichen Verkehr mit Kartoffellieferungen fürs Ruhrgebiet legte man auf dem Gelände des Ausbesserungswerks Recklinghausen Ost ein neues Ladegleis an.

Es gab jedoch auch noch Strecken, die **Verbindung zur unbesetzten Reichsbahn** besaßen, nämlich:

- Oberhausen-Sterkrade/-Buschhausen – Spellen (– Wesel),
- Hamborn-Neumühl – Oberhausen-Sterkrade – Friedrichsfeld (– Wesel),
- Oberhausen-Osterfeld Nord – Dorsten (– Coesfeld – Rheine),
- Essen-Stoppenberg – Gelsenkirchen-Bismarck – Dorsten (–Borken),
- Marl-Sinsen – Block Lippe (– Haltern – Münster),
- Witten-Stockum – Dortmund-Löttringhausen – Dortmund Süd – Dortmund-Brackel (– Welver – Soest),
- Dortmund Süd – Dortmund-Hacheney – Dortmund-Hörde – Dortmund-Aplerbeck (– Unna)/Dortmund-Aplerbeck Süd (– Schwerte),
- Dortmund Süd – Dortmund-Eving – Lünen Hbf (– Gronau).

Den Reisenden standen also nur rudimentäre Eisenbahnstrecken zur Verfügung, aber kombiniert mit Straßenbahnfahrten und Fußmärschen war es ihnen möglich, mehr oder weniger unbehelligt zum Ziel zu kommen, solange sie nicht in eine überraschende Kontrolle gerieten. Von Osten her war mit abwechselnder Benutzung von Eisenbahn, Straßenbahnen und Fußmarsch von Hamm über Dortmund das Weichbild von Essen in 14 Stunden erreichbar.

Es gab noch einmal kleinere Grenzkorrekturen. Die Belgier besetzten am 27. Juli 1923 den Bahnhof Hervest-Dorsten. Das erlaubte es ihnen, die Strecke Wesel – Haltern zu überwachen. Die Keller des Güterbahnhofs wurden für willkürlich von der Straße weg verhaftete Personen als Gefängnis benutzt. Allerdings verzichteten sie auf eine Kontrolle der Reisenden. Dagegen richteten sie, wie im Abschnitt 4.3.9 geschildert, auf dem Bahnhof Dorsten für die Strecke nach Norden in Richtung Borken und Winterswijk eine Zollstation ein, was den durchgehenden Verkehr stark behinderte und ihn zeitweise zum Erliegen brachte. In der Gegend von Hagen schoben die Franzosen am 3. August 1923 die Grenze von Hohensyburg bis zum Güterbahnhof Westhofen bei Schwerte vor. Das erlaubte es ihnen, Züge, die aus dem unbesetzten Gebiet kamen und in unbesetztes Gebiet weiterfuhren, anzuhalten und einer Kontrolle zu unterziehen.

Bis dahin erlangte die alte „Bergisch-Märkische“ Schnellzuglinie eine überragende Bedeutung, die Köln und das weite Hinterland der altbesetzten Rheinprovinz mit dem Wuppertal verband sowie in Hagen den Anschluss an Nord-, Mittel- und Süddeutschland vermittelte – trotz der lästigen französischen Aufsichtsstellen in Vohwinkel und Hengstey. Auf diese neuerliche Behinderung reagierte die Reichsbahn mit der Umleitung von Zügen auf Nebenstrecken durchs Sauerland. Überraschenderweise zogen sich die Besatzer dagegen am 7. September 1923 aus dem nördlich der Lippe gelegenen Teil von Lünen und damit auch aus dem dortigen Hauptbahnhof zurück.

Direkte Berührungen zwischen Reichsbahn und Regiebahn wurden vermieden, aber es gab Ausnahmen. Die Kohlezüge in die Schweiz liefen weitestgehend auf Gleisen des unbesetzten Teils Deutschlands. Die Regie stellte die beladenen Züge an bestimmten Bahnhöfen bereit, von wo eine Lok der Reichsbahn sie abholte. Allerdings hatte die Reichsbahn dieselbe Anzahl leerer Wagen zu bringen, ehe sie einen beladenen Zug abfahren konnte. Damit wollten die Franzosen dem Wegbringen von rollendem Material vorbeugen. Ähnlich wurde bei einer großen Kartoffellieferung für die Ruhr aus dem Osten Deutschlands verfahren, wobei diesmal die Regiebahn die leeren Wagen zu stellen hatte.

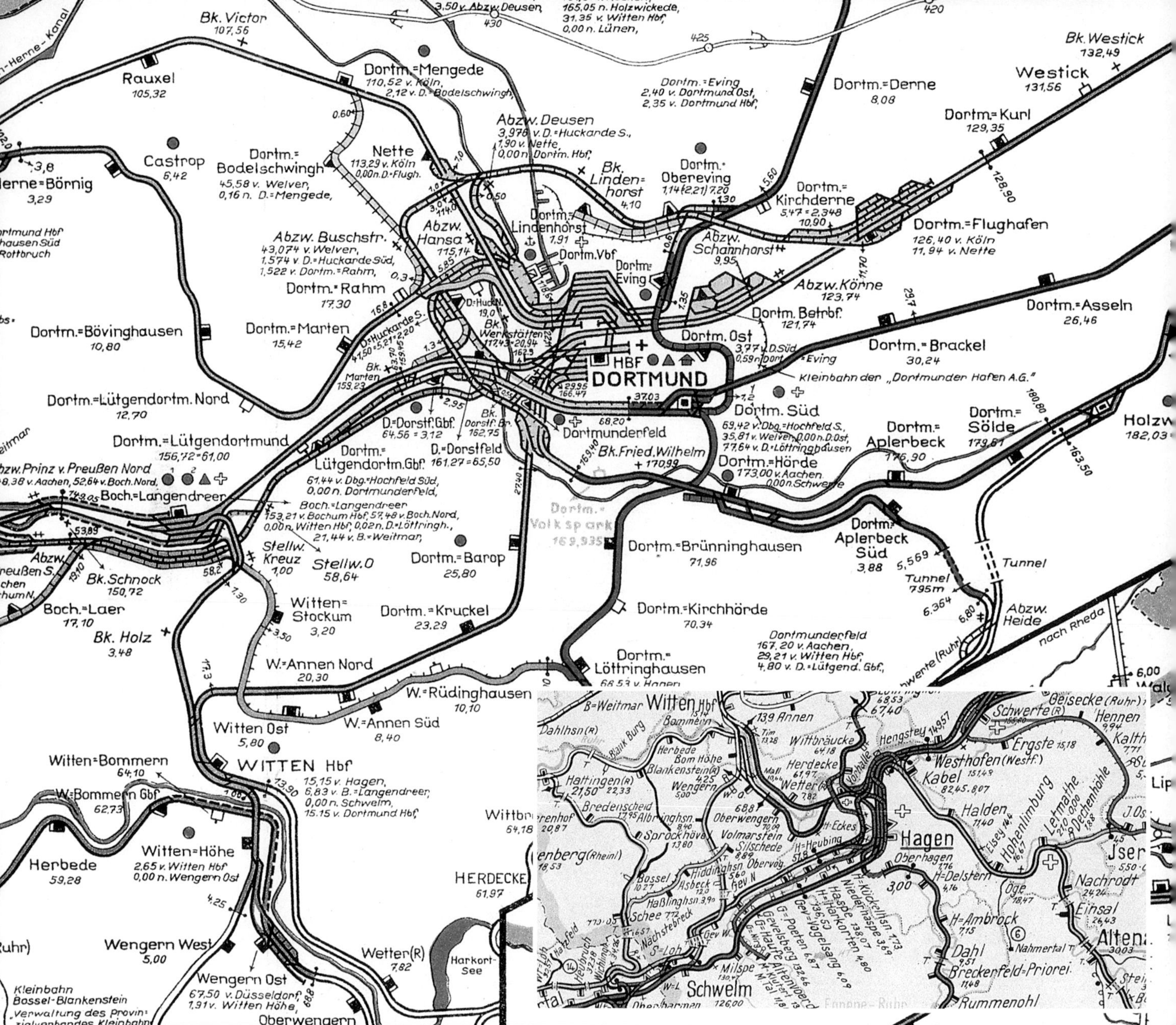

Bilder 208/209 – Streckenkarten der Bundesbahndirektion Essen (groß, 1951) und Wuppertal (klein, 1946) auf denen das engmaschige Streckennetz um die Bahnknoten Dortmund sowie Hagen dargestellt sind. Gut ist hierauf auch der zeitweise von der Regiebahn betriebene Streckenabschnitt der Ruhrtalbahn zwischen Hattingen (Ruhr), Herbede, Hagen-Vorhalle und Hagen-Hengstey zu erkennen, der unter Nutzung einer Güterumgehungskurve den Knoten Hagen Hbf umging. ABBILDUNGEN (2): SAMMLUNG EK-VERLAG

4.7.2 Auswirkungen auf den Reichsbahn-Verkehr

Die Einstellung des Betriebes im gesamten Rheingebiet und an der Ruhr musste zwangsläufig Auswirkungen auf den Betrieb der Reichsbahn haben. Der Ost-Westverkehr war davon ebenso betroffen wie die Verbindung von Holland und Belgien über Köln nach Süddeutschland sowie weiter in Richtung Italien und Balkan. Nachdem die Besatzungsmächte das Ruhrgebiet mehr oder weniger abgesperrt hatten und ebenso die Rheinstrecken für die Reichsbahn nicht mehr nutzbar waren, war ab Ende Januar 1923 die Leitung des Güterverkehrs über die großen Verschiebebahnhöfe Duisburg-Wedau und Hohenbudberg und von der Ruhr nach Süden über die Ruhr-Sieg-Strecke unmöglich geworden. Weiterhin war der Durchgangsverkehr durch die Rbd Essen völlig gesperrt. Die Schnell- und Eilzüge von Köln aus nach Osten konnten die britische Besatzungszone nur noch über die Verbindung Köln – Wuppertal-Elberfeld – Hagen – Schwerte – Hamm verlassen. Solange es noch möglich war, fuhren die linksrheinischen Schnellzüge von und nach Köln noch auf der rechten Rheinseite. Nachdem dieser Weg auch blockiert war, verlegte die Reichsbahn sie auf die Strecke Köln – Wuppertal-Elberfeld – Hagen – Siegen – Frankfurt (M).

Betroffen von diesen Umleitungen waren auf den Strecken **Köln – Duisburg** und weiter:

9 Schnellzugpaare nach Berlin,
3 Schnellzugpaare nach Hamburg-Altona,
2 Schnellzugpaare von München über Köln nach Dortmund,
1 Schnellzugpaar von Basel über Köln nach Dortmund,
2 Schnellzugpaare von Süddeutschl. über Köln n. Dortmund;

Köln – Wuppertal-Elberfeld – Soest oder **Hamm – Bestwig**:

2 Schnellzugpaare nach Berlin,
2 Schnellzugpaare nach Leipzig,
1 Schnellzugpaar nach Hamburg-Altona,
1 Schnellzugpaar von Hagen über Köln nach München;

Aachen – Neuss – Düsseldorf – Wuppertal-Elberfeld:

2 Schnellzugpaare nach Berlin.

Die großen Behinderungen, welche die französischen Kontrollstellen auf den Bahnhöfen Solingen-Ohligs, Wuppertal-Vohwinkel, Hagen-Hengstey und Schwerte-Westhofen veursachten, führ-

Bild 210
Weit über Hannover hinaus machten sich Umleitungen und Änderungen der Verkehrsströme während der Besetzung des Ruhrgebiets bemerkbar. Hier befördert die Lok Nr. 5438 „Hannover" (eine pr. G 10), die spätere 57 2048, im Jahr 1919 einen Güterzug bei Lehrte.

AUFNAHME: RUDOLF KREUTZER, BILDARCHIV D. EISENBAHNSTIFTUNG

Bild 211
Nachdem die Rheinstrecken für den Nord-Süd-Verkehr ausfielen, wurde die Ruhr-Sieg-Strecke immer stärker in Anspruch genommen. Aus dem Jahr1923 gibt es leider keine Fotos, aber dieses Bild der Lok 58 1244 mit ihrem Güterzug, aufgenommen am 10. September 1933 bei Letmathe, dürfte die damalige Situation sehr genau widerspiegeln.

AUFNAHME: CARL BELLINGRODT/EK-VERLAG

ten auf die Dauer zu nicht mehr kontrollierbaren Verspätungen. Deshalb entschloss sich die Reichsbahn, die Zahl der angebotenen Züge zu verringern. Ab Ende Juli 1923 verkehrten dann täglich nur noch:

- 4 D-Zug-Paare Köln – Berlin,
- 4 D-Zug-Paare Köln – Hamburg-Altona,
- 1 D-Zug-Paar Köln – Leipzig und
- 4 D-Zug-Paare Köln – Wuppertal-Elberfeld – Hagen – Siegen – Frankfurt (Main) – Süddeutschland.

Weitere empfindliche Störungen im Betriebsablauf der Reichsbahn verursachten die Besetzung des Bahnhofs Hagen-Hengstey und die gleichzeitige Einrichtung einer Kontrollstelle dort. Anfangs benutzte sie diesen Bahnhof nur noch für den reinen Personenverkehr, aber dann gab es eine gewisse Erleichterung dadurch, dass man in den Personenzügen bis zu drei Wagen mit zollfreien Gütern mitführen konnte. Dabei handelte es sich um Lebensmittel, Futtermittel, Vieh, Post und einzelne Rohstoffe. Nach und nach gestatteten die Besatzer das Fahren einzelner Güterzüge mit diesen Gütern in Ost-West-Richtung. Für das Gros des Güterverkehrs blieb der Bahnhof jedoch gesperrt. Es blieb nichts anderes übrig, als diesen Verkehr auf leistungsschwache Nebenbahnen umzuleiten, wobei vor allem der Leerwagenverkehr viele Schwierigkeiten bereitete. Durch die Güterzugsperre im Bahnhof Hagen-Hengstey wurden ebenfalls folgende Verbindungen gestört:

- Schwerte-Westhofen – Hagen Hbf,
- Hagen Hbf – Hagen-Kabel (Ruhr-Sieg-Strecke),
- Hagen-Vorhalle – Hagen-Hengstey – Hagen-Kabel,
- Herdecke – Dortmund-Löttringhausen.

Notgedrungen musste die Reichsbahn den Verkehr auf Nebenbahnen umleiten, die für diese Beanspruchung nicht gebaut waren. Behinderungen entstanden durch starke Steigungen und kurze Überholgleise, was die Zuglänge beschränkte. Der schwache Oberbau verbot zudem die Benutzung schwerer Lokomotiven. Der Güterverkehr zwischen den Bahnhöfen östlich von Hagen und westlich der Linie Soest – Hamm – Löhne – Rheine auf der einen Seite und dem besetzten Gebiet der Direktionen Köln und Elberfeld (Bezirke Düsseldorf, Remscheid und Solingen) auf der anderen benutzte nun die Ruhr-Sieg-Strecke bis Siegen und weiter

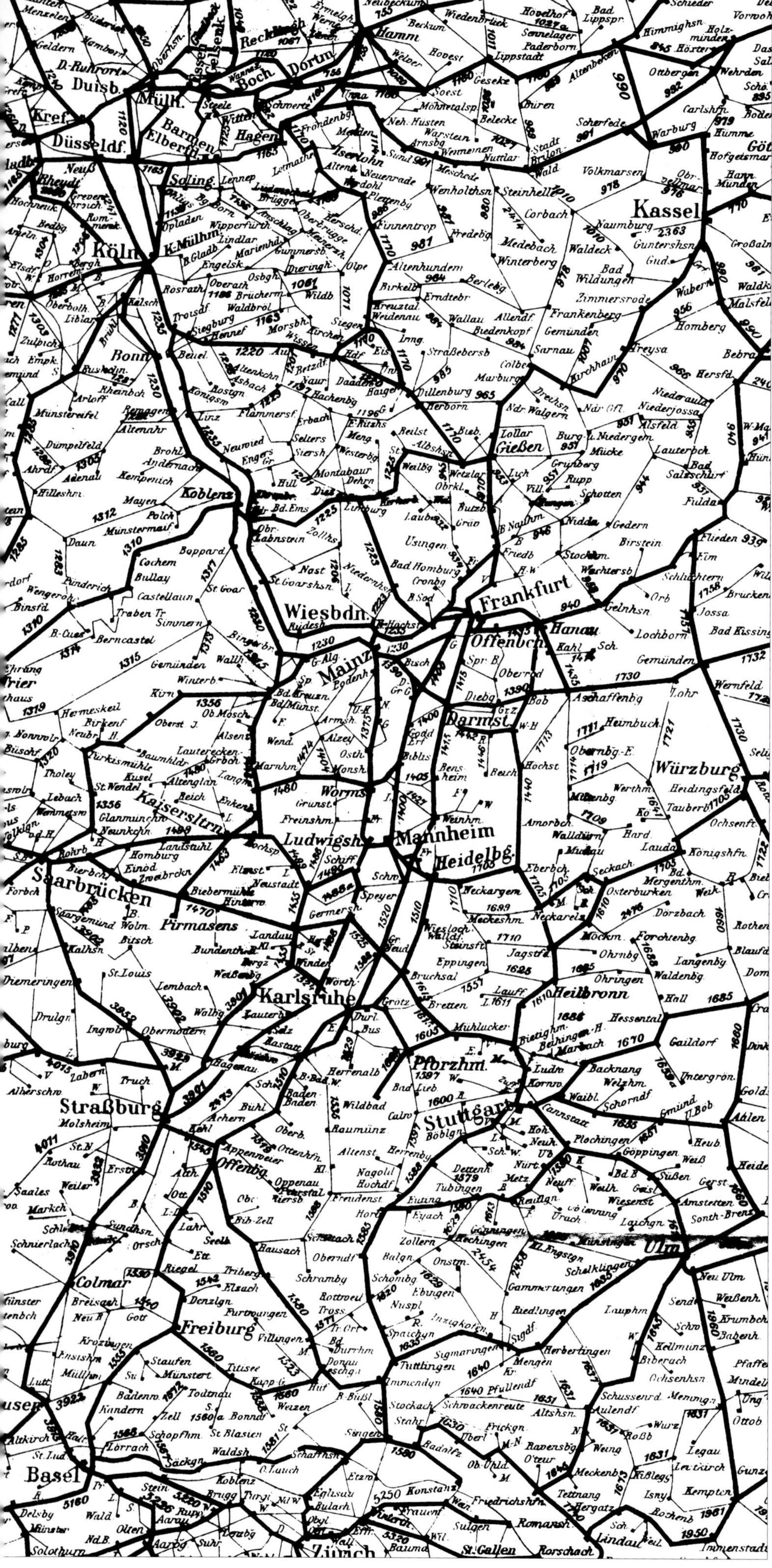

über Betzdorf und Troisdorf bis Köln-Kalk Nord. Als dann dieser Weg durch die französische Besetzung des Abschnitts Porz-Wahn – Troisdorf versperrt wurde, mussten die Züge in Siegburg Kopf machen, bis nach Overath fahren, dort erneut die Richtung wechseln, um endlich ihr Ziel Köln-Kalk Nord zu erreichen. Auf die Dauer blockierten die Franzosen auch diesen Weg durch die Wegnahme der Bahnhöfe Siegburg und Hennef. Jetzt blieb nur noch der Weg von Betzdorf über Wissen – Osberghausen – Ründeroth – Overath nach Köln-Kalk Nord. Allerdings gab es neben den topographischen Schwierigkeiten starke Behinderungen und Verzögerungen in Ründeroth, wo die Franzosen eine weitere Kontrollstelle einrichteten. Der Güterverkehr östlich der Linie Soest – Hamm – Löhne – Rheine lief nun über Gießen nach Betzdorf und von da weiter über Wissen und Osberghausen nach Köln in dem Versuch, die völlig überbeanspruchte Ruhr-Sieg-Strecke zu entlasten.

Zwischen den Bahnhöfen östlich von Hagen einerseits und den westlich und südlich davon gelegenen im Wuppertaler Raum andererseits musste der Güterverkehr nun den Weg über die Ruhr-Sieg-Strecke bis Finnentrop nehmen, um dann über Olpe – Dieringhausen – Brügge nach Hagen geleitet zu werden. Schließlich wich der bisher von Hagen über die Ruhr-Sieg-Strecke nach Süden geleitete Güterverkehr auf die Strecke Dieringhausen – Osberghausen – Wissen – Dillenburg aus. Die Umleitungen wurden erneut erschwert, als Anfang August auch der Bahnhof Schwerte-Westhofen besetzt wurde. Die dortige Kontrollstelle ließ keine zollpflichtigen Güter passieren. Leerwagen wurden dort nur in der Zahl durchgelassen, die am Tag zuvor beladene Güterwagen in der Gegenrichtung transportiert worden waren.

Als eine Folge davon musste der Betrieb auf der Ruhr-Sieg-Strecke unter Einbeziehung der Linie Wennemen – Finnentrop erneut umgestellt werden. Die Leistungsfähigkeit dieser eingleisigen Umleitungsstrecken wurde ausgenutzt, soweit es ging.

Bild 212
Kartenausschnitt aus dem Jahr 1929 mit dem bestehenden Streckennetz zwischen dem Ruhrgebiet im Norden und der Grenze zur Schweiz im Süden.

ABBILDUNG: SAMMLUNG EK-VERLAG

Bild 213 – 96 003 erreicht mit einem langen Güterzug aus Hagen den Knotenbahnhof Brügge (Westf) im Bergischen Land. Über dem Zug ist die Stichstrecke ins nahe Lüdenscheid zu erkennen. Auch die Verbindung Hagen – Brügge – Dieringhausen wurde von der Reichsbahn dazu genutzt, Güter und Reisende unter Umgehung der von der Regie besetzten Strecken zu transportieren. AUFNAHME: CARL BELLINGRODT/EK-VERLAG

Die folgende Tabelle gibt einen Überblick über die **täglich beförderten Züge**:

Strecke	**Personenzüge**	**Güterzüge**
Wennemen – Finnentrop	12	20
Finnentrop – Olpe	8	29
Olpe – Dieringhausen	6	28
Dieringhausen – Brügge	12	33
Wissen – Osberghausen	10	34

Auf den Bahnhöfen mit Kontrollstellen erschwerten die Besatzer den Betrieb oft genug dadurch, dass sie den Zugverkehr bezüglich der Zahl, der Tageszeit und der Bespannung plötzlich und willkürlich beschränkten. Dabei wurden diese Bestimmungen von jeder Kontrollstelle anders ausgelegt und selbst von den verschiedenen Kontrollposten desselben Bahnhofs unterschiedlich gehandhabt. Es gab keine klaren Regeln und keine Stelle, erfolgreich sein Recht einklagen zu können. Mit anderen Worten: Es herrschte die Willkür des einzelnen Kontrolleurs. Allgemein war angeordnet worden, dass nicht mehr Züge in das besetzte Gebiet gefahren werden dürften, als daraus herausfuhren. Da jedoch die Ausfuhr durch die französischen Zollbestimmungen fast völlig zum Erliegen kam und keine leeren Wagen herausgebracht wurden, machten die Franzosen durch diese Formalien die Einfuhr fast unmöglich.

Um die Bevölkerung jedoch trotz dieser Abschnürung mit Lebensmitteln und sonstigen lebensnotwendigen Gegenständen von außen versorgen zu können, nutzte man für den öffentlichen Gütertransport wo immer möglich Privatanschlussgleise, die als Verbindung zwischen dem besetzten und unbesetzten Gebiet in Frage kamen. An verschiedenen Stellen, wo es die örtlichen Anlagen durch das Vorhandensein von Schuppen, Freiladegleisen oder sonstigen Raum zur Abfertigung von Fracht zuließen, richtete die Reichsbahn Hilfsbahnhöfe ein, von wo aus gezielt bestimmte Versorgungsgebiete bedient werden konnten. Der Weitertransport zum Empfänger erfolgte von dort aus mittels Kraftfahrzeugen, Straßenbahnen und Pferdefuhrwerken. Diese Hilfsbahnhöfe wie auch die ihnen zugeteilten Versorgungsgebiete unterlagen häufigen Wechseln entsprechend der Stilllegung und Besetzung von Bahnhöfen durch die Franzosen und Belgier.

Nicht nur im Ruhrgebiet, sondern auch in den an das Rheinland angrenzenden Bereichen sah sich die Reichsbahn genötigt, Umleitungen in größerem Umfang durchzuführen. Im Abschnitt 4.3.7 wurde bereits geschildert, dass nur wenige Strecken der Rbd Mainz nicht besetzt worden waren. Damit waren auch fast alle ihrer Rangierbahnhöfe außer Betrieb gesetzt.

Der gesamte Güterverkehr zwischen Westdeutschland, den Niederlanden und Süddeutschland, Österreich sowie der Schweiz, der üblicherweise über die beiden Hauptlinien im Rheintal lief, musste als Folge davon auf weiter östlich gelegene Stecken verteilt werden. Als Ende Juni 1923 auch noch die Strecke Frankfurt (Main) – Darmstadt unterbrochen wurde, musste auch der von Frankfurt nach Süden ausgehende Verkehr auf weiter östlich gelegene Strecken ausweichen, nämlich:

- Offenbach – Oberroden – Dieburg und
- Hanau Ost – Babenhausen – Dieburg.

Beide Linien münden in die Querverbindung Darmstadt – Aschaffenburg ein, die bereits durch Umleitungsverkehr als Folge der Besetzung des Ruhrgebiets belegt war. Der wurde nun teilweise über Aschaffenburg bzw. Osterburken – Würzburg und Crailsheim – Nürnberg umgeleitet. Es traf auch einen internationalen Schnellzug Amsterdam – Basel, dessen ursprünglicher Laufweg innerhalb Deutschlands Emmerich – Düsseldorf – Köln-Deutz – Niederlahnstein – Frankfurt (M) – Darmstadt war. Seit Januar 1923 musste er bereits den Umweg von Bentheim über Rheine, Münster, Hamm, Soest, Paderborn, Kassel und Bebra nach Frankfurt (M) fahren. Nun nahm er einen neuen Weg von Münster über Hamm, Siegen und Gießen nach Hanau und an Frankfurt vorbei nach Süden.

Bild 214 – Durch die Ausdehnung des Brückenkopfes Kehl bis Appenweier und Offenburg waren von der Reichsbahn große Umwege in Kauf zu nehmen. So verkehrten einige Schnellzüge zwischen Basel und Karlsruhe u. a. auch über die Strecke Freudenstadt – Hochdorf (– Eutingen), in deren Verlauf auch der beeindruckende „Kübelbachviadukt" bei Dornstetten zu überqueren ist. Um 1930 befährt ein Eilzug, bespannt mit einer 24 und einer 75^{1-3} (badische VI b) das Bauwerk. AUFNAHME: SAMMLUNG NORMAN KAMPMANN

Im Einzelnen verlegte die Reichsbahn wegen der Sperrung der linksrheinischen Strecke den Verkehr zwischen Baden und

a) den Bezirken Essen, Münster und Oldenburg auf die Strecke Friedberg – Gießen – Kassel – Warburg bis zum Verschiebebahnhof Geisecke in Schwerte, soweit er bisher den Weg von Mannheim nach Duisburg-Wedau genommen hatte;
b) dem Bezirk Elberfeld auf die Ruhr-Sieg-Bahn und weiter über Dieringhausen, soweit er bisher über Köln-Gremberg geleitet worden war;

zwischen Württemberg und

a) den Bezirken Münster und Oldenburg auf die Strecke Osterburken – Würzburg – Gemünden – Göttingen;
b) dem Bezirk Essen teils auf die ehemalige Main-Neckar-Bahn und die Ruhr-Sieg-Bahn, teils über Würzburg – Göttingen;
c) dem Bezirk Elberfeld auf die ehemalige Main-Neckar-Bahn und die Ruhr-Sieg-Bahn;

Bild 215 – Schon im Ersten Weltkrieg hatte Bebra als Knoten eine wichtige Rolle im Nachschub gespielt. Mit dem Ausfall der Strecken im Rheinland und der Überlastung der Ruhr-Sieg-Strecke erhielt der Bahnhof 1923 eine wichtige Bedeutung bei der Umlenkung der Verkehrsströme um das Ruhrgebiet herum. AUFN.: SAMMLUNG KLAUS KEMP

zwischen Bayern

- teils über Würzburg – Gemünden – Bebra – Kassel – Soest oder Göttingen,
- teils über Bamberg – Schweinfurt – Ritschenhausen – Eisenach – Bebra oder von Bamberg über Lichtenstein und Meiningen nach Bebra und von da weiter entweder über Kassel und Soest oder über Göttingen, soweit dieser Verkehr bisher über die Rheinlinien oder die Ruhr-Sieg-Bahn gelaufen war.

Kohle-Ganzzüge von Hamburg nach Süddeutschland, Österreich und der Schweiz verlegte man zur Entlastung der Strecke Göttingen – Bebra weiter nach Osten auf die Verbindung Uelzen – Stendal – Magdeburg – Sangerhausen – Erfurt – Schweinfurt, und als diese Linie den zusätzlichen Verkehr nicht mehr verkraften konnte, auf die Strecke Magdeburg – Halle – Probstzella. Durch den vollständigen Ausfall der Saarkohle und den Rückgang der Förderung Oberschlesiens durch die Abtretung eines großen Teils der Gruben bestand vor dem Ruhreinbruch bereits eine Kohleknappheit. Zusätzlich hatten sich die Transportwege verschoben. Durch den Ausfall der Ruhr ab Januar 1923 musste die oberschlesische Kohle sehr viel weiter transportiert werden. Sie wurde bis nach Bayern verfrachtet. Braunkohle wird wegen ihres geringeren Heizwertes gegenüber Steinkohle normalerweise in der engeren Umgebung der Fundstätten verbraucht. In dieser Situation musste sie jedoch aus Mitteldeutschland in weiter entfernt liegende Landesteile gebracht werden. Da alles nicht ausreichte, um den Energiebedarf des Landes zu decken, wurde durch den Ausfall der Ruhrkohle das Kohleexportland Deutschland zum Importland für Kohle, die vorrangig auf dem Wasserweg aus England kam. Innerhalb der besetzten Gebiete gelang es, vor allem die Kölner Zone auf diese Weise zu versorgen. All das erzeugte ebenso einen Anstieg des Verkehrs wie die Rückführung der Leerwagen – zusätzlich zu den durch die Sperrung des Ruhrgebiets notwendigen Umleitungen anderer Züge.

Im Bezirk Karlsruhe bedeutete die bereits im vorhergehenden Abschnitt erwähnte Ausdehnung des Brückenkopfes Kehl auf Appenweier und Offenburg, dass der Verkehr auf der badischen Rheintalbahn Mannheim – Heidelberg – Karlsruhe – Offenburg – Basel mit der Stichstrecke Appenweier – Oppenau und auf der Hauptstrecke der Schwarzwaldbahn von Offenburg bis Hausach bzw. in Richtung Villingen/Donaueschingen unterbrochen wurde. Damit mussten auch hier die Fernverbindungen umgeleitet werden. Im Personenverkehr benutzte man bevorzugt den Weg von Freiburg über Donaueschingen – Villingen – Hausach – Schiltach – Freudenstadt – Horb – Nagold – Pforzheim – Karlsruhe.

Die heutige Strecke der Murgtalbahn zwischen Freudenstadt und Rastatt stand damals noch nicht zur Verfügung, da die Strecke erst 1928 von der Reichsbahn durchgehend fertiggestellt wurde.

Die Schnellzüge in Richtung Norden, die nicht umgeleitet wurden, begannen und endeten in Karlsruhe. Die Personenzüge fuhren bis Renchen, südlich der Besatzungszone bis Dinglingen (seit 1933 Lahr-Dinglingen, heute Lahr) und später bis Freiburg. Auf der Schwarzwaldbahn verkehrten die Züge nur bis Ortenberg kurz vor Offenburg oder Biberach (Baden).

Für den **Güterverkehr** mit dem von den normalen Verkehrswegen abgeschnittenen Gebiet in Oberbaden und darüber hinaus legte man als **Umleitung** fest:

a) vom Verkehrsgebiet Hinterzarten – Donaueschingen – Ortenberg die Strecke über Hausach – Hochdorf über Calw oder Kornwestheim nach Pforzheim;
b) vom Verkehrsgebiet Freiburg – Basel – Waldshut die Strecke über Immendingen – Horb – Kornwestheim;
c) vom Verkehrsgebiet Schaffhausen – Singen – Radolfzell – Konstanz die Strecke über Radolfzell – Friedrichshafen – Ulm – Kornwestheim.

Neben den organisatorischen Problemen brachten diese Umleitungen auch zeitliche Verzögerungen sowie große Mehrleistungen der DR sowie damit verbunden auch Mehrkosten mit sich. Während Fahrgast und Frachtkunden die Mehrzeit auf sich nehmen mussten, legte die Bahn die Mehraufwendungen nicht auf die Fahrpreise und Transportkosten um. Die Tabelle unten zeigt beispielhaft an einigen Strecken die Verlängerung der Transportwege.

Insgesamt musste die DR wegen dieser Umleitungen 2,39 Mio. Personenzug-km und 35 Mio. Güterzug-km zusätzlich fahren sowie 16,8 Mio. Güterwagen zusätzlich in den Rangierbahnhöfen behandeln, alles Zusatzkosten, die zu Lasten der DR gingen.

Griffen die Besatzungsmächte zum Mittel der Verkehrssperre, so handelte es sich um ein Druckmittel, um Handel und Gewerbe, aber auch die Bevölkerung zu knebeln. Zu diesem Mittel musste allerdings auch die Reichsbahn greifen, um mit den Verkehrsstockungen fertig zu werden, die durch das Besetzen ihrer Linien ebenso hervorgerufen wurden wie durch die Überlastung des Netzes, welche die Umleitungen erzeugten. Die Probleme waren bis in die Mitte Deutschlands zu spüren. Deshalb blieb der Reichsbahn nichts anderes übrig, als teils für längere, teils für kürzere Zeit die Annahme von Fracht zu verweigern oder sie zurückhalten. Diese Sperren bezogen sich weder auf bestimmte Güter noch Verkehrsgebiete, sondern umfassten in den meisten Fällen alle Fracht sowohl im Binnen- wie im Durchgangsverkehr des gesamten unbesetzten Gebietes. Genauso zwangen die Unzulänglichkeit der Hilfsbahnhöfe am Rande des besetzten Gebietes und die immer schwieriger werdenden Verhältnisse im Bezirk Essen dazu, schon im Laufe des März 1923 den Versand von Gütern dorthin von einer Zulaufgenehmigung abhängig zu machen. Auch das erschwerte die Betriebslage in den unbesetzten Gebieten. Ausgenommen von dieser Maßnahme waren lediglich Lebensmittel.

Die erste Sperre betraf den Transport von Holz nach Holland bei einem Versand über die Bezirke Köln und Essen. Sie wurde am 21. Januar 1923 verhängt. Größere Sperren folgten Ende Januar und Anfang Februar für Wagen nach und über die besetzten oder stillgelegten Bahnhöfe der Rbd Köln und Essen, Mitte Februar für Frachtgut in Wagenladungen in die Schweiz sowie Anfang März die für Sendungen zur Rbd Ludwigshafen und darüber hinaus. Daneben gab es zusätzlich noch die aus politischen Gründen verhängte Sperre für den Versand von Reparationsgütern nach Belgien und Frankreich. Die Errichtung der Zollgrenze am 25. Juni 1923 durch die Franzosen um das besetzte Gebiet herum veranlasste die Reichsbahn erneut zur Verhängung einer allgemeinen Verkehrssperre, von der nur Lebensmittel ausgenommen waren. *„Von einschneidender Bedeutung war die von den Besatzungsmächten für das besetzte Gebiet verhängte umfangreiche Verkehrssperre vom 3. Juli 1923, die bis zum 25. Juli 1923 dauerte und unter der namentlich der Personenverkehr stark zu leiden hatte.“* [206)]

Ein weiteres Problem für den reibungslosen Betriebsablauf der Reichsbahn bildeten die Raubzüge und Plünderungen vor allem der Franzosen auf der Suche nach rollendem Material, da viel von dem was sie besaßen durch unsachgemäße Behandlung, mangelnde Wartung und Unfälle ausfiel. Deshalb musste man am Rande des besetzten Gebietes immer darauf gefasst sein, vor allem Lokomotiven von einem Moment auf den anderen aus der Gefahrenzone zu bringen. Darunter litt besonders der Bahnhof Hamm, der häufig geräumt werden musste, wobei man Züge bis in den Bereich der Rbd Magdeburg fuhr. Das erschwerte die Beseitigung bestehender Stockungen und brachte den Betrieb in Unordnung, weil es jedes Mal drei bis vier Tage dauerte, ehe man die bunt zusammengewürfelten Züge, die in aller Eile abgefahren worden waren, wieder umrangiert und entsprechend ihrer Bestimmungsorte neu zusammengestellt hatte.

Bis zu Beginn der Besetzung des Ruhrgebiets war die Reichsbahn in der Lage, auch im Rheinland alle geforderten Wagen zu stellen. Erst ab der letzten Januarwoche, als der passive Widerstand zu greifen begann, änderte sich die Situation. Die Wagen-

				Mehrentfernung	
Direkte Strecke	**km**	**Umleitungsstrecke über**	**km**	**km**	**%**
Frankfurt – Mannheim	84	Hanau – Babenhausen – Darmstadt	127	43	51,2
		Offenbach (M) – Oberroden – Darmstadt	94	10	11,9
Gießen – Mannheim	149	Friedberg – Aschaffenburg – Darmstadt	179	30	20,1
		Friedberg – Aschaffenburg – Würzburg	359	210	140,9
(Bebra –) Flieden – Frankfurt – Mannheim	176	Flieden – Gemünden – Würzburg	284	108	61,4
		Flieden – Hanau – Aschaffenburg	184	8	4,5
Gießen – Köln	157	Siegburg – Overath	190	33	21,0
		Wissen – Osberghausen	182	25	15,9
Frankfurt – Bad Homburg	19	Friedberg	55	36	189,5
Freiburg – Karlsruhe	135	Donaueschingen – Hausach – Hochdorf – Pforzheim	290	155	114,8

stellung nahm zeitweise um bis zu 30.000 Wagen täglich ab. Die Zuführung vor allem von offenen Wagen verringerte sich, weil die Besatzungsmächte beladene Kohle- und Kokswagen zurückhielten. Als Vergeltung dafür beschloss die Reichsbahn, statt offener nur noch Wagen anderer Gattungen zu überweisen, um Franzosen und Belgiern so die Abfuhr von Kohle in ihre Länder zu erschweren. Dieses Verbot musste jedoch bereits im März 1923 gelockert werden, um die Kohlebeförderung nach Holland, in die Schweiz und nach Italien aufrechterhalten zu können, als diese von den Besatzern nicht behindert wurde. Und Mitte Juni 1923 musste das Verbot ganz aufgehoben werden, weil durch die Verwendung gedeckter Güterwagen und Rungenwagen als Ersatz für offene Wagen so viele gedeckte Wagen ins besetzte Gebiet gebracht worden waren, dass sie nun im unbesetzten Netz der Reichsbahn fehlten.

Ende 1923 regelte ein Abkommen zwischen der Reichsbahn und der Regie die Wagenstellung im besetzten Gebiet (siehe Abschnitt 5.2.7). Dadurch blieb der zentrale Wagendienst im Gesamtnetz der Reichsbahn erhalten, während die Regiebahn lediglich unentgeltliche Mitbenutzerin des Wagenparks war. Wie jede Reichsbahndirektion war sie verpflichtet, ihren Bestand und ihren Bedarf an das Hauptwagenamt zu melden und im Verkehr mit dem Ausland für die Reichsbahn geltende Vorschriften zu beachten. Die Wagenzustellung zu den Verladestellen blieb trotz aller Unterstützung unzureichend, obwohl ihr anfangs täglich auf ihre Anforderung hin 8.000 offene Wagen zugeführt wurden. Besondere Schwierigkeit bot die Versorgung der Kölner Gegend mit Hochbordwagen für den Abtransport von Braunkohle. Leere Wagen mussten ständig aus der Rbd Elberfeld und aus Süddeutschland herangebracht werden, ohne dass es immer gelang, den Bedarf voll abzudecken. Für die Reichsbahn war die Ursache klar. *„Der Wagenverbrauch im besetzten Gebiet war infolge der äußerst mangelhaften Betriebsleistung der Regie außergewöhnlich groß. Es entstanden infolgedessen im besetzten Gebiet vielfach Stellungsschwierigkeiten, obwohl dort völlig ausreichende Bestände vorhanden waren.“* [207]

Im unbesetzten Gebiet verursachte die Besetzung der Ruhr ebenfalls grundlegende Änderungen in der Wagengestellung. Da mehr Kohle aus Oberschlesien, Mitteldeutschland und England in die bisher mit Ruhrkohle belieferten Landesteile geschafft werden musste, wuchs in den Häfen von Hamburg und Bremen sowie in den verbleibenden Fördergebieten der Wagenbedarf ganz gewaltig an. Zudem wurden die Laufwege länger, sowohl für die Verteilung der Kohle wie für die Rückführung der leeren Wagen. In den Häfen waren bis zu 5.000 Wagen täglich zu beladen, die aus Süddeutschland herangebracht werden mussten. Und nach Mitteldeutschland fuhren zeitweise bis zu 18 Leerzüge. Die Überführung der Leerwagen an die Orte, wo sie gebraucht wurden, war unwirtschaftlich und zudem umständlich, weil die Zufahrtswege durch die oben beschriebenen Umleitungen bereits äußerst beansprucht waren. Neben stärkster Belastung der Strecken über Ritschenhausen, Nürnberg – Probstzella, Lichtenfels – Coburg und Hof wurde ganz besonders die Rbd Kassel in Mitleidenschaft gezogen. Erst dort war die Verteilung der immerhin täglich fast 20 aus Württemberg, Baden, Bayern und Südhessen stammenden Leerzüge auf die einzelnen Bedarfsorte möglich. Eine grundlegende Besserung trat erst mit der Aufhebung der Zollgrenze am 21. September 1924 und mit der Übernahme aller Strecken im Rheinland und an der Ruhr durch die Reichsbahn ein.

4.7.3 Tarife und Inflation

Bereits kurz nach dem Kriege setzten angesichts des sich abzeichnenden Defizits Fahrpreiserhöhungen ein. Die folgende Tabelle vermittelt einen kleinen Eindruck davon. Die Zahlen zeigen die **Erhöhung auf die in den verschiedenen Wagenklassen gültigen Preise** für Normalfahrten ohne Vergünstigungen, ausgedrückt in Prozent. Basis sind die Preise von Ende 1918. Dabei wird deutlich, dass die Preise nicht in allen Klassen gleichmäßig, sondern für die erste und zweite Klasse überproportional stiegen.

	1. Klasse	2. Klasse	3. Klasse	4. Klasse
1.4.**1919**	100 %	50 %	30 %	25 %
1.3.**1920**	200 %	100 %	60 %	50 %
1.6.**1921**	735 %	622 %	550 %	550 %

Danach gab die DR die Erhöhungen nur noch als Prozentsatz auf die bis dahin gültigen Preise aus. 1922 gab es drei Anpassungen an die Inflation, bei denen die Preise jeweils zwischen 75 und 100 % stiegen, was im Prinzip jedes Mal eine Verdoppelung bedeutete.

Ab dem 1. Januar 1923 betrugen die Fahrpreise pro Kilometer in der vierten Klasse 4 Mk, in der dritten 6 Mk, in der zweiten 12 Mk und in der ersten 24 Mk. Wegen der galoppierenden Inflation erfolgten die nächsten Erhöhungen in immer kürzeren Abständen, am 1. Februar um 100 %, gefolgt von der nächsten am 1. Juni des Jahres und wieder um 100 %. Bereits einen Monat später, ab dem 1. Juli, erhöhten sich die Preise um 200 %. Genau einen Monat später, bei der nächsten Tarifanpassung, erreichten die Fahrpreise schwindelerregende Höhen: Eine Fahrkarte von Berlin nach Köln kostete nun 2½ Mio. Mark in der ersten Klasse und etwa 1 Mio. Mark in der zweiten. Die Fahrpreise für die vierte Klasse waren inzwischen auf das 18.000-fache und für die erste auf das 42.000-fache des Vorkriegspreises angestiegen. Zum 1. September erhöhten sich die Preise erneut, diesmal gar um 400 %. Damit erreichten sie den 600.000-fachen Wert. Da es wegen dieser kurzen Abstände unmöglich war, alle Fahrpreistabellen zeitnah anzupassen, waren die Mindestfahrpreise in den vier Klassen von 1,80, 0,90, 030 und 0,30 Mk mit diesem Wert zu multiplizieren.

Bereits seit 1920 bewirkten die Tariferhöhungen eine geringere Nutzung der Bahn, aber durch den überproportionalen Anstieg in den oberen Klassen auch ein Abwandern der Fahrgäste in die dritte und vierte Klasse in einem solchen Umfang, dass man die Zusammenstellung der Züge entsprechend ändern musste.

Auf dem Höhepunkt der Inflation im Oktober 1923 und wegen der durch die Ruhrbesetzung immer größer werdenden Schwierigkeiten, die notwendigen Produktionsmittel wie Kohle und Stahl zur Verfügung zu haben, versuchten sich viele Betriebe dadurch zu helfen, dass sie Kurzarbeit einführten. Zwar gab die Reichsbahn spezielle Kurzarbeiterfahrkarten aus, aber sie waren nur an drei Tagen pro Woche gültig, während viele Arbeiter noch an vier Tagen zu ihrer Arbeitsstätte fahren mussten. Damit rechnete sich das Arbeiten für sie kaum noch, denn sie verdienten zwischen zwei und drei Milliarden Mark pro Woche, während die Wochenkarte zwischen 1,2 und 1,8 Mrd. Mark kostete, der Wochenverdienst also zum überwiegenden Teil für die Fahrtkosten ausgegeben werden musste.

Die Tarifentwicklung bei den Frachten verlief ähnlich. Zwischen Anfang 1921 und Ende 1922 erhöhten sich die Frachtkosten in elf Anpassungen um insgesamt das etwa 240-fache. Obwohl bereits das unermesslich hoch erscheint, hinkten die Preisanpassungen der Reichsbahn der Inflation hinterher. Im selben Zeitraum verteuerte sich nämlich der US-Dollar um das 275-fache. 1923 verlief die Entwicklung der Frachtsätze ähnlich der der Personentarife. Zwischen dem 1. Januar und dem 21. November erfolgten insgesamt 24 Anpassungen, zehn davon alleine im November Erst mit der Einführung der Rentenmark Ende 1923 kehrten nach Jahren der Inflation wieder normale Verhältnisse ein, wobei die Nachwirkungen der Geldentwertung allerdings noch lange zu spüren waren, was unter anderem auch an den bis 1927 immer wieder gesenkten Frachttarifen der Reichsbahn festzumachen war.

Bild 216
Insbesondere die Abfuhr von Braunkohle aus der Region um Köln gestaltete sich schwierig, häufig mangelte es an geeigneten Wagen. Am 28. März 1938 entstand dieses Foto eines aus Süddeutschland zurückkehrenden Leerzuges bei Rolandseck. Zugloks sind 58 1103 und 58 1650.

AUFN.: CARL BELLINGRODT, SAMMLUNG KLAUS KEMP

Bild 217
Da die Reichsdruckerei mit dem Neudruck von Banknoten ab Mitte 1923 bei der sich beschleunigenden Inflation nicht mehr nachkam, druckten verschiedene Institutionen ihr eigenes Notgeld, darunter auch die Reichsbahn.

ABBILDUNG: SAMMLUNG KLAUS KEMP

4.8 Langsame Normalisierung

4.8.1 Erlahmen des Widerstands

Anfangs bildete die deutsche Bevölkerung eine geschlossene Front gegen die französischen und belgischen Besatzer. Um diese Front auf Dauer aufrechtzuerhalten, hätte es einer langfristigen Sicherung der Lebensmittelversorgung und anderer Güter des täglichen Bedarfs ebenso bedurft wie einer effektiven Kontrolle des Preisanstiegs. Als jedoch die Inflation ein ungeahntes Ausmaß erreichte, dadurch immer mehr Betriebe schließen mussten und parallel dazu durch die französischen Abschnürungsmaßnahmen die Lebensmittelversorgung sehr viel schwieriger wurde, als sie je während der Kriegsjahre gewesen war, begann der passive Widerstand zu bröckeln. Erste Anzeichen dafür gab es bereits im Februar 1923. Dazu kamen die Repressalien auf lokaler Ebene, vor allem im Gefolge von Sabotageakten, die den Widerstand der Bevölkerung bis zu dem Punkt erlahmen ließen, dass sie begann Attentäter auszuliefern, weil sie es leid war für etwas leiden zu müssen, für das sie nicht verantwortlich war und hinter dem sie nicht stand. Auch außenpolitisch schadeten die Anschläge Deutschland mehr als dass sie Nutzen gebracht hätten, denn dadurch geriet das Bild einer friedlichen Bevölkerung, die sich einer brutalen Militärmacht gegenübersieht, schlimme Kratzer. Das führte dazu, dass die Regierung am Ende die Sabotage selbst verurteilte, um weiteren Imageschaden zu verhindern.

Selbst bei den Eisenbahnern, die bei den Zuwendungen seitens der Regierung bevorzugt behandelt wurden, war ab März 1923 bereits eine wachsende Unzufriedenheit zu spüren, weil die Gehälter immer schneller an Kaufkraft verloren. Dazu verschärften sich die Repressalien der Besatzer, während gleichzeitig die gegen sie gerichtete Unzufriedenheit der Bevölkerung wegen der Lähmung des Verkehrswesens wuchs. Risse im Widerstand zeigten sich auch an anderer Stelle. Im Mai 1923 sandte die Handelskammer von Trier eine Eingabe nach Berlin, um die Aufhebung des Reiseverbots mit den Zügen der Regiebahn zu erreichen. Die Eingabe wurde schroff abgewiesen. Am 10. Mai erkannten die Direktoren der Gaswerke der gesamten besetzten Gebiete, die in Köln zusammengekommen waren, die Unmöglichkeit, ihre Kohleversorgung sicherzustellen und unter diesen Bedingungen ihren Betrieb fortzusetzen. Sie beauftragten eine Delegation damit, diese Situation in Berlin darzulegen. Sie beschlossen aber auch, im Falle einer Ablehnung seitens der Reichsregierung diese zu ignorieren und sich irgendwie mit den Besatzungsmächten zu arrangieren, weil ihnen die Versorgung der Bevölkerung wichtiger erschien als der Widerstand um jeden Preis.

Obwohl die Regiebahn boykottiert werden sollte, hielten sich vor allem aus dem unbesetzten Deutschland kommende Reisende immer weniger an dieses Verbot, da es nach der Einschränkung des Busverkehrs an Rhein und Ruhr eigentlich keine Alternative gab. Aus dem selben Grund kehrte auch die lokale Bevölkerung zunehmend zur Eisenbahn zurück. In einem Bericht der pfälzischen Kreisregierung vom 23. Mai 1923 hieß es: *„Die Benutzung der von den Franzosen betriebenen Eisenbahn nimmt jetzt merklich zu. Obwohl jedermann weiß wie sehr dieses Verhalten der deutschen Sache schadet, stellt der Einzelne sein Privatinteresse oft höher als vaterländische Gesichtspunkte und meint, auf seinen einzelnen Fall käme es nicht an.“* [208] Die Regiebahn förderte diese Entwicklung durch eine gezielte Preispolitik. Ihr Fahrpreis betrug im Rheintal etwa 10 % dessen, was die parallel verkehrenden Dampfschiffe verlangten. Ende August 1923 kostete eine Fahrt mit der Straßenbahn von Essen nach Dortmund, die etwa zwei Stunden dauerte, 800.000 Mark. Die Regiebahn beförderte ihre Fahrgäste auf dieser Strecke in einer halben Stunde zum Preise von 175.000 Mark. Zudem ließen die Straßenbahnen die Beförderung größerer Gepäckstücke nicht zu. All das förderte die wachsende Nutzung der Regiebahn.

Es war also das Rheinland, das zuerst den passiven Widerstand aufgeben wollte. Dort saßen die Alliierten bereits seit Ende 1918 und würden auch noch länger bleiben, so wie es der Versailler Vertrag vorsah, so der Gedankengang. Deshalb wollte man den Widerstand nicht auf die Spitze treiben. Ab Mai 1923 waren es dann die Gastwirte und Besitzer kleiner Läden, die zuerst den Widerstand aufgaben und gegen das Verbot der Reichsregierung auch Franzosen und Belgier bedienten, da ihr Verdienstausfall im Gegensatz zu dem der Arbeitern von niemandem ersetzt wurde. Ebenso gärte es unter den Eisenbahnern, die das Gefühl hatten, den Konflikt mit den Franzosen alleine austragen zu müssen, nachdem die Bergwerke unvermindert weiter Kohle produzierten, die die Besatzer dann mit eigenen Eisenbahnern abfuhren. Dazu kam, dass die Ausgewiesenen über mangelnde Fürsorge klagten, weil ihre Zahl immer rascher anstieg und man im Reich Schwierigkeiten hatte, mit dieser Flut von Flüchtlingen angemessen fertig zu werden. Dazu schien es ihnen, dass die Privatbetriebe es geschickt verstanden, wirkliche Opfer zu umgehen. Nach dem Scheitern des Reparationsangebots vom 2. Mai 1923, das im nächsten Abschnitt behandelt wird, drohte deshalb ein Abbruch der Streikmaßnahmen, den die Gewerkschaftsführer nur mit großer Mühe verhindern konnten. Denn für diesen Fall fürchtete man negative Auswirkungen für die Rechte der Arbeiter, vor allem die Abschaffung des durch die Revolution von 1918 erlangten Acht-Stunden-Tages.

Seitens der Reichsregierung gab es nicht nur den Aufruf zum passiven Widerstand, sondern auch Strafandrohungen für Kollaborateure. Bayern, zu dem damals die Pfalz gehörte, kam zu einer realistischen Einschätzung der Lage, in der sich die Bewohner in den besetzten Gebieten befanden. „[Der passive Widerstand] *verlangte von den Beamten wie der Bevölkerung dort Heldenhaftes, nämlich unbotmäßiges Verhalten gegenüber Ansprüchen der Besatzung, die mit dem Ruhreinmarsch in Zusammenhang standen. Wobei Bayern der Forderung vaterländischen Wohlverhaltens dadurch Nachdruck verlieh, dass es mit seiner Verordnung vom 11. Mai 1923 jegliche ‚Vorschub'-Leistung der Besatzung gegenüber unter schwere Strafe stellte: ‚Zuchthaus nicht unter zehn Jahren'.* [...] *Für Bayerns Landeskinder in der Pfalz bedeutete es eine gründliche Kriminalisierung alltäglicher Handlungen, die unter normalen Umständen gänzlich harmlos gewesen wären. Doch wer nun etwa mit der Eisenbahn fuhr, die im besetzten Gebiet seit April 1923 von den beiden westlichen Besatzungsmächten in eigener Regie betrieben wurde, stand schon mit einem Bein im Zuchthaus. Und je länger der passive Widerstand andauerte, desto enger wurde angesichts rigoroserer Gegenmaßnahmen der Besatzung der Spielraum für politisch neutrale, unverdächtige Privatheit. Bald musste, wer einfach nur überleben wollte, sich entweder an der Reichs- oder an der Besatzungspolitik versündigen.“* [209]

Die Arbeitnehmervertretungen versuchten mit der Zeit, einen Ausgleich zu finden. Am 15. September 1923 bot die Gewerkschaft der deutschen Eisenbahner des Brückenkopfs von Kehl an, gemeinsam mit den Franzosen die Arbeit aufzunehmen, aber unter Bedingungen, die von den Besatzern nicht angenommen wurden. Ähnliche ebenso erfolglose lokale Vorstöße gab es auch in Essen, Bochum und Gelsenkirchen. Der Dachverband der Gewerkschaften der Eisenbahner mit Sitz in Berlin versuchte nun, zwischen ihren Mitgliedern und der Interalliierten Rheinlandkommission zu vermitteln, um die Modalitäten der Wiederaufnahme der Arbeit festzulegen. Die Kommission lehnte es ab, mit einer Organisation zu verhandeln, *„die acht Monate lang dazu gebraucht worden ist, dem rheinischen Personal den Widerstand gegen die Verordnungen der Besatzungsbehörden vorzuschreiben und die übrigens heimlich auf dieser Haltung beharrt.“* [210]

Die Müdigkeit nahm unter der Bevölkerung in dem Maße zu, wie sich der Betrieb der Regie besserte. Tatsächlich wurden die Züge jeden Tag trotz der verordneten Verbote mehr frequentiert. Der tägliche Verkehr, der anfangs ein paar 100 Reisende betrug, erreichte am 15. Mai die Zahl von 30.000. Wenn die Leute es aus Angst vor Repressalien nicht wagten, sich an den Schaltern der Bahnhöfe zu zeigen, benutzten sie die durch die Regie installierten Fahrkartenverkaufsstellen und Verkehrsbüros. Im August 1923 zählte man bereits wieder mehr als 3 Mio. Reisende in Übertretung der Regierungsverbote in den Zügen der Regie. Die psychologischen Faktoren des Kampfes wurden umgedreht.

4.8.2 Französische Erfolge

In gewisser Weise sind die Mengen an Kohle und Koks, welche die Franzosen und Belgier aus dem Ruhrgebiet abfahren konnten, ein Indiz für Bereitschaft und die Fähigkeit Deutschlands, den passiven Widerstand durchstehen zu können (siehe auch Abschnitt 4.4.3). Von Januar bis April 1923, das heißt, während der Zeit, als die Besatzung damit zufrieden war, den vorgefundenen Brennstoff auf den Lagerplätzen der Bergwerke und Hütten auf Kanälen und Eisenbahnen abzutransportieren, gelang es ihr, 5 bis 10 % der Menge von der Ruhr wegzuschaffen, die sie ohne die Ruhrbesetzung durch die bestehenden Verträge bekommen hätten, nämlich 375.000 t. Die systematischen Beschlagnahmungen auf den Lagerplätzen der Zechen bedeuteten auf die Dauer zwar einen spürbaren Fortschritt für Franzosen und Belgier, aber die Mengen blieben immer noch weit unter denen der Vergleichsmonate von 1922. Die Summe aller Transporte betrug, vom 11. Januar 1923 an gerechnet, bis zum 2. Mai des Jahres 560.000 t, davon 300.000 t Koks, oder 14 % dessen, was sie ohne Ruhreinbruch bekommen hätten. Danach wendete sich das Blatt. Am 15. Juli hatte sich die Gesamtsumme auf 1,5 Mio. t erhöht (auf 2 Mio. t im Folgemonat). Das lässt den Schluss zu, dass die deutschen Maßnahmen, die verhindern sollten, dass die Besatzer große Mengen Koks und Kohle aus dem Ruhrgebiet wegschaffen konnten, sich als ein Fehlschlag erwiesen. Dazu kam, dass ab August einige Bergwerke von der MICUM direkt betrieben wurden. Zwar war deren Produktion im September noch bescheiden, steigerte sich aber mit jedem Tag. Auch die Erhebung der Kohlesteuer entwickelte sich zugunsten Frankreichs. Im März nahm das Kohlesyndikat in Hamburg 18,7 Mio. Goldmark ein, die MICUM dagegen nur einige dutzend Millionen Papiermark. Bis August hatte sich das Verhältnis umgekehrt. Die MICUM in Essen nahm deutlich mehr ein als das Kohlesyndikat.

Bild 218
Kurz nach Ende der Regiebahn im Jahr 1925 entstand dieses Foto der 38 2599 mit E 335 im Schlepp in Erkrath. Die angehängte Kette zum Hochziehen über die Steilstrecke hinauf nach Hochdahl ist deutlich zu erkennen.

Bild 219
55 006 (eine ehemalige pr. G 7^1) steht vor dem Lokschuppen im Bw Köln-Kalk. Die Aufnahme entstand im Jahr 1931.

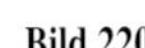

Bild 220
1926 verlässt 39 120 (eine ehemalige pr. P 10) mit D 3 den Hauptbahnhof von Hagen und fährt an der rangierenden 55 006 (ehemalige pr. G 7^1) vorbei.

AUFNAHMEN (3): CARL BELLINGRODT, SAMMLUNG KLAUS KEMP

4.8.3 Verhandlungsversuche seitens der Regierung

Für alle war absehbar, dass der deutsche Widerstand nicht ewig weitergehen konnte. Seine Finanzierung hatte das Land an den Rand des Abgrunds gebracht. Deshalb versuchte die Reichsregierung immer wieder mehr oder weniger direkt, die Alliierten, vor allem Frankreich, zu einem Einlenken zu bringen.

Am 2. Mai 1923 übersandte die deutsche Regierung ein Verhandlungsangebot für die Reparationszahlungen, das von der Höhe der Summe – 30 Mrd. Goldmark – her als auch wegen des Fehlens eines praktikablen Zahlungsplans der Gegenseite nicht akzeptabel erschien. Weiterhin fehlte eine klare Aussage darüber, wie die Reparationszahlungen aufgebracht werden sollten. Und *„in einer nicht zu überbietenden Unfähigkeit“*[211)] hieß es in der einleitenden Note zu diesem Angebot, die Reichsregierung selbst habe den passiven Widerstand als Antwort auf den Ruhreinmarsch veranlasst. Diese Aussage desavouierte die zentrale Aussage der deutschen Propaganda, dass der passive Widerstand eine spontane Reaktion der betroffenen Bevölkerung gewesen sei, frei von jedem Druck von oben. Das spielte in die Hände der Gegner, die die ganze Zeit über darauf bestanden hatten, dass die Reichsregierung die volle Verantwortung für die Eskalation der Konfrontation in den besetzten Gebieten zu tragen habe. Schließlich habe sie die Arbeitnehmer sowie Industrielle von einer Zusammenarbeit abgehalten und damit die friedliche Nutzung der produktiven Pfänder unmöglich gemacht. Damit war es zudem leicht für Frankreich, das deutsche Angebot als ungenügend abzuweisen. Selbst England, das eine gewisse Sympathie für die deutsche Situation zeigte, befand das Angebot für unzureichend und enttäuschend.

Bereits vorher, seit April 1923, erwog die deutsche Regierung unter Kanzler Cuno, den Alliierten als Garantie für die Reparationen die Reichsbahn anzubieten, in der Hoffnung damit das Ruhrgebiet freizukaufen. Zwei Gründe sprachen dafür. Einmal stellte die Bahn den größten Vermögenswert des Reiches dar, und zum anderen war es auch das einzige staatliche Unternehmen, von dem man nach einer entsprechenden Sanierung genug Gewinn erwarten konnte, um für die Zahlung von Reparationen interessant zu sein. Bei den verschiedenen Modellen, die diskutiert wurden, schien es wichtig zu sein, die Einheit der deutschen Bahnen durch die Rückübertragung der von der französisch-belgischen Regie verwalteten Strecken auf die Reichsbahn wiederherzustellen. In den Diskussionen der folgenden Wochen entschloss man sich außerdem, statt der „produktiven Pfänder“, nämlich der Bergwerke und Stahlerzeuger im Ruhrgebiet, die Reichsbahn für diesen Fall mit allen Anlagen und Einrichtungen vom sonstigen Vermögen des Reichs zu trennen und in ein Sondervermögen zu verwandeln. Auf dieser Basis und nun mit präzisen Vorschlägen zur Aufbringung der Reparationen sandte die Reichsregierung am 7. Juni 1923 ein Memorandum an die Alliierten. Darin hieß es: *„Die Reichsbahn wird mit allen Anlagen und Einrichtungen von dem sonstigen Reichsvermögen losgelöst und in ein Sondervermögen umgewandelt, das in Einnahmen und Ausgaben von der allgemeinen Finanzverwaltung unabhängig ist und unter eigener Verwaltung steht. Die Reichsbahn gibt Goldobligationen in Höhe von 10 Milliarden Goldmark aus, die alsbald als erststelliges Pfandrecht auf das Sondervermögen eingetragen werden und vom 1. Juli 1927 ab mit 5 % verzinslich sind, also eine Jahresleistung von 500 Millionen Goldmark sicherstellen.“*[212)]

Noch war die Zeit nicht reif, und so beantworteten die Alliierten den Vorschlag wie erwähnt eher ausweichend und mit dem Hinweis darauf, dass Deutschland den passiven Widerstand einzustellen habe, ehe man verhandeln könne. *„Dies war de facto die Forderung nach einer bedingungslosen Kapitulation.“*

Allerdings ließ die belgische Regierung eine Studie über die Deutsche Reichsbahn anfertigen, die ein vernichtendes Urteil über das Management ausstellte. Eigentlich müssten die deutschen Eisenbahnen entsprechend ihrer Länge und ihrer Kapazität und im Vergleich mit den Vorkriegsergebnissen einen Gewinn von 1 Mrd. Goldmark erwirtschaften können. Stattdessen sei der Betrieb durch einen zu großen Personalbestand, zu hohe Löhne und zu niedrige Tarife unrentabel.[213)]

Im Laufe der Monate änderte sich die britische Haltung hinsichtlich des Umgangs mit Deutschland, als wegen der Reparationen und der Besetzung des Ruhrgebiets die Spannungen zwischen Großbritannien und Frankreich wuchsen. Am 11. August 1923 verurteilte die britische Regierung in einer Note an Frankreich und Belgien schließlich die Ruhrbesetzung als rechtswidrig. Bereits am nächsten Tag erfolgte eine scharfe Replik des französischen Ministerpräsidenten Raymond Poincaré, da ihm sein eigener Verbündeter mit dieser Position in den Rücken fiel.

Der Ruhrkampf beschleunigte den finanziellen Ruin Deutschlands. Zum einen fiel durch ihn die Produktions- und Finanzkraft dieses wichtigsten deutschen Industriegebietes weg, und zum anderen musste man die Notenpresse immer schneller laufen lassen, um die nötige finanzielle Unterstützung der Bevölkerung durch das Reich zur Aufrechterhaltung des passiven Widerstandes bereitstellen zu können. Das heizte die auch schon vor dem Ruhrkampf relativ hohe Inflation noch weiter bis zur Hyperinflation

Bild 221
Die Zeche Kaiserstuhl in Dortmund gehörte zu den Eisen- und Stahlwerken Hoesch. Seit 1887 produzierte sie Benzol und besaß auch eine Kokerei. Das Bild zeigt noch einige der kurzen Hochbordwagen, die bis in die zwanziger Jahre üblich waren.

AUFNAHMEN (2): SAMMLUNG KLAUS KEMP

Bild 222 – Gustav Stresemann (* 10. Mai 1878, Berlin; † 3. Oktober 1929, Berlin) war 1923 Reichskanzler und danach bis zu seinem Tod in unterschiedlichen Kabinetten Reichsminister des Auswärtigen. Er trug wesentlich zur Normalisierung der Beziehungen zu Frankreich bei.

an, was Währung und Wirtschaft vollständig zerrüttete. Derweil verweigerte sich Poincaré jeglichen Verhandlungen sowohl mit den Deutschen wie mit den Briten, solange der passive Widerstand fortgeführt wurde. Diese Position erhielt er aufrecht, obwohl er bereits am 27. März 1923 vor dem Finanzausschuss der französischen Kammer (Parlament) eingestehen musste, dass der bisher aus der Ruhrbesetzung gezogene Gewinn unbedeutend sei. Ein Erfolg sei nur durch eine lange Besetzung zu erreichen.

Auf der deutschen Seite erschien gerade eine Preisgabe des Reviers innenpolitisch kaum durchsetzbar, drohte die Aufgabe der bisherigen Verweigerungshaltung doch in der deutschen Öffentlichkeit als zweites Versailles aufgefasst zu werden und zu schweren inneren Erschütterungen zu führen. Nachdem die Regierung Cuno am 12. August 1923 über die Frage der Reparationen gestürzt war, versuchte der neue Reichskanzler Gustav Stresemann durch inoffizielle Kontakte von Frankreich die Zusicherung zu erlangen, dass bei einer Aufgabe des passiven Widerstands die Ausgewiesenen und die Gefangenen zu ihrer Arbeit zurückkehren könnten und dass die Verwaltung des Ruhrgebiets sowie der Betrieb der Eisenbahnen wieder in deutsche Hand gelegt würden. Als er keinen Erfolg damit hatte, verhandelte er trotzdem Ende September mit den Führern der im Reichstag vertretenen Parteien angesichts leerer Kassen über einen Abbruch des passiven Widerstands. Nachdem er eine ausreichende Mehrheit gefunden hatte, teilten der Reichspräsident Friedrich Ebert und die Reichsregierung am 26. September 1923 in einem Aufruf an das deutsche Volk den Abbruch des passiven Widerstands mit, was einer Kapitulation gleichkam. Zwei Tage später nahm das Deutsche Reich die Reparationslieferungen an Frankreich und Belgien wieder auf.

Die Bevölkerung arrangierte sich sehr bald mit der neuen Situation und nahm den Besatzern gegenüber eine andere Haltung ein. Im Januar 1924 notierte ein leitender Beamter des preußischen Innenministeriums während einer Rundreise durch das Ruhrgebiet: *„Die Gegend bekommt einen immer stärker französischen Stempel, und die Bevölkerung gewöhnt sich immer mehr daran. Die Eisenbahnregie spielt dabei eine gefährliche Rolle. In Düsseldorf sind auf dem Bahnhof alle Schilder durch rein französische ersetzt. Die Soldaten sind mehr und mehr verschwunden, dafür französische Zoll-, Gendarmerie- und Eisenbahnbeamte überall. Bezahlung in Franc. [...] Überall auch Deutsche in freundschaftlichem Verkehr mit Franzosen. Zurückhaltung und Hass sind vergessen. Schließlich geben die Franzosen nicht nur Arbeit, sondern auch billige Lebensmittel. Der Franc steht jetzt tief unter der Mark, und man bekommt in den französischen Läden alles zu einem Viertel der deutschen Preise. Die Schlangen, die es im vorigen Jahr vor den deutschen Bäckereien und Metzgereien gab, stehen nun vor den französischen Delikatessenläden an.“* [214)]

4.8.4 Separatisten

Beunruhigt durch die radikale Kulturpolitik der sozialistischen Regierung nur Tage nach der Revolution von 1918 gab es im Rheinland eine antipreußische Stimmung, die eine Autonomiebewegung hervorrief, die jedoch nicht unbedingt eine Loslösung vom Reich verfolgte. Dazu sagte der Kölner Reichstagsabgeordnete und spätere Wirtschaftsminister Moldenhauer: *„Wer die Stimmung im Rheinland kennt, weiß, dass die große Masse mehr deutsch als preußisch denkt. Sie wollen unter allen Umständen deutsch bleiben. [...] Die deutsche Einheit steht ihnen über der Zugehörigkeit zum preußischen Staat.“* [215)] Eine von einer breiten Masse der Bevölkerung getragene Bewegung zur Loslösung vom Reich gab es nicht, sondern nur eine Minderheit von Separatisten, die zudem von der Besatzungsmacht abhingen und von ihr finanziert wurden. Im Verlaufe der Rheinland-Besetzung waren alle wichtigen französischen Militärs und hohen Zivilbeamten darauf bedacht, dort einen wie auch immer gearteten autonomen Staat zu bilden. An einer Schlüsselstelle zur Umsetzung einer solchen Politik saß Paul Tirard. Zunächst setzte er seine Kräfte ein, um ein ganzes Kulturprogramm zur französisch-rheinischen Annäherung zu entwickeln. *„Der anfängliche Schwerpunkt unserer Arbeit in den besetzten Gebieten,“* schrieb er, *„scheint mir zu sein, die Anstrengungen der rheinischen Bevölkerung angesichts eines Regionalismus befreit von preußischer und bayrischer Bevormundung ohne Einmischung in die Innenpolitik des Landes zu fördern.“* [216)] Mit der Zeit ging er in seiner Zielsetzung weiter. Für ihn hatte Frankreich die Pflicht, im vollen Umfang die immensen Befugnisse zu nutzen, die der Interalliierten Rheinlandkommission übertragen worden waren, und den rheinischen Regionalismus durch die Beschleunigung der Schaffung eines autonomen Staates zu fördern, der mit Berlin durch eine äußerst lockere Verbindung verknüpft blieb, aber der allmächtigen Autorität der Hohen Kommission unterstand. Allerdings unterminierte Tirard durch seine autoritäre Politik der harten Hand diese Anstrengungen, und so verweigerte sich die Bevölkerung den Separatisten, die 1919 erstmals versucht hatten, an die Macht zu kommen.

Wider Erwarten hatte die Einstellung des passiven Widerstands nicht den Abzug der französischen Truppen zur Folge. Stattdessen verweigerte die Regierung Poincaré die Annahme der „Kapitulation“ und erklärte, den passiven Widerstand erst dann als beendet zu betrachten, wenn die geforderten Reparationszahlungen und Sachlieferungen geleistet seien. Poincaré war bestrebt, die im Rheinland und in der Pfalz vorhandenen Autonomie- und Separatismusbestrebungen mit dem Ziel zu unterstützen, das Versailler System ganz im Sinne der französischen Sicherheitsvorstellungen zu revidieren: Durch die Gründung eines oder mehrerer von Frankreich abhängiger Pufferstaaten sollte die schon 1919 während der Pariser Friedensverhandlungen geforderte Rheingrenze nachträglich durchgesetzt werden. In diesem Sinne förderte Frankreich die seit dem Kriegsende immer wieder hochkommenden separatistischen Tendenzen.

Nach dem Abbruch des passiven Widerstands unterstützten sie diese Bewegung offen, um auf diesem Wege vielleicht doch noch ihr Ziel der Abtrennung des Rheinlandes von Preußen zu erreichen. So brachten Anhänger verschiedener separatistischer Vereinigungen ab dem 21. Oktober einige rheinische Stadt- und Gemeindeverwaltungen teilweise mit militärischer Hilfe der Besatzungstruppen unter ihre Kontrolle. Der Präsident der Interalliierten Rheinlandkommission, Paul Tirard, erkannte die als Resultat einer politischen Revolution interpretierte Herrschaft der Separatisten am 26. Oktober als legitime Regierung an.

Die französischen Besatzer unterstützten die Separatisten passiv, indem sie sie gewähren ließen, sowie aktiv durch die Behinderung und später auch Entwaffnung der deutschen Polizei sowie durch die logistische Unterstützung dieser Bewegung. Das musste auch dem Letzten klar werden, als ein Geheimbericht über die französischen Annexionspolitik und die Beziehungen zu Adam Dorten, einem der Anführer der Separatisten, über eine Indiskretion an die Presse gelangte und Ende Juni 1923 in einer Londoner Zeitung veröffentlicht wurde. Verfasser des Berichtes war kein geringerer als Paul Tirard, immerhin höchster französischer Beamter im besetzten Rheinland.

Ein Beispiel für diese französische Politik war die in Düsseldorf angesetzte Großdemonstration am 30. September 1923. Aus allen Teilen des besetzten Rheinlandes kamen Separatisten in die Stadt. Den Transport besorgte die Regiebahn in 70 kostenlos zur Verfügung gestellten Zügen, welche die Teilnehmer aus der Pfalz, aus Hessen, aus dem Hunsrück und der Eifel, aber auch aus dem Ruhrgebiet an den Rhein brachten. Dieses Angebot einer Freifahrt nahmen viele gerne wahr und reisten mit Frau und Kindern an. Zwischen 13 und 14 Uhr trafen die Züge auf dem Hauptbahnhof ein, und 8.000 bis 10.000 Männer, Frauen und Kinder füllten die Innenstadt. 2.000 von ihnen gehörtem dem bewaffneten separatistischen Ordnungsdienst an. Sie attackierten einzelne Polizisten, was zu einem blutigen Zusammenstoß führte, bei dem 17 Personen getötet wurden, darunter drei Polizisten, und 146 wegen ihrer Verwundungen in den umliegenden Krankenhäusern behandelt werden mussten. Die beteiligten deutschen Polizisten, die versuchten, Ordnung zu schaffen, wurden von französischen Truppen entwaffnet und interniert. Der Prozess gegen sie fand im Dezember statt, acht von 30 angeklagten Beamten wurden verurteilt.

Einen anderen Schwerpunkt des Separatismus gab es in der Pfalz. Als Departement Mont-Tonnerre hatte sie in der napoleonischen Zeit zum französischen Staatsverband gehört. Dass sie auf dem Wiener Kongress dann Bayern zugesprochen wurde, entsprach nicht unbedingt den Vorstellungen einer sehr liberal eingestellten Bevölkerung. Als in München nach dem Weltkrieg erzkonservative Kräfte die Monarchie wiederaufrichten wollten, führten diese Gegensätze zu Bestrebungen, sich von Bayern zu lösen. Das versuchten die Franzosen sich zu Nutze zu machen und unterstützten die Bewegung nach Kräften, ohne einen wirklichen Erfolg zu haben. Als sich Ende Oktober 1923 eine Gruppe zusammenfand, um einen Putsch in der Pfalz vorzubereiten, gehörten zu den wichtigsten Teilnehmern auch die Bahnhofsvorsteher von Dürkheim und Speyer. Die Regiebahn unterstützte sie durch kostenlose Transporte. Am 8. November 1923 trafen etwa 300 Separatisten in Landau ein und besetzten die Stadt. Die Franzosen verpflegten sie im Wartesaal des Bahnhofs. Am 10. November brachten zwei Sonderzüge, die in Neustadt zu einem vereint wurden, 200 von ihnen nach Speyer, wo sie die Stadt einnahmen. Es gelang ihnen, zeitweise eine „Autonome Regierung" zu bilden.

Wegen dieser Vorgänge und zur Unterstützung dieser Umtriebe erließen die Franzosen eine Verkehrssperre in der Pfalz, durch den der nach dem Ende des passiven Widerstands eben erst wieder angelaufene Eisenbahnbetrieb erneut zum Erliegen kam. Die Bahn- und Postverbindungen mit dem unbesetzten Deutschland konnten erst am 3. Januar 1924 auf den Strecken Ludwigshafen – Mannheim, Germersheim – Bruchsal und Wörth – Maxau wieder aufgenommen werden. Aber letztlich wegen mangelnden Rückhalts bei der Bevölkerung und durch den Druck der Engländer auf die Franzosen, diese Bewegung nicht weiter zu fördern, brach der Aufstand bis März 1924 zusammen.

4.8.5 MICUM-Verträge

Poincaré, seines Sieges sicher, wollte in nichts nachgeben. Er weigerte sich, über die Reparationslieferungen mit der Reichsregierung direkt zu verhandeln. Stattdessen strebte er ein Abkommen mit der Industrie an Rhein und Ruhr über die Wiederaufnahme der Produktion an. Nach Abbruch des passiven Widerstands begannen erste Verhandlungen. Sechs Großindustrielle der Ruhr schlossen am 23. November 1923 Verträge über Kohlelieferungen ab, die sogenannten MICUM-Verträge. Damit waren die französischen Forderungen nach Reparationslieferungen in Form von Kohle sichergestellt. In diesen Verträgen verpflichteten sich die deutschen Unternehmer, einen Teil der Kohleförderung sowie die gesamte Reichskohlensteuer als Reparationsleistungen direkt an die alliierten Siegermächte abzuführen. Damit übernahm die Ruhrindustrie Reparationsverpflichtungen des Deutschen Reiches gegenüber den Siegermächten des Ersten Weltkriegs. Die deutsche Reichsregierung erstattete den Unternehmern die Zahlungen in Form von Anleihen und Steuererleichterungen. Im Einzelnen legten die MICUM-Verträge fest, dass 25 % der im Ruhrgebiet geförderten Kohle und 35 % des Kokses abzuführen waren. Zusätzlich musste noch der Kohlebedarf der Besatzungstruppen und der alliierten Dienststellen im besetzten Rheinland gedeckt werden. Auch Nebenprodukte des Bergbaus wie Teer, Schwefel, Ammoniak, Pech und Benzol waren in den Mengen abzuliefern, die im Vertrag spezifiziert waren. Die französische Eisenbahn wurde ebenfalls bedacht. Sie war mit jeder angeforderten Menge Kohle zu versorgen, die allerdings im Gegensatz zu den anderen Lieferungen von französischer Seite bezahlt wurde. Dazu kamen noch Steuern und Abgaben, die nicht mehr ans Reich, sondern an die Reparationskommission zu zahlen waren. Der Umfang der in diesen Verträgen festgelegten Lieferungen machte rund 50 % der Produktion aus. Eigentlich überschritten die Industriellen ihre Kompetenzen, wie Fritz Thyssen im Oktober 1923 in einem Schreiben an General Degoutte ausführte: *„Ich bin als Privatmann nicht berechtigt, mit dem Vertreter einer fremden Nation über eines der wichtigsten Rechte eines souveränen Staates, nämlich über das Recht der Besteuerung, zu verhandeln."* [217] Trotzdem unterzeichnete am Ende auch er die Verträge.

Für Stresemann bedeuteten diese Verträge eine Untergrabung der Autorität der deutschen Regierung ebenso wie der Eigentumsrechte des Staates an Bergwerken und den Eisenbahnen in den besetzten Gebieten.

Die Franzosen sagten zu, sobald die Zechen die gewünschten Ablieferungsmengen garantieren würden, dürfe man die Gleise wieder reparieren, die aufgerissen worden waren, um das Verschieben von Reparationskohle zu verhindern. Dort, wo die Bergwerke bereit seien die Kohle selbst aufzuladen, würde man die eigenen Arbeiter sowie die Truppen, die man zu ihrem Schutz abgestellt hatte, ebenfalls zurückziehen. Trotzdem musste er den Verträgen zustimmen, um Bewegung in die festgefahrene Situation zu bringen. Zwar hatte Frankreich große wirtschaftliche Vorteile erlangt, aber sein Hauptziel, nämlich eine irgendwie geartete Abtrennung des Rheinlandes, nicht erreicht.

In der ersten Sitzung der Unternehmer mit den Vertretern der MICUM kamen auch die Eisenbahnen zur Sprache: [218]

„General Degoutte erklärte, daß seine Regierungen nicht daran denken könnten, die beschlagnahmten Eisenbahnen wieder in deutsche Hände zurückzugeben. Er erklärte ganz offen, daß der passive Widerstand sie in den ersten Monaten in die Gefahr gebracht hätte, das besetzte Gebiet wieder zu räumen infolge der Unmöglichkeit, die Truppen zu verpflegen. Nur ihre entschlossenen Maßnahmen und gewisse Schwächen auf unserer Seite hatten es ihnen ermöglicht, diese gefährliche Situation zu überwinden, und es sei ganz ausgeschlossen, daß sie noch einmal eine solche Gefahr liefen. Man wolle allerdings die Regie, die im übrigen recht gute Ergebnisse erziele, nicht in der jetzigen Form weiterführen, sondern denke daran, die Bahnen in eine alliierte Verwaltung, vielleicht in Form einer Gesellschaft, zu überführen, an der auch die Deutschen, falls sie es wünschen, sich beteiligen könnten. Man glaube durch eine solche alliierte Verwaltung mindestens ebenso gute Ergebnisse erzielen zu können wie die deutsche Verwaltung und werde dieses Pfand nicht so schnell aus der Hand geben. Aus seinen Ausführungen muß angenommen werden, daß der Besitz der Bahnen an sich nicht beansprucht wird, sondern nur die Verwaltung."

4.8.6 Umschwung der Politik

Poincaré ging lange von einem Erfolg der Separatistenbewegung und damit der von ihm erhofften Gründung eines Rheinstaates aus. Der Bewegung war jedoch kein Erfolg beschieden, da sie kaum Anhänger fand. Stattdessen wurde Frankreichs internationale Position durch die kaum verhüllte Unterstützung der Separatisten bald unhaltbar. In den beiden ersten Novemberwochen 1923 brach die Separatistenbewegung am Niederrhein zusammen und

Bild 223 – Den Separatisten, die in der Pfalz einen Putschversuch anstrebten, gewährten die Franzosen eine kostenfreie Anreise und sogar Verpflegung vor Ort in den Bahnhofsgebäuden. Ob die für diese Transporte eingesetzten Züge eine ähnliche Länge aufwiesen wie dieser auf der linken Rheinstrecke bei Bacharach im Bild festgehaltene Sonderzug aus französischen Abteilwagen, ist nicht bekannt. Zuglok ist die im Jahr 1921 als „Kassel“ 5054 in Dienst gestellte 56 2138. AUFNAHME: CARL BELLINGRODT/EK-VERLAG

verlor auch in der Pfalz bald an Boden. Auch der Hitlerputsch vom 8. und 9. November in Bayern erschreckte die Franzosen, weil er einen extremen Nationalismus zeigte, der den Versailler Vertrag in Frage stellte. Eine weitere Niederlage erlitt Poincaré, als er am 16. November 1923 vor der französischen Kammer wieder einmal zugeben musste, dass die Ruhrbesetzung bisher mehr gekostet als eingebracht hatte. Dieses Eingeständnis kam in einem Augenblick, als der französische Franc an den internationalen Devisenmärkten empfindliche Kursverluste erlitt. Zu allem Übel für Poincaré stellten sich die Engländer immer offener gegen den bisherigen Verbündeten und schlugen die Bildung einer internationalen Kommission vor, welche die wirtschaftliche Zahlungsfähigkeit Deutschlands feststellen sollte.

So wie es das Ziel Poincarés war, Frankreichs Vorherrschaft durch eine Zerschlagung Preußens durch die Abtrennung des Rheinlandes und des Ruhrgebietes zu zementieren, besaß auch für Stresemann die Revision des Vertrages von Versailles Priorität. Aber er erkannte, dass das nur gelingen konnte, wenn das Reich grundsätzlich konzessionsbereit war und den Willen zeigte, den alliierten Reparationsforderungen nachzukommen. Nur dann konnte man auf einen französischen Abzug aus dem Ruhrgebiet hoffen. Deshalb hatte er mit dem Abbruch des passiven Widerstandes und der Wiederaufnahme der Reparationslieferungen einen ersten Schritt in diese Richtung gemacht. Von dieser Position der Verständigung aus erhoffte er, eine Revision des Vertrages zu erreichen. *„Dabei ging es zuallererst um die Beendigung der alliierten Sanktionsmöglichkeiten, die Wiederherstellung der vollen Souveränität Deutschlands und ein Ende der Besatzung und schließlich um eine möglichst weitgehende Beseitigung der Reparationsforderungen.“*[219)]

Verschiedene Faktoren spielten also eine Rolle, um einen Umschwung in der Politik der Sieger zu bewirken. Auch die Besiegten begannen umzudenken. Nach dem Abbruch des passiven Widerstands war die nächste dringlichste Aufgabe, die auf Stresemann zukam, die Lösung der Ruhr- und Reparationsfrage. Beide Themen waren miteinander verwoben, da nur die Wiedergewinnung der deutschen Wirtschaftseinheit, das hieß vor allem des Ruhrgebietes als dem wichtigsten deutschen Industrierevier mit dem Rest des Reiches, die Voraussetzungen für eine gesunde finanzielle Basis und damit für eine akzeptable Lösung des Reparationsproblems schaffen konnte. Behindert wurde er auf der einen Seite neben dem Hitlerputsch durch eine reaktionäre Regierung in Bayern, die dort verfassungswidrig den Belagerungszustand ausrief, sowie auf der anderen durch extrem linke, auch nicht eben verfassungstreue Regierungen in Sachsen und Thüringen. Zu diesen Schwierigkeiten gesellten sich noch der rapide Währungsverfall und in dessen Gefolge, vor allem an Rhein und Ruhr, eine Hungersnot sowie eine selbstmörderische Zersplitterung und ein Kleinkrieg der Parteien des Reichstags. Am 15. November führte die Regierung Stresemann als wichtigen Schritt zur Sanierung der Wirtschaft und des Staatshaushalts die Rentenmark ein, die die galoppierende Inflation beendete und stabile Verhältnisse zurückbrachte. Diese Maßnahme war die Voraussetzung für jegliche innere und äußere Entspannung und brachte die Rückkehr einer straffen und effektiven Finanzpolitik, durch die es am Ende möglich war, das Problem der Reparationen ernsthaft anzugehen.

Im Rheinland hatte es Bestrebungen zur Einführung eines eigenen Geldes gegeben. Daraus war die Idee der Gründung einer Zentralbank auf Goldbasis für die besetzten Gebiete entstanden. Das Kapital sollte von französischen und rheinisch-westfälischen Banken kommen. Notgedrungen stimmte die Reichsregierung zu, obwohl das einem wirtschaftlichen Separatismus gleichkam. Die Verhandlungen dazu zogen sich über mehrere Monate hin und führten schließlich dazu, dass die Dawes-Kommission (siehe folgenden Abschnitt) diese Idee aufgriff, aber als Sitz dieser neuen „Goldbank“ Berlin vorschlug. Das notwendige Kapital sollte jetzt aus den USA kommen. Diese neue Bank ermöglichte auf die Dauer die Ablösung der Rentenmark durch eine neue, feste Währung, die Reichsmark. Die Autorität des Reiches musste auch im unbesetzten Gebiet gegen Putschversuche und Aufruhr von Links und Rechts durchgesetzt werden. Wegen dieser chaotischen Zustände herrschte einige Monate lang der militärische Ausnahmezustand in Deutschland. Dazu kam noch ein weiterer Regierungswechsel. Stresemann verlor am 23. November 1923 sein Amt als Kanzler, blieb aber im Kabinett Marx als Außenminister und verfolgte die einmal begonnene Politik unbeirrt weiter.

Bild 224
Am 21. Oktober 1924 verlassen die letzten französischen Truppen Dortmund, hier vor dem Hauptbahnhof.

Aufnahme: BArch, Bild 102-00772 / Pahl, Georg

4.8.7 Dawes-Plan

Bereits ab dem Sommer 1923 mehrten sich im Ausland die Stimmen gegen Frankreichs Deutschland- und Ruhrpolitik. Die USA, die sich Anfang des Jahres aus Europa zurückgezogen hatten, äußerten sich besorgt über die dortige Entwicklung, weil ihrer Überschusslandwirtschaft Absatzmärkte verlorengingen sowie durch den Ausfall der Kohle- und Stahlproduktion in Mitteleuropa die Weltmarktpreise für diese Produkte stiegen. Deshalb boten sich die USA als Vermittler an. Papst Pius XI. wandte sich am 27. Juni 1923 an die Alliierten mit der Aufforderung, die Frage der Reparationen im Sinne des Christentums zu überprüfen. Gleichzeitig appellierte er an die Besatzungsmächte im Ruhrgebiet, etwas *„weniger gehässige Sicherungen"* anzuwenden. Zwei Tage später fühlte Poincaré sich deshalb genötigt, seine Ruhrpolitik vor dem französischen Senat zu verteidigen. *„Frankreich werde ein so kostbares Pfand wie das Ruhrgebiet nicht aufgeben, ehe das Deutsche Reich seine Reparationsschuld gezahlt habe."*[220] Je sturer Poincaré seine Politik verteidigte und je öfter er einen deutschen Verhandlungsvorschlag ablehnte, desto mehr wuchs der Widerstand auch im westlichen Ausland, vor allem in England und den USA. Am 15. November 1923 erklärte der britische Außenminister Lord Curzon, dass Deutschland den passiven Widerstand beendet habe, die Krise jedoch andauere, was die alleinige Schuld Frankreichs sei. Diese Aussage führte fast zu einem Bruch der Allianz zwischen England und Frankreich. Einen Tag später stellte sich auch Italien öffentlich gegen die französische Politik.

Bild 225 – Der Abzug der französischen Truppen aus dem Ruhrgebiet beginnt nach Abschluss des Dawes-Abkommens im September 1924.
Abbildung: Sammlung Klaus Kemp

Die Reichsregierung nahm den Vorschlag der Briten vom 15. November für eine internationale Expertenkommission sofort auf und stellte nur vier Tage später einen entsprechenden Antrag bei der Reparationskommission auf der Basis des Artikels 234 der Versailler Vertrages. Um Großbritannien nicht völlig als Verbündeten zu verlieren, stimmte Poincaré der Bildung der Kommission zu unter der Bedingung, dass die Ruhrbesetzung ausgeklammert würde. An der Kommission beteiligten sich auch die USA. Damit erfüllte sich die Hoffnung Stresemanns auf eine multinationalen Lösung des Reparationsproblems.

Die Reparationskommission der Alliierten, in der die Amerikaner nur eine Beobachterfunktion besaßen, aber vielleicht gerade deshalb einen großen Einfluss ausübten, begann am 23. November 1923 ihre Beratungen über die deutsche Leistungsfähigkeit. Die Verhandlungen zwischen den Ruhrindustriellen und der MICUM sowie zwischen der chemischen Industrie und der Interalliierten Rheinlandkommission bestärkten die Amerikaner darin, in die Geschehnisse einzugreifen. Nach ihrer Auffassung drohte eine westeuropäische Machtzusammenballung unter französischer Vorherrschaft, die sie auf jeden Fall verhindern wollten, weil sie ihren Interessen zuwiderlief.

Unter Führung des Chicagoer Finanzexperten General Charles G. Dawes, der 1918 Leiter des Beschaffungsamtes der amerikanischen Truppen in Europa gewesen war, berief die Reparationskommission am 30. November 1923 schließlich eine Expertengruppe. Sie sollte eine Erhebung der tatsächlichen Situation durchführen und Vorschläge über die Möglichkeiten Deutschlands erarbeiten, einerseits Reparationen zu zahlen und anderseits den Haushalt auszugleichen und die Währung zu stabilisieren. Dem Gremium gehörten neben Dawes ein weiterer Amerikaner sowie jeweils zwei Franzosen, Engländer, Belgier und Italiener an. Am 14. Januar 1924 nahm es seine Tätigkeit auf. Die Frage der Reichsbahn wurde in einem Unterausschuss von einem englischen und einem französischen Experten[221] bearbeitet und dem Gutachten als eigener Bericht beigefügt.

Die Experten arbeiteten bis zum April 1924, ehe sie den nach dem Vorsitzenden des Gremiums benannten Dawes-Plan vorstellten. Er sah eine vorläufige Neuregelung der Reparationszahlungen vor und berücksichtigte den Umstand, dass Deutschland wirtschaftlich sowie finanziell erschöpft war und einer Erholungsphase bedurfte. Deshalb reduzierte er die Zahlungen während der nächsten Jahre. Gleichzeitig stellte er eine internationale Anleihe von 800 Mio. Mark zur Gesundung der deutschen Wirtschaft in Aussicht. Statt eine endgültige Gesamtsumme für die deutschen Reparationszahlungen festzusetzen, wurden lediglich Höhe, Zusammensetzung und die Sicherung der deutschen Leistungen für die kommenden Jahre sowie deren Transfer geregelt. Als Garantie für die Zahlungen mussten dafür u. a. Industrie und Reichsbahn mit Schuldverschreibungen belastet werden und Deutschlands Finanzen sich weitreichenden ausländischen Kontrollen unterwerfen. Dadurch konnte das Deutsche Reich nicht mehr frei über seine Eisenbahnen verfügen wie z. B. eine Veräußerung an Dritte oder eine Auflösung der Gesellschaft. Auf der anderen Seite forderte der Plan als unabdingbare Voraussetzung für sein Gelingen die Wiederherstellung der steuerlichen und wirtschaftlichen Einheit des Reiches.

In Deutschland gab es keine brauchbaren Vorbilder für das von den Gutachtern entwickelte neue Modell einer Bahngesellschaft. In den Vereinigten Staaten dagegen gab es feste Rechtsformen für die Pfandbestellung großer Eisenbahnunternehmungen. Das Reichsverkehrsministerium hatte sich bereits im Vorfeld einschlägige Literatur über die deutsche Botschaft in Washington besorgt. Wichtigster Aspekt im amerikanischen Recht war es, dass selbst Privatbahnen im Sinne eines öffentlichen Interesses ihren Dienst aufrechterhalten mussten und damit im Falle von Überschuldung weder das ganze Unternehmen noch Teile des Eisenbahnvermögens verkauft werden durften. Das musste aber den Verzicht auf Souveränitätsrechte des Reiches gegenüber seinen Bahnen bedeuten.

Bisher hatten das Parlament und die Regierung direkt in die Verwaltung und den Betrieb der Eisenbahnen eingreifen können, sei es in Fragen der Tarifgestaltung, des Baus einer neuen Strecke als Infrastrukturmaßnahme oder als Auffangbecken für heimkehrende Soldaten, entlassene Kriegsgefangene und durch die neue Grenzziehungen Vertriebene. Mit der Trennung der Reichsbahn von der Staatsverwaltung, wie sie der Dawes-Plan vorsah, fiel diese direkte Eingriffsmöglichkeit weg. Eine Variante sah die Aufteilung der Reichsbahn in vier Regionalnetze vor. Eines sollte aus den Bahnen der besetzten Gebiete einschließlich des Ruhrbeckens gebildet werden, dem dann die rentabelsten Strecken Deutschlands angehört hätten. Die Gewinne dieses Netzes sollten direkt an die Alliierten als Reparationszahlungen gehen. Am Ende entschied man gegen die Aufteilung, weil das für die deutsche Seite so etwas wie ein ökonomischer Separatismus gewesen wäre. Diskutiert wurde auch eine Internationalisierung der Eisenbahnen, was dann von den Gutachtern selbst zugunsten einer rein deutschen Geschäftsführung mit einem Aufsichtsrat (damals Verwaltungsrat) mit ausländischer Beteiligung geändert wurde. Diese Gesellschaft sollte das Betriebs-, aber nicht das Eigentumsrecht besitzen.

Während Frankreich die Frage der Reparationen als ein politisches Instrument zur Erreichung weiterführender Ziele benutzt hatte, suchten Dawes und seine Kollegen eine rein ökonomische Lösung des Problems durch Überführung der Reichsbahn in eine marktwirtschaftlich orientierte Gesellschaft. Nachdem sich die USA ein knappes Jahr zuvor aus Europa zurückgezogen hatten, kehrten sie nun zurück, weil die wirtschaftlichen Probleme Deutschlands auch die Stabilität anderer Länder bedrohte. Stresemann begrüßte den Plan, denn nach seiner Ansicht war er ein *„Appell an die reale Vernunft der Wirtschaftler der Welt, sich nicht selbst zugrunde zu richten dadurch, daß sie Deutschland zugrunde gehen lassen."*[222] Er sah ihn jedoch nur dann als akzeptabel an, wenn die wirtschaftliche, steuerliche und verwaltungsmäßige Souveränität im Reich völlig wiederhergestellt sei. Das bedeutete für ihn die Freigabe des Ruhrgebiets, den Verzicht auf Eingriffe der Alliierten in die deutsche Wirtschaft, Steuern und Zölle und die Rückgabe der Eisenbahnen an die deutsche Verwaltung.

Noch ehe der Plan auf einer internationalen Konferenz diskutiert wurde, legte man ihn der Reichsregierung vor, die ihn als geeignete Grundlage für weitere Verhandlungen zur Schaffung gesetzlicher Grundlagen akzeptierte, jedoch unter dem Vorbehalt, dass ein definitives Datum für die Räumung des Ruhrgebietes festgelegt werde. Aufgrund der deutschen Zustimmung bildete man ein Organisationskomitee zur Erarbeitung der Struktur der neuen deutschen Eisenbahngesellschaft, die der Plan als Garant für die Reparationszahlungen vorsah. Ihm gehörten die Eisenbahnexperten der Dawes-Kommission und zwei deutsche Sachverständige an. Auf einen neutralen Experten, der eigentlich auch vorgesehen war, verzichtete man im gegenseitigen Einvernehmen. Das Komitee arbeitete den Entwurf eines Reichsbahngesetzes und einer Satzung für die neue Gesellschaft aus, wobei die Vorstellungen der Reichsregierung im Wesentlichen durchgesetzt werden konnten.

Obwohl alles darauf hindeutete, dass es durch den Dawes-Plan zu einem baldigen Abzug der französischen und belgischen Truppen aus dem Ruhrgebiet kommen würde, verlangten die Franzosen noch im Mai 1924 den Bau neuer Kasernen in Düsseldorf, Remscheid-Lennep, Wülfrath, Bochum und Dortmund. Das vermittelte der deutschen Seite den Eindruck, dass sich Frankreich trotz aller internationaler Bestrebungen noch für viele Jahre an der Ruhr festsetzen wollte.

Die Arbeit der Dawes-Kommission brachte die Reparationsfrage auf internationalem Parkett endlich einer Lösung näher, vielleicht auch, weil Poincaré am 11. Mai 1924 die Wahlen verlor und sein Nachfolger Herriot der Aufhebung der MICUM-Verträge ebenso zustimmte wie dem Abzug der Truppen aus dem Ruhrgebiet – Forderungen, die Poincaré bis zuletzt zu verhindern versucht hatte. Der von der Kommission erarbeitete Plan bildete das zentrale Thema der Londoner Konferenz vom 16. Juli bis 16. August 1924. An ihr nahmen Vertreter Belgiens, Frankreichs, Griechenlands, Großbritanniens, Italiens, Japans, Jugoslawiens, Portugals, Rumäniens und der USA teil. Es war ein persönlicher Erfolg von Stresemann, dass Deutschland zum ersten Mal seit Kriegsende wieder als gleichberechtigter Partner vertreten war. Es gab zwei strittige Punkte, welche die Verhandlungen in die Länge zogen. Seitens Frankreichs und Belgiens wurde gefordert, dass auch nach Inkrafttreten des Dawes-Plans 3.000 bis 4.000 Angestellte der Regie auf bestimmten Hauptstrecken der besetzten Gebiete belassen werden sollten, um im Falle eines deutschen Eisenbahnerstreiks den Transport von Besatzungstruppen sicherzustellen. Die deutschen Vertreter wiesen dieses Ansinnen zurück, weil es im Widerspruch zur Herstellung der deutschen Souveränität stand und es zudem vor der Ruhrbesetzung niemals Probleme mit alliierten Truppentransporten gegeben habe. Vor allem mit dem letzteren Argument konnte sich die deutsche Seite durchsetzen. Weniger Glück hatte sie allerdings mit dem Wunsch einer alsbaldigen Räumung der ersten Besatzungszone (Niederrhein). Hier musste man eine Frist von einem Jahr akzeptieren, wenn man die Verhandlungen nicht scheitern lassen wollte.

Am Ende der Verhandlungen wurde der Plan von allen beteiligten Staaten endgültig angenommen und der entsprechende Vertrag am letzten Tag feierlich unterzeichnet. Bedeutsam war, dass durch das Abkommen die Möglichkeiten, Sanktionen wie die

Ruhrbesetzung gegen Deutschland zu verhängen, für die Zukunft weitgehend unterbunden wurden. Der für die deutsche Öffentlichkeit sichtbarste Erfolg lag allerdings in der von Stresemann erkämpften französischen Zusage, das Ruhrgebiet binnen Jahresfrist komplett zu räumen. Außerdem vereinbarten die beiden Erzfeinde Frankreich und das Reich die erwähnte Freigabe der besetzten Industrieregion am Niederrhein für das Jahr 1925, die allerdings an Bedingungen der Entmilitarisierung Deutschlands geknüpft war. Beschlossen wurden außerdem unter anderem als **wichtige Punkte für die besetzten Gebiete**:

- *„Wiederherstellung des Rheinlandabkommens und der Landesbehörden;*
- *Aufhebung der Binnenzollgrenze und des Passierscheinzwangs zwischen besetztem und unbesetztem Gebiet;*
- *Rückgabe der Zollverwaltung."*

Der Vertrag sah vor, dass Deutschland internationale Kredite zur Stützung seiner Währung erhielt. Damit wurde ein Reparationskonto in einer neu gegründeten Bank eingerichtet, über das diese Gelder verwaltet wurden. Sie unterstand der Kontrolle eines Beauftragten der Alliierten. Die Reparationszahlungen sollten dann durch diese Bank an einen Treuhänder erfolgen. Das Geld für diese Zahlungen sollte aus internationalen Anleihen, Hypotheken auf die deutschen Eisenbahnen und Industriebetrieben sowie verschiedenen Steuern aufgebracht werden. Bezüglich der Eisenbahnen war die Ausgabe von Aktien im Werte von 11 Mrd. Goldmark zugunsten der Gläubiger vorgesehen. Ab dem vierten Jahr hatte die neu gegründete Reichsbahn Annuitäten von 600 Mio. Goldmark zu zahlen. Dieser Betrag errechnete sich aus 5 % Zinsen und 1 % Tilgung. Das entsprach ziemlich genau dem, was die Reichsregierung bereits ein gutes Jahr zuvor im Juli 1923 vorgeschlagen hatte.

Zwar verpflichtete sich das Reich dazu, Reparationen zu zahlen, die aus den genannten drei Quellen aufgebracht werden sollten, aber die Eisenbahnen konnten nicht zusätzlich zu den einmal festgelegten Leistungen belastet werden, falls das Steueraufkommen oder die von der Industrie aufzubringenden Leistungen einmal nicht ausreichen sollten. Sobald die Reichsbahn die im Gesetz vorgesehenen Zahlungen geleistet haben würde, sollte das Reich die volle Verfügungsgewalt über sie zurückerhalten, egal, ob die vereinbarten Reparationen insgesamt gezahlt waren oder nicht. Solange allerdings die jährlichen Zahlungen durch die Eisenbahnen erfolgten, erforderte jede Änderung am Reichsbahngesetz die Zustimmung der Regierungen, die in der Reparationskommission vertreten waren.

Laut Verfassung war es Aufgabe des Reiches, die öffentlichen Eisenbahnen in sein Eigentum zu übernehmen und sie zu verwalten. In den nachfolgenden Reichsbahngesetzen war dieses Prinzip beibehalten worden. Bei der neuen Gesellschaftsform auf der Basis des Dawes-Plans war das nicht mehr der Fall. Deshalb bedurfte es für das neue Eisenbahngesetz einer Zweidrittelmehrheit des Reichstags wie für eine Verfassungsänderung.

Für viele bedeutete die Trennung der Reichsbahn von der staatlichen Verwaltung und die Besetzung des Verwaltungsrates mit Repräsentanten der Reparationsempfänger eine Auslieferung des Volksvermögens an ausländische Kapitalisten. Im Gegensatz zu diesen Befürchtungen führte die unter ihrer Aufsicht eingeführten Änderungen in Richtung einer wirtschaftlichen Betriebsführung dazu, dass die Gesellschaft trotz der wachsenden Konkurrenz des Straßenverkehrs hohe Betriebsüberschüsse erwirtschaftete, aus denen die Reparationszahlungen pünktlich bezahlt werden konnten. Ebenso mussten einige Teile des Staatsvertrages zwischen den Ländern und dem Reich vom 30. April 1920 in das neue Gesetz übernommen werden, um innenpolitische Probleme nach Möglichkeit zu vermeiden. Dass es Bedenken der Länder gab, zeigt sich daran, dass sich sowohl Bayern als auch Württemberg bei der Abstimmung über das Gesetz im Reichsrat der Stimme enthielten, um die Lösung des Reparationsproblems nicht zu gefährden, aber sich gleichzeitig das Recht vorbehielten, nach Ende der Reparationszahlungen ihre Rechte bezügliche ihrer ehemaligen Bahnen geltend zu machen.

Die beiden Eisenbahn-Gutachter hatten Vorschläge zur Tarif- und Beschäftigungspolitik der Reichsbahn erarbeitet, die zwar zusammen mit dem Gesamtgutachten präsentiert, aber nicht Teil der verbindlichen Empfehlungen wurden: Trotzdem flossen sie in das Handeln der neuen Gesellschaft ein. Ein Kernsatz des Dawes-Plans besagte: *„Es ist unsere Pflicht, darauf hinzuweisen, dass unsere Einschätzungen auf der Annahme basieren, dass sich die wirtschaftlichen Aktivitäten unbehindert und unbeeinflusst von irgendeiner ausländischen Organisation entwickeln."* [223] Durch dieses Abkommen auf der Basis des Dawes-Plans bekam Deutschland nicht nur Kapital, sondern erreichte auch, dass alle Aktionen Frankreichs an der Ruhr mit Ausnahme des sofortigen Rückzugs seiner Truppen rückgängig gemacht werden mussten. Eisenbahnen, Bergwerke, Hütten und andere Unternehmen wurden ihren rechtmäßigen Eigentümern zurückgegeben und die Organisationen, die Frankreich zum Betrieb und zur Ausnutzung dieser Unternehmen gegründet hatte, nämlich die Regiebahn und MICUM, aufgelöst. Letztlich musste die Interalliierte Rheinlandkommission alle ihre Ordonnanzen, die die Bewegungsfreiheit von Personen, Gütern und Transportmitteln einschränkten, aufheben.

Das auf der Londoner Konferenz am 16. Juli unterzeichnete Abkommen ratifizierte Deutschland am 30. August 1924 zusammen mit dem vorher ausgearbeiteten Eisenbahngesetz, für das es die erforderliche Zweidrittelmehrheit gab. Das war eine Voraussetzung zum **Teilabzug der belgischen und französischen Truppen** aus dem Ruhrgebiet. Nach dem Inkrafttreten des Gesetzes am 1. September des Jahres wurden im Einzelnen geräumt am:

1. September 1924	Offenburg und Appenweier,
20. September 1924	südlicher Teil des Kreises Coesfeld (bis dahin belgisch besetzt),
21./22. Oktober 1924	Dortmund, Hörde, Gebiete östlich des Brückenkopfs Köln (von Lennep bis Siegburg) und Limburg, Häfen von Emmerich, Wesel, Mannheim und Karlsruhe,
16. November 1924	die Eisenbahnwerkstätten bei Darmstadt sowie das Gebiet zwischen den Brückenköpfen,
13. bis 31. Juli 1925	restliches Ruhrgebiet,
25. August 1925	Düsseldorf und Duisburg.

Diese Räumungen erforderten umfangreiche Truppenverlegungen. In der Regel wurden die abziehenden Einheiten auf größeren Bahnhöfen gesammelt und dort zum Abtransport verladen. Im nördlichen Ruhrgebiet war einer dieser Sammelpunkte Essen. 203 Militärzüge wurden gefahren. Dafür benötigte man 223 Wagen 1./2. und 2. Klasse sowie weitere 1.438 Wagen 3. Klasse, die in dieser Zeit dem normalen Personenverkehr entzogen wurden, was dort notgedrungenerweise zu Engpässen führte. Wider Erwarten kehrten jedoch vor allem die französischen Truppen nicht in ihre Heimat zurück, sondern wurden in den Bereich des heutigen Rheinland-Pfalz verlegt, wodurch sich wegen den Einquartierungen die Wohnungsnot in Städten wie Koblenz, Trier, Mainz und Kreuznach spürbar erhöhte.

Bereits mit der Aufgabe des passiven Widerstands im September 1923 hatten sich deutsche Stellen darum bemüht, den Ausgewiesenen die Rückkehr auf ihre angestammten Arbeitsplätze zu ermöglichen, was anfangs jedoch nur in Einzelfällen gelang. Auf Grund einer Verfügung der Interalliierten Rheinlandkommission vom Ende Februar 1923 galten sie als automatisch ihres Amtes enthoben, weshalb die Wiederaufnahme in den Dienst von den Franzosen wie eine Stellenneubesetzung gehandhabt wurde. Die ersten Eisenbahner konnte Ende 1923 zurückkehren, während es parallel dazu immer noch Ausweisungen gab. Zwar betonten die Franzosen, dass sie die mit den örtlichen Verhältnissen vertrauten Eisenbahner unbedingt brauchten, entschied aber sehr selektiv, wen man wieder bei der Regiebahn haben wollte. Allen anderen ausgewiesenen Eisenbahnern wurde die Rückkehr verweigert. Im Februar 1924 veröffentliche die Presse eine Verordnung der Interalliierten Rheinlandkommission und des Generals Degoutte für das Ruhrgebiet, wonach die Aufhebung der Ausweisung eines Beamten nicht automatisch seine Wiedereinsetzung in seine frühere Position bedeute. Dazu bedurfte es einer erneuten formlichen Ernennung durch seine Behörde, die dem kommandierenden General zur Genehmigung vorzulegen war.

Erst nach einem Regierungswechsel in Paris im Juni 1924 lockerte sich die französische Politik. Dazu kam die Aussicht darauf, dass der Dawes-Plan von allen Seiten akzeptiert werden würde, was den Gedanken einer allgemeinen Amnestie weiter förderte. Sie erfolgte im Ruhrgebiet durch eine Mitteilung des Generals Degoutte vom 1. Juli 1924. Die meisten der politischen Gefangenen wurden freigelassen und Ausgewiesene konnten in großem Umfang in das besetzte Gebiet zurückkehren. Von den Eisenbahnern machten bis Ende Februar 1925 davon Gebrauch:

- 15.347 Beamte mit 40.378 Angehörigen,
- 8.650 Arbeiter mit 17.421 Angehörigen

Weitere 819 Eisenbahner, die noch nicht zurückkehren konnten, erhielten weiterhin Unterstützung in den unbesetzten Gebieten. Die Rückkehr der Ausgewiesenen erfolgte vor allem in der Pfalz sehr schleppend, weil die Franzosen sie als eine zu Frankreich gehörende Provinz betrachteten und dort den Separatismus stärker gefördert hatten als in anderen Teilen des Rheinlandes. Deshalb waren dort selbst nach dem Ende des passiven Widerstands Verwaltungsbeamte, aber auch Beschäftigte der Reichsbahn ausgewiesen worden, die sich gegen den Separatismus gestellt hatten. Von den insgesamt 5.262 ausgewiesenen Eisenbahnern erhielten nur etwa 900 bis Mitte April 1924 die Erlaubnis zur Rückkehr in ihre Heimat und an ihre Arbeitsplatz.

Bild 226 – Im Juni 1925 nimmt der französische Kriegsminister Barthou vor dem Hauptbahnhof in Bonn eine Parade ab. Noch sind die Franzosen die uneingeschränkten Herren in weiten Teilen des Rheinlands. AUFNAHME: SAMMLUNG KLAUS KEMP

Nachdem alle Formalitäten geklärt und die neue Deutsche Reichsbahn-Gesellschaft etabliert war, übernahm sie am 11. Oktober 1924 den Betrieb der bisherigen Reichseisenbahnen. Stresemann war mit diesem Ergebnis zufrieden: *„Es schiene ihm nach einem verlorenen Ruhrkampfe ein anständiger Friede zu sein, der dem Deutschen Reiche die Wiederverfügung über die Wirtschaft und die Eisenbahnen des besetzten Gebiets bringe."*

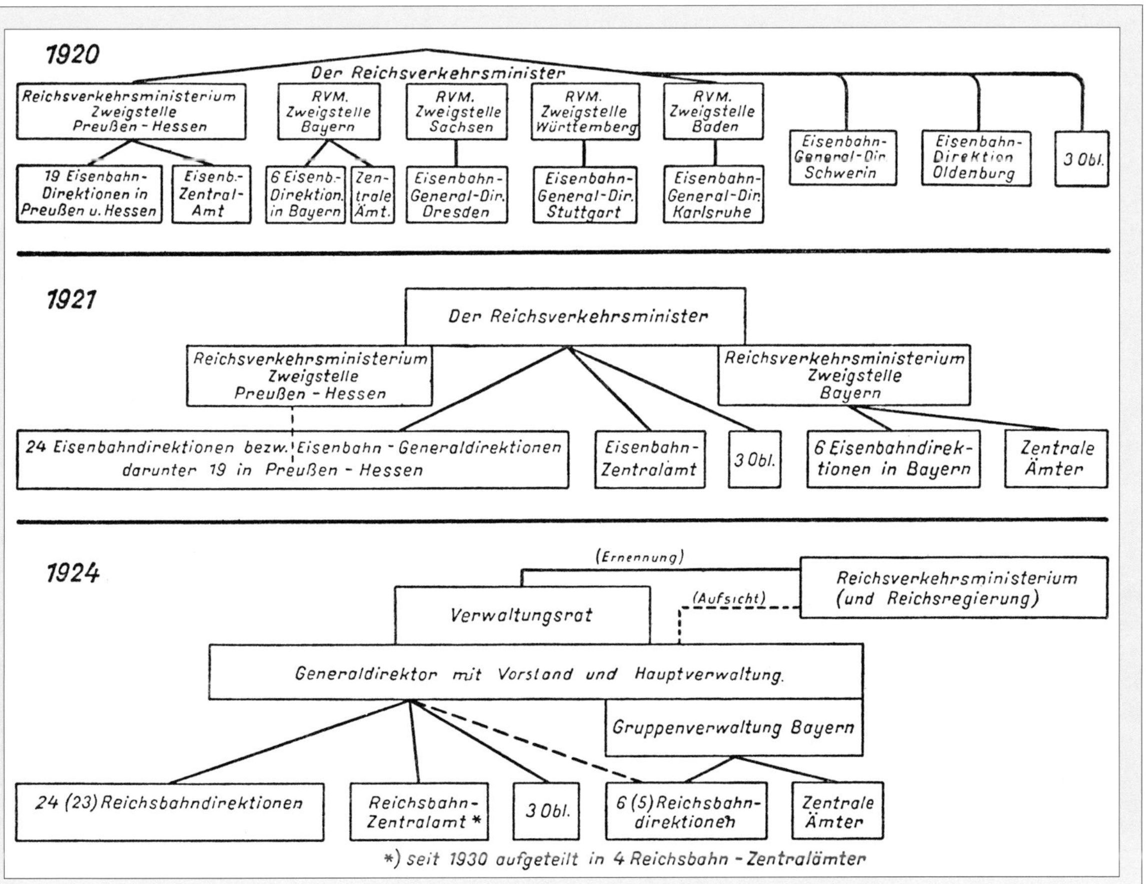

1920
Der Reichsverkehrsminister
Reichsverkehrsministerium Zweigstelle Preußen - Hessen
RVM. Zweigstelle Bayern
RVM. Zweigstelle Sachsen
RVM. Zweigstelle Württemberg
RVM. Zweigstelle Baden
Eisenbahn-General-Dir. Schwerin
Eisenbahn-Direktion Oldenburg
3 Obl.
19 Eisenbahn-Direktionen in Preußen u. Hessen
Eisenb.-Zentral-Amt
6 Eisenb.-Direktion. in Bayern
Zentrale Ämt.
Eisenbahn-General-Dir. Dresden
Eisenbahn-General-Dir. Stuttgart
Eisenbahn-General-Dir. Karlsruhe

1921
Der Reichsverkehrsminister
Reichsverkehrsministerium Zweigstelle Preußen - Hessen
Reichsverkehrsministerium Zweigstelle Bayern
24 Eisenbahndirektionen bezw. Eisenbahn - Generaldirektionen darunter 19 in Preußen - Hessen
Eisenbahn-Zentralamt
3 Obl.
6 Eisenbahndirektionen in Bayern
Zentrale Ämter

1924
(Ernennung)
Reichsverkehrsministerium (und Reichsregierung)
(Aufsicht)
Verwaltungsrat
Generaldirektor mit Vorstand und Hauptverwaltung.
Gruppenverwaltung Bayern
24 (23) Reichsbahndirektionen
Reichsbahn-Zentralamt *
3 Obl.
6 (5) Reichsbahn-direktionen
Zentrale Ämter
*) seit 1930 aufgeteilt in 4 Reichsbahn - Zentralämter

Bild 227
Auf Grund des Dawes-Abkommens wird die Reichsbahn-Gesellschaft privatisiert und erhält eine neue Verwaltungsstruktur, die sie unabhängig vom Verkehrsministerium und vom Parlament macht. Die Schaubilder verdeutlichen die Veränderungen in der Organisationsstruktur zwischen 1920 und 1924.

ABBILDUNG: SAMMLUNG K. KEMP

Bild 228
Bis zum 30. November 1929 verlassen alle belgischen Truppen deutschen Boden. Hier steht ein aus Abteilwagen gebildeter Zug für den Abtransport von Soldaten in Aachen bereit. Rechts oben im Foto erscheint die Ortsbezeichnung in Französisch und Flämisch.

AUFNAHME:
SIGNAL CORPS US ARMY

4.8.8 Vertrag von Locarno

In neuen Verträgen, die am 16. Oktober 1925 in Locarno und in ihrer endgültigen Fassung in London am 1. Dezember 1925 unterzeichnet wurden und die dem Sicherheitsbedürfnis Frankreichs entgegenkamen, verzichtete Deutschland endgültig auf Elsass-Lothringen und stimmte der entmilitarisierten Zone im Rheinland zu. Im Gegenzug verpflichteten sich die Alliierten zur schrittweisen Räumung des Rheinlandes. Bereits am 13. April 1925 unterzeichnet, erhielt das Abkommen mit Frankreich über die Einrichtung von Grenzbahnhöfen erst am 6. Juli 1927 Gesetzeskraft. Dort, wo der Rhein die Grenze bildet, wurde für jede Strecke ein gemeinsam benutzter Bahnhof bestimmt, nämlich Wintersdorf, Kehl, Breisach, Neuenburg und Palmrain. An der übrigen Grenze richtete jede Verwaltung für jede die Grenze überquerende Bahnlinie einen eigenen Grenzbahnhof ein.

Enttäuschend für die Deutschen war die Tatsache, dass die eigentlich laut Versailler Vertrag vorgesehene Räumung der Kölner Zone nach fünf Jahren Besetzung ausblieb. Die Alliierten begründeten ihre Verweigerung am 5. Januar 1925 in einer Note damit, dass die Deutschland durch den Versailler Vertrag auferlegte Entwaffnung nicht voranginge. Nachdem dieses Problem gelöst war, begann der oben erwähnte Rückzug der Franzosen und Belgier aus dem Ruhrgebiet. *„In überstürzter Eile machten sich die Truppen fertig und bereiteten in ihrem Sinne den Abbau vor. Endlose Eisenbahnzüge, die nicht nur das gesamte Heeresgut, sondern in unerhörten Mengen beschlagnahmte Ausrüstungs- und Ausstattungsgegenstände mit sich führten, rollten nach Westen.“* [224] Am 25. August war die Rbd Essen frei. Das restliche Ruhrgebiet und das nördliche Rheinland wurden am 31. Januar 1926 geräumt. Die Engländer wollten Köln nicht eher verlassen, als bis die Franzosen das Ruhrgebiet restlos freigegeben hatten. Allerdings begannen sie mit der Verlegung einzelner Truppenteile in einem Zug am 4. Dezember 1925. Ihm folgten zwei weitere mit Material von Köln-Gereon aus. Auch die Franzosen begannen eine Woche später mit dem Abzug aus Bonn. Allerdings verfrachteten sie zuerst umfangreiches Material auf die Bahn, das nach Rheinhessen und in die Pfalz gefahren wurde. Bis Ende Dezember beluden sie rund 1.000 Güterwagen.

Die Flagge vor ihrem Kölner Hauptquartier holten die Briten erst am 31. Januar 1926 ein. Danach marschierten die Truppen zum Hauptbahnhof, von wo aus sie mit drei Militärsonderzügen nach Wiesbaden übersiedelten. Der letzte Zug verließ Köln um 16.48 Uhr. Am selben Tag war auch Bonn frei.

Die neue Besatzungsgrenze war durch den Vertrag von Versailles im § 429 sehr detailliert festgelegt worden:

„Nach Ablauf von fünf Jahren werden geräumt: Der Brückenkopf von Köln und die Gebiete nördlich einer Linie, die dem Lauf der Rur, dann der Eisenbahnlinie Jülich – Düren – Euskirchen – Rheinbach, ferner der Straße von Rheinbach nach Sinzig folgt, und die den Rhein bei dem Einfluss der Ahr trifft, wobei die vorhin genannten Straßen, Eisenbahnen und Orte außerhalb der besagten Räumungszone bleiben.“ [225]

Diese neue Grenze machte neue Kontrollhalte erforderlich. Diese wurden in Sinzig für die Strecke Köln – Koblenz eingerichtet, in Hönningen am Rhein für die Strecke Köln – Niederlahnstein, in Düren für die Strecke Köln – Aachen, in Euskirchen für die Strecke Köln – Jünkerath – Trier, in Rheinbach für die Strecke Bonn – Euskirchen, in Brachelen für die Strecke Aachen – Mönchengladbach sowie in Jülich für die Strecken Mönchengladbach – Stolberg Hbf und Dalheim – Jülich – Düren.

Die englischen Truppen mussten zwar Köln verlassen, blieben jedoch in Deutschland. Ihr neuer Standort wurde Wiesbaden, das die Franzosen für sie, wenn auch nur zögernd, räumten. Dort besetzten die Briten einen Halbkreis um die Stadt herum, der von Rüdesheim über Bad Schwalbach, Idstein und Königstein bis an den Rand von Frankfurt reichte. Dazu kam noch Bingen, weil den Briten die Sicherung der im Ersten Weltkrieg erbauten Eisenbahnbrücke zwischen Rüdesheim und Bingen übertragen worden war. Dadurch kamen die Bahnstrecken Wiesbaden – Michelbach (Nassau), Wiesbaden – Niedernhausen, Biebrich Ost – Assmannshausen und die Hindenburgbrücke unter britische Militäraufsicht. Die Deutschen, glücklich Köln zurückzubekommen, taten alles, um die Engländer schnell loszuwerden. Eigentlich sollte der Haupttross auf dem Rhein nach Wiesbaden transportiert werden. Da es um die Jahreswende 1925/26 jedoch sehr kalt war und es viel Eis auf dem Rhein gab, war die Schifffahrt stark behindert. Die Ausrüstung wurde auf der Straße transportiert, während die Soldaten und ihre Familien die Bahn benutzten. Die Reichsbahn stellte den abziehenden Truppen Schlafwagen zur Verfügung und fertigte diese Militärzüge bevorzugt ab. Als erste kam Anfang Dezember 1925 eine Infanterieabteilung in ihr neues Besatzungsgebiet. Eine Abteilung von 100 Mann wurde auf dem Bahnhof Wiesbaden ausgeladen, während der größte Teil bis nach König-

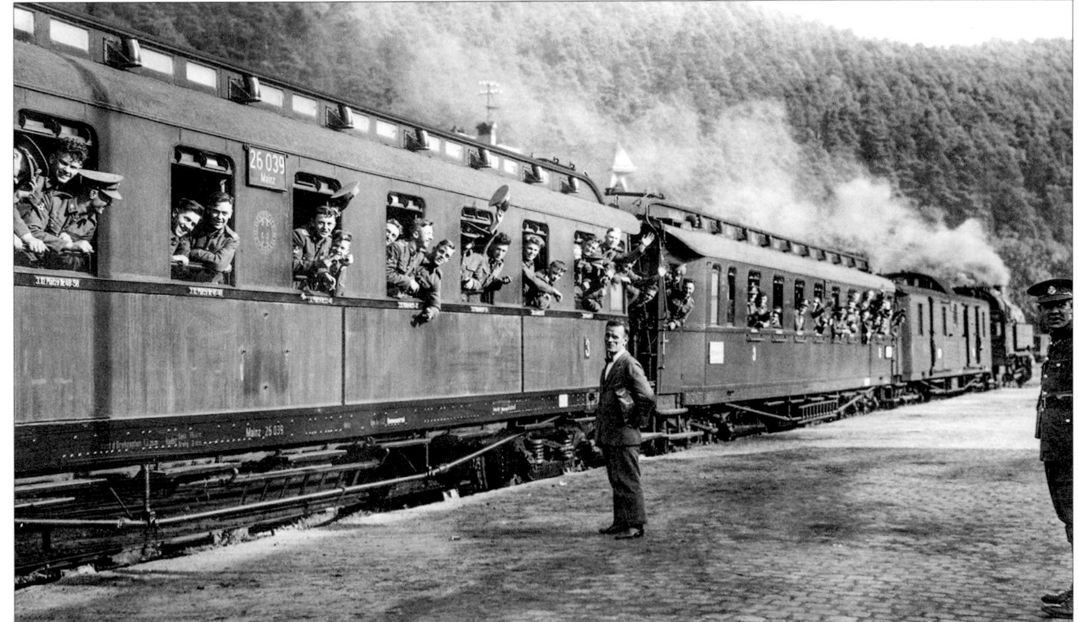

Bild 229
Für den Abzug der Briten aus Bad Schwalbach (Strecke Wiesbaden – Diez) stehen Schnellzugwagen bereit. Dem Betrachter am nächsten befindet sich der Wagen dritter Klasse 26 039 Mainz. Der nächste einer der zweiten Klasse.

AUFNAHME:
SIGNAL CORPS US ARMY

Bild 230
Wenige Wochen später, nachdem die Besatzungstruppen den nördlichen Teil des Rheinlands verlassen haben, besucht Reichspräsident Hindenburg diese Gebiete. Hier wird er am 25. März 1926 auf Bahnsteig 1 im Bonner Hauptbahnhof empfangen.

AUFNAHME:
SAMMLUNG KLAUS KEMP

Bild 231
Am 30. November 1929 besteigen die letzten französischen Truppen in Koblenz den Zug.

AUFNAHME:
SIGNAL CORPS US ARMY

Bild 232 – Nachdem die letzten Besatzungstruppen die Stadt verlassen haben, wird gebührend gefeiert: Koblenz, 30. November 1929.

Bild 233 – In der letzten Besatzungszone beginnt der Auszug der Besatzungstruppen auch mit der Rücksendung von Kriegsmaterial und anderen Ausrüstungsgegenständen. Am 16. Oktober 1929 stehen auch französische Truppen zum Abtransport bereit, feldmäßig mit Stahlhelm und Waffen ausgerüstet, so als würden sie in den Krieg ziehen und nicht heimfahren.

Aufnahmen (2): Signal Corps US Army

stein im Taunus gefahren wurde, wo sie Quartier bezogen. Ihnen folgten in den nächsten Tagen und Wochen kleinere Kontingente, die jedoch fahrplanmäßige Züge benutzten. Der Umzug nach Wiesbaden nahm zwei Monate in Anspruch.

Wichtig für die britischen Militärs war die Nachschublinie. Hierfür kamen Transporte auf dem Rhein von Rotterdam her und auf der Schiene von Antwerpen über Aachen, Koblenz und Mainz nach Wiesbaden infrage. Keine der beiden Verbindungen behagte ihnen, weil sie durch einen unbesetzten Teil von Deutschland führten, und so richtete man am Ende eine Eisenbahnverbindung von Ostende über Brüssel, Metz, Saarbrücken und Mainz nach Wiesbaden ein. Auf dieser Strecke gab es durchlaufende Züge, die der britische Staat in der Hoffnung subventionierte, dass sie sich dann bezahlt machen würden. Die Auslastung war jedoch so gering, dass die Züge ab Juli 1926 keine Speise- und Schlafwagen mehr führten.

Bei der Besetzung der Rheinlande hatten die Alliierten sogenannte militärische Linienkommissionen eingerichtet, welche die Verkehrsbedürfnisse der Militärs mit den Bahnverwaltungen abstimmten. Am 31. Oktober 1926 wurden sie ebenso wie die Bahnhofskommissariate wieder aufgehoben. Insgesamt verringerte sich deshalb die französische 50. Feldeisenbahnsektion von ursprünglich 640 auf ungefähr 120 Mann. Die Zahl der belgischen Feldeisenbahner sank von 80 auf 30 Personen.

Die neue Organisation der Reichsbahn brachte es mit sich, dass die Politik auf das größte Wirtschaftsunternehmen Deutschlands keinen direkten Einfluss mehr nehmen konnte. Wichtigstes Ziel war einerseits eine Verwaltung nach kaufmännischen Gesichtspunkten und andererseits der Zwang, Gewinne zu erwirtschaften, um die Reparationen zahlen zu können. Das bedeutete eine restriktive Personalpolitik, den Zwang zur Rationalisierung und Investitionen nur dort, wo es sinnvoll erschien, während die Politik nach wie vor den Bahnbau als Infrastrukturmaßnahme zur besseren Entwicklung abgelegener Landesteile sah. Das Hin und Her der Politik sieht man deutlich an einer Strecke wie der während des Krieges angefangenen, unter militärischen Gesichtspunkten geplanten Ruhr – Mosel – Entlastungsstrecke von Neuss-Holzheim über Horrem – Liblar – Rheinbach bis nach Rech im Ahrtal. Mit Ausnahme einer großen Brücke oberhalb von Ahrweiler war sie fertig geworden. Solange die Amerikaner die Besatzung stellten, konnte man weiterbauen, weil sie die Strecke für wirtschaftlich sinnvoll und militärisch irrelevant hielten. Mit der Besetzung des Ahrtals durch die Franzosen musste der Bau eingestellt werden. Sie bauten im Gegenteil die Strecke zurück, indem sie von hier die Schienen für den zweigleisigen Ausbau der Strecke Bonn – Euskirchen – Düren nahmen. Nach der Rückgabe der Bahnstrecken an die Reichsbahn baute man zwischen 1925 und 1928 sporadisch an der Linie weiter. Die Mittel kamen aus Fonds für Aufbauhilfe für das Rheinland und Arbeitslosenfonds. Zwischen 1930 und 1932 versuchten Lokalpolitiker, die Rbd Köln dazu zu bringen, die Strecke endlich fertigzustellen. Sie lehnte es angesichts leerer Kassen ab, weil die erwarteten Einnahmen nicht einmal die Betriebskosten decken würden.

Eine ähnliche Situation gab es am Nordende der geplanten Strecke von Neuss-Holzheim bis Rommerskirchen. Nicht einmal das Angebot der Gemeinden, Zuschüsse zu zahlen, konnte die Reichsbahn zur Fertigstellung bewegen. Anders sah es dagegen bei dem Zwischenstück Rommerskirchen – Horrem – Liblar aus. Es führte mitten durch ein Gebiet mit Braunkohletagebau. Hier ließ sich ein Gewinn absehen, und so investierte die Reichsbahn in Umbauten, Streckenumlegungen und Modernisierung der Bahnhöfe.

Nach dem verlorenen Krieg war die Reichsbahn ein Auffangbecken für rückkehrende Soldaten und Arbeitslose gewesen, was natürlich den Etat belastete. Bereits im Herbst 1923 hatte ein groß angelegter Stellenabbau von mehr als 20 % der Belegschaft begonnen. Als dann Ende 1924 die Strecken der Regiebahn wieder von der Reichsbahn betrieben wurden, setzte auch im Rheinland der Personalabbau ein. Er bestand aus Umsetzungen auf schlechter bezahlte Positionen und Versetzungen in den einstweiligen Ruhestand, die auf jeden Fall mit finanziellen Einbußen für die Betroffenen verbunden waren.

4.8.9 Young-Plan

Der Dawes-Plan bildete in gewisser Weise ein Provisorium, um die deutschen Reparationszahlungen wieder in Gang zu bringen. Dabei ging man davon aus, dass die Reichsbahn auf Dauer nicht in der Lage sein würde, die geforderten Reparationszahlungen zu leisten. Mit den Jahren wies der Haushalt des Deutschen Reiches zunehmende Defizite auf, die befürchten ließen, dass das Land wieder in ein finanzielles Chaos abgleiten könnte. Damit wurde die Frage der Reparationen erneut akut. Die Reichsregierung verband das allerdings auch mit einer endgültigen Räumung des Rheinlands. Poincaré meinte dazu, dass man sie zwar aus Sicherheitsgründen nicht mehr verweigern könne, aber die Besetzung diene nach wie vor als Faustpfand für die Reparationen. Selbst der von den Alliierten bei der Reichsbahn eingesetzte Reparationsagent plädierte für eine Neuverhandlung beider Themen.

Auf Grund dessen beriefen die beteiligten Regierungen im Jahre 1928 ein Sachverständigen-Gremium unter dem Vorsitz des Amerikaners Owen Young, der bereits an der Ausarbeitung des Dawes-Plans mitgearbeitet hatte, um die Zahlungen auf eine neue langfristige Basis zu stellen. Das Gremium nahm am 11. Februar 1929 in Paris seine Arbeit auf. Dabei versuchte die deutsche Seite zu erreichen, dass die Reichsbahn von allen Reparationszahlungen befreit würde, um sie wie früher als ein Instrument der Wirtschaftspolitik benutzen zu können, entweder um die Tarife zu senken oder die Überschüsse für den Einkauf von rollendem Material usw. zu nutzen in der Hoffnung, dadurch die Arbeitslosigkeit zu bekämpfen. Am 7. Juni legte das Komitee seinen Abschlussbericht vor. Die deutschen Wünsche in Bezug auf die Reichsbahn blieben allerdings weitgehend unbeachtet.

Dieser sogenannte Young-Plan wurde von allen auf einer Konferenz in Den Haag verhandelt und dort am 31. August 1929 akzeptiert. Er beinhaltete ein Junktim zwischen der Festlegung der endgültigen Reparationszahlungen und der vorzeitigen und vollständigen Räumung des Rheinlandes. Nachdem alle Einzelheiten festgelegt waren, folgte am 20. Januar 1930 ein zweites Abkommen, welches der Reichstag am 12. März 1930 ratifizierte. Gegenüber dem Dawes-Plan brachte das neue Abkommen dem Reich den Vorteil von niedrigeren jährlichen Zahlungen in den Anfangsjahren, der Aufhebung der ausländischen Kontrollen, wie sie im Dawes-Plan vorgesehen waren, und die vorzeitige Räumung des Rheinlands, nämlich statt 1935 schon 1930. Die Reichsbahn blieb allerdings Hauptträger der Reparationslast. Wichtigste Änderung war der Ersatz der 11 Mrd. RM Reparationsschuldverschreibungen durch eine Reparationssteuer in Höhe von 660 Mio. RM, die 37 Jahre lang in monatlichen Raten an die Bank für Internationalen Zahlungsausgleich zu zahlen waren, die zu diesem Zweck in Basel gegründet wurde. Die bisherige Beförderungssteuer in Höhe von 290 Mio. RM wurde zwar nicht mehr als Reparationsabgabe erhoben, musste aber an die Reichskasse abgeführt werden.

Mit dem Wegfall der Schuldverschreibungen entfielen alle ausländischen Aufsichten in Vorstand und Direktorium sowie durch den Treuhänder und Eisenbahnkommissar. Damit besaß der Verwaltungsrat künftig nur noch deutsche Mitglieder. Um die Gesellschaft vor allzu starker politischer Einflussnahme zu schützen, bestanden die Alliierten auch weiterhin darauf, dass weder Abge-

Bild 234
Eine Rangierlok zieht mit französischen Soldaten besetzte Abteilwagen im Mainz im Juni 1930.

AUFNAHME: BARCH, BILD 102-01638A / PAHL, GEORG

ordnete noch Mitglieder der Reichs- oder einer Landesregierung in den Verwaltungsrat berufen werden konnten. Nach ihrem Gesellschaftsstatut blieb die Reichsbahn dadurch weiterhin dem direkten Zugriff von Regierung und Parlament entzogen. Diese Änderungen bedingten auch eine Änderung des Reichsbahngesetzes und der Satzung der Deutschen Reichsbahn-Gesellschaft, die am 13. März 1930 vom Reichstag ratifiziert wurden.

Nach wie vor blieb die Reichsbahn eine Betriebsgesellschaft. Jedes neu erworbene Grundstück, Fahrzeug oder sonstiges Zubehör ging ins Reichsvermögen über. Sie war keine Behörde, besaß jedoch öffentlich-rechtliche Befugnisse. Zwar besaß die Reichsregierung ein Recht der Aufsicht, aber diese musste so ausgeführt werden, dass die Zahlung der Reparationssteuer gewährleistet blieb. Nachdem nun nur noch Deutsche im Verwaltungsrat der Reichsbahn saßen, kam es zwischen der Reichsregierung und den Ländern zu einem Streit über die Ernennung der Mitglieder, den der Staatsgerichtshof entscheiden musste. Am Ende diente der rund zehn Jahre zuvor abgeschlossene Staatsvertrag zur Übertragung der Länderbahnen auf das Reich als Entscheidungsgrundlage. Am 27. November 1930 entschied das Gericht, dass die Länder Baden, Bayern, Sachsen und Württemberg je einen Vertreter für den Verwaltungsrat benennen konnten.

Belgien, Frankreich und Großbritannien, die noch Besatzungstruppen im Rheinland unterhielten, begannen mit der Räumung der zweiten Zone. Diese umfasste als wichtigste Städte Koblenz und Aachen und war am 30. November 1929 vollzogen. Die neue Grenzlinie begann in Bacharach und verlief in einer nordwestlichen Linie bis 3 km südlich von Aachen und von dort zur holländischen Grenze. Die letzten belgischen Truppen verließen Deutschland. Die Briten räumten am 13. Dezember 1929 ihren letzten Standort Wiesbaden. Bereits bis zum 14. November hatten die Militärpferde und nicht länger benötigte Vorräte sowie die Familien der Soldaten die Stadt verlassen. Sie wurden mit der Eisenbahn zu den Häfen Rotterdam, Antwerpen und Ostende transportiert, von wo aus sie mit dem Schiff in die Heimat zurückkehrten. Zu diesem Umzug gehörten auch rund 300 Hunde und Katzen sowie das Maskottchen einer Einheit, eine Ziege. Nachdem die Reparationskommission in Paris am 17. Mai 1930 festgestellt hatte, dass sämtliche Bedingungen für die Umsetzung des Young-Plans erfüllt seien, gab Frankreich noch am selben Tag den Befehl zum Abzug seiner Soldaten aus Deutschland. Nachdem am Nachmittag des 30. Juni 1930 der letzte Truppenzug Mainz in Richtung Frankreich verlassen hatte, gab es keine fremden Soldaten mehr auf deutschem Boden. Damit endet die Geschichte der Eisenbahnen des Rheinlandes und des Ruhrgebietes unter alliierter Besatzung. Allerdings sollten die alliierten Truppen unter ungleich schlimmeren Voraussetzungen 15 Jahre später wieder an Rhein und Ruhr Quartier beziehen …

Am 25. Oktober 1929, dem „Schwarzen Donnerstag“ (in Europa „Schwarzer Freitag“), löste der Börsenchrash in New York die „Große Depression“ in den USA und die Weltwirtschaftskrise aus, in deren Strudel neben vielen anderen Ländern auch Deutschland geriet, das stark von der Krise betroffen war. Angesichts dieser Situation schlug der amerikanische Präsident Hoover ein Moratorium für die deutschen Reparationszahlungen ebenso wie für andere Auslandsschulden vor. Gegen den anfänglichen Widerstand Frankreichs kam es am 6. Juli 1931 zu einer Einigung, dass alle Zahlungen vom 1. Juli 1931 bis zum 30. Juni 1932 ruhen sollten. Trotz der generellen wirtschaftlichen Schwierigkeiten hatte die Reichsbahn pünktlich ihre Raten bis zum Juni 1931 gezahlt. Da sich jedoch weder die Weltwirtschaft insgesamt noch die Deutschlands in dem Maße erholten wie erhofft, beschloss man auf einer Konferenz im Juni 1932, alle deutschen Reparationsschulden, auch die der Reichsbahn, aufzuheben und durch eine deutsche Restzahlung von 3 Mrd. RM in Schuldverschreibungen zu ersetzen. Im Gegenzug sollten die Vereinigten Staaten auf die Zahlungen verzichten, die ihnen vor allem Frankreich und England als Kriegsleistungen noch schuldeten. Als das unterblieb, wurde der Vertrag nicht ratifiziert. Trotzdem war das faktisch das Ende der Reparationszahlungen.

Nachsatz: Im Rahmen der „Gleichschaltung“ wurde die bisherige Deutsche Reichsbahn-Gesellschaft mit dem Gesetz vom 10. Februar 1937 wieder zur Staatsbahn und wurde offiziell in „Deutsche Reichsbahn“ umbenannt. Auf den Fahrzeugen wurden die bisher benutzte Abkürzung „DR“ und der Reichsadler beibehalten, aber als äußerlich sichtbare Veränderung das Hakenkreuz hinzugefügt. Rein rechtlich bedeutete das eine Verletzung der internationalen Abkommen über die Reichsbahn und des Reichsbahngesetzes selbst. Es war eine Zeit, in der Verträge immer mehr ihren Wert verloren. ❑

Bild 235 – Im Jahr 1935 entstand diese Aufnahme der 58 1513 mit einem Güterzug beim Block Linden westlich von Wuppertal-Vohwinkel. An diesem Block trafen damals drei Strecken zusammen, nämlich von Düsseldorf, Köln und Solingen. AUFNAHME: CARL BELLINGRODT/EK-VERLAG

5 Die Eisenbahnen in den besetzten Gebieten

5.1 Von den Länderbahnen zur Deutsche Reichsbahn

„[Überall] *zeigt sich in allen Eisenbahnländern, mögen sie zu der Gruppe der Sieger oder der Mittelmächte gehören, im Eisenbahnwesen ein ungeahnt trübes Bild. Während des Krieges haben die Eisenbahnen aller in den Weltstreit einbezogenen Gebiete, aber auch der neutralen Staaten, für den Schutz ihrer Grenzen gegen einen etwaigen Überfall und für die Bewältigung der ungemein erschwerten Versorgung mit Lebensmitteln und Rohstoffen zu sorgen, eine derartige Anspannung erfahren, dass die Folgen nicht ausbleiben konnten. Jetzt erst zeigt es sich, wie aus den Betriebsmitteln, den Bahnanlagen, dem Personal, überall das Äußerste herausgeholt worden ist. Ergänzungs- und Unterhaltungsbauten, Wiederherstellungsarbeiten, Reparaturen der Betriebsmittel hatte man nur in den dringendsten Fällen zur Erhaltung der militärischen Leistungsfähigkeit vornehmen können; die Vorräte an Kohlen, Eisen und anderen Rohstoffen waren durch den Krieg teils verbraucht, teils vernichtet worden; das Personal war übermüdet, zum Teil unterernährt und durch Kriegsverluste geschwächt. So konnte der Rückschlag nirgends ausbleiben.*“[226]

5.1.1 Auswirkungen des Kriegs und der Nachkriegsunruhen auf den Betrieb

Zwar war infolge des Krieges der Bestand an Lokomotiven und Wagen überproportional gestiegen, aber wegen des hohen Bedarfs hatte man die in Friedenszeiten übliche Ausmusterung älterer Fahrzeuge unterlassen. **Bei den Länderbahnen** waren im November 1918 **vorhanden**:

	vorhanden	betriebsfähig
Lokomotiven	28.993	19.222
Personenwagen	63.763	?
Güterwagen	648.962	?

Dazu muss man noch 5.215 Lokomotiven, 7.625 Personen- und 130.000 Güterwagen zählen, die an die Feldeisenbahnen hatten abgegeben werden müssen. Diese Zahlen entsprechen ziemlich genau dem, was Deutschland nach der Unterzeichnung des Waffenstillstands an die Alliierten abliefern musste.

Als unmittelbare Folge des Krieges gab es einen hohen Verschleiß sowohl in den Industriebetrieben wie auch an den Eisenbahnen, weil die sonst üblichen routinemäßigen Wartungsarbeiten zurückgestellt worden waren. Das zeigt die Zahl der in Reparatur befindlichen Lokomotiven. Im Jahre 1913 belief sie sich bei der Preußischen Staatsbahn auf 19,3 % und erreichte 1918 einen Umfang von 33,7 %, das heißt, ein Drittel aller vorhandenen Loks konnte nicht benutzt werden. In den folgenden Monaten verschlechterte sich diese Zahl weiter durch die politischen Ereignisse. Die Ausbesserungswerke reparierten im Sommer 1919 wöchentlich 750 Lokomotiven. Im November waren es nur noch 665 pro Woche, und in den beiden ersten Wochen des Januar 1920 sank diese Zahl auf jeweils 520 ausgebesserte Lokomotiven. Obwohl die Anzahl der Beschäftigten bis Ende um 51,5 % gestiegen war, führten die sinkende Arbeitsmoral und eine wachsende Streiklust zu den sich verringernden Produktionszahlen.

Am 19. Oktober 1919 vermerkt General Allen, Oberkommandierender der amerikanischen Truppen im Rheinland, in seinem Tagebuch dazu: *„Eine Unmenge Kohle liegt in Schlesien aufgehäuft, auch im Ruhrgebiet, doch scheitert die Verteilung am Lokomotivenmangel. Ein beträchtlicher Teil der deutschen wie auch der französischen Lokomotiven sind so verbraucht oder so notdürftig geflickt, dass sie als dienstuntauglich gelten müssen. Man sagt, dass die Deutschen die Ausbesserungsarbeiten nicht mehr gut machen und das vorhandene Material auch nicht mehr dafür taugt.“*[227] Eine Meldung der Lokalpresse, in der angekündigt wurde, dass in der ED Köln ab dem 19. Februar 1919 die Hälfte aller Personenzüge aus Kohlemangel ausfallen würde, bestätigt diese Aussage indirekt.

Aber noch schwerwiegender, wenn auch von der Öffentlichkeit in diesem Maße nicht wahrgenommen, war der Zustand des Fahrweges. Vor dem Kriege hatte man durchschnittlich 4.100 km Hauptbahngleise jährlich erneuert, was etwas mehr als 5 % des Gesamtnetzes entsprach. Während des Krieges sank dieser Wert auf knapp 3.000 km oder 3,5 %. 1919 waren es dann nur noch 968 km oder gerade einmal 1,28 % der Hauptbahngleise. Das wirkte sich auf die Geschwindigkeit der Züge ebenso aus, wie sich die Unfallgefahr erhöhte. Das lässt sich statistisch nachweisen. Zwischen 1911 und 1919 erhöhte sich die Zahl der Unfälle pro 1 Mio. Zugkm von 4,45 auf 6,33. Die Gründe hierfür waren vielschichtig. Trotz eines aufgeblähten Personalbestands fehlten Unterkunftsmöglichkeiten für Streckenarbeiter dort, wo sie benötigt wurden. Parallel dazu stiegen die Anforderungen an den Fahrweg durch neue schwerere Lokomotiven wie zum Beispiel die preußische P 10 (später Baureihe 39), die ab 1922 gebaut wurde. Wegen ihres höheren Achsdrucks konnte sie nicht überall eingesetzt werden und beanspruchte den Fahrweg dort, wo sie eingesetzt wurde, stärker als die älteren Maschinen. Weiterhin kam die Industrie nicht mit der Lieferung von Schienen und Befestigungselementen nach. Dadurch verschlechterte sich der Zustand des Schienennetzes auch nach dem Kriege weiter.

Vor allem in der Saarbrücker Gegend wie um Aachen herum stieg der Verkehr nach Westen erheblich an, zum einen durch die abzuliefernden Lokomotiven, Wagen und Kriegsmaterial[228], zum andern durch die wachsende Anzahl von Militär-Urlauberzügen der Alliierten. Dazu kamen die ersten Züge mit Reparationskohle und sonstigen Industrieerzeugnissen, die aus Deutschland abgefahren wurden. Auch in der anderen Richtung gab es viel Verkehr. Nachdem das Rheinland wie der Rest Deutschlands ausgehungert war, konnte man die Besatzungstruppen nicht vor Ort verpflegen, sondern musste alles aus dem Ausland heranschaffen. Die Militärzüge hatten Vorrang vor dem zivilen Verkehr. Beim desolaten Zustand vor allem der Lokomotiven bereitete das Probleme. Die Situation verschlechterte sich noch durch die Abgabe von rollendem Material an die Siegermächte.

Die Auswirkungen auf den Betrieb zeigen Zahlen vom Kölner Hauptbahnhof. Vor 1914 verkehrten dort an Werktagen zwischen 400 und 500 ankommende und abfahrende Züge. Nach dem Kriege verkehrten täglich 86 abfahrende und 93 ankommende Züge, also insgesamt nur noch 179. Diese Einschränkungen im Verkehr galten nicht für die Urlauber- und Demobilisierten-Züge. Mit gro-

Bilder 236 bis 238
Bilder eines Unfalls in Ronheide bei Aachen. Der genaue Zeitpunkt ist nicht bekannt. Aber da die Lok noch kein Reichsbahn-Nummernschild trägt, auf der anderen Seite keine belgischen Uniformen zu erkennen sind, ist anzunehmen, dass sich dieser Unfall um 1925 ereignet hat, als der Bahnbetrieb noch unter den Nachwirkungen der Regiebahn-Zeit litt.

Aufnahmen (3):
Sammlung Rolf Bimmermann

Bild 239, rechte Seite
Diese bei Cottbus entstandene Betriebsaufnahme zeigt die pr. S 3 „Halle“ 253 (ursprünglich „Halle“ 451). Diese Maschine war zwar 1925 bereits ausgemustert, aber 28 dieser Bauart erhielten bei der Reichsbahn noch die Baureihenbezeichnung 13^{0}. Einige davon kamen 1923/24 zur Regiebahn.

Aufnahme: Carl Bellingrodt,
Sammlung Klaus Kemp

ßem Personalaufwand erzwang die im Kapitel 3 beschriebene Kommission der Feldeisenbahnen C.I.C.F.C, dass diese Züge planmäßig fuhren und aus einwandfreiem Wagenmaterial bestanden. Der Schnellzugfahrplan zwischen dem Rheinland und Frankreich bzw. Belgien wurde zu Lasten des innerdeutschen Verkehrs ständig erweitert und verbessert.

Die C.I.C.F.C hielt sich zwar im Allgemeinen in dem während der Waffenstillstandsverhandlungen vorgegebenen Rahmen, jedoch ging die darin vorgesehene ständige Kontrolle aller Eisenbahndienststellen so weit, dass sie als drückend empfunden wurde. Zudem verursachte sie umfangreiche Mehrarbeit. Störend für die Eisenbahner waren die häufige Entnahme von Brennstoffen aus den Bahnlagern und Laternen, die Wegnahme einer großen Zahl von Betriebsräumen, Güterschuppen und anderen Räumlichkeiten für die Unterbringung von Bahnwachen und Kontrollstellen. Außerdem wurde die Benutzung der Telegrafen- und Telefonlinien für den Bahn- und Postbetrieb eingeschränkt. Gegen die Diebstähle und Beraubungen durch die Besatzungstruppen konnte man ebenso wenig vorgehen wie die durch Einheimische, weil die Bahnpolizei keine Waffen mehr führen durfte. So gab es Einbrüche in Güterschuppen und Wagen nicht nur im Schutz der Nacht, sondern sogar am helllichten Tag. *„Daß den Wächtern dann Soldaten beigegeben wurden, erleichterte es den Dieben noch, die Wächter rechtzeitig zu erkennen.“* [229)]

Die gesellschaftlichen Probleme im Gefolge der Niederlage wie zum Beispiel Aufstände, wilde Streiks, die hohe Zahl von Arbeitslosen und wachsende Armut durch Inflation führten für die Eisenbahnen auch in anderer Hinsicht zu einem wachsenden Problem mit Diebstählen, Raub und Betrügereien. Besonders anfällig waren die riesigen Rangierbahnhöfe im Ruhrgebiet. Alleine in Oberhausen-Osterfeld verhafteten die Franzosen 17 Diebe in einer einzigen Nacht. In Willich südlich von Krefeld stahlen Diebe im Juli und August 1919 zwei Sendungen wertvoller Stoffe, nachdem sie zwei Bahnbeamten bestochen hatten. Im September fälschten Diebe den Frachtbrief eines mit Kaffee beladenen Güterwagens, der von Köln nach Elberfeld lief, wo ihn die Diebe in Empfang nahmen, seelenruhig ausluden und mit der Beute verschwanden. In Frankfurt-Höchst machten sich zwei Diebe die Zollkontrolle zu Nutze, die die Franzosen dort durchführten. Sie stahlen systematisch Gütersendungen, die üblicherweise mehrere Tage unbeaufsichtigt standen, ehe sie weitergesandt wurden. Auf dem Frankfurter Hauptgüterbahnhof verschwanden im Oktober 1919 vier Waggons mit Corned Beef, zwei beladen mit Kaffee, zwei mit Kakao und ein Waggon voll Leder durch das Aufkleben falscher Begleitzettel und die Unterschiebung gefälschter Frachtpapiere. Mit Hilfe bestochener Eisenbahner wurden diese Wagen auf kleine Vorortbahnhöfe gebracht, wo die Diebesbanden sie in Ruhe leeren und ihre Beute auf Straßenfahrzeuge umladen konnten.

Da diese Diebstähle im Westen und in den besetzten Gebieten einen immer größeren Umfang annahmen, setzte die ED Elberfeld im Herbst 1919 einen Untersuchungsausschuss ein. Er stellte eine ungewöhnlich große Anzahl von Kisten, Kästen und Säcken in den Gepäckwagen und Abteilen der von West nach Ost laufenden D-Züge fest, die nach der EBO nicht als Reisegepäck galten und deshalb nicht auf diese Weise als Handgepäck hätten transportiert werden dürfen. Damit entstand der Bahn ein nicht zu unterschätzender Schaden durch entgangene Fracht. Um das möglich zu machen, wurden Gepäckwagenbedienstete und Schaffner bestochen. Schwerwiegender waren jedoch die Betrügereien und Diebstähle im Wagenladungsverkehr. Hier wurden Ladungen falsch deklariert und erschienen oft nicht in den Unterlagen. Der Untersuchungsbericht notiert auf dem Bahnhof Düsseldorf-Reisholz, wo im Tagesdurchschnitt 25 Wagen verladen wurden, 20 Wagen die nicht in den Büchern zu finden waren. Auch hier war eine ganze Reihe von Beamten bestochen worden, vom Packmeister über die Zugbegleiter bis zu den Lokführern.

Das Verkehrsministerium unternahm auf diesen Bericht hin große Anstrengungen, um diese Korruption einzudämmen, hatte jedoch nur geringen Erfolg, wie ein Bericht aus dem folgenden Jahr zeigt: Alleine im Mai 1920 stellte man im Bereich der Eisenbahn mehr als 20.800 Diebstähle aller Art fest und entließ deshalb 462 Angestellte aus dem Eisenbahndienst. Trotzdem wurden immer wieder Diebstähle in größerem Umfang gemeldet. Im Rheinauhafen in Mannheim wurde die für Italien bestimmte Kohle von Schiffen auf Eisenbahnwagen umgeladen. Dort wurde so viel Kohle gestohlen, dass die italienische Überwachungskommission mit dem Einsatz alliierten Militärs drohte. Das veranlasste die deutschen Behörden, die Präsenz deutscher Polizei dort zu verstärken.

Ein anderes unerwünschtes Phänomen dieser Zeit kam im Gefolge der von den Alliierten noch lange Zeit nach Kriegsende auf-

Bild 240 – Im Wuppertal ist Schnee gefallen: Mit dem D 93 durchfährt 17 030 mit schöner Dampfentwicklung den Bahnhof Wuppertal-Zoo auf den Fernbahngleisen. Soeben hat der Zug das bekannte Viadukt über die Schwebebahn passiert und wird in wenigen Minuten in Elberfeld eintreffen. AUFNAHME: CARL BELLINGRODT/EK-VERLAG

rechterhaltenen Seeblockade und des Devisenmangels, was die Einfuhr von Nahrungs- und vor allem Genussmitteln sehr stark behinderte. Das ließ den Schmuggel vor allem an der holländischen Grenze blühen. Der Auszug aus einem Bericht vom Oktober 1920 schildert diesen illegalen Grenzverkehr sehr anschaulich:

„... Die Schmuggler machen ihre Fahrten nicht einzeln, sondern schließen sich zu ganzen Banden an der Grenze zusammen, die jeden Durchbruch wagen können. Radfahrertrupps von Hunderten von Köpfen tauchen auf. Der Fußgänger sind es noch viel mehr. Während den Grenzverkehr früher ein Dutzend Achsen vermittelten, haben jetzt die Züge 25 Personenwagen und noch mehr. Aus Kaldenkirchen wird berichtet, daß in dem Nachtzug von Samstag auf Sonntag über 800 Personen ankamen und zu dem Frühzug für über 3400 Mk. Fahrkarten gelöst wurden. [...] Dabei steigen die Schmuggler vielfach nicht in Kaldenkirchen ein, weil dort das Beamtenpersonal zu groß ist. Sie gehen daher zu Fuß zu dem benachbarten Lobberich. Die kleinen Grenzstationen sind nicht selten der Schauplatz wüster Auftritte. Die Eisenbahner teilen das Los der Grenzwächter; sie werden terrorisiert. Den bereitstehenden Zug stürmt die Menge, ohne im Besitz von Fahrkarten zu sein. In einem Fall, als die diensttuenden Beamten die Abfertigung des Zugs verweigerten und der Lokomotivführer dasselbe tat, wurde der Maschinist durch Drohungen gegen Leib und Leben gezwungen, abzufahren. [...] Täglich werden zwischen Venlo und Kirchrath mindestens 50.000 Pfund Kaffee durch Schmuggelhandel unverzollt eingeführt ...“ [230)]

Die Ablieferung von 5.000 Lokomotiven und 150.000 Güterwagen laut Waffenstillstandsabkommen, die in gutem Zustand zu sein hatten, behinderte den reibungslosen Ablauf des Eisenbahnbetriebes. All das führte wegen eines akuten Fahrzeugmangels zu einer weiteren spürbaren Reduzierung des Personenverkehrs, selbst im Vergleich zu dem bereits in den letzten beiden Kriegsjahren ausgedünnten Fahrplan. Ab dem 20. Dezember 1918 verringerte sich die Zahl der Züge um die Hälfte, und einen Monat später, am 23. Januar 1919, gab es nochmals Kürzungen. Die Anzahl der Schnellzüge im ganzen Reich wurde auf ein Dutzend reduziert. Der Mangel an Lokomotiven veranlasste die Württembergischen Staatsbahnen dazu, ab dem 2. Januar 1919 nur noch Züge für den Berufsverkehr zu fahren, *„weil die Durchführung eines geordneten Personenfahrplans nicht mehr möglich“* [231)] sei. Im Rheinland verfügten die Preußischen Staatseisenbahnen nicht über genügend Wagen der Polsterklasse, sodass ab dem 1. Februar auf verschiedenen Strecken keine zweite Klasse in Personenzügen mehr angeboten werden konnte. Dazu kam der Mangel an Kohle, was die Interalliierte Unterkommission veranlasste, die Eisenbahndirektionen in den besetzten Gebieten anzuweisen, ab dem 25. Februar nur noch die Hälfte aller Personenzüge zu fahren. Ausgenommen waren die für die Besatzung gefahrenen Züge. Anscheinend war die Versorgung mit Kohle nicht überall gleich schlecht, denn Anfang April gab es in der ED Köln wieder mehr Zugfahrten, während Kohlemangel ab dem 15. des Monats zur Einstellung aller von Frankfurt (M) ausgehender Schnell- sowie einiger Personenzüge führte, mit Ausnahme des D 81/82 über Betzdorf und Hagen nach Essen.

Diese Zugeinstellungen weiteten sich in den folgenden Wochen aus. Auf sämtlichen Eisenbahnlinien Bayerns wurde Ende April der Personenverkehr eingestellt. *„Es wird davor gewarnt, Reisen zu unternehmen, da keine Bürgschaft für die geringste Besserung übernommen wird“*, [232)] hieß es in der entsprechenden Bekanntmachung des Münchner Verkehrsministeriums. Baden und Württemberg folgten diesem Beispiel und stellten ebenfalls den Schnellzugverkehr ein.

Ab dem 1. November 1919 wurden sonntags wegen des Kohlemangels keine Personenzüge im Fernverkehr mehr gefahren und ihre Anzahl generell reduziert. Die Fahrpläne wurden ungültig, und man musste sich auf dem Bahnhof erkundigen, welcher Zug überhaupt verkehrte. Als konkretes Beispiel sei die Strecke Remagen – Adenau (Ahrtalbahn) angeführt. Im Fahrplan 1914 gab es täglich acht Züge nach Ahrweiler und/oder Altenahr sowie weitere sieben bis nach Adenau. 1917, während des Krieges also, war das Angebot auf drei Züge bis Ahrweiler/Altenahr reduziert und weitere vier bis Adenau worden. Im November waren es dann nur noch drei Züge von Remagen bis Ahrweiler, davon einer von Ahrweiler nach Adenau ohne Anschluss an die anderen Züge. Wegen des geringeren Angebotes waren die Züge chronisch überfüllt. Dem versuchte die Bahn zu begegnen, indem der Verkauf von Fahrkarten eingeschränkt wurde. Vom 5. bis zum 14. November 1919 gab es zugunsten von Kartoffel- und Kohletransporten – mit Ausnahme einiger weniger Arbeiterzüge – überhaupt keinen Personenverkehr mehr. Ab Mitte Oktober hatte es aus demselben Grund bereits Einschränkungen im Güterverkehr gegeben. Ein zehntägiger Streik der Eisenbahner in Oberschlesien und an der Ruhr verschärfte die Situation weiter. Alleine dadurch wurden 48.000 Wagen mit Kohle nicht abgefahren. Der Kohlemangel hielt auch in den nächsten Jahren noch an. 1913 hatte die Eisenbahn einen Kohlevorrat für 60 bis 90 Tage besessen, Anfang 1921 war er auf knapp 12 Tage gesunken.

Dass es sich bei dem Mangel nicht nur an Kohle, sondern auch an Lokomotiven um reale Probleme handelte, zeigt das Beispiel der Badischen und Bayerischen Staatseisenbahnen. Bereits während des Krieges war es zu Engpässen durch die Abgabe von Loks an die Militärverwaltungen an Ost- und Westfront gekommen. Anfang 1918 waren es 122 badische und 245 bayerische Maschinen. Um dem Lokmangel abzuhelfen, liehen sich beide Bahnen von 1917 über das Kriegsende hinaus bis 1920 Maschinen aus der Schweiz. Im Februar 1918 gab es in Bayern 65 und in Baden mehr als 90 Leihloks. Sie waren auf der Strecke Karlsruhe – Basel – Konstanz, der Schwarzwaldbahn, auf der Spessartbahn sowie um München und Nürnberg herum eingesetzt. Baden gab seine Mietloks bis März 1919 zurück, weil die Schweizerischen Bundesbahnen sie nicht länger vermieten wollten. Bayern konnte eine Fristverlängerung verhandeln, und so kehrten die letzten sieben Loks von dort erst im Februar 1920 in ihre Heimat zurück. 1919 kaufte die Bayrischen Staatseisenbahnen 34 Loks der Gattung G ⅘ H, die 1916 für die Militärgeneraldirektionen Brüssel und Warschau gebaut worden waren (spätere BR 56^{8} und 56^{11}). Dazu kamen noch 30 Loks preußischer Bauarten. Trotz allem blieb der Mangel an Triebfahrzeugen groß.

Durch den Kriegseinsatz und die mangelnde Wartung betrug im Herbst 1919 der Schadlokbestand etwa 45 % gegenüber ca. 20 % in normalen Zeiten, was die Transportlage weiter verschlechterte. Deshalb teilte die Badischen Staatseisenbahnen der Waffenstillstandskommission im November 1919 mit, dass sie nicht in der Lage sei, die täglich von Mannheim-Rheinau bis Straßburg zu fahrenden zwei bis drei Züge mit Reparationskohle zu befördern, weil sie über keine geeigneten Lokomotiven verfüge. Da Frankreich an diesen Lieferungen interessiert war, erklärte es sich bereit, zehn Lokomotiven aus dem von Deutschland im Rahmen des Waffenstillstandsabkommens abgelieferten Kontingent zur Verfügung zu stellen. Im Bahnhof Röschwoog an der Strecke Straßburg – Lauterburg stellte man 18 ehemals badische Maschinen auf, aus denen die Kommission aus Karlsruhe ihre Wahl treffen konnte. Sie fanden die Maschinen jedoch in einem so desolaten Zustand vor, dass sie am Ende nur vier davon tatsächlich übernahmen. Nach langwierigen Verhandlungen kehrten schließlich Ende Januar 1920 die aus Baden stammende VIIa 398 und 464 sowie VIIc 512, die zuletzt bei der Compagnie du chemin de fer de Paris à Orléans (P.O.) gelaufen waren, in ihre Heimat zurück. Im Mai 1920 folgte noch die VIId 243. Ob irgendeine dieser Maschinen an Frankreich zurückgegeben wurde, ist fraglich, denn die Loks VIIc 512 und VIId 243 erschienen im vorläufigen Umzeichnungsplan von 1923 als 53 5887 bzw. 53 8628 und wurden bald darauf ausgemustert. Bei den beiden anderen ist der Verbleib ungeklärt. Auf ähnliche Art kehrten 1922 übrigens auch jeweils fünf bayrische CVI und G ¾ N aus Frankreich nach Bayern zurück. Sie erschienen im Umzeichnungsplan 1925 als BR 54^{13} bzw. BR 54^{14}, so als hätten sie Deutschland nie verlassen.

Im März 1920 kam es zu ähnlichen Schwierigkeiten in der Direktion Essen. Züge konnten nicht im gewünschten Umfang fahren, weil Lokomotivmangel herrschte. Einer der Gründe dafür waren neue Reparationslieferungen an Länder wie Polen, Litauen und die Tschechoslowakei sowie die Versorgung des Reiches selbst mit Kohle, da Teile Oberschlesiens und das Saargebiet nach dem Krieg ausgefallen waren. Weitaus schwerwiegender war jedoch das Problem mit Frachten und Kohlezügen in Richtung Westen, die Belgien nicht abnahm. Das führte zu Stockungen im Rheinland, die sich bis ins Ruhrgebiet auswirkten. Weil wichtige Verkehrsknoten durch diese wartenden Züge verstopft waren, wurden bestimmte Frachten für Belgien und Frankreich vorerst eingelagert. Wenig hilfreich war auch das umständliche französische Zollverfahren an der Grenze des Saargebietes. Dadurch warteten alleine im Bezirk der Direktion Köln rund 4.000 Wagen auf ihren Weitertransport und überfüllten die Bahnhöfe. Diese Direktion musste zusätzlich zum regulären Fahrplan täglich bis zu 43 Reparationskohlenzüge und bis zu 24 Militärzüge der Alliierten befördern.

Es gab auch Ereignisse von außen, die den Bahnbetrieb negativ beeinflussten. Hier sind einmal die beiden Hochwasser Ende Dezember 1919 und im Januar 1920 zu nennen. Neben den Schäden an Gebäuden und an Vorräten, vor allem Kartoffeln, zogen sie am Mittelrhein die Verkehrswege stark in Mitleidenschaft. Es bedurfte großer Anstrengungen, die Versorgung der Bevölkerung mit Kohle und Lebensmittel einigermaßen sicherzustellen. Auch die Besatzungstruppen erlitten große Verluste. Andere Ereignisse waren politischer Natur: Der Kapp-Putsch im April 1920 war nicht zuletzt durch einen Generalstreik fehlgeschlagen. Dem folgte ein kommunistischer Aufstand im Ruhrgebiet, der von der Reichswehr blutig niedergeschlagen wurde. Dadurch kam der Verkehr auf der Schiene in dieser Region fast völlig zum Erliegen. Weitere Probleme brachte die vorübergehende Besetzung Frankfurts durch Franzosen bei einer gleichzeitigen Umgruppierung der alliierten Truppen. Dafür mussten die Eisenbahndirektionen Köln, Trier, Frankfurt (M) und Mainz erhebliche Betriebsleistungen erbringen, was den Güterverkehr stark behinderte, allen voran den in der Relation Ruhr – Mosel – Lothringen.

Eher eine Kuriosität am Rande war die Anordnung der Besatzungsmächte, ab dem 5. Januar 1919 keine Bahnsteigkarten mehr auszugeben, was in der Konsequenz bedeutete, niemanden mehr zum Zug begleiten oder ihn dort abholen zu können.

Im Juni 1919 wurde in Trier zwischen Vertretern der betroffenen Bahnen eine Vereinbarung unterzeichnet, die einen direkten Warenverkehr zwischen Frankreich und dem Rheinland erlaubte sowie den Transitverkehr vom besetzten Rheinland und von Belgien aus durch Elsass-Lothringen in die Schweiz und Italien organisierte. Dadurch stieg das Frachtvolumen in dieser Relation von 535.000 t im Dezember 1918 auf 2.377.000 t im Dezember 1919 an. Allerdings ging diese Vereinbarung zu Lasten des Transportaufkommens auf der badischen Rheintalbahn, was von der französischen Seite auch so beabsichtigt war.

Ab Sommer 1920, als sich die Lage wieder einigermaßen normalisierte, stieg der Personenverkehr stark an. Er erreichte 1922 einen Höhepunkt. Ursache war die Inflation. Die Preise der Fahrkarten hielten nicht mit der Geldentwertung schritt, was die Reiselust anfachte. Zudem stiegen auf parallel zu Bahnlinien verlaufenden Straßenbahnlinien die Tarife stärker an, sodass es dadurch auch zu einem Umsteigen auf die Bahn kam. Zahlen aus Köln zeigen das deutlich. 1920 wurden dort 11,3 Mio Fahrkarten verkauft und 1922 bereits 14,3 Mio. Die Inflation besaß noch einen weiteren Effekt. Alles wurde so billig, dass es zu einem regelrechten Ausverkauf kam. Das lockte vor allem Ausländer mit harter Währung in einer Zahl an, die weit über der der Vorkriegszeit lag. 1913 zählte Köln 107.000 ausländische Besucher, 1924 waren es 184.000. Die Zahlen für Wiesbaden lauten 40.000 im Jahre

1913 und 109.000 im Jahr 1922. Mit der Einführung der Rentenmark stabilisierte sich das Preisgefüge wieder. Zudem brachte der Ruhrkampf mit seinen Problemen eine Umlenkung der Verkehrsströme weg von Rhein und Ruhr, sodass die Zahl der Fremden wieder sank.

Einen Nebeneffekt des immer deutlicher werdenden Währungsverfalls bildete der Ausverkauf von Waren in den besetzten Gebieten, wo die Besatzungstruppen, vor allem Franzosen, mit ihren harten Devisen, extrem billig einkaufen konnten. Sie kauften so viel und sandten solche Mengen heimwärts, dass die Bahn ab Oktober 1921 bis ins nächste Jahr hinein im Personen- wie im Güterverkehr völlig überlastet war, sodass mehrfach Güterverkehrssperren erlassen werden mussten.

Ein nicht zu übersehendes Problem war auch die Aufblähung des Personalbestandes. Nachdem die Rüstungsbetriebe keine Arbeit mehr hatten, drängte die Politik darauf, diese Arbeitnehmer auf andere Betriebe zu verteilen, um soziale Unruhen zu vermeiden. Dabei boten sich Post und Bahn als größte Arbeitgeber des Reiches besonders an. Ebenso waren diese Staatsbetriebe verpflichtet, aus dem Felde und aus der Kriegsgefangenschaft zurückkehrende ehemalige Bedienstete wieder aufzunehmen, ohne andere, die inzwischen ihre Stelle eingenommen hatten, zu entlassen. Dazu kam noch die Verordnung vom 9. Januar 1919, die festlegte, dass jeder Betrieb auf 100 Beschäftigte wenigstens einen Schwerbeschädigten beschäftigen musste. Zwar stieg der Personalbedarf trotz der abgetretenen Gebiete durch die Einführung der Acht-Stunden-Tages an, aber die Personalaufstockung um 60 % bis Ende 1921 erwies sich als überproportional, was auf die Wirtschaftlichkeit der Bahn einen negativen Einfluss besaß.

Kommunistische Unruhen in Mitteldeutschland im März 1921 griffen auf das Ruhrgebiet über und reichten bis in das besetzte Gebiet hinein (Düsseldorf und Solingen). Es gab viele Tote und Verwundete. Die Bahnlinien von Wuppertal-Elberfeld nach Köln und Düsseldorf wurden an einigen Stellen von den Aufständischen unterbrochen. Auch der Verkehr von Köln durchs Bergische in Richtung Hagen kam ins Stocken. Selbst im Besatzungsgebiet gab es blutige Kämpfe wie in Mettmann, wo die Polizei eingriff, und in den Thyssenwerken von Rheinhausen, wo das Eingreifen belgischer Besatzungstruppen Schlimmeres verhütete.

Der Acht-Stunden-Tag bei vollem Lohnausgleich war seit November 1918 gesetzlich vorgeschrieben. Für die Lokomotivführer und dem Zugbegleitpersonal konnte jedoch wegen der speziellen Anforderungen des Betriebes erst Mitte April 1919 zwischen Arbeitnehmervertretern und dem preußischen Ministerium für öffentliche Arbeiten eine Einigung über dessen Anwendung erreicht werden. Diese galt nur für das unbesetzte Gebiet. Im von der Interalliierte Rheinlandkommission kontrollierten Rheinland verbot die Kommission zunächst ihre Einführung. Nach langen Verhandlungen mit der Waffenstillstandskommission und mit der interalliierten Eisenbahnkommission kamen die Arbeiter der Werkstätten und des Streckendienstes ab dem 26. Mai in den Genuss der verkürzten Arbeitszeiten, während die Lokführer und das Zugpersonal noch bis zum 10. Juni 1919 darauf warten mussten.

Wegen des hohen Defizits, das die Länderbahnen nach dem Krieg aufwiesen, gab es von 1918 bis 1920 kaum Neubeschaffungen von Lokomotiven. Zudem mussten die geringen zur Verfügung stehenden Finanzen zur Ausbesserung der vorhandenen Maschinen verwandt werden.

Auch seitens der einschlägigen Industrie gab es Engpässe durch geringe Kapazitäten und den Mangel an Rohstoffen. Mit dem Übergang der Länderbahnen auf das Reich und dem damit verbundenen Einschluss in den Reichshaushalt standen wieder Mittel für die Neubeschaffung zur Verfügung. Die Lokomotivbestellungen stiegen sprunghaft an, um sowohl die Abgänge durch Ausmusterung und Ablieferungen aufgrund des Versailler Vertrages zu ersetzen, als auch einem wachsenden Verkehr zu genügen. Es begann im Jahr 1921 mit einer Bestellung von 580 Lokomotiven, 1.000 Personenwagen, 200 Gepäckwagen und 15.000 Güterwagen.

Drei ehemalige große Rüstungsbetriebe, nämlich AEG in Berlin und zwei aus dem Rhein-Ruhr-Gebiet, Krupp[233)] in Essen und Rheinmetall in Düsseldorf, versuchten an Aufträge für Lokomotiven heranzukommen, um einen Ausgleich für die eingestellte Waffenproduktion zu haben. Diese Bemühungen wurden durch das Reichsministerium für wirtschaftliche Demobilisierung unterstützt. Verständlicherweise passte den traditionellen Lokomotivbauern diese neue Konkurrenz nicht, weil sie einen Teil ihrer Produktionsunterlagen an die neuen Mitbewerber abgeben mussten, die ihnen dazu noch qualifiziertes Personal abwarben. Während sich AEG und Krupp auf die Dauer in diesem neuen Produktionsgebiet behaupten konnten, gab Rheinmetall den Lokomotivbau bereits 1927 auf. Da es noch keine neuen Konstruktionen gab, wurden bewährte Länderbahn-Lokbauarten nachgebaut.

Die Erneuerung und Vergrößerung des Lokomotivbestands hätte unter normalen wirtschaftlichen Bedingungen niemals einen solchen Umfang angenommen. Ausschlaggebend für die massive Bestellung neuer Lokomotiven war die Erkenntnis, dass das Geld durch die rasch steigende Inflation an Wert verlieren würde. Das bedeutete, dass die in mehreren Raten zu zahlenden Summen jedes Mal weniger wert und dadurch leichter aufzubringen sein würden. Das veranlasste die Reichsbahn dazu, ihr rollendes Material in den Jahren 1921 bis 1924 über den Bedarf hinaus zu erneuern. Von dieser Modernisierung profitierte das besetzte Rheinland bis zum Beginn der Ruhrbesetzung. Parallel dazu baute die deutsche Industrie bis Ende 1922 weitere 731 Lokomotiven im Rahmen der Reparationslieferungen.

5.1.2 Organisatorische Änderungen

Nach der Gründung des Deutschen Reiches 1871 hatte Bismarck bereits versucht, die Eisenbahnen des Reiches unter eine gemeinsame Verwaltung zu bringen, war damals jedoch an den Partikularinteressen der verschiedenen Länder, allen voran Preußen, gescheitert. Unter dem Druck der militärischen Anforderungen war es während des Weltkrieges zu einer Art zentraler Verwaltung der Eisenbahnen gekommen. Im Winter 1916/17 richtete die Oberste Heeresleitung die sogenannte Kriegsbetriebsleitung ein, in der die Verwaltungen der einzelnen Länderbahnen und ein Vertreter der Feldeisenbahnen beim preußischen Minister für öffentliche Arbeiten zusammengefasst waren. Als zentrale Stelle übernahm sie die gesamte Leitung der deutschen Eisenbahnen. Bei Kriegsende fungierte sie als oberste Betriebsleitung und blieb in dieser Form bis 1920 bestehen, selbst wenn die Bahnen in ihrer Betriebsführung und Verwaltung selbstständig blieben.[234)]

Bereits zu Beginn des Weltkrieges verhandelten die größeren Länderbahnen über eine Vereinheitlichung von Betrieb und Verkehr, um die wirtschaftlichen und finanziellen Ergebnisse zu verbessern und Konkurrenz untereinander zu unterbinden. Dabei sollte jedoch jedes Netz seine Selbstständigkeit behalten. Solange die Bahnen eine sichere Einnahmequelle bedeuteten, gab es jedoch mehr Widersacher als Befürworter. Vor allem für das die deutschen Eisenbahnen dominierende Preußen gab es zwei Gründe **gegen eine Vereinigung aller Bahnen** im Besitz des Reiches, wie der preußische Minister für öffentliche Arbeiten in einer Kabinettssitzung am 17. Februar 1916 ausführte:[235)]

- *„die Besorgnis, daß durch Übergang der preußischen Staatsbahnen auf das Reich die Vormachtstellung Preußens – insbesondere gegenüber den kleinen Bundesstaaten ohne eigenen Bahnbesitz – geschmälert würde,*

Bild 241
Die gesellschaftlichen Probleme im Gefolge der Niederlage führten für die Eisenbahnen zu einem wachsenden Problem mit Diebstählen, Raub und Betrügereien. Besonders anfällig waren die riesigen Verschiebebahnhöfe im Ruhrgebiet. Alleine in Oberhausen-Osterfeld verhafteten die Franzosen 17 Diebe in einer einzigen Nacht.

AUFNAHME: SAMMLUNG KLAUS KEMP

- *die Sorge, daß der Reichstag sich in die Verwaltung von Reichseisenbahnen über Gebühr einmischen und daß hierunter insbesondere die Dienstzucht des Personals und damit der Leistungsfähigkeit der Eisenbahnen in Krieg und Frieden empfindlich leiden würden.“*

In der Politik drückte sich diese Einstellung in der Nutzung der Eisenbahnen als ein Mittel der Wirtschaftsförderung durch eine entsprechende Tarifgestaltung aus, mit der sich Industrien und Industriestandorte fördern ließen. Ebenso wurden sie dazu eingesetzt, wirtschaftlich benachteiligte Regionen dadurch zu fördern, dass dorthin Bahnstrecken gebaut wurden, selbst wenn von vornherein bekannt war, dass sie nicht rentabel sein würden. Sie bildeten also ein Instrument staatlicher Förderpolitik und wurden nicht nur unter wirtschaftlichen Gesichtspunkten verwaltet. Am meisten fürchteten die Regierenden in Preußen, dass die Eisenbahnen zu einem Werkzeug in der Hand eines demokratisch gewählten, von den Sozialisten dominierten Reichstags werden könnte, wodurch die militärische Schlagkraft sinken und das Missmanagement durch überproportional steigende Löhne zunehmen würde. Bayerns Befürchtungen drehten sich um den möglichen Verlust an Einfluss in einer nationalen Gesellschaft, wo es durch Mehrheitsanteile überstimmt werden konnte und um eventuelle Nachteile für die heimische Industrie.

Trotzdem gelang es auf Dauer, zu einer gewissen Einigung zu kommen, die zum sogenannten Heidelberger Programm führte. Federführend in seiner Ausarbeitung war Preußen gewesen. Ein Aktenvermerk vom 2. Mai 1917 lässt die Absicht dahinter deutlich werden: „*Der Zusammenschluß soll unter Aufrechterhaltung der Selbständigkeit der Staatseisenbahnverwaltungen erfolgen, also dem Reichseisenbahnplan entgegenwirken, dabei aber alles das an Einheitsmaßnahmen schaffen, was die Reichseisenbahnen bringen könnten.*“[236] Das Programm wurde 1918 beschlossen, jedoch nicht umgesetzt, nicht zuletzt weil Bayern diesen Bestrebungen ablehnend gegenüberstand. Nach dem für Deutschland negativen Ausgang des Krieges zeichneten sich Umwälzungen in allen Bereichen ab. Für die Eisenbahnen war die erste noch eher nur eine formale, denn als die Monarchen der Länder – nicht nur der Kaiser – abdankten und die Republik ausgerufen wurde, verloren viele Ämter und Behörden noch im November 1918 ihren Zusatz „königlich“, „kaiserlich“ oder „großherzoglich“. Dazu gehörten auch die Eisenbahnen und ihre Direktionen.

Bis zum Kriegsausbruch hatten die deutschen Länderbahnen[237] noch beträchtliche Gewinne erwirtschaftet, allen voran die Preußischen Staatseisenbahnen, aber inzwischen erlitten sie **Verluste in Milliardenhöhe**, 1919 alleine 1,3 Mrd. Mark. Ein Teil der Ursachen sind bereits benannt worden und werden hier noch einmal zusammengefasst:

- Wirtschaftsflaute nach Kriegsende,
- Verschleiß der Anlagen durch Überbeanspruchung während des Krieges,
- nach der Demobilisierung Missbrauch der Bahn zur Arbeitsplatzbeschaffung (Anwachsen des Personalbestandes von 1913 bis 1919 auf mehr als 150 %),
- versäumte Tarifanpassungen an die Inflation,
- Putschversuche von rechts und links,
- Einbußen durch Truppentransporte für die Alliierten.

Diese Negativliste ließe sich noch beliebig fortsetzen. Was jedoch in der Literatur selten erwähnt wird ist die Tatsache, dass die Bahnen von der Politik angehalten wurden, Geld für sogenannte Notstandsarbeiten auszugeben, um dadurch der Industrie den Übergang von der Kriegs- in die Friedenswirtschaft zu erleichtern. Die Preußischen Staatseisenbahnen bestellten deshalb für 1,8 Mrd. Mark rollendes Material, eine Summe, die mehr als die Hälfte des Defizits ausmachte.

„Was im 19. Jahrhundert nach einem siegreichen Krieg nicht gelungen war, gelang nach dem verlorenen Krieg“[237] Nach den aus der Niederlage resultierenden wirtschaftlichen Problemen, vor allem aber wegen der finanziellen Verluste, schien eine

Bild 242 – Nicht nur den Eisenbahnen fehlte Metall, sondern selbst das Kleingeld war zunehmend aus dem Verkehr gezogen worden. Städte und Gemeinden begannen mit der Ausgabe von Gutscheinen oder Notgeld. Bei deren Design waren der Fantasie keine Grenzen gesetzt. Bei diesem Exemplar der Stadt Tostedt aus dem Jahr 1921 dienten Eisenbahnmotive zur Ausschmückung. ABBILDUNG: SAMMLUNG DIERK LAWRENZ

Reichseisenbahn ein Mittel, diese Schwierigkeiten zu überwinden. Am Ende fand diese Idee ihren Widerhall in der neuen 1919 in Weimar ausgearbeiteten Verfassung, weil dadurch die zentrale Staatsgewalt gestärkt wurde. Ein anderer wichtiger Grund war, dass sich die Forderungen aus dem Waffenstillstandsvertrag nicht an die einzelnen Länder, sondern an das Reich richteten. Diesem Prinzip folgte auch der spätere Friedensvertrag. Ebenso war absehbar, dass als Pfand für die zu zahlenden Reparationen die Eisenbahnen in ihrer Gesamtheit würden herhalten müssen. In diesem Sinne heißt es im Artikel 89 der Weimarer Verfassung:

„Aufgabe des Reiches ist es, die dem allgemeinen Verkehr dienenden Eisenbahnen in sein Eigentum zu übernehmen und als einheitliche Transportanstalt zu verwalten."

Laut Verfassung sollte dieses Ziel bis zum 1. April 1921 erreicht werden. Die Verkehrsmisere im Winter 1919/20 beschleunigte die Verhandlungen zwischen dem Reich und den Ländern. So konnte man bereits ein Jahr zuvor, am 30. April 1920, im Reichsgesetzblatt verkünden, dass die bisherigen Länderbahnen rückwirkend zum 1. April 1920, dem Beginn des neuen Haushaltsjahres, auf das Reich übergingen. Basis hierfür war ein zwischen dem Reich und den Eisenbahnländern Preußen, Bayern, Sachsen, Württemberg, Baden, Hessen, Mecklenburg-Schwerin und Oldenburg abgeschlossener Staatsvertrag, der Gesetzeskraft erhielt. Das Reich übernahm damit *„das Eisenbahnunternehmen jedes Landes mit allem Zubehör und mit allen dazu gehörenden Rechten und Pflichten."* Dazu gehörten u. a. die Nebenbetriebe der Länderbahnen wie die Bodenseeschifffahrt, Häfen, Fähren usw. Die neue Gesellschaft erhielt den Namen „Deutsche Reichseisenbahnen".[239] Ab dem 5. Mai 1920 unterstand sie dem durch Verfügung des Reichspräsidenten am 21. Juni 1919 gegründeten Reichsverkehrsministerium. Für die Harmonisierung aller Verwaltungsabläufe der bisher unterschiedlichen Strukturen plante man ein Jahr. Länder, die keine eigenen Eisenbahnen besaßen wie z. B. Thüringen, hatten zwar den Vertrag nicht unterschrieben, aber durch die Veröffentlichung als Gesetz konnten die auch sie betreffenden Bestimmungen dort angewandt werden. Allerdings blieben Reste des Partikularismus bestehen. Am deutlichsten zeigte sich das an der Organisationsstruktur der neuen Gesellschaft, wo die alten Bahnverwaltungen im Reichsverkehrsministerium aufgingen und die Bahndirektionen aller bisherigen Länderbahnen gleichberechtigt nebeneinander unterhalb der Hauptverwaltung angeordnet waren, während abweichend von der übrigen Organisationsstruktur die ehemalige bayerische Bahnverwaltung als „Gruppenverwaltung Bayern" zwischen der Hauptverwaltung der Reichseisenbahn und den bayerischen Bahndirektionen bestehen blieb.

Die neue Gesellschaft gehörte zwar dem Reich, war aber wirtschaftlich selbständig. Dies war umso wichtiger, als sich das Deutsche Reich im Waffenstillstandsvertrag verpflichtet hatte, die Eisenbahnen neben Zöllen und anderen Einnahmen als Reparationspfand einzusetzen. Trotzdem war sie nicht unabhängig, weil ihr Etat Teil des öffentlichen Haushalts blieb, was eigentlich im Widerspruch zur wirtschaftlichen Selbstständigkeit stand. Eine Herauslösung der Reichseisenbahnen aus dem Staatshaushalt und die Überführung in ein Sondervermögen hatte der Reichsfinanzminister erfolgreich verhindert. Er hoffte darauf, dass die Eisenbahnen bald wieder Überschüsse erwirtschaften würden, die er auf jedem Fall dem Reichshaushalt zugutekommen lassen wollte.

Nachdem die Reichsverfassung keine neue Verwaltungsform für die Eisenbahnen festlegte, wurden sie nach dem Vorbild der Preußischen Staatseisenbahnen organisiert. Da trotz der Besatzung im Westen das Reich als Einheit weiterbestand, wandte man Verwaltungsänderungen überall ohne Ausnahme an. Im Rhein- und Ruhrgebiet bestanden bereits die Direktionen Elberfeld, Essen, Köln und Mainz. Für die ehemals bayerischen Strecken der Pfalz entstand die ED Ludwigshafen/Rh. Als eher formale Änderung ordnete der Reichsverkehrsminister, der nun an der Spitze der Reichsbahn stand, am 6. Juli 1922 folgendes an:

„Die Eisenbahn-Generaldirektionen und Eisenbahndirektionen haben in Zukunft die Bezeichnung ‚Reichsbahndirektion' (abgekürzt Rbd) zu führen. Der Ortsname ist der Bezeichnung beizufügen, zum Beispiel ‚Reichsbahndirektion Berlin'..."[240]

Bereits ein Jahr zuvor, am 27. Juni 1921, war der Namen der Reichseisenbahnen in „Deutsche Reichsbahn" geändert worden.

Damit war formal eine einheitliche Bahn geschaffen, aber noch bestanden die alten Strukturen weiter, die preußische Staatseisenbahnen wurde nach preußischen Vorschriften verwaltet und die bayerische nach bayerischen. Beiden waren jedoch kameralistische Grundsätze und damit die Erfüllung vorgegebener Haushaltspläne eigen. Die im Gesetz vorgesehene kaufmännische Betriebsführung, die eine stärkere gesamtbetriebliche Erfolgsbilanz vorsieht, setzte man nicht um. Außerdem gab es keine Trennung zwischen Leitung und Aufsicht. Es hatte sich also lediglich der Besitzer des Unternehmens geändert. *„An die Stelle der Einzelstaaten war das Reich getreten. Dem Vorbild jener Verwaltungen folgend, waren auch die Reichseisenbahnen nichts anderes als eine unselbständige öffentliche Anstalt, die man damals mit dem Begriff ‚Regiebetrieb' bezeichnete."*[241]

Die neue Gesellschaft war verpflichtet, die von ihren Vorgängern begonnenen Bauvorhaben zu beenden, konnte sie allerdings zurückstellen, falls die Finanzmittel nicht reichten. Die Politik des Finanzausgleichs zwischen gewinnbringenden Strecken und solchen, die Verlust einfuhren, blieb bestehen. Ein weiterer Paragraf legte fest, dass die Abteilungsleiter und ihre Untergebenen aus der Region stammen sollten, in der sie arbeiteten. Es sollte ein *„landsmannschaftlicher Charakter"* gewahrt bleiben, ein Aspekt, der sich aus anderen Gründen ja auch in der französischen Ausweisungspolitik fand.

Im Vertrag über die neue Reichseisenbahn wurde das Reich verpflichtet, die Tarife unter Berücksichtigung der Verkehrsbedürfnisse der einzelnen Länder weiter zu entwickeln, vor allem auf dem Gebiet der Rohstoffversorgung. Durch die Abtrennung großer Teile Deutschlands nach dem verlorenen Krieg hatten sich Bezugs- und Absatzgebiete der Wirtschaft wesentlich verschoben. Oft gab es den Zwang, in weit entfernten Gebieten Ersatz für verlorengegangene Märkte zu suchen. Außerdem waren die deutschen Eisenbahnen auf Grund der Bestimmungen des Versailler Vertrags verpflichtet, auf die Dauer von fünf Jahren ab Inkrafttreten des Vertrages den billigsten Tarif, der für ein Gut auf irgendeiner deutschen Strecke galt, auch für die Ein-, Aus- und Durchfuhr von Gütern der alliierten und assoziierten Mächte anzuwenden. Deshalb hob die Reichseisenbahn zum 1. September 1919 fast alle Ausnahmetarife auf und führte stattdessen am 1. Dezember 1920 ein neues Staffeltarifsystem ein. Es bestand nach einigen Anpassungen ab 1922 aus fünf Wagenladungsklassen, wobei sich die Streckensätze bis zu 1.000 km um jeweils 5 % auf je 100 km ermäßigten.

Damit war unter dem äußeren Zwang eine Vereinheitlichung der Gütertarife im ganzen Reich eingeführt worden, wie es Bismarck bereits vier Jahrzehnte zuvor versucht hatte. Sie lag ganz im wirtschaftlichen Interesse der Eisenbahnen selbst, denn die Aufhebung der Ausnahmetarife schränkte weitgehend das Recht der Verlader ein, einen Beförderungsweg vorzuschreiben. *„Zugbildung sowie Belegung der Strecken und Rangierbahnhöfe konnten sich daher fortan ausschließlich nach betriebswirtschaftlichen Gesichtspunkten richten, wodurch eine rationellere Betriebsführung ermöglicht wurde."*[242]

Das Reich und die Länder verhandelten lange über eine angemessene Abfindung für die Bahnen mit all dem Anlagekapital, das in ihnen steckte. Dabei wurde sehr stark in die Vergangenheit geblickt, auf die Jahre vor dem Weltkrieg, als es den Bahnen noch gut gegangen war, jedoch nicht die Verluste berücksichtigt, die sie inzwischen einfuhren. Schließlich gab es eine Einigung, und die Gesamtsumme wurde auf 39 Mrd. Mark zu dem Zeitpunkt festgelegt, als bereits die Inflation mit Riesenschritten begann, sodass am Ende das gesamte Vermögen der ehemaligen Länderbahnen im Prinzip kostenlos ans Reich fiel und die Reichseisenbahn zu dem Zeitpunkt, als sie für direkte Reparationszahlungen herangezogen wurde, schuldenfrei war.

Allerdings unterlag die Reichsbahn nach wie vor der parlamentarischen Kontrolle, nachdem es nicht gelungen war, ihren Etat vom öffentlichen Haushalt zu trennen. Die hohen Verluste nach Ende des Krieges spiegeln sich in den Betriebszahlen[243)] von 1920 (172,80) und 1921 (168,53) deutlich wider. 1922 gab es einen ausgeglichenen Haushalt (98,08), aber durch die Ereignisse des Jahres 1923 entwickelten sich die Zahlen so katastrophal wie noch nie (330,86). Verschiedene Faktoren spielten eine Rolle wie z. B. der aufgeblähte Personalbestand, die Inflation, der die Anpassung der Tarife hinterherhinkte, oder Streiks und politische Unruhen.

Die Industrie, angeführt vom Industriemagnaten Hugo Stinnes, machte 1921 einen Vorstoß, die Reichsbahn zu übernehmen, was die Politik jedoch ablehnte, weil das mit den Interessen des Reiches an der Förderung des Gemeinwohls nicht vereinbar sei. Auf der anderen Seite versuchte der Reichsverkehrsminister vergeblich, die Effizienz der Reichsbahn durch eine Verminderung des Personalbestands zu erreichen. Er scheiterte vor allem am Widerstand der beamteten Mitarbeiter, obwohl er sozialverträgliche Modelle vorschlug. Bereits im April 1922 sagte er voraus, dass die Alliierten sehr viel einschneidendere Maßnahmen durchsetzen würden, wenn sie irgendwann die Hand auf die Reichsbahn legen würden, falls die Belegschaft nicht deutlich reduziert würde.

Die Reichsbahnverwaltung versuchte nun selbst, durch ein Reichsbahnfinanzierungsgesetz die Gesellschaft aus den roten Zahlen zu bringen und an privatwirtschaftliche Praktiken heranzuführen. Der Entwurf, der dem Kabinett im Dezember 1921 vorgelegt wurde, sah vor, dass die Bahnen als ein Sondervermögen getrennt vom normalen Reichshaushalt verwaltet werden sollten. Außerdem wurde vorgesehen, dass die bisher beim Reichstag und Reichsrat liegenden Befugnisse auf einen Verwaltungsrat übertragen würden, der aus Vertretern der Wirtschaft und sonstigen gesellschaftlichen Gruppierungen gebildet werden sollte. Der wichtigste Aspekt, nämlich die Trennung von Aufsicht und Leitung, wurde jedoch weiterhin nicht berücksichtigt. Die Ressortabstimmung zog sich lange hin. Zusätzlich hätte es einer Verfassungsänderung bedurft, was bei der Zersplitterung der Parteien für kaum machbar erachtete wurde. Deshalb wurde dieses Projekt – inzwischen schon die sechste Version – ab Juni 1922 so lange in der Regierung beraten, bis es die politischen Ereignisse obsolet machten.

5.1.3 Neue Grenzbahnhöfe

Durch den Versailler Vertrag veränderten sich die Grenzen Deutschlands. Eisenbahntechnisch gesehen betraf das im Westen die Übergänge nach Frankreich, Luxemburg und Belgien. Für die Durchgangslinien mussten neue Grenzbahnhöfe eingerichtet werden. Im Zusammenhang mit Elsass-Lothringen führt der Versailler Vertrag im § 67 letzter Absatz aus:

„Die Grenzbahnhöfe werden durch späteres Übereinkommen festgesetzt, indem von vornherein ausgemacht wird, daß sie an der Rheingrenze auf dem rechten Rheinufer liegen sollen."

Dazu passt es, dass die Rheinbrücken einschließlich die der Eisenbahn innerhalb der Grenzen von Elsass-Lothringen vollständig in den Besitz Frankreichs übergingen (§ 66 des Friedensvertrags).[244)]

Da es bereits durch den Waffenstillstandsvertrag klar war, dass Deutschland Elsass-Lothringen an Frankreich abtreten musste, kam es schon am 18. Dezember 1919 zu einem vorläufigen **Abkommen über die Grenzbahnhöfe** entlang des Rheins nach Baden hin. Festlegt wurden die folgenden Bahnhöfe:

Strecke	Bahnhof
Weil – Hüningen	Palmrain[245)]
Müllheim – Mühlhausen	Neuenburg
Freiburg – Kolmar	Breisach
Appenweier – Straßburg	Kehl
Rastatt – Röschwoog	Wintersdorf

In der bayerischen Pfalz erhielten die Orte Wörth, Bruchmühlbach, Kapsweyer, Schönenberg, Winden und Zweibrücken Eisenbahnzollämter. Infolge dieses Abkommens konnte auch der Personenverkehr über die Brücken von Speyer, Germersheim und Maxau, die die besetzte Pfalz mit Baden verbanden, wieder aufgenommen werden.

Diese Grenzbahnhöfe wurden im Vertrag vom 13. April 1925 als Gemeinschaftsbahnhöfe bestätigt. Außerdem wurden die nachfolgenden Bahnhöfe für die übrige Grenze definiert. Hier lag jeder von ihnen auf eigenem Staatsgebiet. Grenzbahnhöfe zwischen Germersheim und Lauterburg waren Berg (P.-Verkehr) sowie Wörth a. Rh. (G-Verkehr) für Deutschland und Lauterburg für Frankreich. Zwischen Landau und Weißenburg wurden Weißenburg für Frankreich sowie Winden (Schnellzüge u. Güterzüge) und Kapsweyer (Personenzüge) für Deutschland definiert. Der Strecke Trier – Thionville (Diedenhofen) waren schließlich als deutsche Grenzbahnhöfe Perl (P-Verkehr und Güter für Perl) und Nennig (für im direkten Verkehr versandte Güter) sowie Sierck für Frankreich zugewiesen.

Bild 243
An der Zolllagerhalle des Güterbahnhofs Kehl werden die Papiere der ein- und ausgehenden Frachtstücke kontrolliert. Die Aufnahme stammt von 1931.

AUFNAHME: BILDARCHIV D. EISENBAHNSTIFTUNG

Bild 244
Der Grenzbahnhof Deutsch Avricourt lag an der Strecke Paris – Straßburg und entstand nur, weil hier 1871 eine Grenze gezogen wurde. Nachdem diese Grenze 1918 wegfiel, verlor der Bahnhof mit der Zeit an Bedeutung, um dann in den siebziger Jahren des vergangenen Jahrhunderts ganz aufgegeben zu werden. Die Lok 401 ist eine elsässische S 6. Sie war zwischen Straßburg und Avricourt einerseits und Basel andererseits eingesetzt. Nach dem Zweiten Weltkrieg verblieb sie in Polen.

Bild 245
Der Vogesenkamm bildete bis 1918 die Grenze zwischen Deutschland und Frankreich. Da die Region auch schon vor dem Ersten Weltkrieg ein wichtiges Ausflugsgebiet war, trafen sich hier zwei Bahnlinien. Die erste war die 1903 eingeweihte Strecke von Gérardmer zum Hohneck. Diese mit Dampf betriebene Bahnlinie bestand bis 1939 und hatte eine Haltestelle an der Schlucht, Ausgangspunkt zahlreicher Wanderungen. Eine zweite, elektrisch betriebene Bergbahnlinie wurde 1907 auf elsässischer Seite zwischen Munster und dem Col de la Schlucht eröffnet, aber bereits mit dem Kriegsausbruch 1914 stillgelegt.

Bild 246
Unter dieser Brücke in Herbesthal verläuft die Bahnstrecke Aachen – Lüttich. Mitten auf der Brücke lag bis 1918 die Grenze zwischen Belgien und Deutschland. Dort fand auch die Grenzkontrolle für die Fahrgäste der Aachener Kleinbahn statt.

Aufnahmen (3):
Sammlung Klaus Kemp

Bild 247
Am heutigen Dreiländereck Deutschland – Frankreich – Luxemburg mussten nach 1918 für die Strecke Trier – Diedenhofen/ Thionville neue Grenzbahnhöfe angelegt werden. Im Vordergrund sieht man den deutschen Bahnhof Perl. Nicht weit davon entfernt jenseits der Grenze liegt der französische Zollbahnhof Apach. Der Ort am anderen Ufer, in Luxemburg gelegen, hat Berühmtheit durch das dort 1985 abgeschlossene Abkommen von Schengen zur Verringerung der Grenzkontrollen erlangt.

Aufnahme: Sammlung Klaus Kemp

Der Vertrag wurde ausdrücklich nicht auf das Saargebiet ausgedehnt. Er enthielt weiterhin die politischen, technischen und finanziellen Bestimmungen für die Nutzung durch die französischen Eisenbahnen und den Zoll. Zwei Jahre sollten vergehen, ehe er im Reichsgesetzblatt veröffentlicht wurde, aber erst mit dem Austausch der Ratifizierungsurkunden am 2. September 1930 trat er am 3. Oktober 1930 in Kraft. Eine zwischen beiden Regierungen auf der Ebene von Sachverständigen ausgehandelte Vereinbarung legte dagegen bereits am 14. April 1925 die Details für den Betrieb fest. Diese Verzögerung erklärt sich daraus, dass das Deutsche Reich erst 1930 wieder in den uneingeschränkten Besitz des linken Rheinufers kam.

Vor dem Ersten Weltkrieg hatte Luxemburg zum deutschen Zollgebiet gehört, sodass Grenzkontrollen zwischen Preußen und dem Großherzogtum nicht stattfanden. Nachdem die Vennbahn an Belgien gefallen war, gab es von Norden her keine direkte Eisenbahnverbindung mehr nach Luxemburg. Für die Strecke Trier – Luxemburg dienten mit Abschluss des Friedensvertrages die Bahnhöfe Igel auf der deutschen und Wasserbillig auf der luxemburgischen Seite als Grenzbahnhöfe.

Die Hauptstrecke von Deutschland nach Belgien ist die der alten Rheinischen Eisenbahn in Richtung Lüttich, Brüssel und Antwerpen. Der Bahnhof Herbesthal wurde dabei auf preußischer Seite zum ersten deutschen Grenzbahnhof. Mit Abschluss des Versailler Vertrags fiel Herbesthal 1920 an Belgien, nachdem belgische Eisenbahningenieure bereits am 4. August 1919 vom Bahnhof Besitz ergriffen hatten. Deshalb wurden auf deutscher Seite Aachen Hbf für den Personen- und Ronheide für den Güterverkehr zum Grenzbahnhof, während Belgien nun Herbesthal als eigenen Grenzbahnhof für den Verkehr in Richtung Deutschland nutzte. Mitte September 1919 wurde das Zoll- und Telegrafenamt von Walkenraedt dorthin verlegt und der Bahnhof auch für die Zugbildung sowohl in Richtung Deutschland wie für den Binnenverkehr benutzt. Dem Güterverkehr dienten Aachen West (deutsch) und Montzen (belgisch) als Zollbahnhöfe. Die Strecke Aachen – Montzen war erst während des Krieges entstanden und zum Zeitpunkt des Waffenstillstands erst provisorisch in Betrieb gegangen, vor allem die Anlagen des Bahnhofs Montzen. Die Belgische Staatsbahn baute wegen des wachsenden Güterverkehrs über diese Strecke das Bahnbetriebswerk fertig und erweiterte die Ein- und Ausfahrgruppen von zwei auf vier. Die Ausbauten zogen sich bis in die Mitte der zwanziger Jahre hin.

Wegen der beengten Verhältnisse der Aachener Bahnhöfe versuchte die Reichsbahn, den Bahnhof Herbesthal wenigstens übergangsweise anzumieten, bis man in Aachen durch entsprechende Umbauten die Voraussetzungen für eine reibungslose Zollabwicklung geschaffen hätte. Dem widersetzten sich die Belgier und verlangten stattdessen die sofortige Räumung von Herbesthal. Obwohl die Reichsbahn entlang der Zufuhrstrecken Bahnhöfe wie Stolberg, Eschweiler, Düren, Herzogenrath, Palenberg und Rheydt zur Entlastung der Aachener Bahnhöfe mit heranzog, kam es seit Einrichtung der neuen Grenze immer wieder zu Rückstaus. Im Dezember 1920 waren im Verkehr nach Belgien nur Frachtladungen betroffen, während sich die Sperre in der Gegenrichtung auf den gesamten Güterverkehr erstreckte. 1922 führten diese Verhältnisse an mehr als 100 Tagen zu einer Verkehrssperre. Selbst die Abfertigung von Reparationskohlezügen verzögerte sich dadurch. Teilweise blieben diese Züge längere Zeit liegen. Für viele deutsche Verfrachter bot sich als Alternative an, statt über Antwerpen über Rotterdam zu exportieren, womit sich Belgien selbst schadete, nachdem es Deutschland bei der Suche nach einer Lösung nicht unterstützt hatte. Verstärkt wurde diese Tendenz noch nach Einrichtung der Zollgrenze im April 1921 (siehe Abschnitt 4.1).

Erst Ende der zwanziger Jahre kam Bewegung in die Sache. Anfang April 1928 beschloss der Verwaltungsrat der belgischen Eisenbahn auf der Basis eines internen Gutachtens, den Bahnhof Herbesthal zu „internationalisieren". Vorerst sollten die belgischen wie die deutschen Zollkontrollen nur für den Personen- und Eilgutverkehr dort stattfinden. Daneben gab es den erwähnten neuen Grenzbahnhof in Montzen, der vorrangig für den Güterverkehr (etwa 20 Züge täglich) genutzt wurde. Die Deutsche Reichsbahn schlug 1929 vor, auch ihn gemeinsam zu benutzen, da die räumliche Enge von Aachen West keinen Ausbau als Grenzbahnhof zulasse. Im Januar 1930 kam es zu einer Einigung beider Bahnen, nachdem Belgien sich bereit erklärt hatte, für die deutschen Eisenbahner und Zöllner in beiden Orten Dienstwohnungen zu bauen. Die Verhandlungen hatten sich hingezogen, weil es in der belgischen Öffentlichkeit nach den Erfahrungen der Besatzung während des Krieges große Vorbehalte gegen die Anwesenheit deutscher Beamter gab. Als weitere Grenzstation für beide Länder richtete man Losheim an der Strecke Jünkerath – Malmedy ein. Die Bahn Gerolstein – St. Vith besaß dagegen einen deutschen Grenzbahnhof in Bleialf und einen belgischen in Steinebrück. (Zur Regelung der Vennbahn siehe Kapitel 7)

Betroffen war in dieser Gegend auch eine Privatbahn, nämlich die Aachener Straßenbahn, die durch die neue Grenzziehung plötzlich Strecken ins Ausland besaß:

- Aachen – Eynatten – Eupen,
- Aachen – Altenberg (Moresnet),
- Kornelimünster – Eynatten,
- Herbesthal – Eupen – Bellmerin.

Allerdings war die Strecke von Kornelimünster ab Sief bis Eynatten bereits 1916 stillgelegt worden, weil die Gesellschaft für die Herstellung von Munition Kupfer abliefern musste und deshalb wenig frequentierte Streckenteile außer Betrieb setzte. Dort montierte sie die Oberleitung ab und erfüllte damit ihre Kupferquote. Als nach dem Inkrafttreten des Versailler Vertrages die neue Grenze zwischen Belgien und Deutschland völkerrechtlich wirksam wurde, gab es plötzlich auch für die Straßenbahn Grenzstationen. Die Zollämter befanden sich für die Linie nach Altenberg in Backertsweg (deutsch) und in Bildchen (belgisch) sowie für die Eupener Strecke in Köpfchen (deutsch) und Zimmermann (belgisch). Ab dem 17. November 1920 gab es keine durchgehenden Fahrscheine bis nach Belgien hinein, sondern der Fahrgast war an den Grenzpunkten gezwungen, neue zu erwerben. Aber noch blieben die Linien in der Hand der Aachener Straßenbahn.

Das änderte sich erst drei Jahre später. Der Zeitpunkt lässt vermuten, dass es sich um eine Auswirkung des Ruhrkampfes und des passiven Widerstands handelte, denn es war der Moment, als auch die Reichsbahnstrecken von der Regie übernommen wurden. Am 29. März 1923 stellte die belgische Regierung die gesamten Eupener Strecken ab den Grenzpunkten Bildchen und Köpfchen unter Sequester und übertrug die Verwaltung der SNCV – Société Nationale de Chemins de Fer Vicinaux –, der nationalen Kleinbahn-Gesellschaft, die bereits in Eupen an das Aachener Netz anknüpfte. Am 24. November 1924 schlossen die Sequesterverwaltung und die SNCV einen Vertrag, mit der die Altenberger und Eupener Strecken der Aachener Kleinbahn in den Besitz der SNCV übergingen. Die Aachener Kleinbahn hatte auch zehn Triebwagen, zwei Beiwagen sowie drei Güterwagen zusammen mit den 24 km Bahnstrecken abzutreten. Dafür erhielt sie vom Reichsentschädigungsamt für Kriegsschäden einen finanziellen Ausgleich in Höhe von 10 % des Buchwertes der abgetretenen Anlagen. Auf der Linie nach Eupen gab es ab April 1923 keine durchgehenden Züge mehr, sondern einen Umstieg an der Grenze.

Schwieriger wurde es mit der Linie nach Altenberg. Lediglich knapp 3 km dieser Verbindung lagen nun auf belgischem Hoheitsgebiet, und die Strecke besaß keinen Anschluss an das Netz der SNCV. Getrennt vom Aachener Netz betrieben war sie damit wirtschaftlich nicht überlebensfähig. Die SNCV und die Sequesterverwaltung handelten deshalb mit der Aachener Straßenbahn einen Betriebsvertrag aus. Als belgische Behörden trotz dieser Abmachungen am 31. März 1923 einen Triebwagen in Altenberg festhielten, schaltete die Aachener Straßenbahn den Strom auf diesem letzten Streckenteil ab und fuhr nur noch bis zur Grenzstation Bildchen. Die SNCV erhielt Hilfe von der Belgischen Staatsbahn, die zwei Triebwagen der Kleinbahngesellschaft auf die Altenberger Strecke brachte, was dann auch von der belgischen Seite her einen Pendelverkehr zur Grenze ermöglichte. Nachdem die Aachener Straßenbahn ihren beschlagnahmten Triebwagen zurückerhalten hatte, nahm sie am 15. Mai 1923 wieder den durchgehenden Verkehr auf. Am 11. März 1932 kam es zu einem Abkommen, das der Aachener Straßenbahn ab dem 1. April 1932 auf die Dauer von 20 Jahren die Konzession für die Altenberger Strecke gab. Der 1923 beschlagnahmte Triebwagen ging ins volle Eigentum der Aachener Straßenbahn zurück. Sie war im Gegenzug verpflichtet, die Strecke generalzuüberholen, was sie noch 1932 machte, und sie generell zu unterhalten.

Insgesamt waren die Verhältnisse hinsichtlich dessen, was nun Ausland war und was zollrechtlich nicht darunter fiel, kompliziert geworden. Deshalb sei hier ein Ausschnitt aus einem Artikel vom April 1920 zitiert:

- *„Elsass-Lothringen ist in jeder Beziehung als Ausland zu betrachten.*
- *Danzig, Memel sowie die Kreise Eupen und Malmedy sind zwar politisch Ausland geworden, doch ist ihnen zugesichert worden, dass ihr eigener Bedarf an Rohstoffen, Halb- und Fertigwaren grundsätzlich im bisherigen Rahmen von Deutschland aus versorgt werden soll.*
- *Das Saargebiet ist politisch zwar Inland, durch seine Einbeziehung in das französische Zollsystem jedoch Zollausschlussgebiet geworden und daher hinsichtlich Ein- und Ausfuhr als Ausland zu behandeln, doch ist dem Saargebiet die gleiche Zusicherung wie dem unter 2 angeführten Gebiete gegeben.*
- [...]
- *Die besetzten Gebiete sind Inland und als solche zu behandeln."*

Wie im Kapitel 4 geschildert, sah die Realität anders aus.

5.1.4 Der Sonderfall Saarbahnen

Das deutsche Eisenbahnnetz links des Rheins verkleinerte sich durch den Friedensvertrag um die Bahnen Elsass-Lothringens und der Kreise Eupen und Malmedy, die vollständig aus dem Gebiet des Deutschen Reiches ausschieden. Einen Sonderfall bildeten die Bahnen an der Saar. Zwar stand das Saargebiet unter der Verwaltung des Völkerbundes, bildete aber nach wie vor rechtlich gesehen einen Teil des Reiches. Bereits zum 1. Januar 1920 befahl General Foch die Trennung der Bahnen des zukünftig vom Völkerbund verwalteten Teils der ED Saarbrücken von dem, der zur alliierten Besatzungszone gehörte. Aufgrund der formalen Proteste der Reichsregierung unterblieb diese Trennung jedoch vorerst, denn noch gehörte die Saar zum Deutschen Reich.

Nachdem durch die Ratifizierung des Versailler Vertrages die formalrechtlichen Grundlagen geschaffen waren, begann man in den folgenden Wochen und Monaten mit dem Aufbau einer eigenen Verwaltung des Saargebietes. Die interalliierte Rheinlandkommission sandte eine Note an die ED Saarbrücken, die dort am 8. März 1920 eintraf, mit dem Befehl einer Trennung der Strecken der Saarbahnen von denen, die beim Reich verblieben, bis zum 10. März. An diesem Tage gründete man dann die „Direktion der Saarbahnen" mit ehemals 305,5 km preußischer und 82,5 km pfälzischer Bahnstrecken. Letztere hatten zur ED Ludwigshafen gehört. Am 16. März 1921 erhielt sie den Namen „Eisenbahndirektion des Saargebiets". Die außerhalb des Saargebietes liegenden preußischen Strecken wurden ab dem 1. April 1920 als separate Einheit von Saarbrücken aus verwaltet. Auf Verlangen der saarländischen Regierungskommission musste sie innerhalb von drei Tagen mit 250 Beamten nicht nur das Direktionsgebäude, sondern auch Saarbrücken verlassen. Sie richtete sich daraufhin in Trier unter dem Namen „Stammeisenbahndirektion Saarbrücken in Trier" in dieser Stadt ein. Dieser Name missfiel der Interalliierten Rheinlandkommission, und so erhielt sie am 30. Dezember den Namen „Eisenbahndirektion Trier". Da diese Rumpfdirektion relativ klein war, traten die Direktionen Mainz und Köln Strecken an sie ab.

Das Reichsverkehrsministerium und die Saarbahnen vereinbarten am 5. Oktober 1920 eine förmliche Übergabe. Zwischen Mai und Juli 1922 wurden deren Modalitäten festgelegt. Durch die Ereignisse des Jahres 1923 blieben die Verhandlungen stecken und wurden erst 1926 wieder aufgenommen. Es dauerte bis zum 22. November 1927, ehe das förmliche Schlussprotokoll der Über-

Bild 248
Als die Bahnstrecken an der Saar 1920 vom Rest des rheinischen Bahnnetzes abgetrennt wurden, konnten für den weiteren Betrieb Lokomotiven der preußischen und der bayerischen Eisenbahnen übernommen werden. Hier ist die „Saar“ 2430 zu sehen.

Bild 249
Ein ganz besonderes Schicksal kann 55 5665 aufweisen. Es ist eine preußische $G\,8^1$, die nach dem Ersten Weltkrieg zu den Bahnen in Elsass-Lothringen (AL) kam. Als 1935 die Saar zum Reich zurückkehrte, gingen auch zwei Bahnstrecken, die die AL auf deutschem Boden betrieben hatten, nebst einigen Lokomotiven auf die Reichsbahn über. Dazu gehörte auch diese Lokomotive.

Aufnahmen (2): Carl Bellingrodt, Sammlung Klaus Kemp

Bild 250
Der Saarbrücker Hauptbahnhof wurde 1852 eröffnet und in den folgenden Jahrzehnten mehrfach erweitert, zuletzt 1891/93. 1914 sollte er durch einen kompletten Neubau ersetzt werden, was durch den Kriegsausbruch vereitelt wurde. Ende der dreißiger Jahre war man erneut so weit, an einen Neubau heranzugehen. Und wieder war es ein Krieg, der das Projekt verhinderte. Zwischen 1963 und 1967 entstand schließlich das heutige Gebäude.

Aufnahme: Sammlung Klaus Kemp

Bild 251
Im Bau befindliche strategische Bahnstrecken wie zum Beispiel die Strecke von (Neuß-)Holzheim über Horrem und Liblar nach Rech im Ahrtal durften nicht fertiggestellt werden. Die Aufnahme zeigt die im Bau befindliche Adenbachbrücke am 16. März 1923. Obwohl die Schalung fast fertig war, durfte die Brücke nicht fertig gegossen werden. Heute zeugen noch die beiden Pfeiler oberhalb von Ahrweiler von diesem unvollendeten Bahnbau.

AUFNAHME: SAMMLUNG KLAUS KEMP

gabe abgezeichnet werden konnte. Es wurde der einwandfreien Zustand von Anlagen und rollendem Material festgestellt, von einer finanziellen Bewertung aber Abstand genommen.

Da das Saargebiet in das französische Zollgebiet eingegliedert wurde, mussten sofort Zollstellen an den Grenzen zum übrigen Deutschland hin eingerichtet werden, erst provisorisch, dann in den Jahren 1923 bis 1926 mit großem Aufwand endgültig. Das erforderte Erweiterungen an bestehenden Gleisanlagen und zum Teil deren Neubau. Dazu kamen Zollhallen und Dienstgebäude sowie alles Zubehör *„eines Zollsystems von peinlicher Genauigkeit"*.[246] Die größte Neuanlage entstand östlich von Homburg, räumlich getrennt vom Hauptbahnhof und angebunden über speziell dafür angelegte Verbindungsstrecken und -kurven für die Linien von Zweibrücken, Homburg, St. Ingbert und Bexbach. **Zoll- und Passkontrollen** für den Personenverkehr – für den Bereich der Saarbahnen ausdrücklich als französisch bezeichnet – wurden laut Kursbuch von 1925 an den folgenden Bahnhöfen durchgeführt:

Strecke	**deutscher Bahnhof**	**Bahnhof der Saarbahn**
Trier – Saarbrücken	Serrig	Mettlach
Merzig – Büschfeld (Privatbahn)	Büschfeld	
Saarbrücken – Nonnweiler	Limbach	Limbach
Bingerbrück – Türkismühle – Neunkirchen	Türkismühle	Namborn
Kaiserslautern – Homburg – Saarbrücken	Bruchmühlbach	Homburg
Homburg – Zweibrücken	Einöd	Zweibrücken

Die Strecke von Homburg nach Bad Münster wurde bis Homburg von der Rbd Ludwigshafen betrieben. In der Kursbuchtabelle erscheint keine Zollstation.

Laut Versailler Vertrag musste das Reich auch rollendes Material übereignen. So erhielt die Saarbahn 359 Lokomotiven aus 25 verschiedenen Bauarten preußischer und bayerischer Herkunft, 714 Personen-, 238 Gepäck- und 18.192 Güterwagen unterschiedlicher Bauarten sowie fünf Akkumulatortriebwagen.

Da das Saargebiet durch seine Unterstellung unter den Völkerbund nicht zu den durch die Interalliierte Rheinlandkommission verwalteten besetzten Gebieten gehört, wird es im Folgenden nicht weiter berührt, da weder deren Anordnungen noch die Vorschriften und Organisationsänderungen, welche die Reichsbahn über die Jahre erfuhr, dort angewandt wurden. Einzig das Bahnpersonal blieb deutsch und wurde deshalb von Trier aus betreut, soweit es sich um ehemals preußische Beamte handelte, und von Ludwigshafen aus, was die Pfälzer betraf.

5.1.5 Eisenbahnen im besetzten Rheinland unter Alliierter Oberhoheit

Laut Waffenstillstandsabkommen hatten die Alliierten das Recht, die in ihren Besatzungszonen gelegenen Eisenbahnen zu übernehmen. Hierfür gründete man die Interalliierte Eisenbahnkommission unter amerikanischer, belgischer, britischer und französischer Beteiligung. Den Vorsitz reservierten sich die Franzosen. Man wollte die Transportmittel unter Kontrolle haben, um zum einen den Bedarf der Besatzungstruppen zu erfüllen, zum anderen auch die Unterhaltung von Strecken und rollendem Material für alle Eventualitäten sicherzustellen. Eine Verwaltung entsprechend den Grenzen der Besatzungszonen erschien Marschall Foch unpraktisch. Er setzte es deshalb durch, *„das Transportwesen wegen seiner ausschlaggebenden Bedeutung für Kriegszwecke* [als eine Einheit] *fest in der Hand zu behalten."*[247] Das schränkte jedoch auf der anderen Seite die Verfügungsgewalt der einzelnen Besatzungsarmeen ein, was die Amerikaner und Briten sicher stärker verspürten als die Franzosen und Belgier, in deren Hand die Befehlsgewalt lag.

Die neuen Herren im Rheinland ließen zwar die gewachsenen Strukturen des Behörden unangetastet, wozu auch die Eisenbahnen gehörten, setzten ihnen jedoch eigene Besatzungsbehörden vor. Im Falle des Schienennetzes war das die erwähnte Interalliierte Feldeisenbahn-Kommission der Rheinlande C.I.C.F.C.P.R., die ihren Sitz in Trier nahm und dafür sorgte, dass die Bahnen vorrangig die Transportwünsche der Siegermächte umsetzten. Sie setzte Unterkommissionen bei den Eisenbahndirektionen Köln, Mainz, Ludwigshafen und Saarbrücken ein, und französische Feldeisenbahner zogen in alle betrieblichen Dienststellen ein. Zunächst ließen sie die deutschen Eisenbahner mehr oder weniger unbehelligt ihren Dienst tun, versuchten jedoch, sich mit der für sie ungewohnten Technik in den Stellwerken und durch Mitfahrt auf Lokomotiven sach- und ortskundig zu machen.

Es wurden fünf Unterkommissionen mit Sitz in Ludwigshafen, Saarbrücken, Mainz, Koblenz und Köln eingerichtet. Das technische Personal stellten die beteiligten Besatzungsarmeen. Der überwiegende Teil des Bahnnetzes der besetzten Gebiete gehörte den Preußischen Staatseisenbahnen bzw. den Preußisch-Hessischen Eisenbahnen (für die ehemals hessischen Bahnen der Direktion Mainz), sodass sich die Sieger einer einheitlichen Verwaltungsstruktur gegenübersahen. Lediglich die zu Bayern gehörende Pfalz wich davon ab. Die Eisenbahnkommission hatte für die Aufrechterhaltung des Betriebes und für die Durchsetzung militärischer Befehle zu sorgen. Dazu gehörten u. a. die Aufstellung von Fahrplänen und die Bereithaltung von Brennstoffvorräten für 30 Tage. Es wurden auch Pläne entworfen, um im Notfall den

Bahnbetrieb ohne deutsche Eisenbahner übernehmen zu können. Im Zusammenhang mit den weiter oben erwähnten Verkehrsbeschränkungen oblag es dieser Kommission sicherzustellen, dass die Verkehrsbedürfnisse der Alliierten vorrangig bedient wurden sowie außerdem alle Ein- und Ausfuhren in die Besatzungszone zu überwachen und nicht vorschriftsmäßig deklarierte Güter zu beschlagnahmen. Die Kontrolle der Reisenden wurden dagegen auf die deutschen Eisenbahner verlagert, die Fahrscheine nur an Fahrgäste mit gültigen Papieren verkaufen durften.

Mit der Unterzeichnung des Friedensvertrages zog die Interalliierte Feldeisenbahn zusammen mit den deutschen Verbindungs-Beamten nach Wiesbaden um. Eigentlich hätte nun die strenge Kontrolle der Eisenbahnen aufhören müssen, aber die Verordnung N° 6 der Interalliierten Rheinlandkommission legte fest: *„Die C.I.C.F.C. und ihre Organe haben die nichtmilitärischen Transporte zu überwachen, insoweit als sie eine Rückwirkung auf die militärischen Transporte oder die Sicherheit der Armeen haben können."* [248] Damit unterlagen die Eisenbahner nach wie vor der Befehlsgewalt der Besatzungsorgane. Weil sich die Zahl der Feldeisenbahner verringerte, wurde ein Teil der beschlagnahmten Räumlichkeiten wieder für die deutschen Eisenbahner nutzbar.

Bereits 1916 war im Deutschen Reich die Sommerzeit eingeführt worden, ein Beispiel, dem Großbritannien kurz darauf ebenfalls folgte. Eine der ersten Maßnahmen der neuen Herren im Rheinland war die Einführung der Westeuropäischen Zeit, die heute in Europa nur noch auf den britischen Inseln, Irland und Portugal angewendet wird, damals aber auch in Frankreich galt. Die Anpassung erfolgte vom 14. auf den 15. Dezember 1918 und galt zwar für Bahn, Post und alle öffentlichen Institutionen, aber bei den Fahrplänen der Bahn blieb es vorerst doch noch bei der Mitteleuropäischen Zeit. Während nach Kriegsende Deutschland auf die Sommerzeit verzichtete, blieb sie in den westeuropäischen Ländern bestehen, sodass es keinen Zeitunterschied zu Deutschland gab. Das änderte sich mit der Anordnung vom 1. Oktober 1920. An diesem Tage bestimmte die Interalliierte Rheinlandkommission, *„daß aus zwingenden Gründen militärischer Ordnung die Eisenbahnzeit in den besetzten Gebieten in der Nacht vom 25. zum 26. Oktober um 12 Uhr geändert wird, und zwar in Übereinstimmung mit der in diesem Zeitpunkt in Westeuropa eintretenden Zeitänderung."* [249] Damit gab es wenigstens im Winter auch für den Eisenbahnverkehr einen einstündigen Zeitunterschied zwischen den besetzten Gebieten und dem Rest Deutschlands.

Bereits zu diesem Zeitpunkt sprachen sich vor allem die Briten gegen die Einführung der Westeuropäischen Zeit aus. Der britische Hochkommissar wies darauf hin, dass inzwischen der Friedensvertrag ratifiziert war und die Verhältnisse in Deutschland praktisch normal waren. Deshalb gab es keinen Grund mehr, irgendwelche Aggressionen zu erwarten, und deshalb sollte man die Öffentlichkeit nicht den ernsthaften Beeinträchtigungen aussetzen, die sich aus einem Zeitunterschied zwischen besetztem und unbesetztem Deutschland ergaben. Auch der amerikanische Hochkommissar sprach sich dagegen aus, weil er überzeugt war, dass dies ein weiterer Schritt zur Abtrennung des Rheinlands war. Weil die Franzosen jedoch zusammen mit den Belgiern in der Interalliierten Rheinlandkommission die Mehrheit besaßen, setzten sie die westeuropäische Zeit für die Eisenbahnen auch im Herbst 1921 durch und machten sie 1922 zu einer permanenten Einrichtung.

Das Gebiet von Eupen und Malmedy, das laut Friedensvertrag an Belgien fiel, gehörte zur britischen Besatzungszone. Obwohl das Gebiet vorher rein rechtlich noch zum Deutschen Reich gehörte, bestimmte der Oberkommandierende der Alliierten Streitkräfte, Marschall Foch, dass die britischen Truppen wie bereits früher erwähnt am 12. August 1919, zwar nach Unterzeichnung des Friedensvertrages, aber vor dessen Inkrafttreten, dieses Gebiet zu räumen und es an die belgischen Truppen zu übergeben hätten. Das bedeutete auch einen Übergang der deutschen Verwaltung auf die belgische. einschließlich der betroffenen Eisenbahnlinien, allen voran der Vennbahn. Die deutsche Seite protestierte, weil sie darin eine Verletzung des eben erst abgeschlossenen Friedensvertrages sah. Die Briten rückten zwar ab, setzen aber durch, dass unter anderem die Eisenbahnverwaltung bis zur endgültigen Abtretung nach einem Volksentscheid deutsch zu bleiben habe.

Noch vor der Ratifizierung des Friedensvertrages hatte die deutsche Delegation im August 1919 mit Frankreich und Italien bereits im Vorgriff auf den Vertrag Kohlelieferungen verhandelt, die teils auf dem Wasserwege, teils auf der Schiene transportiert werden sollten. Ende September begannen die sogenannten Wiedergutmachungskohlenzüge. Anfangs gab es dabei Stockungen und Störungen, vor allem wegen fehlenden Transportraums. Erst als die Entente überzeugt werden konnte, eigene Wagen zu stellen, gelang es, diese Züge „in einer gewissen Regelmäßigkeit" zu fahren. Im Dezember 1919 gab Frankreich dann hierfür auch eine Anzahl Waffenstillstandslokomotiven leihweise zurück.

Mit dem Abschluss des Friedensvertrags unterstand die Feldeisenbahn-Kommission der Interalliierten Rheinlandkommission. Unterstützt durch die in Paris tagende Reparationskommission versuchten die Franzosen im August 1920, die Eisenbahnen unter die direkte Aufsicht des in Wiesbaden eingerichteten und von der C.I.C.F.C geleiteten Büros für Verkehr und Versorgung zu stellen, vor allem, weil sie für den Transport von Reparationsgütern, allen voran Ruhrkohle, bestimmt seien. Die anderen Mitglieder stimmten dagegen, weil das Rheinlandabkommen den Militärbehörden eine Aufsicht über die Eisenbahnen nur für militärische Zwecke einräume. Der französische Oberkommissar versuchte, sein Vorhaben über direkte Anfragen bei den beteiligten Regierungen durchzusetzen, scheiterte aber auch dort.

Ein drohender Streik der Eisenbahner zu Ende des Jahres 1921 löste bei den Alliierten, vor allem bei den Franzosen, große Unru-

Bild 252
Zur militärischen Infrastruktur der Bahnstrecken gehörten neben Verladerampen auch Verpflegungsstationen wie diese hier bei Kalscheuren südlich von Köln. Auch diese Einrichtungen mussten auf Verlangen der Alliierten entfernt werden.

AUFNAHME: SAMMLUNG KLAUS KEMP

he aus. Obwohl Arbeitgeber wie Arbeitnehmer versicherten, dass dadurch weder die durchgehenden Personen- noch die internationalen Schnellzüge oder die Militärzüge betroffen würden, wollten Paul Tirard und General Jean Payot, sein Verkehrsexperte, den Belagerungszustand ausrufen und die Bahnen vollständig unter ihre Oberaufsicht bringen. Der amerikanische Vertreter General Henry T. Allen verhinderte das, weil er befürchtete, dass das ein erster Schritt zur militärischen Kontrolle der Bahnen sein würde. Aber immerhin wurden die Eisenbahner im Rheinland dienstverpflichtet. Trotzdem fielen einige Züge im Rheinland aus, und andere hatten stundenlange Verspätung. In Berlin einigten sich inzwischen die Eisenbahnergewerkschaft und Eisenbahnverwaltung auf eine Angleichung der Stundenlöhne an die in der Industrie gezahlten Sätze. Der Streik war daraufhin nach drei Tagen, am 2. Januar 1922, beendet. Es dauerte allerdings noch bis zum 4. Januar, bis der Zugverkehr wieder normal lief.

Als Maßnahme zur Beschäftigung der hohen Zahl von Arbeitslosen nahm die Regierung den Bau angefangener oder bereits vor dem Krieg geplanter, jedoch noch nicht begonnener Bahnstrecken wieder auf. Daraufhin entschied die Interalliierte Rheinlandkommission im Oktober 1920, dass die kommandierenden Generale der Besatzungsarmeen ab sofort das Recht besaßen, alle Neubauten und Verbesserungsarbeiten *„zu militärischen Zwecken zu überwachen und Befehle für solche Arbeiten zu erteilen.“*[250] Die deutschen Behörden waren verpflichtet diesen Befehlen unbedingt nachzukommen, die sowohl Planänderungen wie einen Baustopp beinhalten konnten. Dafür wurden den Militärbehörden technische Beamte mit Sitz in Mainz, Wiesbaden, Speyer und Köln zugeteilt.

Die Franzosen brachten das Thema am 19. Januar 1922 vor die Interalliierte Militär-Kommission in Versailles in der Absicht, diese Bauten zu verbieten. Die Botschafterkonferenz der Siegermächte ordnete schließlich am 17. Mai 1922 die **Zerstörung bzw. den Rückbau bestimmter strategischer Bahnen** im besetzten Rheinland und in der entmilitarisierten Zone an. Dabei handelte es sich konkret um folgende Strecken:

1. In Ausführung befindliche Strecken
   - Der Bau der zweigleisigen Strecke Hamborn – Geldern musste sofort eingestellt werden,
   - die zweigleisige Strecke Osterrath – Holzheim – Liblar – Rech durfte nur eingleisig gebaut werden;
   - die Strecke Aachen – Düren – Köln durfte nur zwischen Aachen und Düren viergleisig werden.
   - Die Strecke Trier – Ehrang – Koblenz durfte nur zwischen Trier und Ehrang viergleisig ausgebaut werden.
2. Bereits bestehende Strecken, bei denen bei Ende der Besatzung Reduzierungen der bestehenden Anlagen zu erfolgen hatten:
   - die strategischen zweigleisigen Strecken Remagen – Hillesheim – Losheim, Hillesheim – Gerolstein – Lommersweiler und Bad Münster – Homburg/Saar waren auf ein Gleis zurückzubauen;
   - die nur militärischen Zwecken dienenden Verbindungskurven zwischen den Strecken Geldern – Kleve und Geldern – Wesel sowie zwischen den beiden Rheinstrecken und der Remagener Brücke waren zu zerstören;
   - ebenfalls zu zerstören waren die militärischen Entladerampen und Verpflegungsstationen und ähnliche Einrichtungen.

Hinter diesem Beschluss stand Marschall Foch, der unter Hinweis auf den § 43 des Versailler Vertrags die Möglichkeiten einer deutschen Mobilmachung unterbinden wollte. An der unvollendeten Strecke von Neuss über Liblar ins Ahrtal wurde auch nach dem Kriege zur Beschäftigung von Arbeitslosen weitergebaut. Beim „viergleisigen Ausbau“ der Moselbahn handelte es sich tatsächlich um eine zweite parallel verlaufende, völlig neu trassierte Strecke zwischen Koblenz und Trier. Bei der Strecke von Bad Münster nach Homburg/Saar (Glantalbahn) wurde neben dem Rückbau zur eingleisigen Nebenbahn an anderer Stelle auch der Abbau der Verbindungsstrecke Odernheim – Staudenheim verlangt. Die Diskussion zog sich bis in den Spätherbst 1922 hin. Befürworter waren die Franzosen und Gegner dieser Idee die Amerikaner. Das Auswärtige Amt protestierte am 16. August und am 26. November 1922 mit zwei Noten gegen die geplanten Maßnahmen, ohne zunächst etwas ausrichten zu können. Das Bauende kam von einer völlig unerwarteten Seite, weil schließlich die Reichsbahn selbst alle Arbeiten aus Geldmangel einstellen musste.

Tatsächlich abgebaut wurde 1924 das zweite Gleis der Strecke Stolberg/Rhld. – Walheim. Es war erst 1909 im Zuge des militärischen Ausbaus des Bahnnetzes der Eifel angelegt worden, hatte aber der Bahn eine dichte Zugfolge ermöglicht, um Koks- und Kohlezüge vom Ruhrgebiet nach Luxemburg zu befördern. Durch den Rückbau musste ein Teil der Züge auf andere Strecken umge-

Bild 253
Blick auf den Hauptbahnhof Koblenz um 1909. Auf Verlangen der Alliierten mussten die Festungen in der entmilitarisierten Zone geschliffen werden. Darunter fiel auch die Karthause. Der größte Teil der hier sichtbaren Anlagen wurde deshalb in den zwanziger Jahren abgetragen.

AUFNAHME:
SAMMLUNG KLAUS KEMP

Bild 254 – An einem neblig-nassen Februartag bewacht ein französischer Soldat auf einem menschenleeren Bahnsteig von Düsseldorf Hbf Fahrzeugmaterial und Einrichtungen.
AUFNAHME: BIBLIOTHÈQUE NATIONALE DE FRANCE

leitet werden. Fertiggestellt wurden dagegen die Strecke Neuwied – Koblenz mit der Rheinbrücke bei Urmitz, die ebenfalls zu den Militärplanungen des Ersten Weltkrieges gehörte und eine Anbindung der rechten Rheinstrecke an die neue Moselbahn herstellen sollte. Sie wurde zusammen mit der berühmten Remagener Brücke[251)] erbaut und am 15. August 1918 eröffnet. Sowohl der Rückmarsch der deutschen Truppen wie der Einmarsch der Alliierten hatten sie beschädigt. Sie durfte ausgebessert werden, was bis zum 30. April 1919 erfolgte.

Die militärischen Befestigungen wie z. B. in Köln, Koblenz und Mainz mussten geschleift werden. In Köln war man glücklich darüber, weil das neuen Raum für die Stadtentwicklung schaffte. In Koblenz betraf es vorrangig Anlagen auf dem linken Rheinufer, während es der amerikanische Kommandierende gegen den Willen der Franzosen durchsetzte, dass die Festung Ehrenbreitstein als historisches Monument erhalten blieb. Für die Anlagen in Koblenz, die 1922 gesprengt wurden, kamen zum Abfahren des Schutts sechs Feldbahnlokomotiven mit 600 mm Spurweite und rund 100 Kipploren zum Einsatz. 5,5 km Gleis wurden verlegt.

Im Mittelpunkt von Schillers Schauspiel „Wilhelm Tell“ steht die Befreiung von der Tyrannei. Dass dieses Stück auf der Freilichtbühne in den Ruinen der Kronenburg fünf Jahre lang (1921 bis 1925) mit großem Erfolg aufgeführt wurde, hat viel mit den Zeitumständen zu tun. Die Bahn fuhr einen Sonderzug nach Ende der Vorstellungen sowohl nach Jünkerath im Anschluss an die Züge nach Köln und Trier wie auch ins inzwischen belgische Malmedy. 1923 gestatteten die Franzosen im Ruhrgebiet, wo es ebenfalls an mehreren Orten auf dem Spielplan stand, keine Aufführung dieses Stückes mehr, weil sie es als eine gegen sie gerichtete Demonstration ansahen. Auf der Kronenburg durfte man dagegen weitermachen.

Dass man nicht mehr Herr im eigenen Land war, zeigten nicht nur die große Politik, sondern auch viele Dinge des täglichen Lebens, wie eine Zeitungsnotiz beweist: „*Am 9. Mai 1922 wird darauf hingewiesen, dass die Gerichte der Besatzungstruppen es hart bestrafen, wenn deutsche Reisende in den Eisenbahnzügen die für die Besatzungstruppen reservierten Abtheile benützen. Es wird auf die dreisprachigen Aufklebezettel an den Wagenfenstern hingewiesen, die nicht beschädigt oder entfernt werden dürfen.*“[252)]

5.2 Die Regiebahn

5.2.1 Die Besetzung der Eisenbahnen

Die Akteure auf Seiten der ins Ruhrgebiet eindringenden Kräfte waren dieselben wie im seit Dezember 1918 besetzten Rheingebiet. Auch wenn sich in gewissem Grade die Form ihrer Organisation änderte und sie zudem ihre Taktik beibehielten, ist bei den Besetzungen und im Umgang mit den deutschen Eisenbahnern kein Unterschied zwischen dem sogenannten altbesetzten Gebiet und dem Anfang Januar 1923 okkupierten Industriegebiet an der Ruhr zu sehen. Schließlich waren die Verantwortlichen nach wie vor die Interalliierte Rheinlandkommission sowie der kommandierende General der alliierten Rheinlandarmee und beide Institutionen französisch dominiert.

Gab es vorher schon im altbesetzten Rheinland Eingriffe in den Bahnverkehr, so wurden sie mit der Ausrufung des passiven Widerstands im Januar 1923 drastischer. Um den Abtransport von Kohle nach Belgien und Frankreich zu verhindern, traten die Eisenbahner an Rhein und Ruhr am 30. Januar in den Streik. Im Gegenzug besetzten französische Feldeisenbahner unter dem Kommando der alliierten Rheinlandarmee wichtige Bahnhöfe und andere Einrichtungen der Reichsbahn. Sie stellten sicher, dass wenigstens die für die Besatzungsmacht wichtigen Züge verkehren konnten. Die Strecken wurden „militarisiert“, das heißt, eine Art starrer Fahrplan – ähnlich dem deutschen Heer in seinen Aufmarschplänen – benutzt. Hierbei durfte auf einer zweigleisigen Strecke alle 20 min ein Zug mit einer auf 30 km/h festgelegten Geschwindigkeit verkehren. Dies erlaubte zwar das Fahren ohne Signale, schränkte aber die Kapazität der Strecke stark ein. So brauchte z. B. im März 1923 der Schnellzug Koblenz – Trier – Paris für die 110 km Strecke zwischen Koblenz und Trier vier bis fünf Stunden. Zudem mussten die Fahrgäste unterschreiben, dass sie bei Unfällen keinen Anspruch auf Schadensersatz besaßen.

Die Feldeisenbahner wurden von den großen französischen und belgischen Bahnlinien gestellt, wo sie in einschlägigen Bereichen wie Unterhaltung des Fahrwegs, Zugförderung und Signal-

Bild 255
Dieses Düsseldorfer Betriebswerk steht voller Lokomotiven, die die französischen Eisenbahner nicht nutzen konnten, weil die Deutschen zu Beginn des passiven Widerstands die Drehscheibe unbrauchbar gemacht hatten.

AUFNAHME:
SAMMLUNG KLAUS KEMP

technik gearbeitet hatten. Man teilte das besetzte deutsche Bahnnetz so auf, dass jeweils die freigestellten Mitarbeiter einer Bahn für einen bestimmten Bezirk zuständig waren:

- Rbd Trier — Eisenbahner der PLM
- Rbd Ludwigshafen — Eisenbahner der PO
- Rbd Mainz — Eisenbahner der Midi
- Rbd Köln — Eisenbahner der Nord (Strecken außerhalb der brit. Zone mit Sitz in Düren)
- Rbd Essen — Eisenbahner der ETAT, verstärkt durch Kontingente der Ostbahn und AL
- Aachen — Belgische Staatsbahn

Die zentrale Leitung dieser Feldeisenbahnabteilungen etablierte sich in Koblenz, dem Sitz der Interalliierten Rheinlandkommission, mit der sie sehr eng zusammenarbeitete. Erklärtes **Ziel und Auftrag dieser Feldeisenbahner** war es:

a) den Betrieb sicherzustellen für
  - die Kommunikation der Armeen;
  - Truppentransporte (Verschiebungen, Verstärkungen, Entlassungen);
  - Nachschub;
  - unbedingt notwendiger internationaler und geschäftlicher Reiseverkehr der Rheinlande.

b) Kontrollfunktionen
  - Die Organisation und der Betrieb von Kontrollposten an den Eisenbahnen entlang der gesamten Grenze zwischen dem unbesetzten Deutschland und den besetzten Gebieten, um die von der Interalliierten Rheinlandkommission und dem Oberbefehlshaber erteilten Verbote durchgesetzt werden können.
  - Die Organisation von Kontrollposten an den Eisenbahnen innerhalb des Ruhrgebiets, um die Kohle erzeugenden Bergwerke von den Kohle verbrauchenden Stahlwerken zu trennen.

c) Umleitungen und Beschlagnahmungen
  - Beschlagnahmung von mit Kohle und Koks beladenen Wagen an den Kontrollstellen und auf den Bahnhöfen des Ruhrgebiets und ihre Umlenkung in Richtung Frankreich.
  - Beschlagnahmung verschiedenen Materials entsprechend den regelmäßigen Anforderungen der Besatzungsmacht.

d) Räumen von Kohlehalden
  - In Zusammenarbeit mit der MICUM Unterstützung bei der Beschlagnahmung von Kohle auf dem Gelände der Zechen;
  - Herstellung von Verbindungswegen zum Abtransport dieser Kohle sowie deren Versand nach Frankreich, Belgien und Luxemburg.

Bild 256
Französische Mechaniker bemühen sich im Februar 1923 in einem Düsseldorfer Betriebswerk, eine preußische P 8 wieder in Gang zu bringen.

AUFNAHME:
SAMMLUNG KLAUS KEMP

5.2.2 Die Gründung der Regiebahn

Der passive Widerstand traf die Besatzer völlig unvorbereitet. Vor allem die Dimension der Dienstverweigerung hatten sie nicht erwartet, und so hatten sie keinerlei Vorkehrungen getroffen, wenigstens den Bahnbetrieb aufrechtzuerhalten. Es trat eine fast vollständige Lähmung des Eisenbahnverkehr und der Produktion im Ruhrgebiet ein. Der Leiter der MICUM kehrte nach kurzer Zeit nach Paris zurück, weil er trotz des drastisch aufgestockten Kontingents französischer Feldeisenbahner unter diesen Umständen seine Aufgabe nicht gewährleisten konnte, Kohlelieferungen nach Frankreich im gewünschten Umfang sicherzustellen. Sein Vorschlag an die Regierung in Paris war, sich entweder auf eine rein militärische Besetzung des Ruhrgebiets zu beschränken, um dadurch Deutschland in die Knie zu zwingen, oder die vollständige Verwaltung der besetzten Gebiete zu übernehmen einschließlich des direkten Betriebes der Eisenbahnen und Bergwerke. Wegen der Kosten, die das verursachen würde, verwarf die französische Regierung vorerst diesen Vorschlag.

Die von Frankreich dominierte Interalliierte Rheinlandkommission versuchte in einem ersten Schritt dadurch der Lage Herr zu werden, indem sie sich bemühte, durch Unterstellung wichtiger Bahnstrecken unter militärische Befehlsgewalt den Betrieb aufrechtzuerhalten. Die Betriebssituation war auf Grund des spürbaren Mangels an technischem Personal, über das die Militärbehörde verfügte, sehr kritisch. Den Feldeisenbahnabteilungen der französischen und belgischen Armeen gelang es nur unter großen Anstrengungen, die Lebensmittelversorgung der Truppen mit einem reduzierten Dienst sicherzustellen, der jedoch nicht ausreichte, um den Transport der Kohle von der Ruhr durchzuführen, und vor allem, um die Bevölkerung des Rheinlands zu versorgen.

Ab Ende Januar 1923 wuchs die Zahl der französischen Eisenbahntruppen zwar, wie bereits an anderer Stelle ausgeführt, aber die Soldaten besaßen wenig Erfahrung im Umgang mit deutschen Lokomotiven und Eisenbahnanlagen. Zudem betrieben sie das Netz unter militärischen Aspekten, was eine rationelle Ausnutzung der Bahnen fast unmöglich machte. Schließlich beschlossen die französischen und belgischen Regierungen, ein großes Kontingent von Eisenbahnern, Reservisten oder Freiwilligen in das Rheinland und ins Ruhrgebiet zu senden. Parallel dazu wurde versucht, fertig beladene Güterzüge mit französischen Lokomotiven vor allem über die Mosel- und die Eifelstrecke abzufahren.

Dabei wurden jedoch, wie im Kapitel 4 ausführlich dargestellt, deutsche Signale missachtet, weshalb das deutsche Personal – soweit es noch Dienst tat – jeden Zugbetrieb auf den betroffenen Strecken einstellte, um Unfälle zu vermeiden. Die Feldeisenbahntruppen stellten immerhin ab dem 7. Februar sicher, dass es jeden Tag ein Zugpaar auf den wichtigsten Verbindungslinien für die Bedürfnisse der Streitkräfte und wenigstens jeden zweiten Tag einen Versorgungszug für die an der Ruhr stehenden Truppen gab. Im März verkehrten täglich lediglich 277 Züge auf dem inzwischen größtenteils besetzten Netz im Rheinland und an der Ruhr.[253)]

Um diesen minimalen Betrieb aufrechterhalten zu können, besetzten Liniensoldaten die Bahnhöfe, um diese zu bewachen. Ein stationärer Betriebsdienst fand nirgendwo statt. Die Lokomotivführer waren alleine für die Sicherheit des Zuges verantwortlich. Sie fuhren auf Sicht und mussten die Strecke bei der Fahrt auf Hindernisse beobachten. Zur Sicherheit legte man die Hauptfahrstraßen durch Festkeilen abzweigender Weichen fest. Im ganzen Februar gab es deshalb nur einen sehr beschränkten Eisenbahnverkehr, der einzig und allein den militärischen Erfordernissen genügen konnte. Der zivile Personen- und Güterverkehr ruhte völlig.

In Anwesenheit von Marschall Foch entschied der Ministerrat am 26. Januar 1923, den Minister für öffentliche Arbeiten Yves Le Trocquer und General Maxime Weygand, der 1918 an den Waffenstillstandsverhandlungen teilgenommen hatte, als Gutachter an die Ruhr zu senden, um eine Bestandsaufnahme zu machen, die Verkehrslage in den besetzten Gebieten zu untersuchen und Lösungsvorschläge zur Behebung der Probleme auszuarbeiten. Sie besuchten Anfang Februar 1923 die besetzten Gebiete, wobei sie sich auch mit der Verwaltung der Alliierten dort abstimmten, ehe sie ihren Bericht der französischen und der belgischen Regierung zur Entscheidung vorlegten. Sie bestätigten die Einschätzung des Leiters von MICUM, Émile Coste, aber ein Rückzug erschien undenkbar, weil die Früchte des Sieges von 1918 damit in Frage gestellt würden. General Jean Payot, ein Verkehrsexperte, schlug die Übernahme der Bahnen in den besetzten Gebieten vor, die von alliiertem Personal verwaltet und falls nötig auch betrieben werden sollten. Selbst eine Enteignung der deutschen Bahnen wurde diskutiert. Sobald die Bahnen erst einmal wieder liefen, konnte man die auf Halde liegenden Vorräte an Kohle und Koks abtransportieren. Das würde helfen, eine gewisse Anzahl von französischen Hochöfen in Betrieb zu halten und gleichzeitig einen kurzfristigen Gewinn aus der Besetzung zur Folge haben. Seine Einschätzung der Lage kostete Émile Coste übrigens seine Stelle, weil er dadurch in den Augen seiner Vorgesetzten als zu weich erschien. Im März 1923 ersetzte ihn General Degoutte durch seinen bisherigen Stellvertreter Paul Frantzen.

Auf der Basis dieser Vorschläge entschied sich die französische Regierung nun doch für die Gründung einer Gesellschaft zum Betrieb der Bahnen im Rheinland und an der Ruhr. Der finanzielle Aspekt wurde lange diskutiert. Laut der Gutachter bedurfte es einer Anschubfinanzierung, welche die beiden beteiligten Regierungen am Ende als Darlehen zur Verfügung stellten. Am 13. Februar bestellten sie H. Bréaud, der bis dahin Sub-Direktor bei der französischen Staatsbahn (Chemins de Fer de l'État) war, als designierten Direktor der neuen Bahn unter alliierter Verwaltung.

Noch einmal versuchte man, die deutschen Eisenbahner an ihren Arbeitsplatz zurückzubringen. Da gutes Zureden bisher nichts gefruchtet hatte, versuchten die Besatzungsbehörden es nun mit einer anderen Tonart. Am 26. Februar 1923 drohten sie den deutschen Beamten, die weiter ihre Befehle verweigerten, mit der Todesstrafe, weil diese nach ihrer Auffassung laut Rheinlandabkommen dem Oberkommandierenden der Besatzungstruppen unterstanden. Vom Deutschen Eisenbahnerverband wurden die Eisenbahner daraufhin aufgerufen, trotzdem an der Dienstverweigerung festzuhalten. Reichspräsident Ebert und Reichsverkehrsminister Groener hielten mit ihren Appellen ebenfalls gegen die französischen Drohungen und appellierten an die Eisenbahner, ihren *„Heldenkampf gegen die Besatzer durchzuhalten"*.[254)] Die Eisenbahner standen weiter fast geschlossen gegen die Eindringlinge, nur sehr wenige leisteten den französischen Aufrufen Folge.

Am 1. März 1923 erließ Paul Tirard gegen den Willen Großbritanniens die Verordnung Nr. 149 der HCITR zur Bildung der „Régie des Chemins de Fer des Territoires Occupés" (Verwaltung der Eisenbahnen der besetzten Gebiete), kurz Regie oder Regiebahn. Sie entstand als eine alliierte Verwaltungseinheit und nicht als formale Firma, die den Bahnbetrieb in technischer, kommerzieller und finanzieller Hinsicht auf unbestimmte Zeit in der französischen und belgischen Besatzungszone sicherstellen sollte. Ein in Frankreich am selben Tag erlassenes Dekret sollte ihr die völkerrechtliche Grundlage verleihen. Auch der belgische König erließ ein gleichlautendes Dekret. Da die Interalliierte Rheinlandkommission laut Versailler Vertrag nur im Rheinland das Sagen hatte, veröffentlichte General Degoutte eine nahezu wortgleiche Verordnung für das Ruhrgebiet. Man erwartete, dadurch nach internationalem Recht nicht mehr angreifbar zu sein. Die Verordnung Nr. 14915 ermächtigte den Direktor der Regie, alle erforderlich erscheinenden Maßnahmen durchzuführen, um einen

Bild 257 – Vor dem Verlassen ihres Arbeitsplatzes haben die deutschen Eisenbahner offensichtlich den Zugang zum Lokschuppen im Hintergrund zugeschüttet. Französische Soldaten versuchen, das Gleis mit Hilfe eines Kohlenbaggers wieder freizuschaufeln.
AUFNAHME: BIBLIOTHÈQUE NATIONALE DE FRANCE

reibungslosen Betrieb zu garantieren. Das dafür notwendige Kapital, eine Anleihe von 145 Mio. Franc, kam zum größten Teil aus Frankreich. Am 10. März erfolgte mit der Verordnung Nr. 150 die definitive Ernennung des Direktors der Regiebahn und seiner beiden Stellvertreter, des Franzosen Frant, Vizedirektor der Betriebswirtschaftsabteilung der französischen Staatsbahn und des Belgiers Berger, leitender Ingenieur der dortigen Staatsbahn (Chemins de fer de l'État belge). Vor allem Poincaré erwartete anfangs ein hohes Defizit dieses Unternehmens. Das zeigt eine Anweisung für den neuen Direktor, die Betriebsverluste für das Bahnunternehmen unter 1 Mio. Franc pro Tag zu halten. Die Befehlsgewalt über die Regiebahn sowie die Dienstaufsicht teilten sich der Oberbefehlshaber der französischen Rheinarmee, der Generaldirektor der Verkehrs- und Versorgungsstelle des Heeres (D.G.C.R.A.) im Generalsrang sowie die alliierte Feldeisenbahnkommission.

Da man sich auf einem rechtlich unsicheren Boden bewegte, ließ der Direktor der Regiebahnen alle internen Verordnungen durch die Interalliierte Rheinlandkommission sowie durch den Oberbefehlshaber der Ruhrbesatzung bestätigen, um sie dadurch formal sowohl in den alt- wie in den neubesetzten Gebieten anwenden zu können.

Durch das Dekret der französischen Regierung und die Verordnung der Interalliierten Rheinlandkommission stand nach französischer Rechtsauffassung fest, dass die Anordnungen des Direktors der Regie die gleiche rechtliche Bedeutung und Verbindlichkeit besaßen wie die Verordnungen der Rheinlandkommission. Auf einer französisch-belgischen Konferenz in Brüssel wurde deren Organisation am 12. März 1923 festgelegt, während Engländer und Amerikaner sich an diesem Vorgehen nicht beteiligten. Allerdings war das Eisenbahnsystem an der Ruhr so komplex, dass die Regiebahn erst nach einigen Monaten mehr oder weniger reibungslos funktionierte.

Als Dienstsitz wurde zuerst Düsseldorf festgelegt, wo die Verwaltung Räume der Oberpostdirektion für ihre Zwecke beschlagnahmte und formell am 19. März 1923 ihre Arbeit aufnahm. Hier befand sich das Hauptquartier des französischen Oberkommandierenden für das Ruhrgebiet, General Degoutte, der Requisitionsrecht und die Befehlsgewalt über die Eisenbahnen, die Post sowie die Schifffahrt besaß. Regionaldirektionen wurden in den Reichsbahndirektionen Essen, Köln, Mainz, Trier und Ludwigshafen sowie in Aachen eingerichtet. Die letztere wurde speziell für die Bahnlinien in der belgischen Besatzungszone geschaffen. Da sich die Kölner Direktion außerhalb der Reichweite der Regiebahn befand, wurde Düren zum Sitz der eigenen Regionalverwaltung für die außerhalb der britischen Zone liegenden Strecken der Rbd Köln, die nicht von den Belgiern verwaltet wurde. Damit war diese Direktion de facto auf drei verschiedene Verwaltungen aufgeteilt. Düsseldorf als Hauptsitz war von Anfang an nur als Provisorium angesehen worden.

Die Leitung der Regiebahn liebäugelte mit Koblenz als endgültigem Standort der zentralen Verwaltung, weil sie dadurch in der Nähe der Interalliierten Rheinlandkommission gewesen wäre. Die Stadt war jedoch durch diese Kommission wie durch die Menge alliierter Soldaten so stark belegt, dass es an Unterbringungsmöglichkeiten für eine neue Behörde fehlte. Deshalb fiel schließlich die Entscheidung auf Mainz, wo am 8. April 1923 das Gebäude der Reichsbahndirektion bezogen wurde. Nach dem Ende des passiven Widerstands wuchs der Verwaltungsapparat so an, dass man in Wiesbaden eine Außenstelle für die Abteilung Baudienst einrichten musste.

Nachdem die formalen Voraussetzungen für die Übernahme der deutschen Staatsbahnstrecken in dem von den Franzosen und Belgiern kontrollierten Bereich geschaffen waren, machte die Regiebahn am 20. März 1923 bekannt, dass sie nun sowohl die Verwaltung wie auch den Betrieb der Eisenbahnen dort übernähme. Gleichzeitig wurden die Eisenbahner darauf hingewiesen, dass sie nun der Regiebahn und nicht mehr deutschen Stellen unterständen. Wer nicht bereit war, die Arbeit wiederaufzunehmen, musste damit rechnen, mitsamt seiner Familie abgeschoben zu werden. Hiergegen protestierte die Reichsregierung in einem ausführlichen Schreiben:[255]

„Die Interalliierte Rheinlandkommission hat durch die Verordnungen 149 und 150 dem Oberbefehlshaber der interalliierten Besatzungstruppen diktatorische Gewalt über die deutschen Eisenbahnen übertragen und unter völliger Ausschaltung der deutschen Reichsbahnverwaltung eine ‚interalliierte Regie der Eisenbahnen des besetzten Gebietes' eingerichtet, deren Leitung sie einem französischen Direktor und je einem französischen und belgischen beigeordneten Direktor unterstellt. Die neue Verwaltung soll befugt sein, das bisherige Personal insgesamt oder im Wege der Einzelkündigung zu entlassen. Die Verordnungen werden damit begründet, daß die deutsche Regierung durch gewisse unter angeblicher Verletzung des Vertrages von Versailles und des Rheinlandabkommens an ihre Beamten erlassenen Befehle den Eisenbahnverkehr in den besetzten Gebieten lahmgelegt und somit die Sicherheit und den Unterhalt der interalliierten Armeen sowie der Zivilbevölkerung der besetzten Gebiete gefährdet habe.

Die deutsche Regierung muss den Vorwurf der Vertragsverletzung auf das Entschiedenste zurückweisen. Die von ihr den Eisenbahnbeamten im vertragsmäßig besetzten Gebiet erteilten Befehle lauten ausdrücklich dahin, daß alle von den alliierten Behörden in Übereinstimmung mit dem Rheinlandabkommen geforderten Militärtransporte für die Bedürfnisse der Besatzung in dem nach Maßgabe des Vertrages von Versailles besetzten Gebiet durchzuführen seien. Dagegen hat es die deutsche Regierung mit Recht abgelehnt, die deutschen Eisenbahnen und ihr Personal für solche Militärtransporte zur Verfügung zu stellen, die den von der französischen und belgischen Regierung eingeleiteten Gewaltaktionen dienen sollen."

Bild 258 – Der erste Zug, den die französischen Feldeisenbahner in Gang gebracht haben und der den Hauptbahnhof Düsseldorf mit dem Ziel Frankreich verlässt.
AUFNAHME: BIBLIOTHÈQUE NATIONALE DE FRANCE

Wie nicht anders zu erwarten, verhallte der deutsche Protest ungehört. Genausowenig folgten die deutschen Eisenbahner dem Aufruf der Regiebahn, den Betrieb wieder aufzunehmen, sondern hielten sich an eine neuerliche Anordnung des Reichsverkehrsministers Groener, nachdem diejenigen Eisenbahner, die in den Dienst der Regiebahn eintraten, mit strafrechtlichen Konsequenzen bedroht wurden. Insgeheim hatte die Gegenseite damit gerechnet, dass wenigstens ein Teil der Eisenbahner zurückkehren würde, aber diese verweigerten sich fast vollständig. Ohne ihr Fachwissen musste der Neustart ungleich schwerer werden.

Die Führung der Regiebahn musste unter diesen Umständen von einem Moment zum anderen eine neue Organisation für ein schon bestehendes Bahnnetz schaffen. Als Vorbilder für die Generaldirektion wurden die Organisationsstruktur der großen französischen und belgischen Bahnen gewählt. Dort gab es neben dem Sekretariat Abteilungen für Betrieb, Zugförderung, Bahnunterhaltung, Abrechnungswesen und Finanzen. Auf der nachfolgenden Ebene der Eisenbahndirektionen wurde dagegen am Ende das deutsche Modell einer relativ autonomen örtlichen Leitung übernommen. Auch auf den Ebenen darunter blieb es im Großen und Ganzen bei den deutschen Vorschriften, wobei die Regie jedoch – wenigstens dem Anspruch nach – darauf bedacht war, sie flexibler als bisher zu gestalten, weil sie hoffte, dadurch die Rentabilität zu erhöhen. Andererseits neigte sie trotzdem in vielen Dingen zur Zentralisierung.

Die Organisation sah unterhalb der Generaldirektion sechs Direktionen vor, und zwar in Essen, Düren, Trier, Mainz, Ludwigshafen und Aachen. Alle waren rein französisch besetzt, bis auf Aachen, das den Belgiern unterstand. In der gleichen Weise waren auch die weiteren Positionen besetzt. Überall gab es französisches Personal, bis auf den Bereich zwischen Aachen, Stolberg, Jülich, Krefeld und Rheinhausen sowie das Gebiet des linken Niederrheins nördlich davon, wo ausschließlich Belgier Dienst taten. Unterhalb der Direktionen waren Inspektionen (inspections), Streckenbezirke (districts de voie) und Bahnbetriebswerke (dépôts) angeordnet. Im Dürener Direktionsbezirk gab es Inspektionen in Neuss, Düren, Euskirchen, Bonn und Koblenz. Die Streckenbezirke hatten ihren Sitz in Neuss, Düren, Jünkerath, Bonn, Troisdorf, Remagen und Koblenz. Depots fanden sich in allen diesen Orten mit Ausnahme von Remagen. Daneben gab es noch Serviceeinheiten wie z. B. einen elektrischen Dienst, die im Direktionsbezirk ebenfalls Unterstellen besaßen. Die Bahnhöfe bildeten die unterste Hierarchie in dieser Organisationsstruktur. Während des Ruhrkampfs, als der öffentliche Güterverkehr minimal war, besorgten sie auch den Güterbeförderungsdienst. Nach Ende des passiven Widerstands wurden dann entsprechend des Bedarfs wieder Güterabfertigungen geöffnet. Die Organisation der anderen Direktionen entsprach weitgehend dem Modell von Düren. Die Werkstätten waren in den Anfangszeiten an Privatunternehmer verpachtet, sodass die Regiebahn keinen direkten Einfluss mehr besaß (siehe Abschnitt 5.4.3).

Als die Regie am 13. März 1923 die **Eisenbahnen im Rheinland und an der Ruhr** übernahm, konnte sie von den 5.244 km in ihrem Einflussbereich lediglich 1.478 km betreiben. Der Militärbetrieb hatte Züge nach einem Militärfahrplan gefahren und dabei viele Bahnhöfe nicht bedient. Es war also alles andere als ein normaler friedensmäßiger Betrieb. Es handelte sich um die Strecken:

- Aachen – Buir (– Kölner Zone),
- Aachen – Krefeld,
- (Metz –) Perl – Koblenz,
- (Saarbrücken –) Saar-Holzbach – Trier – Gerolstein – Liblar (– Kölner Zone)
- (Saarbrücken –) Namborn – Bingen,
- Weißenburg/Lauterburg – Mainz,
- Koblenz – Düsseldorf (ausschließlich Brühl – Worringen in der englischen Zone),
- (Saarbrücken –) Homburg – Neustadt – Ludwigshafen,
- (Saarbrücken –) Zweibrücken – Landau – Germersheim,
- Düsseldorf – Hattingen – Hagen-Hengstey,
- Düsseldorf – Duisburg,
- Duisburg – Hamborn – Bottrop – Lünen Süd.

Die Zugbelegung der Strecken betrug allerdings nur einen Bruchteil dessen, was die Reichsbahn vorher durchgeführt hatte. Vier

Zugpaare täglich zwischen Düsseldorf und Duisburg stellten nicht einmal 10 % des Verkehrs dar, den es vorher auf dieser Strecke gegeben hatte, nämlich 43 Zugpaare.

Die Regiebahn erkundete als nächsten Schritt nicht von ihr betriebene Strecken, besetzte die Bahnhöfe mit eigenem Personal und nahm eine fahrplanmäßige Bedienung auf. Bis zum 1. Juli konnte so das Streckennetz auf rund 3.000 km ausgedehnt werden. Zu diesen **zusätzlich übernommenen Strecken** gehörten:

- Essen – Essen-Langendreer – Dortmund,
- Essen – Wanne – Dortmund,
- Krefeld – Kleve,
- (Saarlouis –) Büschfeld – Hermeskeil – Simmern – Langenlonsheim,
- Koblenz – Diez,
- Diez – Wiesbaden,
- Wiesbaden – Frankfurt (M.)-Höchst,
- Mainz – Goldstein,
- Mainz – Oberlahnstein – Troisdorf.

Bis zum 1. Oktober 1923 wuchs das Netz auf rund 3.600 km. Zu den neu übernommenen Strecken gehörten Homburg (Saar) – Bad Münster am Stein, Remagen – Hillesheim – Gerolstein – Lommersweiler sowie eine Anzahl weiterer Nebenbahnen. Am 1. Dezember 1923 betrieb die Regie ein Netz von 5.251 km. Allerdings verzichtete sie auf einen Betrieb der Strecken im Brückenkopf Kehl, weil dieser Bereich relativ klein und vom Rest des Netzes isoliert war. Das besorgten dann die Bahnen von Elsass-Lothringen auf Rechnung der Regiebahn.

Nachdem die Briten nicht willens waren, sich an der Ruhraktion zu beteiligen, bildete deren Besatzungszone um Köln verkehrstechnisch gesehen ein großes Problem für Frankreich. Ursprünglich hatte die britische Zone von der belgischen Grenze in der Eifel bis zum Rhein gereicht. 1919 hatten sie wie erwähnt den westlichen Teil mit Düren, Jülich und Schleiden den Franzosen überlassen. Die wiederum traten im September 1922 Jülich und Schleiden an die Belgier ab, behielten aber bis zum endgültigen Abzug im November 1929 die Gegend um Düren, weil sie auf diesen wichtigen Eisenbahnknotenpunkt auf dem Weg zum Ruhrgebiet nicht verzichten wollten, nachdem sie schon keinen Zugriff auf Köln besaßen.

Theoretisch wäre eine Führung von Zügen statt über Köln oder Düren auch über Jülich in Richtung Ruhrgebiet möglich gewesen ohne englisches Besatzungsgebiet zu berühren. Das hätte jedoch große Umwege bedeutet, um die Eifelbahn in Euskirchen und die linke Rheinstrecke ab Bonn zu erreichen. Deshalb wurde diese Lösung schnell wieder verworfen. Frankreich suchte nach Alternativen und fragte über diplomatische Kanäle in Großbritannien an, ob es die Strecke Düren – Bedburg – Neuss, die teilweise durch die englische Besatzungszone lief, für den Verkehr zur und von der Ruhr benutzen könnte. Die Briten, die der französischen Ruhrpolitik ablehnend gegenüberstanden, antworteten, dass auf der anderen Hauptbahn von Aachen aus vor dem 11. Januar täglich 26 von den 36 Zügen zur Ruhr gefahren seien. Das dürfte unter den gegenwärtigen Bedingungen wohl ausreichen. Weil Poincaré unbedingt zu einer Übereinkunft mit London kommen wollte, wies er Paul Tirard an, geplante Entscheidungen der Rheinlandkommission zurückzustellen, die den Widerspruch Großbritanniens hervorrufen könnten.

Auf der anderen Seite erhielten die örtlichen britischen Befehlshaber in Köln aus London die Vorgabe, kein Unternehmen zu fördern, das als eine Unterstützung der französisch-belgischen Ruhrpolitik ausgelegt werden könnte. Der englische General Godley, Oberbefehlshaber der britischen Rheinarmee, und sein französisches Gegenüber Payot, Kommandant für das Transportwesen der alliierten Streitkräfte, erhielten von ihren Regierungen auf der Basis dieser Vorgaben eine Verhandlungsvollmacht und unterzeichneten schließlich am 16. Februar 1923 ein Abkommen, das es den Franzosen erlaubte, pro Tag zehn Kohlezüge über die Strecke Neuss – Düren zu fahren sowie zwei Züge mit Versorgungsgütern, jedoch weder Truppen noch Beamte noch deren Angehörige. Das war der Verkehr, den es vor der Besetzung der Ruhr dort gegeben hatte. Die belgische Nordbahn (Compagnie du Nord), die den Verkehr mit Deutschland besorgte, nutzte diese neue Verbindung, um zwei Schnellzugpaare Paris – Brüssel – Aachen – Düsseldorf täglich verkehren zu lassen.

Am 19. Februar 1923 um 18 Uhr übergaben die Briten den Franzosen diese Bahnstrecke. Da die deutschen Eisenbahner nicht für die neuen Herren arbeiten wollten, wurden sie vertrieben. Bis die Franzosen die Strecke voll in Besitz genommen hatten, bildeten 100 britische Soldaten die Bahnwache. Am 3. April kamen General Godley und General Payot schließlich überein, diesen Zipfel der britischen Zone, durch den diese Strecke lief, ganz den Franzosen zu überlassen. Parallel dazu gestatteten sie den Franzosen nun, täglich in beide Richtungen je zehn Militär- sowie zwei Nachschubzüge auf der linken Rheinseite durch Köln hindurchzufahren, die jedoch nicht zu einer Verstärkung der französischen Truppen im Ruhrgebiet führen durften. Diese Züge verkehrten über die Verbindung Brühl bzw. Liblar – Kalscheuren – Köln-Gereon – Worringen. Der Vollständigkeit halber sei erwähnt, dass nach Ende der Ruhrbesetzung am 11. Dezember 1924 dieser Zipfel formal wieder der britischen Besatzungszone zugeordnet wurde.

Trotz der Vereinbarung von Godley und Payot gab es bei der Durchfahrt durch die britische Zone noch zahlreiche Schwierigkeiten. Nicht eingeschlossen als autorisierte Fahrgäste für den Transit waren die Beschäftigten der französischen und belgischen Militärbehörden, die mit Transportaufträgen versehenen Personen und erst recht nicht Zivilisten wie die Mitglieder der technischen Missionen, Zoll usw. und die deutschen Staatsangehörigen, die

Bilder 259/260
Anfang Februar 1923 reiste der französische Minister für öffentliche Arbeiten Yves Le Trocquer an die Ruhr, um nach einer Lösung für die Inbetriebnahme der Bahnstrecken zu suchen. Hier trifft er mit dem Befehlshaber der Besatzungstruppen an der Ruhr, General Degoutte, in Düsseldorf zusammen (links). Auf seiner Reise besuchte Le Trocquer in Begleitung von General Payot, dem Verkehrsexperten der Besatzungstruppen, das Ruhrgebiet, oben vor einem Stellwerk am Essener Hauptbahnhof.

AUFNAHMEN (2): SAMMLUNG K. KEMP

Bild 261 – Der Sitz der Hauptverwaltung der Regiebahn befand sich in Mainz in der Kaiserstraße 3 im Gebäude der damaligen Reichsbahndirektion.

Bild 262 – Düren war ein wichtiger Knotenbahnhof im von der Regie betriebenen rheinischen Bahnnetz. Hier eine Ansicht der Bahnhofsgebäudes um 1910.

Bild 263 – Auf diesem Bild ist der alte Bahnhof von Euskirchen zu sehen. Über Euskirchen lief der Versand der an der Ruhr beschlagnahmten Kohlen von Düsseldorf/Neuss um Köln herum am Rhein entlang oder über die Eifelbahn.

Bild 264 – Der Teil der RBD Köln, der bei den Franzosen verblieb, wurde von Düren aus verwaltet. Die Ansichtskarte zeigt das Gebäude, in dem die örtliche Administration der Regiebahn untergebracht war. AUFNAHMEN (4): SAMMLUNG KLAUS KEMP

die Regiezüge benutzten. Die deutschen Eisenbahner der Kölner Zone nutzten ihre Position dazu, diesen Reisenden die Durchfahrt durch die britische Zone zu verwehren. Sie vermieden es, die eigenen Fahrpläne mit denen der Regiebahn abzustimmen. Die unerwünschten Reisenden mussten mitten auf der Strecke sowie außerhalb der Umsteigebahnhöfe Kierberg, Brühl und Worringen ein- und aussteigen. Ebenso wurde der Transport von Gepäck verweigert. Die Regie sah sich schließlich gezwungen, Autobuslinien für zivile Reisende aus dem Rheinland einzurichten, die den Verkehr mit der Kölner Zone herstellten, was jedoch nur ein ungenügender Notbehelf war. Ab August 1924, als die Verbindung Bonn – Euskirchen – Düren zweigleisig ausgebaut war, verkehrten zwei Schnellzüge täglich zwischen Wiesbaden und Dortmund über diese Strecken in Umgehung der Kölner Zone und als schnelle Verbindung zwischen Mainz und Essen. Nachdem diese Züge gut ausgelastet waren, richtete die Regie zwei Personenzugverbindungen für Militärurlauber über Düren ein, und zwar einmal über die Eifelbahn zwischen Perl und Dortmund sowie zum anderen zwischen Weißenburg und Dortmund über die linke Rheinstrecke.

Die einzige Strecke, auf der es keine Behinderungen gab, war Köln – Aachen mit dem Grenzbahnhof Buir in der britisch besetzten Zone. Er war der erste von der Reichsbahn betriebene Bahnhof auf dieser Verbindung, der weiter für die Bedürfnisse des internationalen Verkehrs funktionierte, für die er eingerichtet worden war, ohne die Verpflichtung für gewöhnliche Reisende, den Zug wechseln zu müssen. Das bedeutete jedoch nicht, dass es keine Unannehmlichkeiten gegeben hätte.

Ein Zeitzeuge berichtet: *„In der ersten Zeit des Regieverkehrs verkehrten täglich nur 2-3 Züge aus Richtung Belgien. Diese Züge fuhren bis an die Einfahrtsweiche des Bahnhofs Buir. Dort war Ende der Regie. Hier kuppelte das Lokomotivpersonal die Lok ab und gab Signal mit der Dampfpfeife. Nun trat der französische Bahnhofskommandant in Tätigkeit und rief dem Weichenwärter des Buirer Stellwerks zu: ‚Change machine!' Daraufhin wurde die Lok nach Gleis 3 einfahren gelassen. In Gleis 1, am Bahnhofsgebäude, stand eine Lok aus der englischen Besatzungszone, die den D-Zug an der Einfahrtsweiche abholte. Die Züge mussten am Bahnsteig warten, alle Reisenden, es waren anfangs nur Ausländer, mussten aussteigen und am Fahrkartenschalter neue Fahrkarten kaufen."*[256)]

Der kleine Bahnhof in Buir erhielt eine Wechselstube, und es entwickelte sich ein Betrieb wie auf einem Großstadtbahnhof. Am Ende verfügte man sogar über gedruckte Fahrkarten zu den wichtigsten deutschen Bahnhöfen.

So wie die Fahrgäste bei der Einreise ins Gebiet der Reichsbahn neue Fahrkarten lösen mussten, so mussten sie sich auch welche bei der Ausreise besorgen, jetzt aber bei der Regiebahn. Dafür hatte der französische Bahnhofskommandant in seiner Kommandantur am Westende des Bahnhofs Buir (siehe Abschnitt 4.3.7) einen Fahrkartenschalter eingerichtet. Auch die Lokomotiven mussten wieder gewechselt werden. Dafür wurde der Zug bis ans Ausfahrsignal vorgezogen, damit der Wechsel der Maschinen wie beschrieben, aber in umgekehrter Reihenfolge, stattfinden konnte.

Bild 265
Die Strecke Langenlonsheim – Simmern – Hermeskeil – Türkismühle wurde bis zum Juni 1923 von der Regiebahn übernommen. Die Steilstrecke von Boppard nach Simmern dagegen ließen sie bis zum Ende des passiven Widerstands unbesetzt. Hier ein Zug auf dem Hubertusviadukt bei Buchholz, der zum Zeitpunkt seiner Errichtung eine der höchsten Steinbogenbrücken Deutschlands war.

Aufnahme:
Sammlung Klaus Kemp

Bild 266
Zu diesem Ort gibt es keine weitere Informationen als jene auf der Karte vermerkten: *Das schwere Eisenbahnunglück bei Mainz durch Zusammenstoß zweier Züge. Der völlig zertrümmerte Personenwagen 4. Klasse: 5 Tote und 15 Schwerverletzte wurden geborgen.* In der Literatur wird davon ausgegangen, dass es sich um einen Unfall der Regiebahn handelt, nachdem damals im tagtäglichen Chaos nicht alle Vorkommnisse ordnungsgemäß vermerkt wurden.

Aufnahme:
Sammlung Andreas Knipping

Bild 267
Der Bahnhof Rheinbach an der Strecke Bonn – Euskirchen um 1930. Davor wartet ein Bus darauf, Reisende ins Umland zu transportieren. Hier sollte die geplante strategische Bahn von Neuß ins Ahrtal kreuzen. In der Gegend von Rheinbach lagen 1923 teilweise schon die Schienen.

Aufnahme:
Sammlung Klaus Kemp

Nicht nur im Personenverkehr gab es Probleme, sondern auch im Gütertransport. Die Weiterleitung der Kohlenzüge vom Ruhrgebiet her war ständig durch die nur ungenügend dafür ausgerüsteten Umleitungsstrecken behindert. Daher einigten sich die französischen und belgischen Behörden, die Strecke Bonn – Euskirchen – Düren zweigleisig auszubauen. Da lokale Arbeitskräfte fehlten, wurden Arbeitslose aus dem unbesetzten Deutschland angeheuert. Der zweigleisige Ausbau begann am 16. Juni unter dem Einsatz von deutschen Arbeitern sowie militärischem und zivilem alliiertem Personal. Neben dem Gleisbett mussten sechs Unterführungen und verschiedene Durchlässe verbreitert und vier Bahnhöfe angepasst werden. Am 4. Juli war die Strecke Düren – Zülpich zweigleisig befahrbar und am 21. Juli der Rest bis Euskirchen. Die Arbeiten am Bahndamm dauerten noch bis zum 20. August 1923. Um diese Strecke optimal nutzen zu können, musste zusätzlich noch Verbindungskurven angelegt werden. In Düren entstand eine solche vom Vorbahnhof zur Euskirchener Strecke. Neben einem engen Radius besaß sie auch noch eine Steigung, sodass die Kohlezüge oft geteilt und nachgeschoben werden mussten. In Euskirchen musste eine Verbindung von der Strecke Düren – Euskirchen zur Eifelbahn angelegt werden. Sie wurde ebenfalls im Juli 1923 fertig. Die später „Franzosenkurve" genannte Verbindung war 920 m lang. Die dafür angelegten Stellwerke erhielten von der Regiebahn die Namen „Verdun" und „Ypern" zur Erinnerung an Schlachten des Weltkrieges.

Die Arbeiten zum zweigleisigen Ausbau der Strecke Bonn – Euskirchen begannen am 20. Oktober 1923. Hierfür mussten 27 Durchlässe erweitert und sieben Bahnhöfe umgebaut werden. Schwierigkeiten bereitete ein Abschnitt im Bahnhof Witterschlick zwischen den Kilometern 9 und 11. Dort gab es eine geologisch instabile Zone mit einer dicken Schicht aus nassem Ton auf einem Untergrund aus Mergel, der sich bewegte. Deshalb war es erforderlich, tief gegründete Stützmauern und Drainagen zu bauen. Schienen und Schwellen für diese Strecke kamen von der im Bau befindlichen strategischen Bahn Holzheim – Liblar – Rech, die in Rheinbach diese Strecke kreuzte. Zwischen den Bahnhöfen Rheinbach und Kottenforst verlegten französische Militäreisenbahner die Schienen im Rahmen einer Übung. Die Regiebahn führte eine regelmäßige Schnellzugverbindung Düsseldorf – Neuss – Düren – Euskirchen – Bonn – Koblenz – Wiesbaden/Mainz mit zwei Zügen täglich ein. Nach dem zweigleisigen Ausbau wurde diese Umgehung von Köln von vier Zügen täglich in beiden Richtung befahren. Die vorher eingerichtete Autobuslinie, um die Benutzung der Züge der britischen Zone zu vermeiden, konnte eingestellt werden. Dadurch gelang es, den Verkehr über diese Strecke im Personen- wie im Güterverkehr mehr als zu verdoppeln und bis zum Januar 1924 fast auf das Vierfache auszubauen. Im Schnitt fuhren täglich 22.000 t Kohle und Koks, die für Lothringen bestimmt waren, über diese Strecke ab, manchmal waren es sogar 26.000 t am Tag. Das bedeutete mehr als 2.000 Wagen pro Tag und pro Richtung auf dieser Verbindung. Durch den Ausfall der Kölner Güterbahnhöfe mussten zusätzlich die Rangierkapazitäten in Düren, Euskirchen, Bonn und Koblenz-Lützel ausgebaut werden.

Die französischen Feldeisenbahner, mit denen man anfangs die ersten deutschen Strecken betrieben hatte, kehrten zum großen Teil am 30. April 1923 in ihre Heimat zurück, weil sie wegen Beendigung ihrer Dienstzeit als Reservisten entlassen werden mussten. 5.000 belgische und französische Zivileisenbahner meldeten sich nach einer ersten Ausschreibung der Stellen bei der Regiebahn, um in den besetzten Gebieten zu arbeiten. Im Juli 1923 erreichte ihre Zahl 9.079 Franzosen, 957 Belgier sowie sechs Deutsche und wuchs am Ende auf insgesamt rund 15.000 an. Sie waren von den sechs großen französischen Eisenbahngesellschaften und von der Belgischen Staatsbahn abgestellt worden. Die folgende Tabelle zeigt ihre Herkunft:

	Belgien	AL	Est	Etat	Midi	Nord	PLM	PO	CFC
4/1923	957	487	434	1.588	509	1.159	2.022	1.973	907
7/1923	2.521	831	490	2.387	1.127	2.013	2.880	2.333	874

In Brüssel und Paris wurden Büros zur Anwerbung Freiwilliger eingerichtet und ebenso versucht Soldaten, deren Dienstzeit im Rheinland abgelaufen war, zum Bleiben zu überreden, um sie bei der Regiebahn zu beschäftigen. Nur 4.000 Deutsche zeigten sich nach anfänglichem Zögern bereit, bei der Regiebahn zu arbeiten, von denen die meisten allerdings keine Eisenbahner waren. Deshalb wurden auch in Polen und der Tschechoslowakei weitere 3.000 Arbeitskräfte angeworben, wobei die Polen auf dem Seeweg von Danzig aus nach Frankreich und von da aus ins besetzte Gebiet reisten, um möglichen Schwierigkeiten mit den Deutschen vorzubeugen. Insgesamt arbeiteten am Ende sieben oder acht verschiedene Nationalitäten. Es gab immer wieder Probleme bei der Rekrutierung von Mitarbeitern, obwohl gute Gehälter angeboten wurden. Ursachen waren die schwierigen Lebensbedingungen in einer ihnen feindlich gesinnten Umwelt, deren Sprache und Sitten sie nicht kannten und wo sie mit dem Betrieb eines Netzes von extremer Komplexität betraut wurden. Dazu gesellten sich die Trennung von ihren Familien und vor allem die Anschläge auf die

Bild 268 – Zu einer Behörde gehört ein Stempel: Direktion Düren der Regiebahn – Beschwerdeabteilung.

RÉGIE DES CHEMINS DE FER DES TERRITOIRES OCCUPÉS.
BEHEER DER SPOORWEGEN VAN HET BEZETTE GEBIED.
EISENBAHN-DIREKTION DES BESETZTEN GEBIETES.

Carte d'identité – Eenzelvigheidskaart
Personal-Ausweis № 12208

M. Gibrat Philibert

Emploi / Bediening / Anwendung: Conducteur

Service / Dienst: Voie

Résidence / Woonplaats / Wohnort: Mundesheim

Signature du titulaire / Teeken van den drager / Unterschrift des Inhabers: Gibrat

Le Directeur de la Régie / De bestuurder van het Beheer / Der Direktor der Verwaltung

Bilder 269/270 – Mitarbeiterausweis der Regiebahn, Rückseite (oben) vom Direktor persönlich gezeichnet. ABBILDUNGEN (3): SAMMLUNG KLAUS KEMP

Cette carte devra être présentée à toute réquisition du personnel civil ou militaire chargé du contrôle à l'intérieur des emprises du Chemin de Fer des Territoires Occupés.

Deze Kaart moet op elke aanvraag van met het nazicht binnen het spoorweggebied belaste civiel en militair personneel vertoond worden.

Diese Karte muss vorgezeigt werden auf jede Aufforderung des mit der Kontrolle in dem Bahngebiet des besetzten Gebietes beauftragten Zivil- und Militär-Personals.

Bild 271 – Die pr. T 14 Nr. 8549 („Berlin“ oder „Erfurt“) dient als Hintergrund für diese Aufnahme mit französischen Feldeisenbahnern. Der Aufnahmeort ist unbekannt.
AUFNAHME: SAMMLUNG GÜNTER KRALL

Bild 272 – Ein Indiz dafür, dass man sich nicht wohlfühlte, ist, dass die zivilen Eisenbahner keine zivilen, sondern militärische Uniformen erhielten. Ort und Datum des Fotos sind unbekannt.
AUFNAHME: SAMMLUNG KLAUS KEMP

Bahnstrecken im Zusammenhang mit dem Ruhrkampf. Der Umfang der Rekrutierung reichte zwar nicht aus, um ein Netz, auf dem vorher 170.000 deutsche Eisenbahner beschäftigt gewesen waren, voll zu übernehmen. Aber es war genug, um die Kohle abzufahren, die Truppenversorgung sicherzustellen und einen gewissen zivilen Verkehr aufrechtzuerhalten.

Die Freiwilligen, die von französischen und belgischen Eisenbahnen kamen, erhielten Zeitverträge mit Sonderleistungen wie Trennungsgeld und Auslandszulage. Das verschaffte der Regie die zusätzliche Zahl von 5.400 Eisenbahnern. Auf Grund der großen Rotation und der für die Einweisung der neugekommenen Mitarbeiter notwendigen Zeit barg das System der Zeitverträge von drei Monaten jedoch eine beständige Gefahr für den Betrieb. Viele litten wegen der Trennung von ihren Familien unter Heimweh; sie glaubten zudem, nach drei Monaten ihre vaterländische Pflicht getan zu haben. Deshalb überließen sie es anderen, die einmal begonnene Aufgabe zu beenden. Es erwies sich jedoch als unmöglich, die fachliche Einweisung der Neuankömmlinge im präzisen Moment dort wieder anzufangen, wo die ersten endlich mit dem Gang der Eisenbahnen vertraut waren. Um eine Verminderung der Fluktuation des alliierten Eisenbahnpersonals zu erreichen, bot sich die Möglichkeit, ihre Familien nachzuholen, und das bedeutete in erster Linie, Wohnungen für sie zu beschaffen. *„Eine Ausnahme war hier ein Teil der neu besetzten Zone östlich von Düsseldorf und Duisburg, wo der Stand der Dinge es nicht erlaubte, Frauen und Kinder einer örtlichen Situation auszusetzen, die ernst werden konnte“* [257] – ein Hinweis darauf, dass die Gefahr von Attentaten an den Nerven des Personals zerrte.

Es bot sich an, die Frage der Wohnraumbeschaffung über die systematische Ausweisung von Beamten und Eisenbahnern, die sich dem passiven Widerstand angeschlossen hatten, zu lösen. Die Regie sicherte sich mit Unterstützung durch die Hohe Kommission und ihre Verordnungen die Wohnungen der Abgeschobenen. Unter den 1923 und 1924 beschlagnahmten Unterkünften befanden sich rund 5.200 reichseigene und knapp 1.000 genossenschaftliche Eisenbahnerwohnungen. Da sich der Wohnungsbedarf auf diese Weise nicht decken ließ, wurden zusätzlich mehr als 3.000 weitere Angehörige der Reichsbahn aus ihren Wohnungen vertrieben, ohne dass sie allerdings das besetzte Gebiet verlassen mussten. Im Ruhrgebiet, das als besonders schwierig für die fremden Eisenbahner galt, erhielten sie Zusatzleistungen wie mehr Urlaub sowie die Möglichkeit, Einrichtungen des Militärs wie Offiziersklubs, spezielle Geschäfte nur für Besatzungsangehörige [258] und ähnliches zu nutzen. Vor allem wegen der besonderen Umstände im Ruhrgebiet erhielten auch die zivilen Eisenbahner die militärischen Uniformen der Feldeisenbahner. Trotzdem

gab es in den gut anderthalb Jahren des Bestehens der Regie eine recht hohe Fluktuation. Der durchschnittliche Personalbestand an französischen und belgischen Eisenbahnern betrug etwa 12.000 bis 14.000. Tatsächlich beschäftigte die Regie in den knapp zwei Jahren mehr oder weniger lang fast 50.000 Personen.

Da sich die deutsche Stellwerkstechnik von der französischen unterschied und vor allem im Ruhrgebiet dem letzten Stand der Technik entsprach, gab es für das Personal der Regiebahn große Probleme in deren Bedienung, und das Fehlen jeglicher Unterlagen machte sich doppelt bemerkbar. Weil das Fremdpersonal mit der Technik nicht zurechtkam, wurden viele Sicherungsanlagen zuerst einmal außer Betrieb gesetzt. Um Weichen dennoch stellen zu können, wurden viele auf Handbedienung umgebaut, was die Unfallgefahr beträchtlich erhöhte. Alleine im Mai 1923 gab es in den besetzten Gebieten 41 Entgleisungen, von denen 19 Militär- und Reisezüge betrafen, 17 Güterzüge, sechs Leerzüge und fünf Lok-Leerfahrten. Außerdem verursachte die unsachgemäße Bedienung von Lokomotiven fünf Kesselexplosionen.

In der Beschreibung eines Zeitzeugen aus Recklinghausen über die dortigen Bahnanlagen zur Zeit der Besetzung heißt es:[259)] *„Wenn man in jener Zeit einen Blick in den Betrieb des hiesigen Bahnhofs warf, so sah man ein trauriges Bild, ein Bild grenzenloser Verwüstung und Unordnung. Auf einem Abstellgleise standen Dutzende von Lokomotiven, die vollkommen unbrauchbar waren und nur noch Schrottwert hatten. Man kann wohl sagen, dass sie sämtlich durch nachlässige Bedienung und leichtsinnige Führung vernichtet worden sind. Viele Eisenbahnwagen standen neben den Gleisen, an einem war die Stirnwand eingefahren, bei dem anderen die ganze Achse fortgerissen, bei einem dritten waren die Seitenwände eingedrückt, sodaß sich der Wageninhalt zwischen den Gleisen entleert hatte. Die französische Verwaltung bemühte sich gar nicht darum, diese Verkehrshindernisse vom Bahnkörper zu entfernen."*

Aber auch das Fahren von Zügen besaß seine Tücken:[260)]

„Täglich kamen 3-4 Züge aus dem Ruhrgebiet auf Bf Düren an. Jeder Zug hatte 1000-1200 t Kohlen oder Koks für Frankreich, die über Euskirchen – Jünkerath – Gerolstein – Trier weiter befördert wurden. Damals wurden die Züge handgebremst. Fast an jedem Wagen befand sich ein Bremserhaus, oder es war eine Handhebelbremse am Wagen. Aus diesem Grund hatte jeder Zug einen Zugführer und 5 Bremser. Bei der Reichsbahn waren dies Schaffner, die auf den Zug verteilt wurden. Da die Franzosen alle Eisenbahner ausgewiesen hatten, suchten sie sich Leute von der Straße zum Bedienen der Bremsen. Es waren meist Separatisten, die von den Franzosen eingestellt wurden. Daher gab es viele Eisenbahnunfälle bei der Regie, weil die Züge unvorschriftsmäßig gebremst wurden und nicht immer an der vorgeschriebenen Stelle, Signal oder Weiche, zum Halten kamen."

Zusätzlich litt die Regiebahn unter ähnlichen Problemen wie vorher schon die Reichsbahn, nämlich Lokmangel, schlechte Kohle, wenig Schmiermittel und vor allem geringe Reparaturmöglichkeiten für Lokomotiven wie Wagen. Das wiederum erhöhte die Schadanfälligkeit der Fahrzeuge. Defekte Loks blieben auf Nebengleisen stehen. Waren sie noch lauffähig, wurden sie zu Ausbesserungswerken geschleppt. Es fehlte außerdem an Güterwagen, um die Kohle aus dem Ruhrgebiet abfahren zu können, nachdem eine übergroße Anzahl von ihnen durch Heißlaufen der Achslager ausgefallen war.

Der Verkehr begann mit kürzeren Güterzügen zu rollen, ehe der Personenverkehr wieder aufgenommen wurde. Da die meisten Stellwerke und Zugmeldestellen unterbesetzt oder sogar unbesetzt waren und durch die fremden Eisenbahner wegen der ihnen unbekannten Technik auch nicht so schnell wieder in Betrieb genommen werden konnten, wurde auf Sicht gefahren. Bei der Abfertigung eines Zuges ertönte statt des gewohnten Pfiffs des Aufsichtsbeamten ein Horn. Anfangs, als der passive Widerstand noch durchgehend befolgt wurde, gab es als einzige Passagiere angesehene Bürger wie Bürgermeister und Stadtverordnete, die aus Angst vor Sabotageakten gegen die Züge gezwungenermaßen als Geiseln mitfahren mussten. Nach Berichten von Zeitzeugen gab es keine Fahrkartenkontrolle. Die Regie war wohl froh, wenn überhaupt jemand die Bahn benutzte.

Die ursprünglich in Düsseldorf angesiedelte Hauptverwaltung der Regiebahn zog schon Anfang April nach Mainz um, wobei ihr gleichzeitig auch das linksrheinische Bahnnetz unterstellt wurde. Am 19. März 1923 begannen zivile Eisenbahner mit der Inbetriebnahme von zwei Strecken im Ruhrgebiet, um die auf Halde liegende Kohle abfahren zu können. Für den Betrieb in den seit dem Waffenstillstand besetzten Gebieten sorgten die Bahnen Alt-Frankreichs durch die erwähnten Personalentsendungen. Für die sogenannten Sanktionsgebiete, das heißt die später okkupierten Städte wie Düsseldorf und Duisburg sowie das Ruhrgebiet waren

Bild 273, linke Seite unten
Mit dem passiven Widerstand der Eisenbahner verließen auch die Schrankenwärter ihre Posten. Die Franzosen machten die Städte und Gemeinden für den Bahnschutz und die Sicherheit an den Übergängen verantwortlich. Ein Blick auf den früheren Übergang am Südende des Bonner Bahnhofs.

AUFNAHME: SAMMLUNG KLAUS KEMP

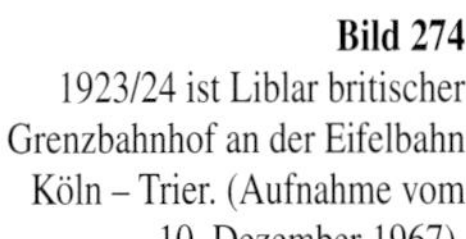

Bild 274
1923/24 ist Liblar britischer Grenzbahnhof an der Eifelbahn Köln – Trier. (Aufnahme vom 10. Dezember 1967).

AUFNAHME: FRH. V. ROTBERG, SAMMLUNG KLAUS KEMP

die französischen Feldeisenbahner, Eisenbahner der Ostbahn und der Bahnen Elsass-Lothringens zuständig.

Nach und nach wurde das Streckennetz für die eigenen Bedürfnisse in Betrieb genommen. Für Tirard, den Vorsitzenden der Interalliierten Rheinlandkommission, war die Schlacht damit gewonnen. Am 1. Juli 1923 erklärte er, dass die Züge wieder rollen würden und damit das Reich spätestens im August in die Knie gezwungen würde. Selbst der Personenverkehr nahm mit dem Erlahmen des passiven Widerstands wieder zu. Hatten im März 250.000 Fahrgäste die Regiebahn benutzt, so waren es im Juni wieder 1,5 Mio. und einen Monat später bereits 3 Mio. Passagiere.

Ein ernstes Problem bildeten die damals noch durchweg mit Schrankenwärtern besetzten Bahnübergänge. Hierfür verfügte die Regiebahn nicht über genügend Personal. Trotzdem wurden Strecken auch ohne ausreichenden Bahnschutz in Betrieb genommen. Die Folge waren sich häufende Unfälle mit Kraftwagen und Pferdefuhrwerken. Als Ausweg verpflichtete die Interalliierte Rheinlandkommission mit der Verordnung 188 vom 19. Juni 1923 die Gemeinden, für den Bahnschutz zu sorgen. In der etwas flexiblen Art der Rheinländer, die Dinge zu sehen, fanden sie einen Ausweg zwischen dem Verbot der Reichsregierung, im Sinne des passiven Widerstands Personal für den Bahnbetrieb zu stellen und der Notwendigkeit, die Bahnübergänge trotzdem zu sichern: Vorreiter war Bonn. Die Stadt stellte zu beiden Seiten der Bahnübergänge Posten auf, die auf die Gefahr der Überquerung der ungesicherten Übergänge hinwiesen, eine Arbeit, die sich für Erwerbslose geradezu anbot. Sie bedienten jedoch keine Bahnschranken und übernahmen damit keine Arbeit eines Eisenbahners. Auch andere Städte und Gemeinden fanden Gefallen an dieser Lösung, die am Ende auch die Reichsregierung akzeptierte, sodass die Gemeinden nach Abzug der fremden Truppen die Ausgaben hierfür als Besatzungskosten geltend machen konnten. Mit der Aufgabe des passiven Widerstands und der Rückkehr der deutschen Eisenbahner kehrten die Bahnwärter wieder auf ihre Posten zurück.

Mit der Übernahme des Betriebs in französische Regie fanden sich 18.000 stehengebliebene beladene Güterwagen, davon mehr als 500 mit Stückgut, und ebenso Güterhallen voller Stückgut vor. Nach deutscher Lesart bemächtigten sich die Franzosen dieser Sachen unrechtmäßig, während die Franzosen die Deutschen beschuldigten, alle Unterlagen mitgenommen oder vernichtet zu haben, sodass in vielen Fällen der rechtmäßige Empfänger nicht mehr zu ermitteln gewesen sei. Endlich entschied die Leitung der Regiebahn, auf Grund der von der Interalliierten Rheinlandkommission erlassenen Verordnung N° 171 vom 9. Mai 1923, alle Güter ab dem 10. Juni zu versteigern. Immerhin handelte es sich noch um 10.000 Wagen, nachdem man 8.000 den Empfängern zugestellt hatte. Zunächst sollte der Erlös den deutschen Eigentümern zukommen, was die französische Aussage der unbekannten Empfänger relativiert, aber wenig später wurden die Einnahmen von den Franzosen eingezogen. Hauptgrund für diese Aktion war, dass man dringend leere Wagen für den Abtransport von Kohlen und Industrieprodukten aus den besetzten Gebieten brauchte.

In deutschen Berichten aus dem Ruhrgebiet wird unterstellt, dass es die Besatzungstruppen waren, die vorsätzlich die Unterlagen in den Güterbahnhöfen vernichteten, um so alle Fracht „herrenlos“ zu machen und für sich beanspruchen zu können. Zudem war es deutschen Zivilisten in Zeiten des passiven Widerstands aus Angst vor Anschlägen verboten, sich Bahnhöfen zu nähern, um eventuell nach Frachtstücken zu suchen. Trotzdem gab es Plünderungen, wovon bereits verschiedentlich berichtet wurde.

Bild 275 – Am 25. Juli 1923 ereignet sich dieser Unfall auf dem Gelände des Werksbahnhofs Krupp Süd in Essen.

Bild 276 – Entgleister Zug der Regiebahn im Ruhrgebiet.

Bild 277 – In diesen Unfall der Regiebahn ist offensichtlich ein Personenzug verwickelt.

Bild 278 – Ein weiterer Unfall der Regiebahn im Ruhrgebiet. Die aufgetürmten Wagen dienen als Kulisse für ein Erinnerungsfoto. Aufnahmen (4): Sammlung Klaus Kemp

Bild 279
Mit einem Güterzug überquert die pr. P4 „Elberfeld“ Nr. 1802 im Jahr 1906 die Sonnborner Brücke in Wuppertal. Die Lok wurde 1911 ausgemustert. Einige Maschinen dieses Typs blieben allerdings noch bis 1925 in Betrieb.

AUFNAHME: ARCHIV C. BELLINGRODT, SAMMLUNG KLAUS KEMP

Nach dem Ende der Besatzung versuchte die Justiz, diese Straftaten aufzuarbeiten. Dazu sei ein Zeitungsbericht über ein Verfahren zitiert, das Anfang 1927 in Düsseldorf verhandelt wurde:

„In diesem Prozess ist erwiesen, daß Besatzungsoffiziere von den höchsten bis zu den niedrigsten Dienstgraden, französisch-belgische Eisenbahn- und Zollbeamte und Soldaten gemeinsame Sache gemacht und ganze Eisenbahnzüge mit ‚liegengebliebenen‘ Waren für eigene Rechnung ‚verschoben‘ haben. Das Düsseldorfer Beispiel zeigt, wie der ‚Verkauf‘ der ‚liegengebliebenen‘ Warten in den besetzten Gebieten gehandhabt wurde.“ [261]

Nach Abbruch des passiven Widerstands und einer Annäherung zwischen der Reichsbahn und der Regiebahn richtete letztere den Service Franco-Belge de Liquidation ein, bei dem die Geschädigten auf deutscher Seite über beim jeweiligen Regierungspräsidenten eingesetzte Feststellungsbehörden eine Entschädigung beantragen konnten.

5.2.3 Auswirkungen der französischen Maßnahmen auf den Verkehr

Nachdem französische Truppen in den ersten Wochen der Besetzung des Ruhrgebietes fünf komplette D-Züge beschlagnahmt hatten, die im Verkehr mit dem unbesetzten Deutschland eingesetzt waren, ließ die Reichsbahn hochwertige Wagen nur noch bis an die Grenze der Besatzungszone fahren. Das bedeutete, dass Züge aus dem Norden und Osten des Reiches in Hamm oder Schwerte endeten. Wer weiterreisen wollte, musste in einen aus dreiachsigen Abteilwagen gebildeten Zug umsteigen.

Der Fernverkehr von Köln aus ins Reich hinein, ob nach Hamburg, Berlin oder München, ließ sich nur noch über von den Franzosen nicht besetzte Strecken verwirklichen. Hier blieben nur die Verbindungen über Köln – Solingen-Ohligs – Wuppertal-Elberfeld – Hagen – Schwerte und über Köln – Betzdorf übrig. Da die-

Bild 280
Regiebeamte haben vor einem entgleisten Zug für ein Foto Aufstellung genommen. Da sie militärische Uniformen tragen, sind sie von Soldaten nicht zu unterscheiden.

AUFNAHME: SAMMLUNG DIERK LAWRENZ

se Streckenabschnitte jedoch nur eine begrenzte Kapazität besaßen, verringerte die Reichsbahn ihr bisheriges Angebot an Schnellzügen von Köln aus nach Hamburg-Altona, Berlin, Leipzig, München und Basel auf die Hälfte. Als Ersatz für die Rheinstrecken musste die Ruhr-Siegstrecke Hagen – Siegen – Gießen – Frankfurt (Main) herhalten. Ein Schnellzugpaar zwischen Holland und der Schweiz wurde sogar komplett um das besetzte Rheinland und das Ruhrgebiet über Rheine – Soest – Kassel – Frankfurt (M) herumgeleitet.

Die Zollgrenze, die die Franzosen – mitten durch Deutschland – um das gesamte besetzte Gebiet herumzogen, sorgte für eine Umlenkung der bisherigen Güterströme oder unterband sie komplett. Auch der Durchgangsgüterverkehr, der sonst durch das Rheintal lief, musste nach Osten auf die Ruhr-Sieg-Strecke und weiter in Richtung Wetzlar oder sogar über Paderborn – Kassel – Gießen umgeleitet werden. Als die Kohle aus dem Ruhrgebiet ausfiel, musste Kohle aus Oberschlesien nach West- und Süddeutschland gebracht werden. Zusätzlich importierte das Reich Kohle aus England, was die Abfuhrstrecken aus Bremen und Hamburg überlastete.

Durch die Zollgrenzen und Ein- und Ausfuhrverbote litt der Güterverkehr erheblich. Das Ruhrgebiet als Zentrum der deutschen Industrie exportierte vor der Besetzung in alle Richtungen Kohle und Kohleerzeugnisse sowie auch Stahl und Fertigprodukte. Andererseits hing es von der Einfuhr von Erzen und anderer Rohmaterialien ab. All dieser Verkehr wurde durch die mitten durchs Land verlaufende Zollgrenze unterbrochen. Ziel der Franzosen war es, sich die Produktionskapazität alleine nutzbar zu machen. Die Folge der Eingriffe in dieses Produktionssystem war ein Rückgang der Erzeugung von Kohle, Stahl und Benzol um die Hälfte. Zwangsläufig brachte das einen spürbaren Rückgang der Eisenbahntransporte mit sich. Der Verkehr mit dem Reich über diese Zollgrenze reduzierte sich um 70 % im Empfang und um 77 % im Versand.

Trotz des Verkehrsrückgangs bildeten die weiträumigen Umleitungen ein Problem auf Strecken und in Bahnhöfen, die für diesen Verkehrsumfang nicht eingerichtet waren, vor allem die am Rande des Ruhrgebiets. Hier kam es zu zahlreichen Annahme- und Rückhaltesperren, die allgemein galten und nicht auf bestimmte Güter oder Verkehrsgebiete beschränkt waren. Bereits im März 1923 musste die nach Hamm ausgewichene RBD Essen zum ersten Mal die Annahme von Gütern für das Grenzgebiet ihres Bezirks von einer Zulaufgenehmigung abhängig machen. Einzige Ausnahme bildeten Lebensmittelsendungen. Dieses Aufhalten von Fracht wirkte sich selbst im unbesetzten Deutschland negativ auf den Betriebsablauf aus. Die ab 25. Juni 1923 verschärfte Zollkontrolle um das besetzte Gebiet herum veranlasste die RBD Essen erneut, eine allgemeine Gütersperre zu verhängen, von der allerdings auch diesmal Lebensmittellieferungen ausgenommen wurden.

Während aus dem französischen Machtbereich die Ausfuhr ins Reich nahezu völlig unterbunden wurde, gab es noch einen Güterverkehr zwischen der britischen Zone und dem Reich. Allerdings erwies sich der französische Kontrollpunkt in Hengstey als so lästig und verkehrsbehindernd, dass nur noch die wenigen zollfreien Waren über die Wuppertaler Strecke befördert wurden. Alle anderen Güter mussten den Weg über Siegburg – Betzdorf – Dillenburg oder Overath – Osberghausen – Wissen – Betzdorf – Hagen-Kabel – Schwerte nehmen. Als die Franzosen am 3. August 1923 eine weitere Zollkontrollstelle außerhalb der Kölner Zone einrichteten, blieb nur noch ein Transport über Finnentrop – Wennemen oder Letmathe – Iserlohn – Schwerte übrig. Die meisten dieser Strecken im Bergischen und im Sauerland waren eingleisig, hatten enge Kurvenradien und starke Steigungen und boten deshalb nur eine beschränkte Kapazität. Die Reichsbahn stellte den Verladern diese Umwege nicht in Rechnung, obwohl sie einen erheblichen Mehraufwand bedeuteten.

An den Grenzen der britischen Besatzungszone gab es weitere Probleme. Die Strecke Köln – Grevenbroich war durch die Grenzziehung unterbrochen. Der Abschnitt Köln – Stommeln, den deutsche Eisenbahner weiter bedienten, lag innerhalb der britischen Zone, während von dort bis Grevenbroich in die französische Zone hinein der Verkehr ruhte. Man verhandelte mit der Regiebahn über die Wiederaufnahme des Betriebes, was Ende 1923 zum Erfolg führte. In den ersten Novembertagen verkehrten einige Güterzüge. Man hatte speziell für diesen Verkehr von Stommeln aus eine Lok bestimmt unter der Vorgabe, dass sie so viele Güterwagen, wie sie nach Grevenbroich beförderte, auch wieder zurückbringen musste. Mit dem Personenverkehr dauerte es noch bis November 1924, als die Reichsbahn die Strecken der Regiebahn wieder übernahm.

Ähnliche Schwierigkeiten gab es ebenso an der Grenze der britischen Besatzungszone zum unbesetzten Deutschland hin. Als im Dezember 1918 der Brückenkopf Köln eingerichtet wurde, sicherten die Besatzungstruppen die Grenze militärisch. Dazu gehörte auch die Stilllegung untergeordneter Bahnstrecken. Dem fiel die Strecke Solingen – Vohwinkel zum Opfer. Hier wurden hinter Grefrath in Richtung Vohwinkel die Schienen aufgerissen, um sie für den Zugverkehr unpassierbar zu machen. Erst nach langen Verhandlungen gelang es der Reichsbahn, die Strecke wiederherzustellen. Ab dem 15. September 1919 rollten die Züge wieder, allerdings gab es nun in Grefrath eine Passkontrolle. Mit der Ruhrbesetzung 1923 wurde die Strecke dann erneut unterbrochen.

Im Ruhrgebiet ging die Regiebahn daran, von ihren beiden am äußeren Rand verlaufenden Strecken langsam in das Industriegebiet selbst vorzudringen. Dass das nur sehr langsam geschah, lag nicht zuletzt an der geschilderten Personalknappheit. Deshalb gab es dort ein Nebeneinander von Reichsbahn und Regie, säuberlich getrennt durch „neutrale Zonen". Getreu dem Gebot des passiven Widerstands verweigerten sich die Deutschen jeder Kooperation.

Anfang Juni 1923 boten die Franzosen eine gemeinsame Nutzung des Dortmunder Hauptbahnhofs im Sinne einer Aufteilung der Gleisanlagen an. Die Regiebahn wollte die Strecken von Mengede und Marten über Dortmund nach Lünen betreiben. Das hätte der Reichsbahn die Strecken von Dortmund nach Hamm, Hörde und Witten gelassen. Im Hauptbahnhof selbst wäre eine solche Trennung durch die Nutzung verschiedener Bahnsteige leicht zu organisieren gewesen. Nachdem sich die deutsche Seite jedoch getreu des Befehls des Reichsverkehrsministers verweigerte, besetzten am 15. Juni 1923 französische Truppen den gesamten Bahnhof .

In der deutschen Wahrnehmung gelang es der Regiebahn während des Jahres 1923 nicht, die vorhandenen Anlagen der Eisenbahn auch nur annähernd zu nutzen: Die Züge verkehrten selten genug und nur mit geringer Geschwindigkeit, vor allem, als noch auf Sicht gefahren werden musste. Während in den französischen Berichten die Vorteile der Zentralisierung als eines Schritts zu einer höheren Effizienz hin gelobt werden, war die Wahrnehmung bei den Deutschen anders:

„Die einfachsten Entscheidungen, die bei uns in der Hand der örtlichen Eisenbahndienststellen liegen, mußten bei der französischen Verwaltung auf dem Wege über [die ehemaligen Reichsbahndirektionen] *bei der Direktion der Eisenbahnen des besetzten Gebietes in* [...] *Mainz eingeholt werden. Auf diese Weise gingen Wochen verloren, bis Entscheidungen vorlagen. Es bestand bei der Eisenbahnregie eine für eine Verkehrsverwaltung kaum glaublich hemmende Bürokratie, wogegen die so viel geschmähte Bürokratie bei deutschen Behörden vollkommen verschwindet."* [262)]

Bild 281 – 57 1221 befördert im Jahr 1931 einen langen Güterzug auf der linken Rheinstrecke bei Bacharach in Richtung Koblenz. Eine Lok dieser Baureihe zog am 9. März 1923 auch den ersten von der Regiebahn für die deutsche Bevölkerung angebotenen Reisezug im Ruhrgebiet. AUFNAHME: CARL BELLINGRODT, BILDARCHIV DER EISENBAHNSTIFTUNG

5.2.4 Konsolidierung des Betriebes

Die Durchführung des Betriebes musste zwangsweise nach dem deutschen System erfolgen, denn eine Umstellung vom Rechts- auf den in Frankreich üblichen Linksverkehr ließ sich nicht ohne große Umbauten machen, die sowohl die Lokomotiven wie das gesamte Signal- und Sicherungssystem betroffen hätten. Trotzdem war es wichtigstes Anliegen der neuen Verantwortlichen, die Sicherheit des Bahnbetriebs für eine zivile Nutzung wiederherzustellen. Zwar war die deutsche Signaltechnik auch nach französischer Meinung vom Prinzip her sehr einfach, aber in der technischen Ausführung sehr ausgeklügelt, was es den Besatzern so schwer machte, die Anlagen wieder in Betrieb zu setzen, nachdem alle Unterlagen fehlten. Deshalb begann als vordringliche Arbeit die Wiederherstellung der Telefonverbindungen, wodurch sich eine gewisse Sicherheit beim Ablassen von Zügen erreichen ließ. Auch die Signalanlagen wurden sukzessive wieder instandgesetzt. Das gelang als erstes in dem von Belgiern verwalteten Bereich von Aachen, weil deren Sicherungssystem dem deutschen sehr ähnlich war. Auch bei den mechanischen Stellwerken der Pfalz ging die Wiederherstellung relativ schnell vonstatten. Bis zum August 1923 funktionierten die meisten Signale und Stellwerke wieder.

Einerseits hoffte die Regie auf ein schnelles Zusammenbrechen des passiven Widerstands, um dann mit deutschen Eisenbahnern gemeinsam die Stellwerke und Sicherungsanlagen wieder in Betrieb zu nehmen, auf der anderen Seite übersetzte sie die deutschen Fahrdienstvorschriften ins Französische, die allerdings erst am 1. Dezember 1923 vorlagen, und unterrichtete systematisch das eigene Personal in der sie ungewohnten Technik. Ebenso wurde auf die Signalordnung aus Elsass-Lothringen zurückgegriffen, die dort bis zum Kriegsende gegolten hatte, weil sie der preußischen sehr ähnlich war. Auch sie wurde übersetzt und in Deutsch, Französisch und Flämisch verteilt, damit das gesamte Personal sie verstehen konnte. Unbequeme deutsche Bestimmungen wurden allerdings durch besondere Anordnungen ergänzt. Einige davon erschienen so wichtig, dass sie zu Verordnungen der Interalliierten Rheinlandkommission gemacht wurden. Daneben mussten für jede Strecke neue Bremsvorschriften auf der Basis der Bau- und Betriebsordnung ausgearbeitet werden. Das war vor allem wichtig für die Eifelstrecke, die vorrangig für schwere Güterzüge in Richtung Lothringen benutzt wurde. Zusammen mit den langsam zurückkehrenden deutschen Eisenbahnern, die die entsprechende Erfahrung im Umgang mit diesen Vorschriften und die Streckenkenntnis zurückbrachten, erlaubte all das wieder auf Dauer einen einigermaßen sicheren Betrieb.

Anfangs wurde der Boykott der Staatsbahn zwar weitgehend befolgt, aber vor allem dort wo es keine Alternativen gab kehrten die Fahrgäste bald wieder zurück. In einem Bericht aus Rheinhessen an die Reichskanzlei vom 19. Juli 1923 heißt es, *„dass die Regiezüge auf einzelnen Strecken (so besonders Wiesbaden – Höchst, Worms – Mainz – Bingen – Koblenz) und an einzelnen Tagen (an Markttagen und besonders samstags und sonntags) von vielen Deutschen und dabei vor allem von Landwirten und Geschäftsleuten in Anspruch genommen werden.“*[263] Gefördert wurde die stärkere Nutzung der Bahn nicht zuletzt durch die Verordnungen der Interalliierten Rheinlandkommission, die den Autoverkehr und selbst die Nutzung von Fahrrädern seit April 1923 immer mehr einschränkten.

Als erste Strecke im Ruhrgebiet mit Personenverkehr für die deutsche Bevölkerung betrieb die Regiebahn ab dem 9. März 1923 die Verbindung Essen – Werden. Laut einem Zeitzeugen bestand der Zug aus einer schweren Güterzuglok der Baureihe pr. G 10 (später BR 57^{10-35}), einem Gepäckwagen (Pw3), einem Durchgangswagen 4. Klasse (D4i), einem vierachsigen Abteilwagen 1. und 2. Klasse (ABB4) und einem dreiachsigen Abteilwagen 3. Klasse (C3) – aber der Zug blieb leer. Die Bevölkerung mied die Züge der Regie nicht nur wegen des passiven Widerstandes, sondern auch wegen der großen Unfallgefahr. Zudem gab es im Ruhrgebiet ein so dichtes Straßenbahnnetz, dass man im Notfall auch ohne Eisenbahn zu Zielen in der näheren Umgebung gelangen konnte.

Bild 282 – Eisenbahnfotos aus der Besatzungszeit finden sich fast nur in Form von Erinnerungsbildern französischer und belgischer Soldaten. Anscheinend geht die Dienstzeit dieser belgischen (flämischen) Soldaten zu Ende, denn sie haben auf die Lok „Nog 27 dage/Noch 27 dage" („noch 27 Tage") geschrieben. Die Aufnahme entstand beim Posten III in Oberhausen. Die halbverdeckte Lok links ist die G 8 „Essen" Nr. 4863. Sie wurde nicht von der Reichsbahn übernommen. AUFNAHME: SAMMLUNG GÜNTER KRALL

Bei der preußischen Staatseisenbahnen war es üblich, dass jede Region ihre eigenen Fahrpläne entwarf. Danach gab es dann Fahrplankonferenzen mit den Nachbardirektionen, um die Entwürfe miteinander abzustimmen. Die Bayerischen Staatseisenbahnen einschließlich des pfälzischen Netzes entwarfen alle Pläne in einem Zentralbüro in München. Die Regie zog der Einfachheit halber die Festlegung der Fahrpläne für alle Strecken in der Generaldirektion in Mainz an sich. Mit der Zeit delegierte sie diese Arbeit mehr und mehr an die Direktionen, behielt sich jedoch vor, sie zu „verifizieren und zu koordinieren". Die ersten Fahrpläne wurden auf der Basis der Militärfahrpläne der Feldeisenbahner entwickelt. Ab Mai 1923 gab es dann für diese Arbeit ein zentral geführtes Büro mit sechs Unterabteilungen entsprechend der vorhandenen Direktionen.

Den ersten Fahrplan veröffentlichte die Regie am 16. April 1923. Er zeigte hauptsächlich schnelle Verbindungen zwischen:

- Köln – Aachen,
- Düren – Düsseldorf – Essen,
- Mainz – Bingerbrück – Saarbrücken,
- Mainz – Neustadt (Weinstraße) – Saarbrücken,
- Mainz – Weißenburg – Straßburg,
- Mainz – Köln – Düsseldorf.

Bild 283
Ob die Regie während ihres Betriebs an einzelnen Tagen auch auf Hochwasser reagieren musste, ist nicht bekannt. Am 1. Januar 1926 – knapp drei Jahre nach der Veröffentlichung des ersten Regiebahn-Fahrplanes – ist der Bahndamm der rechten Rheinstrecke bei Fahr-Ihrlich überschwemmt. Das rheinseitige Gleis ist wegen möglicher Unterspülungen bereits gesperrt, und so fährt dieser Personenzug auf dem falschen Gleis in Richtung Neuwied.

AUFNAHME: SAMMLUNG KLAUS KEMP

Bild 284
Diese Tenderlok der Gattung pr. T 9^3 wurde offensichtlich durch Auffahren an der Rückseite stark beschädigt. Laut Bildbeschriftung verursachten Franzosen den Unfall.

AUFNAHME: SAMMLUNG EK-VERLAG

Bild 285
Auffahrunfall eines Regiezuges mit einer preußischen P 8, laut Bildbeschriftung in Königsbach südlich von Koblenz – allerdings ist auch ein Unfallort an der rechten Rheinstrecke zwischen Niederlahnstein und Rüdesheim nicht auszuschließen.

AUFNAHME: SAMMLUNG KLAUS KEMP

Wie an anderer Stelle bereits ausgeführt, durften nur Angehörige des alliierten Militärs und ihre Familien die Züge von und nach Köln benutzen. Zivilpersonen mussten von Aachen her in Buir sowie von Trier her in Liblar aussteigen und sich den Grenzformalitäten unterziehen. Die Geschwindigkeit dieser Züge war bereits größer als derjenigen, die nach dem Militärfahrplan verkehrten. Das betraf vor allem die Züge, die Belgien und Frankreich in den besetzten Gebieten verbanden. Bereits zwei Wochen später, am 1. Mai 1923, folgte ein verbesserter Fahrplan für den Personenverkehr. Ab 16. Juli gelang es, die Reisegeschwindigkeit für die internationalen Züge und auf der Strecke Wiesbaden – Mainz – Dortmund erneut zu erhöhen. Da die Verbindungen mehr auf französisches Interesse als auf deutsches ausgerichtet waren, gab es interessante Zugläufe:

- Mainz – Lauterburg,
- Mainz – Neustadt (Weinstraße) – Landau – Deux-Ponts (Zweibrücken),
- Mainz – Bingerbrück – Saarbrücken,
- Dortmund – Duisburg – Düsseldorf – Düren – Aachen.

Die Vergabe der Zugnummern richtete sich ab diesem Datum an französischen Vorbildern aus. Die Kursbücher, die die Regiebahn in der Zeit des passiven Widerstands in bestimmten Abständen herausgab, mussten übrigens in Lille gedruckt werden, weil sich keine deutsche Druckerei fand, die für die Besatzungsmacht arbeiten wollte.

Trotzdem war die Regiebahn in der Zeit des passiven Widerstands nicht in der Lage, einen regelmäßigen Betrieb zu garantieren, vor allem nicht im Ruhrgebiet. Fast täglich wechselten die Fahrpläne, und immer wieder änderten sich die Verbindungen, weil die Regie Strecken besetzte und dann wieder aufgab. Die Fahrzeiten wurden den Dienststellen oft nur telefonisch oder über den Bahntelegrafen mitgeteilt. In den Bahnhöfen machte man sie dann durch handschriftliche Aushänge dem Publikum bekannt. Nur dann, wenn es sich um eine längerfristige Änderung zu handeln schien, gab es eine Veröffentlichung in den lokalen Zeitungen. Die täglichen Ausfälle von Zügen oder häufigen Verspätungen waren dagegen so sehr zur Gewohnheit geworden, dass sie nicht einmal mehr als Kurznotiz in den Zeitungen erschienen.

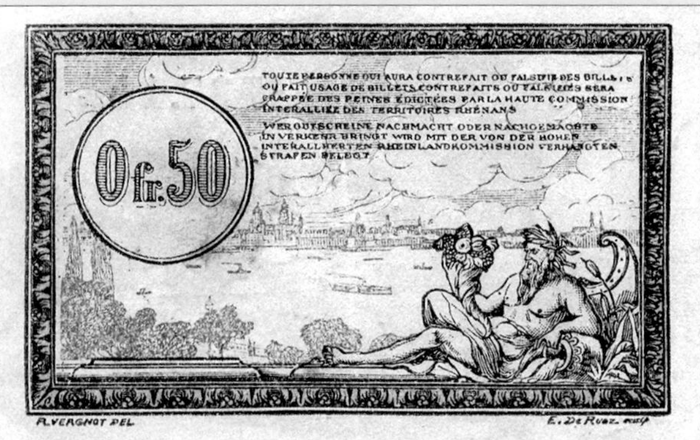

Bilder 286/287 – Von der Regiebahn ausgegebener Geldschein mit dem Nominalwert von 0,50 Fr. Ausgegeben wurden Werte zwischen 0,05 und 100 Fr. Das Design aller Scheine ist gleich. Sie unterscheiden sich lediglich in der Größe und der Farbgebung. Rückseite: Da die Scheine nach dem Ende der Regie in Reichsmark getauscht werden konnten, sind kaum noch höhere Werte im Umlauf, was sie für Sammler begehrenswert – und teuer macht. Das Besondere ist jedoch, was man sieht – oder auch nicht! Denn dargestellt ist, wie der Vater Rhein ein Füllhorn in der Hand hält. Die Vorlage stammt vom Niederwalddenkmal, wo er das Horn der Tochter Mosel übergibt. Damit wird auf die im Zuge des Krieges 1870 und 1871 gemachten Eroberungen angespielt, durch die der Rhein vom Grenzfluss zu einem innerdeutschen Fluss geworden war. Auf diesem französischen Schein fehlt die Tochter Mosel, und damit wird der Rhein wieder zum Grenzfluss.

Abbildungen (2): Sammlung Klaus Kemp

Natürlich mussten auch für den Güterverkehr Kursbücher ausgearbeitet werden. Am 7. Mai 1923 trat ein Fahrplan für 18 Zugpaare zwischen dem Ruhrgebiet und Ehrang in Kraft. Auf der Fahrt in Richtung Frankreich transportierten sie Kohle und kehrten leer zurück. Sie wurden von Düsseldorf aus über Neuss – Düren – Euskirchen und über die Eifelbahn in Richtung Trier gelenkt. Hier wirkten sich einerseits die damals noch eingleisige Strecke Düren – Euskirchen und andererseits die Steigungen und Gefälle der Eifelbahn als Engpässe aus. Um die Kapazität zu erhöhen, setzte man 18 weitere Zugpaare ein, die wahlweise über Gerolstein oder über Bonn – Koblenz fahren konnten. Zwei davon wurden dann allerdings statt auf der Moselbahn über Mainz und Lauterburg in das Elsass geleitet, um dort Koks abzuliefern. Als andere Abfuhrstrecke für die Reparationskohle etablierte sich die Verbindung von der Ruhr nach Aachen und weiter nach Belgien und Nordfrankreich.

Über Zwangsmaßnahmen gegen den Straßenverkehr zur Rückgewinnung von Fracht und Fahrgästen auf die Bahn ist bereits berichtet worden (Abschn. 4.4). Über eine andere Form wird aus der Pfalz berichtet: *„Die französische Regie in Bad Dürkheim lädt* [am 14. Juli 1923] *die Handels- und Gewerbetreibenden des Bezirks auf Grund von Listen gegen Unterschrift zu sich, um mit ihnen über die Aufnahme des Güterverkehrs zu verhandeln. Vor Eröffnung der Versammlung stellen die Franzosen durch Verlesen der Listen fest, wer der Aufforderung Folge geleistet hat. Die Versammlungsleitung sucht u. a. die zahlreich Erschienenen, meist Wein- und Obsthändler, zu bewegen, die Eisenbahn zu ihrem Geschäftsbetrieb zu benutzen und verspricht den hierzu bereitwilligen Firmen Pässe nach dem unbesetzten Gebiet und sonstige Verkehrsausweise."* [264)]

Trotz aller Anfangsschwierigkeiten wiesen die Bilanzen der Regiebahn ab Juli 1923 Gewinne aus, die es ermöglichten, die Verluste der ersten vier Monate bis zum Jahresende auszugleichen. Ein Grund hierfür war, dass sie notgedrungen mit weniger Personal als vorher die Reichsbahn auskommen musste und sich mehr auf den Wagenladungsverkehr und weniger auf den sehr viel aufwendigeren Stückgutverkehr konzentrierte. Nach ihren Angaben erreichte die französisch-belgische Verwaltung im Jahre 1924 einen Betriebskoeffizienten von 73 %.

5.2.5 Hyperinflation und Regie-Geld

Durch die galoppierende Inflation wurde das Bargeld knapp, um Gehälter zu zahlen. Die im Auftrage der Reichsbank produzierenden Druckereien kamen kaum noch mit den Aufträgen nach, weil die Geldscheine immer schneller wertlos wurden und deshalb Banknoten mit immer höheren Nennwerten gedruckt wurden.

In der Folge begannen auch Städte und Staatsunternehmen wie Post und Bahn eigenes Notgeld zu drucken. Zwischen Juli und November 1923 geschah das sogar auf der Ebene der Bahndirektionen. Als einzige Direktion in den besetzten Gebieten gab die RBD Köln zwischen dem 11. August und dem 18. November 1923 Notgeld heraus. Der höchste Wert war 10 Billionen Mark.

Bereits Anfang März 1923 gab es in Paris und Brüssel Überlegungen, in den besetzten Gebieten einen „Rheintaler" einzuführen. Das geschah jedoch noch unter dem Aspekt der Abtrennung vom übrigen Reich. Als sich die Inflation beschleunigte, gab es noch einen andern Grund: Der Betrieb der rheinischen Eisenbahnen musste aus der Sicht der französischen und belgischen Behörden vor Wechselkursschwankungen geschützt werden. Die Regiebahn reagierte auf diese Situation und berechnete ihre Tarife ab dem 1. Oktober 1923 nur noch in französischen Franc, die wegen der galoppierenden Inflation der Reichsmark auch von der Bevölkerung zunehmend benutzt wurden. Die entsprechenden Wechselkurse waren jeden Tag an den Schaltern angeschrieben. Die Mark wurde jedoch so schnell abgewertet, dass es die Buchhaltung immer mehr erschwerte. Ab November 1923 konnte man deshalb bei den Eisenbahnkassen nur noch in Franc bezahlen. Sie verweigerten die Annahme von deutschem Geld, weil es inzwischen völlig wertlos geworden war.

Auf den Rat des belgischen Mitglieds der Interalliierten Kommission hin plädierte die belgische Regierung für die Schaffung dessen, was schnell als „Regie-Franken" bezeichnet wurde. Paul Tirard stand dieser Lösung anfangs kritisch gegenüber, billigte sie aber schließlich doch. Als erster Schritt wurden am 19. Oktober mit der Verordnung N° 149 der Interalliierten Rheinlandkommission die Regie-Franken eingeführt, die ursprünglich „Transport-Bons" hießen. Die erste Charge des neugedruckten Geldes stand ab dem 1. November zur Verfügung. Für Paul Tirard bedeutete dies den ersten Schritt in Richtung einer eigenen Währung, des „Rheinland-Frankens". Zuerst konnte dieses Notgeld nur gegen Franc getauscht werden. Als dann in Deutschland die Währung durch Einführung der Rentenmark wieder stabilisiert war, wurde auch sie wieder als Zahlungsmittel zugelassen. Die Regiefranken wurden übrigens ebenso wie das Notgeld der Reichsbahndirektionen auch im besetzten Gebiet außerhalb des Eisenbahnverkehrs verwendet. Ausgegeben wurden Werte zwischen 0,10 Fr und 100 Fr. Mit der Auflösung der Regiebahn konnten diese Scheine gegen Rentenmark eingetauscht werden. Von den rund 65 Mio. ausgegebenen Regie-Franken wurden mehr als 96 % zurückgetauscht.

Der erste und wichtigste Schritt, Deutschland wirtschaftlich gesunden zu lassen, war die Bekämpfung der Hyperinflation. Als neue Währung, gepaart mit einer soliden Geldpolitik, wurde am 15. November 1923 die bereits erwähnte Rentenmark eingeführt. Gleichzeitig wurde die Reichseisenbahn jedoch aus dem Haushalt des Reiches ausgegliedert. Sie musste von nun an selbst für ihre Defizite aufkommen. Am 12. Februar 1924 erließ die Regierung eine Verordnung zur Schaffung eines Unternehmens „Deutsche Reichsbahn". Erst sie machte die Bahn zu einem wirtschaftlich und rechtlich selbständigen Unternehmen. Das Reich blieb alleiniger Eigentümer, und der Verkehrsminister behielt sowohl die Leitung wie die Aufsicht über die Eisenbahnen. Zu einer Umsetzung der Vorgaben des Gesetzes kam es jedoch nicht wegen grundlegender Änderungen in der Frage der Reparationen, die bereits im Abschnitt 4.8.6 behandelt wurden.

Im Verlaufe des Jahres 1923, als die Franzosen noch von einer Abtrennung des Rheinlandes vom Reich ausgingen, diskutierten sie zusammen mit den Belgiern mögliche Lösungen für eine „Rheinische Eisenbahn-Gesellschaft". Auf einer Konferenz, die sich auch mit Fragen des Telefon- und Telegraphen-Verkehrs befasste, erhielt Bréaud, der Direktor der Regiebahn, den Auftrag, ein Projekt zu entwickeln, das den Verbleib der Bahnen in den besetzten Gebieten auf Dauer in den Händen der Alliierten vorsah. Bréaud legte seine Ausarbeitung am 15. August 1923 vor. Vorgesehen war die Umwandlung der bisherigen französisch-belgischen Regiebahn in eine „Gesellschaft der Rheinischen Eisenbahnen" mit einer Kapitalbeteiligung der Alliierten Frankreich, Belgien, Italien und England sowie des Rheinlands. Das entsprach zum einen den sicherheitspolitischen Vorstellungen Frankreichs, da die Bahnen des Rheingebiets damit einem militärischen Aufmarsch gegen den westlichen Nachbarn entzogen wären, zum anderen boten sich aber auch wirtschaftliche Möglichkeiten einschließlich der Kontrolle des Warenverkehrs zwischen dem Rheinruhrgebiet und Osteuropa an. Das Projekt zeigte deutlich die französischen Ambitionen einer langfristigen Kontrolle des deutschen Westens. Vor allem Bréaud und General Degoutte verfolgten dieses Projekt weiter. Im Frühjahr 1924 präsentierten sie es der Dawes-Kommission, die für ihren eigenen Vorschlag einige Ideen daraus aufgriff.

5.2.6 Annäherung zwischen Reichsbahn und Regie

Mit der Aufgabe des passiven Widerstands am 23. September gab es Anfang Oktober 1923 erste Kontakte zwischen der Reichsbahn und dem Generaldirektor der Regie, Henri Bréaud, über eine Wiedereinstellung der deutschen Eisenbahner und die Wiederaufnahme des Verkehrs zwischen unbesetztem und besetztem Gebiet, die letzterer nur mit Zustimmung von Paul Tirard und General Degoutte führen konnte. *„Diese Besprechungen mit der Regie wurden unter der ausdrücklichen Voraussetzung eingeleitet, dass in der Bereitwilligkeit zu einer persönlichen Aussprache keine Anerkenntnis der Rechtmäßigkeit des Bestehens der Regie liegen könne. Ferner wurde betont, daß es sich lediglich um einen modus vivendi handle, durch dessen Vereinbarung der von den Eisenbahnverwaltungen nicht zu entscheidende Frage der künftigen Gestaltung der Eisenbahnen der besetzten Gebiete nicht vorgegriffen werden dürfe. Der Leiter der Regie erklärte sich mit diesen Vorbehalten einverstanden."* [265] Die ersten Gespräche scheiterten jedoch, weil er forderte, die rheinischen Eisenbahnen als ein vom Rest des Reiches losgelöstes Netz mit eigenen Betriebsmitteln

Régie des Chemins de fer
des
Territoires Occupés

Direction de Trèves

CERTIFICAT D'EMBAUCHAGE
Zeugnis zur Dienstaufnahme

TRACTION

Nº 272.

Le nommé / Der genannte: Kreckler Josef
Né à / geboren in: Wittlich le / den: 9 avril 1885
demeurant à / wohnend in: Pfalzel rue / Strasse .... Nº / Nr. 257
est embauché en qualité de / ist angenommen als: élève mécanicien
Jl entrera en fonctions à / Er hat den Dienst anzutreten in: Ehrang
à dater du / ab: 12. April 1924.

Jusqu'à nouvel ordre il ne devra, dans aucun cas, travailler seul et être utilisé comme mécanicien ou dans les postes intéressant la sécurité

Bis auf weitere Anordnung darf er in keinem Falle allein arbeiten und weder als Maschinist noch im Sicherheitsdienst Verwendung finden.

Tout acte de malveillance de sa part entraînera son arrestation immédiate

Jeder Böswilligkeitsakt des Dienstaufnehmenden hat seine sofortige Verhaftung zur Folge.

Le présent certificat devra rester constamment en possession de l'intéressé.

Jnhaber muss immer dieses Zeugnis bei sich führen.

Signature du titulaire — *Unterschrift des Dienstaufnehmenden*

Signature du Chef de Division — *Unterschrift des Divisionschefs.*

Kreckler Jos.

Bilder 288/289 – Die deutschen Eisenbahner, die nach dem Ende des passiven Widerstands in die Dienste der Regie traten, mussten diese Bescheinigung immer bei sich führen. ABBILDUNGEN (2): SAMMLUNG WOLFGANG KRECKLER

und eigener Verwaltung zu betreiben. Zusätzlich sollte diesem von der Reichsbahn unabhängigen Netz die Strecken Wesel – Emmerich und Germersheim – Worms ebenso wie die Strecken um Köln überlassen werden. Dem gaben die deutschen Unterhändler nicht nach und wandten sich an den General Degoutte in Düsseldorf, der zwischen beiden Seiten vermittelte.

Diese Verhandlungen beunruhigten die Briten, die Eingriffe in das von ihnen kontrollierte Eisenbahnnetz befürchteten. Stresemann sah sich genötigt, dem englischen Botschafter zu versichern, dass Gerüchte über eine offizielle Übertragung des gesamten deutschen Eisenbahnnetzes im Rheinland und im Ruhrgebiet einschließlich der Kölner Zone an die Franzosen unbegründet seien. Der englische Botschafter verlangte, dass die Deutschen in den laufenden Verhandlungen keinerlei Übereinkunft bezüglich der Eisenbahnen treffen dürften, die den Briten Schwierigkeiten bereiten könnten.

Wichtigster Punkt für die deutschen Unterhändler war die Rückkehr der Eisenbahner auf ihre alten Arbeitsplätze. Da die Dienstwohnungen inzwischen von den Besatzungsmächten beschlagnahmt worden waren, sollten nun die Bürgermeister der jeweiligen Gemeinden für den nötigen Wohnraum sorgen. Unterstützung erhielten sie durch das Reichsfinanzministerium, das hölzerne Behelfswohnungen, die eigentlich für Serbien bestimmt gewesen waren, zur Verfügung stellte. Das Reichsarbeitsministerium bewilligte Kredite für den Bau von rund 1.000 Wohnungen für Bahn- und Postbedienstete. Die Reichsbahn beschaffte zusätzlichen Wohnraum durch den Ankauf von Besatzungswohnungen von der Reichsvermögensverwaltung und durch ein eigenes Neubauprogramm. Die Franzosen erlaubten es nun auch, dass arbeitslose Eisenbahner, die nicht gleich oder überhaupt nicht eingestellt wurden, wenigstens vorläufig noch Arbeitslosenunterstützung aus dem Reich erhalten konnten. Während des passiven Widerstands hatten sie das noch mit allen Mitteln zu verhindern versucht. Der Reichsverkehrsminister erließ am 13. Oktober einen Aufruf an die Eisenbahner, sich ab dem 17. des Monats bei der Regiebahn zu melden, um bei ihr den Dienst anzutreten.

Die Hoffnung der deutschen Seite war, dass alle entlassenen und ausgewiesenen Beamten wieder auf ihre alten Stellen zurückkämen. Da jedoch zwischen 1919 und 1922 das Personal durch Kriegsheimkehrer und Vertriebene aus Gebieten, die Deutschland hatte abtreten müssen, künstlich aufgebläht worden war, zeigte die Regie keinerlei Interesse alle aufzunehmen. Deshalb akzeptierten die deutschen Verhandlungsführer am Ende, dass die Regiebahn aus Rentabilitätsgründen nur 50 % des früheren Personals wiedereinstellen wollte. Ein wichtiger Grundsatz war, dass die leitenden Positionen mit Franzosen und Belgiern besetzt blieben und dass kein Franzose unter einem Deutschen arbeiten sollte. Das bedeutete natürlich, dass nur untergeordnete Stellen zur Verfügung standen. Dahinter verbarg sich auch die Furcht der Besatzungsmächte vor einem neuen Generalstreik des deutschen Personals. Indem sie die eigenen Leute in Schlüsselpositionen beließen hofften sie, in einem solchen Fall die wichtigsten Strecken trotzdem betreiben zu können. Gleichzeitig wurde entschieden, organisatorische Änderungen in Abweichung vom deutschen System, die mit der Aufnahme des Regiebetriebs eingeführt worden waren, auch weiterhin beizubehalten.

Die Interalliierte Rheinlandkommission legte fest, dass die Rückkehr der deutschen Eisenbahner nicht „en bloque" passieren könne, sondern individuell geschehen müsse. Jeder müsse sich einzeln bei den Besatzungsbehörden melden, wo ihm seine Rechte und Pflichten persönlich mitgeteilt würden. Ziel war es nur noch Rheinländer einzustellen, weil die Franzosen glaubten, dass diese eher geneigt seien einen separaten Rheinlandstaat nicht nur zu akzeptieren, sondern sogar zu unterstützen. Bevorzugt wurden Personen ausgewählt, die von ihrem Alter und ihrer Kraft in der Lage waren, ein Maximum an Dienstleistung zu erbringen. Sie mussten einen Treueeid ablegen, der jedoch nach französischer Erklärung ein rein beruflicher sei und keinerlei politische Bedeutung habe. So kam es nicht von ungefähr, dass es später in der deutschen Presse hieß, dass ein Großteil der an den Separatistenunruhen Beteiligten im Herbst 1924 aus den Reihen der Eisenbahner der Regiebahn käme.

Die Rückkehr der deutschen Eisenbahner auf ihre Posten verbesserte den Betriebsablauf weiter. Die Wiedereinstellungen erfolgten in einem Umfang von täglich 1.500 bis 2.000 Personen. Am 10. Oktober arbeiteten 782 Deutsche bei der Regiebahn. Am 17., dem ersten Tag der Neueinstellung, wuchs die Zahl auf 1.376, bis Ende des Monats waren es mehr als 30.000. Ihre Zahl stieg von Monat zu Monat und erreichte ihr Maximum mit rund 84.000 Eisenbahnern. Mit den Franzosen, Belgiern und anderen Nationalitäten variierte die Gesamtzahl der beschäftigten Personen zwischen 100.000 und 107.000. Das reichte aus, um den Verkehrsumfang zu bewältigen wie vor der Zeit des passiven Widerstands. *„Die Einstellungen blieben indessen immer auf mittlere und untere Beamte sowie Arbeiter beschränkt."* [266] Aus deutscher Sicht erschien die Rückkehr der Eisenbahner allerdings als langsam und schleppend. Trotz der beginnenden Rückführung wurden andererseits noch am 18. Oktober 26 Eisenbahner samt Familien aus Speyer ausgewiesen, weil sie die Wiedereinstellung arbeitswilliger Eisenbahner behindert hätten.

Die Deutschen mussten nicht nur unter französischem Befehl arbeiten, sondern auch die Bezeichnungen wurden französisch. Aus dem Bahnhofsvorsteher wurde z. B. der „Chef de Gare", in der Regel ein Mitglied der Besatzungsarmee im Offiziersrang. Dazu kamen noch Franzosen in leitenden Positionen, deren Zahl inzwischen auf 32.000 angewachsen war, sowie 8.000 Belgier. Trotzdem heißt es noch in einem Bericht vom Dezember 1923, dass es auf den Schienen des Ruhrgebiets nur 10 % des Verkehrs im Vergleich zum Vorjahr gab. Als gute Behörde hob die Interalliierte Rheinlandkommission Verordnung nach Verordnung über Verkehrsbeschränkungen, Bahnbewachung und Zölle wieder auf, um nur einige zu nennen, jedoch nicht im von Deutschland erhofften Tempo.

Da Franzosen und Belgier den Bahnbetrieb trotz der Wiedereingliederung der Deutschen dominierten, entwickelten sie für die Bedürfnisse des Dienstes ein zweisprachiges Vokabular, *„das* [sich] *unter ihnen schnell eine herzliche Intimität entwickelte. Der Betrieb bestimmter Abschnitte unserer südlichen Eisenbahnern besaß übrigens keinen Mangel an Pittoreskem: Ihre improvisierte Art, mit einem sonnigen Akzent Stationsnamen mit germanischen Konsonanten anzukündigen, ihre Freundlichkeit, ihre Gefälligkeit den Reisenden und vor allem den reisenden Damen gegenüber, ihre fröhliche und ein wenig laute Art – das Pfeifen der Maschinen, die Trompeten der Zugführer – bildeten einen Kontrast gegenüber den starren und stillen Traditionen der deutschen Eisenbahnen, der der rheinischen Bevölkerung keineswegs mißfiel."* [267]

Soweit die französische Version. Gänzlich anders liest sich dagegen die deutsche Version, veröffentlicht Ende Januar 1924:

„Die Klagen des deutschen Eisenbahnpersonals, das bei der Regie Dienste versieht, werden immer lauter. Die Gründe sind: unwürdige Behandlung (mittlere Beamte unterstehen französischen Unterbeamten und werden zu Arbeiten herangezogen, die ihrer Stellung durchaus nicht entsprechen), ungebührlich lange Dienstschichten, lange Reihen von aufeinanderfolgenden Nachtdiensten, mangelnde Übernachtungsgelegenheit für das Zugpersonal und besonders die ungenügende und zum Teil sehr unregelmäßige Bezahlung. Infolge Kursrückganges des Franken erreichen die Einkommen bei der Regie kaum die Hälfte des dem Personal in deutscher Verwaltung in Mark zustehenden Verdienstes. Nur mit Mühe ist es der Reichsbahndirektion Ludwigshafen in

Bild 290
Zu den Nebenbetrieben, die die Regie von der Reichsbahn übernahm, gehörte auch die Fähre zwischen Rüdesheim und Bingen. Sie war von der Rheinischen Eisenbahn eingerichtet worden, als deren Strecke in Bingerbrück endete. Deshalb verkehrte sie ursprünglich von dort (siehe Bild von etwa 1900). Später legte sie in Bingen Stadt an.

AUFNAHME: SAMMLUNG KLAUS KEMP

Mannheim möglich, Massenaustritte aus der Regie zu verhindern. Die Zusammenarbeit von deutschem und französischem Personal muß trotz Zurückhaltung zu Reibereien führen.“ [268]

Aber selbst in Frankreich gab es Stimmen, die der deutschen Einschätzung zuneigten, wie ein französischer Artikel von Mitte März 1924 zeigt:

„Die Pariser Zeitung ‚Echo de Chemins de fer et de Transports‘ führt das Versagen der Regie darauf zurück, daß ein großer Teil der französischen Beamten Stellungen einnehmen, denen sie in keiner Weise gewachsen sind. Die mangelhafte Organisation im Kassen- und Tarifwesen wird beanstandet, die Zusammensetzung des Personals und die Zweisprachigkeit als diensterschwerend und gefährlich bezeichnet. Das ganze sei ein verlustreicher Zuschußbetrieb. Der Betrieb müßte unter französischer Kontrolle ganz in deutsche Hände übergehen, 95 % der französischen Eisenbahner müßten heimkehren, dann ließe sich aus den Bahnen des besetzten Gebietes monatlich Dutzende von Millionen herauswirtschaften.“ [269]

Um den Betrieb wieder in Gang zu bringen, verlangte Frankreich am 19. Oktober 1923 vom Deutschen Reich auf dessen Kosten die Wiederherstellung der Bahnanlagen sowie des rollenden Materials im Rheinland und an der Ruhr in den Zustand, den sie vor dem 10. Januar 1923 hatten. Diese Forderungen kamen nicht von ungefähr, denn durch den Ruhrkampf waren die Bahnanlagen von beiden Seiten stark in Mitleidenschaft gezogen worden. Die Stellwerke waren von den deutschen Eisenbahnern vor dem Verlassen unbrauchbar gemacht worden. Inzwischen waren auch viele wertvolle Metallteile verschwunden. Die Behandlungsanlagen der Lokomotiven waren verwahrlost, in den Werkstätten fehlten Werkzeuge und Materialien. Die meisten Büros wurden verwüstet, und die Bahnhofsgebäude starrten vor Dreck.

5.2.7 Das Abkommen von Mainz vom 1. Dezember 1923

Von Anfang an betonten die deutschen Delegierten in allen Treffen mit Vertretern der Regie, dass man sie offiziell nicht anerkenne. Obwohl man seit Herbst 1923 mit der Regiebahn verhandelte, behielt die Reichsbahn diese Position selbst auf einer Internationalen Fahrplan-Konferenz in Nizza bei, die vom 4. bis 6. November stattfand. Dieses Thema blieb auch in den nachfolgenden Verhandlungen für die deutsche Seite wichtig, was die Alliierten offensichtlich leicht zugestanden, weil ihr Hauptinteresse in der Rückkehr zu einem reibungslosen Bahnbetrieb bestand. Andererseits behinderte die deutsche Haltung die Verbesserung und Beschleunigung der Grenzabfertigung zwischen dem besetzten und dem unbesetzten Teil Deutschlands.

Die **Sondierungsgespräche** im Oktober **zwischen Reichsbahn und Regiebahn** führten zur Festlegung von Themen, die behandelt werden sollten. Dafür legte man Arbeitsgruppen fest, bei denen der Vorsitzende entweder ein Franzose oder ein Belgier war:

- **Gruppe 1:** Vom Direktor der Regie geleitet: allgemeine Fragen; Prüfung der Angelegenheiten, die die anderen Gruppen nicht regeln konnten;
- **Gruppe 2:** Vom Generalsekretär der Regie geleitet: Personalfragen, Pensionen, verschiedene Versicherungen;
- **Gruppe 3:** Geleitet vom stellvertretenden Direktor, Leiter des Betriebes: Alle Fragen der wirtschaftlichen Betriebsführung;
- **Gruppe 4:** Vorsitz durch den stellvertretenden Direktor und Leiter des Betriebes: Alle Fragen der technischen Betriebsführung;
- **Gruppe 5:** Vom Chefingenieur für rollendes Material geleitet: Alle Fragen, die für die Lokomotiven, die Wagen und die Werkstätten relativ sind;
- **Gruppe 6:** Vom stellvertretenden Direktor und Chef für Fahrweg und Hochbauten geleitet: alle für die Bahnunterhaltung des Netzes relativen Fragen.

Da die deutschen Unterhändler sich in Berlin rückversichern mussten und aus dem Reichsverkehrsministerium Anmerkungen zu dem bisherigen Verhandlungsergebnis kamen, konnte das Schlussprotokoll dieser Verhandlungen erst am 11. November 1923 bei einer Besprechung in Düsseldorf unterzeichnet werden. Damit hatte man die Grundlagen für einen „modus vivendi“ zwischen beiden Verwaltungen vereinbart. Die Verhandlungen führten auf deutscher Seite Staatssekretär Dr. Stieler aus dem Verkehrsministerium und Herr Wolf, Berater desselben Ministeriums.

Gleichzeitig erkannte das Reichsverkehrsministerium die Regiebahn vom 10. November 1923 auf ein Jahr als die rechtmäßige Verwaltung der in den Besatzungszonen liegenden Bahnstrecken der Reichsbahn an. Allerdings beschränkte sich das nur auf den Betrieb, nicht aber auf die Vertretung zum Ausland hin. Zwischen

Bild 291 – Eine preußische P 8 mit einem „Langlauftender" der Bauart pr. 2'2' T 31,5 passiert eine Signalbrücke bei Köln-Süd. Interessant ist das dreiflügelige Signal rechts, das verschiedenen Fahr- und Abzweigmöglichkeiten signalisierte, bevor es die Möglichkeit eines Richtungsanzeigers gab (1938). AUFN.: RBD KÖLN, FELTEN, BILDARCHIV DER EISENBAHNSTIFTUNG

dem 8. und dem 23. November übernahm die Regiebahn alle Inselbetriebe und den grenzüberschreitenden Verkehr ins unbesetzte Gebiet. Das schloss auch Fahrzeuge und Personal mit ein. Lediglich die Strecken Dortmund Süd – Brackel (– Welver) und Dortmund Süd – Herdecke – Hengstey/Hagen verblieben im Betrieb der Reichsbahn.

In einem weiteren Schritt zur Normalisierung des Bahnbetriebs verhandelte Dr. Stieler im Auftrag von Reichsverkehrsminister Rudolf Oeser[270)] ab dem 22. November 1923 mit der französisch-belgischen Eisenbahnregie über die Wiederaufnahme des Eisenbahnverkehrs zwischen dem besetzten Rhein- und Ruhrgebiet und dem unbesetzten Deutschen Reich sowie über alle damit zusammenhängenden Fragen. Zuerst einmal mussten die Grenzen und Grenzbahnhöfe zwischen Reichsbahn und Regiebahn festgelegt werden. Die Regie bestand darauf, auf einigen Strecken auch ins unbesetzte Gebiet zu fahren, nämlich:

- von Troisdorf nach Hennef;
- von Höchst nach Frankfurt (M);
- von Worms nach Groß-Gerau;
- von Goddelau-Erfelden nach Darmstadt.

Im Einzelnen vereinbarten beide Seiten über die **Abgrenzung zwischen Reichsbahn und Regiebahn** folgendes:

„Es verbleiben in rein deutscher Verwaltung:

- *Die rechtsrheinischen Strecken in Baden einschließlich der umstrittenen Riedbahn von Mannheim über Groß-Gerau nach Frankfurt (Main), mit den Anschlüssen nach Germersheim, Speyer, Ludwigshafen, Worms ausschließlich (das heißt diese Bahnhöfe selbst unterstehen der Regie, aber bis in sie hinein verkehren die Züge der Reichsbahn). Die Strecke Frankfurt – Bad Homburg – Usingen – Weilburg – Eschhofen auf der Linie nach Limburg, wo die Taunusbahn über Idstein – Niederselters mündet. Das Stück bis Limburg und von dort nördlich bis Staffel ist Gemeinschaftsbetrieb. Von Staffel ab Reichsbahnbetrieb über Westerburg, Altenkirchen, Au usw. Hier schließt die englische Zone an, wo die Reichsbahn nach wie vor den Betrieb in der Hand hat. Die von dieser Linie östlich gelegenen Bahnen bleiben von der Regie unberührt. Auf den westlich davon gelegenen ist teilweise Gemeinschaftsbetrieb, einige kurze Stücke auch Reichsbahnbetrieb.*
- *Rheinland-Westfalen: die Strecke Hamm – Unna – Schwerin – Mettmann (nach Düsseldorf), ebenso die südlich davon verlaufende Strecke über Barmen – Elberfeld nach Köln und die von diesen Bahnen nach Norden in das Ruhrgebiet führenden Stichbahnen bis Hattingen, Kupferdreh, Velbert, Hattingen (diese Bahnhöfe selbst im Regiebetrieb). Von Hamm bis Scharnhorst, von hier bis Dortmund Hauptbahnhof Gemeinschaftsbetrieb, Reichsbahnbetrieb von Dortmund Süd nach Lüttringhausen, Vorhalle und östlich davon.*
- *Im Norden des Ruhrgebietes: deutscher Betrieb auf der Strecke von Hamm über Lünen nach Dülmen und von hier auf der großen nach Holland führenden Durchgangslinie, die von Münster kommt, bis Wesel einschließlich, und alle Strecken nördlich davon."*[271)]

Die Zugbildung sollte in der Form und auf den Bahnhöfen erfolgen, wie es vor dem 11. Januar 1923, dem Einmarsch ins Ruhrgebiet, üblich gewesen war. Bahnhöfe an der Ostgrenze des Regiegebietes sollten dabei von beiden Verwaltungen gleichzeitig benutzt werden können. Es wurde vorgesehen, am 16. Dezember eine Bestandsaufnahme aller Personen- und Gepäckwagen sowohl auf den von der Regie wie von der Reichsbahn betriebenen Strecken zu machen, um zu einem Ausgleich der Fahrzeuge entsprechend des Verkehrsaufkommens zu gelangen. Für die Gestellung von Wagen für internationale Reisezüge sollte die Reichsbahn auf der Basis der Abmachungen mit ausländischen Bahngesellschaften alleine Sorge tragen. Für den Güterverkehr hatte die Reichsbahn der Regie täglich die notwendige Anzahl Wagen zu stellen. Hierbei handelte es sich vorrangig um Hochbordwagen für den Kohle- und Koksverkehr. Für den Wagenaustausch mit dem Saargebiet, Belgien, Luxemburg, Frankreich und den Niederlanden verpflichtete sich die Regie, an den jeweiligen Grenzen Büros einzurichten. Diese sollten dann die dort anfallenden Daten über die ein- und ausfahrenden Fahrzeuge an das zentrale Wagenabrechnungsbüro in Magdeburg liefern. Einen breiten Raum in den Vereinbarungen

Bild 292 – Nach der Befreiung der Rheinlande kamen auch die neuen Einheitslokomotiven dorthin. Hier verlässt Lok 01 031 den Kölner Hauptbahnhof in Richtung Bonn oder Aachen. Aufnahme aus dem Jahr 1929. AUFNAHME: RBD KÖLN, FELTEN, BILDARCHIV DER EISENBAHNSTIFTUNG

nahm auch die Tarifgestaltung ein, um Wettbewerbsverzerrungen zu vermeiden und die bisherigen Verkehrsströme zu erhalten. Auf der anderen Seite vermied es die Reichsbahn wie mehrfach erwähnt, internationale Vereinbarungen abzuschließen an denen die Regiebahn beteiligt gewesen wäre, aus Angst dass das deren offizielle Anerkennung bedeutet hätte.

Da die Regiebahn unter einem Mangel an Lokomotiven litt, verlangte sie von der Reichsbahn die Überstellung der für den Betrieb notwendigen Maschinen. In erster Linie ging es dabei um diejenigen Loks, die am 11. Januar im besetzten Gebiet vorhanden bzw. im Rahmen des passiven Widerstands ins unbesetzte Gebiet abgefahren worden waren oder die sich in Ausbesserungswerken des unbesetzten Gebietes befanden. Zudem hatten Maschinen aus dem unbesetzten Gebiet, die sich im Einbruchsgebiet befanden, nicht mehr zurückkehren können. Die Regie vergaß auch nicht die Loks für sich zu reklamieren, welche die Reichsbahn für das Rheinland und das Ruhrgebiet in Auftrag gegeben, aber nach der Ruhrbesetzung nicht dorthin gesandt hatte. Insgesamt handelte es sich um rund 600 Maschinen. Die Reichsbahn berief sich auf das Abkommen, das vorsah, dass die Reichsbahn so viele Lokomotiven *„in dem Ausmaße nach und nach beistellen* [muss], *in dem der Verkehr an den Verkehrsumfang vor dem 11. Januar 1923 herankommt.“*[272]

Da ihr Verkehrsumfang jedoch nur ein Drittel dessen umfasste, was die Reichsbahn vorher transportiert hatte, sah man sich nicht veranlasst, der Regiebahn Loks in größerem Umfang zu übergeben. Die französische Verwaltung beschwerte sich deshalb über die deutsche Regierung, die unentwegt Hindernisse auftürme. Bis zum 1. März 1924 hatte sie nur 16 Loks angeliefert. Bis zum 1. April stellte sie dann gerade einmal 167 Maschinen zur Verfügung. Damit wollte sie, so glaubten die Franzosen, es der Regie unmöglich machen, einen ständig wachsenden Verkehr zu bewältigen, um sie der Unfähigkeit bezichtigen zu können, durch die sie Industrie und Handel der besetzten Gebiete gelähmt habe. Die gegenseitigen Verdächtigungen und Unterstellungen gingen also weiter.

Ebenso verlangte die Regiebahn die Rückführung von Kränen, Schneepflügen, Werkstattwagen und Ausrüstungsgegenständen, welche die deutschen Eisenbahner im Januar 1923 ins unbesetzte Gebiet abgefahren hatten. Zwar war jede Verwaltung für Unterhalt und Reparatur ihrer Fahrzeuge zuständig, die Regie behielt sich jedoch den Zugang zu den Ausbesserungswerken in Limburg und Darmstadt vor, obwohl sie an die Reichsbahn zurückgegeben wurden. Ebenfalls im Rahmen des passiven Widerstands hatten die deutschen Eisenbahner Unterlagen über Gebäude, Gleisanlagen, Stellwerke und ähnliches verschwinden lassen. All das forderte die Regie nun zurück ebenso wie Informationen über Kilometerleistungen der Lokomotiven, Kohleverbrauch und ähnliche statistische Angaben.

Die deutsche Delegation musste sich immer wieder in Berlin rückversichern, und so konnte das Abkommen erst am 1. Dezember in Mainz unterschrieben werden. Die deutsche Seite verlangte dann allerdings in Zusätzen zum Protokoll noch die Aufhebung einer Reihe von gegen die Eisenbahner gerichteten Verordnungen der Interalliierten Rheinlandkommission, die Beseitigung der Sperren in den Bahnhöfen Hagen-Hengstey, Westhofen und an den Linien um Wuppertal-Vohwinkel, Weißkirchen usw. Weiter sollten die Häfen und Hafenbahnen von Mannheim und Karlsruhe an die Deutschen zurückgegeben werden. Außerdem wurde der Zugang zu den Ausbesserungswerken in Köln-Nippes und Opladen gefordert. Diese beiden Werke befanden sich zwar im britischen Besatzungsgebiet, aber um dorthin zu gelangen, musste man durch die französische Besatzungszone fahren. Reichsverkehrsminister Oeser ratifizierte das Abkommen am 7. Dezember 1923, wies dabei aber erneut darauf hin, dass seine Unterschrift keine rechtliche Anerkennung der Regiebahn und damit letztlich der Besetzung des Ruhrgebietes darstelle.

Nachdem mit dieser Übereinkunft auf dem rechten Rheinufer eine Betriebsgrenze eingerichtet war, war es nun wieder möglich, den direkten Verkehr aufzunehmen wie z. B. ab dem 10. Dezember 1923 zwischen Frankfurt am Main und Darmstadt, allerdings noch ohne Halt auf den Bahnhöfen im besetzten Gebiet, und die internationalen Schnellzüge von Basel nach Frankfurt konnten ab dem 12. Dezember wieder ungehindert durch das Rheintal über Kehl und Offenburg verkehren, statt den Umweg über den

Schwarzwald nehmen zu müssen. Das betraf unter anderem die folgenden Züge:

- D 2 — Berlin Anhalter Bahnhof – Mailand,
- D 44 — Berlin – Genua mit Anschluss von Holland,
- D 76 — Hamburg – Karlsruhe,
- D 86 — Berlin/Hamburg – Genua,
- D 156/270 — Frankfurt – Basel/Schwarzwald – Bodensee,
- D 308 — Köln – Karlsruhe,
- beschl. P 998 — Frankfurt – Freiburg.

Die Durchreise durch das immer noch besetzte Gebiet um Appenweier und Offenburg unterlag keiner Behinderung mehr. Um jedoch dort aussteigen zu können, bedurfte es nach wie vor einer speziellen Genehmigung. Die Güterzüge durften dort sogar erst ab dem 14. Dezember wieder verkehren. Der Personenverkehr mit Mainz über Rüsselsheim begann am 21. Dezember 1923 wieder. Allerdings blieben die lästigen Pass- und Zollkontrollen in Goldstein bestehen.

Außerdem wurde eine Abstimmung der Fahrpläne vereinbart. Bereits am 4. Dezember 1923 kam es zu einer ersten Übergabe von Zügen mit Lebensmitteln und Kohle von der Reichsbahn an die Regie über die Rheinbrücke von Germersheim (Strecke Bruchsal – Germersheim). Ende Dezember wurde zwischen Baden und der Pfalz wieder ein beschränkter Personenverkehr aufgenommen. Mitte Dezember verkehrten die ersten durchgehenden Personenzüge zwischen Straßburg und Kehl. Am 20. Dezember folgte die Strecke Hagenau – Rastatt über die Rheinbrücke bei Röschwoog, die lange Zeit stillgelegt war. Die weiter südlich gelegenen Rheinbrücken zwischen Baden und dem Elsass bei Breisach, Müllheim und Weil waren dagegen nie gesperrt gewesen.

Die Interalliierte Rheinlandkommission hob am 9. Dezember 1923 die meisten der von ihr verfügten Beschränkungen für den Eisenbahn-, Auto- und Straßenbahnverkehr auf, ließ in den folgenden Tagen wegen des passiven Widerstands Verurteilte frei und nahm Ausweisungen zurück. Trotzdem galt es noch viele Schwierigkeiten zu überwinden, ehe man zu einer gewissen Normalität zurückkehrte. Anfang Januar 1924 beschwerte sich die Presse immer noch darüber, dass es noch keine durchlaufenden Personenzüge zwischen dem besetzten und dem unbesetzten Teil gab. Die durchgehende Beförderung von Gütern hatte dagegen, wenn auch schleppend, begonnen. Dafür hatte es jedoch eines weiteren in Dortmund ausgehandelten Abkommens bedurft. Langsam füllten sich auch die durch den Ruhrkampf stillgelegten Bahnhöfe wieder mit Leben.

Die mit dem Abschluss dieses Abkommens vorgesehene sofortige Beseitigung der militärischen und Zollkontrollen in Hagen-Hengstey, Wuppertal-Vohwinkel, Ründeroth, auf der Strecke Köln – Gießen, zwischen Frankfurt und Darmstadt sowie Frankfurt und Mannheim, die den Betrieb stark behindert hatten, erfolgte seitens der Besatzungsmacht nur sehr zögerlich. Der Bahnhof Hagen-Hengstey als Zugang zur Ruhr-Sieg-Strecke und zum Wuppertal wurde am 11. Januar 1924 für Züge der Reichsbahn freigegeben. Wuppertal-Vohwinkel war erst ab dem 27. Februar 1924 wieder ungehindert zu benutzen. Die Strecke Frankfurt – Mannheim über Goldstein konnte nach langen Verhandlungen über die Rückkehr des deutschen Personals erst ab dem 10. März von der Reichsbahn betrieben werden.

5.2.8 Das Abkommen von Mainz vom 16. Februar 1924 für die Kölner Zone

Das im vorherigen Abschnitt beschriebene Abkommen betraf nur die Reichsbahn des unbesetzten Gebiets und die Regiebahn. Obwohl die Briten in der Kölner Zone der Reichsbahn relativ freie Hand ließen, erkannten sie dieses Abkommen nicht an, weil sie an den Verhandlungen nicht beteiligt gewesen waren. Zudem waren sie mit dem Ergebnis nicht einverstanden, weil die Reichsbahn die Kontrolle der Regie über die Bahnstrecken im französisch und belgisch besetzten Teil des Rheinlandes und der Ruhr anerkennen musste. Eine solche Kontrolle wollten die Briten den Franzosen in der Kölner Zone unter keinen Umständen gestatten. Um die britische Oberaufsicht über Eisenbahnen in der Kölner Zone nicht in Frage gestellt zu sehen, erwog die Londoner Regierung zeitweise sogar eine Aufstockung ihrer Rheinarmee.

Der grenzüberschreitende Verkehr von einer Besatzungszone zur anderen, aber auch mit dem unbesetzten Deutschland, blieb also nach wie vor behindert. Die Franzosen beschuldigten deshalb allerdings nicht ihren Verbündeten, sondern die nach wie vor in deutscher Hand befindliche RBD Köln. Die Briten dagegen machten die in französischer Hand befindliche Regiebahn verantwortlich. Die Behinderungen seien *„nichts anderes als der Versuch, die Engländer zu zwingen, die Kölner Eisenbahnen einer Organisation auszuhändigen, deren Anerkennung die englische Regierung abgelehnt habe."* Hatten die bilateralen Verhandlungen zwei Wochen gedauert, so zogen sich die unter dem Einschluss der Engländer mehr als zwei Monate hin. Das bedeutete z. B., dass es weiterhin keine durchgehenden Fahrkarten gab. Damit waren die

Bild 293
38 2634 hat freie Fahrt in Richtung Süden bekommen. Sie verlässt gerade den Güterbahnhof von Bonn-Bad Godesberg. Im Hintergrund erkennt man die Burgruine, die dem Ort den Namen gegeben hat (um 1932).

AUFNAHME: RBD KÖLN, FELTEN, BILDARCHIV D. EISENBAHNSTIFTUNG

Reisenden nach wie vor gezwungen, an den Grenzstationen mit allem Gepäck den Zug zu verlassen, um sich eine Anschlussfahrkarte zu besorgen, wobei man oft Anschlüsse verpasste. Im Güterverkehr wurden die Schwierigkeiten sogar als noch größer empfunden. Abgesehen von diesen eher vordergründigen Problemen strebte die Regie danach, den Betrieb der Kölner Zone zu übernehmen, um diesen wichtigen Knoten endlich nach ihrem Willen nutzen zu können. Dem widersetzte sich die britische Regierung aus Angst, an Autorität und Einfluss zu verlieren.

Am 12. und 14. Dezember 1923 fanden erste Gespräche zwischen der Interalliierten Rheinlandkommission, dem (französischen) Oberbefehlshaber der alliierten Truppen im Rheinland und den britischen Militärbehörden statt. Vertreten waren auch der Chef des militärischen Transport- und Nachschubwesens, ein Franzose, sowie Beamte der Regie. Die Teilnehmer stellten zu allererst die Notwendigkeit fest, die Eisenbahngrenzen zwischen den Besatzungszonen zu beseitigen und einen einheitlichen Betrieb auf allen Bahnlinien wiederherzustellen. Die Briten setzten durch, dass in ihrer Zone alle Leistungen von rein deutschem Personal zu erbringen seien. Auch hier wurde festgelegt, dass der Verkehr wie vor dem 11. Januar 1923 fließen und keine neuen konkurrierenden Verbindungen entwickelt werden sollten. Die Reichsbahn hatte zwar alle Transportkosten zu tragen, erhielt jedoch nur die Hälfte der Einnahmen aus dem Verkehr von und nach Köln und nichts bei Transitleistungen durch die Kölner Zone. Obwohl sich die Teilnehmer im Prinzip in allen Punkten einig waren, erfolgte keine Ratifizierung des Abkommens durch die französische Regierung, weil sie darauf bestand, dass die Regie auch die Kölner Bahnen betreiben müsse. Um das durchsetzen zu können, verfolgte die Regie ab dem 18. Januar 1924 eine Politik, die einer Blockade der britischen Zone gleichkam. Ein Konflikt zwischen Franzosen und Engländern schien sich anzubahnen.

Erst durch eine neuerliche Konferenz am 8. Februar 1924 in Koblenz kam man einer bindenden Übereinkunft näher. Sie fand erneut unter deutschem Ausschluss statt, da man die Kölner Besatzungszone dem eigenen Hoheitsbereich zurechnete. Geleitet wurde sie vom Präsidenten der Interalliierten Rheinlandkommission Paul Tirard. Der französische, britische und belgische Kommissar nahmen ebenso teil wie Beamte der Regiebahn, Vertreter des militärischen Transport- und Nachschubwesens sowie britische und belgische Offiziere der Interalliierten Feldeisenbahnkommission. Diese hochrangigen Teilnehmer ratifizierten das Protokoll vom Dezember. Die wichtigsten Punkte, die festgelegt werden konnten, waren:

- Weder die Regie noch eine andere Behörde hatte das Recht, eine Verringerung des Eisenbahnpersonals im Kölner Raum zu fordern oder eine Bahnlinie dort zu besetzen, mit anderen Worten: Die Strecken blieben in der Hand der Reichsbahn.
- Einnahmen aus dem direkten Verkehr Kölner Zone – unbesetztes Deutschland standen nach englischer Auffassung ganz der Reichsbahn zu. Eine Ausnahme bildete die Linie Porz-Wahn – Troisdorf. Auch beim Transitverkehr durch die Kölner Zone zum unbesetzten Gebiet standen die Erlöse der Reichsbahn zu.

Bei einigen Einzelheiten gab es jedoch seitens der Engländer noch Klärungsbedarf. Deshalb folgte eine Woche später, vom 14. bis zum 16. Februar 1924, eine Fachkonferenz, unterteilt in drei Arbeitsgruppen. Sie behandelten den Betrieb, das rollendes Material sowie den Fahrweg und die Hochbauten. Es begann mit der Festlegung der Betriebsgrenzen. Das Hauptsignal für die Ausfahrt in Richtung Kölner Zone stellte dabei in den betroffenen Bahnhöfen jeweils die Grenze dar. Bei der Zugbildung sollte auch hier der Zustand vor dem 11. Januar 1923 wieder hergestellt werden. Die Umleitungen um Köln herum (Bonn – Euskirchen – Düren – Neuss) fielen weg. Auf der Siegtalstrecke durften nun Züge von und nach Köln auch über das von der Regie beanspruchte Teilstück Wahn – Troisdorf verkehren. Auf unterbrochenen Linien, namentlich Bedburg – Elsdorf und Liblar – Rommerskirchen, konnte der durchgehende Betrieb wieder aufgenommen werden. Im Personenverkehr wurden eine **Abstimmung der Fahrpläne** vereinbart und im Güterverkehr konkrete Zugverbindungen festgelegt, davon ausgehend, dass im Falle eines Anwachsens des Verkehrs auch die Zahl der Züge erhöht werden könnte. Im Einzelnen waren dies:

Zugpaare	**Strecke**
12	Wedau – Troisdorf,
2	Köln – Bonn,
5	Neuss – Köln – Euskirchen,
2	Köln – Aachen,
2	Köln – Grevenbroich,
1	Bedburg – Elsdorf,
1	Rommerskirchen – Liblar.

Es wurde festgelegt, auf welchen Bahnhöfen Lok- und Personalwechsel stattfanden. Damit zusammen vereinbart wurde die kostenlose Nutzung der gemeinsam betriebenen Bahnhöfe hinsichtlich der Versorgung der Lokomotiven mit Kohle, Wasser und Schmierstoffen, die Nutzung von Drehscheiben und Lokschuppen sowie die Unterbringung des Personals. Auf den anderen Bahnhöfen war das Wassernehmen frei, aber die Kohle musste ersetzt werden. Im Personen- und Güterverkehr gab es nun wieder durchgehende Fahrkarten und Frachtbriefe.

Verständlicherweise war die Reichsbahn mit der Verteilung der Einnahmen nicht einverstanden, weil sie Leistungen für die Regiebahn beim Transit durch Köln erbringen sollte, ohne dafür Anteil an den Frachteinnahmen zu haben. Die Nachverhandlungen unter deutscher Beteiligung fanden am 15. Mai 1924 in Mainz statt. Dabei gelang der Reichsbahn eine teilweise Revision der Tarifbestimmungen zu ihren Gunsten. Zusätzlich wurden die Bahnhöfe der Privatbahnen im Kölner Raum im direkten Verkehr mit der Regie zugelassen. Diese Regelungen blieben bis zum Ende des Regiebetriebs am 15. November 1924 bestehen.

Erst dieses Abkommen stellte, was die Verkehrsabwicklung auf der Schiene betraf, den Zustand von Anfang Januar 1923 wieder her. Nachdem sowohl Personen- als auch Güterzüge den Knoten Köln wieder ungehindert durchqueren konnten, fiel für die Regie die zeitraubende Umleitung über Düren und Euskirchen weg. Ab dem 14. Februar 1924 begann ein beschränkter durchgehender Personenverkehr Düsseldorf – Köln – Koblenz, Köln – Euskirchen – Trier, Köln – Niederlahnstein – Wiesbaden und Köln – Troisdorf – Siegen – Frankfurt. Um den Zugverkehr zu verbessern und weitere Strecken in Betrieb nehmen zu können, bedurfte es weiterer Verhandlungen. Daraufhin folgte eine beschränkte Wiedereröffnung der Strecke Köln – Grevenbroich – Mönchengladbach (– Kaldenkirchen) am 18. Februar und eine Woche später Köln – Neuss – Krefeld – Kleve, Horrem – Liblar und Horrem – Bedburg. In den folgenden Wochen erfolgte eine schrittweise Verbesserung der Fahrpläne und des Zugangebotes.

Insgesamt erfüllten diese Abkommen jedoch die Erwartungen der Reichsbahn nicht im vollen Umfang. Da die Zollgrenzen nach wie vor weiter bestanden, gab es immer noch gebrochenen Verkehr. In zeitgenössischen Berichten wird die Regie zudem einer gewissen Unfähigkeit beschuldigt, den Betrieb effizient zu führen. Das bedeutete, dass die Reichsbahn die kostspieligen Umleitungen erst nach und nach aufgeben konnte, selbst wenn es nun möglich war, Personen und Güter wieder über die Besatzungsgrenzen zu transportieren. Erst mit der Aufhebung der Zollgrenzen im September 1924 auf Grund des Londoner Abkommens normalisierten sich Betrieb und Verkehr wieder.

Bild 294 – Blick auf die nordwestliche Ausfahrt des Kölner Hauptbahnhofs mit dem Dom im Hintergrund. Der Paradezug der Reichsbahn, der Rheingold, fährt auf seiner Fahrt nach Holland ein. Man schreibt das Jahr 1932. AUFNAHME: RVM, BILDARCHIV DER EISENBAHNSTIFTUNG

5.3 Der Verkehr

5.3.1 Personenverkehr

Über die Verkehrsentwicklung der ersten Hälfte der zwanziger Jahre liegen nur Zahlen aus Köln vor, die jedoch Rückschlüsse auf das gesamte besetzte Gebiet zulassen. Insgesamt bewirkten die Maßnahmen der Franzosen im Jahr 1923 eine Einkreisung der britisch besetzten Kölner Zone, die eisenbahnmäßig drei Monate lang einen Inselbetrieb bildete. Die Zahl der verkauften Fahrkarten fiel gegenüber dem Vorjahr um 15 % auf 12,2 Mio. Ein am 16. Februar 1923 zwischen Briten und Franzosen abgeschlossenes Abkommen erreichte, dass es wieder durchgehende Züge durch die Kölner Zone in die französisch-belgische Zone und ins unbesetzte Deutschland gab. Es war dieselbe Vereinbarung, mit der man sich über die Nutzung der Strecke Euskirchen – Düren geeinigt hatte. Die umständlichen Passkontrollen blieben dagegen weiter bestehen. Sie führten oft zu sehr unregelmäßigen Zugläufen mit den entsprechenden Verspätungen.

In der Zeit der Besatzung begann der Wiederaufbau des zivilen Fernverkehrs mit dem Ausland. Die ersten D-Zug-Paare fuhren ab April 1920 auf den Strecken Ostende – Köln – Frankfurt/M – Wien über die rechte Rheinseite und Genua – Basel – Köln-Deutz – Amsterdam. Im Juni 1922 folgte die Verbindung Vliessingen – Hoek van Holland – Goch – Krefeld – Köln – Frankfurt/M – Basel. Ebenfalls ab 1922 folgte der erste Nachtzug von Köln in die Schweiz. In Ost-West-Richtung gab es ab August 1921 den D-Zug Paris/Ostende – Köln – Berlin – Riga. Mit der Besetzung des Ruhrgebiets stellte die Reichsbahn diese Züge ein, weil sie nicht in direktem Kontakt mit der neuen Verwaltung der Eisenbahnen in den Besatzungszonen treten wollte, die sie als unrechtmäßig ansah. Deshalb hatte die Reichsbahn erst mit dem Ende der Regie die Möglichkeit, das Netz ungehindert nach ihren Wünschen weiter auszubauen und wieder auf den Vorkriegsstand zu bringen.

Die Franzosen versuchten ihrerseits, den internationalen Verkehr, wo es ging, um Deutschland herumzuleiten. So verkehrten nun statt des „Orient-Express“ der „Suisse-Arlberg-Vienne-Express“ von Frankreich durch die Schweiz und über den Arlberg in Richtung Balkan und ein anderer als gewöhnlicher Schnellzug „Direct Orient“ von Paris über Mailand und Triest in diese Richtung. Die Verbindungen L 62/63 Paris/Ostende – Straßburg – Appenweier – Stuttgart – Wien und L 64/65 Paris/Ostende – Straßburg – Appenweier – Stuttgart – Nürnberg – Eger – Karlsbad – Prag waren am 1. April 1920 als erste Luxuszüge nach dem Weltkrieg eingerichtet worden. Sie stellten einen Versuch dar, wenn Deutschland schon nicht ganz, so doch Preußen zu umgehen. Die Verbindung von Frankreich nach Polen auf diesem Umweg wurde jedoch vom Publikum nicht angenommen, sodass diese Verbindung bereits vor 1923 aus wirtschaftlichen Gründen aufgegeben werden musste.

Nachdem sich die politische Lage entspannt hatte, verhandelten die betroffenen Bahngesellschaften Englands, Frankreichs, Belgiens, Deutschlands, Polens, Estlands und Lettlands sowie die Internationale Schlafwagen-Gesellschaft (CIWL) Anfang Juli

1924 über eine Verbindung Paris/Ostende – Köln – Berlin – Warschau – Riga. Am 21 Juli 1924 verkehrte der erste Zug auf dieser Strecke, nachdem die Regiebahn zugestimmt hatte, offiziell nicht in Erscheinung zu treten, sondern sich sozusagen durch die Reichsbahn vertreten zu lassen. Die Geschwindigkeit dieser Züge war jedoch deutlich niedriger als vor der Besetzung der Ruhr. Das führte zu Beschwerden, was die Französische Nordbahn und die Belgische Staatsbahn veranlasste, die Einstellung der Verbindung vorzuschlagen. Die Beteiligten trafen sich erneut Ende August 1924 in Brüssel. Sie beschlossen, die Züge auf dieser Verbindung zu beschleunigen, die Einführung direkter Fahrscheine für die Gesamtstrecke schon von England aus zuzulassen, die auch ein Aufgeben des Gepäcks erlauben würden, und die Züge für einen Paketdienst mit direkten Tarifen zu nutzen. Schließlich sollten den Zügen auch Kurswagen von Paris nach Berlin und Hamburg beigestellt werden. Die Kurswagen verkehrten ab dem 5. Oktober, während es für die Lösung der Fragen der direkten Fahrscheine und des Paketdienstes noch langer Verhandlungen bedurfte, bis das funktionierte.

Die innerdeutsche Entwicklung verlief ähnlich. Bis Ende 1922 verkehrten bereits wieder vom Rheinland aus 70 % der Vorkriegszüge. Durch die Ruhrbesetzung und ihre Folgen wurde diese Entwicklung unterbrochen, selbst wenn in diesem Jahr die ersten FD- oder Fernschnellzüge eingesetzt wurden. Sie boten bei Zahlung eines erhöhten Zuschlags eine schnellere Verbindung der Wirtschaftszentren untereinander und einen höheren Komfort. Im Laufe des Jahres 1925, nachdem man die Regiebahn eingegliedert und den Betrieb an Rhein und Ruhr konsolidiert hatte, gab es eine neue Aufwärtsentwicklung. Nun konnte das besetzte Gebiet ins Netz der FD-Züge einbezogen werden. Der berühmteste unter ihnen sollte der „Rheingold“ werden, für den eine spezielle Wagengarnitur entwickelt wurde und der Holland mit der Schweiz verband. Es dauerte jedoch noch bis 1929, ehe der gesamte Personenverkehr wieder den Umfang von 1914 erreichte.

Auch die Servicebetriebe in den Bahnhöfen waren durch den passiven Widerstand in Mitleidenschaft gezogen worden. Es handelte sich um Bahnhofsgaststätten, Schnellimbisse, Bahnhofsbuchhandlungen, Zeitungsstände und Friseure, um nur einige zu nennen. Viele von ihnen schlossen im Januar 1923 ihre Geschäftslokale, ob aus Sympathie für den Widerstand oder weil plötzlich keine Kunden mehr kamen, sei dahingestellt. Die Regie erreichte, dass ein Teil von ihnen wieder öffnete. Allerdings unterlagen die Bahnhofsbuchhandlungen und Zeitschriftenstände einer besonderen Kontrolle, nachdem die Alliierten eine strikte Zensur eingeführt hatten und jede Veröffentlichung verboten, die als gegen sie gerichtet angesehen werden konnte. Schließlich schlossen sich auf Anregung der Regiebahn der französische Pressevertrieb Hachette und die belgische Bibliotheksgesellschaft zusammen und betrieben neben Buchläden in verschiedenen Städten im Rheinland und an der Ruhr gemeinsame alle Buchhandlungen und Zeitungsstände in den Bahnhöfen der besetzten Gebiete.

Weitere Probleme waren die nach wie vor schlechte Kohle für die Lokomotiven sowie mangelhaft unterhaltene Fahrzeuge und Fahrwege. Das drückte sich für den Fahrgast vor allem in der **durchschnittlichen Reisegeschwindigkeit** aus. Auf das Reich bezogen verringerte sich die der Schnellzüge 1919 im Vergleich zu 1913 um 30-40 %. Bis 1922 gab es eine Verbesserung um 5 bis 10 %. Die folgende Tabelle zeigt die Entwicklung exemplarisch für zwei Strecken im Rheinland:

Strecke	1914	1925	1934
Köln – Koblenz	58,7 km/h	58,1 km/h	72,0 km/h
Köln – Aachen	59,2 km/h	54,6 km/h	74,7 km/h

Die etwas niedrigeren Geschwindigkeiten von 1914 und 1934 auf der Rheinstrecke gegenüber der nach Aachen erklären sich aus deren kurvenreichem Verlauf, der auf einigen Abschnitten bis heute zu Geschwindigkeitsbeschränkungen führt.

Grenzüberschreitender Verkehr bedeutete für die Regiebahn vorrangig die Verbindungen mit Frankreich und Belgien, aber auch dem Saargebiet, Luxemburg und Holland, weil sich in diesen Relationen der Hauptanteil ihres Personenverkehrs mit dem Ausland entwickelte. Ab Mai 1923 verhandelte sie deshalb mit den betroffenen Bahnlinien über direkte Personen- und Gepäcktarife. Dagegen gelang es der Regie selbst in den Verhandlungen Ende 1923 und Anfang 1924 nicht, mit der Reichsbahn wegen des angesprochenen Problems einer offiziellen Anerkennung der Regie zu direkten Tarifen zu kommen. Allerdings setzten die Briten bereits auf einer Konferenz am 1. Mai 1923 in Köln durch, dass direkte Fahrscheine in beiden Richtungen zwischen Köln einerseits und London, Paris, Brüssel, Dover, Harwich, Antwerpen und Ostende auf der anderen Seite ausgegeben werden konnten. Um das zu ermöglichen, wurde der Kunstgriff angewendet, die britische Armee in Köln zwischenzuschalten. Die Reichsbahn gab einen Fahrschein für die Strecke in der englischen Besatzungszone aus, während die Armee Coupons für die Strecken der Regiebahn in Belgien und in Frankreich ausgab. Die Armee übernahm dann die Abrechnung mit der Regie- und der Reichsbahn.

Bild 295
Das Angebot der Buchhandlungen und Zeitschriftenverkäufer wurde von der Besatzung sehr genau kontrolliert. In den Städten des Rheinlands und an der Ruhr entstanden französische Buchläden, betrieben von einem französisch-belgischen Konsortium, das auch die Bahnhofsbuchhandlungen übernahm, hier eine Aufnahme eines Ladens in der Bonner Innenstadt.

AUFNAHME: SAMMLUNG KLAUS KEMP

Régie des Chemins de fer des Territoires occupés
Contrôle de route
Transports ...ives
Serie A 2
№ 97320
Gare de Türkismühle
Billet de voyageur en 2e classe
Nombre de voyageurs Un ... Destination Mainz
Train № 419 du 17 JUIL. 1923 ... 1923
Distance 130 Km—Prix par voyageur 2 45 Marks
Somme perçue en Marks (en toutes lettres) 2 45 29400
Timbre à date ou inscription à la main et signature
17 JUIL. 1923
Observations importantes (voir au verso)

Bild 296 – Diese Fahrkarte für die 2. Klasse von Türkismühle nach Mainz wurde am 17. Juli 1923 ausgestellt. Auf der Rückseite ist vermerkt, dass die Regiebahn keine Haftung für Unfälle übernimmt, weder für solche, die sich durch den Zustand des Fahrweges ereignen, noch aus irgendwelchen anderen Gründen.
Abbildungen (2): Sammlung Klaus Kemp

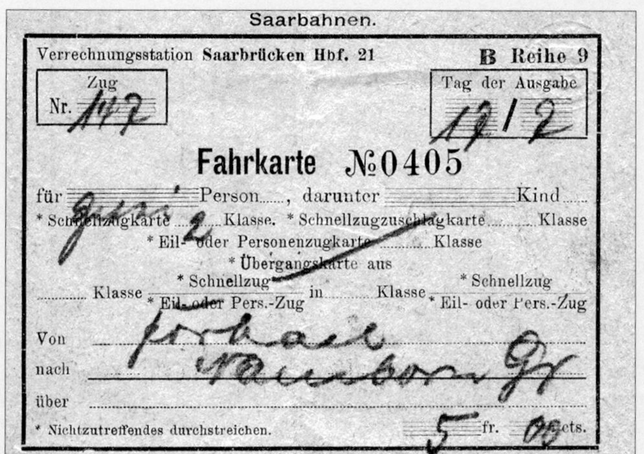
Saarbahnen.
Verrechnungsstation Saarbrücken Hbf. 21 B Reihe 9
Zug Nr. 147
Tag der Ausgabe 17/2
Fahrkarte №0405
für ... Person ..., darunter ... Kind ...
* Schnellzugkarte ... Klasse. * Schnellzugzuschlagkarte ... Klasse
* Eil- oder Personenzugkarte ... Klasse
* Übergangskarte aus
... Klasse * Schnellzug / * Eil- oder Pers.-Zug in ... Klasse * Schnellzug / * Eil- oder Pers.-Zug
Von Forbach
nach Namborn
über
* Nichtzutreffendes durchstreichen. 5 fr. 05 cts.

Bild 297 – Da es lange Zeit keine durchgehenden Fahrscheine gibt, braucht ein Reisender von Paris über Saarbrücken nach Mainz insgesamt drei Fahrscheine. Der hier abgebildete repräsentiert den Transit durch das Saargebiet, nämlich von Forbach als französischer Grenzbahnhof nach Namborn an der Strecke Neunkirchen (Saar) – Türkismühle als Grenzbahnhof zwischen dem Saargebiet und dem besetzten Rheinland.

1924 waren es erneut die Briten, die auf durchgehende Fahrscheine und Gepäckabfertigung drängten. Während eines Gesprächs am 7. März 1924 in Mainz, an dem neben der Regiebahn auch britische Militärs teilnahmen, wiederholten Vertreter der Reichsbahn den deutschen Standpunkt, dass eine Übereinkunft über gemeinsame Tarife als eine Anerkennung der Regie durch das Deutsche Reich ausgelegt werden könnte. Sie weigerten sich deshalb, an einer Konferenz über Fahrpläne und Tarife teilzunehmen, bei denen der Name der Regiebahn erschien. Damit war dieser britische Vorstoß gescheitert.

Durch einen lang anhaltenden Streik im Ruhrbergbau, der den ganzen Monat Mai 1924 über andauerte, sanken die Kohlenvorräte so stark, dass es wie in den Jahren direkt nach dem Krieg zu einem Kohlenmangel kam, durch den Betriebe geschlossen und Gaswerke ihre Lieferung einstellen und die Eisenbahn ihren Verkehr einschränken musste. In Essen fielen z. B. am 12. Mai 13 Züge aus. Erst ab Mitte Juni normalisierte sich die Lage wieder.

Bild 298 – Das Büro der Bahnhofskommandantur auf dem Hauptbahnhof Düsseldorf, gezeichnet im Mai 1923 von einem der Besatzungssoldaten.
Abbildung: Stadtarchiv Düsseldorf (Sig. 5-8-4-18_0000)

Am Schluss sei noch das ganz spezielle Kapitel der Kinderverschickung erwähnt. Durch die Lebensmittelknappheit vor allem im Ruhrgebiet kam es dort zu Hungersnöten, unter der vor allem Frauen und Kinder litten. Bereits ab Februar 1923 begann man mit der Planung einer Evakuierung von Kindern ins unbesetzte Deutschland. Es gab viele bürokratische Hürden vor allem seitens der Besatzungsmächte. Dazu gehörte der fast vollständig unterbrochene Post- und Fernsprechverkehr, der Abstimmungen erschwerte. Zügeweise wurden die Kinder losgeschickt, wobei durch die Kommunikationsschwierigkeiten für die Dauer der Fahrt nicht immer die Versorgung mit Lebensmitteln und Getränken sichergestellt war, vor allem wenn es längere Reisen waren. Nach der Einrichtung des Regiebetriebs wollte man innerhalb des besetzten Gebietes die Bahn nicht mehr in Anspruch nehmen, obwohl die Regie einen kostenlosen Transport anbot. Das Angebot wurde abgelehnt, weil es nach deutscher Auffassung die Franzosen nach außen hin als Wohltäter dargestellt hätte. Lieber brachte man die Kinder mit Lkws zur Besatzungsgrenze, um dann vom ersten Bahnhof dahinter in die Eisenbahn umzusteigen. Trotzdem gelang es auf diese Weise, mehr als 300.000 Kinder auf der Schiene aus dem Besatzungsgebiet wegzubringen und sie wenigstens zeitweise an anderer Stelle aufzupäppeln und besser zu versorgen. Sie fanden nicht nur Aufnahme in Deutschland, sondern auch in Dänemark, in der Schweiz und einige sogar in Estland.

5.3.2 Güterverkehr

Im Güterverkehr verlief die Entwicklung etwas anders. Schon bald nach dem Waffenstillstand stieg der Gütertransport rapide an, verursacht durch Reparationslieferungen an die Alliierten in Form von Kohle und Industriegütern. Wegen der Probleme mit ihrem Wagenpark musste die Reichsbahn anfangs einen Teil dieser Transporte auf den Wasserweg verweisen. Bereits 1920 verringerte sich das Transportvolumen. Einer der Gründe waren die Ein- und Ausfuhrbestimmungen zwischen den besetzten und unbesetzten Gebieten, die die Alliierten eingeführt hatten. Im Mai 1921 trennten sie das besetzte vom unbesetzten Gebiet als Sanktion durch eine Zollschranke ab. Das brachte den Verkehr fast völlig

Bild 299
Auf einem Bahnsteig im offenbar menschenleeren alten Bochumer Hauptbahnhof posieren Regie-Eisenbahner und Militärs für den Fotografen. Soweit erkennbar stammen fast alle Eisenbahner von der französischen ETAT, wie der Schriftzug auf ihren Uniformmützen zeigt.

AUFNAHME: SAMMLUNG CHRISTIAN DAHM

zum Erliegen. Sobald die Sanktionen aufgehoben wurden, strömten die aufgehaltenen Frachtsendungen mit aller Macht in die besetzten Gebiete. Dem Ansturm war die Eisenbahn nicht gewachsen, und Verkehrssperren wurden erlassen. Verschärft wurde das Problem durch einen extrem niedrigen Wasserstand des Rheins während des ganzen Jahres 1921, der die Schifffahrt behinderte. Auch die Einführung des Acht-Stunden-Tages für die Eisenbahner wirkte sich in einer langsameren Abfertigung und damit mit Rückstaus aus. Der Ruhreinbruch 1923 und die erneute Sperrung der Grenzen zum unbesetzten Gebiet tat sein Übriges. Zum Ende der zwanziger Jahre hin machte sich außerdem neben anderen Faktoren bereits die wachsende Konkurrenz des Straßengüterverkehrs bemerkbar. Der Kölner Güterverkehr fiel von 8,1 Mio. t im Jahr 1919 im Versand und Empfang auf 6,7 Mio. t im Jahr 1923, erholte sich danach leicht, um ab 1929 dauerhaft abzunehmen.

Während des passiven Widerstands boykottierten auch die Verfrachter anfangs die Eisenbahn. Die Landwirtschaft der besetzten Gebiete griff jedoch schon ab dem Frühjahr 1923 mangels anderer Transportmöglichkeiten wieder auf die Bahn zurück. Die Industrie hielt sich dagegen länger zurück. Das lag zum Teil an den extrem langen Laufzeiten der Regiebahn, sodass die normalerweise langsameren Straßenfahrzeuge attraktiv erschienen. Die Transportdauer auf der Regiebahn betrug z. B. für Frachten nach Essen von Duisburg aus fünf Tage, von Neuss aus neun Tage, von Datteln aus zwölf Tage und von Dortmund sogar vierzehn Tage.

Unter diesen Umständen hatten viele Betriebe, solange es ging, auf Vorrat produziert und erhofften sich von der oben erwähnten, am 16 Dezember 1923 zwischen dem Reichsverkehrsminister und den alliierten Besatzungsmächten abgeschlossenen Vereinbarung eine deutliche Erleichterung im Eisenbahntransport. Zwar konnte jetzt der Wechselverkehr zwischen den besetzten und unbesetzten Gebieten aufgenommen werden, aber die Formalitäten behinderten immer noch einen reibungslosen Verkehr. Nach dem Abkommen berechneten Reichsbahn und Regiebahn jeweils separat die Beförderungsgebühren, die sie ebenfalls separat erhoben. Dazu gesellte sich eine umständliche Prozedur an den Grenzbahnhöfen.

Vor dem Abkommen über die Einbeziehung der britischen Zone (siehe Abschnitt 5.2.8) standen dem Verkehr von und nach Köln in Richtung unbesetztes Reich nur die stark befahrene Strecke über Wuppertal sowie die Verbindung von Köln über Overath und Dieringhausen nach Ründeroth und von da aus weiter über die Nebenbahnen im Bergischen in Richtung Hagen oder Siegen zur Verfügung. Dort hatten die Franzosen in den Übergabebahnhöfen durch ihre penible Zollkontrollen für Verzögerungen und Verstopfungen der Strecken gesorgt. Das veranlasste die Reichsbahn immer wieder, Verkehrssperren zu verhängen. Als die Franzosen die Siegtalbahn freigaben, konnte vor allem der Güterverkehr nach Süddeutschland über diese Strecke geleitet werden. Auf die Ver-

Bilder 300/301 – Durch die Politik der Besatzung, nur begrenzt Lebensmittel aus dem unbesetzten Deutschland ins Ruhrgebiet hineinzulassen, herrschte dort eine Hungersnot, was vor allem Kinder bedrohte, die dadurch in ihrer Entwicklung gehemmt wurden. Trotz aller Schwierigkeiten gelang es, 1923 mehr als 300.000 Kinder aus dem Besatzungsgebiet wegzubringen und sie wenigstens zeitweise an anderer Stelle aufzupäppeln und besser zu versorgen. Hier stehen sie Schlange am Dortmunder Bahnhof, ehe sie in die Züge gelassen werden. AUFNAHMEN (2): SAMMLUNG KLAUS KEMP

bindung durchs Bergische konnte man jedoch nach wie vor nicht verzichten. Mitte Februar 1924 musste Ründeroth für den allgemeinen Verkehr gesperrt werden, und noch bis November 1924, als die Gebiete zwischen den Brückenköpfen geräumt wurden, waren Stockungen im Verkehrsfluss an der Tagesordnung, weil die Franzosen zu keinerlei Erleichterung in den Zollkontrollen bereit waren. Daneben verursachten auch die technischen Anlagen der Grenzbahnhöfe Probleme, die ja nicht für diese Aufgaben gebaut worden waren. Einzig innerhalb der besetzten Gebiete funktionierte der Güterverkehr nun besser.

Eine Klage der Verfrachter betraf die unzureichende Gestellung vor allem von offenen Wagen. 32 % des Gesamtbedarfs an offenen Wagen entstand im Ruhrgebiet. Da die Zechen in drei Schichten rund um die Uhr arbeiteten, verluden sie auch permanent, wobei jedoch der Wagenbedarf pro Schicht variierte. Vom gesamten Tagesbedarf an Wagen lud man vielleicht 10 % in der Nachtschicht, in der hauptsächlich Koks anfiel, 30 % in der Spätschicht und den Rest tagsüber voll. Wegen der Menge der Wagen, die tagtäglich zugeführt und abgefahren werden mussten, bedurfte es eines ausgeklügelten Systems der Verteilung. Immerhin handelte es sich um durchschnittlich 23.000 Waggons täglich mit Spitzen von bis zu 28.000 Stück, die über 74 Bahnhöfe auf rund 210 Zechen verteilt werden mussten. Im Abkommen von Mainz hatte sich die Reichsbahn verpflichtet, leere Hochbordwagen zu stellen. Die Regie forderte tatsächlich bis zu 7.000 Wagen täglich an. Um eine Verstopfung der Gleisanlagen zu vermeiden, war es wichtig, dieses Zustellen von leeren und Abholen von beladenen Waggons zügig durchzuführen. Für den Abtransport in Richtung Westen wurden in der Regel Ganzzüge in Hohenbudberg und in Richtung Süden in Duisburg-Wedau zusammengestellt. Da diese Züge zwischen bestimmten Punkten verkehrten, nämlich einer Zeche im Ruhrgebiet und einem Entladeort in Frankreich oder Belgien und von dort leer zurückkehrten, wurde eine Umlaufzeit von 48 Stunden erreicht.

Die Reichsbahn besaß für die Wagengestellung ein System, das von den einzelnen Direktionen verwaltet wurde,[273)] während die Regiebahn ein zentrales Verteilsystem für das gesamte Besatzungsgebiet bevorzugte, das den Anforderungen allerdings nicht immer gerecht wurde. *„Die Industrie klagte über ungenügende Wagengestellung, Wagenausfälle, unregelmäßige Abbeförderung und unsichere Ankunft.“*[274)] Selbst die Zechen, die im Rahmen der MICUM-Verträge Kohle nach Frankreich und Belgien lieferten, klagten über Wagenmangel. Die Reichsbahn hatte dem versucht abzuhelfen, in dem sie aus dem Reichsgebiet 30.000 zusätzliche Waggons für die besetzten Gebiete zur Verfügung gestellt hatte, was jedoch nur eine vorübergehende Entlastung brachte. Für die Zechen bedeuteten fehlende Wagen entweder ein Einlagern der geförderten Kohle, oder wenn die Lager voll waren, eine Produktionsunterbrechung. Auf jeden Fall verteuerte es die Förderung.

Im Winter 1923/24 waren die großen Verschiebebahnhöfe Duisburg-Wedau und Hohenbudberg völlig verstopft, was Rückwirkungen im ganzen Ruhrgebiet hatte. Das bis dahin überwiegend französische Personal war offensichtlich nicht in der Lage, für einen schnelleren Abfluss beladener Züge zu sorgen. Erst zur Jahresmitte 1924 hin besserten sich die Verhältnisse. Im Februar 1921 hatte die Reichsbahn 587.314 Wagen gestellt, im Februar 1922, bedingt durch einen Streik der Eisenbahner, nur 436.191 Stück, während es der Regiebahn im gleichen Monat des Jahres 1924 nur gelang, 394.686 Wagen bereitzustellen, obwohl der zur Verfügung stehende Fuhrpark größer war, als ihn die Reichsbahn jemals besessen hatte. Das ist ein Indiz dafür, dass die französischen Eisenbahner nach wie vor Probleme mit der Abwicklung des Verkehrs auf den deutschen Strecken hatten. Im Jahr 1925 stellte die Bahn im Tagesdurchschnitt 24.244 Wagen oder rund 730.000 pro Monat.

Der übrige Güterverkehr ging zu Beginn des Regiebetriebs fast gegen Null. Anfangs fand der Güterverkehr fallweise und eher planlos statt. Erst ab Juli 1923 nahm er wieder einen Umfang an, bei dem es angebracht schien Verteilerzentren einzurichten, von denen aus die kleinen Güterbahnhöfe im Lokalverkehr bedient wurden. Es handelte sich um Bochum, Wanne, Duisburg-Wedau, Düsseldorf-Derendorf, Hohenbudberg, Krefeld, Neuss, Rheydt, Düren, Euskirchen, Bonn, Stolberg, Aachen West, Aachen-Rothe Erde, Koblenz, Oberlahnstein, Bingerbrück, Mainz, Biebrich Ost, Bischofsheim; Alzey, Ehrang, Karthaus, Ludwigshafen, Kaiserslautern und Landau. Zur Zusammenstellung von Ferngüterzügen nach Koblenz, Mainz, Ludwigshafen und Mannheim dienten die Bahnhöfe Essen-Frintrop, Duisburg-Wedau und Oberhausen. In Koblenz wurden die Güterzüge für Bischofsheim und Ludwigshafen zusammengestellt.

Typisch für das Ruhrgebiet war, dass etwa 90 % des Güterverkehrs über Privatanschlussgleise abgewickelt wurde. Alleine die Fa. Krupp stellte 30 komplette Züge auf ihren eigenen Werksbahnhöfen zum Übergang auf die Strecken der Reichsbahn zusammen. Für jeden dieser Anschlüsse hatte die Reichsbahn einen eigenen Vertrag mit dem Besitzer abgeschlossen. Der Regie erschien es zu kompliziert, neue Regeln zu entwickeln, sodass sie hier die bestehenden Abmachungen ohne Änderung übernahm.

Für den Stückgut- und Expressgutverkehr reichten anfangs die Gepäckwagen in den Personenzügen. In den Direktionen Essen und Ludwigshafen nahm dieser Verkehr zuerst wieder einen solchen Umfang an, dass man für das Stückgut Eilgüterzüge einrichtete, die bald auf den Hauptstrecken des besetzten Gebietes verkehrten. Auf die Dauer gelang es der Direktion Essen der Regiebahn, allen Schwierigkeiten zum Trotz, eine schnelle Verbindung für verderbliche Waren wie Bier, Milch und verschiedene Lebensmittel mit der nach Hamm ausgewichenen deutschen Verwaltung der RBD Essen zu vereinbaren. Am 1. Juni 1924 gab es 280 Güterwagen, die diesem Verkehr vorbehalten waren. Sie wurden entweder in Personenzügen mitgeführt oder als Eilgüterzüge gefahren. *„Es gab eine deutliche Verbesserung Im Vergleich zur Situation des deutschen Betriebs, in der die Eilgüterwagen in der Regel durch die morgendlichen langsamen Güterzüge transportiert wurden“*, berichtete der Direktor der Regiebahn stolz in seinem Rechenschaftsbericht.[275)]

Wegen des passiven Widerstands erfolgte 1923 keine Abfuhr von Früchten aus der Pfalz, dem Rheintal und der Mosel. 1924 stellte die Regie dagegen im Tagesdurchschnitt 120 Wagen während der Erntezeit dafür bereit. Aus demselben Grund gab es während des passiven Widerstands nur 50 Züge mit Zuckerrüben für die Fabriken um Düren und Euskirchen sowie in der Pfalz, während dieser Verkehr 1924 wieder im gewohnten Umfang durchgeführt werden konnte. Eine unerwartete Verkehrszunahme brachten die Monate Januar bis April 1924, weil der Hafen Duisburg-Ruhrort zufror und die Bahn einen Teil der Fracht übernahm. Dieser erhöhte Verkehr erzeugte allerdings in Elsass-Lothringen und in Belgien Probleme, wo man nicht in der Lage war, die zusätzlichen Transporte schnell genug abzufertigen. Das führte dazu, dass sich die Züge mit Kohle und Koks stauten und die Bahnhöfe verstopften. Im April 1924 waren es mehr als 100 Züge. Durch verschiedene Maßnahmen wurde versucht diese Schwierigkeiten zu überwinden, etwa durch Umleitung über Nebenstrecken, Zusammenstellung von Zügen für einen einzigen Zielbahnhof, sodass Rangieraufenthalte unterwegs entfielen, und die Nutzung von Vorspannloks, um die Züge zu beschleunigen. Durch den Streik der Bergarbeiter an der Ruhr im Mai 1924 entspannte sich die Lage zeitweise. Im Sommer 1924 gab es drei Monate lang eine neue Krise, verursacht durch Elsass-Lothringen, weil die dortigen Betriebe mehr Kohle und Koks geliefert haben wollten, als sie tatsächlich abnehmen konnten.

Bild 302
58 1139 passiert am 17. März 1938 mit einem Ganzzug (Gag 6548) Bonn-Mehlem an der linken Rheinstrecke. Auf der gegenüberliegenden Rheinseite erhebt sich das Siebengebirge mit dem Drachenfels.

AUFNAHME: RVM-FILMSTELLE, BILDARCHIV DER EISENBAHNSTIFUNG

Bild 303
Die Zechen im Ruhrgebiet hatten einen hohen Bedarf an offenen Güterwagen, um ihre Kohleabfuhr sicherstellen zu können. Konnten nicht ausreichend Wagen gestellt werden, mussten Teile der Produktion vor Ort gelagert, oder die Förderung kurzzeitig sogar eingestellt werden. Blick auf die Zeche „Ewald Fortsetzung" in Oer-Erkenschwick am nördlichen Rand des Ruhrgebiets.

AUFNAHME: SAMMLUNG NORMAN KAMPMANN

Bild 304
Der Rangierbahnhof Duisburg-Wedau war für die Regiebahn von großer Bedeutung. Kein Wunder, war die Anlage doch in alle vier Himmelsrichtungen an bedeutende Hauptstrecken angeschlossen und galt als wichtiger Zugbildungsbahnhof im westlichen Ruhrgebiet. Auch Jahrzehnte nach der Ruhrbesetzung hat die Anlage noch nichts von ihrer Imposanz eingebüßt, als 55 5185 des benachbarten Bw Duisburg-Wedau am 26. September 1958 Verschubarbeiten wahrnimmt.

AUFNAHME: WILLI MAROTZ, BILDARCHIV D. EISENBAHNSTIFTUNG

Bild 305 – Auf dieser winterlichen Aufnahme ist 57 3066 mit einem langen Güterzug aus Richtung Hagen Gbf in Hagen-Haspe eingetroffen. Der Zug ist dort vor den Anlagen der 1847 in Betrieb genommenen Klöckner-Werke zum Stehen gekommen. AUFNAHME: CARL BELLINGRODT, SAMMLUNG KLAUS KEMP

In der Pfalz wurde der Güterverkehr im Februar 1924 als schwerfällig bezeichnet. Die Beförderungsdauer sowohl für Wagenladungen wie für Stückgutsendungen nahm das vier- bis fünffache der üblichen Zeit in Anspruch. Auf dem Zollbahnhof Bruchmühlbach an der Strecke Kaiserslautern – Homburg zum Saargebiet hin gab es Stockungen, weil dort 300 Wagen standen, obwohl der Bahnhof nur eine begrenzte Aufnahmefähigkeit besaß. Der Bahnhof Landau war durch hunderte von Schadwagen verstopft, was die Behandlung der Ortsgüterzüge erschwerte. Zum Teil warteten sie zwei Wochen auf ihre Entladung. Ähnliche Zustände herrschten in Kaiserslautern. Wegen eines Mangels an gebrauchsfähigen Maschinen mussten Güterzuglokomotiven die Personenzüge befördern.

Der Herbstverkehr 1924 brachte besonders durch starken Kartoffelversand im Oktober eine fühlbare Belastung des Betriebes der Reichsbahn durch die nach wie vor durchgeführten Kontrollen zwischen besetztem und unbesetztem Gebiet. Die Beförderung war insofern vorbereitet, als die Fahrpläne für Voll- und Leerzüge erstellt, Umleitungen festgelegt und die Rangiermaßnahmen auf weniger belastete Bahnhöfe verteilt waren. Während diese Maßnahmen im Rest des Reiches die erhoffte Wirkung zeigten, gab es im Verkehr mit dem Ruhrgebiet große Schwierigkeiten. Die Bevölkerung dort besaß nach dem Ende der Beschränkungen einen großen Nachholbedarf. So steigerten sich die Kartoffeltransporte dorthin Mitte Oktober in einem nicht erwarteten Umfang. Das führte auf den Dortmunder Bahnhöfen an der Grenze zur Regiebahn in der dritten Oktoberwoche zu Betriebsstockungen. Die große Zahl von mit Kartoffeln beladenen Wagen, die der Handel in Richtung Ruhrgebiet sandte, wurde von der Regie sehr viel langsamer abgefertigt, als neue Wagenladungen nachkamen. Die Großhändler ihrerseits hatten teilweise Probleme, die angekommenen Wagen im Ruhrgebiet zu entladen. Die Zahl der abgestellten Wagen mit Kartoffeln stieg zeitweise bis auf 700, die die Dortmunder Bahnhöfe verstopften. Dadurch blieben auf den Zufuhrstrecken im Reich mehr als 20 Züge stecken. Erst als der Versand zum Ende des Monats nachließ, entspannte sich die Lage wieder.

Die Übersicht auf der folgenden Seite vermittelt einen Eindruck des durch die Regiebahn bewältigten Güterverkehrs und die durch die Reparationen verursachten Transporte. Als Reparationsleistungen wurden versandt: vor allem Koks und Kohle sowie deren Nebenprodukte, aber auch Chemiestoffe, Zucker, Farben, Holz, Eisen, Maschinen etc. Die Spalten mit den Prozentzahlen zeigen den Anteil der Reparationslieferungen am Gesamtverkehr. Zwar steigern sich diese Transporte vom September 1923, dem letzten Monat des passiven Widerstands, innerhalb eines halben Jahres durch die Rückkehr der Eisenbahner und Bergleute an ihre Arbeitsplätze um das 13-fache, aber der Anteil am Gesamtverkehr im selben Zeitraum um die Hälfte, was zeigt, wie sehr sich die Übereinkunft zwischen Reichsbahn und Regie auf die Normalisierung des Güterverkehrs auswirkte.

Im April 1924 übertraf die Transportmenge erstmals wieder die des Jahres 1922, und der Betrieb zeigte ein positives Ergebnis. Während der Verkehr im März 1924 nur die vierfünftel desjenigen von 1922 umfasste, betrugen die Einnahmen der Regie 6 Mio. Franc im täglichen Durchschnitt, was einen Reingewinn von 1 Mio. Franc pro Tag übrigließ. Hatte die Regie 1923 ein Defizit von 84.100.026 Franc ausgewiesen, so erwirtschaftete sie 1924 einen Gewinn, der sich bis zum Ende ihrer Verwaltung auf 67.154.971 Goldmark belief. Es war ein Ergebnis, das selbst viele Franzosen überraschte.

Tarife veröffentlichte die Regieverwaltung ab April 1923. Dabei standen die Transporte nach Frankreich außerhalb der Berner Konvention.[276)] Sie wurden durch besondere Verträge geregelt, die an der Grenze endeten. Danach fand das französische Handelsgesetzbuch auf den Teil des Transports Anwendung, der auf französischem Gebiet erfolgte, während die Regiebahn für den Transport auf dem rheinischen Gebiet jede Verantwortung für Beschädigungen, Verlust usw. ablehnte. Das war neben dem Boykott der Eisenbahnen ein weiterer Grund, nichts auf der Schiene transportieren zu lassen. Um die hiermit verbundenen Schwierigkeiten abzumildern, gab es im Sommer 1923 zahlreiche Konferenzen, auf denen man nach Lösungen suchte. Als ersten Schritt führte die Regie im Rahmen einer besonderen Ermächtigung der Interalliierten Rheinlandkommission ab Juni 1923 eine Transportversicherung auf Grund der Erfahrungen ein, die die Franzosen mit dieser Maßnahme während des Ersten Weltkrieges in Frankreich gemacht hatten. Erst vom 16. August 1923 an regelte die Regie die Haftungsfrage vorteilhafter für die Bahnbenutzer.

Für Transporte zwischen der Regieverwaltung und den belgischen, Schweizer, saarländischen und französischen Bahnen setzte sie endlich das Berner Abkommen in Kraft. Mit den Niederlanden konnte ein ähnliches Abkommen über den internationalen Güteraustausch am 26 Juli 1923 abgeschlossen werden. Für Transporte innerhalb des Besatzungsgebietes erkannte sie jedoch nur eine beschränkte Haftpflicht an. Für die Regelung von Streitigkeiten zwischen der Regie und dem Publikum bildete man auf der Basis der Verordnung N° 244 der Interalliierten Rheinlandkommission vom 11. Februar 1924 das gemischte Gericht der Rheinischen Eisenbahnen in Mainz mit einer Außenstelle in Aachen für das Gebiet nördlich und östlich der Linie Troisdorf – Bonn – Ahrdorf – Gerolstein – Prüm. Für das Ruhrgebiet erließ General Degoutte eine ähnliche Verfügung. In diesem Fall wurde Düsseldorf als Sitz des „*Gemischten gerichtlichen Ausschusses der Rheinischen Eisenbahnen*" festgelegt. „*Es ist nicht bekannt geworden, daß diese Kommission zugunsten von geschädigten Deutschen gewirkt hat. Sie verstand es, in jedem Fall die Schuldlosigkeit der französischen Verwaltung festzustellen.*"

Für die deutsche Seite bedeutete das übrigens wieder einmal eine Verletzung der deutschen Gerichtshoheit in den besetzten Gebieten. Auch befürchtete sie, dass dem Reich auf dem Umweg über die gerichtliche Kommission neue Schadensersatzleistungen zugunsten der Regiebahn aufgebürdet würden. Zudem waren nach ihrer Auffassung hier Richter in eigener Sache tätig. Deshalb weigerte sie sich, Mitglieder für diese Ausschüsse zu benennen. Im Juli zwangen sowohl General Degoutte für das Ruhrgebiet wie die Interalliierte Rheinlandkommission für das altbesetzte Gebiet deutsche Rechtsanwälte dazu, an den Sitzungen dieser Kommission teilzunehmen. Da sich ein Ende der Regie abzeichnete, protestierte die Reichsregierung nicht weiter.

Dieser Ausschuss blieb auch nach Auflösung der Regie noch für alle bis zum 15. Februar 1925 eingereichten Fälle bestehen. Für den Güterverkehr in Richtung Osten verhinderte die bereits mehrfach erwähnte Position der Reichsbahn, keine internationalen Verträge zu unterzeichnen, bei denen die Regiebahn als gleichberechtigter Partner erschien, entsprechende Übereinkommen.

Wegen der immer stärker ansteigenden Diebstähle vor allem von Lebensmitteln im Gebiet der Regiebahn weigerten sich die betroffenen Versicherungsgesellschaften, Bahntransporte von Lebensmitteln aus den Niederlanden ins Ruhrgebiet zu versichern. Anfang November wurden in Dorsten fünf Wagen mit Käse, Schmalz und Corned Beef ausgeraubt und in Gelsenkirchen ein Wagen mit Margarine geplündert. In Witten raubten Plünderer tagsüber mehrere Wagen eines Lebensmittelzugs mit Mehl und Käse aus. Als die Regie nicht in der Lage war, die Sicherheit der Transporte zu garantieren, brachte das die meisten Großhändler des Ruhrgebiets dazu, die Transporte auf Schiffe zu verlagern. Einige Städte an Rhein und Ruhr organisierten einen Eildampferdienst für diese Lebensmitteltransporte, die durch private Wachmannschaften geschützt wurden.

Im Mai 1924 betrug der Personalbestand der Regiebahn rund 100.000 Beschäftigte, darunter mehr als 70.000 deutsche Eisenbahner. Ihr gelang es, mit einem deutlich geringeren Personalbestand als demjenigen der deutschen Verwaltung – der 1922 mehr als 170.000 Beschäftigte betragen hatte – einen gleichen und bald auch größeren Verkehr abzuwickeln. Die Zahlen lassen sich jedoch nur begrenzt vergleichen, weil die Reichsbahn zur Bekämpfung der Arbeitslosigkeit ihren Personalstand aus den bekannten Gründen über das nötige Maß hinaus erweitert hatte.

Zeitabschnitt	**Es wurde befördert**			**Es wurde beladen**		
In den ersten Wochen des Monats	**Gütermenge**			**Wagenzahl**		
	ausschließlich Reparations-sendungen [t]	**einschließlich Reparations-sendungen [t]**	**Anteil Reparations-sendungen [%]**	**ausschließlich Reparations-sendungen**	**einschließlich Reparations-sendungen**	**Anteil Reparations-sendungen [%]**
September 1923	73.000	136.000	46,3	5.200	9.200	43,5
Oktober 1923	116.999	184.000	37,0	8.300	12.500	33,6
November 1923	188.000	281.000	33,1	13.500	19.300	30,1
Dezember 1923	416.000	536.000	22,4	29.700	37.200	20,2
Januar 1924	634.000	770.000	17,7	45.300	53.800	15,8
Februar 1924	940.000	1.159.000	18,9	67.200	80.800	16,8
März 1924	1.228.000	1.528.000	19,6	87.700	106.500	17,7
April 1924	1.315.000	1.771.000	25,7	93.900	122.500	23,3

Bild 306 – Ein wichtiger Umschlagplatz von Rohstoffen wie Koks, Kohle und Erze bis hin zu fertigen Maschinen war der Hafen Duisburg-Ruhrort, der größte Binnenhafen des Kontinents.
AUFNAHME: SAMMLUNG KLAUS KEMP

5.3.3 Kohleverkehr

Energieversorgung und -sicherheit waren und sind ein wichtiges Thema für Wirtschaft und Politik. Heute sind es Erdöl und Gas, vor 100 Jahren war es die Kohle. Das findet sich bis heute noch im Sprachgebrauch mit den rauchenden Schornsteinen als Sinnbild einer florierenden Industrie. Dieser Rauch stammte von der Energieerzeugung durch Kohle. Kohle fand Anwendung als Energielieferant für die Erzeugung elektrischer Energie, zum Antrieb von Dampfmaschinen in vielen Industriebetrieben, als Antrieb von Lokomotiven und Schiffen sowie zum Heizen von Häusern, aber auch als ein wichtiger Grundstoff für die chemische Industrie. Die Liste ließe sich beliebig fortsetzen. Sie erklärt den hohen Stellenwert, den die Versorgung mit Kohle in der Politik der zwanziger Jahre einnahm. Das fand seinen Niederschlag im Friedensvertrag. Laut dessen VIII. Teil Wiedergutmachungen Anlage V hatte Deutschland zehn Jahre lang folgende **Kohlemengen** zu liefern an:

Frankreich	7 Mio. t jährlich sowie Ersatz der in Nordfrankreich durch Kriegszerstörungen ausfallenden Kohlemengen, berechnet mit maximal 20 Mio. t in den ersten fünf Jahren und 8 Mio. t ab dem sechsten Jahr,
Belgien	8 Mio. t jährlich,
Italien	im ersten Jahr 4 ½ Mio. t, jährlich gesteigert um 1 ½ Mio. t, ab dem fünften Jahr 8 ½ Mio. t gleichbleibend,
Luxemburg	auf Verlangen die Menge, die Luxemburg vor dem Kriege erhalten hat.

Im Falle von Italien war sogar die Versandart vorgeschrieben: *„Wenigstens zwei Drittel der Lieferungen müssen auf dem Landwege erfolgen."* Addiert man die laut Vertrag geforderten Mindestmengen, so ergibt sich folgendes Bild (Mengen in Mio. t):

Jahr	Frankreich	Belgien	Italien	Luxemburg	Summe
1	27	8	4,5		39,5
2	27	8	6,0		41,0
3	27	8	7,5		42,5
4	27	8	8,0		43,0
5	27	8	8,5		43,5
6-10	15	8	8,5		31,5

Die folgende Übersicht zeigt eine Gegenüberstellung der in den Jahren 1919 bis 1925 im Bereich des Oberbergamts Dortmund geförderten Kohlen und den tatsächlichen Reparationslieferungen:

Jahr	geförderte Menge in [t]	Reparations-lieferungen in [t]	Bemerkung
1918	91.952.108		
1919	67.942.725	2.207.000	Auswirkung des Kriegsendes
1920	84.992.931	13.923.000	
1921	91.006.087	16.758.000	
1922	93.800.106	16.259.000	
1923	39.889.605	7.053.000	Ruhreinbruch
1924	90.796.897	15.609.000	
1925	103.305.000	13.565.198	

Zwar lässt diese Tabelle gewisse Relationen zwischen Förderung und Abgabe an die Alliierten erkennen, aber man muss berücksichtigen, dass es sich nicht um die gesamte deutsche Kohleförderung handelte, aber dass andererseits ein Teil der bisherigen Fördergebiete, nämlich der größte Teil von Oberschlesien und das Saargebiet nicht mehr zum Deutschen Reich gehörten und damit ihre bisherigen Märkte zum großen Teil vom Ruhrgebiet mit übernommen werden mussten. Das erzeugte eine Kohleknappheit, die durch die Ablieferung an die Alliierten noch verstärkt wurde. Die-

Bild 307
Bereits vor dem Ersten Weltkrieg experimentierte die Preußische Staatsbahn mit Selbstentladewagen, um das Be- und Entladen zu mechanisieren und zu beschleunigen. In einem Hüttenwerk des Ruhrgebiets werden Wagen über einem Bunker entladen.

AUFNAHME: SAMMLUNG KLAUS KEMP

se Reparationslieferungen bestanden neben Steinkohlen und Koks auch aus Braunkohlebriketts. Berücksichtigt in dieser Tabelle sind die Lieferungen an Frankreich, Belgien, Luxemburg und Italien, die im September 1919 einsetzten.

Eine besondere Rolle spielte bei den Transporten der Hafen Duisburg-Ruhrort, der größte Binnenhafen Europas. 1923 nahmen Silos, Lagerhäuser und Lagerplätze dort eine Fläche von 225 ha und die Einrichtungen der Eisenbahn 223 ha ein. Seine Schienenlänge betrug 265 km und bestand neben den reinen Hafengleisen aus riesigen Rangiergruppen für ankommende und abgehende Züge. Der passive Widerstand hatte diesen wichtigen Umschlagplatz vor allem für Massengüter wie Kohle und Koks lahmgelegt. Für die Regiebahn war es wichtig, alle diese hochspezialisierten Anlagen wieder in Betrieb zu setzen, sah sich jedoch nicht in der Lage, sie mit denen ihr zur Verfügung stehenden Fachleuten aus eigenen Kräften wiederaufnehmen zu können. Deshalb dachte man daran, ihn Dritten zu übergeben, wie es schon die Reichsbahn gemacht hatte. Erst mit dem Ende des passiven Widerstands gelang es, am 23. Dezember 1923 mit der **Hafenverwaltung** einen **Betriebsvertrag** abzuschließen. Die wichtigen Punkte waren:

- Die Frachten im Rahmen der Reparationslieferungen hatten Vorrang vor allen anderen Transporten.
- Die Regie war nicht verpflichtet, ehemaliges Personal der Reichsbahn, das in den Häfen beschäftigt gewesen war, einzustellen.
- Die Regie stellte die notwendigen Lokomotiven zur Verfügung. Die Wartung übernahm das Personal des Hafenamtes, während die größeren Reparaturen Aufgabe der Regie waren.
- Für den Unterhalt des Fahrwegs und der Signalanlagen war das Hafenamt zuständig.
- Die Bahnstrecken im Hafen wurden als private Anschlussbahn angesehen, wonach sich dann auch die Gebühren für deren Benutzung berechneten.

Des Weiteren bestimmte der Vertrag die Betriebsgrenze zwischen den Strecken der Regie und der Hafenbahn sowie die Form der Zugbildung, Versand und Empfang der Züge. Das Abkommen erhielt eine Laufzeit von einem Jahr.

Auch später noch sorgte die Reparationskohle für Ärger in Europa. 1927/28 geriet der englische Bergbau in eine Krise. Ärgster Konkurrent auf dem Kontinent war Deutschland. Vor 1914 führte Deutschland 1 Mio. t Kohle nach Italien aus, während der englische Export dorthin 9,6 Mio. t betrug. 1927 bezog Italien nur noch 6,9 Mio. t von der Insel, während es aus Deutschland 4,6 Mio. t importierte. Im Gegensatz zur englischen musste die Reparationskohle nicht in Devisen bezahlt werden, was für einen Bezug aus Deutschland sprach. Da die Italiener den Transport auf dem Schienenweg bevorzugten, bedeutete das einen spürbaren Verkehrszuwachs für die Reichsbahn. Deshalb mehrten sich in England die Stimmen für eine Einstellung der deutschen Lieferungen von Reparationskohle.

Bild 308
Ab Mitte der zwanziger Jahren spielten die Großraum-Güterwagen, und hier insbesondere die Selbstentladewagen, eine immer bedeutendere Rolle im Güterverkehr der Reichsbahn. In den dreißiger Jahren gehörten Ganzzüge mit solchen Wagen – vor allem auf den Strecken durch das Rhein- und Moseltal – bereits zum alltäglichen Erscheinungsbild. Hier rollt eine Garnitur über die Moselbrücke in Ediger-Eller in Richtung Ruhrgebiet.

AUFNAHME: RVM, SAMMLUNG NORMAN KAMPMANN

5.3.4 Der Militärverkehr

Mit der Übernahme des Streckennetzes in den besetzten Gebieten am 19. März 1923 stellte die Regiebahn einen Teil der bisher beim französischen und belgischen Militär beschäftigten Feldeisenbahner in ihre Dienste, um den Bahnbetrieb in Gang zu halten. Das bedeutete jedoch keine Auflösung der militärischen Strukturen der Interalliierten Feldeisenbahn-Kommission mit ihren Repräsentanten in jeder Direktion und Militärkommandanten als Bahnhofsvorsteher. Man kann sich vorstellen, dass die Kommunikation zwischen ihnen und der neuen zivilen Verwaltung der Bahn einfacher war als vorher, nicht nur wegen derselben Sprache.

Folgenden Transporte galt es zu bewältigen:
- Transporte für abgelöste Truppenteile,
- Truppentransporte innerhalb der Interalliierten Rheinarmee,
- Abtransport in die Heimat der entlassenen Jahrgänge 1921/22,
- Herantransport der neu eingezogenen Jahrgänge 1923/24,
- Transporte von Heimaturlaubern.

Die folgende Tabelle zeigt einen Überblick über die monatlich zu erbringenden **Leistungen für die belgischen und französischen Besatzungstruppen**:

1923		**1924**	
Monat	Zuganzahl	Monat	Zuganzahl
April	78	Januar	265
Mai	172	Februar	250
Juni	47	März	122
Juli	129	April	56
August	58	Mai	98
September	89	Juni	62
Oktober	147	Juli	81
November	120	August	55
Dezember	129		
Summe	**959**		**989**

Nicht in dieser Statistik aufgeführt sind die regelmäßigen täglichen Versorgungszüge, weil sie Teil des Fahrplans bildeten und damit nicht als außergewöhnliche Leistung betrachtet wurden. Ebensowenig sind weder die Verlegungen kleinerer Einheiten, wenn sie fahrplanmäßige Züge benutzten, noch Materialtransporte in regulären Güterzügen berücksichtigt. Man stellte sicher, dass diese Züge pünktlich fuhren und dafür saubere, ausreichend beleuchtete und im Winter geheizte Fahrzeuge eingesetzt wurden.

Zwar waren die Militärtransporte für die Alliierten laut Waffenstillstandsabkommen und Versailler Vertrag kostenlos, aber es war nicht die Reichsbahn, die dafür aufkam, solange sie noch die Strecken betrieb, sondern die Reichsregierung. Die Regiebahn wollte für ihre Aufwendungen ebenfalls bezahlt werden, aber es dauerte bis Juni 1924, ehe es über die Tarife zu einer Einigung zwischen der Besatzungsarmee und der Bahnverwaltung kam. Letztere erhielt aus der Pfänderkasse, welche die Gewinne der Ruhrbesetzung verwaltete, für die Zeit vor der Übereinkunft eine Pauschalsumme von 6 % ihres Gesamtumsatzes.

Für die nachfolgende Zeit einigte man sich auf spezielle Militärtarife. Ab dem 1. September bis zum 15. November 1924, dem Tag des Übergangs des Betriebs auf die Reichsbahn, wandte man eine Gebührenordnung an, die später die Grundlage einer 1925 zwischen der Besatzungsarmee und der Reichsbahn abgeschlossenen Verordnung bildete. Da es zu Unstimmigkeiten zwischen beiden Parteien über die Höhe der Kosten kam, rief man einen internationalen Schiedsrichter an, durch dessen Einwirken am 16. April 1926 ein endgültiges Abkommen über diese Tarife abgeschlossen werden konnte.

5.4 Die Fahrzeuge der Regiebahn

Die Regiebahn betrieb ihre Strecken bis auf wenige Ausnahmen mit deutschen Fahrzeugen. Viele davon waren allerdings reparaturbedürftig. Um die notwendigen Arbeiten auszuführen, nutzte sie die Ausbesserungswerke der Reichsbahn in ihrem Bereich. Betriebsfähig vorhanden waren:

Datum	am 19. März 1923	ab 1. Juni 1924
Lokomotiven	2.650	4.300
Personenwagen	4.000	8.000
Güterwagen	60.000	172.000

Die meisten der vor dem Weltkrieg üblichen Buntmetallschilder mit den Hoheitszeichen der früheren Länderbahnen und den Betriebsummern waren im Laufe der Kriegsjahre entfernt worden, um der Rüstungsindustrie zu dienen und durch einfache aufgemalte Bezeichnungen ersetzt worden. Diese behielt die Regiebahn bei. Erstaunlicherweise entwickelte sie kein eigenes Emblem, das an den Fahrzeugen angebracht worden wäre. Nur wenn Wagen neu lackiert wurden, erhielten sie Aufschriften nach französischem Muster. Man entfernte selbst die bisherigen Emailschilder für die Wagenklassen und ersetzte sie durch aufgemalte römische Ziffern auf den Abteiltüren oder brachte sie bei Durchgangswagen an den Wagenenden an. Direktionsname, Wagengattung und Nummer erhielten ihren Platz links unten. Bei den Heimatbahnhöfen, deren Name auf dem Längsträger rechts unten angebracht wurde, verwandte man oft die französischen Namen, also Mayence statt Mainz oder Trèves statt Trier.

5.4.1 Wagenbestand

Am 19. März 1923 inventarisierte die Regie die Wagen, die ihr zur Verfügung standen. Es fanden sich vor:

Personenwagen	
1. und 2. Klasse	405
3. Klasse	1.426
4. Klasse	2.002
Personenzuggepäckwagen	381
Summe	**4.114**

Güterwagen	**leer**	**beladen**	**Summe**
gedeckte Güterwagen	11.855	5.697	17.552
Hochbordwagen	18.601	12.049	30.650
Flachwagen	5.974	2.775	8.749
Tankwagen	680	63	743
verschiedene	201	149	350
Güterzuggepäckwagen	1.311	0	1.311
Gesamtsumme			**59.355**

Wegen des passiven Widerstands gab es niemand, um die beladenen Wagen zuzustellen und zu entladen, und von den leeren Wagen erwies sich am Ende ein Teil als schadhaft. Tatsächlich standen der neuen Verwaltung also nur etwa ⅔ des Fahrzeugbestandes zur Verfügung. Allerdings reichten sie der Regiebahn wegen des reduzierten Verkehrsaufkommens bis etwa Oktober 1923. Trotzdem widmete man sich dem Entladen von Wagen, der Aufarbeitung von Schadwagen und der Requirierung von Wagen auf bisher nicht durch die Regie in Betrieb genommenen Strecken. Dadurch gelang es, den Bestand bis zum Jahresende deutlich zu erhöhen:

Stichtag	19. März	1. Juni	15. Sept.	31. Dez.
Personenwagen	4.114	6.183	7.067	7.542
Güterwagen	59.355	74.842	85.974	172.698

Bild 309
Durch zahlreiche Unfälle kam es im Bestand der Güterwagen der Regiebahn immer wieder zu teilweise erheblichen Schwankungen. Jedoch auch in der Zeit nach dem Waffenstillstand herrschte großes Chaos, das zu Betriebsstörungen führte. Hier eine weitere Aufnahme des Auffahrunfalls vom 17. Dezember 1918 bei Fahr-Ihrlich, der auch auf Seite 30 gezeigt ist Die Wucht des Aufpralls kann man daraus ermessen, dass der Güterzuggepäckwagen auf den dahinter gekuppelten Wagen geschoben wurde.

AUFNAHME: SAMMLUNG BRIAN RAMPP

Alle Güterwagen, die die Grenzen ins Saargebiet, nach Frankreich, Luxemburg und Belgien überquerten, erhielten Zettel mit der Aufschrift „ausschließlich zur Rückkehr ins Rheinland". Wegen des Transports von Kohle und Koks war die Regie vor allem an einem schnellen Umlauf der Hochbordwagen interessiert. Mit der Zeit wurde dieser große Wagenbestand gebraucht. Das zeigen Zahlen der durch die Regie beladenen Wagen. Begann der Güterverkehr mit weniger als 10.000 in der ersten Woche unter der neuen Führung, pendelten sich die Zahlen ab März 1924 auf Werte zwischen 120.000 und 140.000 ein. Lediglich ein Bergarbeiterstreik im Mai brachte einen deutlichen Einbruch. Um sicherzustellen, dass tatsächlich die benötigte Anzahl Güterwagen im Besatzungsgebiet vorhanden war, musste einmal pro Monat die erwähnte Bestandsaufnahme gemacht werden. Diese Statistik zeigt, dass das Anwachsen des Wagenparks hauptsächlich durch die Zufuhr von offenen Güterwagen erfolgte, nämlich von knapp 31.000 im Oktober und November 1923 auf fast 86.000 Ende Dezember. Teil der Abmachung von Mainz war es gewesen, dass die Reichsbahn die notwendige Anzahl Wagen zu stellen hatte. Diesen Teil des Vertrages erfüllte sie mehr oder weniger pünktlich. Ein Höchststand wurde im Juli 1924 mit 117.487 Einheiten erreicht, in der Regel pendelte die Zahl zwischen 80.000 und 90.000 Wagen.

Eines der typischen Probleme einer frisch gegründeten Gesellschaft mit Personal unterschiedlichster Herkunft war die einheitliche Anwendung der Regeln.

Als Beispiel sei die Verwendung des Zugschlusssignals herausgegriffen. *„Ein Zugschlusssignal wird im Eisenbahnbetrieb am Ende eines Zuges verwendet und kennzeichnet den Zugschluss. Mit seiner Hilfe wird die Vollständigkeit von Zügen durch Strecken- oder anderes zugelassenes Personal visuell festgestellt"*,[277] um sicherzustellen, dass nicht durch eine Zugtrennung ein verlorener Wagen oder Zugteil auf der Strecke verbleibt und zu Unfällen führt.

Da die Züge in der Anfangszeit des Regiebetriebs auf Sicht verkehrten, war dieses Signal besonders nachts wichtig, damit ein Lokführer rechtzeitig das Ende eines vorausfahrenden Zuges erkennen konnte. Da jedoch jeder der Verantwortlichen der Regie von einer anderen Bahn kam und unterschiedliche Vorschriften gewohnt war, kam es dazu, dass auf einigen Bahnhöfen diese Signale fehlten, während sie auf anderen im Übermaß vorhanden waren. Nachdem eine gleichmäßigere Verteilung erreicht war und ein eigenes System der Signalisierung mit Lampen angelehnt – an große französische Bahnen – entwickelt wurde, ließ sich dieses Problem zufriedenstellend lösen.[278]

Bild 310
Eines der typischen Probleme einer frisch gegründeten Gesellschaft mit Personal unterschiedlichster Herkunft bildet ein einheitliches Verständnis der Regeln. Eines davon war die einheitliche Verwendung von Zugschlusssignalen. Da jeder der Verantwortlichen der Regie von einer anderen Bahn kam und unterschiedliche Vorschriften gewohnt war, führte es dazu, dass auf einigen Bahnhöfen diese Signale fehlten, während sie auf anderen im Übermaß vorhanden waren. Das Bild zeigt einen abfahrbereiten Zug im Bahnhof Bochum-Langendreer mit einer am Puffer angehängten Schlussscheibe.

AUFNAHME: SAMMLUNG KLAUS KEMP

Bild 311 – Wegen der Anzahl der zu versorgenden Lokomotiven war das Bw Hagen-Eckesey mit einer Großbekohlungsanlage ausgestattet. Auf diesem Foto vom 21. März 1931 sind die Lokomotiven 55 540, 38 2194 und 39 141 zu erkennen. AUFNAHME: CARL BELLINGRODT, BILDARCHIV DER EISENBAHNSTIFTUNG

5.4.2 Lokomotiven

Von Anfang an litt die Regiebahn unter einem Mangel an Lokomotiven. Dieser Zustand wurde noch verschärft durch die Anzahl nicht kompletter Maschinen in den Werkstätten. Eigentlich hätte für die Schlepptenderlokomotiven dieselbe Anzahl Tender zur Verfügung stehen müssen. Eine bestimmte Anzahl Tender hatte die Reichsbahn jedoch vor der Ruhrbesetzung zur Aufarbeitung an private Firmen gegeben, die danach nicht zurückgesandt worden waren. Die Reichsbahn verbot diesen Firmen die Rückgabe der fertigen Tender ins besetzte Gebiet. Immerhin handelte es sich um rund 100 Stück. Deshalb wurden die Tender abgestellter oder sich in Reparatur befindlicher Loks mit den fertigen Maschinen gekuppelt, ohne darauf zu achten, ob es sich um die richtige Größe für diesen Typ handelte. Ebenso fehlten etwa 50 Kessel. Hier erlaubte das Vorhandensein verschiedener Ersatzkessel in den Werkstätten diesen Mangel wenigstens teilweise zu beheben.

Über die konkret von der Regie verwendeten Lokbaureihen findet sich sehr wenig. Vorhanden ist einmal ein Verzeichnis der Lokomotiven der ED Köln, das die Jahre 1918 bis 1925 jeweils zum Stichtag 31. März abdeckt.

Gattung	1918	1921	1925
S 1	3	–	–
S 2	3	–	–
S 3	88	76	13
S 4	4	–	–
S 5^{2}	31	40	26
S 6	39	35	21
S 7	23	–	–
S 10	4	3	–
S 10^{2}	16	9	–
P 3^{1}	20	5	–
P 4^{1}	41	37	–
P 4^{2}	10	10	11
P 6	9	8	–
P 7	4	–	–
P 8	66	108	231
G 3	135	29	71
G 4^{1}	10	7	6
G 4^{2}	34	22	5
G 5^{1} und G 5^{3}	50	36	18
G 5^{2} und G 5^{4}	38	29	20
G 7^{1}	228	253	158
G 7^{2}	73	51	42
G 8 und G 8^{1}	298	291	332
G 8^{2}	–	10	67
G 8^{3}	–	14	–
G 9	20	10	16
G 10	58	54	112
G 12	–	87	10
T 3	47	42	28
T 4^{1}	13	10	2
T 5	16	14	–
T 7	15	13	7
T 8	5	–	–
T 9$^{1-3}$	191	163	149
T 11	10	10	14
T 12	11	6	22
T 13	18	12	–
T 14 und T 14^{1}	3	23	54
T 15	1	–	–
T 16 und T 16^{1}	53	47	67
T 18	4	12	23
T 26	7	7	7
Summe	**1.699**	**1.582**	**1.532**

Auch aus dem Bereich der ehemaligen pfälzischen Eisenbahnen liegen Angaben jeweils für den 31. Dezember vor. In diesen Zahlen sind die Abgaben an die Saarbahnen und an die Entente berücksichtigt:

Gattung	1918	1921	1924	1925
P 1^{I}	5	–	–	–
P 1^{II}	2	1	–	–
P 1^{III}	9	7	–	–
P 2^{I}	20	20	–	–
P 2^{II}	31	28	28	28
P 3^{I}	12	12	12	5
P 3^{II}	1	1	–	–
P 4	11	11	11	–
P 5	12	12	12	12
G 2^{I}	41	29	–	–
G 2^{II}	22	19	–	–
G 3	6	6	–	–
G 4^{I}	27	15	15	15
G 4^{II}	2	2	–	–
G 4^{III}	2	–	–	–
G 5	24	22	22	22
T 1	31	31	28	–
T 2^{I}	3	3	3	–
T 3	27	21	21	21
T 4^{I}	7	7	7	7
T 4^{II}	3	3	3	3
T 5	4	4	4	4
D VIII	4	4	4	4
L 1	12	12	12	12
L 2	5	5	5	5
Summe	323	275	187	138

1909 waren die Pfälzischen Eisenbahnen Bestandteil der Bayerischen Staatsbahn geworden. Deshalb gab es neben den vorgenannten Maschinen nach diesem Datum beschaffte Maschinen der bayerischen Gattungen S 3/6, G 3/4, Pt 3/6, R 4/4 sowie weitere Loks, die für das altbayerische Netz beschafft worden waren. Man kann davon ausgehen, dass der Regiebahn in etwa die für das Jahr 1921 aufgeführten Loks und vor allem Loktypen zur Verfügung standen. Nach diesen Listen waren es im Bereich der Rbd Köln 35 und der Rbd Ludwigshafen wenigstens 23 ehemalige pfälzische sowie weitere bayerische Gattungen.

In seinem Bericht vermerkt der Direktor der Regiebahn dazu: *„Hier an dieser Stelle ist zu notieren, dass gewisse Serien der Lokomotiven durch die Reichsbahn systematisch an die Seite gestellt wurden, weil die Reparatur wegen des Alters der Konstruktion oder des Umfanges ihrer Schäden zu mühevoll geworden wäre. Diese Irrtümer wurden wegen ihrer speziellen Situation durch die Regie beibehalten.“* [279] Es folgt eine **Aufstellung der Lokomotiven**, die seiner Meinung nach hätten **ausgemustert** werden müssen, aber leider sind sie nicht nach preußischen und pfälzischen unterschieden, sodass man bei einigen der Angaben mutmaßen muss. Lokomotiven waren laut diesem Bericht folgende:

S 3 preußische S 3 nach Musterblatt M III-2b; einige wenige waren jedenfalls buchmäßig noch vorhanden, 1926 zu DRG-Baureihe BR 13^{0}.

P 1 Die preußische P 1 (verschiedene 1Bn2) waren zu diesem Zeitpunkt alle schon ausgemustert. Es muss sich um eine pfälzische P 1 handeln.

P 1^{I} pfälzische P1^{I} (1B), 1923 vorläufige DRG-Baureihe 34^{74}. Es gab noch die pfälzische P 1^{II} (1B), 1923 vorläufige DRG-Baureihe 34^{78}, und die pfälzische P 1^{III} (1B), 1923 vorläufige DRG-Baureihe 34^{74}.

P 2 pfälzische P 2^{I} (1'B1n2), 1923 vorläufige DRG-Baureihe BR 35^{70} oder pfälzische P 2^{II} (1'B2't-n2), spätere DRG-Baureihe 73^{0}. Letztere waren allerdings noch recht modern (Baujahre 1900-1903).

P 3 könnte die preußische P 3^{2} gewesen sein (1Bn2v nach Musterblatt M III-1a). Von diesen Lokomotiven waren 1923 einige noch im vorläufigen Umzeichnungsplan als DRG-Baureihe 34^{71} vorgesehen, also noch vorhanden, oder es handelte sich um die pfälzische P 3^{I} (2'B1'), DRG-Baureihe 14^{1}.

P 4 Entweder die preußische P 4^{I} (2'Bn2 nach Musterblatt M III-1d), von denen waren 1923 einige noch im vorläufigen Umzeichnungs-Plan als DRG-Baureihe 36^{70} aufgeführt sind, und/oder die preußische P 4^{2} (2'Bn2 nach Musterblatt M III-1d). Eine ganze Menge davon wurde 1926 noch in DRG-Baureihe 36^{0} umgezeichnet.
Außerdem gab es noch die pfälzische P 4 (2'B1'), die im vorläufigen Umzeichnungs-Plan als DRG-Baureihe 14^{1} erschien. Bis 1925 ausgemustert.

G 2 Die preußische G 2 (B1n2 und Cn2) gab es 1923 nicht mehr. Also muss es sich um die pfälzische G 2^{I} handeln, spätere DRG-Baureihe 53^{78}.

G 2^{2} Es gab keine preußische G 2^{2}. Es handelt sich vielmehr um die pfälzische G 2^{II} (Cn2), 1923 im vorläufigen Umzeichnungsplan als DRG-Baureihe 53^{79}.

G 3^{1} Diese Bezeichnung gab es weder in Preußen noch in der Pfalz. Noch vorhanden waren G 3 nach Musterblatt M III-3 (C-n2), 1923 im vorläufigen Umzeichnungs-Plan als DRG-Baureihe 53^{70}. Es könnte sich auch um die pfälzische G 3 handeln (Dn2). Diese wurden 1887/1888 von Sharp Stewart für die Schwedisch-Norwegischen Bahn gebaut, von dort angekauft und 1924 ausgemustert.

G 4 Dabei könnte es sich um preußische Loks handeln, und zwar um:
G 4^{1} (Cn2v, Umbau aus G 3), noch DRG-Baureihe 53^{76},
G 4^{2} (Cn2v), noch DRG-Baureihe 53^{0},
G 4^{3} (Cn2v), noch DRG-Baureihe 53^{3}.
Es könnten auch pfälzische gemeint sein:
G 4^{II} (B'Bn2v), eine wurde 1923 im vorläufigen Umzeichnungsplan noch als DRG-Baureihe 53^{71} eingereiht.
Die Pfalzbahn besaß auch noch eine G 4^{II} (1'Dn2'v). Sie wurde 1920 an die Saarbahn abgegeben.

T 1 pfälzische T 1 (Bn2t), 1923 im vorläufigen Umzeichnungsplan noch als DRG-Baureihe 88^{73} aufgeführt.

T 3 kann die allgegenwärtige preußische T 3 sein (Musterblätter M III-4e und M III-4p, spätere DRG BR 89^{70}) oder die pfälzische T 3 (Cn2t), DRG-Baureihe 89^{1} sein. Sie war allerdings relativ neu (1889-1903 gebaut)

T 4 war entweder die preußische T 4^{2} (B1n2t), von der 1923 nur noch wenige Exemplare vorhanden waren, oder die pfälzische T 4^{I} (C1n2t), die spätere DRG-Baureihe 98^{6}

C III bayerische C III (Cn2), ein Lokomotivtyp mit verschiedensten Unterbauarten, 1923 im vorläufigen Umzeichnungsplan noch als DRG-Baureihe 53^{78} aufgeführt. Etliche dieser Lokomotiven kamen auch in die Pfalz, nachdem die pfälzischen Bahnen ab 1909 zu den Königlich Bayerischen Staatseisenbahnen gehörten. Danach gab es Lokomotivtausch zwischen den beiden Netzen.

P 5 pfälzische P 5 (1'C2'h2t), später DRG-Baureihe 77^{0}. Sie war damals noch eine moderne Lok (Baujahr 1908). Eine preußische P 5 gab es nicht.

D VIII bayerische D VIII (C1n2t). Acht Loks wurden für das pfälzische Netz gebaut. 1926 erhielten sie die DRG-Nummern 98 681-688.

Bild 312 – Die pfälzische G 3 Nr. 72 „Leiningen“ wurde 1887 von Sharp in England gebaut. Sie und ihre fünf Schwestermaschinen wurden erst um 1925/26, nach dem Ende der Regiebahnzeit, ausgemustert und erhielten sogar noch vorläufige Reichsbahnnummern. Die hier abgebildete Lok sollte zur 55 7004 werden.

Bild 313 – Zu den älteren preußischen Loks, die die Regiebahn nur noch in geringen Stückzahlen vorfand, gehörte die P 3^1. Zwölf Loks sollten noch die Baureihenbezeichnung 34^{70} erhalten, waren jedoch bis zur Umzeichnung bereits ausgemustert..

AUFNAHMEN (3): CARL BELLINGRODT, SAMMLUNG KLAUS KEMP

Bild 314
Die pfälzische G 2^{II} wurde in 22 Exemplaren zwischen 1884 und 1892 gebaut. Alle überlebten den Ersten Weltkrieg. Zwei von ihnen kamen zu den Saarbahnen. Von den restlichen erhielten 19 im Jahr 1925 noch eine Reichsbahnnummer, wurden jedoch bald darauf ausgemustert. Die G 2^{II} Nr. 18 „Pomona“ wurde zur 53 7996 umgezeichnet.

Bild 315 – 56 001 wurde 1895 von Hanomag an die Direktion Cöln rechtsrheinisch geliefert. Es handelte sich um eine Lok der preußischen Gattung $G\,7^3$. Nur drei Lokomotiven dieser Gattung erhielten noch Reichsbahnnummern.

Bild 316
Die pfälzische T 1 entsprach im Wesentlichen der bayerischen D IV. Die Reichsbahn übernahm noch 21 Maschinen als BR 88^{73}. Die hier abgebildete 88 7306 war 1892 als Nr. 186 „Schaidt" in Dienst gestellt worden und wurde als vorletzte Maschine dieser Baureihe erst am 31. Oktober 1936 ausgemustert, diente danach aber noch als Heizlok.

Bild 317
Pfälzische $G\,2^1$ Nr. 116 „Wildenstein", gebaut im Jahre 1872. Typisch für diese Lokbaureihe ist der Außenrahmen. Neben der Saarbahn gingen 1919 auch zwei Maschinen an die Alliierten.

Aufnahmen (3): Carl Bellingrodt, Sammlung Klaus Kemp

Bild 318 – Auch die pfälzische D VIII war der Nachbau einer bewährten bayerischen Reihe (dort ebenfalls als Gattung D VIII eingereiht). Die hier abgebildete 98 681 kam 1938 zum RAW Ludwigshafen und erhielt dort die Nummer 805 80 01. AUFNAHME: CARL BELLINGRODT, SAMMLUNG KLAUS KEMP

Zu Beginn hatte die Regiebahn Probleme mit der Wartung der Lokomotiven, da sie nicht genug Personal dafür besaß. Es gab nur 392 Arbeiter zur Bewältigung der Reparaturen an Lokomotiven und Wagen. Vor allem im Mai 1923 verlor die Regie bis zu fünf Maschinen täglich durch Attentate.

Da es wegen des passiven Widerstands keine Reparaturkapazitäten in den besetzten Gebieten gab, ließ man Lokomotiven in Elsass-Lothringen, bei der französischen Nordbahn, bei der belgischen Nordbahn, bei der belgischen Staatsbahn und in den Werkstätten der belgischen Firma Hainant à Couillet reparieren. Sie schafften allerdings nur 10 bis 28 Maschinen pro Monat. Eine deutsch-französische Firma erhielt den Auftrag zur Reparatur von Loks unter Nutzung der Betriebswerke von Mainz, Bischofsheim, Bingerbrück, Wiesbaden und des Ausbesserungswerks Darmstadt. Im Ausbesserungswerk Euren bei Trier reparierte eine weitere Privatfirma Lokomotiven. Auf diese Weise wurden vier Maschinen im Juni fertig, neun im Juli und vierzehn im August 1923. Im Werk Mainz-Süd fand die Wartung von Bauteilen und Achsen statt. Bis Ende August 1923 gelang es auf diese Weise, 102 Maschinen wieder in Betrieb zu nehmen und weitere 46 einer Routine-Revision zu unterziehen.

Ganz offensichtlich kam die Besatzung nicht mit den vorgefundenen Akkumulator-Triebwagen zurecht. Alle in den Direktionen Essen, Köln und Mainz stationierten Fahrzeuge wurden kurz nach Beginn des passiven Widerstands abgestellt und wurden durchweg Ende 1924, als sie die Reichsbahn wieder übernahm, als schadhaft befunden. Erst im Verlaufe des Jahres 1926 waren alle wieder einsatzfähig.

Die Regie nutzte 103 Bahnbetriebswerke und Lokstationen:

Bw/Station	**Bestand** (Lok)	**Bw/Station**	**Bestand** (Lok)
21	1 - 10	38	41 - 80
14	11 - 20	11	>80
19	21 - 40		

Bild 319
Die Regiebahn hatte auch einige Akkumulatoren-Triebwagen in ihrem Besitz, mit denen sie jedoch nach ihren eigenen Berichten nichts anzufangen wusste. Der Akku-Triebwagen 597-598 (später ETA 179 003) steht 1930 abfahrbereit im Bahnhof Kettwig (Ruhr).

AUFNAHME: WILLI MAROTZ, BILDARCHIV DER EISENBAHNSTIFTUNG

Bild 320 – Die preußische T 10, von der nur zwölf Stück gebaut wurden, hatte man speziell für die Beförderung von Schnellzügen zwischen Frankfurt (M.) und Wiesbaden entwickelt. Die Loks erhielten bei der Reichsbahn die Baureihenbezeichnung 76⁰. Die Aufnahme zeigt 76 008 im Bw Mainz. AUFNAHME: CARL BELLINGRODT, SAMMLUNG KLAUS KEMP

Während des passiven Widerstands bestand die Leitung grundsätzlich aus Franzosen und Belgiern. Danach ließ man die Bahnbetriebswerke an Nebenbahnen oder solche untergeordneter Bedeutung an Hauptbahnen ganz in deutscher Hand, allerdings unter der Kontrolle eines Franzosen oder Belgiers. Das war zum Beispiel in Herzogenrath der Fall. In den großen Betriebswerken, vor allem an den für die Reparationslieferungen wichtigen Abfuhrstrecken richtete man zwei Abteilungen ein, eine französisch oder belgisch geleitet, die andere deutsch. Übergeordnet war der französische oder belgische Leiter, unterstützt von zwei Stellvertretern, einer deutsch, der andere französisch. Diese Organisationsform gab es in Landau.

Die Tabelle zeigt die **Entwicklung des Lokbestands**:

1923	**gesamt**	**fahrbereit**	**Reparatur gesamt**	**Reparatur nur im Bw**
April	2.639	1.615	1.024	390
Mai	2.675	1.506	1.169	470
Juni	3.282	1.556	1.726	469
Juli	3.429	1.607	1.822	625
August	3.499	1.708	1.791	487
September	3.612	1.859	1.753	361
Oktober	3.676	2.007	1.669	384
November	3.757	2.077	1.680	417
Dezember	3.860	2.230	1.630	346
1924				
Januar	3.860	2.320	1.540	379
Februar	3.872	2.436	1.426	302
März	3.893	2.609	1.284	276
April	4.103	2.776	1.327	210
Mai	4.115	2.867	1.248	233
Juni	4.125	2.877	1.248	233
Juli	4.125	2.932	1.193	200
August	4.299	3.116	1.183	211

Schaut man sich die Zahlen an, spiegelt das Verhältnis der Gesamtzahl der Loks zu der der schadhaften Maschinen deutlich die Schwierigkeiten wider, mit denen die Regiebahn zu kämpfen hatte (wie Sabotage, Attentate und fehlende Fachleute). Im April waren fast 39 % aller vorhandenen Loks schadhaft, im Juni 52,6 % und im Juli sogar 53,1 %, obwohl die Gesamtzahl der verfügbaren Lokomotiven stetig stieg. Das bedeutet, dass in den ersten vier Monaten die Zahl der betriebsbereiten Maschinen trotz allem nahezu konstant blieb. Erste Erfolge sieht man zu Ende des passiven Widerstands im November, als der Schadbestand auf 44,7 % gesunken war. Jedoch erst im August 1924 näherte er sich mit 27,5 % normalen Verhältnissen. Dass sich der Zustand der Loks besserte, zeigt auch der Rückgang der Reparaturen in den Bahnbetriebswerken. Als Kuriosität am Rande sei erwähnt, dass die Franzosen gewisse Probleme mit dem Inventar hatten, weil es im preußischen Nummernschema vorkommen konnte, dass zwei Loks gleichen Typs die gleiche Nummer besaßen. Der Unterschied bestand in der Direktionszugehörigkeit, was zur Verwirrung führte.

Der Bestand der 4.299 Loks, welche die Regiebahn im August 1924 besaß, teilte sich nach Gattungen folgendermaßen auf:

207	Schnellzugloks	**522**	Personenzugloks
2.388	Güterzugloks	**1.182**	Tenderloks.

Davon standen 94 Maschinen zum Verkauf oder waren zum Verschrotten vorgesehen. Die **Verteilung auf die Direktionen**:

Direktion	**Loks**	**Bw**	**Direktion**	**Loks**	**Bw**
Aachen	637	15	Ludwigshafen	485	6
Düren	651	18	Mainz	565	18
Essen	1.365	28	Trier	502	18
Summe aller Direktionen				4.205	103

Diese Zahlen zeigen das Übergewicht des Industriegebietes an der Ruhr im Netz der Regiebahnen, das sich in der Anzahl Triebfahrzeuge und Betriebswerke dieser Direktion ausdrückt.

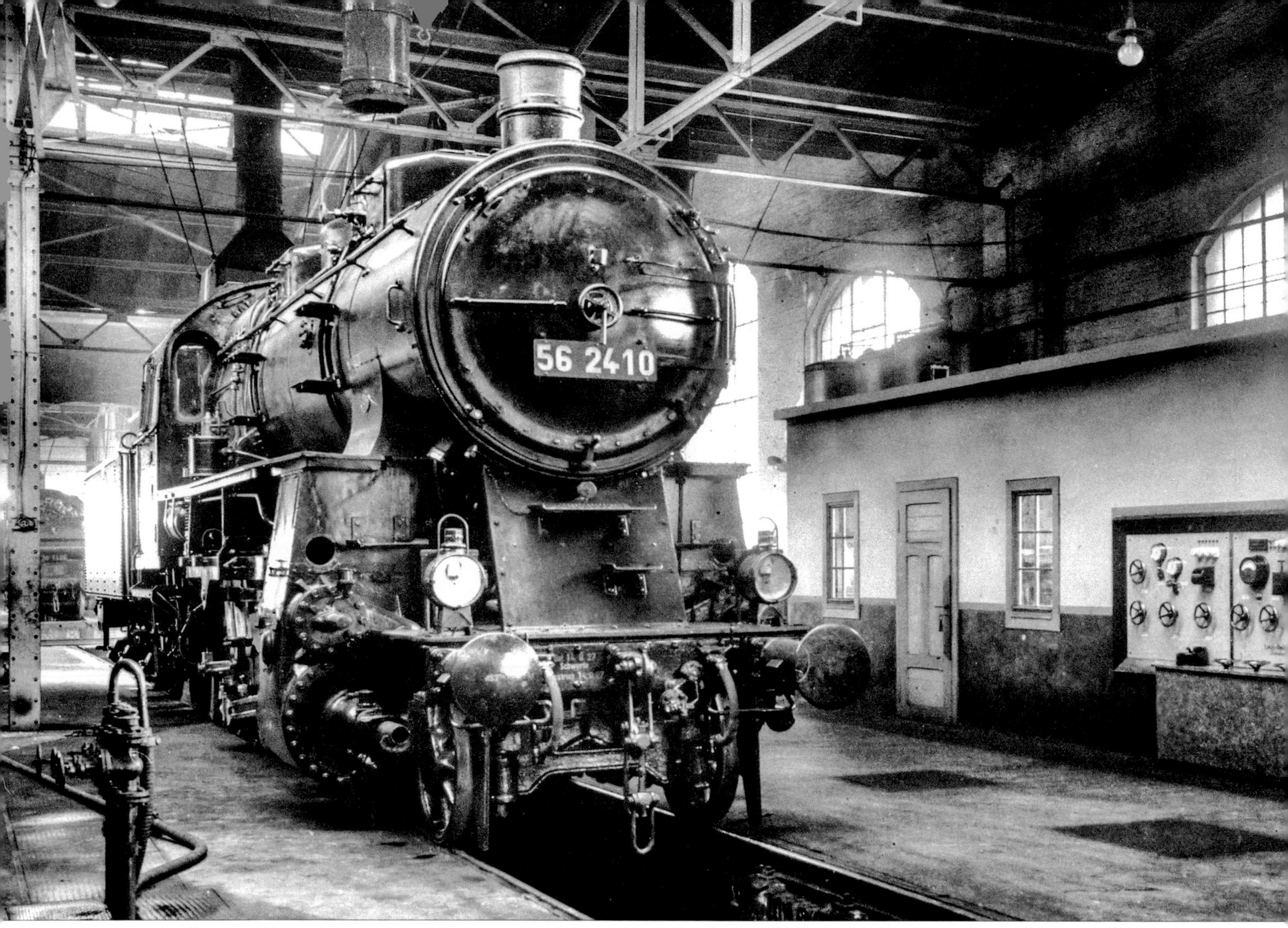

Bild 321 – 56 2410 steht am 14. September 1927 im Raw Schwerte bereit, um wieder in den Betriebsdienst zurückzukehren. Obwohl am Rande des Besatzungsgebietes gelegen, blieb dieses Ausbesserungswerk, wie es scheint, in den Jahren 1923/24 von Beschlagnahmungen verschont. AUFNAHME: SAMMLUNG JOHANNES GLÖCKNER, BILDARCHIV D. EISENBAHNSTIFTUNG

5.4.3 Fahrzeugunterhaltung

Mit dem passiven Widerstand verließ auch das Personal der Werkstätten seinen Arbeitsplatz, sodass alle Ausbesserungsarbeiten von einem Augenblick auf den anderen liegen blieben. Wegen fehlender Fachleute ließ die Regie deshalb bis zum September 1923 bei einer gewissen Anzahl von Lokomotiven anstehende Ausbesserungen in Frankreich und Belgien durchführen. Die Rückkehr deutscher Eisenbahner erlaubte es, im September das Ausbesserungswerk Mülheim-Speldorf mit 300 Facharbeitern wieder in Betrieb zu nehmen. Im Oktober folgten mit Unterstützung der französischen Bahnen PO, PLM, MIDI und AL die Werkstätten von Ludwigshafen, Kaiserslautern, Mainz Süd und ein wenig später Frankfurt-Nied. Drei **Werkstätten** vermietete die Regie dagegen **an Privatunternehmen**:

- **Darmstadt**: an die Compagnie Industrielle de Matériel et Transports (CIMT), die auch die Werkstätten von Saintes der Französischen Staatsbahn (État) betrieb. Ein Teil der Anlagen wurde von einer weiteren Firma benutzt.
- **Euren** an die Société des Ateliers de la Rhonelle, die von der französische Nordbahn für die Werkstätten von Marly-les-Valenciennes unter Vertrag genommen worden war. Auch hier mietete sich eine zweite Firma ein.
- **Jülich** an Société des Ateliers de Godarville (SAG), die für die belgische Bahn Chemin de Fer a Godarville die Reparaturarbeiten ausführte.

Die Verträge waren bereits im Juni 1923 fertig. Da jedoch die Zustimmung der belgischen und französischen Behörden erforderlich war, konnten sie erst im September unterzeichnet werden. In der Zwischenzeit standen diese Werkstätten unter militärischer Bewachung, um Plünderungen zu vermeiden. Die Werkstätten an den Grenzen des besetzten Gebietes – Witten, Limburg, Frankfurt-Nied und Darmstadt – wurden erst spät unter französische Kontrolle gebracht, als mehr Kapazität benötigt wurde und es sicher war, dass es dort fast fertig reparierte Maschinen gab. Das Ausbesserungswerk in Offenburg wurde dagegen nicht in Betrieb genommen, weil es zu weit weg vom Rest des Netzes der Regiebahn lag.

Für die **Fahrzeugunterhaltung** standen demnach im Jahr 1924 folgende Ausbesserungswerke zur Verfügung:

Direktion	Ausbesserungswerk	zuständig für
Mainz	Mainz-Süd	Lokomotiven
	Frankfurt-Nied	Lokomotiven
	Darmstadt	Lokomotiven
Ludwigshafen	Ludwigshafen	Loks, P- und G-Wagen
	Einsiedlerhof (Kaiserslautern)	Loks, P- und G-Wagen
Trier	Euren	Lokomotiven
	Konz	P- und G-Wagen
Aachen	Jülich	Loks, P- und G-Wagen
	Krefeld-Oppum	Loks, P- und G-Wagen
Essen	Mülheim-Speldorf	Lokomotiven
	Oberhausen	P- und G-Wagen
	Witten	Loks, P- und G-Wagen
	Duisburg-Wedau	Güterwagen
	Recklinghausen	Güterwagen

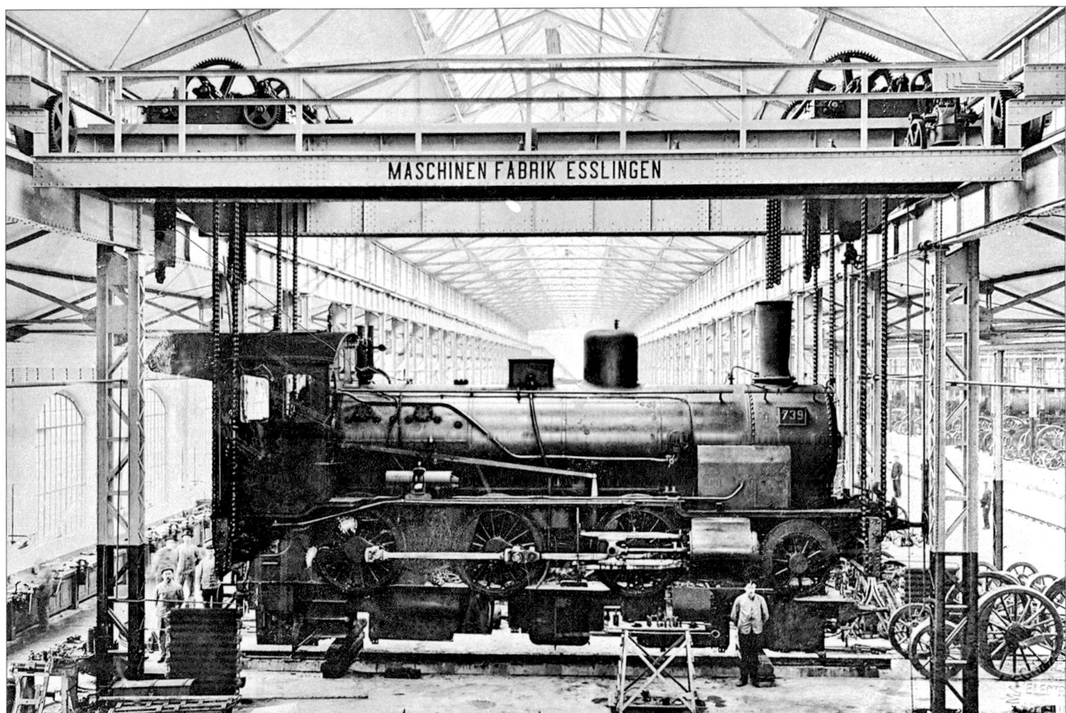

Bild 322
In der Werkhalle 2 der Eisenbahn-Hauptwerkstätte Opladen hängt die 1901 bei Humboldt gebaute „Elberfeld" Nr. 739, eine pr. G 5[1] (Baureihe 54⁰) am Laufkran, aufgenommen um 1910. Das spätere Raw Opladen befand in der englischen Zone und lag damit außerhalb der Reichweite der Regie.

AUFNAHME: RVM/RBD KÖLN, BILDARCHIV DER EISENBAHNSTIFTUNG

Bild 323
Verschiedene Bahnbetriebswerke waren mit Werkstatteinrichtungen ausgerüstet, die Routine-Inspektionen und leichtere Reparaturen an den Lokomotiven erlaubten. Am 23. April 1932 hängt die Lok 38 3248 im Bw Düsseldorf-Abstellbahnhof – ihrer Räder beraubt – am Kran.

AUFNAHME: CARL BELLINGRODT, BILDARCHIV D. EISENBAHNSTIFTUNG

Daneben wurden in größeren Bahnbetriebswerken noch Inspektionen durchgeführt.

Insgesamt war die Kapazität an Ausbesserungswerken zu groß, sodass die Regie die an den Grenzen des besetzten Gebietes gelegenen Werkstätten Limburg, Frankfurt-Nied und Darmstadt ebenso wie Offenburg nach Ende des passiven Widerstands an die Reichsbahn zurückgab. Einige der Werkstätten wurden von der Leitung der Regie als hochmodern eingestuft. *„Es ist interessant festzustellen, dass eine gute Anzahl der Werkstätten (Mülheim-Speldorf, Krefeld-Oppum, Jülich, Euren, Frankfurt-Nied, Darmstadt, Kaiserslautern und Witten) sehr schnell in Produktions- und Veredelungsstätten für Granaten, Raketen, Geschütze, Flugzeuge usw. verwandelt werden kann"*, meint H. Bréaud, der Präsident der Regiebahn, in seinem Rechenschaftsbericht.[280)]

Die Ausbesserungswerke Mülheim-Speldorf, Krefeld-Oppum, Mainz Süd, Ludwigshafen und Kaiserslautern standen unter der Leitung von Fachleuten, die von den großen französischen und belgischen Bahnen kamen. In Witten und Frankfurt-Nied blieben Deutsche als Führungskräfte, selbst wenn ihnen Franzosen beigestellt waren. Stärker als es bei der Reichsbahn der Fall gewesen war, konzentrierte die Regie die Reparatur der verschiedenen Lokomotivbaureihen in bestimmten Werkstätten, damit sich das französische und belgische Personal schneller einarbeiten konnte und weniger Ersatzteile vorgehalten werden mussten. Für die Aufarbeitung von Einzelgängern und Serien geringen Stückzahlen dienten Mainz-Süd und Ludwigshafen.

Ab Dezember 1923 setzte ein besonders kalter Winter ein, was zu vielen Problemen mit den Kesseln der Dampfloks führte. Als Ursachen stellten sich deren mangelhafte Wartung während der langen Abstellzeit heraus, eine unregelmäßige Kesselwäsche aus Personalmangel, sowie Personal das aus Mangel an Erfahrung unsachgemäß mit den Loks umging. In den Bekohlungsanlagen der

Bild 324 – Das Bw Aachen West beherbergte vorrangig Güterzuglokomotiven. Das spiegelt sich auch in der Stationierungsliste vom 31. Oktober 1925 wider – also ein Jahr nach Ende des Regiebetriebs: BR 53^{0} (pr. G 4^{2} – 3 Stück), 53^{70} (pr. G 3 – 2 Stück), 55^{0-6} (pr. G 7^{1} – 12 Stück), 55^{7-14} (pr. G 7^{2} – 3 Stück), 55^{26-57} (pr. G 8^{1} – 14 Stück), 57^{10-35} (pr. G 10 – 14 Stück) und 58^{10-21} (pr. G 12 – 7 Stück). Dazu kamen noch vier Tenderlokbaureihen mit insgesamt 22 Loks. Das Foto zeigt das Bw im Jahr 1930. AUFN.: KREUTZER, BILDARCHIV D. EISENBAHNSTIFTUNG

Bahnbetriebswerke gab es zudem wenigstens in der Anfangszeit Kohle unterschiedlicher und zum Teil sehr schlechter Qualität, was die Loks ebenfalls in Mitleidenschaft zog. Selbst jetzt kam noch Sabotage vor. Weiterhin fehlten gute Kesselschmiede für

Bild 325 – Bei der Übergabe des Betriebs von der Regie auf die Reichsbahn am 15. November 1924 musste eine Bestandsaufnahme des vorhandenen rollenden Materials gemacht werden. Hier notieren französische Soldaten die Nummer eines gedeckten Güterwagens. AUFNAHME: SAMMLUNG KLAUS KEMP

sachgerechte Reparaturen. Deshalb wurde statt des bisherigen Nietens das Autogenschweißen von Kupferkesseln eingeführt, aber nur die Werkstätten Frankfurt-Nied, Euren und Jülich besaßen zertifizierte Schweißer für diese Arbeiten. Der Austausch von defekten Bauteilen wurde mehr und mehr zu den Bahnbetriebswerken delegiert, um lange Standzeiten zu verhindern.

Nach dem Ende des passiven Widerstands spannte die Regie auch private deutsche **Firmen in die Lokunterhaltung** mit ein. Nach einer ersten Ausschreibung erhielten vier Betriebe Aufträge:

- Krupp, Essen,
- Rheinmetall, Düsseldorf,
- Hohenzollern, Düsseldorf,
- Hartung, Kuhn & Co., Düsseldorf.

Die ersten drei Firmen erhielten den Zuschlag für die Ausbesserung von 30 bis 50 Loks, Hartung, Kuhn & Co. jedoch nur 10, weil die Kapazität dieser Firma begrenzt war. Bei ihr ist bekannt, dass sie u. a. Loks der preußischen Baureihen G 3 und G 7 zugewiesen bekam. Die Verträge wurden im Dezember 1923 unterzeichnet. Wegen starker Lohnsteigerungen in den folgenden Monaten, die nicht in den Angeboten einkalkuliert waren, gerieten die Firmen mit diesen Aufträgen in finanzielle Schwierigkeiten. Bis zum 31. August 1924 stellten sie folgende **Lokanzahl** fertig:

- Hartung, Kuhn & Co, 11,
- Krupp 10,
- Rheinmetall 18,
- Hohenzollern 9.

Im Juni 1924 passte die Regie die Berechnungsgrundlage der Arbeiten an, aber Krupp wie Rheinmetall verzichteten auf weitere Aufträge, während die beiden anderen bereit waren, weitere Ausbesserungen vorzunehmen. Im Bericht des Direktors der Regie wird als Grund für die hohen Kosten angegeben, dass die deutschen Firmen im Vergleich zu den französischen sehr viel mehr Teile einer Lok demontierten und auf Fehler untersuchten als die französischen.

Neben den neun Ausbesserungswerken für Personen- und Güterwagen nahm die Regiebahn noch elf Privatfirmen unter Vertrag. Bei den notwendigen Ausbesserungsarbeiten konzentrierte sie sich vor allem auf die Personenwagen 1. und 2. Klasse sowie auf die offenen Wagen für den Kohletransport. Am Ende des passiven Widerstands waren etwa 80.000 Güterwagen abgestellt, weil sie nicht die routinemäßige Revision, die nach drei Jahren Betriebszeit fällig war, erhalten hatten. In normalen Zeiten reichten etwa 4.200 Revisionen pro Monat, aber unter diesen Umständen musste man das Personal aufstocken, um 9.000 Güterwagen monatlich inspizieren und die Routinewartungsarbeiten an ihnen durchführen zu können.

Bereits Ende Juli 1923 vergab die Regie Aufträge an die französische und belgische Industrie, die Arbeiter aus Frankreich, Belgien, Luxemburg und Deutschland anwarb. Zuerst übernahmen sie das Ausbesserungswerk in Konz und danach das in Ludwigshafen sowie Einrichtungen in den großen Güterbahnhöfen von Bingerbrück, Bischofsheim, Würselen und Hohenbudberg. Kleine Werke wie das für Personenwagen in Mainz-Mombach, in Krefeld Hbf und in Düsseldorf-Derendorf betrieb die Regie mit eigenem Personal. Im September 1923 nahm das Wagenwerk in Wedau seine Arbeit mit deutschen Eisenbahnern wieder auf. Im Oktober folgte Jülich, das für Personen- und Güterwagen eingerichtet war. Für dieses Ausbesserungswerk nahm die Regie die erwähnte belgische Firma unter Vertrag. Ab November, mit der generellen Rückkehr der deutschen Eisenbahner, standen nach und nach alle Werke wieder für Ausbesserungsarbeiten zur Verfügung. Dabei stellte die Regie sicher, dass es überall eine französische und belgische Betriebsleitung und Kontrolle gab.

Über einige der Ausbesserungswerke liegen nähere Angaben vor. Der Schwerpunkt von Konz lag auf der Reparatur von Güterwagen sowie von Drehgestellen. Die Regie vergab bereits im April 1923 einen Vertrag zur Wartung von Güterwagen an die Fa. Scholter et Coutier aus Thionville (Diedenhofen) in diesem Ausbesserungswerk. Er wurde im Juli auf Personenwagen und Drehgestelle erweitert. Im August wurden die Lackierarbeiten aufgenommen. Ab Oktober stellte dort die französische PLM die Führungskräfte, sodass mit ihrer Hilfe ab November die Regie selbst die Leitung der Werkstätten übernehmen konnte. Für Ludwigshafen erhielt die Fa. Hektor und Hornlehnert aus Speyer einen Vertrag für die Wartung von Drehgestellen und Lackierarbeiten, Wagen für den Brikett- und Zuckerrübentransport sowie Rungenwagen. Bei letzteren wurden die Rungen entfernt und die Seitenwände erhöht, was half dem Mangel an Hochbordwagen zu begegnen. Die meisten Beschäftigten dieser Firma kamen nicht aus der Pfalz und wurden in deutschen Quellen als Separatisten bezeichnet. Die Ludwigshafener Werkstätten betrieb die Regie ab Februar 1924 mit Hilfe von Führungspersonal der Bahn Paris-Orléans. Das RAW Kaiserslautern befand sich in der Erweiterung, als der passive Widerstand ausbrach. Im Oktober 1923 begannen die Arbeiten an Güter- und Personenwagen unter der Aufsicht von Personal der Bahn Paris-Orléans, später verstärkt durch ehemalige Mitarbeiter der PLM.

Das RAW Krefeld-Oppum nahm seine Aktivitäten am 17. Oktober 1923 mit zurückkehrenden deutschen Eisenbahnern unter der Leitung von Fachleuten der belgischen Staatsbahn wieder auf. In Düsseldorf-Derendorf, dem Bahnhof des Großmarkts, richtete die Regie eine Wagenwerkstatt ein, für die sie einige Baracken baute. Die notwendigen Ersatzteile wurden aus Werkstätten in Dortmund herangeschafft. Diesen Standort hatte die Regie gewählt, weil in Düsseldorf eine Anzahl Schnellzüge endete und dafür eine Möglichkeit zur schnellen Ausbesserung in der Nähe sein sollte. Die Werkstätten von Witten und Recklinghausen besaßen keinen direkten Anschluss an das Netz der Regiebahn und befanden sich nach wie vor in der Hand der Reichsbahn, die mangels sonstiger Arbeit die Werkzeugmaschinen und Anlagen überholen ließ. Nach Ende des passiven Widerstands übernahm die Regie auch dieses Werk, entließ als erstes die Hälfte des Personals und übergab die Leitung des Werks französischem Personal, das von der dortigen Staatsbahn kam.

Die Rbd Essen verfügte über verschiedene leistungsfähige Werkstätten für die Waggonunterhaltung, vor allem über das AW Oberhausen, das jedoch erst im Juni 1924 wieder in Betrieb genommen wurde. Das war gleichzeitig das Ende für die Werkstatt in Düsseldorf-Derendorf. Der Bau der Werkstatt in Duisburg-Wedau war 1914 begonnen worden und war 1923 noch nicht völlig fertiggestellt. Auch dieses Ausbesserungswerk lag zwar innerhalb der Besatzungszone, wurde jedoch von der Regie in der Anfangszeit nicht beschlagnahmt, sodass die Reichsbahn weiterhin einige Arbeiten ausführen konnte. Erst im Oktober 1923 übernahm die Regie auch dieses Werk, wobei ein Teil der deutschen Führung blieb, der durch Franzosen ergänzt wurde. Die Situation in Witten war ähnlich wie in Duisburg-Wedau. Hier waren es die Arbeiter selbst, die sich sofort nach Ende des passiven Widerstands anboten, Wagenreparaturen für die Regiebahn zu übernehmen. Wegen seiner Lage am Rand des besetzten Gebietes hatte die Regie große Mühe französisches Führungspersonal für Witten zu finden, wie es ihrer Personalpolitik entsprach.

Die Regiebahn wollte von Anfang an Schnellzüge mit eigenen Wagen fahren, fand jedoch in ihrem Bestand keine Fahrzeuge, deren Zustand ihren Vorstellungen entsprach. Kleinere Reparaturen konnte sie zwar selbst ausführen, für die Außenlackierung und die Innenausstattung fehlten jedoch die Fachleute. Deshalb vergab sie gleich Aufträge an eine französische und eine belgische Firma. Die Fa. De Dietrich in Reichshoffen (Elsass) übernahm die Aufarbeitung von 62 Wagen, davon 46 Durchgangs- und 10 Personenzuggepäckwagen, alles Drehgestellwagen. Die Fa. Seneffe aus Belgien erhielt einen Vertrag über die Reparatur von 98 Personenwagen, 78 davon mit Drehgestellen.

Nach Beendigung des passiven Widerstands suchten viele deutsche Betriebe um **Aufträge für die Fahrzeugunterhaltung** nach, zum Teil auch aus anderen Branchen, da sich die Industrie in einer Krise befand. Die Regie vergab diese Aufträge mit ähnlichen Bedingungen wie für die Lokreparatur. Im Einzelnen waren es die Firmen:

Firma	**Auftrag erhalten**
Cockel-Werke, Neuwied	November 1923
Rheinmetall, Düsseldorf	Dezember 1923
Gebr. Schöndorf, Düsseldorf	Dezember 1923
Hartung, Kuhn & Co., Düsseldorf	Dezember 1923
Fenestra, Düsseldorf	Dezember 1923
Dortmunder Union, Dortmund	Dezember 1923
Orenstein & Koppel, Dorstfeld und Bochum	Dezember 1923
Gebr. Gastell, Mainz-Mombach	Dezember 1923
Niederrheinische, Duisburg	Februar 1924
Harkort, Duisburg	März 1924
Internationale Baumaschinenfabrik, Neustadt	März 1924

Auch hier beanstandeten die Kontrolleure der Regiebahn das, was sie exzessives Demontieren der Wagen nannten und nicht für gerechtfertigt hielten, was jedoch in deutschen Augen auf jeden Fall zur vorbeugenden Instandhaltung gehörte und naturgemäß die Kosten erhöhte.

Da anscheinend dadurch die Aufträge für an ausländische Firmen verpachtete Ausbesserungswerke zurückgingen, wurden am 18. Februar in Jülich 280 Arbeiter entlassen. Am nächsten Tag sollten weitere folgen. Daraufhin trat die gesamte Belegschaft in den Ausstand. Die Verwaltung ließ sich auf keine Verhandlungen ein, sondern schloss das Werk und entließ alle streikenden Arbeiter. Später suchte sie in der Lokalpresse nach Ersatz für die Ausgesperrten.

Bild 326 – Heute ist der Gleisunterhalt hoch mechanisiert. Damals war dies eine Knochenarbeit, für die viele Arbeiter benötigt wurden. Hier werden 1937 Gleise bei Mainz-Gustavsburg ausgebessert. AUFN.: ADAM RAISCH, BILDARCHIV D. EISENBAHNSTIFTUNG

5.5 Strecken- und Gebäudeunterhalt

Die Besatzer fanden auf den preußischen Strecken hauptsächlich Stahlschwellen vor, während in der Pfalz nur hölzerne verlegt waren. Die Wartung von auf eisernen Schwellen verlegten Schienen erforderte eine besondere Kontrolle der Verschraubungen, weil sie sich leichter lockerten als bei hölzernen Schwellen. Durch die Umstände war die Wartung eine Zeit lang vernachlässigt worden. Ab April 1923 betrieb die Regiebahn 1.825 km zweigleisige und 350 km eingleisige Strecken. Für deren Unterhaltung standen 1.254 Eisenbahner aus Frankreich und Belgien zur Verfügung. Das war *„sehr wenig Personal, dessen Aufgabe in einem fremden und oft feindseligen Land noch schwieriger war angesichts von Anlagen, die ihnen völlig fremd waren. Schließlich brachten die zahlreichen Anschläge die Notwendigkeit mit sich, eine viel aktivere Überwachung durchzuführen. Unter diesen Bedingungen musste die Geschwindigkeit der Züge begrenzt werden, und es wurden spezielle Vorkehrungen getroffen, um die Verkehrssicherheit zu garantieren.“* [281)]

Da diese Streckenarbeiter nicht ausreichten, wurde die Streckenunterhaltung ab dem 1. Juli 1923 an die private Firma Societé Moderne d'Enterprises vergeben. Sie brachte als erstes rund 100 Arbeiter nach Mainz und stellte zwei Bauzüge zusammen. Diese umfassten jeweils Wagen mit Schlafgelegenheiten, Werkzeugwagen, ein Büro und eine Küche. Diese Züge setzte man zur Aufarbeitung der Strecken Mainz – Worms und Worms – Ludwigshafen ein. An vielen Strecken war der gesamte Oberbau mit Schotter, Schwellen und Schienen zu erneuern. Dabei wurden die 12-m-Schienen gegen solche von 15 m Länge ausgetauscht sowie die Holz- gegen Stahlschwellen. Bis zum Oktober gab es insgesamt zehn solcher Bauzüge, die vor allem in Rheinhessen, in der Pfalz und auf der linken Rheinstrecke eingesetzt wurden. Da viele der Arbeiter nicht aus dem Bahnbau kamen, dauerte es zwei bis drei Monate, ehe sie soweit angelernt waren, dass sie die erwarteten Leistungen erbrachten. Immerhin konnten zwischen Juli 1923 und Januar 1924 207,7 km Gleislänge erneuert werden. Am 1. März 1924 standen schließlich 17.423 Arbeiter für die Unterhaltung eines Netzes von 5.251 km zur Verfügung.

Mit der Rückkehr der deutschen Eisenbahner ab dem Jahresende 1923 wurden in der „belgischen" Bahndirektion Aachen wieder die alten Bahnmeistereien eingerichtet, die in der Regel für 5 bis 15 km Streckenlänge zuständig waren. In den anderen Direktionen dagegen kam die „Methode der methodischen Generalrevision" zur Anwendung, bei der für die **Bautrupps** ein **Arbeitsplan** für das gesamte Jahr festgelegt wurde. Sie umfassten längere Streckenabschnitte mit den folgenden Arbeiten:

- eine generelle Revision der Bahnstrecken,
- Reinigung des Fahrweges, des Bahndamms, der Gräben, der Erdarbeiten generell,
- Wartung der Schotterbettung, der Hecken, Zäune, Kunstbauten, Bahnhöfe, Schranken,
- Revision der Signale und ihrer Bedienungselemente,
- Periodisches Anziehen der Schienenschrauben,
- Kleinere Reparaturen am Fahrweg und den Geräten.

„Das deutsche Personal passte sich nicht leicht an die neue Methode an, weil diese Form der Arbeit völlig neu war. Es bedurfte der ganzen Geduld und Hartnäckigkeit des französischen und belgischen Aufsichtspersonals, um sie daran zu gewöhnen.“ [282)]

Von den insgesamt 8.477 km Bahnstrecke, welche die Regiebahn 1924 betrieb, war nach dieser Methode eine Inspektion von 3.471 km oder rund 40 % des Netzes geplant. Tatsächlich wurden nur 2.749 km oder knapp 80 % der Planung geschafft, weil das Netz bereits am 15. November auf die Reichsbahn überging.

Für die Schäden die durch Bombenanschläge an den Bahnanlagen entstanden, wollte die Regie nicht aufkommen. Deshalb erließ die Interalliierte Rheinlandkommission am. 14. April 1923 die Verordnung N° 162, welche die Wiederherstellung von Gebäuden der Bürgermeisterei übertrug, in deren Gemarkung sich ein Anschlag ereignet hatte. Deshalb musste z. B. die Stadt Wiesbaden nach dem Anschlag im Hauptbahnhof vom 26. Juni 1923, bei dem drei deutsche Reisende verletzt wurden, 150.000 Franc für die Reparatur der entstandenen Schäden zahlen.

Das systematische Unbrauchbarmachen von Signalen und Sicherungsanlagen zu Beginn des passiven Widerstands erschwerte den Franzosen die Inbetriebnahme der Bahnstrecken in den besetzten Gebieten in eigener Regie. Zwar konnten sie Fachleute von den Bahnen in Elsass-Lothringen und Belgien heranholen, wo es ähnliche Systeme wie in Deutschland gab, um diese wieder in Betrieb zu nehmen, aber das Personal reichte bei weitem nicht aus, alle Strecken von Anfang an gleichzeitig zu nutzen. Deshalb beschränkte man sich auf die wichtigsten. Die mechanischen Stellwerke und Streckenposten konnten relativ schnell wieder in Ordnung gebracht werden, sodass bereits im Mai am Niederrhein und in der Pfalz das Sicherungssystem wieder vollständig funktionierte. Bei den elektrischen Stellwerken dauerte es länger, bis dort die Schaltpläne rekonstruiert waren. Bis August 1923 waren auch dort die gröbsten Schäden beseitigt.

Bild 327 – 17 005, die ehemalige preußische S 10 „Mainz" 1005, wird im Jahr 1929 mit ihrem Schnellzug in Kürze den Hauptbahnhof Essen erreichen. Bis zum Erscheinen der Einheitslokomotiven wurden die meisten hochwertigen Reisezüge im Rheinland mit Maschinen der Baureihe 17 bespannt. AUFNAHME: CARL BELLINGRODT, SAMMLUNG KLAUS KEMP

5.6 Vom Staatsunternehmen zum Privatbetrieb

5.6.1 Der Umbau der Gesellschaft

Den Beteiligten war bereits zu Beginn der Einrichtung der Regiebahn klar, dass der Regiebetrieb kein Dauerzustand sein konnte. Deshalb suchten die Verwaltung der Regiebahn und die Besatzungsbehörden eine Lösung, um dem rheinischen Bahnnetz einen endgültigen Status zu geben. Aus ihrer Sicht schien unbestritten, dass die Ausnutzung der Eisenbahnen ein solides Faustpfand und zur selben Zeit eine wirksame Garantie für die militärische Sicherheit Frankreichs bildete. Sie empfahlen deshalb, der Bahnverwaltung einen internationalen Charakter zu geben. Nachdem die Einrichtung der Regiebahn eine aus der Not geborene Übergangslösung war, wurde es auch von einem technischen Standpunkt aus notwendig, dem Personal einen normalen Status zu geben und dem Betrieb eine beständige Organisation zu verschaffen.

Deshalb schlug der Direktor der Regiebahn bereits am 7. April 1923 in Übereinstimmung mit der Hohen Kommission die Schaffung einer Verwaltungs-Gesellschaft vor, die sowohl einen rheinischen wie einen internationalen Charakter haben sollte. Diese Überlegungen standen im Übrigen im Einklang mit den von den Franzosen unterstützten separatistischen Bewegungen. Es war die Bildung einer Aktiengesellschaft mit einem Kapital von 100 Mio. Franc vorhergesehen, wovon 15 % rheinischen Subskribenten zugeteilt werden sollten und 85 % französischen, belgischen, englischen und italienischen Zeichnern vorbehalten blieben, proportional zu ihrem Anrecht auf Reparationen. Dieses Projekt begegnete im rheinischen Umfeld einer gewissen positiven Aufnahme. Das Haus Krupp und die Bank Huschland aus Essen boten an, an der Leitung der fraglichen Gesellschaft teilzunehmen. Der General-Konsul der Niederlande in Frankfurt (M.) machte sogar bekannt, dass die niederländische Regierung vorhatte, sich gegebenenfalls an einer solchen internationalen Ausnutzungsgesellschaft zu beteiligen.

Diese Überlegungen wurden von der Dawes-Kommission (vgl. Abschnitt 4.8.6) in gewisser Weise aufgegriffen und dienten ihr als die Basis für ihren Vorschlag einer zukünftigen internationalen Gesellschaft der Eisenbahnen des Reiches. Als der Dawes-Plan von den alliierten Regierungen angenommen worden war, legten die Besatzungsbehörden ein revidiertes Projekt vor, das die französisch-belgischen Regie eingebettet in die neue internationalisierte Deutsche Reichsbahn vorsah. Sie waren bestrebt, trotz der Wiederherstellung der politischen und wirtschaftlichen Einheit des Reiches den besetzten Gebieten eine Sonderstellung zu geben. Das Rheinland sollte demnach eine autonome Eisenbahndirektion bilden, die in der Generaldirektion der Reichsbahn inkorporiert wäre. Ein solches Projekt entsprach genau der neuen Organisationsstruktur der Reichsbahn, die eine bestimmte Anzahl regionaler Direktionen mit einer relativen Autonomie und an der Spitze eine Generaldirektion vorsah, die einem internationalen Vorstand untergeordnet war. Absicht der Besatzungsbehörden war es, die Beschäftigten der französisch-belgischen Regie in die neue Organisation zu inkorporieren. Da viele von ihnen in Schlüsselpositionen saßen, hätte das den französischen Einfluss auf die rheinischen Bahnen noch längere Zeit sichergestellt.

Im Herbst 1923 gab es in Berlin wieder einen Anlauf zur Ausarbeitung eines neuen Eisenbahngesetzes mit dem Ziel, der Gesellschaft diesmal eine größere finanzielle Unabhängigkeit zu geben, um sie wirtschaftlicher zu machen. Diese Entwürfe wurden Makulatur, als am 15. November 1923, dem Tag der Einführung der Rentenmark, der Reichsfinanzminister die Reichseisenbahnen aus dem allgemeinen Haushalt löste. Dadurch erhielten sie keinerlei Zuschüsse zum Ausgleich ihres Defizits mehr, der ausge-

Bild 328 – Eine andere weit verbreitete Baureihe für Schnellzüge und schwere Personenzüge in der Zeit der Regiebahn war die Baureihe 39 (preußische P 10). Hier verlässt 39 142 mit dem D 187 im Jahr 1928 Wuppertal-Elberfeld. Die letzten Lokomotiven dieser Baureihe schieden bei der Deutschen Bundesbahn erst 1967 aus dem Dienst.
AUFNAHME: CARL BELLINGRODT, SAMMLUNG KLAUS KEMP

rechnet in diesem Jahr besonders hoch war. Damit waren sie andererseits de facto der Kontrolle durch das Parlament entzogen. Allerdings verschloss man ihnen damit auch über ein Jahr lang die Möglichkeit, Kredite aufzunehmen.

Die Reichsregierung handelte schnell und verschaffte der Bahn eine neue gesetzliche Grundlage, die bereits ein wenig in die Richtung ging, wie sie der Dawes-Plan vorzeichnete. Am 12. Februar 1924 erließ sie die Verordnung über die Schaffung eines Staatsunternehmens „Deutsche Reichsbahn", welches die im Eigentum des Deutschen Reiches stehenden Eisenbahnen betreiben und verwalten sollte. Dadurch blieb das Deutsche Reich Eigentümer des festen und beweglichen Vermögens der Reichseisenbahnen. Diese war zwar von Steuern befreit, erhielt jedoch ausdrücklich keine Verlustausgleiche oder sonstigen Zuschüsse aus dem Reichshaushalt mehr. Nach wie vor wurde die Leitung der Gesellschaft nicht von der Aufsicht getrennt, und der Reichsverkehrsminister war immer noch Leiter der Reichsbahn. Die Mitwirkung des Parlaments bei der Haushaltsgestaltung wurde zwar ausgeschaltet, war aber indirekt nach wie vor über den Reichsverkehrsminister gegeben. Diese Maßnahme bildete den ersten Schritt zur Umsetzung des Dawes-Plans, der u. a. eine Verpfändung des staatlichen Bahnnetzes vorsah. Die Reichspost erfuhr rund einen Monat später mit dem Gesetz vom 18. März 1924 übrigens eine ähnliche Umgestaltung.

Den Reparationsgläubigern gingen diese Maßnahmen jedoch nicht weit genug. Im **Dawes-Gutachten** führten sie aus: *„Das Unternehmen bleibt, wenn es auch gesondert ist, immer noch ein Regierungsunternehmen. Nach unserem Dafürhalten ist es unbedingt notwendig, weiterzugehen, und während dem Deutschen Reich das Eigentum an der Reichsbahn verbleibt, die Verwaltung für eine Reihe von Jahren einem kaufmännischen Unternehmen zu übertragen, das deutsch sein wird, dessen Verwaltungsrat aber Vertreter der Aktionäre als auch der alliierten Gläubigermächte umfassen wird."* [283]

Das Gutachten von Dawes und McKenna stellt die Situation der Reichsbahn ausführlich dar. Wenn alle Bahngesellschaften nach dem Kriege unter den Umständen zu leiden hätten, so habe die Reichsbahn zuerst einmal durch einen Personalbestand, der selbst bei Inrechnungstellung der Einführung des Achtstundentages und der Lasten des Versailler Vertrages überproportional sei, übergroße Probleme gehabt. Bemängelt wurde außerdem der *„übertriebene Kapitalaufwand"*, der dazu gedient hatte, durch Bau- und Beschaffungsmaßnahmen zur Bekämpfung der Arbeitslosigkeit beizutragen. Durch die seit der Herauslösung aus dem Reichshaushalt eingetretenen Änderungen hatten die Baumaßnahmen stark nachgelassen, das Personal wurde reduziert, während die Tarife kräftig angehoben wurden – Maßnahmen, die das Gutachten anerkannte, aber nicht für ausreichend befand, sogar wenn die Reichsbahn nun schwarze Zahlen schrieb. Selbst wenn sich die Gesellschaft nun in die richtige Richtung entwickelte, glaubten die Gutachter nicht, dass eine durchgreifende Besserung einträte, *„solange die Eisenbahnen unter der Kontrolle der Regierung bleiben. Der leitende Gedanke der Verwaltung durch die Regierung in der vergangenen Zeit war darauf gerichtet, die Eisenbahnen in erster Linie im Interesse der deutschen Wirtschaft zu betreiben und erst in zweiter Linie die Interessen des investierten Kapitals wahrzunehmen. Nach Ansicht der Sachverständigen ist ein völliger Bruch mit alten Ueberlieferungen dringendes Erfordernis."* [284]

Der bisherige Staatsbetrieb sollte also von einer dem Wohle der Allgemeinheit dienenden Institution in eine privatwirtschaftliche und am Markt orientierte Gesellschaft angelsächsischer Prägung verwandelt werden. Es war ein Managementkonzept, das den bisherigen Führungskräften der Reichsbahn völlig fremd war. Es bedeutete, dass man von nun an grundlegende Änderungen in dem, was man tat und wie man es tat, würde vornehmen müssen. Eine Führungs-Philosophie, die darauf aus war effizient zu sein, um Tarife zum Wohle aller senken zu können, sollte durch eine der Profitmaximierung ersetzt werden. Unter dem Druck der Umstände mussten die Führungskräfte diese Änderungen akzeptieren, hielten aber wohl insgeheim die Vorschläge der Experten der Dawes-Kommission für die Ideen von Krämerseelen.

Trotzdem ist die Gesamtbewertung der Reichsbahn im Gutachten sehr positiv, wie das folgende Zitat zeigt:[285)]

„Das augenblicklich im Besitz des deutschen Eisenbahnsystems befindliche rollende Material ist sowohl an Quantität wie an Qualität dem vor dem Kriege verwendeten weit überlegen. Im Allgemeinen kann man sagen, daß die Ausstattung der Reichseisenbahn modern ist und völlig auf der Höhe der letzten eisenbahntechnischen Vervollkommnungen steht."

Das wird vor allem beim rollenden Material mit Zahlen belegt. In den folgenden Vergleichen werden neben Wagen nur Dampflokomotiven aufgeführt, aber keine sonstigen **Triebfahrzeuge**: Der erste Vergleich zeigt die **Bestände** vor dem Krieg und Anfang 1924:

	Dampfloks	P-Wagen	G-Wagen
Ende 1913	27.940	62.050	657.150
Januar 1924	29.966	67.800	723.100

In dieser Aufstellung noch nicht berücksichtigt waren bereits **bestellte Fahrzeuge**, die bis Ende 1924 ausgeliefert werden sollten:

	Dampfloks	P-Wagen	G-Wagen
	884	1.453	25.653

Damit wird klar, dass alles rollende Material, das Deutschland auf Grund des Waffenstillstandsvertrages und der Gebietsabtretungen hatte abliefern müssen, inzwischen durch neues ersetzt worden war. Aber nicht nur das: Hatten die Länderbahnen während des Krieges im Durchschnitt nur 200 Lokomotiven pro Jahr ausgemustert, so waren es von 1921 bis 1923 mehr als 1.500 pro Jahr. Zwischen 1913 und 1923 waren es insgesamt 7.671 Loks, die inzwischen alle ersetzt worden waren. Diesen **Modernisierungsprozess** verdeutlicht auch die folgende Aufstellung:

geliefert	Dampfloks	P-Wagen	G-Wagen
1914-1918	8.859	11.832	181.196
1919-1923	8.506	12.313	246.388
In Auftrag, noch nicht ausgeliefert	884	1.453	25.653
Summe	**18.249**	**25.598**	**453.237**

Daraus ergibt sich, dass zwei Drittel aller vorhandenen Loks und Wagen zum Zeitpunkt der Erstellung dieses Gutachtens innerhalb der letzten zehn Jahre gebaut wurden und das rollende Material eine durchgreifende Modernisierung erfahren hatte. Wegen der inzwischen eingeführten Rentenmark und damit der Rückkehr zu einer harten Währung sowie den Auflagen, unter allen Umständen durch eine besonders sparsame Betriebsführung einen Gewinn zu erwirtschaften, beschaffte die Reichsbahn in den nachfolgenden Jahren nur noch um die 100 Lokomotiven pro Jahr.

Als weitere wichtige Modernisierung bezeichneten die Gutachter die durchgehende Ausrüstung der Güterwagen für den Betrieb mit Druckluftbremsen und die Einführung der mehrlösigen Kunze-Knorr-Druckluftbremse[286)]. Der Beschluss zu ihrer Einführung war bereits im Verlauf des Jahres 1918 gefasst worden, um einerseits die Bremser für den bisher bei Güterzügen noch üblichen Handbremsbetrieb einzusparen und andererseits die Geschwindigkeit der Militärzüge zu erhöhen.[287)] Auch nach Ende des Krieges wurden der Einbau bei vorhandenen Fahrzeugen fortgesetzt und neue Wagen nur noch mit Druckluftbremsen bzw. durchgehender Bremsleitung bestellt. Bis Ende 1926 war die Umrüstung im Wesentlichen abgeschlossen.

333.000 Güterwagen besaßen nun eine eigene Druckluftbremse und weitere 290.600 Wagen wenigstens eine durchgehende Druckluftbremsleitung. Dadurch konnten jetzt Züge mit mehr Achsen gefahren werden. Am Ende hatte diese technische Neuerung, gepaart mit den in der Inflationszeit geförderten Lokomotiv-Neubeschaffungen den Effekt, dass sich nach einer Bewertung des Fahrzeugbestands im Jahr 1928 ein Überbestand von wenigstens 2.000 Loks herausstellte. Dies veranlasste die Reichsbahn, ihre Neubeschaffungen auf Jahre hinaus zu reduzieren. Trotzdem wurden auf politischen Druck hin gerade zum Ende des Jahrzehnts neue Lokomotiven beschafft, um der an Auftragsmangel leidenden Lokomotivindustrie zu helfen.

Die fehlenden Aufträge nach dem Ende der Inflation verursachten eine Krise im Lokomotivbau, die dazu führte, dass viele Firmen bis zum Ende des Jahrzehnts diese Sparte aufgaben. Von den fünf namhaften Unternehmen mit Sitz im Rheinland und an der Ruhr waren das Hohenzollern in Düsseldorf (Lokbau von 1879 bis 1929), Humboldt in Köln (1897 bis 1928) und Rheinmetall in Düsseldorf (1919 bis 1927). Damit blieb die Fa. Krupp in Essen als einzige Anbieterin innerhalb des genannten Gebietes übrig. Allerdings musste sie 1925 Teile ihres Eisenbahnbaus schließen. Mit der Fa. Rheinmetall schloss sie im selben Jahr eine strategische Allianz für diesen Produktionszweig, die letztere allerdings auf die Dauer nicht retten konnte. Ansonsten überlebte nur noch die Fa. Jung in Jungenthal am Rande des Besatzungsgebietes diese schwierigen Zeiten.

Um die inzwischen formulierten Forderungen des Dawes-Plans zu erfüllen, beschloss der Reichstag am 30. August 1924 das „Gesetz über die Deutsche Reichsbahn-Gesellschaft", das im Rahmen des Dawes-Plans erarbeitet worden war. Dafür bedurfte es jedoch einer Zweidrittelmehrheit im Reichstag, da die neue Betriebsgesellschaft eine Abweichung von der in der Verfassung von 1919 vorgesehenen Verwaltung der Bahnen durch das Reich darstellte. Ein völlig neues Unternehmen musste gegründet werden. Im § 1 Artikel 1 des Gesetzes heißt es: *„Das Deutsche Reich errichtet durch dieses Gesetz eine Gesellschaft mit der Firma ‚Deutsche Reichsbahn-Gesellschaft'."*[288)] Sie war nur für den Betrieb zuständig, während alle Anlagewerte wie Grundstücke, Gebäude und Betriebsmittel als „Reichseisenbahnvermögen" in Staatsbesitz verblieben. Für die Dauer des Betriebsrechts wurden ihr diese Anlagewerte treuhänderisch überlassen. Das Betriebsrecht erlosch, sobald alle Reparationsschulden beglichen sein würden. Wären die Zahlungen nach Plan erfolgt, wäre dieser Fall im Jahr 1964 eingetreten.

Als Inhaber der Stammaktien der neuen Gesellschaft besaß das Reich das Recht der Mitwirkung bei ihrer Verwaltung, jedoch beschränkt auf die Bestellung von Verwaltungsratsmitgliedern. Der aus 18 Mitgliedern bestehende Verwaltungsrat wurde je zur Hälfte von der Reichsregierung und von den Treuhändern als Vertreter der Gläubiger der Reparationsschuldverschreibungen ernannt. Letztere bestellten je einen Engländer, Franzosen, Italiener und Belgier sowie fünf Deutsche als Mitglieder. Der geschäftsführende Vorstand war rein deutsch. Die Gesellschaftssatzung ist im Gesetz ausdrücklich als Bestandteil desselben bezeichnet und wurde deshalb zusammen mit ihm im Reichsgesetzblatt veröffentlicht. Zwar war die Reichsbahn keine Behörde mehr, behielt aber dieselben öffentlich-rechtlichen Befugnisse wie bisher und durfte deshalb nach wie vor ein Dienstsiegel führen. Der Staat behielt das Aufsichtsrecht, konnte jedoch nicht mehr direkt in die

Bild 329
Erinnerungsfotos dieser Art waren sehr beliebt. Hier bildet die preußische G 8^3 Nr. 5347 „Kassel" (Henschel 1920) später umgezeichnet zu 56 132, den Rahmen für das Gruppenfoto. Die Aufnahme entstand 1924.

AUFNAHME:
SAMMLUNG ROLF BIMMERMANN

Geschäftsführung eingreifen, etwa bei der Festlegung von Tarifen, oder wenn es um den Bau neuer Bahnstrecken ging. Nicht einmal wurde an den Sitzungen des Verwaltungsrates eine Teilnahme des Reichsverkehrsministers ohne Stimmberichtigung zugelassen. Es fand also eine Entpolitisierung der Gesellschaft statt. Eine wichtige Konsequenz dieser Neuregelung war, dass von nun an u. a. die Reichspost, die bisher die Dienste der Bahn kostenlos in Anspruch genommen hatte, diese bezahlen musste.

Es entstand eine Art autonomer Staatsbahnverwaltung als besondere juristische Person, die sich in einigen Teilen an die Gesetzgebung für Aktiengesellschaften anlehnte, um die Kreditfähigkeit der Gesellschaft zu heben. Auch die Form und Besetzung des Vorstands und des Verwaltungsrates glich der einer Aktiengesellschaft. Allerdings war eine Reihe von Bestimmungen des Aktienrechtes ausdrücklich ausgeschlossen, allen voran die Bestimmungen über einen möglichen Konkurs. Die wichtigste Änderung jedoch war, dass nun die Bahn nicht mehr volkswirtschaftlichen und sozialpolitischen Interessen folgen würde, sondern privatwirtschaftlichen und auf Gewinn ausgerichteten Aspekten. Das führte in der Folgezeit verschiedentlich zu Konflikten zwischen der neuen Gesellschaft einerseits sowie der Öffentlichkeit und dem Parlament andererseits, obwohl es den deutschen Verhandlungsführern während der Londoner Konferenz gelungen war, doch noch einen Rest des Aspektes des Gemeinwohls in das neue Gesetz zu retten. Im § 2 heißt es nämlich: *„Die Gesellschaft hat ihren Betrieb unter Wahrung der Interessen der deutschen Volkswirtschaft nach kaufmännischen Grundsätzen zu führen."* Obwohl es substantielle Änderungen im Verwaltungsaufbau und in den zukünftigen Geschäftspraktiken der neuen Gesellschaft gab, gingen diese nicht so weit, wie sie die Gutachter Acworth und Leverve ursprünglich vorgeschlagen hatten.

Ein anderer Paragraph befasst sich mit der Betriebsführung. Die Bahnstrecken mussten in einem guten Zustand gehalten werden und sowohl Fahrweg wie Betriebsmittel dem Stand der Technik entsprechen. Auf diesen Aspekt hatte die deutsche Seite besonderen Wert gelegt, um zu verhindern, dass die notwendige Instandhaltung zugunsten eines möglichst großen Gewinnes zur Bedienung der Reparationsschulden zurückgestellt würde.

Die Reichsbahn besaß das Betriebsrecht an den dem Reich gehörenden Eisenbahnen:

- Sie durfte das Vermögen der Reichseisenbahnen benutzen und als Treuhänder des Reiches verwalten.
- Sie durfte den Betrieb der Eisenbahnen alleine führen, besaß aber andererseits eine Betriebspflicht auch wirtschaftlich unrentabler Strecken und/oder Dienstleistungen.

Ebenfalls in der Form eines Gesetzes wurde am selben 30. August die Gesellschaftssatzung veröffentlicht. Ergänzt wurde das Paket durch das Reichsbahn-Personalgesetz, das den bisherigen Beamten dieselben Rechte wie vorher zusicherte, obwohl sie jetzt Angestellte waren. Der Grund war, dass im Reichsbahngesetz die wesentlichen Bestimmungen des Dawes-Abkommens festgelegt waren, auf die der deutsche Gesetzgeber keinen Einfluss mehr hatte, nachdem die Vereinbarung einmal unterzeichnet war. In die Satzung und ins Personalgesetz waren alle diejenigen Aspekte hineingepackt, die alleine in die deutsche Verantwortung fielen und bei denen früher oder später Änderungen oder Fortschreibungen zu erwarten waren. Trotz all dieser neuen Gesetze blieb der Staatsvertrag von 1920 über den Übergang der Eisenbahnen von den Ländern auf das Reich weiter bindend, denn nach § 43 des Reichsbahngesetzes übernahm die Gesellschaft die Rechte und Pflichten des Reiches, die sich aus den Bestimmungen des Staatsvertrages ableiteten.

Als Vorsitzender des Verwaltungsrates wurde Carl Friedrich von Siemens gewählt. Der Gutachter Acworth kam als britischer Vertreter in den Verwaltungsrat, während sein französischer Kollege Leverve die Position des Eisenbahnkommissars erhielt, der die Interessen des alliierten Reparations-Komitees gegenüber der Reichsbahn wahrnahm. Die weiteren deutschen Mitglieder des Verwaltungsrates rekrutierten sich aus hohen Beamten und Vertretern der Wirtschaft. Frankreich und Belgien benannten Eisenbahner und Italien einen Banker. Die Stelle des Generaldirektors der Reichsbahn übernahm der bisherige Verkehrsminister Oeser. Die Hauptverwaltung der neuen Gesellschaft entstand aus den Abteilungen des Reichsverkehrsministeriums. Während sie in der Regel direkt für die Reichsbahndirektionen der ehemaligen Länderbahnen zuständig waren, gab es für die ehemalige Bayerische Staatsbahn weiterhin die dazwischen geschaltete Gruppenverwaltung Bayern.

Für den Betrieb der Bahnen im Rheinland bedeutete das, dass sich im Betriebsablauf nichts änderte. Wohl aber änderte sich das Konzept der Geschäftsführung, indem die Wirtschaftlichkeit im Vordergrund stand. Das führte zu einer Sparpolitik bei Investitionen und Instandhaltung sowie beim Personalbestand.

Bild 330
Die Hunsrückquerbahn wurde von den Franzosen als so wichtig angesehen, dass sie von ihnen bald nach der Einrichtung der Regie in Betrieb genommen wurde, obwohl mit der Nahetalbahn eine kürzere Verbindung zwischen Bingen und Türkismühle zur Verfügung stand. Die Trassierung der Strecke im Bereich Morsbach – Hermeskeil ist aufwendig und erforderte mehrere Kunstbauten, darunter den 160 m langen Hoxeler Viadukt mit einer Höhe von bis zu 42 m. Hier eine Ansicht um 1950, mit einem Zug in Fahrtrichtung Hermeskeil, geführt von einer Lok der Baureihe 93 des Bw Simmern.

AUFNAHME: SAMMLUNG NORMAN KAMPMANN

5.6.2 Die Auflösung der Regiebahn

Anfang September 1924, nach der Unterzeichnung des Dawes-Plans, legten die Beteiligten in London den zeitlichen Übergang der bisher staatlichen Reichsbahn auf ein privates Unternehmen fest: Zuerst einmal mussten die Franzosen zum 5. September 1924 die Zolllinie zwischen besetztem und unbesetztem Gebiet aufheben. Danach galten auch in den besetzten Gebieten wieder deutsche Gesetze und Gebühren. Eine Ausnahme bildete die Regiebahn, die vorläufig noch ihre Tarife anwenden durfte. Da die Frage der Reparationszahlungen neu geregelt war, durfte die Regiebahn ab dem 1. September 1924 die Betriebsüberschüsse aus dem Bahnbetrieb nicht länger als direkte Zahlungen an Frankreich abführen, sondern musste sie der internationalen Reparations-Kommission überlassen. Lediglich 2 Mio. Goldmark wurden ihr als eine Art Aufwandsentschädigung zugestanden. Ab dem 28. Oktober verwaltete die Regie die Strecken im Namen und auf Rechnung der Reichsbahn-Gesellschaft. Über die **Überführung der Bahnstrecken in den Betrieb der Deutschen Reichsbahn-Gesellschaft** hieß es weiter:[289)]

„Auf die zweite Feststellung hin (7. Oktober 1924) wird die Kommission für alle Reichsbahnen auf die im Sachverständigenplan vorgesehene neue deutsche Reichsbahngesellschaft übertragen. Von diesem Zeitpunkt ab wird der Betrieb aller jetzt von den deutschen Reichsbahnen betriebenen Strecken auf die Gesellschaft übergehen.

Vierzehn Tage später (22. Oktober 1924) werden die jetzt von der Regie betriebenen Strecken für Rechnung der Gesellschaft unter dem Eisenbahn-Organisationskomitee betrieben werden. Dieses wird sich mit der Regie in Verbindung setzen, um die Einzelheiten der Übergabe zu regeln. Die tatsächliche Übergabe der Regie an die deutsche Gesellschaft wird unter der Aufsicht des Organisationskomitees Schritt für Schritt vorgenommen, so schnell als dies mit der ordnungsmäßigen Übergabe vereinbar ist. Sie soll binnen 6 Wochen beendet sein (7. Dezember 1924), wobei das Organisationskomitee berechtigt ist, für die Regelung von Einzelfällen Fristverlängerungen zuzugestehen."

Nachdem der Zeitplan der Übernahme der Strecken der Regie durch die Reichsbahn feststand, trafen sich Vertreter beider Institutionen am 1. September 1924, um die generellen Modalitäten festzulegen. Die Einzelheiten auszuhandeln war nachfolgenden Sitzungen mit den einzelnen Verantwortlichen für Personal, Werkstätten, Betrieb und Fahrweg überlassen. Die Ergebnisse dieser Verhandlungen waren in einem detaillierten Protokoll zusammengefasst, das am 4. Oktober 1924 in Mainz von beiden Seiten unterschrieben wurde. Die Franzosen bestanden vor allem darauf, dass die Deutschen, die bereits vor Ende des passiven Widerstands in ihre Dienste getreten waren, nun keine Repressalien zu erleiden hätten. Die deutsche Verhandlungsführung sah es als Erfolg an, dass sie die Strecken Eschhofen – Limburg sowie Lünen – Dortmund am 19. Oktober 1924 wieder übernehmen konnte und den Rest des Netzes bis zum 16. November statt erst am 7. Dezember, wie ursprünglich vorgesehen. Die Regiebahn kündigte Mitte September ihrem technischen Hilfspersonal (4.000 Franzosen und 800 Belgier) zum 4. Oktober. Sie erhielten ein Monatsgehalt Abfindung. Die deutschen Eisenbahner, die noch nicht wieder eingestellt worden waren, wurden aufgefordert, sich am 5. Oktober zur **Wiederaufnahme des Dienstes** zu melden. Am 16. Oktober 1924 erließ die Regiebahn die folgende **Bekanntmachung**:

„Es wird hiermit zur Kenntnis der Öffentlichkeit gebracht, daß die mit der französisch-belgischen Regie abgeschlossenen Verträge von Lagerplätzen in den Bahnhöfen, von Bahngelände innerhalb und außerhalb der Bahngrenzen, über Verpachtungen von Reklameflächen, ferner Verträge mit Ärzten usw., und zwar auch alle jene Verträge, die nicht Gegenstand einer besonderen Kündigung bilden, auf den 15. November 1924 gekündigt werden.

Die deutsche Reichseisenbahngesellschaft übernimmt die Vertragsverpflichtungen der Regie nicht; sie behält sich vielmehr nach eigenem Ermessen den Abschluß neuer Verträge mit den alten Vertragsinhabern mit Wirkung vom 16. November 1924 ab vor.

Die bisherigen Vertragsinhaber bleiben vorläufig, auch ohne Vertrag, in ihren Rechten und Pflichten, bis die deutsche Reichseisenbahngesellschaft Entscheidungen über ein neues Vertragsverhältnis getroffen hat. Über die Verträge betr. Privatanschlussgleise ergeht weitere Weisung."[290)]

Die neue Reichsbahn-Gesellschaft konstituierte sich mit der Wahl des neuen Vorstandes am 27. September 1924 und übernahm, wie bereits erwähnt, am 11. Oktober den Betrieb der im staatlichen Besitz befindlichen Eisenbahnen im unbesetzten Deutschland. Gleichzeitig trat die Verordnung vom 12. Februar 1924 über die vorläufige Schaffung der Deutschen Reichsbahn außer Kraft. Am 4. November erhielten alle Beschäftigte genaue schriftliche Instruktionen für die Übergabe der bisher von der Regie verwalteten Strecken in deutsche Hand. Beide Seiten hatten

Das Ende der französisch-belgischen Regie.

Die Ordonnanz der Rheinlandkommission.

WTB Koblenz, 15. Nov. (Telegr.) Die Rheinlandkommission hat gestern in Ausführung der Beschlüsse der Londoner Konferen eine Ordonnanz erlassen, derzufolge die belgisch-französische Eisenbahnregie heute nacht um 12 Uhr zu bestehen aufhört. Die Rheinlandkommission hat Vorkehrungen hinsichtlich der Liquidierung der Regie getroffen sowie ferner eine Verordnung über die Zurückziehung der Schatzscheine, welche die Eisenbahnregie im besetzten Gebiet ausgegeben hat, erlassen.

Die Rheinlandkommission hat ferner im Einvernehmen mit der Militärbehörde eine Ordonnanz erlassen, welche die Militärkontrolle über die Eisenbahnen der besetzten Gebiete in Anpassung an die durch das Londoner Abkommen geschaffene Lage regelt.

Bild 331 – Das Ende des Regiebetriebs am 15. November 1924, Artikel der Kölnischen Zeitung. ABBILDUNG: SAMMLUNG KLAUS KEMP

gemeinsam die entsprechenden Anweisungen hierfür ausgearbeitet. Die Übernahme der bisher von der Regiebahn betriebenen Strecken durch die neue Reichsbahn-Gesellschaft erfolgte in der Nacht vom Samstag, dem 15. zu Sonntag, dem 16. November 1924. Dazu gehörte auch die Teilstrecke Trier – Hermeskeil der Hochwaldbahn nach Türkismühle, welche die französische Armee als Übungsstrecke beschlagnahmt hatte. Damit war das deutsche Eisenbahnnetz wieder vereint. Während die neue Reichsbahn-Gesellschaft die Rechtsnachfolgerin der bisherigen Reichseisenbahn war, lehnte sie das im Falle der Regiebahn ab, weil sie deren Einrichtung als rechtswidrig ansah.

Das Personal, nicht nur die ehemaligen Beamten der preußischen und pfälzischen Bahnen, sondern auch die, welche die Regiebahn unter französischer Verwaltung später eingestellt hatte, wurde übernommen. Bei letzteren handelte es sich immerhin um rund 7.000 Personen. Diese wurden jedoch nur auf Widerruf eingestellt, da man viele ehemalige Separatisten unter ihnen vermutete, zuerst aber noch jeden brauchte, um die Bahnen wieder in Gang zu bringen. In der Pfalz, wo der Separatismus besonders verbreitet war, entließ man bereits bis Mitte Dezember 1924 von den dort vorhandenen 410 Hilfskräften, die meisten mit einer Abfindung, und stellte nur 25 auf Probe ein. Allerdings gab es eine Höchstgrenze von 75 % des am 1. Oktober bei der Regiebahn beschäftigten Personalbestands, was eigentlich dadurch, dass die Franzosen, Belgier und sonstigen Ausländer nicht länger beschäftigt wurden, keine übergroße Härte darstellte. Die Reichsregierung hatte jedoch durch wiederholte Verlautbarungen, dass alle Beamten, Angestellten und Arbeiter der Reichsbahn, die sich den Forderungen der Besatzungsmächte widersetzten, voll entschädigt würden, hohe Erwartungen erzeugt. Deshalb trafen sie die Entlassungen doppelt. Etwa 8.000 ehemaligen Reichsbahn-Arbeiter, die die Regiebahn nach der Aufgabe des passiven Widerstands nicht mehr eingestellt hatte, sowie weitere 50.000 Arbeiter waren von der Reichsbahn bereits zum 31. Dezember 1923 gekündigt worden.

Die Entlassungen bildeten eine Abkehr von der Beschäftigungspolitik der ersten Nachkriegsjahre, als die Reichsbahn neben anderen staatlichen Einrichtungen als Auffangbecken für Vertriebene, entlassene Soldaten und Arbeitslose diente. Sie waren folgerichtig, wenn man die Reichsbahn sanieren wollte, wurden aber von den Betroffenen als doppelte Härte empfunden, nachdem man so lange für die deutsche Sache eingetreten war und dafür gelitten hatte. Neben den Arbeitern mussten auch zahlreiche mittlere und untere Beamte gehen. Mit der Gründung der Reichsbahn hatte es bereits ein Gesetz zur Verringerung des Beamtenstabs um 23 % gegeben, das in den besetzten Gebieten erst Ende 1924 angewandt werden konnte und wieder für Unmut sorgte, weil auch solche Beamte, die am passiven Widerstand teilgenommen hatten, betroffen waren. Irritationen gab es auch bei denjenigen, die in schwierigen Zeiten zu Deutschland gehalten hatten. Das Reich hatte ihnen einen Bestandsschutz zugesichert und sie dann doch nicht weiterbeschäftigt. Dazu gehörten auch Eisenbahner aus Elsass-Lothringen und Eupen-Malmedy, die ausgewiesen worden waren und nun im Rahmen des Personalabbaus ohne Beschäftigung dastanden.

Wer an Rhein und Ruhr auf eine Belebung der Wirtschaft nach Ende des Regiebetriebs gehofft hatte, sah sich getäuscht. Der Produktionsrückgang in der Industrie und der damit verbundene Verkehrsrückgang führten wider Erwarten Anfang 1925 noch zu größeren Entlassungen, vor allem im Bereich der Ausbesserungswerke. Im unbesetzten Teil des Reiches war die Zahl der Beamten bis 1924 bereits um 23 % verringert worden. Dieser Abbau wurde nun auch im Netz der bisherigen Regiebahnen nachgeholt. Andererseits wurden allen Beamten, die bei der Regie zu schlechteren Bedingungen wiedereingestellt worden waren, nicht nur ihre alten Rechte zurückgegeben, was Titel und Besoldung betraf, sondern auch die während ihrer Dienstzeit bei der Regiebahn entgangenen Gehälter wurden nachgezahlt. Für die Angestellten und Arbeiter gab es einen Härtefonds, der nicht ganz so großzügig ausgestattet war wie der der Beamten. Für die Verluste von Wohnung und Ei-

Bild 332
Die bisher von der Regie verwalteten Strecken gingen im November 1924 wieder in deutsche Hand über. Für die bis dahin an Rhein und Ruhr im Eisenbahndienst angestellten Franzosen, Belgier und anderen Ausländer bedeutete dieser Übergang der Strecken auf die Reichsbahn den Verlust ihrer Arbeitsplätze. Diese Aufnahme aus dem Jahr 1923 zeigt eine Szene in Düsseldorf Hbf mit einem Zug der Regiebahn.

AUFNAHME: BIBLIOTHÈQUE NATIONALE DE FRANCE

gentum durch die Besatzung und anderen Schäden hatte der Reichstag entsprechende Entschädigungsgesetze erlassen.

Für die Franzosen, Belgier und anderen Ausländer bedeutete der Übergang der Strecken an Rhein und Ruhr auf die Reichsbahn den plötzlichen Verlust ihrer Arbeitsplätze, obwohl sie Fünf-Jahres-Verträge besaßen. Viele von ihnen hatten ihre bisherigen Wohnungen aufgegeben und ihre Möbel verkauft, weil ihnen in Deutschland eingerichtete Häuser zugewiesen wurden, aus denen man vorher deutsche Eisenbahner vertrieben hatte. Ausländische Hilfskräfte stellte die Regie vor die Wahl, in Afrika oder Indochina zu arbeiten oder entlassen zu werden. Für diese Personalangelegenheiten richtete die Regie ein Abwicklungsbüro in Essen ein. Es wurde Ende November 1924 nach Mainz verlegt und kurz darauf von dort nach Paris.[291)]

Auch für diese Übergabe gab es eine Verordnung der Interalliierten Rheinlandkommission, die Nummer 280. Der Regiefahrplan wurde ein letztes Mal an die geänderten Verhältnisse angepasst. Nachdem die Zollkontrollen zwischen dem besetzten und dem unbesetzten Gebiet in der Nacht vom 8. auf den 9. September 1924 aufgehoben worden waren, fielen die Wartezeiten der Züge an den Grenzstationen weg. Die neuen Fahrzeiten waren mit der Reichsbahn in Frankfurt ausgehandelt worden. Sie traten am 5. Oktober in Kraft und wurden bis zum 1. Dezember beibehalten, wenn auch einige zusätzliche Eilgüterzüge wie etwa zwischen Köln und Berlin eingelegt wurden. Mit dem 1. Dezember 1924 trat der Fahrplan in Kraft, der 1922 gegolten hatte, allerdings mit einigen Verbesserungen, die für Juni 1923 vorgesehen gewesen waren. Selbst die alten Pächter von Bahnhofsgaststätten und Bahnhofsbuchhandlungen kehrten bald wieder zurück.

Parallel dazu wurden die Bahndirektionen aufgefordert, die durch die Regie an den Bahnanlagen und Fahrzeugen einschließlich Inventar und Vorräte entstandenen Schäden festzustellen, die durch Diebstahl, Beschlagnahmung und Verschleppung entstanden waren. Dazu wurden im Verlaufe des Oktobers 1924 wiederholte Erhebungen durchgeführt. Alleine im Bereich der RBD Ludwigshafen betrugen die ermittelten Schäden 4,39 Mio. RM.

Eine andere Art von materiellen Schäden war den Ausgewiesenen entstanden. Die RBD Ludwigshafen richtete für das zurückkehrende Eisenbahnpersonal ein „Ruhrschadenbüro“ mit dem Ziel ein, den Rückkehrern bei der Geltendmachung ihrer Ansprüche zu helfen. Es ermittelte deren Verluste, bereitete Vergleiche über die Vergütungen vor und legte die Ergebnisse seiner Erhebungen der Zweigstelle Würzburg der Reichsentschädigungsstelle Kassel zur Entscheidung vor. Das Büro konnte erst zum Juli 1926 aufgelöst werden und behandelte in dieser Zeit 6.646 Anträge ausgewiesener Eisenbahner, 2.541 von ihrem Arbeitsplatz Verdrängter und Inhaftierter sowie 745 Anträge für den Härtefonds. In den anderen betroffenen Bahndirektionen wurde ähnlich verfahren.

Obwohl in den Berichten der Regie von großen Anstrengungen im Werkstattwesen berichtet wird, sprechen deutsche Quellen nach der Übernahme der Strecken von den *„Schwierigkeiten, die sich aus der Verwahrlosung aller technischen Einrichtungen und des rollenden Materials ergaben.“*[292)] Viel Arbeit erforderte noch bis ins Frühjahr 1925 hinein die Aussonderung und Abfuhr einer überdurchschnittlich großen Menge von Schadwagen, die während der Regiezeit angefallen war, nachdem es damals keine ausreichende Unterhaltung gegeben hatte. Diese Aussonderung schadhafter Wagen wurde auch deshalb dringend, weil die Nachbarverwaltungen an den Grenzübergängen die technische Wagenuntersuchung wieder sehr genau durchführten und schadhafte Fahrzeuge zurückwiesen, sobald die Reichsbahn den Betrieb im Rheinland und an der Ruhr erneut übernommen hatte. Dadurch entstanden Staus in den Grenzbahnhöfen und auf den rückwärtigen Strecken durch das Aussondern und Rückführen zurückgewiesener Fahrzeuge.

Bald nach der Übergabe der Strecken an die Reichsbahn wurden die französischen Dienststellen aufgelöst. Die meisten Franzosen und Belgier kehrten in ihre Heimat zurück. Die letzten verließen Deutschland Ende Dezember 1924. Für die endgültige Abrechnung der Verwaltung durch die Regie entstanden in Paris, Brüssel und Mainz Büros. Es sollte bis zum 2. Mai 1930 dauern, bis diese Gesellschaft, die offiziell keine war, endgültig abgewickelt war. Aber noch war das Rheinland besetzt, und somit galten die Bestimmungen des Rheinlandabkommens weiterhin, welche den Alliierten weitgehende Rechte einräumte. Das wurde durch die **Verordnung Nr. 282** vom 15. November 1924 noch einmal ausdrücklich unterstrichen:[293)]

*„**Artikel 1**: Die nachstehend mit C.I.C.F.C. bezeichnete Interalliierte Feldeisenbahn-Kommission ist allein ermächtigt, die vom Oberbefehlshaber der alliierten Armeen für militärische Zwecke erteilten Befehle an die Eisenbahnbehörden in den besetzten Gebieten zu übermitteln [...]*

***Artikel 2**: Eine die deutsche Reichsbahn-Gesellschaft vertretende deutsche Abordnung wird bei der C.I.C.F.C. beibehalten, um deren Anweisungen entgegenzunehmen und dieselben den betreffenden deutschen Organen zu übermitteln.“*

Dieser „Delegierte der Deutschen Reichsbahn-Gesellschaft bei der C.I.C.F.C.“ arbeitete in Wiesbaden, wo die Feldeisenbahn-Kommission ihren Sitz hatte. Die Verordnung umfasst insgesamt 21 Artikel, in der die Rechte und Pflichten der C.I.C.F.C. festgelegt sind. Neben anderen Aspekten wird die Durchführung von Militärtransporten geregelt. Einen gewissen Widerhall der Zeit der Konfrontationen zeigt der **Artikel 15, Punkt 2**: *„Im Falle einer Verhängung des Belagerungszustandes im gesamten besetzten Gebiet, oder in einem Teil desselben, kann der Oberbefehlshaber der alliierten Besatzungsarmeen der C.I.C.F.C. vorschreiben, die Eisenbahndirektion zu übernehmen. In diesem Falle wird das Zivilpersonal der Eisenbahn unter ihre Gewalt gestellt.“*

Dazu gab es umfangreiche Anlagen (zitiert aus **Anlage 1**):

- *„Das Oberkommando hat die Bedingungen festzusetzen, unter denen die Militärtransporte vorzugsweise ausgeführt werden. Falls es dem Oberkommando notwendig erscheint, [...] eine besondere Dringlichkeits-Reihenfolge bezüglich der nichtmilitärischen Transporte zu erlangen, so muss der Antrag bei der Hohen Kommission gestellt werden.*
- *Falls Dienstgründe die deutschen Direktionen veranlassen, momentan einige Personenzüge oder Güterzüge ausfallen zu lassen, so haben diese Direktionen die C.I.C.F.C. davon zu benachrichtigen.*
  In keinen Fällen darf jedoch der Verkehr der direkten Schnellzugverbindungen:
  Brüssel – Köln, Paris – Köln, Paris – Trier – Coblenz, Paris – Saarbrücken – Wiesbaden, Straßburg – Mainz – Köln und aller anderen ähnlichen, die Sicherheit und die Bedürfnisse der Besatzungsarmee angehenden Expressverbindungen eingestellt werden, außer nur nach Einverständnis zwischen der C.I.C.F.C. und der deutschen Abordnung.“

Nach wie vor gab es für die Besatzungstruppen reservierte Abteile in den oben genannten, aber auch in anderen Zügen. Nachdem der Verkehr mit dem unbesetzten Teil Deutschlands wieder freizügig wurde, behielten sich die Alliierten weiterhin vor, die Ein- und Ausgänge des rollenden Materials auf den Rheinbrücken oder in den Bahnhöfen vor der Grenze der Besatzungszone zu kontrollieren. Nach wie vor misstrauten die Alliierten den Deutschen. Die Angst, sie könnten wie während des passiven Widerstands Lokomotiven und Wagen verschwinden lassen kann man aus einem Satz der **Anlage 2** herauslesen:

„Um eine Kontrolle der Ein- und Ausgänge des rollenden Materials der Eisenbahnen bzw. des Kriegsmaterials ausüben zu können, kann die C.I.C.F.C. in den ersten Bahnhöfen der besetzten Zone oder auf den Rheinbrücken Kontrollstellen einrichten. Die Züge müssen in diesem Falle in diesen Bahnhöfen, sowohl beim Ein- als auch beim Ausgang einen Aufenthalt haben, dessen Dauer von der C.I.C.F.C. bestimmt wird."

Außerdem gewöhnten sich die Beteiligten noch nicht so schnell an die neue Situation. In seinem Bericht für 1925 schreibt der deutsche Delegierte bei der Feldeisenbahnkommission[294]: *„Recht unangenehm für die Geschäftstätigkeit machte sich ferner bemerkbar, dass [...] das Verhalten der Besatzungsbehörden sowie die Anträge und Forderungen der C.I.C.F.C. fast durchweg noch auf den Befehlston abgestimmt waren. Hierbei wird zu berücksichtigen sein, dass die Stimmung bei der Gegenseite, besonders zu Anfang des Geschäftsjahres durch die für sie schon aus Prestigegründen unerwünschte Auflösung des Regiebetriebes und den gewiss recht widerwilligen Wegfall der Regieverwaltung zweifellos ungünstig beeinflusst worden ist. Erst nach Abschluss des Vertrags von Locarno* [am 1. Dezember 1925 in London unterzeichnet] *trat hierin eine merkliche Besserung ein, indem an Stelle des Befehls fast allgemein die Form des Ersuchens oder der Bitte getreten ist."*

Das Verhältnis zwischen den deutschen Eisenbahnern und den Alliierten scheint sich nach den vorliegenden Berichten nicht wirklich gebessert zu haben. Vor allem die Franzosen misstrauten den Deutschen nach wie vor. Sie wechselten das Personal ihrer Feldeisenbahnkommission in immer kürzeren Abständen aus, um eine möglichst große Anzahl von ihnen mit dem Betrieb deutscher Eisenbahnen vertraut zu machen. Außerdem kamen bis zum Ende der Besatzungszeit sehr viele französische Eisenbahner, von denen viele vorher bei der Regie gearbeitet hatten, zu ein- bis zweiwöchigen Fortbildungskursen ins Rheinland. Die fortwährenden Besichtigungen und Mitfahrten auf den Lokomotiven stellten eine Behinderung des Betriebsablaufs dar. Noch im Juni 1928 kam es zu einer verschärften Kontrolle der Personen- und Schnellzüge auf der Lahntalbahn zwischen Bad Ems und Limburg durch bewaffnete französische Soldaten, was die zivilen Fahrgäste unliebsam an längst vergangen geglaubte Zeiten erinnerte. Erst durch eine Intervention der Reichsbahn wurde diese Kontrolle nach einigen Wochen aufgehoben. *„Zusammenfassend ist zu sagen, dass die politischen Ereignisse von Locarno bis Genf scheinbar bisher die Mentalität der Besatzungsbehörden nicht haben beeinflussen können und dass die zu Tage getretenen Annäherungsbestrebungen zwischen der deutschen und französischen Regierung seither bei der Besatzung keinerlei Unterstützung erfahren haben. Die Erkenntnis der Notwendigkeit der Befriedung der besetzten Gebiete und des vertrauensvollen Zusammenarbeitens mit ihrer Bevölkerung scheint sich bei den Besatzungsangehörigen nur schwer und vereinzelt Bahn brechen zu wollen."*[295]

Da auf französischer Seite die Führungskräfte der Interalliierten Rheinlandkommission bis zum endgültigen Ende der Besatzung 1930 dieselben Personen blieben, änderte sich am Verhältnis zueinander weiterhin wenig. Die oben zitierte Verordnung Nr. 282 entsprach in ihren wesentlichen Bestimmungen denjenigen, die zur Zeit der Unterzeichnung des Friedensvertrags erlassen worden waren. Sie erfuhr keine Anpassung an die veränderten politischen Verhältnisse, obwohl Deutschland nun vom Besiegten zum gleichberechtigten Partner im Völkerbund geworden war. 1927 scheiterten Versuche der Reichsbahn, mit der Interalliierten Rheinlandkommission das Verhältnis zwischen der Besatzung und der Bahngesellschaft, die mittlerweile kein Staatsbetrieb mehr war, zu einer vertraglichen Regelung auf gegenseitigen freien Vereinbarungen zu kommen. Die Rheinlandkommission ebenso wie die Feldeisenbahnkommission lehnten das ab, weil sie befürchteten, dass sie dadurch die im Rheinlandabkommen zugesicherten Hoheitsrechte über die Eisenbahnen teilweise oder ganz verlieren könnten. *„Auch die von den Alliierten versprochene Umgestaltung der Verordnungen der Rheinlandkommission im Geiste der Befriedung ist seither nicht verwirklicht worden"*, klagte der deutsche Delegierte bei der Feldeisenbahnkommission in seinem Jahresbericht für 1927.[296]

Im Londoner Abkommen war auch die Frage der Stationierungskosten neu verhandelt worden mit dem Ergebnis, dass die Alliierten sie fortan selbst zu tragen hatten. Allerdings musste die Reichsbahngesellschaft sie vorschießen und dann beim Reparationsagenten zur Rückerstattung anmelden. Um ihre Kosten niedrig zu halten, forderten die Besatzer kostenlosen oder ermäßigten Transport, Abgabe von Räumen, Gestellung von Personal usw. Im Dezember 1924 fanden Verhandlungen zwischen der Interalliierten Rheinlandkommission und Vertretern der Reichsbahn in Wiesbaden statt, die jedoch zu keinem Ergebnis führten. Deshalb wurde die Angelegenheit auf Anordnung der Botschafterkonferenz an das Organisationskomitee in Paris zur weiteren Verhandlung verwiesen. An diesen Sitzungen nahmen auch Vertreter der Reichsbahn teil. Eine endgültige Einigung erreichte erst am 5. Mai 1925 die Unterzeichnung einer „Finanziellen Regelung der Leistungen aus Artikel 8-12 des Rheinlandabkommens". Die Verhandlungen leitete der niederländische Minister Patijn.

Nun war die Reichsbahn wieder für den Transport der Reparationskohle nach Frankreich, Belgien, Luxemburg und Italien zuständig. Allerdings besaßen sie nicht mehr den Umfang wie vor dem Ruhreinbruch, weil sich die Transportwege durch Änderungen in den Tarifen inzwischen verschoben hatten. Wie bereits erwähnt, bestand Italien wegen des billigen deutschen Staffeltarifs darauf, dass die Kohle ohne Nutzung des Wasserweges auf der Bahn von der Grube im Ruhrgebiet über Österreich nach Süden verfrachtet wurde. Die Abfuhr erfolgte über die schwierige Ruhr-Sieg-Strecke und weiter über Frankfurt (M.) – Würzburg – München nach Kufstein. Frankreich wollte die billigen Tarife Belgiens nutzen und ließ deshalb eine möglichst große Menge über Walheim an der Vennbahn versenden. Bei den Kohlesendungen übernahm die Reichsbahn keine Rangierleistungen, die sie bei Sendungen des öffentlichen Verkehrs nicht auch übernommen hätte, aber sie war damit einverstanden, dass die mit Kohle beladenen Wagen auf den Grenzbahnhöfen Ehrang, Stolberg, Walheim und Aachen West durch Vertreter der Empfängerländer so umgezettelt wurden, dass die Zustellung zu den Endverbrauchern mit möglichst wenig Rangieren unterwegs bewerkstelligt werden konnte. Die erwähnte scharfe Wagenkontrolle an den Grenzen, aber auch die Überfüllung der Grenzbahnhöfe in den Empfängerländern führten in den ersten Monaten des Jahres 1925 zu erheblichen Rückstaus, bis sich der Verkehr eingependelt hatte.

Insgesamt brachte die neue Gesellschaftsform trotz der Bürde der Reparationszahlungen der Reichsbahn eine sehr positive Entwicklung. Dadurch, dass die neue Bahngesellschaft von parlamentarischen Einflüssen befreit war, gab es auch keinen staatlichen Haushaltsplan, der die Aktivitäten behinderte. Der Verwaltungsrat sah auf die Einhaltung kaufmännischer Prinzipien und war deshalb wenig geneigt, populistische Maßnahmen wie etwa Tariferleichterung unter dem Selbstkostenpreis zu gewähren. *„Die Reichsbahn war* [in den folgenden Jahren] *technisch hervorragend entwickelt worden. Diese technische Vollendung und die pünktliche Abführung der Reparationsleistungen sicherten der Reichsbahn und ihrer Führung allgemeine Anerkennung und fand auch im Ausland gebührende Beachtung."*[297] Außerdem war seit der Personalabbauverordnung vom 23. Oktober 1923 in den folgenden Jahren den Personalbestand auf ein wirtschaftlich vertretbares Maß verringert worden, was allerdings wegen einer umfangreichen Frühverrentung vieler Entlassener sehr stark zu Lasten der Pensionskasse der Eisenbahn ging.

5.6.3 Die von der Reichsbahn vorgefundenen Schäden

Während in französischen und belgischen Berichten über die Regiebahn diese voller Stolz ihre Leistungen in der Unterhaltung von Strecken, Anlagen und Fahrzeugen hervorhebt, vermitteln die Berichte der Reichsbahn nach der Übernahme der Strecken im November 1924 ein ganz anderes Bild. Die wenigsten Mängel wies noch der Bahnkörper auf. Die Bahnanlagen waren grundsätzlich in einem betriebsfähigen Zustand. Allerdings waren die Unterhaltung von Brücken, Durchlässen und Gräben vernachlässigt worden. Im Bereich der Rbd Mainz war die Nahebrücke in Bad Münster am Stein so baufällig geworden, dass sie sofort ausgebessert werden musste. Deshalb bestand dort während mehrerer Monate eine Langsamfahrstelle. Zwei kleinere Durchlässe der linken Rheinstrecke erforderten erhebliche Wiederherstellungsarbeiten. Dazu existierten größere Erdrutsche in Einschnitten, die von der Regiebahn nie weggeräumt worden waren. Gleise und Weichen, vor allem in den Bahnhöfen, wurden im Allgemeinen schlecht unterhalten. Gleiserneuerungen gab es fast überhaupt nicht. Soweit Unterhaltungsarbeiten doch ausgeführt wurden, geschah dies nach Auffassung der Reichsbahn unsachgemäß. Sie begründete es damit, dass neues und unaufgearbeitetes Material wahllos durcheinander verwendet worden seien. Die Feststellungen der Reichsbahn bilden gerade in diesem Bereich einen starken Gegensatz zu den Berichten der Regiebahn (vgl. Abschnitt 5.5).

Dass der Zustand der Gebäude durchweg schlecht war, zeigen zeitgenössische Fotos. Es gab keinerlei Unterhaltung. Besonders viele Reparaturen wurden dort nötig, wo Militär untergebracht war, sowie in den Lokomotivschuppen. Erwähnt wurden Hohenbudberg, wo die Drahtglasscheiben der Oberlichter des Schuppens heruntergefallen waren. In Troisdorf waren große Teile des Daches völlig abgedeckt, wodurch Regenwasser eingedrungen war und zu großen Rostschäden an der Stahlkonstruktion des Lokomotivschuppens geführt hatte. In den Bahnmeistereien, Bahnhöfen und Güterabfertigungen war ein großer Teil der Möbel und Ausrüstungsgegenstände stark beschädigt, wenn sie nicht sogar fehlten. Ein Teil der Fahrkartendrucker war so beschädigt, dass sie nicht mehr zu reparieren waren. Diese Beschädigungen bestätigen die vielfach vorliegenden Berichte von mutwilligen Zerstörungen vor allem im Ruhrgebiet:

Als Beispiel sei aus dem amtlichen **Bericht von der Zerstörung der Bahnhofsanlagen in Oberhausen** (16. März) angeführt:

„[...] *daß außer ungeheuren Verschmutzungen die vorhandenen Vorräte des Schankwirts restlos verbraucht bzw. beseitigt waren. Die Räume der Fahrkartenausgabe waren kaum zu betreten, herausgerissene Fahrkarten, Bücher und Akten bedeckten den Fußboden; die Schränke waren sämtlich zerstört, die Fernsprechapparate zertrümmert, die sieben kostbaren Fahrkartendruckmaschinen unbrauchbar gemacht. Den Telefonraum hatte man planmäßig verwüstet, sämtliche achtzehn Morseapparate mit einem Hammer kurz und klein geschlagen, die Fernsprechhauptstelle wohl mit einem Beil zerstört, die Drähte zerhackt und zerrissen. Ebenso waren die Amtszimmer kaum wiederzuerkennen, die Schränke erbrochen; der Inhalt derselben bildete auf dem Erdboden einen wüsten Haufen. Im Obergeschoß lagen die eisernen Öfen in Teilen auf dem Boden, die Tische waren umgeworfen, die Akten und Bücher herausgerissen; wiederum waren die Fernsprechapparate mit einem Hammer bis zur Unkenntlichkeit zertrümmert. Vor allem übertrafen die Verwüstungen in der Betriebslokomotivreparaturwerkstatt alle anderen Feststellungen; ungeheure Werte waren planmäßig vernichtet, die Treibriemen in kurze Stücke zerschnitten, die wertvollen Ersatzteile zerschlagen und durcheinandergeworfen, die Schränke der Arbeiter sämtlich eingeschlagen, der Inhalt auf dem Boden verstreut. Im Vorratsraum für Öle und Fette wurden die Hähne geöffnet, so daß der Inhalt sich auf den Erdboden ergoß. In gleicher Weise waren auch die Schuppen des Güterbahnhofs und die in seiner Nähe stehenden Eisenbahnwagen völlig ausgeplündert worden, sämtliche Güterwagen (etwa 250-300) erbrochen, die Kisten zertrümmert und beraubt.* [...] *Das Endurteil, in dem sich selbst die belgischen Mitglieder des gemischten Prüfungsausschusses mit den deutschen Gegnern fanden, geht dahin, daß blinde Zerstörungswut und Raublust die Haupttriebfedern waren. Das gleiche Bild wiederholte sich fast an allen Orten, wo nicht sofort die Regie selbst einsprang.*“[298]

Besser sah es dagegen bei den Sicherungs- und Fernmeldeanlagen aus. Die Stellwerks- und Blockeinrichtungen befanden sich fast überall in betriebsfähigem Zustand. Mit wenigen Ausnahmen wiesen sie keine großen Schäden auf. Bei genauerem Hinsehen zeigten sich jedoch kleinere Mängel, die auf eine unzureichende Unterhaltung zurückzuführen waren. Wichtige elektromagnetische Zusatzeinrichtungen waren vielfach außer Betrieb gesetzt und die Abhängigkeiten stellenweise aufgehoben. Hierbei ist nicht zu vergessen, dass es die eigenen deutschen Eisenbahner ge-

Bild 333
Während der Besetzung des Ruhrgebiets gab es viele mutwillige Zerstörungen an den Anlagen und Einrichtungen der Reichsbahn. Dieses Foto vom Februar 1923 zeigt zerstörte Fahrkartendrucker im Bahnhof Hattingen.

AUFNAHME: SAMMLUNG DIERK LAWRENZ

Bild 334 – Die Akku-Triebwagen AT 597/598 und AT 251/252 (spätere ETA 179 003 und ETA 177 007) als P 1861 am 14. Mai 1933 bei Mintard an der Ruhr (Strecke Kettwig – Mülheim-Styrum). Während der Ruhrbesetzung konnte die Reichsbahn auf dieser Strecke einen Inselbetrieb aufrechterhalten. AUFNAHME: CARL BELLINGRODT, BILDARCHIV D. EISENBAHNSTIFTUNG

wesen waren, die bei Beginn des passiven Widerstands gerade diese Anlagen durch das Entfernen aller Unterlagen und Bezeichnungen an den Schaltpulten bis hin zum Durchtrennen von Kabeln selbst unbrauchbar gemacht hatten. Das Leitungsnetz für die Fernmeldeanlagen war zwar mit Ausnahme der Zugmeldeleitungen bei der Übernahme größtenteils in Betrieb, aber die Leitungen befanden sich vielfach in einem schlechten Zustand der Unterhaltung. An mehreren Stellen mussten die Vermittlungsschränke erneuert und zahlreiche fehlende oder beschädigte Fernsprecher und Telegrafen ersetzt werden.

Auch hier sei darauf hingewiesen, dass es deutsche Eisenbahner und Postler waren, die viele Telefonkabel durchschnitten und teilweise ganze Vermittlungsschränke entfernt hatten, um die Kommunikation der Besatzer zu behindern.

Der Ausbesserungsstand der Lokomotiven betrug nach Angaben der Reichsbahn bei der Übernahme 35 %, während er laut Regiebahn 27,5 % betrug (siehe Abschnitt 5.4.2). Die unterschiedliche Einschätzung rührte nicht zuletzt daher, dass in den Werkstätten der Regie Reparaturen durchgeführt wurden, die nicht den Normen der Reichsbahn entsprachen und diese nun viele Maschinen nacharbeiten musste. Das zeigte sich noch deutlicher bei den Wagen, deren Unterhaltung durch die Regie ausdrücklich als mangelhaft und abweichend von den Vereinbarungen bezeichnet wurde, nachdem sie unter Zugrundelegung der deutschen Vorschriften unterhalten werden sollten. Unterstellt man keinen bösen Willen, dann lassen sich diese Unterschiede am ehesten durch die unterschiedliche Auffassung beider Verwaltungen darüber, wie die Revision eines Fahrzeugs durchzuführen ist, finden (siehe Abschnitt 5.4.3).

Vor allem durch Sabotage und Sprengstoffanschläge, aber auch durch Unfälle und unsachgemäße Behandlung war die Zahl der Beschädigungen an Wagen in den ersten Monaten der Regie recht groß gewesen. Als die Reichsbahn den Betrieb wieder übernahm, unterzog sie rund 12.000 Güterwagen einer Nachuntersuchung und einer gründlichen Ausbesserung, weil die Regie die Unterhaltung vernachlässigt habe. 3.348 Güterwagen wurden am 16. November 1923 mit leichten Schäden übergeben. Die Reichsbahn kritisierte, dass Bremsuntersuchungen nur mangelhaft oder gar nicht durchgeführt worden waren. Nachdem die Regie vor allem Personenwagen nach französischer Norm beschriftet hatte, musste das jetzt mit hohem Aufwand wieder rückgängig gemacht werden.

Der **Stand der Ausbesserung** bei den Wagen betrug bei der Übernahme durch die Reichsbahn:

Wagentyp	prozentualer Anteil
4- und 6-achsige D-Zug-, Salon- und Schlafwagen	35,3
4-achsige Abteilwagen	24,0
2- und 3-achsige Personenwagen	15,8
4-achsige Gepäckwagen	26,0
2- und 3-achsige Gepäckwagen	27,1
Triebwagen	100,0
Bahndienstwagen	23,7
Lokalbahn- und sonstige Wagen	26,8

Die Reichsbahn bezifferte die durch die Regiebahn verursachten Verluste an Betriebseinnahmen auf 2,64 Mio. Goldmark. Die meisten dieser Verluste übernahm die Reichsregierung in Form von Subventionen. Dazu kamen Wertminderungen an den Fahrzeugen von rund 7 Mio. Goldmark.

Neben anderen Betriebseinrichtungen waren zusätzlich *„in Verlust geraten"*:

- 23 Lokomotiven,
- 1.187 Personenwagen,
- 433 Gepäckwagen,
- 1.621 Güter- und Bahndienstwagen.

Auch die vorhandenen Anlagen und Fahrzeuge hatten durch unsachgemäße Behandlung große Schäden erlitten. In der RBD Ludwigshafen wurden 79 Lokomotiven als völlig unbrauchbar sofort ausgemustert. Das entsprach in etwa einem Fünftel des Bestands dieser Reichsbahndirektion. Laut Berechnung der Reichsbahn machten die Sachschäden insgesamt und die Einnahmeverluste 2,64 Mrd. Goldmark aus.

Bild 335 – 39 049 verlässt 1932 mit einem beschleunigten Personenzug aus vierachsigen Abteilwagen und am Zugschluss einem zweiachsigen Postgepäck- und zwei Postwagen Köln-Deutz. Links neben den Gleisen befindet sich das Messegelände, das 1928 mit der Presseausstellung für Besucherrekorde sorgte. AUFN.: RVM FELTEN, BILDARCHIV D. EISENBAHNSTIFTUNG

5.6.4 Die Deutsche Reichsbahn-Gesellschaft

Im unbesetzten Gebiet änderte sich 1924 die Art, wie Zuggeschwindigkeiten errechnet und damit Fahrpläne ausgearbeitet wurden. Es gab keine Einheitsgeschwindigkeit mehr für Zuggattungen, sondern eine individuelle Geschwindigkeit für jeden Zug, bei der die Zugkraft der Lokomotive eine Rolle spielte ebenso wie das Zuggewicht und die Bedingungen der Strecke, die der Zug befuhr. Das erhöhte die Geschwindigkeit der Personen- und Eilzüge auf 75 km/h und die der Schnellzüge auf 100 km/h.

Bei den Zügen im besetzten Gebiet blieb es vorläufig noch bei dem bisherigen System einer festen Geschwindigkeit pro Zugart. Die im Gutachten von 1924 angesprochene Einführung der durchgehenden Druckluftbremsen für Güterwagen wirkte sich mit dem Sommerfahrplan 1925[299)] voll aus, der ab dem 5. Juni gültig war.

„Allgemein ist zu bemerken, dass die Fahrgeschwindigkeit der Güterzüge durchweg um etwa ⅓ höher ist, bei Eilgüterzügen von 40-45 auf 50-55 km, bei Durchgangsgüterzügen von 30-35 km auf 40 km. Das bedeutet auf weite Entfernungen erheblichen Fahrzeitverkürzungen. Auf wichtigen Strecken verkehren Eilgüterzüge mit noch höherer Geschwindigkeit. Betrachten wir zunächst den Eilgutverkehr. Nach dem neuen Fahrplan wird die Strecke Köln – Berlin (577 km) über Duisburg – Dortmund – Hannover von 2 Eilgüterzügen in 15-16 Stunden, die Strecke Köln – Soest – Magdeburg – Berlin von einem Eilgüterzug in 15 Stunden durchfahren. In umgekehrter Richtung brauchen die Gegenzüge ebenfalls 15-16 Stunden. Die Strecke Köln – Hamburg (455 km) wird von einem Eilgüterzuge in 12 Stunden zurückgelegt. Der Gegenzug braucht 15 Stunden. Bisher betrugen die Fahrzeiten zwischen Köln und Berlin 28-30 Stunden und zwischen Köln und Hamburg 27-28 Stunden." [300)]

Diese Ferneilgüterzüge hielten nur in wichtigen Knotenpunkten, von wo aus die Verteilung der Fracht auf die Unterwegsbahnhöfe oder abzweigende Strecken erfolgte. Bahnhöfe wie Aachen, Rheydt oder Mönchengladbach luden ihre eilige Fracht in Kurswagen, die in Neuss oder Düsseldorf an die von Köln kommenden Eilgüterzüge angehängt wurden. Im Nahbereich wurde die Beförderung von Eilgut zweimal am Tage durch die weitgehende Einbeziehung von Personenzügen in das Verteilernetz sichergestellt. Damit änderte sich auch die Geschwindigkeit der für die Alliierten gefahrenen Militärtransporte. Normaltransporte wurden von 30 km/h auf 45 km/h erhöht. Auf Verlangen der Militärbehörden musste auch die Grundgeschwindigkeit der bis dahin mit 40-45 km/h gefahrenen beschleunigten Militärzüge auf 60 km/h erhöht werden. Für diese Züge wurden nur Personenwagen benutzt.

Den normalen Stückgutverkehr beförderte die Reichsbahn in zwei Formen, entweder in geschlossenen Wagen oder in Kurswagen. Die Kurswagen bedienten alle Unterwegsstationen. Jede Station lud die für sie bestimmten Stückgüter aus und lud solche für die nächsten Stationen ein. Sie verkehrten tagsüber, weil nachts kein Ladepersonal zur Verfügung stand. Geschlossene Wagen konnten nach jedem beliebigen Bahnhof versandt werden; allerdings musste er mit wenigstens 2 t Fracht für dieses Ziel beladen sein. Diese Wagen brauchten unterwegs keine spezielle Behandlung und wurden deshalb in der Regel mit schnellen Durchgangsgüterzügen befördert. Von Köln aus gab es diese Züge mit geschlossenen Wagen nach Aachen mit Halt in Düren, Eschweiler und Stolberg, nach Neuss über Krefeld sowie nach Koblenz. Normales Stückgut legte die Strecke Köln – Berlin und Köln – Hamburg in 3-4 Tagen zurück. Bis nach Leipzig wurden 4-5 Tage benötigt, nach Breslau 5-6 Tage, nach Frankfurt/M 2-3 Tage, bis Nürnberg 3-4 Tage, nach München 4-5 Tage und bis Passau 6 Tage.

Das Konzept der Ganzzüge führte die Reichsbahn gegen einen erheblichen Widerstand in den eigenen Reihen ein. Es handelte sich um Züge, die mit einem Typ von Fracht wie z. B. Kohle vom Verlader direkt zum Verbraucher gefahren wurden, ohne sie unterwegs zu rangieren. Ältere Eisenbahner befürchteten, dass sie wegen ihrer relativen Länge zu Störungen in den Bahnhöfen führen könnten, aber jüngere Leute in verantwortlichen Stellen setzten das Konzept durch, das in anderen Ländern bereits Anwendung fand und das die Franzosen während der Ruhrbesetzung ebenfalls zum Abfahren von Kohle und Koks benutzt hatten. Für den Verlader besaßen sie den Vorteil eines verlässlicheren Fahrplans, und

Bild 336
1928 führte die Reichsbahn als Luxuszug den FFD 101/102 „Rheingold“ ein, der zwischen Holland und der Schweiz verkehrte. Bei Boppard strebt 18 531 mit dem FFD 101 das Rheintal abwärts in Richtung Köln.

AUFNAHME:
CARL BELLINGRODT/EK-VERLAG

zudem waren sie billiger. Um diesen Verkehr möglichst effizient durchführen zu können, entwickelte die Industrie für die Reichsbahn einen Selbstentladewagen für Massengüter, der bis zu 60 t laden konnte. Dafür mussten die Bahnstrecken auf den Relationen, in denen diese Züge verkehrten, von 18 auf 20 t Achslast erhöht werden. Gleichzeitig wurde man das Lichtraumprofil besser ausgenutzt, so dass am Ende ein Zug mit 20 bis 25 Wagen fahren konnte, der bei gleicher Ladungsmenge deutlich kürzer war als einer aus herkömmlichen Wagen . Es waren zudem die ersten völlig geschweißten Wagen. Diese Ganzzüge wurden sogar Teil eines Frachtabkommens zwischen der Reichsbahn und der Belgischen Staatsbahn. Sie schlossen am 19. Oktober 1928 einen Vertrag über den Transport von Kohle von der Ruhr nach Antwerpen. Dafür wurde ein Spezialtarif ausgehandelt, der vorsah, dass wenigstens 1,6 Mio. t pro Monat und nur in geschlossenen Zügen verfrachtet wurden.

Der Ersatzverkehr auf der Straße während der Zeit der Regiebahn hatte die Vorteile des Lastkraftwagens gerade im Transport von Stückgut deutlich gemacht. So gab es sehr bald nach der Normalisierung der Verhältnisse eine breite Diskussion über die Vor- und Nachteile der Verkehrswege Straße und Schiene. Es sind Argumente, die sich bis zum Ende des Stückgutverkehrs auf der Schiene nicht ändern sollten:[301)]

„Besonders häufig betrafen die Klagen den Frachtstückgutverkehr. Hier wurden der Reichsbahn die Leistungen des Lastkraftwagens als vorbildlich hingestellt. Es ist hier nicht der Ort, die Vorzüge der beiden Verkehrsmittel Auto und Eisenbahn gegeneinander abzuwägen. Vielmehr mag zugestanden sein, daß die Eisenbahn gegenüber dem Lastkraftwagen an ihren starren eisernen Schienenweg gebunden ist, dem Kraftwagen dagegen die öffentlichen Straßen, gute oder schlechte, ohne Einschränkung zu Gebote stehen. Güter aus dem Fabrikhof des Versenders unmittelbar an das Lager des Empfängers oder an eine sonstige beliebige Verwendungsstelle zu verbringen, wie es der Kraftwagen stets kann, das vermag die Eisenbahn nur da, wo zwischen Abgangs- und Empfangsstelle ein ununterbrochener Schienenweg besteht. Aber den Stückgutverkehr aufzugeben und ihn dem Lastkraftwagen zu überlassen, braucht die Eisenbahn darum noch lange nicht. Es wird sich zeigen – ceteris paribus[302)] –, daß die Eisenbahn dem Kraftwagen heute und auf lange Zeit hinaus noch immer überlegen ist. Allerdings muss die Eisenbahn die ihr zu Gebote stehenden Hilfsmittel und Kräfte aufs äußerste anspannen, um nicht ins Hintertreffen gedrängt zu werden, und das ist die gute Seite, die sie dem Wettbewerb des Kraftwagens abzugewinnen bemüht sein muß.“

Dieser Herausforderung suchte die Reichsbahn durch verschiedene Neuerungen zu begegnen. Eine war die Einführung des

Bild 337
In der zweiten Hälfte der zwanziger Jahre gab es im Rheinland viele Großveranstaltungen. Zudem förderten Sonntagsrückfahrkarten den Ausflugsverkehr. Das Foto zeigt aus Süden und aus Norden angekommene Ausflügler in Rolandseck (Strecke Köln – Koblenz) im Jahr 1928.

AUFNAHME:
SAMMLUNG KLAUS KEMP

Bild 338
Mitte der zwanziger Jahre stellte die Reichsbahn ein Typenprogramm zum Ersatz der alten Länderbahnloks ab. Nach dem Ende der Regie kamen diese Loks auch an den Rhein. Hier verlässt die 02 007 im Jahr 1926 den Kölner Hauptbahnhof vor der markanten Kulisse des Doms.

AUFNAHME: CARL BELLINGRODT, SAMMLUNG KLAUS KEMP

Behälterverkehrs. Er wurde bereits in den USA in den heute bekannten Größen angewandt. Das erschien der Reichsbahn jedoch in Deutschland wegen des Umfangs des anfallenden Stückguts nicht realisierbar zu sein, weshalb sie kleinere Einheiten einführte. Sie entwickelte nicht nur die Behälter, sondern auch das dazu passende Ladegeschirr. 1927 befasste sich die Reichsbahn mit einem Konzept, das ein flächendeckendes Netz zum beschleunigten Stückguttransport vorsah. Darin sollten die langen Rangierzeiten in den Bahnhöfen vermieden werden, indem die Stückgüter auf ihrem gesamten Weg zum Zielbahnhof ohne Umladen transportiert würden. Es sollten dafür neu entwickelte Gepäcktriebwagen zum Einsatz kommen, in denen die Sortierung des Stückguts nach Empfangsorten bereits während der Fahrt erfolgen konnte.

Da die Lieferzeiten der benötigten Gepäcktriebwagen zu lang waren, um eine schnelle Umsetzung dieses Konzepts zu ermöglichen, wurde die Umsetzung vorerst zurückgestellt. Ein Jahr später präsentierte die Rbd Köln ein Konzept, das statt der Gepäcktriebwagen beschleunigte Güterzüge mit maximal zehn Achsen vorsah und für deren Beförderung Lokomotiven des Personenverkehrs zu nutzen wären. Das Personal für das Sortieren des Stückguts sollte in einem eigens dafür eingereihten Gepäckwagen untergebracht werden. Dieses Konzept ließ sich durch den hohen Güterwagenbestand in kurzer Zeit kostengünstig umzusetzen und markierte den Beginn des Stückgut-Schnellverkehrs in Deutschland. Es war allerdings ein Angebot, das wegen des hohen Personalaufwands nicht kostendeckend war.

Wie im Güterverkehr gab es auch für den Personenverkehr eine zunehmende Konkurrenz durch die Straße. Die Tarife für Zeitkarten waren zwar besonders günstig, brachten der Reichsbahn jedoch Verluste ein, die durch die Überschüsse des Güterverkehrs gedeckt werden mussten. Um trotzdem in diesem Sektor Gewinn zu machen, setzte sie die Fahrpreise für die erste und zweite Klasse im Vergleich zur dritten und vierten überproportional hoch.[303] Das führte zu einer Abwanderung zur Straße, denn viele der Fahrgäste dieser Klassen konnten sich ein eigenes Auto leisten, als die industrielle Massenproduktion von Straßenfahrzeugen begann. Parallel dazu nahm der Wochenendausflugsverkehr mit Autobussen rapide zu, was der Bahn ebenfalls viele Fahrgäste wegnahm. Um dem entgegenzuwirken, wurden einerseits Triebwagen eingeführt, welche die Betriebs- und Personalkosten vor allem auf Strecken mit wenig Verkehr reduzierten, und modernisierte gleichzeitig den Wagenpark.

Ein anderer Versuch attraktiver zu werden war die Entscheidung, ab dem 7. Oktober 1928 die vierte Klasse wegfallen zu lassen, während andererseits die erste Klasse nur noch hochwertigen Schnellzügen vorbehalten blieb, sodass die Mehrzahl der Personenzüge nur noch zwei Klassen aufwies. Die Wagen der bisherigen vierten Klasse wurden jedoch nicht aus dem Verkehr gezogen, sondern baulich so verändert, dass sie in etwa den bisherigen Wagen dritter Klasse entsprachen. Zu der Entscheidung beigetragen hatte die zunehmende Abwanderung aus den höheren in die niedrigeren Klassen sowie die gleichzeitige Aufwertung der Wagen der unteren Klassen durch eine bessere Ausstattung. Allerdings ließen sich nicht alle Wagen umbauen, da auf ländlichen Strecken Wagen für Traglasten nach wie vor stark gefragt waren.

Die Zusammenlegung der beiden unteren Klassen brachte schon innerhalb von zwei Monaten eine Rückwanderung von etwa 30 % der Fahrgäste von der Holz- in die Polsterklasse. Das führte zu einem Mangel an Wagen der zweiten Klasse. Die Reichsbahn gab deshalb 750 neue Wagen für Personenzüge in Auftrag, die als Einheitsbauarten einen ganz neuen Typ darstellten (Eilzugwagen Typen BC4i und C4i, gebaut ab 1928 sowie B4i, gebaut ab 1929). Es waren Drehgestellwagen ähnlich der bisherigen D-Zug-Wagen. Prototypen waren bereits auf der Strecke Dortmund – Köln im Einsatz und hatten sich dort bewährt.

Neben den normalen Verkehrsspitzen gab es Veranstaltungen im Rheinland, die den Personenverkehr zusätzlich sprunghaft ansteigen ließen. Zu nennen ist die Feier der 1.000-jährigen Zugehörigkeit des Rheinlands zum Deutschen Reich im Jahr 1925.[304] In vielen Städten gab es Veranstaltungen und Ausstellungen. Köln alleine verzeichnete 1,5 Mio. Besucher, die größtenteils auf der Schiene anreisten. 1927 durfte der Karneval erstmals nach Kriegsende wieder im gewohnten Umfang auch auf der Straße mit den berühmten Rosenmontagszügen gefeiert werden. In Köln verkaufte man an den drei tollen Tagen 93.100 Fahrkarten, fast doppelt so viel wie 1914. Im Pfingstverkehr 1927 gab es zu den täglich 247 fahrplanmäßig verkehrenden Zügen noch von Samstag bis Montag insgesamt 234 Sonderzüge. In den folgenden Jahren wurde der Karneval nicht so stark besucht, aber trotzdem wurden 20 Sonderzüge eingesetzt und die planmäßigen Züge verstärkt.

Die Internationale Presseausstellung (PRESSA) in Köln war ein Großereignis, das Besucher in Massen aus dem In- und Ausland anzog. Sie wurde am 12. Mai 1928 eröffnet und dauerte bis zum 14. Oktober. Auch die Reichsbahn richtete einen Stand ein,

Bild 339 – Der Stückgutverkehr war arbeitsaufwendig, und zudem verlor die Reichsbahn schon in den zwanziger Jahren Kunden durch den wachsenden Speditionsverkehr auf der Straße. Sie versuchte dieser Abwanderung durch besonders schnelle Züge, für die die Rbd Köln eigens Wagen entwickelte, zu begegnen. Im Jahr 1934 rollt 38 1793 des Bw Weimar bei Kälberfeld mit einem Zug des Stückgut-Schnellverkehrs vorüber. AUFNAHME: CARL BELLINGRODT/EK-VERLAG

der über ihre Öffentlichkeitsarbeit informierte. Die Reichsbahn machte auch auf andere Art Werbung für sich:

„Der neue deutsche Luxuszug ‚Rheingold', der vom 15. Mai ab in den regelmäßigen Verkehr eingestellt wird, führte Freitag Vormittag [11. Mai] *seine erste öffentliche Reise mit einer Pressesonderfahrt von Mainz nach Köln zur Pressa aus. In Mainz versammelten sich auf besondere Einladung der Deutschen Reichsbahngesellschaft eine große Zahl von Vertretern der Presse und des öffentlichen Lebens, um unter Führung des Reichsbahndirektors Dr. Neumann und anderer höherer Beamter der Reichsbahngesellschaft und der Reichsbahndirektion Mainz eine Besichtigungsfahrt anzutreten. Mittags um 12.30 Uhr traf der Zug in Köln ein. Auf der Fahrt hatten die Gäste Gelegenheit, unter fachmännischer Leitung diese Neuschöpfung der Reichsbahn eingehend zu besichtigen."* [305)]

Es gab im Schnitt rund 40.000 Besucher pro Tag, von denen der größte Teil mit der Bahn anreiste. Zu den Spitzentagen gehörte der 29. Juli mit 125.000 Besuchern, der durch den Schlusstag am 14. Oktober 1928 mit 145.000 Besuchern noch übertroffen wurde. Die Beförderung dieser Massen wurde mit einer großen Zahl von Sonderzügen ermöglicht. Alleine im Juni und Juli verkehrten 107 Sonderzüge, dazu kamen noch 167 weitere, als in Köln parallel zur Ausstellung Anfang August das Deutsche Turnerfest stattfand. Selbst die Rheindampfer legten Sonderfahrten ein.

Ein anderes Großereignis stellte die Befreiungsfeier im Rheinland nach Abzug der letzten Besatzungstruppen dar. Sie fanden im Juli 1930 in Anwesenheit des Reichspräsidenten Hindenburg statt. Zu den Veranstaltungen in Mainz am 19. und 20. des Monats brachte die Reichsbahn mehr als 120.000 Gäste in die Stadt. Am 22. folgte die zentrale Feier in Koblenz, an der ähnliche Men-

Bild 340
Wagen wurden entwickelt, um Schüttgüter schneller umladen zu können. Eine relativ aufwendige Form war es, den ganzen Wagen zu kippen, um ihn über die Stirnseiten zu entladen. Dafür brauchte man allerdings ein spezielles Gestell und musste jeden Wagen einzeln in Position bringen. Die heutige Form der Entladung sieht seitliche Klappen vor.

AUFNAHME: SAMMLUNG KLAUS KEMP

schenmengen teilnahmen. Sie wurden jedoch von einem tragischen Unfall mit 38 Toten überschattet, als eine Behelfsbrücke einstürzte. Daraufhin brach der Präsident seine Reise durchs Rheinland ab. Beachtlichen Verkehr wiesen auch die Wallfahrtsorte auf. 1926 brachten 246 Sonderzüge etwa 240.000 Pilger nach Kevelaer. Im folgenden Jahre waren es 286 Sonderzüge mit rund 350.000 Wallfahrern.

Wie im Abschnitt 5.6.1 erwähnt, besaß die Reichsbahn genug Lokomotiven, um den Verkehr in der gewünschten Form abzuwickeln. Zwar entsprachen sie vielleicht nicht in allen Fällen den Anforderungen an die Zuglast und an die Geschwindigkeiten, aber bei einem Mehrbestand von 2.000 Maschinen über den Bedarf hinaus hätte es Möglichkeiten gegeben, den betrieblichen Anforderungen gerecht zu werden. Auf Druck der Politik wurden neue Lokomotiven der Einheitsbaureihen beschafft. Ein Teil von ihnen war für einen höheren Achsdruck ausgelegt, als es der Fahrweg tatsächlich zuließ. Die Baureihe 01 besaß eine Achslast von 20 t, was zu Problemen bei ihrer Nutzung führte. Im Rheinland waren z. B. die Strecken Koblenz – Bingerbrück und Mainz – Ludwigshafen nur für 18 t Achslast ausgelegt. Andere wichtige Strecken mit dieser Beschränkung waren Berlin – Hamburg – Bremen und Bebra – Hanau. Von Berlin in Richtung Breslau betrug die zulässige Achslast sogar nur 16 t. Das führte einerseits zur Konstruktion einer leichteren Variante der Baureihe 01, nämlich der Baureihe 03. Zusätzlich wurde 1925 der neue Oberbau „K" entwickelt und ab 1926 eingeführt. Da jedoch der Unterhalt der Strecken durch den Krieg und die Ereignisse der Nachkriegsjahre gelitten hatte, kamen die Umbauten nur langsam voran. Neben den Geleisen war auch der Unterhalt der Brücken durch die Zeitumstände vernachlässigt worden. Vor allem in sechs Direktionsbezirken gab es große Defizite. Dazu gehörten die RBD Essen und Köln. Dass die Reichsbahn in diesem Bereich Probleme hatte, zeigte eine wachsende Zahl von Unfällen zu Ende der zwanziger Jahre, die auf mangelhaften Unterhalt zurückgeführt wurden.

Im Zuge der Rationalisierung des Betriebes untersuchte die Reichsbahn die in den Rangierbahnhöfen entstehenden Kosten. Als Ergebnis vervollkommnete man die Ablaufberge und die nachfolgenden Einrichtungen zum automatischen Verteilen und Abbremsen der Wagen in Richtungsgleisen. Alleine in der RBD Essen wurden deshalb acht Ablaufberge und sieben komplette Rangierbahnhöfe stillgelegt. Auch in der RBD Köln gab es Rationalisierungen durch Konzentrierung der Wagenbehandlung. Am 15. Februar 1926 wurden die Nord-Süd-Richtung des Rbf Köln Eifeltor und die Süd-Nord-Richtung des Rbf Köln Kalk stillgelegt. Die Aufgaben gingen auf den Rbf Gremberg über. Er besaß eine maximale Leistung von 6.400 Wagen pro Tag. Diese Entscheidung wurde durch die Neugestaltung der Kölner Bahnhöfe erleichtert, die trotz alliierter Besatzung und Ruhrkampf in den Nachkriegsjahren ab 1919 durchgeführt wurde und 1924 ihren Abschluss fand.

Der Krieg und die Nachkriegszeit veränderten Verkehrsströme im Großen und im Kleinen. Das mag ein Beispiel verdeutlichen: Im Dezember 1926 „verödete" der Kohleverkehr zwischen Duisburg-Wedau und Ehrang über die Rhein- und Moselstrecke in Richtung Frankreich durch belgische Konkurrenztarife, der damit fast vollständig über die ehemals deutsche Vennbahn geleitet wurde. Das hatte auch Auswirkungen auf die Strecke des „Eisernen Rheins" Antwerpen – Roermond – Mönchengladbach, die vor dem Kriege sehr stark frequentiert gewesen war. Nach der Übergabe der Eisenbahnverwaltung an die Reichsbahn wurden die Personenzüge nach Holland und Belgien nicht wieder wie vor dem Krieg bis Antwerpen oder bis Roermond durchgeführt. Sie endeten jetzt von beiden Seiten in Dalheim, wodurch es für Weiterreisende ein lästiges Umsteigen gab, zu dem sich noch mangelhafte Anschlüsse gesellten. Außerdem ließen die Zahl und die Stärke der Personenzüge von beiden Seiten erheblich nach. Im Güterverkehr fielen die gesamten Kohlenzüge für Antwerpen aus, und nur noch etwa fünf Waggons für private Unternehmungen in Holland passierten täglich den Grenzübergang Dalheim.

Der Einbau der Kunze-Knorr-Druckluftbremse begann zwar schon 1919, aber erst 1924 waren so viele Wagen damit ausgerüstet, dass in größerem Umfang vollständig druckluftgebremste Züge gefahren werden konnten. 1925 war der Einbau in Deutschland beendet. Die Einführung der durchgehenden Güterzugbremse ersparte bei den Güterzügen etwa 30.000 Mann an Zugbegleitpersonal. Die Durchschnittszahl der Bremser bzw. Zugbegleiter betrug für einen Zug vorher 5,6 Mann, nach der Einführung der Druckluftbremse nur noch 2,6 Mann. Dadurch waren also etwa 54 % weniger Zugbegleiter nötig. Neben der Ersparnis an Zugbegleitpersonal war die Geschwindigkeitserhöhung bei den Zügen von wesentlicher Bedeutung für die damit verbundene Senkung der Zugförderkosten. Zudem erleichterte es der Reichsbahn durch die möglich gewordene Erhöhung der Transportleistung, die von den Alliierten geforderte Einstellungen von Baumaßnahmen an strategischen Bahnen wie an Mosel und Ahr zu akzeptieren.

Durch die Hyperinflation und den Zusammenbruch der Wirtschaft vor allem in den besetzten Gebieten war auch die Arbeitslosigkeit dort im Vergleich zum Rest des Reiches überproportional gestiegen. Die französische Armee nutzte das zur Anwerbung für ihre Fremdenlegion. 1922 und 1923 ließen sich immerhin monatlich 250 bis 300 junge Deutsche anwerben. Bis 1926 sank die Zahl auf unter 200 pro Monat. Sie wurden in Gruppen gesammelt und per Bahn über die Grenze gebracht.

„Für die französische Fremdenlegion gehen dauernd Ersatztransporte, die aus jungen Deutschen bestehen, durch die Pfalz nach Frankreich; Auf dem Bahnhof Winden trifft jeden Dienstag mit dem Personenzug 2.30 Uhr nachmittags von Griesheim bei Darmstadt ein Transport von 15-0 Mann unter Führung eines Franzosen in Zivil ein und geht nach Weißenburg i. E. weiter. [...] *Am Bahnhof Ludwigshafen werden jede Woche Transporte in Stärke von 10-30 Mann beobachtet."* [306)]

Während sich die angeworbenen Rekruten problemlos nach Frankreich bringen ließen, solange die Eisenbahnen von der Regie geführt wurden, wurde das schwieriger, als sie wieder in deutscher Hand waren. Da diese Anwerbung nach deutschen Gesetzen verboten war, wurde zunehmend dagegen vorgegangen. Jedoch erst am 4. Februar 1927 erließ die pfälzische Regierung Weisungen, auf Grund derer Polizisten in Kapsweyer, dem letzten Bahnhof vor Weißenburg, fünfzehn junge Männer aus dem Zug holten. Sie wurden ins unbesetzte Gebiet zurückgebracht. Dem französischen Begleiter konnte man allerdings nichts anhaben, da er einen von der französischen Armee ausgestellten Pass besaß, der ihm Immunität verlieh. Nach diesem Vorfall wurden die Angeworbenen in kleineren Trupps von drei bis vier Mann mit der Bahn in die Nähe der Grenze gebracht, wodurch sie nicht mehr so leicht zu entdecken waren. Von dort aus gelangten sie in der Regel nachts auf Schleichwegen nach Frankreich.

Eigentlich gehört es nicht mehr zum engeren Thema dieser Ausarbeitung, soll aber trotzdem erwähnt werden. Nachdem bei der Abstimmung im Saarland am 13. Januar 1935 sich 90,5 % der Stimmberechtigten für einen Anschluss an das Deutsche Reich ausgesprochen hatten, wurden die Saarbahnen zum 1. März 1935 wieder Teil der Deutschen Reichsbahn und übernahmen am selben Tag auch ihre ehemaligen Strecken von der RBD Trier. Weil sich die Grenzen gen Westen verschoben, mussten die von den Franzosen angelegten Zollbahnhöfe rückgebaut und entlang der neuen Grenze neue angelegt werden. Schließlich hatten sie bis 1918 wegen der Zugehörigkeit von Elsass-Lothringen zum Reich und von Luxemburg zum deutschen Wirtschaftsgebiet weiter westlich gelegen.

Bild 341 – Mit der Räumung des Ruhrgebiets gaben die Besatzungsmächte auch die Kontrollposten zum unbesetzten Deutschland hin auf. Einer davon befand sich im Bahnhof Solingen-Schaberg, am westlichen Ende der Müngstener Brücke.

Bild 342 – Auch nach dem Rückzug der Besatzungstruppen aus dem nördlichen Rheinland blieben das Schleifen militärischer Anlagen (wie die Festung oberhalb des Koblenzer Bahnhofs) und der Rückbau von Bahnanlagen ein ständiger Streitpunkt zwischen den Alliierten und den Deutschen. AUFNAHMEN (2): SAMMLUNG KLAUS KEMP

5.6.5 Das Verhältnis zu den Besatzungsmächten

Obwohl die Zollgrenze zwischen besetztem und unbesetztem Deutschland bereits Ende September 1924 gefallen war, hob die C.I.C.F.C. die Eisenbahn-Kontrollpunkte erst Anfang 1925 auf. Befehlsgemäß zogen sich die britischen Truppen deshalb am 7. Februar aus den Bahnhöfen Wermelskirchen, Solingen-Ohligs, Solingen-Schaberg, Gräfrath und Engelskirchen zurück. Damit gaben sie auch einen Teil des Brückenkopfes frei, den sie seit Dezember 1918 besetzt gehalten hatten.

Das schon früher angesprochene Misstrauen vor allem der Franzosen zeigte sich auch in einem Bericht des Generals Guillaumat, der im Oktober 1924 die Nachfolge von General Degoutte als Oberbefehlshaber der Besatzungstruppen übernommen hatte. Das Dokument fertigte er mit Unterstützung der C.I.C.F.C. an. Darin bezeichnete er von der Reichsbahn geplante Verbesserungen an Bahnstrecken im Rheinland sowie den Bau von Brücken über Rhein und Mosel als einen Versuch der deutschen Militaristen, die Konzentrierung von Truppen zu beschleunigen und deren Transport zu erleichtern. Alle Bauvorhaben der Reichsbahn mussten aufgrund der Verordnung 282 zur Genehmigung vorgelegt werden. Die C.I.C.F.C. verzögerte die Ausführung geplanter Bauten immer wieder durch überlange Bearbeitungszeiten und kleinliche Beanstandungen. In einem Fall musste der bereits begonnene Bau eines Kreuzungsgleises in Kaisersruh an der eingleisigen Nebenbahn Jülich – Aachen Nord eingestellt werden, weil die Besatzung durch dessen Bau ihre Sicherheit bedroht sah.

Zur Vorbereitung eines Abkommens über die Entmilitarisierung der Eisenbahnen verlangte die C.I.C.F.C. im März 1928 von der Reichsbahn eine umfangreiche Übersicht aller in den Rheinlanden geplanten Ausbauten, die zudem noch wirtschaftlich begründet werden sollten. Da es für die Reichsbahn dabei um ein politisches Thema ging, das nach ihrer Auffassung außerhalb der eigenen Kompetenz lag, reagierte sie nicht auf dieses Verlangen.

Das veranlasste die C.I.C.F.C. die **Zustimmung zu Bauanträgen** zu **verweigern**. Im Einzelnen handelt es sich dabei um:

- Umbau zweier Brücken, Strecke Odernheim – Staudernheim,
- Erweiterung des Bahnhofs Rüsselsheim und Bau eines weiteren Verbindungsgleises Rüsselsheim – Mainz-Bischofsheim,
- Bau einer Eilgutverkehr-Ladebühne im Bahnhof Aachen West,
- Bau eines Abstellgleises im Bahnhof Mariagrube,
- Erweiterung des Bahnhofs Frankfurt-Kelsterbach (u. a. Bau eines schienenfrei zugänglichen Mittelbahnsteigs),
- Verbesserung der Freiladeanlagen im Bf. Mainz-Gonsenheim,
- Verbesserung der Linienführung in Eilendorf, Köln – Aachen,
- Umbau der Bahnsteige im Bahnhof Koblenz-Lützel,
- Bau neuer Rheinbrücken in Ludwigshafen, Speyer und Maxau.

Im offensichtlichen Widerspruch zu diesem Vorgehen stand das alliierte Verbot des Ausbaus von Weichen, Gleisen und Stellwerksanlagen im Bahnhof Ehrang, die man gerne an anderer Stelle benutzt hätte. Zusätzlich wurde die RBD Trier durch die Besatzung gezwungen, auf den Bahnhöfen Pronsfeld, Prüm und Bleialf für den Betriebsablauf überflüssige Gleisanlagen, die bereits ausgebaut waren, wieder zu installieren. Es handelte sich um Einrichtungen, die ursprünglich für das deutsche Militär gebaut worden waren und jetzt den Franzosen für ihre Manöver dienten. Während der Herbstmanöver 1928 z. B. hatten die drei letztgenannten Bahnhöfe den Verkehr von etwa 590 G- und R-Wagen zu bewältigen. Ebenso waren für das Militär geeignete Laderampen, die längst einer zivilen Nutzung als Lagerflächen zugeführt worden waren, für die Besatzungstruppen wieder freizumachen. Speziell genannt wurden Laderampen in Ehrang, Hetzerath (Strecke Koblenz – Trier), Trier Hbf und Trier West. Im Bereich der RBD Mainz verlangte die Besatzung, dass die Hindenburgbrücke (Strecke Rüdesheim – Bad Münster a. St.) in der Zeit von 4 bis 22 Uhr für ihren Fahrzeugverkehr freizuhalten war. Zwar durften in dieser Zeit auch zivile Fahrzeuge die Brücke benutzen, die Genehmigung konnte jedoch jederzeit widerrufen werden. Das Passieren von Eisenbahnzügen wurde jedoch nur nach vorheriger Genehmigung gestattet.

Eine Betriebsgefahr brachte der Bau eines Minenstollens am Obernhofer Tunnel an der Lahntalbahn mit sich. Er war 1923 durch französische Truppen so nahe am Gewölbescheitel angelegt worden, dass die Reichsbahn eine Gefährdung der Standsicherheit des Tunnels befürchtete. Deshalb mussten alle Züge, die durch den Tunnel fuhren, ihre Geschwindigkeit reduzieren. Erst 1928 wurde es der RBD Frankfurt erlaubt, den Stollen zu beseitigen. Seine Anlage lässt sich wohl nur mit der immer noch vorhandenen Furcht vor einem deutschen Angriff erklären. So verwundert es nicht, dass bei der Erneuerung der Moselbrücke von Güls (Kreis Koblenz) Sprengkammern eingebaut werden mussten, welche die Reichsbahn nicht vorgesehen hatte. Die Feldeisenbahnkommission bestand im Übrigen auf einer Genehmigungspflicht für alle Unterhaltungsarbeiten an Kunstbauten wie Brücken und Tunneln, egal wie groß oder klein sie waren. Selbst geringfügige Verschiebungen von Weichenstraßen und ähnliches mussten vor der Ausführung angezeigt werden. Mit der Zeit bestand die C.I.C.F.C. sogar auf der Anzeige aller Bauarbeiten, die eine Aktualisierung der Pläne erforderten, selbst wenn es sich nur um die Änderung des Schienenprofils handelte.

Auch bezüglich des Lokomotiv- und Werkstättendienstes gab es immer wieder Irritationen. Die Feldeisenbahnkommission ver-

langte jedes Mal eine Anzeige, wenn eine Lok aus dem besetzten ins unbesetzte Gebiet zur Reparatur überführt wurde. Schließlich habe man laut des Artikels 10 des Rheinlandabkommens und des Artikels 8 der Verordnung 282 dafür zu sorgen, dass *„das für den Unterhalt und den Betrieb aller Eisenstrecken erforderliche Material vollständig und in gutem Zustand"* [307] unterhalten werde. Auf die Dauer bestand die C.I.C.F.C. auch auf einer Meldung darüber, welche Loks aus dem unbesetzten Deutschland im besetzten Gebiet behandelt wurden. Im Falle von Umbeheimatungen von Loks zwischen besetztem und unbesetztem Gebiet bedurfte es sogar einer Genehmigung, die oft monatelang auf sich warten ließ. Für die Reichsbahn war dieses Verhalten unverständlich, weil es eine Zeit der Modernisierung des Maschinenparks war, in der alte Länderbahnloks und Splittergattungen ausgemustert und durch moderne Einheitsloks ersetzt wurden. Die Franzosen dagegen hatten Angst, die für die Aufrechterhaltung des Betriebs notwendige Anzahl von Maschinen könnte nicht zur Verfügung stehen oder dass man ihnen moderne gegen veraltete Loks austauschen würde.

Es war eine Zeit, in der die Reichsbahn nicht nur ihr rollendes Material modernisierte, sondern auch ihre Werkstätten. Einerseits sollten die Werkstätten nicht mehr alle in einer Direktion anfallenden Arbeiten an Wagen und Lokomotiven erledigen, sondern nur noch an bestimmten Fahrzeugen für mehrere Direktionen oder sogar für das Gesamtnetz der Reichsbahn. Sie erhoffte sich dadurch eine Kostenreduzierung, weil weniger Ersatzteile vorzuhalten waren. Durch die Einrichtung der Werkstätten als „Profitcenter", wie man heute sagen würde, wurde einen gewisser Wettbewerb untereinander sowie ein Kostenüberblick erwartet, den es bis dahin nicht gab, und in der Folge eine verbesserte Kostenkontrolle und Wirtschaftlichkeit. Es war das, was in letzter Konsequenz der Dawes-Plan mit seinem Konzept der Reichsbahn-Privatisierung verlangte, obwohl die ersten Ansätze zu diesen Veränderungen aus dem Anfang der zwanziger Jahre stammten.

Auch diese Politik führte zu Reibereien zwischen Reichsbahn und Feldeisenbahnkommission. Der Ersatz einer veralteten Werkzeugmaschine durch eine neue in einer Werkstätte des besetzten Gebietes musste gemeldet werden. Als die Reichsbahn 1927 Werkstätten ganz stilllegen wollte, widersetzte sich die C.I.C.F.C. zuerst. Erst nach langen Verhandlungen und nachdem die Reichsbahn Ersatzteillager angelegt hatte, durfte die Ausbesserungs-

Bild 343, oben – Aufgabe der Briten während ihrer Zeit in Wiesbaden war es unter anderem auch, die Hindenburgbrücke zwischen Rüdesheim und Bingen militärisch zu sichern. Sie war erst 1915 als Eisenbahnbrücke fertiggestellt worden. 93 655 überquert mit P 2416 die Brücke um 1935. AUFNAHME: CARL BELLINGRODT, EK-VERLAG

Bild 344, unten – Ähnlich wie die Ludendorff-Brücke bei Remagen wurde auch die Hindenburgbrücke bei Rüdesheim als Nachschublinie für die Westfront gebaut. Nach Kriegsende beschlagnahmte die Besatzungsmacht die Brücke und baute sie so um, dass auch Fuhrwerke und Kraftwagen passieren konnten. Zusätzlich verkehrten Militärzüge und ab Ende 1919 nachts in geringem Umfang auch zivile Güterzüge. Ab Oktober 1920 war die Brücke auch für den zivilen deutschen Straßenverkehr nutzbar. Erst mit Abzug der Alliierten wurde sie ab 1930 wieder eine reine Eisenbahnbrücke.
AUFNAHME: BIBLIOTHÈQUE DE TOULOUSE

werkstatt in Mainz Süd geschlossen und die in Ludwigshafen zum Teil abgebaut werden. Im unbesetzten Gebiet konnten diese Maßnahmen früher, schneller und reibungsloser durchgeführt werden.

Als sich das Ende der Besatzung abzeichnete, versuchten die Franzosen eine „ständige Feststellungs- und Versöhnungskommission" durchzusetzen, die letztlich die Fortsetzung der Arbeit der C.I.C.F.C bedeutet hätte. Das zu verhindern war ein wichtiges Anliegen für die deutsche Seite gewesen, was im bisherigen Verhalten der Kommission begründet lag. Die hätte nämlich 1928 ein allgemeines Bauverbot verhängt, was zu den oben geschilderten Problemen führte. Es sollte gelten, *„bis die Reichsbahn ihr Gesamtprogramm der in den nächsten Jahren beabsichtigten Bauarbeiten dem Alliierten Militärkomitee in Versailles unterbreitet habe und bis die im Jahre 1922 begonnen, seit 1923 ruhenden Verhandlungen* [vgl. Abschnitt 5.1.5] *wegen Entmilitarisierung der rheinischen Bahnen zum Abschluss gekommen seien."* [308)]

Gleichzeitig verlangte die Interalliierte Rheinlandkommission Anfang April die Entfernung sämtlicher zwischen 1914 und 1918 im Bereich der RBD Trier für militärische Zwecke gebauten Laderampen oder wenigstens ihre Unbrauchbarmachung. Es handelte sich um 20 Objekte.

Im August 1929 kam es bei einer Konferenz in Paris zu einem neuen Abkommen zwischen den Alliierten und dem Deutschen Reich auf der Basis des Versailler Vertrags (Artikel 42-44) und der Note der alliierten Botschafterkonferenz vom Mai 1922. Darin war die Möglichkeit vorgesehen, gegen den Bau von Eisenbahnen und Erweiterung von Bahnanlagen vorzugehen, die einer Mobilmachung dienen könnten. In dem neuen Vertrag wurde das Einspruchsrecht der Alliierten für zwölf weitere Jahre festgeschrieben. Damit unterlag der Ausbau der Eisenbahnen sowie auch der Straßen in der entmilitarisierten Zone weiterhin Beschränkungen. Das betraf u. a. den viergleisigen Ausbau der Strecke Köln – Düren und die Erweiterung der Aachener Bahnhöfe, die durch die neue Grenzziehung zu klein geworden waren. Dies war übrigens derselbe Grund, weshalb man den an Belgien gefallenen Bahnhof Herbesthal vor dem Weltkrieg großzügig als deutschen Grenzbahnhof ausgebaut hatte.

Andererseits wurde in diesem Abkommen noch einmal der Rückbau strategischer Bahnen gefordert, insbesondere der Strecken Jünkerath – Losheim und Gerolstein – Lommersweiler sowie den Rückbau aller während des Krieges in der Eifel gebauten Verladerampen. In der Pfalz musste die 500 m lange Verladerampe in Schaidt an der Strecke Landau – Weißenburg auf die Hälfte gekürzt werden. Die früheren Forderungen bezüglich der Glantalbahn Homburg – Bad Münster am Stein wurden reduziert. Die bis dahin zweigleisige Strecke, die ursprünglich auf Grund französischer Forderungen in ihrer Gänze eingleisig werden sollte, musste nur noch auf dem Abschnitt Odernheim – Bad Münster am Stein auf ein Gleis rückgebaut werden. Ebenso durfte entgegen der früheren Forderungen die Verbindungskurve Odernheim – Staudenheim bestehen bleiben.

Diese Rückbauten hatten innerhalb von neun Monaten, gerechnet ab dem 1. September 1929, zu erfolgen. Die Arbeiten begannen dort am 12. November und wurden fristgerecht beendet. Der ins Auge gefasste Ersatz der Schiffsbrücke von Maxau wurde dagegen nicht beanstandet, weil sie ein Hindernis für die Schifffahrt auf dem Rhein darstellte und der Bau einer festen Brücke schon lange gefordert worden war. Sie wurde allerdings erst 1938 eröffnet.

Ende 1929 begann der Abbau des zweiten Gleises auf den Strecken Gerolstein – Prüm – Steinebrück – Grenze und Jünkerath – Losheim. Neben den Schienen wurde auch der Schotter abgefahren, der für den Straßenbau weiterverwendet wurde, und verringerte dort, wo Dämme aufgeschüttet waren, deren Kronenbreite. Verladerampen wurden teils beseitigt, teils verkürzt. Die C.I.C.F.C. nahm nach dem Abschluss dieses Vertrags ihr Bauverbot zurück, bestand jedoch nach wie vor auf einer Mitteilung über jedes Vorhaben gemäß Verordnung 282. Ebenso mischte sie sich nicht länger in Veränderungen im maschinentechnischen Dienst ein, und die Reichsbahn konnte nun sogar ungehindert überzählige Loks an das unbesetzte Gebiet abgeben und einen Loktausch vornehmen, so wie es den Betriebsbedürfnissen entsprach.

Mit der Räumung der zweiten Besatzungszone Ende November 1929 entspannte sich die Lage in dem immer noch besetzten Teil des südlichen Rheinlandes, weil auch deren baldige Räumung absehbar wurde. Im Kleinen zeigte das die Erlaubnis der Besatzungsmacht vom 1. Mai 1929, die Fahrkarten von auf der Eisenbahn reisenden Militärpersonen durch deutsche Schaffner prüfen zu lassen. Bis dahin hatte das Zugpersonal solche Kontrollen nur in Anwesenheit eines dafür abgestellten alliierten Offiziers oder an den Bahnsteigsperren durchführen dürfen. Eigentlich wäre eine strengere Kontrolle notwendig gewesen, denn bis zum Ende der Besatzungszeit gab es permanent Klagen über Soldaten, die mit einem ungültigen Fahrschein oder ganz ohne reisten.

Versuchte sich ein Schaffner durchzusetzen, kam es oft genug zu Handgreiflichkeiten, bei denen er in der Regel den Kürzeren zog, weil das von der Besatzungsmacht als so etwas wie Widerstand gegen ihre Autorität angesehen wurde. Im Laufe der Zeit vereinbarten die Reichsbahn und die Interalliierte Rheinlandkommission ein Verfahren für Militärfahrscheine, das für die Schaffner sehr aufwendig war. Ursprünglich konnten sie als Fahrkarten benutzt werden, wurden dann jedoch nur noch als Gutscheine ausgegeben, die vor Antritt der Fahrt eingewechselt werden mussten. Dieser Umtausch in Besatzungsdienstfahrkarten, wie sie im Amtsdeutsch hießen, bereitete besonders an der Grenze große Schwierigkeiten. Hier mussten während eines relativ kurzen Aufenthalts in verkehrsreichen Zeiten bis zu 100 und mehr Militärpersonen im Zug selbst abgefertigt werden, da sie auf Grund eines Armeebefehls in dieser Zeit nicht aussteigen durften.

Die Arbeit der Schaffner wurde zusätzlich dadurch erschwert, dass es nicht so etwas wie einen Fahrkartenschalter für diese Arbeit gab. Mit der Zeit gab es 30 verschiedene Tarife für den Verkehr des alliierten Militärpersonals und seiner Familien mit dem Ausland, dem Saargebiet und im Transit durch die geräumte Kölner Zone, was selbst bei den Schaffnern und Schalterbeamten zu Verwirrung führen konnte. Aber *„trotz des weitgehenden Entgegenkommens, das die Reichsbahn den Wünschen der Besatzungsmächte auf Einrichtung durchgehender Abfertigung gegenüber stets gezeigt hat, stellen die Besatzungsangehörigen oft Zumutungen an den Abfertigungsdienst, die weit über die Grenzen des Möglichen hinausgehen."* [309)]

Aus der heutigen Sicht kurios erscheint die Beschränkung der Beförderung von Brieftauben zwischen dem besetzten und dem unbesetzten Gebiet. Damals erfüllten sie eine wichtige Funktion in der Nachrichtenübermittlung, die heute Funkgeräte übernehmen. Ihr Transport durfte nach Artikel 31 der Verordnung 308 nur mit Genehmigung der Kommandierenden Generale erfolgen. Die Beachtung dieser Anordnung wurde von den Kontrollorganen der Besatzung dauernd nachgeprüft, wobei sie auch nachforschten, ob sich unter den Brieftauben nicht etwa Armeebrieftauben befanden.

Die Interalliierte Eisenbahnkommission wurde zum 30. November 1929 aufgelöst. Trotzdem blieben immer noch rund 70 französische Feldeisenbahner bis zur endgültigen Räumung Deutschlands in Wiesbaden und den Außenstellen Ludwigshafen und Trier, in der Transportabteilung Mainz sowie in den Bahnhofskommissariaten Mainz Hbf, Kreuznach, Wiesbaden, Trier Hbf, Trier West, Perl, Türkismühle, Ludwigshafen; Kaiserslautern, Bruchmühlenbach, Landau und Winden.

5.6.6 Militärtransporte für die Alliierten

Für die Besatzungstruppen mussten umfangreiche Transporte vor allem von und nach Frankreich gefahren werden wie etwa aus Anlass der Reservistenentlassung (jeweils 18.000 bis 20.000 Mann) und der Einziehung von Rekruten (üblicherweise um die 9.000 bis 10.000), von Manövern, die in der Regel in der Eifel und im Hunsrück stattfanden, Umgruppierungen von Truppen innerhalb der besetzten Gebiete sowie deren sukzessiver Räumung, die 1925 mit dem Ruhrgebiet begann. Vor allem mit den Schießübungen gefährdeten die Militärs die Zivilbevölkerung und den Bahnverkehr. Als der Truppenübungsplatz Elsenborn zu Belgien gehörte, wurden Straßen gesperrt, und wenn ein planmäßiger Zug kam, durfte nicht geschossen werden, weil es immer mal wieder fehlgeleitete Granaten gab. Anders war dies bei den Manövern in Deutschland, hier wurde weniger Rücksicht genommen. Der im August 1926 geschilderte Vorfall bildet keinen Einzelfall in der Lokalpresse:

„Nach einer Mitteilung der Reichsbahndirektion Trier schlug am 10. d. M. nachmittags, anläßlich der Artillerie-Schießübungen der französischen Truppen bei Dahlem (Kreis Schleiden) eine französische Granate 30 Meter neben der Eisenbahnstrecke Köln – Trier in das Wiesengelände ein, während nur 100 m davon entfernt eine Eisenbahnerrotte beschäftigt war. Nur drei Minuten vorher war ein Pilgerzug auf der Strecke vorübergefahren. Es handelte sich zum Glück um einen Blindgänger.“ [310)]

Zwar nahm die Wagengestellung bei einigen dieser Transporte einen beträchtlichen Umfang an, aber mit der Unterstützung von Reichsbahndirektionen außerhalb der besetzten Gebiete gelang es, sie in der Regel reibungslos und ohne größere Beeinträchtigung des zivilen Bedarfs und Verkehrs durchzuführen. Lediglich die Forderung der Besatzungsmächte, höhere Offiziere in Wagen mit Abteilen der 1. Klasse zu befördern, führte öfters zu Schwierigkeiten und zu unliebsamen Auseinandersetzungen. Die Rückführung der Leerwagen musste ebenfalls organisiert werden. Neben diesen Komplettzügen gab es im Zusammenhang mit den

Bild 345, oben – Im Juni 1930 tritt das 23. Artillerie-Regiment die Heimreise nach Frankreich an. Die Abschiedszeremonie für die Soldaten fällt deutlich einfacher aus.
AUFNAHME: SAMMLUNG KLAUS KEMP

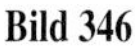

Bild 346
Diese französische Scherzkarte zeigt, dass das Beladen eines Zuges nicht immer einfach war, vor allem, wenn keine Rampen zur Verfügung standen. Während Kanonen und andere Ausrüstung bis zum Ziel an ihrem Platz blieben, mussten Pferde regelmäßig bewegt werden. Dazu musste der Zug alle paar Stunden anhalten und die Tiere entladen und nach einiger Zeit wieder eingeladen werden, was, wenn man der Karte Glauben schenken darf, nicht immer ein reines Vergnügen!

ABBILDUNG: SAMMLUNG KLAUS KEMP

Bild 347
Soldaten und Offiziere verlassen Mainz an diesem 30. Juni 1930 in Richtung Frankreich. Damit ist das Rheinland von jeder Besatzung frei.

Aufnahme: Signal Corps US Army

Räumungen noch sehr umfangreiche kleinere Transporte in planmäßigen Zügen. Dabei handelte es sich in vielen Fällen um Umzugsgut der Besatzungssoldaten, die nicht unter die Vereinbarungen über Militärtransporte fielen. Die ständigen Bemühungen um Kompromisse hatten nicht immer Erfolg. *„In einer Reihe von Fällen war trotz einer klaren Rechtslage bei den ungerechtfertigten Ansprüchen der Besatzungsstellen eine Einigung nicht zu erzielen.“* [311]

Bekannt sind die folgenden **Transporte für 1925/26**:

April **1925**	49	Reservistenzüge
Mai	33	Rekrutenzüge
Juli/Aug.	108	Züge zur Räumung des 1923 besetzten Teils des Ruhrgebiets
August	56	Züge zur Räumung von Düsseldorf / Duisburg
Okt./Nov.	43	Reservistenzüge innerhalb von ca. zwei Wochen
November	113	Züge zur Räumung Kölner Zone / Niederrhein
Januar **1926**	7	Züge zur Räumung der Kölner Zone.

Bild 348 – Während der gesamten Besatzungszeit hatte Frankreich die Pfalz immer als eine französische Provinz angesehen, die es wieder anzugliedern galt. Sie aufgeben zu müssen, fiel deshalb vielen der Franzosen nicht leicht. Im Juni 1930 verlassen Offiziere des 18. Dragoner-Regiments in einem geschmückten Zug Landau.

Aufnahme: Sammlung Klaus Kemp

Auf Grund eines Abkommens zwischen dem Reich und den Alliierten auf der Basis des Dawes-Plans mussten die Besatzer die Kosten für die Truppen im Rheinland zunehmend selbst übernehmen und konnten sie nicht länger auf das Reich abwälzen. Das veranlasste sie auch, die Eisenbahnen weniger zu benutzen. Wo es die Zahl der zu transportierenden Personen zuließ, ging man dazu über, sie in planmäßigen Zügen fahren zu lassen. Kurze Strecken mussten die Soldaten immer häufiger zu Fuß zurücklegen, oder es wurde vor allem im Vorortverkehr auf Kraftfahrzeuge zurückgegriffen.

An **Sonderzügen** wurden **1927** gefahren:

März/April	26	Sonderzüge nach Pirmasens und Hornbach (südlich Zweibrücken) und zurück anlässlich von Schießübungen in Bitsch (Lothringen)
April	22	Reservistenzüge
Mai	31	Rekrutenzüge
September	37	Sonderzüge nach/von der Eifel zu Manövern
Oktober	23	Reservistenzüge
November	23	Rekrutenzüge
Sept.-Dez.	22	Räumungszüge

Diese Räumungszüge dienten dem Abtransport von knapp 5.000 Franzosen auf der Schiene einschließlich Fahrzeug-, Pferde- und Munitionstransporten, sowie von etwa 1.000 Engländern. Für sie mussten sieben Züge nach Ostende gefahren werden, von wo aus sie nach Indien verlegt wurden. Allerdings kamen vier Züge mit Nachschub für die verbleibenden Soldaten nach Wiesbaden zurück. Die Franzosen nutzten die Schließung ihrer Garnison in Diez zu einer Umgruppierung, für die die Reichsbahn zwölf Sonderzüge stellen musste. War die Reichsbahn vor dem Finanzabkommen verpflichtet, für die Besatzungssoldaten reservierte Abteile vorzuhalten, so tat sie es danach aus freien Stücken, ohne Kosten dafür in Rechnung zu stellen, um *„so unliebsamen Vorfällen vorzubeugen“* [312]. Problematisch für die Schaffner war, dass sie selbst jetzt noch nicht uniformierte Besatzungssoldaten kontrollieren durften, was diese ausnutzten, um ganz ohne oder mit einer der Fahrstrecke nicht entsprechenden Fahrkarte zu reisen.

An den Manövern des Jahres 1928 nahmen auch britische Truppen teil sowie Einheiten aus dem Innern Frankreichs. Dabei handelte es sich um vier Offiziere, 130 Mannschaften und 23 Kettenfahrzeuge, die nach Deutschland hinein auf der Straße befördert wurden und dann in einem Sonderzug von Lissendorf aus über

Ehrang und Perl nach Meaux (Frankreich) zurückkehrten. Andere Truppenteile wurden von Koblenz teils auf der Straße, teils auf der Schiene ins Ahrtal transportiert, weil sich der wichtigste Teil des Manövers um Blankenheim herum abspielen sollte. Außerdem gab es umfangreiche Abtransporte von Material nach Frankreich. Dazu gehörten Züge mit Munition aus den Lagern Ramstein, Bornheim (Strecke Armsheim – Wendelsheim), Uhlerborn (Strecke Mainz – Bingen) und Neustadt (Haardt). Weitere **Sonderzüge** brachten Kraftfahrzeuge und Brückenbaumaterial nach Frankreich ebenso wie das 12. Fliegerregiment mit seinen Flugzeugen, das bis dahin in Lachen-Speyersdorf am Rande von Neustadt (Haardt) gelegen hatte. Insgesamt wurden **1928** gefahren:

im Jahresverlauf 1928	122	Sonderzüge nach und von Pirmasens, Hornbach und Bundenthal anlässlich von Schießübungen in Bitsch (Lothr.) sowie von und nach den Schießplätzen in Kreuzau (bei Düren) und Griesheim bei Darmstadt
April	24	Reservistenzüge
Mai	33	Rekrutenzüge
September	33	Sonderzüge nach und von der Eifel und Hochwald zu Manövern
Oktober	24	Reservistenzüge
November	33	Rekrutenzüge
Sept.-Dez.	22	Räumungszüge, nämlich einer mit Kettenfahrzeugen nach Frankreich, neun für das 12. Fliegerregiment, neun Munitionszüge, neun mit Brückenbaumaterial.

Lästiger wurden die Inspektionsreisen französischer Minister und der kommandierenden Generäle der Besatzungstruppen in den besetzten Gebieten empfunden. Für sie waren ihre Salonwagen an bestimmten Stellen in die Züge einzustellen, was einen erhöhten Rangieraufwand erforderte. Die Züge selbst mussten an genau vorgeschriebenen Stellen der Bahnsteige zum Halten gebracht werden, während der Bahnsteig und oft auch der ganze Bahnhof für den Publikumsverkehr gesperrt wurden. Hierzu heißt es in einem zeitgenössischen **Bericht der Rbd Trier**:

„Bei Ankunft höherer französischer Generäle fanden häufig ganze Absperrungen des Bahnhofs Trier Hbf. statt. Nur durch einen Nebeneingang war es dem reisenden Publikum möglich, den Zugang zu den Bahnsteigen zu gewinnen. Ein Lösen von Fahrkarten oder ein Aufgeben von Reisegepäck oder Expressgut war vorübergehend unmöglich. Alle Zugangsstraßen zum Bahnhofsvorplatz waren militärisch abgesperrt, so daß der ganze Wagen- und Straßenbahnverkehr still lag. Nach Erledigung der Feierlichkeiten konnten erst die Fahrkarten für die nächstfälligen Züge gelöst und Reisegepäck aufgegeben werden. Gerade bei solch feierlichen Empfängen empfindet die Bevölkerung besonders den auf ihr lastenden Druck fremder Besatzung, der durch das Spielen der französischen Nationalhymne und schmetternder Militärmärsche noch tiefer fühlbar wird.“ [313)]

Insgesamt reduzierte sich jedoch die Einreihung von Salonwagen der Oberkommandierenden und der Oberkommissare in reguläre Züge. Außerdem bekam die Reichsbahn vorher beschlagnahmte Salonwagen zurück. Insgesamt gesehen wurden die Dienste der Reichsbahn weniger in Anspruch genommen, nachdem diese Dienste nun bezahlt werden mussten. Dazu gehörten etwa die Ausarbeitung von Mobilmachungsfahrplänen und die Inanspruchnahme der Dienste von Zugbegleitern, Dolmetschern, Bürodienern oder Reinigungskräften.

Mit der Räumung der sogenannten zweiten Zone zum 30. November 1929 waren die Strecken Köln – Aachen, die Ahrtalbahnen, die Moselstrecke von Koblenz bis Cochem, die Lahntalbahn und die Westerwaldstrecken wieder frei. Mit der Räumung Aachens verließen die belgischen Truppen, die per Bahn nach Namur gebracht wurden, Deutschland ganz. Die Briten folgten ihnen mit der Räumung von Wiesbaden und Bingen am 12. Dezember 1929. Letztere Bereiche wurden jedoch von französischen Truppen erneut besetzt.

Andererseits begann die französische Armee bereits Ende 1928 als Vorbereitung der Räumung der dritten und letzten Besatzungszone mit dem Abtransport von Munition und schwerem Kriegsmaterial. Auch die Besatzungstruppen wurden vermindert. Als es jedoch in Frankreich Ende 1929 zu einem Regierungswechsel kam, stoppte der Abtransport. Zwei Sonderzüge, die ein Panzerregiment am 5. November 1929 von Mainz nach Nancy bringen sollten, wurden im letzten Augenblick zurückgehalten, und die bereits teilweise beladenen Züge mussten wieder entladen waren.

Im Herbst 1929 musste die Reichsbahn mit besonders großen Anforderungen fertigwerden. Zu den Rübenzügen und ähnlichen Anforderungen kamen in einem Zeitraum von nur vier Wochen 70 Sonderzüge für die Besatzung. Insgesamt beförderte die Reichsbahn 289 Sonderzüge gegenüber nur 122 im Vorjahr. Im Einzelnen wickelte sie die folgenden **Militärtransporte** ab:

im Jahresverlauf 1929	77	Sonderzüge anlässlich von Schießübungen in Bitsch (Lothr.) sowie von und nach den Schießplätzen in Kreuzau (bei Düren) und Griesheim bei Darmstadt
April	23	Reservistenzüge
April	27	Rekrutenzüge
Herbst	24	Reservistenzüge
Herbst	22	Rekrutenzüge
Herbst	15	Räumungszüge der 2. Zone nach Frankreich
Herbst	75	Räumungszüge der 3. Zone nach Frankreich
Dezember	12	Räumungszüge für die britischen Truppen nach Ostende
	202	im Bericht nicht näher spezifizierte Sonderzüge.

Die Räumungszüge aus der dritten Besatzungszone nach Frankreich bestanden aus 29 Truppentransporten, 37 Zügen mit Heeresmaterial und 39 mit Munition. Jeder Zug transportierte 800 bis 900 Mann. Allerdings wurde ein Teil der Truppen aus der zu räumenden zweiten in die dritte Zone verlegt und diese Transporte wurden auf der Straße durchgeführt, sodass sich die Truppenstärke dort nicht wesentlich verringerte. Interessant ist, dass die Briten Durchgangswagen für die Rückkehr in ihre Heimat erhielten, während für die Franzosen Abteilwagen genügen mussten. Ausgangspunkte für die Briten waren Königstein i. T., Bad Schwalbach und Wiesbaden. Diese Züge beförderten ausschließlich die Soldaten und einen Teil der Angehörigen, während vor allem Familienangehörige auch mit planmäßigen Reisezügen in ihre Heimat zurückkehrten. Das Heeresmaterial lief in Einzeltransporten mit planmäßigen Güterzügen bis nach Bingen, wo es auf Rheinschiffe umgeladen und nach Rotterdam gebracht wurde. Die als Eilgut behandelten Pferde fuhren einzeln zwischen dem 16. September und 3. Dezember in planmäßigen Zügen nach Antwerpen.

Die Rückführung der französischen Truppen aus der dritten Zone zur endgültigen Räumung des Rheinlands fing bereits Ende März 1930 mit sechs Zügen an, die über Saarbrücken nach Frankreich zurückkehrten. Eine massive Rückführung begann jedoch erst Ende Mai nach dem Inkrafttreten des Young-Plans und wurde planmäßig bis zum 30. Juni beendet. Die Masse der Truppen und des Materials fuhr auf der Schiene zurück. Mit einer Militärparade vor dem Hauptbahnhof von Mainz in Anwesenheit des kommandierenden Generals Guillaumat und der Abfahrt dieser Truppen um 13.30 Uhr war das Rheinland wieder frei.

5.6.7 Mitteleuropäische Schlaf- und Speisewagen-Aktiengesellschaft (MITROPA)

Ein besonders Kapitel bildeten die Kurse der Internationalen Schlafwagen-Gesellschaft (CIWL). Diese hauptsächlich mit belgischem und französischem Kapital finanzierte Gesellschaft hatte ihren Sitz in Brüssel. Vor dem Krieg betrieb sie Speise- und Schlafwagen auf innerdeutschen sowie auf internationalen Verbindungen durch Deutschland. Nach der Besetzung Belgiens 1914 wurde die CIWL, die seitens Deutschlands als Gesellschaft in feindlichem Besitz angesehen wurde, am 1. Mai 1915 unter Zwangsverwaltung gestellt, soweit sich ihr Vermögen im deutschen Machtbereich befand. Ihren Wagenpark wurde für militärische Zwecke beschlagnahmt. Im November 1916 gründete die Deutsche Bank im Auftrag der Länderbahnen die Mitteleuropäische Schlafwagen- und Speisewagen-Aktiengesellschaft (MITROPA) als eine Konkurrenz zur CIWL, welche die Schlaf- und Speisewagen der CIWL in Deutschland und Österreich übernahm. Sie erwarb käuflich 64 Speisewagen vom Zwangsverwalter der CIWL und pachtete weitere neun sowie zusätzlich 34 Schlafwagen von ihr. Die **MITROPA** nahm am 1. Januar 1917 den Betrieb auf. Am 1. Mai 1917 ging der gesamte Speisewagenbetrieb in Deutschland sowie in den von deutschen Truppen besetzten feindlichen Gebieten auf sie über. Im Westen des Reichs waren das u. a. die **Kurse**:

- Berlin (Stadtbahn) – Köln – Lille,
- Frankfurt (M) – Metz – Mézières-Charleville,
- Köln – Brüssel – Mons – Cambrai,
- Gießen – Trier – Metz – Mézières-Charleville,
- Straßburg – Metz – Luxemburg – Brüssel.

Frankreich und Belgien sowie den anderen nicht von den Mittelmächten besetzten Staaten hielt die Pariser Direktion den Betrieb so weit wie möglich aufrecht, auch wenn der Großteil der Schlaf- und Speisewagenkurse angesichts der Kriegsereignisse eingestellt wurde. Die freigesetzten Wagen stellte die CIWL den alliierten Armeen zur Verfügung, die sie vor allem für Stabsdienste und ihre Befehlshaber einsetzte. Am bekanntesten ist der von Marschall Ferdinand Foch als Salonwagen genutzte ehemalige Speisewagen 2419 D, der als Schauplatz der Unterzeichnung des Waffenstillstands von Compiègne diente. Nach dem Ersten Weltkrieg verlangte die CIWL ihre bisherigen Schlafwagen- und Speisewagenkurse in Mitteleuropa zurück. In Österreich, Polen und der Tschechoslowakei erhielt die CIWL erneut das Monopol, während die Reichsbahn und deren Tochter MITROPA den Betrieb der CIWL in Deutschland nach Möglichkeit sabotierten. Außerdem verlangte die CIWL auch die Rückgabe von Wagen, welche die MITROPA über den Zwangsverwalter erworben hatte. Der Streit darüber zog sich länger hin, bis ein internationales Schiedsgericht entschied, dass ein Teil der erworbenen Fahrzeuge zurückzugeben sei. Notgedrungen übergab die MITROPA drei Schlafwagen im November 1922 und 25 Speisewagen im August 1923.

Die MITROPA selbst nahm den Betrieb zwar gleich nach dem Kriegsende wieder auf, aber in einem sehr begrenzten Umfang, bedingt durch den allgemeinen Mangel an Kohle, der zur Reduzierung oder gar Einstellung vieler Fernverbindungen zwang. Erst Ende 1920 gab es wieder einen nennenswerten Verkehr von Schlaf- und Speisewagen. Die neu gegründete Reichsbahn übertrug ihr 1921 alle Schlafwagen und erhielt dafür Aktien der Gesellschaft. Das gab ihr einen Anteil von 13,6 %. 1922 erhielt die MITROPA einen Exklusiv-Vertrag zum Betrieb aller Schlaf- und Speisewagen in Süddeutschland, der bis zum Oktober 1946 befristet war. Die Reichsbahn betrieb dagegen die Speise- und Schlafwagen im Norden Deutschlands selbst. Im Verlaufe des Jahres 1922 übertrug sie weitere Wagen auf die MITROPA und erhielt dafür weitere Anteile an der Gesellschaft.

Ende März 1923 wandte sich die Regiebahn an die CIWL, um zu erfahren, welche Verträge zwischen ihr und der Reichsbahn beständen, um sie an die neue Situation anzupassen. Es stellte sich heraus, dass es keinen formalen Vertrag zwischen beiden Gesellschaften gab, sondern nur eine einfache Vereinbarung, unter der seit dem 24. Juli 1921 die Kurse von Schlaf- und Speisewagen mit der Zahlung bestimmter Gebühren abgegolten wurde.

Die Regie schloss einen detaillierten Vertrag mit der CIWL über die von dieser Gesellschaft erbrachten Leistungen in ihrem Bereich ab, die sich jedoch nur auf Kurse zwischen den besetzten Gebieten und dem westlichen Ausland bezogen.

Interessante Züge der MITROPA der Zeit vor der Ruhrbesetzung, die das Rheinland berührten, waren:

- **„Skandinavien-Schweiz-Express"**: Saßnitz – Rostock – Magdeburg – Göttingen – Kassel – Frankfurt (M) – Mannheim – Basel. Wegen der Besetzung von Offenburg und Appenweier stellte er seinen Betrieb am 4. Februar 1923 ein. Erst nach der Aufgabe des passiven Widerstands verkehrte er ab dem 27. November 1923 wieder. Zwischen Mannheim und Basel beförderten Loks der badischen Gattung IVh (spätere DRG-Baureihe 18^3) des Bw Offenburg diesen Zug.
- **„London-Holland-München-Express"**: Hoek van Holland – Rotterdam – Kronenburg – Köln – Wiesbaden – Frankfurt (M) – Heidelberg – Stuttgart – München. Er verkehrte einmal wöchentlich von Juni bis September 1922.

Durch die Besetzung des Ruhrgebiets verlor die MITROPA sechs Speisewagen sowie einen Schlafwagen, den sie gepachtet hatte. Sie erhielt die Wagen hinterher stark beschädigt zurück. Innerhalb des besetzten Gebietes sowie zwischen dem Rheinland einerseits und Holland sowie dem unbesetzten Deutschland andererseits musste sie den Betrieb einstellen. Lediglich einige wenige Verbindungen von und nach Köln blieben ihr. Durch das Chaos, das die Umleitungen des Verkehrs der Reichsbahn brachte, fielen zahlreiche Züge weg, was die MITROPA sehr stark traf, da vor allem Luxuszüge und schnelle Verbindungen gestrichen wurden. Erst nach der Vereinbarung zwischen der Regie und der Reichsbahn im Dezember 1923 normalisierte sich die Situation wieder, sodass der Speise- und Schlafwagenverkehr 1924 fast wieder den Umfang wie vor der Besetzung annahm. Allerdings erzwang die Besatzungsmacht, dass die MITROPA in den besetzten Gebieten auf Verbindungen verzichtete, die ihr eigentlich vertraglich zustanden, um sie von der CIWL bedienen zu lassen.

Der Konflikt zwischen der Reichsbahn und der CIWL wurde erst 1924 durch ein Abkommen beigelegt, das im Rahmen des Dawes-Plans verhandelt und am 23. April 1925 unterzeichnet wurde. Es grenzte die Interessen der Mitropa und der CIWL im Verkehr mit Deutschland gegeneinander ab. In der Zwischenzeit hatte die britisch-kanadische Gesellschaft Transcontinent einen Anteil von 40 % an der MITROPA erworben. Gleichzeitig war sie Großaktionär bei der CIWL, der MITROPA-Konkurrentin. Im November 1925 erwarb die Reichsbahn 80 % der Transcontinent-Anteile und wurde so zum Mehrheitsaktionär der MITROPA. Danach übertrug die Reichsbahn ihr auch noch die restlichen Speise- und Schlafwagen und machte sie damit alleine zuständig für diese Sparte.

Es bleibt noch anzumerken, dass die MITROPA auch für die „Konkurrenz" arbeitete. Ab 1927 setzte die Lufthansa Flugzeuge ein, die 16 Passagiere transportieren konnten und im Verkehr mit den Nachbarländern eingesetzt wurde. Ab 1928 wurden sie bewirtschaftet. In diesen Flugzeugen servierte die „MITROPA" den Passagieren eine ganze Mahlzeit, ähnlich wie in den Speisewagen der deutschen Schnellzüge. Dafür flog ein Steward mit.[314)]

Am 24. November 1916 wurde die Mitteleuropäische Schlafwagen- und Speisewagen Aktiengesellschaft (MITROPA) gegründet. Ziel war es, die Dominanz der Internationalen Schlafwagen-Gesellschaft (CIWL) einzuschränken. Begründer von Mitropa waren unter anderem die Eisenbahnverwaltungen aus Deutschland, Österreich und Ungarn.

Bild 349, oben – Bei Wutha an der Strecke Bebra – Eisenach – Erfurt eilt die im Jahr 1926 von Borsig an die DRG gelieferte 01 007 mit FD 5 durch das Tal der Werra. Der MITROPA-Speisewagen nimmt eine zentrale Position im Zugverband ein und hebt sich auch gut durch seine vom übrigen Wagenmaterial abweichende Lackierung ab – auf dieser Schwarz-Weiß-Aufnahme auch anhand der erhabenen Zierleisten gut zu erkennen. AUFNAHME: CARL BELLINGRODT/EK-VERLAG

Bild 350 – Blick auf den reich gedeckten Tisch eines Mitropa-Speisewagens im Jahr 1935. AUFNAHME: SAMMLUNG NORMAN KAMPMANN

5.6.8 Konkurrenz auf der Straße und in der Luft

Während des Ersten Weltkriegs war die Technik der Straßenfahrzeuge verstärkt weiterentwickelt worden, was sie zu einem ernstzunehmenden Konkurrenten für die Eisenbahn machte. Nach Kriegsende verkaufte die Armee die überflüssig gewordenen Fahrzeuge zu günstigen Preisen an Privatleute. So war bereits im Juli 1920 in einer Zeitungsnotiz lesen: *„Der Kohlentransport bildet bei den hohen Eisenbahnfrachtsätzen soeben ein einträgliches Geschäft der Auto-Transport-Unternehmer des Rheinlands, das um das Ruhrgebiet sich lagert."* [315] Anfangs bedeutete das keine große Gefahr für die Reichsbahn, bis zum Ende des Jahrzehnts erlitt sie jedoch spürbare Einbußen sowohl im Personen- wie im Güterverkehr durch die Konkurrenz der Straße. Da die Verantwortlichen sowohl in der Verwaltung der Bahn als auch in der Regierung diese als eine dem Gemeinwohl dienende Institution ansahen, fiel es schwer geeignete Maßnahmen zu ergreifen, um sich dieser neuen Mitbewerber zu erwehren.

Um ein möglichst dichtes Verkehrsnetz aufzubauen, hatten das Reichsverkehrsministerium und verschiedene Länderregierungen damit begonnen, Kraftverkehrsgesellschaften aufzubauen, um Fracht auszuliefern. Auch hierfür kamen nicht mehr benötigte Militärlastwagen zum Einsatz. Diese sowie die privaten Fuhrunternehmen waren flexibler als die Bahn und beförderten zu günstigeren Preisen, sodass sie bereits 1922 der Bahn einen großen Teil des lokalen Güterverkehrs wegnahmen. Auch die Bahn benutzte Lastwagen zum Abholen und Ausliefern von Fracht, sah sie jedoch nicht als eine Alternative zum Schienenverkehr an. Die Ereignisse des Jahres 1923, die den Bahnverkehr an Rhein und Ruhr lahmlegten, zeigten vielen Versendern das Potential des Straßen-

Bild 351
Die Strecke Leipzig – Chemnitz überquert bei Borna (nordwestlich von Chemnitz) das Tal des Bahrebachs auf einem 235 m langen Steinbogenviadukt. Unter dem 1871 in Betrieb genommenen Bauwerk wurde zwischen 1935 und 1937 die Reichsautobahnstrecke 80 errichtet. Konnten vor dem Zweiten Weltkrieg nur wenige Autobahnteilstücke in Betrieb genommen werden, hatte der Straßenverkehr nur ein Jahrzehnt später deutlich zugenommen. Bemerkenswertes Detail am Rande: Heute ist die Bundesautobahn A 4 auch unter dem Viadukt mittels Betonunterbau sechsspurig ausgebaut.

AUFNAHME:
SAMMLUNG NORMAN KAMPMANN

Bild 352
Einen ihrer ersten Siege errang die „Gummibahn" in Wiesbaden, wo 1929 etwa die Hälfte aller Straßenbahnlinien aus Rentabilitätsgründen stillgelegt und durch Busse ersetzt wurde.

AUFNAHME:
SAMMLUNG KLAUS KEMP

transports. Dabei wurden sie, wie oben ausgeführt, noch durch die Reichsregierung gefördert, die den Fuhrunternehmen während des Ruhrkampfs Subventionen zahlte.

Im Straßentransportgewerbe etablierten sich in den zwanziger Jahren mehrere Gruppen. Die Reichsbahn verbündete sich mit einigen dieser Kraftverkehrsgesellschaften und bildete mit ihnen zum 1. April 1924 den Kraftverkehr Deutschland (KVD). Er holte zu versendende Fracht ab und verteilte mit der Bahn ankommende. Im Bereich großer Städte übernahm er den Expressversand von Stückgut, weil das schneller ging als mit der Bahn. Die Bahndirektionen schlossen mit dem lokalen Vertreter der KVD einen eigenen Vertrag, wenn sie nicht ihr eigenes Rollfuhrunternehmen gründeten. Ende 1925 betrieb die Reichsbahn 25 eigene Lkw-Frachtunternehmen und fünf Buslinien. Die RBD Elberfeld ging sogar so weit, für den Expressgutverkehr als Ersatz für Züge Lastwagen einzusetzen, und das mit großem Erfolg. Demgegenüber gab es private Fuhrunternehmer, sehr oft kleine Familienbetriebe mit nur ein oder zwei Lastwagen, welche die Bahnpreise sehr oft deutlich unterboten. Im Gegensatz dazu waren die Spediteure in der Regel große Firmen, die als Makler zwischen Versender und Transportunternehmer fungierten. Einige unterhielten ihre eigene Lkw-Flotte. Dem Versender ersparte das die Mühe, die Beförderung einer Fracht zu organisieren. Eine vierte Gruppe bildeten die Großbetriebe, die ihre eigene Transportabteilung aufbauten, um den Verkehr zwischen den eigenen Werken zu bewerkstelligen oder Großkunden bzw. Verteilerzentren direkt zu beliefern.

Ein im Juni 1925 veröffentlichter Artikel schildert eine Situation, die sich in ihrer Grundaussage bis heute nicht geändert hat: *„Eine ernste Gefahr erblickt der Hauptvorstand* [der Gewerkschaft Deutscher Eisenbahner] *in der nahezu schrankenlosen Begünstigung des Automobilverkehrs durch Reich, Länder und Kommunen. Der Nahgüterverkehr ist den Bahnen fast restlos genommen, ebenso ein erheblicher Teil des Personenverkehrs. Die Wegnahme auch von Ferngüterverkehr in nicht unerheblichem Maße steht in allernächster Zeit bevor.“*[316)]

Dazu passt auch eine Meldung von Ende Dezember 1925: *„Die städtische Kölner Autobusgesellschaft, die seit kurzem zwischen Köln und Düren eine Kraftwagenverbindung eingerichtet hat, eröffnete am 6. d. M. den Betrieb auf einer Autolinie zwischen Köln und Neuß. Nach jeder Richtung hin finden täglich mit zweistündigem Abstand elf Fahrten statt.“*[317)]

Zwar wuchs die Zahl der Pkw und Busse ebenfalls, jedoch nicht in dem Maße wie die der Lkw. Dem maß die Reichsbahn wenig Bedeutung bei, da sowohl sie wie ihre Vorgänger im Personenverkehr in der Regel Verluste eingefahren hatten. Zwischen 1924 und 1929 wurde die Konkurrenz durch den Straßenverkehr immer offensichtlicher. Nachdem Lkw einen großen Anteil des Transports im Nahbereich an sich gezogen hatten, bedrohten sie den bisher von der Reichsbahn dominierten Frachtverkehr auf mittleren und großen Entfernungen. Auch der Busverkehr nahm immer größeren Umfang an. Anfänglich hoffte die Bahn, den Markt zwischen Straße (für den Nahverkehr) und Schiene (größere Entfernungen) aufteilen zu können und protestierte deshalb auch nicht, als im Januar 1925 im Raum Köln – Aachen – Düsseldorf die Rheinische Verkehrsgesellschaft als Dachgesellschaft für bestehende und neue Kraftwagenbetriebsgesellschaften gegründet wurde. Ihr folgte noch im selben Monat die Einrichtung neuer Kraftverkehrslinien im Bereich Koblenz – Trier. An den Vorgesprächen nahmen Vertreter der RBD Köln, Mainz und Trier teil und ließen verlauten, dass die Eisenbahnverwaltung kein Gegner der neuen Einrichtung sei.

Erst gegen Ende des Jahrzehnts begriff der Bahn-Vorstand, dass das nicht funktionieren würde. Er sah zwar, dass die Bahn eigentlich eine eigene Lastwagenflotte betreiben müsste, um sie im Schienenersatzverkehr für unrentable Strecken einzusetzen, fühlte sich aber zu sehr als Eisenbahn- und nicht als Transportunternehmen, um Schritte in diese Richtung zu unternehmen.

Bild 353 – Als Folge des verlorenen Krieges gab es für Deutschland Beschränkungen bei der Einrichtung des zivilen Luftverkehrs. Aber in der zweiten Hälfte der zwanziger Jahre fielen diese Hindernisse zunehmend weg, und in rascher Folge entstanden neue Flughäfen und neue Liniendienste, die zwar von der Menge her noch keine Konkurrenz für die Eisenbahn bildeten, ihr wohl aber einen Teil des zahlungskräftigen Publikums, das die erste Klasse benutzte, wegnahm. Das Bild zeigt eine Junkers G-24 für etwa zehn Passagiere, die ab 1925 in verschiedenen Varianten gebaut wurde.

Bild 354 – Nach dem Ersten Weltkrieg erwuchs dem Schienenverkehr ein ernsthafter Konkurrent auf der Straße sowohl im Personen- wie im Güterverkehr. Anfangs dienten Lastwagen auch als Autobusse. Erst langsam kam es zu einer Spezialisierung Straßenfahrzeuge. Dieser Bus mit Vollgummireifen wurde in den zwanziger Jahren für den Ausflugsverkehr von Remagen aus eingesetzt. AUFNAHMEN (2): SAMMLUNG KLAUS KEMP

Obwohl das Reich Besitzer der Eisenbahn war, sah es diese nicht als Eigentum an, weil die Gesellschaft aufgrund des Gesetzes von 1924 nicht mehr unter direktem Einfluss stand. Deshalb begann das Reichsverkehrsministerium sogar gegen die Eisenbahn zu agieren, indem es den Mittellandkanal bauen ließ und die Kanalisierung der Mosel prüfte, obwohl die Kapazitäten der parallel laufenden Bahnstrecken allen Anforderungen genügten. Es hoffte dadurch die Bahn zu zwingen, ihre Tarife zum Wohle der Allgemeinheit zu senken. Ebensowenig stellte sich das Ministerium zum Schutze der Eisenbahnen gegen Bestrebungen, Autobahnen zu bauen. Es hatte sich eine wissenschaftliche Studiengesellschaft für Automobilstraßenbau gebildet, die bereits 1926 Pläne zur Ausführung von sechs Autobahnen erarbeitete, von denen die meisten im Rheinland begannen oder es durchschnitten, nämlich Wesel – Düsseldorf – Köln – Mannheim, Aachen – Köln – Düsseldorf – Magdeburg – Berlin – Danzig – Königsberg, Luxemburg – Koblenz – Kassel – Halberstadt und Saarbrücken – Frankfurt – Erfurt – Breslau – Oppeln. Die Pläne scheiterten vorläufig noch an einer Finanzierung, weil man sich nicht zur Erhebung einer Autobahngebühr durchringen konnte. Erst 1929 begann der Bau mit der

Strecke Köln – Bonn, weil der notwendige Neubau bestehender Straßen teurer schien als die Anlage einer neuen Schnellstraße.

Die Reichsbahn war mit der Zusammenarbeit mit den KVD unzufrieden, weil diese zu bürokratisch und ineffizient verwaltet würden, und löste die Verträge am 15. November 1928. Stattdessen suchte sie sich als neuen Verbündeten die Reichspost. Diese hatte nämlich in der Tradition der Postkutschen begonnen, in ländlichen Gebieten, aber auch zwischen einigen größeren Städten Buslinien einzurichten. Bald übernahmen sie auch den Pakettransport sowie die Beförderung von Expressgut, was der Bahn Verkehr wegnahm. Beide einigten sich über eine Aufteilung des Marktes ab dem 1. April 1929 und über eine Abstimmung bei der Eröffnung zukünftiger Linien. Der ländliche Personenverkehr verblieb dabei bei der Post, während der Frachtverkehr von der Reichsbahn abgedeckt wurde.

Parallel dazu wurde versucht, verlorene Marktanteile durch den bereits vorher erwähnten Sammelgutverkehr sowie durch spezielle Tarife für den Kraftverkehr zurückzuholen in der Hoffnung, dass die Spediteure damit zum Zulieferer und nicht zum Konkurrenten würden. Nach einer Berechnung des Deutschen Industrie- und Handelstags betrugen die Kosten pro Tonnen-Kilometer Fracht auf der Eisenbahn 15 bis 50 % derjenigen der Lastwagen. Die Bahn hätte also über einen Preiskrieg die lästige Straßenkonkurrenz leicht aus dem Feld schlagen können. Da sie jedoch vor allem im Personenverkehr und hier besonders im Schüler- und Berufsverkehr auf politischen Druck hin stark subventionierte Preise anbot, brauchte sie hohe Überschüsse aus dem Güterverkehr, um schwarze Zahlen zu schreiben. Auf der anderen Seite bedeuteten gerade diese hohen Preise verbunden mit dem besseren Service der Fuhrunternehmen, dass die Reichsbahn zunehmend an Fracht verlor. Sie bezifferte diese Verluste für 1927 mit 255 Mio. RM und 1929 sogar mit 410 Mio. RM.

Ab 1930 begann eine Senkung der Frachtraten, nachdem das Verkehrsministerium einer Monopolstellung des Schienenwegs nicht zugestimmt hatte. Andererseits war die Regierung nicht bereit, einer Stilllegung von Nebenbahnen, die Verluste einfuhren, zuzustimmen.

In der wirtschaftlichen Flaute im Gefolge des „Schwarzen Freitags“ verlor die Bahn vor allem Anteile im Bereich der Frachten mit hohen Tarifen. Zwischen 1930 und 1932 ging der Güterverkehr bezogen auf Tonnen-Kilometer um 40 % zurück. Vor diesem Hintergrund stetig zurückgehender Marktanteile des Schienengüterverkehrs infolge überhöhter Preise, die auf politischen Druck hin nicht gesenkt werden durften, und der steigenden Attraktivität des Straßengüterverkehrs suchte die Deutsche Reichsbahn nach Möglichkeiten, das Güterverkehrsgeschäft zu stabilisieren. Der Bahnvorstand identifizierte das Vorhandensein zu vieler unterschiedlicher Spediteure zwischen Versender und Bahn als eine Ursache des Übels.

Schließlich kam es zu einer Übereinkunft mit einer großen Firma, dem 1872 in Wien gegründeten Transportunternehmen Schenker, das Niederlassungen in ganz Europa besaß. Die Reichsbahn hatte der deutschen Tochter 1925 und 1926 durch Kredite geholfen, was zu besonders engen Geschäftsbeziehungen führte. Ursprünglich war nur eine enge Kooperation angestrebt, aber dann entschloss sich die Reichsbahn, die damals größte Spedition in Deutschland Ende Januar 1931 im Rahmen eines zunächst geheimgehaltenen Vertrages über die Deutsche Verkehrskredit-Bank, ein Tochterunternehmen der Reichsbahn, zu übernehmen. Eine Woche später, am 5. Februar 1931, schloss sie darüber hinaus einen zunächst ebenfalls geheimen Kooperationsvertrag mit dem Unternehmen ab. Dadurch erhielt die Spedition das exklusive Recht, den Straßengüterverkehr im Vor- und Nachlauf des Eisenbahntransportes zu organisieren. Im Gegenzug verpflichtete sich der Spediteur, höchstens in einem Umkreis von 50 km des jeweiligen Stützpunktes zu operieren. Dabei konnte Schenker dieses Recht vor Ort auch an andere Speditionen abtreten, soweit diese sich verpflichteten, ebenfalls keinen Güterfernverkehr zu betreiben und den Transport zu von der Bahn festgelegten Tarifen abzuwickeln.

Ziel der Geheimhaltung war es, eine Erhöhung der durch die Reichsbahn zu zahlenden Reparationen zu vermeiden. Während der Kauf bis 1937/1938 geheim blieb, wurde das Kooperationsabkommen zwei Wochen nach seinem Abschluss publik und entfachte vielfältige Kritik. Die Spediteure befürchteten ein systematisches Abwürgen des gewerblichen Güterverkehrs.

Die Reichsbahn wurde darüber hinaus für den Abschluss eines derart umfassenden Geschäftes ohne Rücksprache mit der Reichsregierung kritisiert und musste sich schließlich eine Revision und Genehmigung des Vertrages durch letztere gefallen lassen. Mit dem Abschluss eines Bahnspeditionsvertrages am 6. Dezember 1931 wurde die Exklusivvereinbarung mit Schenker aufgehoben, wobei gleichzeitig der Reichsbahn die Möglichkeit eingeräumt wurde, ihre Frachttarife ohne die Einmischung des Verkehrsministeriums selbst festzulegen. Zusammen mit Vorschriften für den Transport mit Lastwagen, die bereits im September 1931 erlassen worden waren und es den Spediteuren unmöglich machten, die Tarife der Bahn zu unterbieten, bewegte sich das Reich inzwischen in Richtung eines regulierten Verkehrs zu Lande hin, statt einen Wettbewerb unter gleichen Bedingungen zuzulassen.

Bezeichnend für die Aufbruchstimmung, die das Automobil erzeugte, ist dieses Zitat aus dem Juni 1927:[318)] *„Und schon überlegt man, ob man nicht den Bahnkörper unrentabler Eisenbahnlinien in Autostraßen umbauen soll. Das dürfte am treffendsten den Siegeszug des Kraftwagens kennzeichnen.“*

Eines der ersten Beispiele für eine Verdrängung des Schienenverkehrs durch den Busbetrieb findet sich im Nahverkehr: Als die Konzession der Süddeutschen Eisenbahn-Gesellschaft (SEG) für die Wiesbadener Straßenbahn zum 1. April 1929 ablief, entschied sich die Stadtverwaltung, den Schienenverkehr aufzugeben und stattdessen den Nahverkehr auf mehreren Linien in eigener Regie mit anfangs 60 Bussen zu bestreiten. Das erste Geschäftsjahr schloss mit einem deutlichen Gewinn ab. Über die Hälfte des Schienennetzes wurde auf einmal stillgelegt und auf Busbetrieb umgestellt, die restlichen Strecken folgten bis 1955.

Auch in der Luft erwuchs der Reichsbahn Konkurrenz. Der Krieg hatte einen Technikschub erzeugt, der dazu führte, dass ab Mitte der zwanziger Jahre leistungsfähige Flugzeuge für den zivilen Luftverkehr zur Verfügung standen. *„[…] wenn nicht alles täuscht, dürfte bei Anhalten der ständigen Weiterentwicklung der Flugzeugtechnik und des Luftverkehrs überhaupt das Automobil einen gefährlichen Konkurrenten gefunden haben.“*[319)] Neben dem Transport von Passagieren wurden die neuen Fluglinien ab 1926 auch von der Post genutzt. Am 22. April des Jahres nahm die aus zwei Vorgängerfirmen entstandene Lufthansa den Luftpostverkehr auf der Linie Basel – Mannheim – Frankfurt/M – Köln – Düsseldorf – Amsterdam auf. Im Liniendienst beflog sie ab dem 1. Juni 1926 die Strecken von Köln nach Münster und nach Dortmund.

In diesem Netz der Flugverbindungen nahm Köln 1926 eine hervorragende Stellung ein. Beim Transport von Fluggästen nahm es mit täglich 26 Starts und Landungen den dritten Platz hinter Berlin und München ein. Im Frachtverkehr lag Köln sogar an erster Stelle. Es war die Zeit, in der eine Maschine als „Großflugzeug“ galt, wenn sie 10-20 Passagiere mit einer Reisegeschwindigkeit von etwa 200 km/h befördern konnte. Jedes Jahr wurden die Maschinen größer und konnten weiter fliegen.

Die in diesem Abschnitt angesprochenen Probleme reichen im Übrigen bis in unsere Tage … ❑

6 Die Post unter der Alliierten Besatzung

Wird über die Eisenbahn geredet, muss fast automatisch auch über die Post geredet werden, nachdem sich diese mehr als 150 Jahre der Schiene bediente. Auch die Alliierten benutzten den Schienenweg in den besetzten Gebieten für ihren Posttransport. Andererseits funktionierte die Post nicht mehr in der gewohnten Weise, wenn der Bahnbetrieb gestört wurde. Beiden Aspekten widmet sich dieses Kapitel.

6.1 Die Feldpost der Alliierten

Auf Grund des bereits früher zitierten Artikels 249 des Friedensvertrages spezifiziert das Rheinlandabkommen im Artikel 12 die Rechte der Alliierten auf kostenlose Postbeförderung:

„Die Postbeamten haben allen Befehlen, die ihnen von dem Höchstkommandierenden der alliierten und assoziierten Armeen oder seinem Vertreter zu militärischen Zwecken erteilt werden, Folge zu leisten. Der öffentliche Postdienst arbeitet unter Leitung der deutschen Behörden weiter, ohne dass jedoch dadurch der militärische Postdienst beeinträchtigt werden soll, der von den Besatzungsarmeen eingerichtet worden ist; diese haben das Recht, für die militärischen Bedürfnisse alle bestehenden Postverbindungen in Anspruch zu nehmen. Die genannten Armeen sind berechtigt, aus sämtlichen bestehenden Postlinien Postwagen mit allem erforderlichen Personal fahren zu lassen …"

Alle am Kriege beteiligten Armeen richteten Feldpostämter ein. Während der Besetzung des Rheinlands blieben sie bestehen.

Bekannt sind die **Feldpostämter (APO) der Amerikaner**:

APO	Einheit	Standort	Aufgelöst am
927	Dritte Armee	Trier	1.6.1919
927	Dritte Armee	Koblenz	24.1.1923
754	III. Corps	Neuwied	15.7.1919
734	32. Division	Koblenz (Brückenkopf)	18.4.1919
734	42. Division	Dierdorf – Rengsdorf	5.6.1919
715		Ahrweiler	9.7.1919
775	IV. Corps	Cochem	3.1919
729	1. Division	Montabaur	15.8.1919
740	3. Division	Mayen	11.8.1919
746	4. Division	Adenau – Cochem	3.1919
	VII. Corps	Wittlich	
761	89. Division	Prüm, Bitburg	4.1919
770	90. Division	Bernkastel, Daun, Wittlich	7.1919

Nach der Unterzeichnung des Friedensvertrages kehrten die Kampftruppen in die USA zurück, was sich in der Auflösung der Feldpostämter widerspiegelt. Bestehen blieb das in Koblenz. Dazu gehörte allerdings auch noch das in Paris und das Hafenpostamt in Antwerpen. Mit beiden war Koblenz durch einen täglichen Kurierdienst verbunden.

Das Pariser Postamt wurde bereits im Januar 1920 geschlossen, während man das in Antwerpen dagegen erst im Januar 1920 einrichtete. Mit dem Abzug der amerikanischen Truppen wurde es ebenso wie das in Koblenz am 24. Januar 1923 aufgelöst. Für den Transport der Briefe und Pakete zwischen Koblenz und Paris benutzten die amerikanischen Streitkräfte deutsche Bahnpostwagen mit der Aufschrift „US Mail". Zwischen Koblenz und Antwerpen gab es einen Kurierdienst, der den Weg über Köln und Aachen benutzte. Nachdem die Amerikaner Mitte 1922 ihren Stützpunkt im Hafen von Antwerpen aufgaben, benutzten sie die Reichspost, die die für die USA bestimmten, versiegelten Postsäcke zwischen Koblenz und Bremen bzw. Hamburg beförderte.

Die **belgische Armee** unterhielt mehrere Feldpostämter, übertrug aber ihren Posttransport teilweise der Deutschen Reichspost. Bekannt ist ein Stempel, der für die Bahnpost Aachen – Brüssel verwendet wurde. Bis zuletzt war das Haus Burtscheider Straße 8 in Aachen für den Militärpostdirektor als Wohnung und für das Militärpostamt beschlagnahmt.

Die **Briten** richteten ihr wichtigstes Feldpostamt bereits im Dezember 1918 im Gebäude der deutschen Oberpostdirektion in Köln in der Nähe des Bahnhofs ein. Es blieb bis zum ihrem Abzug im Januar 1926 bestehen. Aber auch die anderen Standorte wie Euskirchen und Bonn erhielten Feldpostämter. Während sich auch die Briten größtenteils der Reichspost bedienten, richteten sie vom Januar 1919 bis Ende 1919 eine eigene Bahnpost zwischen Köln und Boulogne-sur-Mer ein. Die benötigten Wagen mietete die Armee von der British Midland Railway Gesellschaft. Danach verlagerte sie diesen speziellen Dienst mit eigenen Lkw auf die Straße.

1919 richteten die **Franzosen** in Saarbrücken ein „Grenzpostamt" ein, durch das alle Post für ihre Besatzungstruppen geschleust wurde. Nach kurzer Zeit verlegte man es nach Metz. Die französische Feldpost unterhielt dazu noch Lager- und Sammelstellen für Postsäcke und Pakete. Eines wurde im Hauptbahnhof Köln im Mai 1921 eingerichtet und bestand bis Januar 1926, als die Besatzungstruppen dort abzogen. Ein weiteres wurde bereits früher im Hauptbahnhof Mainz eingerichtet und arbeitete bis zum Ende der Rheinlandbesetzung im Juni 1930. Ebenso gab es eines für das Ruhrgebiet, das mit dem Rückzug im Mai 1925 aus Duisburg und Düsseldorf nach Düren verlegt wurde. Eine Reihe von Zügen führte auf Verlangen der Besatzungsmacht Postkurierabteile mit, wozu in der Regel Abteile 2. Klasse verwendet wurden. In einigen Zügen mussten Armeepostwagen mitgeführt werden.

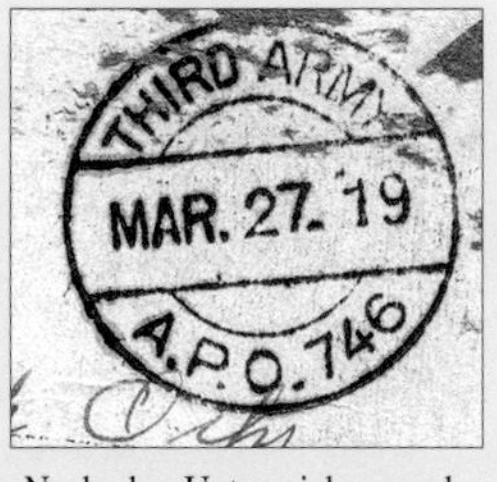

Bild 355
Solange die Amerikaner im Rheinland eine komplette Armee (die dritte) stehen hatten, gab es an jedem größeren Ort ein eigenes amerikanisches Armeepostamt. Nr. 746 war Adenau zugewiesen. Nach der Unterzeichnung des Friedensvertrags blieb im Rheinland nur noch das in Koblenz mit der Nummer 927.

Bild 356 – Die Verquickung zwischen Regiebahn und Besatzungsarmee zeigen dieser Poststempel vom französischen Armee-Postamt 191 und der Absenderstempel vom Bf. Düren, am 1. Juni 1924 noch von der Regie betrieben.
Abbildungen (2): Sammlung Klaus Kemp

Bild 357 – Die Amerikaner setzten den preußischen Gepäckwagen „Stettin 05584“ mit großen Anschriften „U. S. Mail“ als Postwagen der Amerikanischen Post auf der Strecke Koblenz – Paris ein. Hier wird er am 19. Februar 1919 in Paris für die Rückfahrt nach Koblenz beladen. AUFNAHME: SIGNAL CORPS US ARMY

6.2 Auswirkungen der Ruhrbesetzung auf den Bahnpostbetrieb

Die Post machte einen ähnlichen Organisationsprozess durch wie die Eisenbahnen. Wie bei den Länderbahnen bestimmte die Reichsverfassung von 1919, dass auch die bisher drei Postverwaltungen zu einer zusammengefasst wurden, nämlich die bereits bestehende Reichspost und die von Württemberg und Bayern zur neuen, das gesamte Reichsgebiet umfassenden Reichspost. Ähnlich wie bei der Eisenbahn schwoll auch hier der Personalbestand durch Rückkehrer aus dem Krieg, Ausgewiesene aus den abgetretenen Gebieten und als Auffangbecken für Arbeitslose überproportional an. Die dadurch sowie durch die Inflation entstehenden Verluste wurden aus dem Reichshaushalt gedeckt. Das veranlasste die Reichsregierung, die Post ähnlich wie die Bahn in eine eigenständige Gesellschaft umzuwandeln, was fast zeitgleich mit dem entsprechenden Eisenbahngesetz im November 1923 erfolgte. Auch die Verwaltung dieser neuen Gesellschaft wies große Ähnlichkeit mit der der Reichsbahn auf.

Die Postkontrollen nach der Besetzung des Rheinlandes ab Dezember 1918 durch die Alliierten sind bereits erwähnt worden. Sie wurden fortgesetzt und dienten einerseits der Kontrolle des behördlichen Schriftverkehrs mit dem unbesetzten Deutschland und andererseits der Industriespionage. 1921 und 1922 wurden gelegentlich sogar Postbeutel aus dem Reich, die für London bestimmt waren und im Transit das besetzte Gebiet in der Verbindung Osnabrück – Vlissingen durchquerten, aus dem Zug geholt und kontrolliert. Vor allem zu Beginn der Besetzung von Düsseldorf und Duisburg im April 1921 rissen Beamte der interalliierten Feldeisenbahnkommission Pakete auf. Das veranlasste die Reichspost dazu, für diese Sendungen eigene Verpackungsstellen in Düsseldorf und Neuss einzurichten.

Breiterer Raum soll diesem Thema für die Zeit der Ruhrbesetzung eingeräumt werden, da es dort sehr viel mehr direkte Rückwirkungen auf die Eisenbahn gab. Es war nämlich eine Zeit, als die Eisenbahn auf Grund eines Gesetzes von 1875 Postsendungen noch unentgeltlich befördern musste. Die Postbeförderung bildete einen wichtigen Teil des Transports auf der Schiene, und für die zuverlässige Beförderung von Postsendungen aller Art gab es noch keine wirkliche Alternative. Trotzdem zwangen auch hier die Umstände die Post dazu, auf den Straßenverkehr auszuweichen und damit dieses neue Verkehrsmittel schneller kennen und schätzen zu lernen, als es der Eisenbahn vielleicht lieb war.

Auch das Personal der Post beteiligte sich durch sporadische Maßnahmen ab dem 19. Januar 1923 am allgemeinen Widerstand gegen die Besetzung des Ruhrgebiets. Dadurch kam es, wie die Eisenbahner und andere Berufsgruppen auch, zunehmend mit den Besatzungstruppen in Konflikt. Das Reichspostministerium erließ am 23. Januar Verhaltensregeln, die zwischen den unter dem Versailler Vertrag besetzten Gebieten und denen, die erst 1923 besetzt wurden, unterschieden. In letzteren war keinem Befehl der Besatzer Folge zu leisten, während links des Rheins nur solche Befehle verweigert werden durften, die dem Ruhreinbruch dienten. Neben den Bahnhöfen besetzten Franzosen und Belgier gleich von Anfang an die großen Postämter und versuchten vor allem, die Telefon- und Telegrafenzentralen unter ihre Kontrolle zu bringen. Die deutschen Beamten zeigten sich erfinderisch im Stören der Kabel, um die Kommunikation mit dem westlichen Ausland, namentlich Belgien und Frankreich zu unterbinden, im gezielten Offenhalten einiger Linien, die man dann leichter abhören konnte, und dem Aufbau eines geheimen Netzes, um ungestört mit Leitungsstellen im unbesetzten Deutschland reden zu können. Deshalb kam es auf die Dauer auch bei den Postlern zu Verhaftungen, Gefängnisstrafen und Ausweisungen. Auch hier auf Einzelheiten einzugehen, würde allerdings den Rahmen dieser Ausarbeitung sprengen.

Bei der Besetzung von Bahnhöfen und Strecken fielen den Franzosen und Belgiern beladene Bahnpostwagen sowie in den Bahnhofspostämtern lagernde Pakete und Briefe in die Hände. Diese Sendungen wurden teils beschlagnahmt, teils einfach aus den Bahnpostwagen hinausgeworfen, vor allem, wenn sie für das unbesetzte Deutschland bestimmt waren, und gingen damit für die Empfänger verloren. Franzosen und Belgiern erschien die Kontrolle der Post fast wichtiger als die Personen- und Gepäckkontrolle. Das bedeutete an den Grenzkontrollpunkten vor allem zum unbesetzten Deutschland hin lange Aufenthalte für die Fahrgäste, da die Bahnpostwagen in der Regel an die Personenzüge angehängt wurden. Deshalb ging die Reichsbahn bald dazu über, die Bahnpostwagen in Güterzügen mitzuführen, um den Grenzaufenthalt im Personenverkehr möglichst zu verkürzen.

Trotzdem kam der Bahnpostverkehr während des passiven Widerstands fast völlig zum Erliegen. Dort, wo Bahnlinien für den Posttransport ausfielen, verlagerte man den Verkehr auf die Straße. Dabei setzte die Reichspost sozusagen als Vertreter der Reichsbahn verstärkt Postbusse ein und beförderte selbst auf Lkws, die eigentlich für den Pakettransport vorgesehen waren, Fahrgäste. An einigen Stellen gab es so etwas wie einen „Schienenersatzverkehr" wie etwa zwischen Wiesbaden und Diez an der Lahn mit zwei täglichen Verbindungen. Ebenso verkehrte ein Pferdewagen von Wiesbaden nach Langenschwalbach, der auch Fahrgäste mitnahm und für die Strecke drei Stunden brauchte. Außerdem mietete die Post zusätzlich Lastkraftwagen an, um den plötzlich auf die Straße verlagerten Verkehr bewältigen zu können. Die Fahrzeuge kamen aus anderen Postbezirken, wo sie entbehrlich waren, oder man kaufte welche an. Selbst Privatleute stellten Fahrzeuge für diesen Zweck zur Verfügung.

Von Bonn aus konnte man den Postverkehr in Richtung Köln über die beiden Strecken der Köln-Bonner Eisenbahn (Rheinuferbahn und Vorgebirgsbahn) aufrechterhalten. Als die Reichsbahnzüge von Bonn in Richtung Euskirchen nur noch bis (Bonn-) Duisdorf und dann eine Station weiter bis Witterschlick fuhren, benutzte man „Karriolposten" (leichte, zweirädrige Kutschen) für diese Verbindung. Nach Remagen transportierte man die Post in Kraftwagen. Als auch die Strecke Troisdorf – Niederlahnstein am 28. Februar 1923 von den Franzosen besetzt wurde, waren die rechts- und linksrheinischen Orte von Bonn bis Koblenz von jeglichem Postverkehr abgeschnitten. Im Nahbereich konnte man sich allerdings in einem gewissen Umfang durch die Überlandstraßenbahnen nach Siegburg und Königswinter behelfen. Dazu kam die weiter unten beschriebene Schiffspost.

Auch aus dem Ruhrgebiet heraus gab es lange Zeit auf der Schiene nur die Bahnpostverbindung Dortmund Süd – Unna-Königsborn – Unna, die bis zur Aufgabe des passiven Widerstands im November 1923 funktionierte. Da sie nicht ausreichte, fuhr man die Post nach dem Ausfall der anderen Eisenbahnverbindungen per Lkw über die Grenze ins unbesetzte Gebiet, von wo sie dann in die Bahn zum Weitertransport verladen wurde. Innerhalb des Reviers benutzte man Straßen- und Kleinbahnen. Da diese schnell total überlastet waren, versuchte die Post, durch eigene Linien einen Entlastungsverkehr aufzubauen, in Essen stellte man allein zehn Busse bereit. Und wo das nicht funktionierte, setzte man Fuhrwerke ein. Aber auch mit Fahrrädern und zu Fuß wurde die Post befördert.

Die von den Franzosen erzwungenen Straßenverkehrs-Einschränkung (siehe Abschnitt 4.4.4) führten am 28. April 1923 in der Pfalz zum Verbot der Kraftpostlinien. Die Post nutzte nun die Ludwigshafener Straßenbahn, die zwischen der Kaiser-Wilhelmstraße in der Stadtmitte und Rheingönheim Pakete und Briefe beförderte. Als zweite Linie richtete man eine Verbindung vom Eilgüterbahnhof nach Oggersheim ein. Dort schließt die Rhein-Haardt-Bahn an das städtische Straßenbahnnetz an. Das erlaubte den Weitertransport bis Bad Dürkheim. Und von Neustadt nach Landau verkehrte die Pfälzer Oberlandbahn, eine schmalspurige Straßenbahn, die man ebenfalls für den Posttransport auf der ganzen Linie heranzog. Auf Teilstrecken beförderte sie bereits Postbeutel. Für den Rest der Pfalz war es so, als würde das Rad der Zeit zurückgedreht. Man richtete 38 Pferdepostlinien und Botenposten ein. Zur Beförderung eiliger Sendungen dienten Radfahrerposten. Wenn es Attentate gegen Bahnanlagen oder sonstige

Bild 358 – Auch die anderen Postbereiche wie Telefon- und Telegrafendienst nahmen am passiven Widerstand teil. Deshalb brachten die Besatzungstruppen auch hierfür Spezialisten mit, hier auf einem Erinnerungsfoto in Hattingen.

Bild 359 – Der Postdienst auf dem Rhein begann auf der Strecke Köln – (Wiesbaden-) Biebrich am 8. März 1923. Mainz (hier auf dem Bild) wurde in dieser Zeit nicht angelaufen, da die dortigen sechs Postämter vom 9. Februar bis zum 8. Oktober 1923 durch französische Truppen besetzt waren. Nach der Übereinkunft von Mainz vom 1. Dezember 1923 zwischen Regiebahn und Reichsbahn stellte die Reichspost den Schiffspostdienst auf dem Rhein ein und kehrte auf die Schiene zurück.

Bild 360 – Rheinabwärts von Köln nach (Krefeld-)Uerdingen begann der Postverkehr auf dem Wasser am 4. April 1923. Dieser Dienst erfuhr ab dem 1. September 1923 eine Verlängerung bis Xanten. Die Schiffspost Uerdingen – Köln fuhr am 1. November 1923 zum letzten Mal. AUFNAHMEN (3): SAMMLUNG KLAUS KEMP

Einrichtungen der Franzosen gab, verhängten diese in der Regel Ausgangssperren und unterbanden zudem jeden Verkehr über die Rheinbrücken, was auch die Post betraf.

Als Alternative bot sich im Rheintal die Dampfschifffahrt an, die bereits vor dem Bau der Eisenbahnen Post befördert hatte. Als die Franzosen die Verwaltung der Bahnstrecken in den besetzten Gebieten endgültig an sich rissen, verhandelte die Oberpostdirektion Köln unter großem Zeitdruck mit der Köln-Düsseldorfer Dampfschiffahrtsgesellschaft, die einen regelmäßigen Linienverkehr auf dem Strom aufrechterhielt. Der Vertrag wurde zwar am 10. März 1923 unterzeichnet, trat aber bereits vorher in Kraft. Das ist ein Indiz, unter welchem Druck die Post stand, ihre Dienste aufrecht zu erhalten, ohne die Eisenbahn benutzen zu müssen. Der Postdienst begann auf der Strecke Köln – (Wiesbaden-)Biebrich am 8. März 1923, die dem Bahnpostamt 24 in Köln- Deutz unterstellt war. Mainz wurde in dieser Zeit nicht angelaufen, da die dortigen sechs Postämter vom 9. Februar bis zum 8. Oktober 1923 durch französische Truppen besetzt waren.

Die Schiffspost nach Biebrich wurde am 28. März 1923 bis Ludwigshafen verlängert. Trotz aller Schikanen der Besatzungsbehörden hielt man diesen Verkehr aufrecht, während die sonstige Schifffahrt auf dem Rhein Anfang April 1923 eingestellt wurde. Mit dem Verbot der Kraftpostlinien kam es auch zur Einstellung der Schiffspost. Sie konnte ab Ludwigshafen erst ab dem 21 Mai 1923 wieder verkehren.

Auf dieser Strecke gab es mehrere Verbindungen täglich, einige davon nur auf Teilstrecken. Eine Fahrt in jeder Richtung verkehrte als Eildampfer zwischen Köln und Biebrich, bei der nicht jede Station bedient wurde. Während die meisten Schiffe Postsäcke beförderten, gab es jedoch nicht auf allen von ihnen „Bahnpostämter" zur Bearbeitung der Postsendungen. Wenn Postbeamte an Bord kamen, handelte es sich um dieselben, die normalerweise ihren Dienst in Bahnpostwagen versahen. Der Verkehr begann mit zwei Dampfern. Auf die Dauer kamen jedoch immer mehr Schiffe zum Einsatz. Bisher nachgewiesen ist der Einsatz der Bahnpost auf den folgenden Dampfern: Bismarck, Drachenfels, Ernst-Ludwig Großherzog von Hessen und bei Rhein, Goethe, Hindenburg, Kronprinzessin Cecilie, Lothringen und Rheingold. Alle Schiffe dienten auch dem Personenverkehr und waren teilweise völlig überfüllt, weil sie die einzige Möglichkeit einer Verbindung zwischen Köln und Mainz unter Umgehung der Regiebahn darstellten.

Dazu heißt es in einem Bericht: *„Einen weitreichenden Ersatz für die verschwundenen Bahnposten bot die Einrichtung von Schiffsposten auf dem Rhein. Sie fanden von vornherein lebhaften Anklang nicht nur ihres Zweckes willen, sondern ebenso sehr wegen der Eigenart des an sich wenig neuzeitlichen Beförderungsmittels. Sie befaßten sich mit der Beförderung und Umarbeitung von Postsendungen jeder Art und waren ganz bahnpostmäßig mit Verteilspinden, Sackspannvorrichtungen und dergleichen ausgerüstet. Die Briefpostsendungen wurden in der Vorkajüte, die Pakete auf dem Vordeck der Schiffe bearbeitet.*

Angehörige der Bahnpostämter 10 und 24 sowie Personal des Bahnpostamtes Köln-Deutz wurden zu einem Schiffspostamt zusammengefaßt. […] *Die Schiffe legten auf der gesamten Strecke an beiden Rheinufern an und hatten je Schiff etwa 2000 Beutel Briefpost und 10.000 Pakete zu befördern.* […] *Während der Zeit der Postbeförderung durch die Rheinschiffe wurden die üblichen Bahnpoststreckenstempel Köln – Frankfurt (Main) und Köln - Mainz verwendet. Lediglich Post, welche direkt auf den Schiffen aufgegeben wurde, erhielt einen zusätzlichen behelfsmäßigen Bahnpoststempel, der in einem Oval den Namen des Schiffes und das Datum zeigt."* [320)]

Rheinabwärts von Köln nach (Krefeld-)Uerdingen begann der Postverkehr auf dem Wasser am 4. April 1923. Unterwegs legten die Dampfer in Benrath, Grimmlinghausen bei Neuss und Krefeld-Linn an. Dieser Dienst, der dem Bahnpostamt 10, ebenfalls in Köln-Deutz, unterstellt war, erfuhr ab dem 1. September 1923 eine Verlängerung bis Xanten. Diese Strecke wurde einmal täglich in jeder Richtung befahren. Auch sie dienten dem Personenverkehr. Diese Verbindung erschien der Reichsregierung wichtig genug, um sie zu bezuschussen, um dadurch die Fahrpreise herabzusetzen. Durch die Inflation hört sich die Summe der Subventionen schwindelerregend an, nämlich eine halbe Milliarde Mark! Nach der Übereinkunft von Mainz vom 1. Dezember 1923 zwischen Regiebahn und Reichsbahn stellte die Reichspost den Schiffspostdienst auf dem Rhein ein und kehrte auf die Schiene zurück. Die Schiffspost Uerdingen – Köln war allerdings bereits am 1. November 1923 zum letzten Mal gefahren.

Auch die Schiffspost blieb ähnlich wie die Bahnpost nicht von überfallartigen Eingriffen seitens der Besatzungsmächte verschont. Bekannt geworden sind wenigstens drei Vorfälle auf der Strecke von Köln nach Uerdingen, bei denen Pakete und Briefe in größerem Umfang beschlagnahmt und ihr Inhalt später versteigert wurde.

In den ersten Monaten der Besetzung des Ruhrgebiets brachten zwar die wechselnden Streckensperrungen lästige Verzögerungen, aber trotzdem konnte man den Betrieb noch aufrechterhalten. Eine Schilderung der Situation aus Essen verdeutlicht das. In den ersten Tagen des Einmarschs blieben die Briefpost und Pakete aus den größeren Bahnhöfen aus. Nach zehn Tagen kamen die Züge aus Düsseldorf nicht weiter als Kettwig. Von dort aus erfolgte der Weitertransport mit Lastwagen. Die von Berlin und Hamburg kommende Post, die für Köln bestimmt war, musste in Essen ebenfalls auf Straßenfahrzeuge umgeladen werden. Die für Holland, Großbritannien und Übersee bestimmten Sendungen transportierte man über Osnabrück – Oldenzaal. Und diesen Weg nahmen auch die für Belgien und Frankreich bestimmten Poststücke, weil selbst bei ihnen die Gefahr bestand, dass sie in den besetzten Gebieten beschlagnahmt wurden. Die Post für die iberische Halbinsel, die sonst direkt durch Frankreich lief, musste nun einen Umweg über die Schweiz machen. Neben diesen Verkehrsunterbrechungen gab es für die Postler ein weiteres Problem, nämlich die unregelmäßige Abfahrt der Züge, was ein planvolles Arbeiten erschwerte.

Ende Januar 1923 stellten größere Firmen ihren Fuhrpark teilweise der Post zur Verfügung, um den Brief- und Paketverkehr mit Düsseldorf, Duisburg und Dortmund aufrecht zu erhalten. Je mehr sich die Besetzung der Stadt Dortmund näherte, desto mehr Unterwegsbahnhöfe wurden geschlossen und fielen deshalb für den Bahnpostverkehr aus. Ab dem 8. April 1923 war nur noch die Strecke Essen-Dellwig – Essen-Altenessen – Wanne – Dortmund in den Händen der Reichsbahn und blieb damit als einziger Weg für alle ankommende und abgehende Post übrig. Als am 25. Mai der Bahnhof Essen-Dellwig besetzt wurde, konzentrierte sich der Bahnpostverkehr auf Essen-Altenessen. Das funktionierte nur zehn Tage lang, denn am 5. Juni wurde auch dieser Bahnhof besetzt. Einen Ausweg fand die Reichsbahn in der Nutzung von Industriegleisen. Von Essen-Kray Süd ging es über Zechenanschlüsse nach Dortmund. Auch diese Lösung war nur von kurzer Dauer. Ab dem 15. Juni waren sämtliche Strecken bis auf die Schienenwege von Velbert und Nierenhof in Richtung Wuppertal-Vohwinkel gesperrt. Nun konnte man die Post nur noch auf der Straße von Essen-Steele nach Nierenhof und von Werden nach Velbert bringen.

Ähnlich wie in Essen ging es auch in den anderen größeren Städten zu. Eine gewisse Ausnahme bildete Düsseldorf, weil es an den britischen Brückenkopf grenzte. Deshalb richtete die Reichspost in Benrath, außerhalb der Reichweite der Franzosen, eine Annahme- und Ausgabestelle für alle Postsendungen ein. Benrath

Bild 361
Ein Personenzug, gezogen von einer pr. T 16 (Baureihe 94), überquert aus Richtung Herborn/Rennerod kommend im Jahr 1925 den 225 m langen Hülsbachtalviadukt bei Westerburg im Westerwald. Der Zug ist überwiegend aus Vierachser-Nebenbahnwagen der Bauarten „Langenschwalbach" gebildet. Als vorletzter Wagen läuft ein PwPost.

AUFNAHME: RVM, BILDARCHIV D. EISENBAHNSTIFTUNG

Bild 362
Wo immer möglich, übernahmen Privatbahnen und Überlandstraßenbahnen die Postbeförderung. Zur Zeit des passiven Widerstands (1923) war für die Züge der Elektrischen Bahnen der Kreise Bonn-Stadt, Bonn-Land und des Sieg-Kreises noch in Königswinter Endstation. Die Verlängerung nach Bad Honnef erfolgte erst am 27. September 1925. Hier steht ein Zug an der Endhaltestelle nördlich des Bahnhofs Bad Honnef. Im Hintergrund fährt an diesem Märztag 1932 die 38 3734 mit ihrem Personenzug vorbei.

AUFNAHME: CARL BELLINGRODT, SAMMLUNG KLAUS KEMP

Bild 363
Ein anderer Betrieb, der die lokale Postbeförderung übernahm, war die Pfälzer Oberlandbahn von Neustadt (Weinstraße) nach Landau. Hier durchfährt ein Triebwagen die Bahnhofstraße in Maikammer.

AUFNAHME: SAMMLUNG KLAUS KEMP

Bild 364 – Zu den Aufgaben der Reichspost gehörten nicht nur die Brief- und Paketpost, sondern auch der Fernsprechdienst. Dieses geheime deutsche Fernsprechamt wurde 1923 vom deutschen Widerstand in einem Dachzimmer eingerichtet, um die von den Besatzern kontrollierten öffentlichen Fernsprechämter zu umgehen. AUFN.: SAMMLUNG K.KEMP

war sowohl Endpunkt der Bahnposten von Köln her wie Station der Schiffspost. Weil sich der gesamte Postverkehr der Großstadt Düsseldorf auf dieses eine Postamt konzentrierte, musste man eine Turnhalle zur Aufnahme der Paketflut einrichten. Am anderen Ende des Ruhrgebiets übernahm das Postamt 1 in Dortmund eine ähnliche Rolle.

Aber das waren oft nur kurzfristige Lösungen. Als am 8. Februar französische Truppen Wuppertal-Vohwinkel besetzten, unterbrach das den Paketverkehr von Düsseldorf und seinem Hinterland ins unbesetzte Deutschland. Sämtliche Bahnpostwagen in Richtung Elberfeld mussten ausgeladen werden. In den ersten Tagen gelang es den Postlern trotzdem, die Pakete über den Umweg von Solingen nach Elberfeld zu bringen. Als dieser Weg verbaut wurde, fanden sich andere Möglichkeiten, aber es wurde immer schwieriger. Die Franzosen gingen dazu über, die Bahnsteige mit Stacheldrahtverhauen abzusperren. Die Post wurde auf den Bahnsteigen rücksichtslos aufgeschnitten und mutwillig beschädigt. Selbst zollfreie Lebensmittel wurden von den Zöllnern für eigene Zwecke beschlagnahmt. Schlimmer wurde es, als ab dem 18. Januar 1923 Zensurstellen auf vielen Postämtern eingerichtet wurden. Die Zensur bestand in vielen Fällen darin, die Post verschwinden zu lassen oder sie einfach zu verbrennen. Ab Mitte März war es dem Zensurpersonal gestattet, Zeitungen und Zeitschriften, die sie beschlagnahmten, als Altpapier zu verkaufen und den Erlös für sich zu behalten. *„Ganze Wagenladungen gingen allwöchentlich in Düsseldorf und Duisburg zum Althändler.“* [321] Offensichtlich sahen die Besatzungssoldaten das als eine Möglichkeit zur Gehaltsaufbesserung an.

Trotz aller Behinderungen gelang es bis Mitte April 1923, etwa vierzig mit Paketen vollgeladene Güterwagen über die Besatzungsgrenze herauszubringen. Dafür mussten die Post- und Bahnbeamten nachts mit völlig abgedunkelten Lichtern auch bei großer Kälte manchmal stundenlang ausharren, bis das Zeichen für die Fahrt über die Grenze kam. Oft genug schossen die französischen Posten auf die Schatten vorbeifahrender Züge, was in der Regel ohne Verletzte abging. Auf diese Weise gelangten die meisten Sendungen ohne große Verzögerungen zu ihren Empfängern im unbesetzten Deutschland. Die Sendungen, die mit den Bahnpostwagen in das Einbruchsgebiet hineinkamen, konnten in der Regel noch am selben Tag den zuständigen Postämtern übergeben werden.

Immer wieder wurden Pakettransporte festgehalten und durchsucht, sowohl auf der Schiene wie auf der Straße. Was in der Regel folgte, war die Beschlagnahmung, wenn die Sendungen nicht verzollt waren, wobei es sehr viel Willkür gab, wie folgendes Zitat zeigt: *„Am 24. Januar* [1923] *hatte das Bahnsteigpersonal auf dem Hauptbahnhof Duisburg seine Tätigkeit einstellen müssen. Fünf beladene Postwagen standen im Bahnhof. Zutritt hierzu hatten nur französische und belgische Heeresangehörige. Als am 31. Januar den deutschen Beamten der Zutritt wieder gestattet wurde, bot sich im Innern der Wagen ein Bild wildester Verwüstung. Fast alle Pakete waren aufgerissen, der Inhalt umhergestreut, durchwühlt und mit Flüssigkeiten und Menschenkot verunreinigt. Eine Herde Säue hätte nicht schlimmer hausen können. Von der gesamten etwa 6000 Pakete betragenden Ladung konnten nur noch etwa 1200 bruchstückhaft zusammengebracht werden. Alles andere war verschwunden. Die Räuber hatten alles herausgesucht, was sie eben gebrauchen konnten.* [...] *Der Ortskommandant leitete eine Untersuchung ein, nur um angesichts des offenkundig ehrlosen Verhaltens seiner Leute den Schein zu wahren. Die Untersuchung verlief selbstverständlich im Sande.“* [322]

Nach dem Verbot des Paketverkehrs mit dem übrigen Deutschland am 22. Februar 1923 suchte man den Verkehr auf Schleichwegen aufrecht zu erhalten. Auf Straßen, die als sicher galten, wurden Postsendungen auf Lastwagen und Fuhrwerken in beiden Richtungen über die Zollgrenze geschafft. Es gab sowohl Fuhrunternehmer wie Schmugglerbanden, die sich auf diesen Verkehr spezialisierten und dabei sehr gut verdienten. Notgedrungen machten Postler und Eisenbahner mit, wo sie konnten. In Soest richtete die Reichspost einen Sammelpunkt für Busse, Lkws und Anhänger aus allen Teilen des Reiches ein und leitete sie von dort über Hagen nach Dortmund, Düsseldorf und Köln weiter, um die Postverteilung über das Straßennetz zu organisieren und einen Schienenersatzverkehr in größerem Umfang anzubieten. Da die Brücke bei Witten-Bommern schlecht bewacht war, zog sie wochenlang den Durchgangsverkehr an. An bestimmten Tagen wurden bis zu tausend Personen in Kraftwagen befördert. Auch an den übrigen Grenzorten, die nicht besetzt waren, entwickelte sich ein umfangreicher Paketverkehr. Elberfeld war die Sammelstelle für Sendungen aus Köln und Düsseldorf für den Weitertransport auf der Schiene, während Marienheide für Punkte weiter südlich im Rheintal diente.

Am 27. August 1923 verboten die Franzosen endgültig den Personentransport mit Bussen, Taxen und Lkw, um die Fahrgäste auf die inzwischen von ihnen betriebene Eisenbahn zu zwingen, was die Post natürlich besonders traf. Damit mussten viele der zuvor beschriebenen Dienste zwangsläufig aufhören.

Nach der Aufgabe des passiven Widerstands kehrte die Post auf die Schiene zurück. In der Pfalz wurde der Bahnpostverkehr ab dem 1. November 1923 auf den Haupt- und einigen Nebenstrecken aufgenommen. Der Transport fand wieder in der gewohnten Weise statt:

- in reservierten Abteilen von Personenzügen,
- in Wagen der Reichspost,
- in Güterwagen der Regie.

Dafür etablierte die Regie Tarife, die sie der Post in Rechnung stellte. Für Heizung und Beleuchtung ihrer Wagen hatte die Post selbst zu sorgen. Das Abstellen der Wagen und die Nutzung von Postämtern in Bahnhöfen wurden ihr in Rechnung gestellt. Über die Höhe der zu entrichtenden Summe wurde mehrfach verhandelt, ehe man zu einer endgültigen Einigung kam.1

Für das Ruhrgebiet wird allerdings berichtet, dass es dort einiger Monate bedurfte, ehe der Postverkehr wieder in gewohntem Umfang auf der Bahn erfolgte. Das traf vor allem den Paketverkehr, der nach wie vor Zollkontrollen unterlag, wenn es sich um Sendungen von und nach den unbesetzten Gebieten handelte. Und innerhalb der besetzten Gebiete litt der Verkehr unter dem ausgedünnten Fahrplan der Regie. ❑

Bild 365 – Deutschland musste mit der Unterzeichnung des Friedensvertrages die Kreise Eupen und Malmedy einschließlich der Vennbahn 1920 an Belgien abtreten. Diese Aufnahme entstand zwischen Sourbrodt und Kalterherberg. AUFNAHME: SAMMLUNG KLAUS KEMP

7 Die Vennbahn nach dem Versailler Vertrag

7.1 Überblick über die Vennbahn und die an sie anschließenden Strecken

Der Bau von Eisenbahnstrecken in den Kreisen Eupen und Malmedy begann abgesehen von einigen älteren Stichstrecken in den Jahren ab 1880 zur Erschließung eines wirtschaftlich unterentwickelten Gebietes.

Die neuen Linien dienten dabei hauptsächlich der Land- und Forstwirtschaft. In einem geringen Maße wurden sie auch durch den Montanverkehr zwischen dem Aachener Wurmrevier und Luxemburg genutzt. Militärische Aspekte kamen erst später dazu, als der Truppenübungsplatz Elsenborn bei Sourbrodt entstand und auf Verlangen der Militärs bestehende Bahnen ausgebaut wurden. Auf der Grundlage des 1905 entstandenen Schlieffenplans setzte deshalb ein weiterer Ausbau des Streckennetzes unter militärischen Zwecken ein.

Bei Kriegsende gab es eine große Hauptlinie in Nord-Südrichtung, die wegen des schwierigen Geländes die beiden Kreisstädte Eupen und Malmedy nicht berührte, sondern sie nur über Zweigbahnen anschloss. Sie begann im Kreis Aachen, führte durch die Kreise Eupen, Monschau und Malmedy und endete in Luxemburg. Sie wird allgemein Vennbahn genannt.

Die anderen, vor 1914 gebauten Strecken stellten Verbindungen zwischen dieser Bahn durchs Hohe Venn und der Eifelstrecke Köln – Trier dar. Dazu kamen dann noch drei Strecken nach Belgien hinein, zwei davon Nachschubbahnen fürs Militär, die erst kurz vor Kriegsende fertig wurden.

Im Einzelnen besaßen die genannten Kreise die folgenden Bahnlinien, die vollständig oder teilweise in ihrem Gebiet verliefen, geordnet nach ihren Hauptrichtungen:

Strecke (Ost-West-Richtung)	Länge (km)	Eröffnung
Aachen – Herbesthal	15,6	15.10.1843
Herbesthal – Eupen	5,2	5.3.1864
(Gerolstein –) Prüm – Pronsfeld – Bleialf	19,0	1.10.1886
Eupen – Raeren	8,0	3.8.1887
St. Vith – Lommersweiler – Bleialf	15,8	1.10.1888
Jünkerath – Losheim – Weywertz	39,5	1.7.1912
Malmedy – alte Grenze (– Stavelot)	3,8	5.1.1914
Born – alte Grenze (– Vielsalm)	23,0	1.1.1918
St. Vith – Gouvy	20,9	1.1.1918
Aachen-West – Montzen	13,3	6.1.1918
Ronheide – Montzen	5,1	25.3.1918

Strecke (Nord-Süd-Richtung)	Länge (km)	Eröffnung
Aachen – Herbesthal	15,6	15.10.1843
Stolberg Hbf – Stolberg Spiegelmanufaktur	1,4	11.12.1864
Stolberg-Spiegelm. – Stolberg-Hammer	2,7	15.12.1881
Aachen Rothe Erde – Walheim – Raeren – Monschau	45,9	1.7.1885
Monschau – Weywertz – Weismes – Malmedy	34,4	1.12.1885
Weismes – St. Vith	17,0	28.11.1887
Lommersweiler – Ulflingen (Troisvierges)	16,4	4.11.1889
Stolberg-Hammer – Walheim	7,3	21.12.1889

Die Bedeutung der Vennbahn Aachen – Monschau – St. Vith – Ulflingen – Luxemburg lag vor dem Kriege nach dem Ausbau für militärische Zwecke im schweren Güterverkehr. Auf ihr wurden aus dem Ruhrgebiet und aus dem Aachener Revier Kohle und Koks nach Luxemburg und Lothringen und in der Gegenrichtung Erze transportiert. Zudem bildete diese Bahn die wichtigste Verbindung der Kreise Eupen, Monschau und Malmedy mit ihrem Hauptabsatzgebiet für Grubenholz und landwirtschaftliche Produkte in Richtung Aachen und Ruhrgebiet.

7.2 Eupen und Malmedy in den Friedensvertrags-Verhandlungen

Wie bereits an anderer Stelle erwähnt, hatte Deutschland an Belgien Gebiete abzutreten. Sie waren in den Friedensverhandlungen umstritten gewesen. Der ehemalige preußische Landkreis Malmedy galt als wallonisch, weshalb er eigentlich zu Belgien gehören müsse, so das Argument belgischer und französischer Politiker,

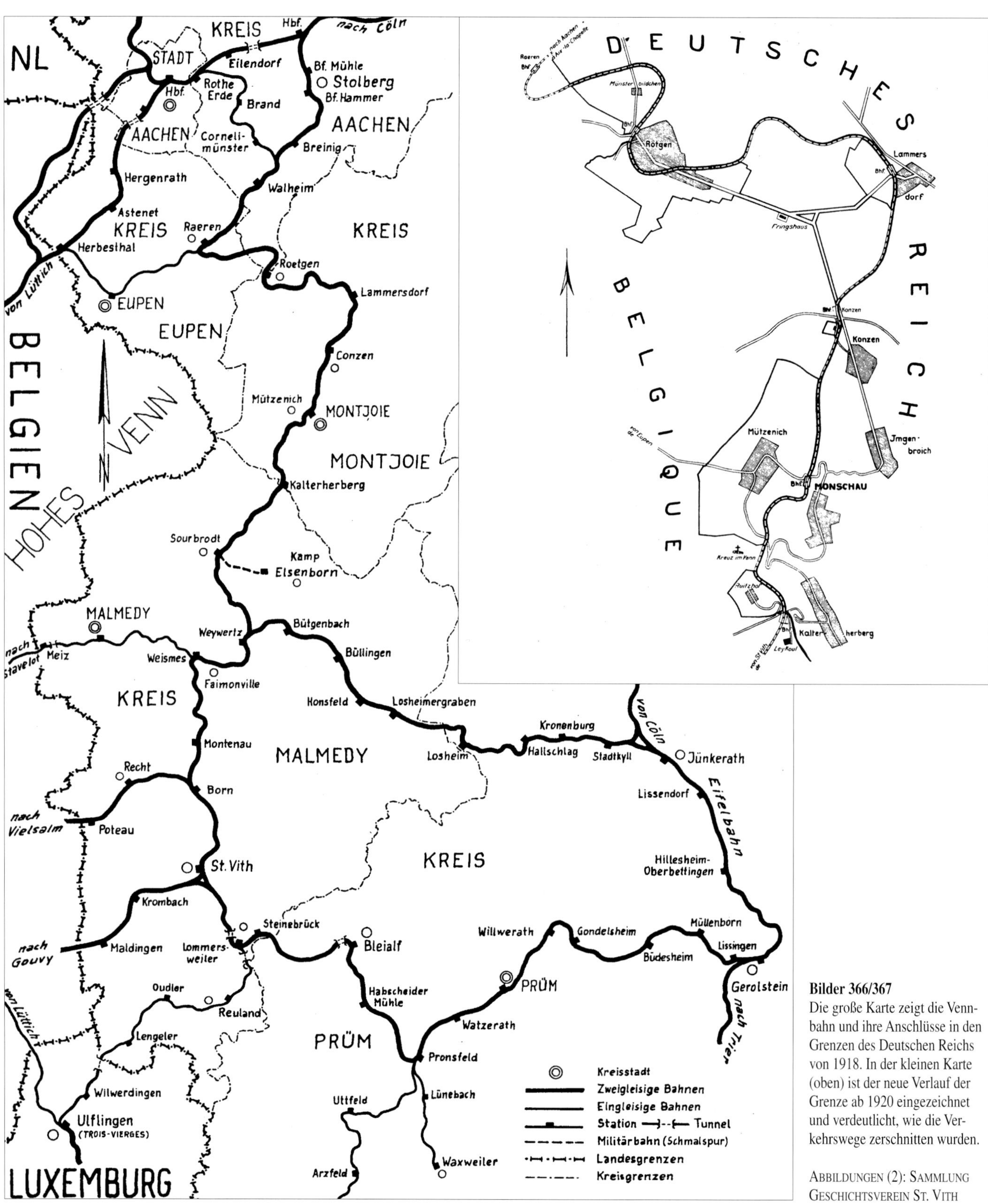

Bilder 366/367
Die große Karte zeigt die Vennbahn und ihre Anschlüsse in den Grenzen des Deutschen Reichs von 1918. In der kleinen Karte (oben) ist der neue Verlauf der Grenze ab 1920 eingezeichnet und verdeutlicht, wie die Verkehrswege zerschnitten wurden.

ABBILDUNGEN (2): SAMMLUNG GESCHICHTSVEREIN ST. VITH

Bild 368
Der Bahnhof Sourbrodt liegt an der Vennbahn südlich von Monschau in der Nähe des Truppenübungsplatzes Elsenborn, was ihm einige Bedeutung verlieh.

AUFNAHME: SAMMLUNG KLAUS KEMP

obwohl ein Großteil der Einwohner sich als Deutsche fühlte und die Kreise an Preußen gefallen waren, als der Staat Belgien noch nicht existierte. Der Kreis Eupen war dagegen von der Bevölkerung überwiegend deutsch, aber belgische Politiker bestanden auf seiner Annexion, weil es dort Fabriken und Erzlagerstätten gebe, die zum Gebiet von Moresnet in enger Beziehung ständen. Und da Moresnet auf jeden Fall Belgien zugeschlagen wurde, müsse auch Eupen annektiert werden. Zuerst sträubten sich Italien, Japan, England und die USA gegen dieses Ansinnen, gaben dann aber dem Drängen Frankreichs nach, das Belgien unbedingt auf diese Weise begünstigen wollte. Die USA bestanden allerdings auf einer Volksabstimmung. Im März 1919 beschlossen die Alliierten schließlich, die Kreise Eupen und Malmedy zusammen mit Neutral-Moresnet Belgien zuzusprechen.

In den Beratungen für den Friedensvertrag gab der belgische Außenminister im April 1919 zwar den deutschen Charakter Eupens unumwunden zu, begründete aber seine Ansprüche mit den Reparationsforderungen seines Landes. Er verlangte die ausgedehnten Wälder dieses Kreises als Kompensation für die im Kriege zerstörten Forste Belgiens. In diesem Zusammenhang legte er noch einmal den bei früheren Beratungen abgelehnten Vorschlag vor, auch die Vennbahnstrecke Raeren – Kalterherberg wegen ihrer Verkehrsbedeutung für die Kreise Eupen und Malmedy zusammen mit einem Teil des Kreises Monschau Belgien zuzusprechen. Während die Alliierten den Annexionswünschen Belgiens zustimmten, lehnte der amerikanische Präsident Wilson die Übertragung der Bahnlinie kategorisch ab. Auf die deutschen Proteste gegen diese Abtrennung im Entwurf des Friedensvertrags reagierten die Alliierten am 16. Juni 1919 ablehnend und betonten außerdem die Gefahr, die Belgien von den strategischen Bahnen in der Westeifel und dem Truppenübungsplatz Elsenborn im Kreis Malmedy drohte. Es blieb bei den von den Alliierten formulierten Bedingungen, die Deutschland am Ende akzeptieren musste.

7.3 Die Grenzziehung

Die Kreise Eupen und Malmedy und mit ihnen der größte Teil der oben aufgeführten Bahnstrecken mussten abgetreten werden. Das war für die Alliierten Grund genug, diesen Vorgang im Versailler Vertrag durch mehrere Artikel zu regeln, die hier zitiert werden:

Artikel 27

„Die Grenzen Deutschlands werden folgendermaßen festgelegt.

- *Gegen Belgien: von dem Treffpunkt der drei Grenzen Belgiens, Hollands und Deutschlands in südlicher Richtung: die Nordostgrenze des ehemalige Gebietes von Neutral-Moresnet, dann die Ostgrenze des Kreises Eupen, dann die Grenze zwischen Belgien und dem Kreis Montjoie*[323]*, dann die Nordost- und Ostgrenze des Kreises Malmedy bis zum Treffpunkt mit der Grenze von Luxemburg."*

Artikel 32

„Deutschland erkennt die volle Staatshoheit Belgiens über das gesamte strittige Gebiet von Moresnet (sogenanntes Neutral-Moresnet) an."

Artikel 34

„Ferner verzichtet Deutschland zugunsten Belgiens auf alle Rechte und Ansprüche auf das gesamte Gebiet der Kreise Eupen und Malmedy." [...]

Artikel 35

„Eine Kommission von 7 Mitgliedern, von denen 5 durch die alliierten und assoziierten Hauptmächte, eins durch Deutschland und eins durch Belgien benannt werden, wird 14 Tage nach Inkrafttreten dieses Vertrages gebildet, um an Ort und Stelle die neue Grenze zwischen Belgien und Deutschland festzusetzen unter Berücksichtigung der wirtschaftlichen Lage und der Verkehrswege." [...]

Artikel 372

„Wenn infolge der Festsetzung neuer Grenzen eine Eisenbahnlinie, die zwei Teile desselben Landes verbindet, ein anderes Land durchquert, oder eine Zweiglinie, die aus einem Land kommt, ihren Endpunkt in einem anderen Land hat, sollen ihre Betriebsbedingungen und Vorbehalt der besonderen, in vorliegendem Vertrag enthaltenen Bestimmungen durch Vereinbarung zwischen den beteiligten Eisenbahnverwaltungen festgesetzt werden. Wenn die Verwaltungen sich über die Bedingungen dieser Vereinbarung nicht einigen können, soll der Streit von Sachverständigenkommissionen entschieden werden, deren Zusammensetzung sich nach den Vorschriften des vorhergehenden Artikels regelt."

Im **Artikel 371**, Absatz 3 heißt es zu den Fachleuten: *„... Kommissionen von Sachverständigen, die durch die alliierten und assoziierten Mächte zu bestimmen sind und in denen Deutschland*

Bild 369
Malmedy erhielt zwar bereits 1885 Bahnanschluss, war aber nur über eine Stichbahn zu erreichen. Zum Durchgangsbahnhof wurde es erst im Januar 1914 mit der Verbindung nach Stavelot in Belgien wenige Monate vor Kriegsausbruch. Auf diesem Foto tragen die Eisenbahner bereits belgische Uniformen.

vertreten sein wird …“ Im Streitfall gab es also keine neutrale Stelle, die man hätte anrufen können. Interessant ist der letzte Halbsatz des Artikels 35, weil sich die neue Grenzziehung nicht einfach an bestehenden Kreisgrenzen orientieren sollte, sondern an den Verkehrswegen. Dabei entstand für die Eisenbahn eine Lösung, die hier näher betrachtet werden soll.

Bei den von Osten nach Westen verlaufenden Strecken war es einfach, einen Punkt festzusetzen, wo die Hoheit des einen Landes aufhörte und die des anderen begann. Schwieriger war es mit der Nord-Süd-Verbindung. Lässt man die Endpunkte außer Acht, so führte die Strecke durch drei Landkreise, von denen nur zwei an Belgien fallen sollten. Für solche Situationen gab es bereits Präzedenzfälle, nämlich die Strecken entlang der deutsch-schweizerischen Grenze und im Bereich von Cheb (Eger) in der damaligen Tschechoslowakei. Dort betrieb die Reichsbahn vier Strecken auf ehemals österreichischem Staatsgebiet, während das Nachbarland seinerseits die Strecke von Eger ins sächsische Adorf verwaltete. Dabei wurden diese Betriebsrechte auf dem fremden Staatsgebiet so angesehen wie die einer beliebigen Privatbahn, ohne dass damit Hoheitsrechte verbunden gewesen wären. Schaut man auf die deutsch-schweizerische Grenze, so gibt es deutsche Bahnen in Basel und von dort durch den Kanton Schaffhausen nach Konstanz sowie schweizerische Bahnen, die in den deutschen Bahnhöfen Waldshut, Singen und Konstanz enden. Auch hier besteht der *„allgemeine Grundsatz, dass der betriebsführende Staat gegenüber dem Territorialstaat weder Souveränitätsrechte noch Exterritorialrechte genießt, vielmehr bezüglich der ausländischen Strecken der Gesetzgebung, Rechtsprechung, Verwaltung und Überwachung des Gaststaates unterworfen ist.“* [324)]

Bild 370 – In Weismes (französisch Waimes) zweigt die Strecke nach Malmedy und Stavelot von der Vennbahn ab. Die Anzeige auf dem Bahnsteig besagt, dass links die Züge nach Aachen und St. Vith abgehen und rechts – wo der Zug steht – nach Jünkerath.
Aufnahmen (2): Sammlung Klaus Kemp

Ganz anders fiel die Lösung für das Gebiet von Eupen und Malmedy aus. Dabei bleibt festzustellen, dass die Entscheidungen, die im Nachfolgenden erläutert werden, bereits getroffen wurden, als der Versailler Vertrag noch nicht rechtskräftig und die darin vorgesehene Volksentscheidung über die Staatszugehörigkeit der beiden Landkreise noch nicht durchgeführt war. Dass Belgien, das die Kreise Eupen und Malmedy nach Abzug der britischen Truppen bereits ab 12. August 1919 besetzt hatte, diesen Gebietszuwachs in amtlichen Verhandlungen bereits als gegeben ansah, wirft ein Licht auf die Art der Verhandlungsführung.

Dass man sich auch andere Lösungen hätte vorstellen können, zeigen die eingangs erwähnten Beispiele an anderen Grenzen. Zudem waren spätestens durch die Kriegsbauten alle wichtigen Orte der Kreise Eupen und Malmedy von Westen her so an das belgische Bahnnetz angeschlossen, dass man auf die Vennbahn als durchgehende Strecke nicht angewiesen war. Und von Herbesthal und Eupen aus gesehen gab es eine Verbindung nach Süden bis Luxemburg, die nur drei Kilometer länger war als die Vennbahn. Der Kreis Monschau hingegen besaß lediglich die Verbindung über Raeren (im Ostteil des Kreises Eupen gelegen) nach Aachen. Logisch wäre es gewesen, durch gewisse Gebietsverschiebungen die Bahn Aachen – Walheim – Raeren – Monschau weiter bis nach Kalterherberg Deutschland zuzugestehen oder aber Transitregelungen zu treffen. Stattdessen bestand Belgien auf der gesamten Bahn einschließlich der Stadt Monschau in seinem Hoheitsbereich. Das hätte eine Verschiebung der Grenze nach Osten bedeutet, wie sie im Friedensvertrag nicht vorgesehen war.

Belgien stützte sich bei seinen Forderungen auf den laut Artikel 35 vom Obersten Rat der Alliierten eingesetzten Ausschuss zur Festlegung der Grenze zwischen beiden Ländern. Da sich die Vereinigten Staaten nicht beteiligten, bestand er aus je einem Mitglied Frankreichs, das auch den Vorsitz übernahm, Großbritanniens, Belgiens, Italiens, Japans und Deutschlands. Während die meisten der anderen Delegierten Militärs waren, benannte Deutschland den Landrat von Monschau als Mitglied. Am 15. Oktober 1919 genehmigte der Oberste Rat eine Handreichung für die

Arbeit der Kommission, die von den Siegermächten erstellt worden war. Darin war vorgesehen, dass sie eigenständig über größere Gebietsabtretungen zugunsten Belgiens entscheiden konnte. Wenn man den Wortlaut des Friedensvertrags nahm, war die Bestimmung des Grenzverlaufs einfach. Das Problem waren die Verkehrswege, die sich eher nach geografischen Gesichtspunkten und weniger nach Kreisgrenzen richteten. Hier musste die Kommission Entscheidungen unter Berücksichtigung der wirtschaftlichen Lage, wie es der Vertrag ausdrückte, treffen.

In einem Nachtrag zu den Instruktionen für die Arbeit der Kommission hieß es: *„Die Abänderung einer Grenzlinie darf nicht zum Zwecke haben, die Zugehörigkeit von Gemeinden zu einem oder anderen Staat, wie sie sich aus dem Friedensvertrag ergibt, zu ändern. Die Befugnis der Kommission zur Abänderung soll beschränkt sein auf Detail-Bestimmungen mit dem alleinigen Ziel, die wirtschaftlichen und verkehrstechnischen Beziehungen zu erleichtern und möglicherweise die Führung der Grenzlinie einfacher und praktischer zu gestalten."* [325]

Zwischenzeitlich – am 13. Januar 1920 – hatte Belgien die Bahnstrecken in dem ihm durch den Versailler Vertrag zugesprochenen Gebiet von Eupen und Malmedy übernommen, allerdings mit Ausnahme des Südabschnitts der Vennbahn. Ab sofort galten auch hier die *„Vorläufigen Vorschriften über den Eil- und Frachtgutverkehr zwischen den Stationen der belgischen Eisenbahnen und den Stationen des besetzten deutschen Rheingebiets vom 1. September 1919"*. [326] Nicht möglich war der direkte Versand von den unbesetzten Gebieten nach Belgien. Sie musste an einen Agenten im besetzten Rheinland gerichtet werden, der das Frachtgut neu aufgeben musste. Diese Regelung trat nun auch für Eupen-Malmedy in Kraft.

Die Kommission trat am 23. Januar 1920 in Paris zu ihrer konstituierenden Sitzung zusammen. Während unter den damaligen Verhältnissen die Vennbahn die einzige Verbindung darstellte, die den Kreis Monschau wirtschaftlich und touristisch erschloss, behauptete die belgische Seite bereits in dieser ersten Sitzung, dass diese Bahnstrecke für den Verkehr zwischen Eupen und Malmedy besonders wichtig sei. Ein Blick in zeitgenössische Kursbücher zeigt, dass es keine direkten Verbindungen zwischen beiden Städten gab, sondern man ein oder zweimal umsteigen musste, ein Indiz dafür, dass der direkte Verkehr unbedeutend war. Als Alternative schlug die deutsche Seite vor, eine Umgehungsstrecke zwischen Walheim und Roetgen zu bauen, um wenigstens die Verbindung von Aachen her in den Kreis Monschau in deutscher Hand zu belassen. Das wurde abgelehnt.

Die Kommission führte am 21. Februar 1920 von Lüttich aus eine erste Bereisung der Bahnstrecke in einem Sonderzug durch. Den Kreis Monschau erreichte sie von Malmedy her. In Kalterherberg, der ersten Station dieses Kreises, überreichte der dortige Bürgermeister der Kommission in deren Salonwagen ein Protestschreiben der Bürger, die sich zudem auf dem Bahnsteig versammelt hatten. Bei ihrem Eintreffen in Monschau wurde die aus 15 Personen bestehende Gruppe von einer großen Menschenmenge empfangen, obwohl der Bahnhof weit außerhalb der Stadt lag. Sie demonstrierte ebenfalls für einen Verbleib der Bahnstrecke bei Deutschland. Während eines einstündigen Aufenthalts im Wartesaal des Bahnhofs überreichte der Bürgermeister Monschaus eine entsprechende Resolution von Stadt, umliegenden Gemeinden und Kreistag. In Roetgen wiederholten sich die Proteste am Bahnsteig und die Überreichung eines Protestschreibens. In Conzen und Lammersdorf, wo sich ebenfalls eine große Anzahl Bürger zum Empfang der Grenzfestsetzungskommission eingefunden hatte, fuhr der Zug ohne Halt durch. Die Fahrt ging bis nach Aachen, von wo aus man über Stolberg – Walheim – Raeren nach Lüttich zurückkehrte, sodass man beide Ausgangspunkte der Vennbahn kennengelernt hatte.

Eine zweite Bereisung fand am 25. März 1920 statt, wieder auf der Schiene. Allerdings verließen das englische und das italienische Kommissionsmitglied den Zug und setzten die Fahrt im Pkw fort, um die Straßen zu inspizieren, die im Falle einer Abtretung der Bahn Raeren – Kalterherberg als Ersatz für die dann ebenfalls teilweise an Belgien fallende Straße Aachen – Monschau in Frage kommen könnten. Da man keine wirklichen Alternativen fand, verfiel man am Ende auf die Korridorlösung mit deutschen Enklaven westlich der Bahnlinie. Losheim war mit der Besetzung der Kreise Eupen und Malmedy 1919 belgisch geworden. Da jedoch die Aachen-Trierer-Straße mitten durch den Ort führte und eine alternative Strecke nur sehr schwierig zu bauen war, gab es auf Vorschlag des japanischen Mitglieds der Kommission zusätzlich noch eine Abstimmung der Bevölkerung über einen Verbleib bei Deutschland, wofür sich dann 28 von 32 Stimmberechtigten aussprachen. Damit wurde Losheim am 1. Oktober 1921 wieder deutsch. Die Kommission hatte im Februar 1920 noch einmal eine generelle Anhörung der Bevölkerung bei ihrem zweiten Besuch zugesagt, hielt diese Zusage jedoch tunlichst nicht ein, denn die Entscheidung schien bereits gefallen zu sein.

Auf Grund zweier im Tenor gleich lautender Gutachten des englischen und des italienischen Kommissionsmitglieds beschloss die Grenzkommission nur zwei Tage später, am 27. März 1920 auf ihrer Sitzung in Lüttich mit fünf Stimmen (der Monschauer Landrat enthielt sich) für eine Überlassung der kompletten Vennbahn an Belgien, also auch des Teils, der durch den Kreis Monschau führte. Außerdem wurde ein Drittel der Fläche des Kreises Monschau Belgien zugesprochen, was auch einige wichtige Straßen betraf. Die Entscheidung wurde eher emotional als rational gefällt und widersprach den Bestimmungen des Friedensvertrages. *„Der Vorsitzende* [der Kommission] *bemerkte weiter, wenn Deutschland sage, daß es der leidende Teil sei, dann müsse er dem gegenüberhalten, welche Leiden die verbündeten Länder erdulden mussten."* [327]

Wegen dieser Entscheidung gab es in der Bevölkerung große Unruhe, die zu Protesten seitens der Reichsregierung und einem Generalstreik am 14. und 15. April führte, bei dem auch Bahn und Post bestreikt wurden. Eupen schloss sich dem Streik an. Während die Proteste im Kreis Monschau mehr oder weniger unbehelligt vonstattengingen, wurden in Eupen der dortige Streikleiter und der Bürgermeister inhaftiert. Im Kreis Monschau folgte die Reaktion der Alliierten mit einer Verzögerung von etwa einem Monat. Belgische Truppen besetzten auf Befehl von Marschall Foch am 17. Mai 1920 den Bahnhof von Monschau. In der Brüsseler Zeitung Soir hieß es dazu: *„Bekanntlich hat die internationale Grenzkommission Belgien einen Teil des Kreises Monschau zugesprochen* [...] *mit einem Teil der Eisenbahnlinie Aachen – St. Vith. Man weiß, welche Agitation die Deutschen gegen diese Entscheidung ins Werk gesetzt haben, die den wirtschaftlichen Notwendigkeiten und Bedürfnissen Rechnung trägt, wie es im Friedensvertrag vorgesehen ist. Da die Deutschen gedroht haben, auf diese Linie Sabotageakte vorzunehmen, ist es selbstverständlich, dass Marschall Foch den Belgiern selbst die Bewachung ihres Gutes anvertraut hat, welches ihnen unmittelbar nach der Bestätigung der Entscheidung der Kommission durch den Botschafterrat gehören wird."* [328]

Anfang Juni 1920 entschied die Botschafterkonferenz unter Zuziehung von Marschall Foch und General Weygand entgegen ihrer eigenen früheren Entscheidung und gegen einen Protest der deutschen Regierung die Empfehlung der Grenzkommission zu akzeptieren. Insgesamt widersprach der ganze Vorgang dem in dieser Zeit so oft beschworenen Selbstbestimmungsrecht der Völker. Zusätzlich stand die Entscheidung im Widerspruch zum Artikel 36 des Versailler Vertrages, in dem die Berücksichtigung der wirtschaftlichen Lage gefordert wurde. Was den Kreis Monschau anging, wurde dieser Punkt nicht erfüllt. Zusätzlich wurde eine sehr unübersichtliche Grenze geschaffen, die zu viel Streit führte und dem Schmuggel Vorschub leistete.

Die Strecke (Ulflingen/Troisvierges-) Grenze – Lengeler – Kalterherberg musste am 28. Februar 1921 an Belgien abgetreten werden. Die formale Übergabe des Abschnitts Raeren – Kalterherberg erfolgte aufgrund des komplizierten Grenzverlaufs nach der Klärung verschiedener Detailfragen erst am 1. November 1921. Diese Entscheidung der Alliierten brachte der Vennbahn eine komplizierte Situation. Sie verlief nämlich nun auf einer Länge von 28,5 km als belgisches Eigentum und Hoheitsgebiet durch Deutschland und durchtrennte deutsche Dörfer und Gemeinden. Der Abschnitt Raeren – Kalterherberg wurde belgisches Territorium und einzig und alleine von der Belgischen Staatsbahn genutzt. Die Bahnhofsgebäude und das Personal waren belgisch. An bestimmten Stellen verlief die Bahnlinie genau auf der Grenze zweier Staaten und bildete dann wieder eine belgische Enklave auf deutschem Gebiet.

Vielleicht war den alliierten Kommissionsmitgliedern inzwischen aufgegangen, dass sie mit dieser Entscheidung mehr Probleme geschaffen als gelöst hatten, denn in den ***„Bestimmungen betreffend die Grenze zwischen Deutschland und Belgien“***, die am 6. November 1922 in Aachen unterzeichnet wurden, finden sich sehr viele Details zugunsten Deutschlands.

Hier einige Zitate: [329)]

- *„Die deutsche Sprache wird angewandt. Die belgischen Beamten müssen deutsch verstehen und deutsche Antworten geben.“*
- *„Die Stationsnamen der fünf Bahnhöfe des Kreises Monschau behalten die jetzigen deutschen Bezeichnungen.“*
- *„Das deutsche Geld gilt als Zahlungsmittel. Die Tarife, Fahrpreise und Gebühren werden in deutscher Währung festgesetzt und erhoben.“*
- *„Der Verkehr des Publikums zum Bahngebiet, und zwar nicht nur zu den Zügen, sondern auch zur Erledigung aller anderen Geschäfte mit der Bahn, ist frei von jeder belgischen Steuer-, Zoll- und Verkehrspolizeikontrolle.“*
- *„Bei Rechtsstreitigkeiten, die zwischen deutschen Bewohnern und der belgischen Eisenbahnverwaltung oder ihren Angestellten entstehen und die mit der Eisenbahnstrecke Raeren – Kalterherberg in irgendeiner Weise zusammenhängen, sind die deutschen Gerichte (in erster Instanz Amtsgericht Monschau oder Landgericht Aachen) zuständig, und das deutsche Recht wird angewandt.“*

Diesen eher allgemeinen **Bestimmungen** folgen sehr genaue über Betrieb und Verkehr:

*„Der **Zugverkehr auf der Strecke Kalterherberg – Raeren** wickelt sich wie folgt ab:*

a) *Die Personenzüge zwischen Aachen und St. Vith fahren mit durchlaufendem Wagenpark und halten auf allen Stationen zwischen Raeren und Kalterherberg, auf welch letzteren Stationen deutsche und belgische Zollkontrolle stattfindet.*

b) *Im Güterverkehr durchfahren die Züge von St. Vith nach Raeren und umgekehrt die Strecke zwischen Kalterherberg und Raeren (ohne Aufenthalt in Monschau, Konzen, Lammersdorf und Rötgen) und setzen die für diese Stationen bestimmten Wagen in Kalterherberg und Raeren, wo deutsche und belgische Zollkontrollen stattfinden, ab. Die Bedienung der Stationen des Kreises Monschau erfolgt durch besondere Güterzüge, die zwischen Walheim und Kalterherberg verkehren und auf allen Stationen dieser Strecke halten.*

Grundsätzlich wird es als das zweckmäßigste anerkannt, dass zur Ausnutzung des wegen der Zollrevision erforderlichen Aufenthalts bei allen Zügen (Personenzügen und Güterzügen) beide Verwaltungen in Raeren Maschinen und Personal wechseln.“

Es folgten Bestimmungen über den Abfertigungsdienst, die Tarife, Zoll und Postverkehr, die sich an deutschem Recht und deutschen Vorschriften auszurichten hatten. In einem Anhang war noch für jeden Bahnhof einzeln das Verfahren aufgeführt, mit dem sichergestellt werden sollte, dass alle Reisenden die Pass- und Zollkontrollen durchliefen. Diese Bestimmungen wurden zwar im Reichsgesetzblatt veröffentlicht, aber den eigentlichen Grenzvertrag schloss man erst am 7. November 1929 ab, nachdem die Räumung der Gegend durch belgische und französische Truppen anstand, und nach der Genehmigung durch den Reichstag erhielt er erst am 16. April 1931 Gesetzeskraft. Dieses Gesetz stellte eine Anpassung an die inzwischen erfolgten Änderungen im Betrieb der Bahn dar, brachte jedoch keine grundsätzliche Änderung mit sich.

An der Strecke Gerolstein – St. Vith verlief die Grenze so nahe am Bahnhof Steinebrück, der zu Belgien kam, dass vor allem der Ort Ihren auf der deutschen Seite praktisch ohne Bahnanschluss blieb. Der nächste Bahnhof, Bleialf, war rund acht Kilometer entfernt. Erst 1930 errichtete die Reichsbahn dort einen Haltepunkt, der zum Endpunkt für den Zugverkehr auf deutscher Seite wurde.

Es gab keine nennenswerte Industrie in der Region. Aber die Forstwirtschaft spielte eine große Rolle, weil sie Grubenholz für Bergwerke lieferte. In den zwanziger Jahren benutzten neben einem beträchtlichen Personenverkehr täglich bis zu 22 Kohlezüge von Aachen in Richtung Luxemburg und bis zu 14 Erzzüge in der Gegenrichtung die Vennbahn. Im Güterverkehr waren es Differenzen über die Tarife zwischen Reichsbahn und Belgischer Staatsbahn, die diesen Verkehr auf die Rhein-Mosel-Verbindung und die Eifelbahn verlagerten. Das führte bereits zum 1. Januar 1931 zu einer Verringerung des Bahnpersonals in St. Vith um 30 %, nachdem der Güterverkehr auf die Hälfte reduziert wurde. Fünfzehn Lokomotivpersonale nebst Nebenpersonal wie Schlosser wurden zu anderen Dienststellen versetzt.

Und im Personenverkehr führten die umständlichen Zollkontrollen dazu, dass, wer es sich leisten konnte, damals schon auf das eigene Auto umstieg oder eine der neu entstehenden Buslinien benutzte. Vor allem die Reichspost baute ihr Busnetz in der Region stark aus und bot damit vor allem im Personenverkehr eine Alternative zur unattraktiv gewordenen Bahn. Damit begann der Niedergang dieser Linie, die heute nur noch Geschichte ist.

7.4 Die Übernahme der Strecken

Obwohl die belgische Regierung in den offiziellen Verlautbarungen über Eupen und Malmedy von der Rückkehr verlorener Provinzen zur angestammten Heimat sprach, glich der Sonderstatus, den diese Kreise in den ersten Jahren erhielten, eher einem Besatzungsstatus. Zwar gehörten sie formal noch zum Deutschen Reich und somit zur belgischen Besatzungszone, aber wenn man die Bevölkerung für sich gewinnen wollte, hört sich die folgende Verordnung von Ende Oktober 1919 befremdlich an: [330)]

- *„**Art. 1.** Im Namen des Feldmarschalls, Oberbefehlshaber der alliierten Armeen und auf Grund des im Waffenstillstandsvertrags Anlage 2 Art. I festgesetzten Textes sollen alle Eisenbahn-Beamte und Angestellte auf ihrem Posten bleiben, um das Fortsetzen der Eisenbahn-Besatzung und dessen Betrieb zu versichern. Das Eisenbahn-Personal wird von jetzt ab als zwangsverpflichtet betrachtet.*

  ***Art. 2.** Wer sich den unter Art. 1 bestimmten Verpflichtungen entzieht, wird vor den Kriegs-Gerichtshof gefordert.*

  ***Art. 3.** Gegenwärtige Verordnung tritt mit ihrer Veröffentlichung sofort in Kraft.*

  Der General-Leutnant Oberbefehlshaber der Besatzungsarmee der 4. Zone im Rheinland“

Bild 371
Der Bahnhof Elsenborn besaß über eine Schmalspurbahn eine Verbindung zum Bahnhof Sourbrodt der Vennbahn, hier der Bahnhof im Lager nach dem Ersten Weltkrieg.

Bild 372
Der Bahnhof St. Vith noch zu deutscher Zeit.

AUFNAHMEN (2): SAMMLUNG KLAUS KEMP

Im Januar 1920 trat eine Kommission belgischer und deutscher Eisenbahner in Aachen zusammen, um über die Übergabe der Eisenbahnstrecken in Eupen und Malmedy zu verhandeln. Die Belgische Staatsbahn übernahm die Verwaltung der Strecken ab dem 13. Januar 1920. Damit schieden die betroffenen Bahnhöfe aus den deutschen Tarifen aus. Für die vorläufig noch in deutscher Hand verbleibenden Bahnhöfe Roetgen, Lammersdorf, Conzen, Monschau und Kalterherberg kamen weiterhin die deutschen Tarife zur Anwendung, obwohl sie nun vom deutschen Bahnnetz abgeschnitten waren.

Am 30. September 1920 besichtigte eine hochrangige Kommission aus dem Brüsseler Eisenbahnministerium die neu zum belgischen Netz gekommenen Bahnstrecken der Kreise Eupen und Malmedy. Damit bahnten sich sichtbare Änderungen an. Ab Mitte Oktober durfte keine deutsche Uniform mehr getragen werden. Die Beamten im Außendienst wie Schaffner und Schalterbeamte mussten nun wenigstens ein belgisches Käppi benutzen. Ab dem 15. November 1920 war eine komplette belgische Uniform Pflicht. Im Juni 1921, nachdem alle Widersprüche des Deutschen Reiches gegen die Grenzziehung und gegen die Wegnahme der Bahnlinie verworfen worden waren, fiel der Abschnitt Kalterherberg – Raeren auch formal an Belgien, aber erst Anfang November übernahm die Belgische Staatsbahn ihn tatsächlich. Die belgische Pass- und Zollkontrolle wurde von Sourbrodt nach Kalterherberg verlegt, wo auch die deutsche Zollkontrolle stattfand, während die deutschen Zollkontrollen in Walheim und Raren aufgehoben wurden. Die Züge zwischen Aachen und St. Vith verkehrten weiter wie gewohnt, wechselten aber in Walheim das Personal und die Lokomotive.

Die Bahnstrecke St. Vith – Gouvy war während des Krieges als Nachschubstrecke gebaut und kurz vor Ende der Kampfhandlungen für den Militärbetrieb in Betrieb genommen worden. Der belgische Staat baute die Linie aus und nahm sie am 15. April 1920 in Betrieb. Der dafür erforderliche Grund und Boden war bei Kriegsende ebenso noch nicht bezahlt wie für die Strecke Born – Vielsalm. Die Eigentümer mussten, nachdem die Bahn nicht mehr zu Preußen gehörte, wegen der Entschädigung mit dem belgischen Staat verhandeln. Die endgültige Bezahlung erfolgte erst nach 1930.

Dass sich durch die nach Osten verschobene Grenze auch die ursprünglich auf den Aachener Raum ausgerichteten Wirtschaftsbeziehungen des Gebietes von Eupen und Malmedy ändern mussten, zeigt eine Zeitungsnotiz vom November 1928: *„Auf dem Bahnhof St. Vith wurden diesen Herbst 221 Waggons Kartoffeln verladen. Davon gingen ins Innere Belgiens 200, nach Frankreich 21; nach Deutschland fand keine Kartoffelausfuhr statt.“* [331) ❑

8 Schlussbetrachtungen

Der Bogen ist weit gespannt worden, von der großen Politik bis hin zu lokalen Ereignissen, wobei die Eisenbahn so etwas wie den roten Faden bildete. Drei Aspekte, die eine gewisse Bewertung darstellen, sollen noch einmal aufgegriffen werden.

Wenn Deutschland den Krieg gewonnen hätte ...

Nachdem es 1918 in Deutschland keine wirkliche Revolution gab, blieben die Führungsschichten der wilhelminischen Zeit in Heer, Bürokratie und Wirtschaft weiter in der Verantwortung, ohne eingestehen zu wollen, dass ihre Politik zum Krieg und ebenso zu der Niederlage geführt hatte. Damit unterblieben wichtige wirtschaftliche Anpassungen, wie die Erklärung des Staatsbankrotts und die Streichung der Kriegsanleihen, was die Inflation anheizte. Gleichzeitig blieben die Ziele einer Restauration der deutschen Großmachtstellung und Abschüttelung der Reparationslast bestehen.

Die Politik der Alliierten, allen voran Frankreichs, tat ein Übriges, die extremen nationalen Kräfte in Deutschland zu fördern. Diese strebten nach einer Revanche für die nie verwundene Schmach der Niederlage von 1918 und das „Diktat von Versailles". Dazu sagte der Sozialwissenschaftler **Oskar Stillich** bereits 1921 in einer Beurteilung des Friedensvertrages: „*Man hätte erwarten können, daß sie nach dem Unheil, das sie mit den deutschen Kriegszielen und mit der Bekämpfung des Rechtsfriedens angerichtet haben, sich jetzt ganz still und bescheiden verhalten würden. Aber weit entfernt davon, wettern sie wie besessen gegen den Friedensvertrag und seine Bestimmungen. Ich habe daher versucht, einmal die Forderungen, die von diesen Leuten während des Krieges erhoben worden sind, mit denen zu vergleichen, was wir jetzt nach dem Versailler Diktat zu tragen haben. Ich komme dabei zu dem Resultat: Wie milde ist doch dieser harte Vertrag, gemessen an der Gier und Habsucht all derer, die bei uns für einen Machtfrieden auftraten: der Alldeutschen, des Bundes der Landwirte, des schwerindustriellen Zentralverbandes, des Bundes deutscher Industrieller, des Mittelstandsverbandes, des Wehrvereins, des Flottenvereins, der Vaterlandspartei, des deutschen Sprachenvereins und wie diese Organisationen alle heißen.*" [332)]

Waren es 1921 vielleicht nur böse Vorahnungen, so findet sich in einem Zitat aus dem Jahr 2014 die Bestätigung: „*Dass mit Versailles der Weg hin zum Zweiten Weltkrieg wenigstens mit ermöglicht wurde, kann heute als sicher gelten. So betonte etwa der ehemalige US-Außenminister Henry Kissinger anlässlich des 90. Jahrestages dieses Friedensschlusses: ‚Die Hauptverantwortung für diesen Krieg liegt bei Hitler. Aber das System von Versailles hat seinen Plan begünstigt. Jedes internationale System, das funktionieren soll, fußt auf zwei entscheidenden Elementen. Zum einen bedarf es eines Gleichgewichts, eine Art Equilibrium, welches es schwermacht, das System einfach aus den Angeln zu heben. Und es braucht ein Gefühl von Legitimität. Die Mehrzahl der beteiligten Staaten muss überzeugt sein, dass die Ordnung, der sie sich verpflichtet fühlen sollen, im Prinzip gerecht ist. Versailles war in beiden Punkten ein Missgriff'.*" [333)]

Die Folgen für die Eisenbahn

Das Ende des Ersten Weltkriegs brachte eine Auflösung der alten Staatsgefüge ebenso mit sich wie das Hinwegfegen der alten politischen Ordnung. Streiks und Aufstände waren an der Tagesordnung genauso wie Regierungswechsel und Parlamentsauflösungen. Eine der wenigen Institutionen, die trotz dieser chaotischen Zeitumstände funktionierte, war die Eisenbahn. Sie funktionierte, als nach dem Waffenstillstand fremde Truppen einen Teil des Landes besetzten, sie funktionierte auch, als diese fremden Truppen gegen die Bestimmungen des Friedensvertrags ihr Herrschaftsgebiet auszudehnen begannen. Und sie funktionierte selbst dann noch, als diese fremden Truppen sich aufmachten, um das industrielle Herz des Reiches, das Ruhrgebiet, zu besetzen, obwohl dieser Truppenaufmarsch gegen das eigene Land gerichtet war.

Dieses Züge fahren zu lassen ohne die Frage nach dem Wofür fand sich keine zwei Jahrzehnte später wieder in den Eroberungskriegen des Reichs, vor allem aber in den Transporten von Zwangsarbeitern aus anderen Ländern nach Deutschland und von Juden, Regimegegnern und unliebsamen Minderheiten in die Konzentrationslager. Und nach dem Zweiten Weltkrieg – als alles im Chaos versank – finden sich viele Erzählungen von Zeitgenossen, in denen ausgerechnet die Eisenbahn in dieser Situation als eine Ordnungsmacht wahrgenommen wurde, vielleicht weil sie den letzten Rest staatlicher Ordnung repräsentierte.

Und so, wie das Hitler-Regime zusammenbrechen musste, als es den Alliierten gelang, mit ihren Bombenangriffen das Bahnnetz zunehmend lahmzulegen, zwang der passive Widerstand von 1923 – der den Bahnbetrieb stilllegte – die Wirtschaft und damit auch

Bild 373
Mit zu den ersten von der Reichsbahn entwickelten Lokomotiven zählten die Baureihen 01 und 02 zur Erprobung des Antriebs – einfache Dampfdehnung oder Verbundausführung –, die ab 1926 in Betrieb genommen wurden. Die im Jahr 1928 von der Berliner Maschinenbau-Aktiengesellschaft gelieferte 01 057 zeigt sich wenige Wochen nach ihrer Inbetriebnahme zwischen Hannover Hbf und Seelze vor dem D 144 (Dresden – Köln).

Aufnahme: Rudolf Kreutzer, Sammlung EK-Verlag

Bild 374 – Die Lokomotiven der Gattung P 10 der preußischen Staatsbahn entstanden in der Übergangszeit von den Länderbahnen zur Reichsbahn. Die ersten Exemplare wurden noch mit preußischer Nummer ausgeliefert, die meisten jedoch schon mit Reichsbahnbeschriftung. 39 120 verlässt den Betriebsbahnhof Köln-Deutz mit der Garnitur des Ostende-Köln-Pullman-Express L 176. Dieser von der CIWL betriebene Zug war 1929 eingeführt worden. AUFNAHME: CARL BELLINGRODT/EK-VERLAG

das Reich auf die Knie. All das zeigt die entscheidende Rolle, die die Eisenbahnen sowohl in den ökonomischen wie den kriegerischen Auseinandersetzungen des vorigen Jahrhunderts einnahm.

Vor allem das Jahr 1923 hat erstmals deutlich gemacht, dass das Transportmonopol, das die Eisenbahn bis zum Ersten Weltkrieg besessen hatte, nicht mehr existierte. Die daraus folgenden Probleme versuchte man zuerst zu bekämpfen – durch den Stückgutschnellverkehr, die Entwicklung eines Behälterverkehrs und ähnlichen Maßnahmen, wie zu lesen war. Letztlich konnte die Bahn diesen Kampf nicht gewinnen, aber erst die ab 1994 einsetzende Bahnreform, mit der die Aufgabe des Stückgutverkehrs einherging, brachte hier eine endgültige Entscheidung zugunsten der Straße.

Im Verlaufe der Verhandlungen des Dawes-Plans traten sehr starke Gegensätze zwischen den Vertretern des Gemeinwohls (Deutsche Regierung) und einer freien Marktwirtschaft (die Gutachter um Dawes) hervor. Das Problem wurde damals nicht gelöst, sondern es verfolgte die Bahn bis in unsere Tage. Beim Gemeinwohl ging es unter anderem um:

- Bedienung unrentabler Strecken, vor allem in strukturschwachen Regionen,
- Beförderungspflicht im Güterverkehr,
- subventionierte Preise im Berufs- und Schülerverkehr.

Demgegenüber stand ein wachsendes Defizit der Bahn, die den Befürwortern einer nach marktwirtschaftlichen Grundsätzen betrieben Gesellschaft die Argumente lieferten, wie bereits 1924 eine Privatisierung zu fordern.

Das Aufbrechen des Beförderungsmonopols brachte neben den angerissenen negativen Auswirkungen aber auch einen Innovationsschub. Erwähnt seien Schnellfahrversuche mit dem Raketenauto von Opel, vor allem aber jene mit dem Schienenzeppelin von Kruckenberg, der den Leichtbau der Schnelltriebwagen der dreißiger Jahre einleitete. Im Oktober 1928 war erstmals das Telefonieren aus einem fahrenden Schnellzug auf der Strecke Berlin – Hamburg möglich. Ein Jahr später experimentierte man mit dem Radioempfang in Zügen, und 1930 wurde der Rangierfunk in Hamm als erstem Verschiebebahnhof eingeführt.

Politische Auswirkungen

Das Gefährliche im Januar 1923 waren weniger der Einmarsch sowie die militärische Besetzung des Ruhrgebiets durch französische und belgische Truppen, als vielmehr die Emotionen, die das Ereignis bei allen Beteiligten auslöste. Angesichts aller Toter, die zu beklagen waren, ist es ein Wunder, dass nicht mehr geschehen ist. Schaut man sich die Geschichte der letzten Jahrzehnte an, dann hat es nichtigere Anlässe für kriegerische Auseinandersetzungen gegeben. Mit dem weiter oben beschriebenen „Unternehmen Wesel" war die Lunte bereits gefährlich nahe ans Pulverfass gekommen.

Der Schluss liegt nahe, dass Sieger und Besiegte aus Versailles, aber auch aus dem Konflikt um die Ruhr gelernt und nach dem sehr viel schrecklicheren Zweiten Weltkrieg schnell einen Kurs der Versöhnung statt der Konfrontation eingeschlagen haben. Es begann mit der Montanunion im Jahr 1951, also dem Teil der Wirtschaft, um die es in den zwanziger Jahren so heftige Konflikte zwischen Deutschland und Frankreich gegeben hatte. Und heute bilden die damaligen Erbfeinde das Rückgrat der Europäischen Union, die aus dieser Montanunion hervorgegangen ist.

„Heute, [90 Jahre] *nach diesen dramatischen Ereignissen, ist die deutsch-französische Aussöhnung, ja Freundschaft, eine politische und menschliche Selbstverständlichkeit. Darüber gerät leicht in Vergessenheit, welchen Preis sie gekostet hat. Es ist notwendig, daran zu erinnern. Wie sonst sollte das Werk eines Stresemann, eines Briand, aber auch eines de Gaulle und eines Adenauer voll gewürdigt werden können? Man muß die Krisen im deutsch-französischen Verhältnis kennen, um den Wandel voll zu ermessen. Denn nur dann dürfen wir sicher sein, daß das Gewonnene nicht wieder durch Gleichgültigkeit in Frage gestellt wird."* [334) ❑

Fußnoten

1) Haunstein, Werner: Die völkerrechtliche Stellung, S. 11.
2) Kraus, Hans-Christof, S. 9.
3) Eine ausführliche Darstellung der Entwicklung der Geschichtsschreibung über diese Zeit findet sich bei Christoph Cornelißen: Vom „Ruhrkampf“ zur Ruhrkrise. Die Historiografie der Ruhrbesetzung, in Krumeich, Gerd und Schröder, Joachim (Hg.): Der Schatten des Weltkriegs. Die Ruhrbesetzung 1923, Essen 2004, S. 25-45.
4) Der vollständige Text findet sich im Internet: *http://www.rk19-bielefeld-mitte.de/info/Recht/Haager_Landkriegsordnung/42-56.htm*
5) Alleine zwischen November 1928 und Januar 1933 gab es 25 Regierungen oder im Durchschnitt alle sieben Monate ein neues Kabinett!
6) Die Stadt wurde zum 1. August 1929 durch die Vereinigung von Elberfeld, Barmen, Ronsdorf, Cronenberg und Vohwinkel unter dem Namen Barmen-Elberfeld als kreisfreie Stadt gegründet und im Jahr 1930 nach einer Bürgerbefragung in Wuppertal umbenannt.
7) Van Ypersele, Laurence: Belgien im „Grand Guerre“ S. 23. Im Einzelnen siehe hierzu John Horne, Alan Kramer: Deutsche Kriegsgreuel 1914. Die umstrittene Wahrheit, Hamburg 2004.
8) Van Ypersele, Laurence: Belgien im „Grand Guerre“ S. 24. Propagandaliteratur zum Thema siehe: Commandant de Gerlache de Gommery By All and Any Means, aus: Belgium in War-Time, 1915; Atrocities in the First World War, *http://www.spartacus.schoolnet.co.uk/FWWatrocities.htm*, Bryce Report into German Atrocities in Belgium, 12 May 1915, *http://www.firstworldwar.com/source/brycereport.htm*
9) Winkler, Heinrich August, S. 56.
10) Hermanns, Will, S. 20.
11) *http://www.firstworldwar.com/source/armisticeterms.htm*, Übersetzung durch den Autor.
12) Das bezog sich auch auf die belgischen und französischen Gebiete, die deutsche Truppen erobert hatten und wo neben Feldeisenbahnern auch ziviles Personal Dienst tat.
13) Deutscher Rhein – fremder Rosse Tränke?
14) Spa liegt in den Ardennen, Luftlinie etwa 35 km von der deutschen Grenze entfernt. Hier befand sich vom März bis November 1918 das Große Hauptquartier der deutschen Obersten Heeresleitung.
15) Linienkommandanturen entstanden während des Kaiserreichs und waren ihrer Funktion nach militärische Eisenbahnlinienkommissionen. Als Behörden oblag ihnen die Regelung der Militärtransporte im Frieden und im Kriege. Sie waren Organe der Eisenbahnabteilung des Großen Generalstabs und bestanden aus je einem Stabsoffizier und einem Eisenbahnbeamten. Ihren Sitz hatten sie in dafür vorbestimmten Eisenbahndirektionen. Ihre Zahl wuchs während des Krieges auf 26 an. Man bezeichnete sie mit einem Kürzel: Köln = H, Ludwigshafen = P, Mainz = O und Saarbrücken = S.
16) Die Triple Entente (kurz nur Entente, französisch für Vereinbarung) war ein 1907 abgeschlossenes Militärbündnis zwischen Großbritannien, Frankreich und Russland, aus dem Russland nach der Revolution 1917 ausschied.
17) Sarter, Adolph 1930, S. 100.
18) Sarter, Adolph 1930, S. 100.
19) Edmonds, James, S. 98.
20) Rhein, Saar und Ruhr im Lichte der französischen Presse Januar 1925, S. 11.
21) Der Ort hatte für die Briten eine besondere Bedeutung, weil hier die erste größere Schlacht gegen die Deutschen stattgefunden hatte.
22) Zeitung des Vereins Deutscher Eisenbahnverwaltungen 1920, S. 490.
23) Zeitung des Vereins Deutscher Eisenbahnverwaltungen 1920, S. 490.
24) Generalanzeiger Bonn 1.2.1926.
25) Das Nichtgrüßen wurde auf dem Höhepunkt des Ruhrkampfes mit Gefängnisstrafen geahndet.
26) Wein, Franziska, S. 28-29.
27) Possehl, Ingunn, S. 90-91.
28) Die Malmedy-St. Vither Volkszeitung meldete die Freigabe des Verkehrs mit Belgien erst unter dem 13.8.1919.
29) Zibell, Stephanie, S. 15-22.
30) zitiert in Abelshauser, Werner, S. 206-207
31) Hermanns, Will, S. 81.
32) Mordacq, Jean Jules Henri, S. 48.
33) Auch in den besetzten Gebieten gab es am 15. März einen eintägigen Proteststreik. Im Vorfeld hatten die Gewerkschaftsführer mit den Besatzungsmächten über die Durchführung verhandelt. Diese stimmten zu, solange Transporte und Sicherheit der Alliierten nicht betroffen waren. Während der zivile Bahnverkehr ruhte, stellte eine ausreichende Zahl Eisenbahner die Durchführung der von den Besatzungstruppen gewünschten Zugfahrten sicher.
34) Malmedy-St. Vither Volkszeitung 27.3.1920.
35) Bundesarchiv Koblenz R 43 I/175, Bl. 308.
36) Bereits im Herbst 1919, als die Briten erste Truppenreduzierungen vornahmen, hatten die Franzosen versucht, Köln von ihnen zu übernehmen, weil sich dort das *„politische, wirtschaftliche, finanzielle und religiöse Herz“* des Rheinlands befand.
37) Zerfass, Günter, S. 27-28.
38) Haunstein, Werner: Die völkerrechtliche Stellung, S. 91.
39) zitiert nach Haunstein, Werner: Die völkerrechtliche Stellung, S. 29-30.
40) Luxemburg war zwar ein unabhängiger Staat, gehörte aber bis 1919 zum Deutschen Zollverein.
41) Chemins de Fer d'Alsace et de Lorraine = Eisenbahnen des Elsass und Lothringens.
42) Die Proteste begannen erst nach einigen Jahren, als die noch vor Kriegsende der Bevölkerung Elsass-Lothringens gemachten Zusagen vor allem einer kulturellen Autonomie (Sprache, Schule etc.) von Paris nicht eingehalten wurden.
43) Bei dem von Deutschland abgelieferten rollenden Material handelt es sich einmal um die hier aufgeführten Lokomotiven und Wagen und zum anderen um die Fahrzeuge, die zu den abgetretenen Gebieten in Ost und West gehörten wie etwa Elsass-Lothringen oder Posen. Zählt man noch die Kriegsverluste dazu, dann verloren die deutschen Eisenbahnen insgesamt 8.264 Lokomotiven, 12.326 Personen- und 280.013 Güterwagen.
44) Dieser Text ist eine freie Übersetzung der Anordnungen von Marschall Foch nach einer englischen Vorlage.
45) Deutschland hat bis zum 30. September 1918 2.970 Lokomotiven auf den verschiedenen Kriegsschauplätzen erbeutet. Die Mehrzahl – 2.457 Stück – stammten aus Belgien und 201 aus Frankreich.
46) Müllenmeister, Peter Kap. 3.
47) Der betriebsfähige Bestand an Lokomotiven betrug am 11. November 1918 32 % des Gesamtbestands und stieg bis Januar 1919 auf 50 %.
48) Zeitung des Vereins Deutscher Eisenbahnverwaltungen 1919, S. 43.
49) Andere Quellen sprechen von 2.205 abgelieferten Lokomotiven, davon 2.054 preußischer Herkunft. Diese Differenzen mögen ihren Ursprung in unterschiedlichen Stichtagen haben, die nicht immer einwandfrei dokumentiert sind.
50) Ulflingen (französisch Troisvierges) liegt in Luxemburg und bildete den Anschluss an das dortige Bahnnetz.
51) Calais besaß einen Fährhafen, Boulogne dagegen nicht. Im Vergleich zu anderen Fährverbindungen, die das Übersetzen von Eisenbahnwagen erlaubten wie etwa in der Ostsee, entstanden sie zwischen den Britischen Inseln und dem Kontinent erst auf Grund militärischer Überlegungen 1917/18. Eingerichtet wurden sie zwischen Southampton – Dieppe und Richborough – Calais.
52) In Bendorf gab es eigentlich keinen Güter- oder Rangierbahnhof, sondern lediglich einige Anschlussgleise von der Westerwaldbahn oder der rechtsrheinischen Eisenbahn an Bendorfer Firmen- oder Fabrikgelände. Der eigentliche Güterbahnhof mit Bahnbetriebswerk befand sich in Neuwied-Engers, nur Meter von der Gemarkungsgrenze zu Bendorf-Mühlhofen entfernt. Wo genau die amerikanischen Soldaten rangiert haben, konnte nicht geklärt werden.
53) Die gegensätzlichen Positionen finden sich in Fritz Fischer: Griff nach der Weltmacht. Die Kriegszielpolitik des kaiserlichen Deutschlands 1914/18. Droste, Düsseldorf 1964 und Christopher Clark: Die Schlafwandler. Wie Europa 1914 in den Krieg zog. DVA, München 2013.

54) Es handelte sich um das Bezirksamt St. Ingbert sowie Teile der Bezirksämter Zweibrücken und Homburg mit der Stadt Homburg.
55) *http://www.dhm.de/lemo/html/weimar/aussenpolitik/reparationen/*
56) Aus den Unterlagen geht nicht hervor, dass es unter den Alliierten eine Diskussion um Positionen in den Ausschüssen gegeben hatte. Die Franzosen nahmen als Hauptleidtragende den Vorsitz in allen Kommissionen, und alle Alliierten bestimmten ihre jeweiligen Vertreter. Vertraglich nirgendwo vorgesehen war die Einrichtung einer italienischen Delegation am 1. Oktober 1921, deren Kosten ebenso wie die der anderen Mitglieder dem Deutschen Reich in Rechnung gestellt wurden.
57) Nach dem Ende des Ersten Weltkrieges gab es einen Umschwung in der amerikanischen Politik hin zu einer Isolierung (Monroe-Doktrin). Da die Ratifizierung des Vertrags von Versailles auf die Dauer eine Einmischung in europäische Angelegenheiten bedeutet hätte, lehnte der US-amerikanische Senat den Vertrag ab, und es kam zu einem Separatfrieden zwischen den USA und Deutschland, unterzeichnet am 25. August 1921 in Berlin.
58) Die politischen Ordonnanzen, S. 88.
59) Barnes, Alexander, S. 245.
60) Morsay, Rudolf, S. 185.
61) Tirard, Paul, S. 193.
62) Es ist bekannt, dass Russen, die in der amerikanischen Zone interniert gewesen waren, auf der Schiene in ihre Heimat zurücktransportiert wurden. Ihnen wurden amerikanische Soldaten aus der Besatzungsarmee als Begleitung und Schutz mitgegeben.
63) Malmedy-St. Vither Volkszeitung 17.9.1919.
64) Die Einrichtung einer Zollgrenze gegenüber dem übrigen Reich stellte eine Verletzung der Bestimmungen des Versailler Vertrages dar.
65) Kölnische Volkszeitung Nr. 526, 13.7.1921, zitiert nach Possehl, Ingunn S. 163.
66) Un an, S. 8-9.
67) Gemeint ist die Übernahme der Länderbahnen durch die Reichsregierung (siehe Abschnitt 5.1.2).
68) Wentzke, Paul 1930 Bd. 1, S. 134.
69) Destroismaisons, Martin, S. 29.
70) Poincaré am 22. Juli 1922 vor französischen Journalisten, zitiert nach Wenz, Jakob, S. 53-54.
71) Fabry, Philipp W., S. 900-901.
72) Diese abwartende Politik wurde durch Nahost-Friedensverhandlungen verursacht, bei denen Italien und Frankreich die im Krieg gegen Griechenland siegreiche Türkei vertraten, während Großbritannien mit dem unterlegenen Griechenland verbündet war. Man brauchte Frankreichs Unterstützung dort, um das Schlimmste für Griechenland abzuwenden. Im Gegenzug ließ man Frankreich in Deutschland mehr oder weniger freie Hand.
73) Bereits im Mai 1922 hatte Poincaré versucht, die britische Zustimmung für das Recht Frankreichs auf ein alleiniges Vorgehen gegen Deutschland auf der Basis des § 18 des Friedensvertrages zu erlangen. Schon damals hatte der britische Premierminister dieses Ansinnen abgelehnt. Zur öffentlichen Meinung in Frankreich siehe den Aufsatz von Anna-Monika Lauter.
74) Diese Streiks waren von Vandalismus begleitet. Dazu heißt es in der Presse: *„Erschütternde Bilder entrollten sich auch bei der Aussprache über das Transportwesen in der preußischen Landesversammlung. Auch hier Zerrüttung und Verfall, Verschmutzung der Betriebe und Verluderung des Materials. Was in den Eisenbahnwagen nicht niet- und nagelfest war, wurde zerfetzt und herausgerissen. Das hat die Hochflut jener Elemente auf dem Kerbholz, die von den Hütern der alten Ordnung in Schach gehalten wurden und die der ‚Segen' der Revolution auf die gesittete Menschheit losgelassen hat."* Malmedy-St. Vither Volkszeitung 7.6.1919.
75) Malmedy-St. Vither Volkszeitung 3.3.1923.
76) Eine ähnliche Ablenkung gab es übrigens für den Getreideverkehr. Vor allem holländische Schiffe transportierten Importe aus Übersee nach Mannheim, das der größte Getreideumschlagplatz Mitteleuropas war. Mit der Ruhrbesetzung wurde auch der Schiffsverkehr auf dem Rhein sehr stark behindert, was dazu führte, dass die Importe in Antwerpen angelandet und von dort per Bahn in Richtung Schweiz verfrachtet wurden oder ihren Weg von Bremen und Hamburg aus nach Süden nahmen.
77) Unter den französischen Generälen gab es unterschiedliche Auffassungen, welchen Umfang die Besetzung haben sollte. Marschall Foch hielt es für ausreichend, Essen und die Krupp-Werke zu kontrollieren, während General Degoutte dafür plädierte, die Besetzung bis Dortmund auszudehnen, obwohl das bedeutete, dass man die Grenze der entmilitarisierten Zone überschritt und es dadurch eventuell zu einer Konfrontation mit deutschem Militär kam. General Degoutte setzte sich durch.
78) Tirard, Paul, S. 350.
79) Deutsche Quellen geben an, dass die Züge um die englische Zone herumgeleitet wurden, während französische und englische Quellen das Gegenteil sagen. Zudem beziffern die englischen Quellen die Zahl der Truppentransporte durch den Kölner Brückenkopf mit 176 statt 133.
80) Degoutte war Oberbefehlshaber der gesamten Besatzungsarmee, gab aber bald nach der Ruhrbesetzung den Befehl über den Bereich südlich Kölns an den in Wiesbaden residierenden General Henri Mordacq ab, *„der sich mit Stolz zur kolonialen Kriegsführung gegen das wehrlose Deutschland bekannte"*. Wentzke, Paul Bd. 2, S. 87.
81) Nach einer Zeitungsnotiz verließen 30 Militärzüge Mainz in Richtung Norden, und nach einem amerikanischen Bericht passierten 17 Militärzüge am 9. Januar Koblenz in Richtung Ruhrgebiet, gefolgt von weiteren neun am 10. Januar. Das lässt den Schluss zu, dass der Hauptteil der Truppen über die Eifelbahn und von Aachen her zum Ruhrgebiet transportiert wurde.
82) French occupation of the Ruhr, S. 40.
83) Die ital. Ingenieure erhielten von Mussolini den Auftrag, nur an wirtschaftlichen/finanziellen Beratungen teilzunehmen und sich politischen Äußerung zu enthalten. Rom bestand auf einer Unabhängigkeit der MICUM von den Militärbehörden. Als das nicht gegeben war, wurden Fachleute abgezogen.
84) zitiert nach Wachendorf, Karl: Zehn Jahre Fremdherrschaft, S. 124.
85) Un an d'occupation, S. 13.
86) Un an d'occupation, S. 12.
87) Jeannesson, Stanislas: Porquoi la France, S. 57.
88) Die deutsche Eisen- und Stahlindustrie kündigte alle Lieferverträge mit Frankreich auf und verweigerte die Zahlung von Zugladungen, die bereits unterwegs waren. Außerdem nahm sie ab sofort weder Roheisen noch Eisen- oder Stahlprodukte ab, die aus Frankreich, Belgien oder Luxemburg kamen. Das traf die dortige Industrie, weil sie von Lieferungen nach Deutschland abhängig war.
89) Bereits vor dem Kriege hatte vor allem das Ruhrgebiet Erze in großem Umfang aus dem Ausland bezogen, weil es billiger im Transport und vor allem das schwedische besser in der Verhüttung war und dabei gleichzeitig weniger Koks verbrauchte. Minetteerze kamen erst im größeren Umfang an die Ruhr, als Schweden den Erzexport 1905 beschränkte.
90) Fabry, Philipp W., S. 910-911.
91) Wentzke, Paul 1930 Bd. 1, S. 173.
92) Ruck, Michael, 55.
93) *http://www.dhm.de/lemo/html/dokumente/cuno/index.html*
94) Favez, Jean-Claude, S. 66.
95) Ruck, Michael, S. 45.
96) Ruck, Michael, S. 46.
97) Die Holländer sympathisierten mit Deutschland. Deshalb erlaubten sie es, dass ein Teil der für sie bestimmten Kohle über die Strecke Winterswijk – Borken reimportiert wurde.
98) Ruck, Michael, S. 68.
99) Ruck, Michael, S. 69.
100) Ruck, Michael, S. 76.
101) zitiert nach Zimmermann, Ludwig, S. 103.
102) Ruck, Michael, S. 86.
103) *http://www.nahraum.de/indx_de.0.html?article=4263&year=1923*
104) Windschläg gehört heute zu Offenburg.
105) Beginn am 28.2.1923 mit Schnellzugpaar Basel – Freiburg – Rottweil – Pforzheim – Karlsruhe – Frankfurt (M). Ab dem 12.4. verkehrte zusätzlich ein Nachtschnellzugpaar über die Höllentalbahn. In den Sommermonaten 1923 waren es 4 Schnellzugpaare. Auf der Strecke verkehrten normalerweise 8 Personen- und Eilzugpaare. Durch die nötige Aufteilung der Schnellzüge erhöhte sich die Belegung der Strecke auf mehr als das Doppelte.

106) zitiert nach E. Keilhauer: Eisenbahner im Abwehrkampf. Ludwigshafen 1931.

107) Wiedfeld, Wilhelm, S. 138.

108) Wentzke, Paul 1930 Bd. 1, S. 184.

109) Wentzke, Paul 1930 Bd. 1, S. 227.

110) Damals gab es noch nicht die nach dem Zweiten Weltkrieg üblichen Einheitsgewerkschaften. So waren bei den Eisenbahnern zu finden: der Deutsche Eisenbahnerverband, die Reichsgewerkschaft deutscher Eisenbahnbeamter, die Gewerkschaft deutscher Eisenbahner, der Allgemeine Eisenbahnerverband, die Gewerkschaft deutscher Reichsbahnbeamter, die Gewerkschaft der technischen Beamten und die Gewerkschaft deutscher Lokomotivführer.

111) Schöning, Erwin.

112) Cohausz, Otto, S. 6.

113) Zerfass, Günter, S. 130.

114) Zerfass, Günter, S. 131.

115) Ruhrbesetzung und Reichsbahn, S. 8.

116) Ab dem 10.6.1921 firmierte die Bröltalbahn als Rhein-Sieg-Eisenbahn (RSE).

117) gemeint ist Köln-Kalk.

118) Heider, Andreas, S. 72.

119) Als Sülztalbahn wird die Strecke von Köln-Mülheim über Bergisch Gladbach und Bensberg nach Lindlar bezeichnet. Mit Rösrath und Hoffnungsthal besaß sie zwei gemeinsame Bahnhöfe mit der Aggertalbahn.

120) Heider, Andreas, S. 75.

121) Malmedy-St. Vither Volkszeitung 3.2.1923.

122) Nach dem Ende der Regie wurde dieser Bau noch lange als Aufenthaltsraum für Gleisbauarbeiter und Handwerker benutzt.

123) Bei der Rbd Köln waren zehn Speichertriebwagen der Bauart Wittfeld stationiert. Im November 1922 waren drei davon in Düren beheimatet. Ab dem 6. Februar 1923 kam der Verkehr mit diesen Fahrzeugen auf Grund der Militarisierung der Bahnstrecken im gesamten Bereich der Direktion zum Erliegen.

124) Das Werk wurde tatsächlich 1926 stillgelegt, weil es nicht mehr konkurrenzfähig war und viele der Produktionsanlagen darauf abgerissen.

125) Kieber, Wilhelm, S. 4-5.

126) Wenz, Jakob, S. 61.

127) Schreiber, Martin, S. 109.

128) Vollert, Adalbert, S. 64.

129) Zitiert nach Kieber, Wilhelm, S. 153-154.

130) Malmedy-St. Vither Volksblatt 11.4.1923.

131) Petras, Harri, S. 119.

132) Petras, Harri, S. 120.

133) Wiedfeld, Wilhelm, S. 191.

134) Wiedfeld, Wilhelm, S. 190.

135) Darmstadt, Hans, S. 16.

136) Klenke/Schnitzler, S. 162.

137) Wanne, später Wanne-Eickel und Baukau sind Teile der heutigen kreisfreien Stadt Herne.

138) Wentzke, Paul 1930 Bd. 1, S. 226-227.

139) Klenke/Schnitzler, S. 95.

140) Wachendorf, Karl 1928, S. 140.

141) Wiedfeld, Wilhelm, S. 109.

142) Wentzke, Paul 1930 Bd. 1, S. 242-243.

143) Landstrich zwischen Niederaußem und Neuss.

144) Malmedy-St. Vither Volkszeitung 17.3.1923.

145) Arenz, Hans-Peter.

146) Rhein-Hardtbahn-G.m.b.H., S. 37.

147) Tirard, Paul, S. 362.

148) Zuschlagstoffe wie Quarzsand und Kalk dienen während des Hochofenprozesses zur Bindung der unerwünschten Bestandteile des Erzes in der Schlacke.

149) Wentzke, Paul 1930 Bd. 1, S. 235.

150) Aus dem Bericht des Hauptmann d. R. Dr. Seeliger im Bundesarchiv Berlin, Bestand 1501/119602, Bl. 59 ff, zitiert nach Daniel, Ute; Krumeich, Gerd, S. 54.

151) Diese Summe entsprach zu diesem Zeitpunkt ca. einer halben Mio. US-Dollar.

152) abgedruckt in Spethmann, Hans, Bd. III, S. 330.

153) Polnische Arbeiter waren schon lange vor dem Ersten Weltkrieg an die Ruhr gekommen, um in den Zechen und Hütten dort zu arbeiten. Im Ruhrkonflikt teilten sie sich in zwei Lager, nämlich eins, das zu ihren deutschen Arbeitskollegen stand, und eins, das aus nationalistischen Gesichtspunkten zu Frankreich hielt. Schließlich hatte Frankreich wesentlich die Gründung des Staates Polen gefördert und zwar zu Lasten von Preußen/Deutschland. Aus dieser Gruppe konnten die Franzosen viele Arbeiter rekrutieren, die sowohl orts- wie sprachkundig waren und deshalb eine besondere Hilfe darstellten.

154-156) Wiedfeld, Wilhelm, S. 319.

157) heute Marl-Sinsen.

158) Spethmann, Hans Bd. III, S. 117.

159) Darmstadt, Hans, S. 16-17.

160) Die Politischen Ordonnanzen, S. 1.

161) Wentzke, Paul Bd. 1, S. 276.

162) Kumpf, S. 36.

163) Spethmann, Hans Bd. III, S. 133.

164) *http://www.st-goarshausen.de/loreley-rhein/leben-st-goarshausen...*

165) Darmstadt, Hans, S. 68.

166) Spethmann, Hans Bd. III, S. 132.

167) Tirard, Paul, S. 195.

168) Tirard, Paul, S. 196.

169) Schöning, Erwin.

170) King, Joseph, S. 16-17, Übersetzung aus dem Englischen durch den Autor.

171) *http://www.chroniknet.de/daly_de.0.html?year=1923*

172) Reichsministerium für die besetzten Gebiete, S. 70.

173) Malmedy-St. Vither Volkszeitung 14.4.1923.

174) Grimm, Friedrich: Vom Ruhrkrieg, S. 153-154.

175) Grimm, Friedrich: Vom Ruhrkrieg, S. 153.

176) Bréaud, S. 28.

177) Zerfass, Günter, S. 149.

178) Soulez, M. E., S. 124.

179) Krüger, Gerd: Das Unternehmen, S. 96.

180) Krüger, Gerd: Das Unternehmen, S. 98.

181) Krüger, Gerd: Das Unternehmen, S. 99.

182) Krüger, Gerd: Das Unternehmen, S. 102.

183) Krüger, Gerd: Das Unternehmen, S. 103.

184) Im Wikipedia-Artikel zu Schlageter heißt es: *„So machte der NS-Dichter Hanns Johst in seinem zwischen 1929 und 1932 entstandenen ‚Schlageter' seinen Titelhelden zum ‚ersten Soldaten des Dritten Reiches': Er mythologisierte Schlageters Ende mit dem pathetischen Aufruf ‚Deutschland!!! Erwache! Erflamme!!!' zum ‚Blutopfer' für das deutsche Volk. Johsts ‚Prototyp des nationalsozialistischen Dramas' wurde von den Nationalsozialisten als stärkste ‚dichterische Gestaltung der Gesinnung und Haltung unseres neuen Deutschland gefeiert' und 1933 in mehr als 1000 deutschen Städten aufgeführt. Der Mann gehörte zum Gründungsmythos der NSDAP."*

185) Inhaftierte Beamte erhielten als Entschädigung vom Deutschen Reich zusätzlich zu den weiter gezahlten Gehältern doppelte Tage- und Übernachtungsgelder für teurere Orte. Falls sie als Geiseln auf Regiezügen mitfahren mussten den einfachen Satz an Tage- und Übernachtungsgeldern für teurere Orte.

186) Tirard, Paul, S. 354.

187) Dieser Emscher-Durchlass unter dem Rhein-Herne-Kanal befand sich im Castrop-Rauxeler Ortsteil Henrichenburg. Nach der Sprengung wurde er nur notdürftig repariert. Später baute man als Ersatz einen Parallelkanal, der 1929 fertiggestellt wurde. Der alte Durchlass wurde am 4. November 2012 gesprengt.

188) Spethmann, Hans Bd. I,V S. 37.

189) *http://www.historisches-lexikon-bayerns.de/artikel/artikel_44800*

190) Zerfass, Günter, S. 313.

191) Halbzeuge sind vorgefertigte Gegenstände und entstehen in einem der ersten Schritte im Herstellungsprozess eines Produktes. Sie sind der Oberbegriff dieser aus Bearbeitung von Metallen oder Kunststoffen entstandenen Werkstücke wie beispielsweise Bleche, Stangen, Rohre, Platten und Bänder.

192) Krüger, Gerd: Das Unternehmen, S. 108.
193) Krüger, Gerd: Das Unternehmen. S. 114.
194) Vor 1914 war Friedrichsfeld ein Truppenübungsplatz des Heeres. Von 1914 bis 1918 diente er als Lager für Kriegsgefangene. Und während der Besetzung des Ruhrgebiets nutzten in belgische Truppen.
195) Krüger, Gerd: Das Unternehmen, S. 116.
196) 1923 lieferte die Fa. Krupp von dieser Baureihe die Fabriknummern 532 bis 581 (Betriebsnummern „Halle“ 6051 bis 6100, später 57 3165 bis 3214). Die erwähnten Maschinen dürften zu den ersten hier aufgeführten gehören.
197) Krüger, Gerd: Das Unternehmen, S. 118-119.
198) Das Lademaß ist die Begrenzungslinie in Breite und Höhe, die eine Ladung eines offenen Güterwagens im (geraden) Gleis nicht überragen darf.
199) Krüger, Gerd: Das Unternehmen, S. 120.
200) Krüger, Gerd: Das Unternehmen, S. 121.
201) Krüger, Gerd: Das Unternehmen, S. 124.
202) Favez, Jean-Claude, S. 195-196.
203) *http://www.nahraum.de/indx_de.0.html?article=4263&year=1923*
204) Küppers, Paul, S. 87.
205) Küppers, Paul, S. 87-88.
206) Ruhrbesetzung und Reichsbahn, S. 17.
207) Ruhrbesetzung und Reichsbahn, S. 20.
208) Pabst, Klaus: Der Ruhrkampf, S. 39.
209) Gräber, Gerhard und Matthias Spindler.
210) Tirard, Paul, S. 369.
211) Ruck, Michael, S. 335.
212) Sarter/Kittel, S. 16-17.
213) Die Preußische Staatsbahn hatte die Tarife stets benutzt, um heimische Industrien zu fördern. Deshalb hatte es Ausnahmetarife für den Transport auf dem Schienenweg von Minette-Erzen gegeben, solange Lothringen noch Teil des Deutschen Reiches gewesen war, sowie für die Erze des Lahn-Dill-Gebietes, als deren Absatz durch zu hohe Transportkosten gefährdet schien.
214) Pabst, Klaus: Der Ruhrkampf, S. 49.
215) Morsay, Rudolf, S. 189.
216) Jeannesson, Stanislas: Porquoi la France, S. 64.
217) *http://www.nahraum.de/indx_de.0.html?article=4263&year=1923*
218) Spethmann, Hans, Bd. III, S. 165-166.
219) Nothaft, Philipp.
220) *http://www.chroniknet.de/daly_de.0.html?year=1923*
221) Der Brite Sir William Acworth war Privatlehrer des Kronprinzen Wilhelm, des späteren Kaisers, und dessen Bruder Heinrich gewesen. Später bekleidete er unter anderem den Posten des Direktors der Londoner Untergrundbahn und hatte sich dort um die Verbesserung des Buchhaltungswesens verdient gemacht. Der Franzose Gaston Leverve war Generalsekretär der UIC und hochrangiger Beamter im technischen Bereich bei der Paris-Orléans-Bahn. 1920 hatte er als Sachverständiger für Eisenbahnfragen und als Vorsitzender an den deutsch-polnischen Verhandlungen in Paris über den Verkehr zwischen Ostpreußen und dem übrigen Reichsgebiet teilgenommen.
222) Nothaft, Philipp.
223) Edmonds, James, S. 266.
224) Wentzke, Paul Bd. 2, S. 372.
225) Friedensvertrag von Versailles, S. 233.
226) Leitartikel der Zeitung des Vereins Deutsche Eisenbahnverwaltungen vom 11.1.1920, zitiert nach Strößenreuther, Hugo Bd. I, S. 10.
227) Allen, Henry T.: Mein Rheinlandtagebuch S. 36. Der Kohlemangel entstand durch sinkende Fördermengen, nachdem die Arbeitszeiten nach Kriegsende verkürzt worden waren. Dazu kam, dass sich durch weniger sorgfältigen Abbau als vorher der Aschen- und Feuchtigkeitsgehalt erhöhte sowie durch unzureichende Sortierung sich die Beschaffenheit weiter verschlechterte. Die Förderung betrug im Reichsgebiet von 1913: 160 Mio. t, 1918: 141 Mio. t, 1919: 109 Mio. t, 1920: 132 Mio. t und 1921: 141 Mio. t.
228) Hierzu hieß es in einem amerikanischen Zeitungsartikel vom 22.12.1918: *„Bei einer Gelegenheit wurden so viele Maschinengewehre abgeliefert, dass man einen ganzen Zug für ihren Abtransport brauchte.“* Barnes, Alexander, S. 15.
229) Zeitung des Vereins der Deutschen Eisenbahnverwaltungen 1920, S. 491.
230) Lobberich liegt an der Bahnstrecke Kempen – Kaldenkirchen. Kirchrath = holländisch Kerkrade, nördlich von Aachen gelegen. Malmedy-St. Vither Volkszeitung 16.10.1920.
231) Malmedy-St. Vither Volkszeitung 8.1.1919.
232) Malmedy-St. Vither Volkszeitung 26.4.1919.
233) Krupp stellte seine erste Lok Ende 1919 fertig. Zu diesem Zeitpunkt beschäftigte man in diesem Produktionszweig bereits 3.500 Personen und besaß eine Kapazität zum Bau von 300 Lokomotiven und bis zu 3.000 Wagen jährlich.
234) Diese Zentralisierung umfasste neben dem Verkehrswesen auch die Wirtschaft und die Finanzen, die *„einheitlich organisiert, aufeinander abgestimmt und in den Dienst der Nation gestellt“* wurden. Ottmann, Karl 1958, S. 414.
235) Aktenstücke, S. 867.
236) Aktenstücke, S. 857.
237) Zu den Länderbahnen gehörten:
– Großherzoglich Badische Staatseisenbahn,
– Großherzoglich Mecklenburgische Friedrich-Franz-Eisenbahn,
– Großherzoglich Oldenburgische Staatseisenbahn,
– Königlich Bayerische Staatseisenbahn,
– Königlich Sächsische Staatseisenbahn,
– Königlich Württembergische Staatseisenbahn,
– Preußisch-Hessische Eisenbahngemeinschaft.
238) Ottmann, Karl 1954, S. 102.
239) Bereits vorher hatte es Reichseisenbahnen gegeben. Nach dem Krieg 1870/71 übernahm das Deutsche Reich die Bahnstrecken in Elsass-Lothringen unter dem Namen „Reichseisenbahnen in Elsass-Lothringen“ in direkter Verwaltung. Zu den am Rhein übernommenen Fähren gehörten Spyck – Welle (Niederrhein) und Rüdesheim – Bingen. Zitate aus Reichsgesetzblatt 1919 und 1920.
240) Strößenreuther, Hugo Bd. I, S. 92.
241) Wilhelmi, S. 413.
242) Wyszomirski, Curt, S. 332, Fußnote.
243) Die Betriebszahlen zeigen das Verhältnis von Einnahmen zu Ausgaben. Eine Zahl unter 100 bedeutet geringere Ausgaben als Einnahmen, also Gewinn, und über 100 höhere Ausgaben als Einnahmen, also Verlust.
244) Nach dem Zweiten Weltkrieg kamen Deutschland und Frankreich überein, die Brücken gemeinsam zu unterhalten und zu erneuern. Am 30. Januar 1953 schlossen sie das entsprechende *„Abkommen über die festen Brücken und Fähren über den Rhein an der deutsch-französischen Grenze“* ab.
245) Dieser Übergang wurde 1937 aufgehoben.
246) Seitz, Eckhard, S. 17.
247) Allen, Henry T.: Die Besetzung, S. 50.
248) Zeitung des Vereins der Deutschen Eisenbahnverwaltungen 1920, S. 498.
249) Die Politischen Ordonnanzen, S. 60.
250) Malmedy-St. Vither Volkszeitung 2.10.1920.
251) Die Remagener Brücke wurde erst am 1.9.1919 für einen beschränkten Güterverkehr eröffnet.
252) Generalanzeiger Bonn 1.2.1926.
253) Am 19.3. waren es die folgenden Züge: 233 Personen-, 29 Güter-, fünf Verpflegungszüge und sieben Truppentransporte. Nach Frankreich fuhr ein Kohlezug. Zwei Züge mit Metallprodukten fuhren über Aachen in Richtung Belgien, und ein Kohlezug ging von Ludwigshafen ab. Die Reichsbahn versandte sieben Kohlenzüge nach Italien und zwei nach Holland.
254) *http://www.chroniknet.de/daly_de.0.html?year=1923&month=1*
255) Zeitung des Vereins deutscher Eisenbahnverwaltungen 1923, S. 268.
256) Müllenmeister, Peter Kap. 3.
257) Soulez, M. E., S. 126.
258) Diese Geschäfte bestanden dort, wo sich relative viele Besatzungssoldaten befanden wie im Ruhrgebiet. Im Bereich der Direktionen Mainz, Ludwigshafen und Trier gab es insgesamt 18 rollende Läden, die nach einem festen Fahrplan verkehrten, um dadurch auch kleinere Stützpunkte versorgen zu können.
259) Klenke/Schnitzler, S. 166.
260) Müllenmeister, Peter Kap. 3.

261) Malmedy-St. Vither Volkszeitung 26.2.1927.

262) Klenke/Schnitzler, S. 168.

263) Süss, Martin: Rheinhessen, S. 177.

264) Zerfuss, Günter, S. 150.

265) Zeitschrift des Vereins Deutscher Eisenbahnverwaltungen 1923, S. 711.

266) Ruhrbesetzung und Reichsbahn, S. 27.

267) Tirard, Paul, S. 370.

268) Zerfass, Günter, S. 195.

269) Zerfass, Günter, S. 211-212.

270) Rudolf Oeser hatte das Amt als Reichsverkehrsminister am 13.8.1923 im neu gebildeten Kabinett mit Gustav Stresemann als Reichskanzler übernommen. 1924 wurde er der erste Generaldirektor der DRG.

271) Zeitung des Vereins Deutscher Eisenbahnverwaltungen 1923, S. 814.

272) Zeitung des Vereins Deutscher Eisenbahnverwaltungen 1924, S. 56.

273) Für das Ruhrgebiet hatte die Preußische Staatsbahn allerdings nur eine zentrale Stelle eingerichtet, nämlich das Wagenamt in Essen.

274) Rieber, Georg.

275) Bréaud, S. 215.

276) Übereinkommen über den Gütertransport für den internationalen Schienenverkehr von 1893, 1980 durch ein an die heutigen Verhältnisse angepasstes Abkommen ersetzt.

277) *http://de.wikipedia.org/wiki/Zugschlusssignal*

278) In einem deutschen Bericht heißt es dazu: *„Am letzten Wagen musste ein Schlusssignal, am Tag ein rundes und zwei rechteckige schwarzweiße Scheiben, bei Dunkelheit drei rotgeblendete Laternen angebracht werden. Ich habe Züge beobachtet, an denen am 10. oder 20. oder 25. Wagen ein Schlussignal hing, jedoch am Schluss kein Signal zu sehen war. Dort stand am Tage ein Zivilist mit einer roten Flagge, bei Dunkelheit mit einer rotgeblendeten Laterne. Die Schlusssignale in der Mitte des Zuges Zugmitte hätten bei einer Zugtrennung schlimme Folgen haben können.“* Müllenmeister, Peter Kap. 3.

279) Bréaud, S. 415.

280) Bréaud, S. 414-415.

281) Soulez, M. E., S. 185-186.

282) Bréaud, S. 359.

283) Ruyters, Ferdinand, S. 4.

284) Sachverständigen-Gutachten, S. 38.

285) Sachverständigen-Gutachten, S. 102.

286) Kunze-Knorr-Bremse (benannt nach ihren Erfindern) ist eine automatische Druckluftbremse für Güter-, Personen- und Schnellzüge, die von der Lok aus für alle Wagen eines Zuges bedient werden kann. Ein ähnliches System wurde von der amerikanischen Fa. Westinghouse entwickelt. Beide Systeme testete man auf der Gotthardbahn und fand sie gleichwertig. Nachdem der Internationale Eisenbahnverband Standards festgelegt hat, sind beide Systeme auch kompatibel. 1928 entschied sich Belgien, das amerikanische System einzuführen, ließ sich jedoch einen Teil der Bremsanlagen in Deutschland bauen, weil sie über die Sachlieferungen im Rahmen der Reparationsleistungen billiger erworben werden konnten.

287) Nicht nur Militärzüge waren dadurch in ihrer Geschwindigkeit beschränkt, sondern auch der zivile Verkehr, allen voran die Güterzüge.

288) Reichsgesetzblatt 1924 Teil I, S. 274.

289) zitiert nach Strößenreuther, Hugo Bd. I, S. 143. Das Wort „Feststellung“ bezieht sich darauf, dass das Reich aufgrund des Dawes-Abkommens bestimmte Vorbedingungen erfüllen musste, deren vertragsgemäße Ausführung überprüft bzw. „festgestellt“ wurde.

290) Zerfass, Günter, S. 251.

291) Der Leiter der Regie, H. Bréaud, kehrte allerdings zur französischen Staatsbahn zurück, wo er bald darauf zu deren Direktor ernannt wurde.

292) Die Reichsbahn 1925 Nr. 5, S. 17.

293) Vogels, Werner: Die Verträge, hier Verordnung 282.

294) Geschäftsbericht des Delegierten 1926.

295) Geschäftsbericht des Delegierten 1929.

296) Geschäftsbericht des Delegierten 1928.

297) Ottmann, Karl 1954, S. 104.

298) Wentzke, Paul Bd. 1, S. 285-286.

299) Es war der erste Güterzugfahrplan, den die Reichsbahn veröffentlichte.

300) Sommerfahrplan.

301) Sommerfahrplan.

302) unter sonst gleichen Bedingungen.

303) Ab dem 1. Mai 1925 betrugen die Fahrpreise pro Kilometer in der 4. Klasse 3,8 Pf, in der 3. Klasse 5 Pf und in der 1. Klasse 10,5 Pf. Malmedy-St. Vither Volkszeitung 6.5.1925.

304) Dieser Feier liegt ein relativ unbedeutendes Ereignis zugrunde. Im Jahr 925 verband sich das damalige Lotharingien, zu dem auch das Rheinland gehörte, mit dem ostfränkischen Reich, aus dem das Deutsche Reich entstand. Die Feiern trugen einen betont politischen Charakter, um gegenüber Frankreich die Zugehörigkeit des linken Rheinufers zum (modernen) Deutschland zu unterstreichen.

305) Malmedy-St. Vither Volkszeitung 16.5.1928.

306) Zerfass, Günter, S. 295.

307) Geschäftsbericht des Delegierten Mai 1929.

308) Geschäftsbericht des Delegierten 1930.

309) Geschäftsbericht des Delegierten Mai 1929.

310) Malmedy-St. Vither Volkszeitung 21.8.1926.

311) Geschäftsbericht des Delegierten 1926.

312) Geschäftsbericht des Delegierten 1928.

313) Geschäftsbericht des Delegierten Mai 1929.

314) Malmedy-St. Vither Volkszeitung 8.2.1928.

315) Malmedy-St. Vither Volkszeitung 14.7.1920.

316) Malmedy-St. Vither Volkszeitung 24.6.1925.

317) Malmedy-St. Vither Volkszeitung 19.12.1925.

318) Malmedy-St. Vither Volkszeitung 15.6.1927.

319) Malmedy-St. Vither Volkszeitung 21.4.1926.

320) Regel, Erik, S. 91.

321) Wentzke, Paul 1930 Bd. 1, S. 296.

322) Wentzke, Paul 1930 Bd. 1, S. 296.

323) Seit 1920 heißt die Stadt in Deutschland Monschau, während Belgien für den Bahnhof den Namen Montjoie beibehielt.

324) Günther, Arno, S. 265.

325) Floßdorf, Jacob Wilhelm.

326) Zeitschrift des Vereins mitteleuropäischer Eisenbahnverwaltungen 1920.

327) Küpper, Bernhard, S. 93.

328) Küpper, Bernhard, S. 101.

329) Reichsgesetzblatt 1924 Teil II Nr. 1, S. 1-32.

330) Malmedy-St. Vither Volkszeitung 29.10.1919.

331) Malmedy-St. Vither Volkszeitung 28.11.1928.

332) Krüger, Peter, S.212.

333) Kraus, Hans-Christof, S. 12-13.

334) Fabry, Philipp W., 1975.

Abkürzungen

AL	Chemins de Fer d'Alsace-Lorraine / Eisenbahnen von Elsass-Lothringen
BR	Baureihe
CFC	Chemins de Fer de Campagne / Feldeisenbahn
C.I.C.F.C	Commission Interalliée des Chemins de Fer de Campagne / Interalliierte Feldeisenbahn-Kommission
C.I.C.F.C.P.R. ^	Commission Interalliée des Chemins de Fer de Campagne des Pays Rhénans / interalliierte Feldeisenbahn-Kommission der Rheinlande
C.I.R.M	Commission Interalliée de Recéption de Matériel / Interalliierte Kommission für Materialempfang
CIWL	Compagnie Internationale des Wagons-Lits / Internationale Schlafwagen-Gesellschaft
CTS	Compagnie des Tramways Strasbougois / Straßburger Straßenbahn
D.G.C.R.A.	Directeur Général de Communications et des Ravitaillements aux Armées / Generaldirektor der Verkehrs- und Versorgungsstelle des Heeres
EBO	Eisenbahnbetriebsordnung
ED	Eisenbahndirektion
EST	Compagnie des Chemins de fer de l'Est / Ostbahn-Gesellschaft
ETAT	Chemins de Fer de l'État / Staatsbahn (Frankreich bis 1938) Chemins de fer de l'État belge / Belgische Staatsbahn (ab 1926 SNCB)
GmP	Güterzug mit Personenbeförderung
G-Wagen	Güterzugwaggon
R-Wagen	Reisezugwaggon
H.C.I.T.R.	Haute Commission Interalliée des Territoires Rhénans / Interalliierter Hoher Ausschuss für die Rheinlande oder auch Interalliierte Rheinlandkommission
MICUM	Mission Interalliée de Contrôle des Usines et des Mines / Interalliierte Kontroll-Kommission der Hütten und Bergwerke
MIDI	Compagnie des Chemins de Fer du Midi / Südbahn-Gesellschaft
Mitropa	Mitteleuropäische Schlaf- und Speisewagen Aktiengesellschaft
Nord	Compagnie de Chemin de Fer du Nord / Nordbahn-Gesellschaft
PLM	Compagnie de Chemin de Fer de Paris à Lyon et à la Méditerranée / Gesellschaft der Paris, Lyon und Mittelmeerbahn
PO	Compagnie des Chemins de Fer Paris-Orléans / Gesellschaft der Paris – Orleans - Bahn
RAW	Reichsbahnausbesserungswerk
Rbd	Reichsbahndirektion
Rbf	Rangierbahnhof
Regie / Regiebahn	Régie des Chemins de Fer des Territoires Occupés / Verwaltung der Eisenbahnen der besetzten Gebiete
RM	Reichsmark
SNCV	Société National de Chemins de Fer Vicinaux /Nationale Kleinbahngesellschaft (Belgien)

Literaturverzeichnis

Zeitschriften, Bücher und namentlich gezeichnete Artikel im Internet

Abelshauser, Werner; Himmelmann, Ralf: Revolution in Rheinland und Westfalen. Quellen zu Wirtschaft, Gesellschaft und Politik 1918-1923, Essen 1988

Adolph, E.: Ruhrkohlenbergbau, Transportwesen und Eisenbahntarifpolitik, in *Archiv für Eisenbahnwesen 1927, S. 3-58, 293-349, 705-741, 926-976*

-- Aktenstücke zur Vorgeschichte der Reichsbahn, in *Archiv für Eisenbahnwesen 1941, S. 855-894*

Allen, Henry T.: Die Besetzung des Rheinlandes, Berlin o. J.

ders.: Mein Rheinland-Tagebuch, Berlin 1923

Arenz, Hans-Peter: Köln-Bonner Eisenbahnen. Chronik einer Privatbahn – Jahr 1923. CD mit Datensammlung, Hürth-Hermülheim 2014

Artaud, Denise: Die Hintergründe der Ruhrbesetzung 1923, in *Vierteljahreshefte für Zeitgeschichte 27. Jahrgang 1979, 2. Heft, S. 241-259*

Aßhauer, Rudolf: Der rheinische Fremdenverkehr, seine Grundlagen, Entwicklung, Hauptträger und seine wirtschaftliche Bedeutung, Dissertation, Köln 1934

Bariéty, Jacques: Die französische Politik in der Ruhrkrise, in *Schwabe, Klaus (Hrsg.): Die Ruhrkrise 1923. Wendepunkt der internationalen Beziehungen nach dem 1. Weltkrieg, Paderborn 1985, S. 11-28*

Barnes, Alexander: In a Strange Land. The American Occupation of Germany 1918 – 1923. Atglen, PA, USA 2011

Barthels, Thomas, Möller, Armin und Barthels, Klaus: Der Eiserne Rhein. Geschichte, Betrieb und Topographie einer europäischen Eisenbahnverbindung, Mönchengladbach 2005

Becker, Adolf: Die Bröltalbahn – Rhein-Sieg-Eisenbahn. Niederkassel-M. 1988

Bimmermann, Reiner: Aachener Straßenbahn, Bd. 1: Geschichte, Aachen 1999

-- Bonn während der Besatzungszeit. Sonderdruck aus dem Einwohnerbuch, Bonn 1927

Born, Erhard: Hundert Jahre Reichseisenbahnen, in *Glasers Annalen 95 (1971) Nr. 12 Dezember, S. 402-406*

Born, Erhard, Haslauer, Gilbert, Herrenschneider, Albert, Seidel, Kurt und Stöckle, Rudolf: Schmalspur zwischen Vogesen und Schwarzwald, Schwäbisch Gemünd (1972)

Boserup, Anders; Mack, Andrew: Krieg ohne Waffen? Studie über Möglichkeiten und Erfolge sozialer Verteidigung. Kapp-Putsch 1920/Ruhrkampf 1923/Algerien 1961/CSSR 1968, Reinbek bei Hamburg 1974

Both, Margot: Die Entwicklung des Kölner Eisenbahnverkehrs von 1918 bis 1939, Diplom-Arbeit, Universität Köln 1947

Braun, Helmut: Reparationen (Weimarer Republik), *http://www.historisches-lexikon-bayerns.de/artikel/artikel_44796* (abgerufen am 3.7.2013)

Breaud, H.: La Régie des Chemins de Fer des Territoires Occupées 1923 – 1924, Paris 1938

Breuer, Dieter; Cepl-Kaufmann, Gertrude (Hg.): „Deutscher Rhein – Fremder Rosse Tränke?“ Symbolische Kämpfe um das Rheinland nach dem Ersten Weltkrieg. Essen 2005

Bündgen, Eduard: Die Köln-Bonner Eisenbahnen 1891-1992, Freiburg 1994

Bürger, Johannes: Die Besatzungen nach den beiden Weltkriegen. *http://www.pfarre-ratheim.de/geschichte/besatzungen.htm* (22.3.2013)

Burow, Andreas; Fuchs, Dieter; Koch, Sven Arved: 100 Jahre Dreieichbahn Dreieich-Buchschlag – Rödermark – Oberroden, 2. Auflage Köln 2006

Bussière, Eric: L'occupation de la Ruhr: de la politique de pressión à l'annexion économique d'une région?, in *La France, La Belge et l'organisation économique de l'Europe, 1918-1936, Chapitre II., Institut de la gestion publique et du développement économique, Comité pour l'histoire économique et financière de la France , Paris 1993, pp. 161-187*

Clarenbach, Karl: Ründeroth während der Besetzung 1923/24, in *Rheinisch-Bergischer Kalender 1981, S. 59-65*

Cohausz, Otto: Vor 50 Jahren: Der französisch-deutsche Eisenbahnkrieg im Ruhrgebiet 1923, in *Jahrbuch für Eisenbahngeschichte Bd. 6 1973, S. 5-25*

Christoph Cornelißen: Vom „Ruhrkampf“ zur Ruhrkrise. Die Historiografie der Ruhrbesetzung, in *Krumeich, Gerd und Joachim Schröder (Hg.): Der Schatten des Weltkriegs. Die Ruhrbesetzung 1923, Essen 2004, S. 25-45*

D'Abernon, Viscount: Memoiren Bd. II: Ruhrbesetzung, Leipzig o.J.

Dambly, Phil: Nos Inoubliables ‚Vapeur', Sonderausgabe Le Rail, Brüssel 1969

Daniel, Ute; Krumeich, Gerd (Projektleitung): Frankreich und Deutschland im Krieg (18.-30. Jahrhundert): Zur Kulturgeschichte der europäischen 'Erbfeindschaft'. Ein gemeinsames Forschungsprojekt der TU Braunschweig und der HHU Düsseldorf 2004

Darmstadt, Hans; van Bevern, Alfons (Bearbeiter): Zwei Jahre unter belgischem Joch. Die Geschichte der Besatzungszeit in Dorsten, Hervest-Holsterhausen, Dorsten 1933

Davids, Wilhelm: Die wirtschaftliche Bedeutung der Eisenbahn Aachen – Monaschau – St. Vith für Stadt und Kreis Monschau, in *Der Eremit am hohen Venn 10. Jahrgang Nr. 7 1935, S. 80-84*

DDR, Ministerium für Verkehrswesen: Uns gehören die Schienenwege. Festschrift zum 125-jährigen Jubiläum der Eisenbahnen in Deutschland, Berlin 1960

Destroismaisons, Martin: L'occupation de la Ruhr et le révisionnisme de l'ordre versaillais dans deux grands journaux français (1920-1924), Département d'histoire, Faculté des arts et des sciences, Mémoire présenté à la Faculté des études supérieures en vue de l'obtention du grade Maître ès arts (M.A.), Montreal 2008, Université de Montréal

-- Die Deutsche Reichsbahn in ihrem ersten Betriebsjahr (Rechnungsjahr 1920), in *Archiv für Eisenbahnwesen 1922, S. 82-141*

-- Deutscher Rhein – fremder Rosse Tränke? Die Rheinlandbesetzung im Spiegel der Literatur. Eine Ausstellung des Instituts „Moderne im Rheinland“ an der Heinrich-Heine-Universität Düsseldorf 26. April bis 1. Juni 2001

Dicke, H.; Lenz, W.: Essen in Geschichte und Sage nebst Anhang Essen im Ruhrkampf, Essen 1930

Dörrlamm, Brigitte; Kromer, Joachim: Bad Soden am Taunus 1918-1933, Bad Soden a.Ts. 1989

Edmonds, James: The Occupation of the Rhineland 1918-1929, London 1987

Eilers, Margot: Ein Gang durch die Bonner Postgeschichte, Bonn 1989 (2. Aufl.)

Emich, Hans-Joachim; Becker, Rolf: Die Eisenbahnen an Glan und Lauter, Homburg/Saar 1996

Erdmann, Karl Dietrich: Alternativen der deutschen Poltik im Ruhrkampf, in *Schwabe, Klaus (Hrsg.): Die Ruhrkrise 1923. Wendepunkt der Internationalen Beziehungen nach dem 1. Weltkrieg, Paderborn 1985, S. 11-28*

Ernst, Friedhelm: Der Eisenbahnverkehr mit Großbritannien, in *Lok-Magazin Nr. 22, Februar 1967, S. 27*

Essler, Bernd: Die Postbeförderung auf dem Rhein einschließlich der Postabgaben von Kriegsschiffen, Kirchlinteln 2011

Fabry, Philipp W.: Ruhrbesetzung 1923, in *Damals. Zeitschrift für geschichtliches Wissen, 7. Jahrgang Oktober 1975, S. 897-924*

Favez, Jean-Claude: Le Reich devant l'occupation franco-belge de la Ruhr en 1923, Genf 1969

Feldenkirchen, Wilfried: Zum Einfluß der Standortfaktoren auf die Eisen- und Stahlindustrie des Ruhrgebietes (bis 1914), in *Blaich, Fritz (Hrsg): Entwicklungsprobleme einer Region: das Beispiel Rheinland und Westfalen im 19. Jahrhundert. Schriften des Vereins für Sozialpolitik ; N.F., Bd. 119, Berlin 1981, S. 48-87*

Fischer, Conan: The Ruhr Crisis 1923-1924, Oxford 2003

ders.: Soziale Verwerfungen im Ruhrkampf durch Hunger und Evakuierungen, in *Krumeich, Gerd und Joachim Schröder (Hrsg.): Der Schatten des Weltkriegs. Die Ruhrbesetzung 1923, Essen 2004, S. 149-167*

Fischer, Wolfram: Wirtschaftliche Rahmenbedingungen des Ruhrkonflikts, in *Schwabe, Klaus (Hrsg.): Die Ruhrkrise 1923. Wendepunkt der Internationalen Beziehungen nach dem 1. Weltkrieg, Paderborn 1985, S. 11-28*

Fitting, Martin: Das Bundesbahn-Ausbesserungswerk Jülich, in *Eisenbahn Amateur Klub Jülich e.V.: Jülich, die alte Eisenbahner-Stadt, Jülich 1977*

Floßdorf, Jacob Wilhelm: Eupen – Malmedy – Monschau. Die Entwicklung der Landwirtschaft in den deutsch-belgischen Grenzgebieten Eupen – Malmedy – Monschau von 1913 bis 1933/34 Monschau 1935

Fraenkel, Ernst: Military Occupation and the Rule of Law, London 1944

-- Französische Eisenbahnregime im Ruhrgebiet, Das, Berlin (1923)

Freese, Jens: Der Zahnradbetrieb auf der badischen Höllentalbahn, in *Lok-Magazin Nr. 70 (Februar 1975), S. 41-48*

ders.: Bemerkungen zum badischen Lokomotivpark des Jahres 1919, in *Lok Magazin Nr. 108 (Mai/Juni 1981), S. 218-226*

-- French Occupation of the Ruhr, Bates College versus Oxford Union Society, City Hall, Lewiston, Maine, September 27, 1923, 8 P.M., in *The Reference Shelf Volume II, Number 4, New York 1924, pp. 2-119*

Fricke, Hans-Joachim: „Compiègne" und die deutschen Eisenbahnen. Bestimmungen und Auswirkungen des Waffenstillstands von 1918, in *Die Eisenbahnszene gestern und heute Bd. 4, Pürgen 1995*

Friedensburg, Ferdinand: Kohle und Eisen im Weltkriege und in den Friedensschlüssen, München und Berlin 1934

-- Friedensvertrag von Versailles nebst Schlußprotokoll und Rheinlandstatut sowie Mantelnote und deutsche Ausführungsbestimmungen, Neue durchgesehene Ausgabe in der durch das Londoner Protokoll vom 30. August 1924 revidierten Fassung, Berlin 1925

Friedrich, Jörg: Die unendliche Geschichte der Reparationszahlungen aus dem Ersten Weltkrieg in diesem und dem nächsten Jahrhundert: in Berliner Zeitung 9.10.1999

Gansser, Emil B.: History of the 126th Infantry in the war with Germany, Grand Rapids, Mich, 1920.

-- Geschäftsbericht des Delegierten der Deutschen Reichsbahn-Gesellschaft bei der interalliierten Feldeisenbahn Kommission in Wiesbaden für die Zeit vom 15. November 1924 bis 31. Dezember 1925, Wiesbaden 1926 sowie die nachfolgenden Berichte bis 1930 (alle Slg. Hans-Jürgen Wenzel)

Gräber, Gerhard; Spindler, Matthias: „Wer dabei mitmacht, muss damit rechnen, den Kopf zu verlieren" Kriminalität, Kriminalisierung und Strafverfolgung im Zusammenhang des linksrheinischen Separatismus nach dem 1. Weltkrieg, *http://www.graeberspindler.de/page7.php* (14.7.2013)

Grimm, Friedrich: Der Abwehrkampf an Rhein und Ruhr 1918-1924, in *Kampf um den Rhein. Beiträge zur Geschichte des Rheinlandes und seiner Fremdherrschaft 1918-1930, Mainz 1930, S. 12-19*

ders.: Frankreich am Rhein, Hamburg 1931

ders.: Vom Ruhrkrieg zur Rheinlandräumung. Erinnerungen eines deutschen Verteidigers vor französischen und belgischen Kriegsgerichten. Hamburg 1930

Groß, Wolfgang und Heinz Kleebach (Hrsg.): 125 Jahre Bahnhof Remagen, Remagen 1985

Günther, Arno: Die Rechtslage der auf fremdem Gebiet gelegenen Bahnhöfe und Strecken im deutsch-schweizerischen Grenzverkehr unter besonderer Berücksichtigung des Beförderungsrechts, in *Die Bundesbahn 1955, S. 264-270*

ders.: Die Gemeinwirtschaftlichkeit der deutschen Eisenbahnen in ihrer geschichtlichen und inhaltlichen Entwicklung, in *Archiv für Eisenbahnwesen 1960, S. 1-48*

Haeffner, Karl Ernst: Aufbau und rechtliche Natur der Deutschen Reichsbahn-Gesellschaft, in *Archiv für Eisenbahnwesen 1927, S. 1248-1284 und 1640-1677*

Haffner, Sebastian, Gregory Bateson u. a.: Der Vertrag von Versailles, Frankfurt (M), Berlin 1988

-- Handbuch der deutschen Eisenbahnstrecken. Eröffnungsdaten 1835-135, Streckenlängen, Konzessionen, Eigentumsverhältnisse, Mainz 1984

Hagen, Lilo: Traurig von der Wasserscheide. Die Wasgenwaldbahn verkehrte einst von Bundenthal nach Ludwigswinkel, in *Pirmasenser Zeitung vom 26.1.2008*

Harrer, Kurt: Eisenbahnen an der Saar, Düsseldorf 1984

Haunstein, Werner: Die deutsch-belgischen Grenzeisenbahnübergänge, in *Die Bundesbahn 1951, S. 729-735*

ders.: Die deutsch-französischen Grenzeisenbahnübergänge, in *Die Bundesbahn 1952, S. 110-114*

ders.: Die deutsch-tschechoslowakischen Grenzeisenbahnübergänge, in *Die Bundesbahn 1952, S. 251-257*

ders.: Die völkerrechtliche Stellung der Eisenbahnen in Kriegs- und Nachkriegszeiten, Köln und Darmstadt (1952)

Heider, Andreas: Der sogenannte Kartoffelkrieg in Overath 1923, in *Rheinisch-Bergischer Kalender 1981, S. 66-76*

Heinzel, Michael; Klauser, Klaus-Dieter; Marganne, Roland: Hommage à la Vennbahn, Prüm 2012

Helmreich, Hans: Grenzbahnhöfe – Bewährungsstellen internationaler Zusammenarbeit, in *Die Bundesbahn 1957, S. 1003-1009*

Helmreich, Jonathan E.: Belgium and the decision to occupy the Ruhr: Diplomacy from a middle position, in *Revue belge de philologie et d'histoire. Tome 51 fasc. 4, 1973. Histoire (depuis l'Antiquité) — Geschiedenis (sedert de Oudheid). pp. 822-839*

Hermanns, Will: Stadt in Ketten. Geschichte der Besatzungs- und Separatistenzeit 1918 - 1929 in und um Aachen, Aachen 1933

Höltge, Dieter: Deutsche Straßen- und Stadtbahnen Bd. 4: Rheinland-Pfalz und Saarland, Freiburg 1981

ders.: Bd. 5: Bergisches und Siegerland. Von Wuppertal bis Bonn, Freiburg 1996

Höltge, Dieter und Reuther, Axel: Straßen und Stadtbahnen in Deutschland Bd. 7: Köln, Düren, Aachen, Freiburg 2001

Hoppstädter, Kurt: Die Eisenbahn im Moseltal nach den Akten des Staatsarchivs Koblenz, Saarbrücken 1973

Hüttenberger, Peter: Methoden und Ziele der französischen Besatzungspolitik nach dem Ersten Weltkrieg in der Pfalz, in *Blätter für deutsche Landesgeschichte Nr. 108/1972, S. 105-121*

Jacobi: Ein Rückblick zum 60-jährigen Bestehen der Reichsbahndirektion Frankfurt (M), in *Die Reichsbahn 1934, S. 351-356*

Jacques, Christopher Chartier: La politique allemande de la France telle que perçue par la presse française (1919-1926), Département d'histoire, Faculté des arts et des sciences, Mémoire présenté à la Faculté des arts et des sciences, en vue de l'obtention du grade de maître en histoire, Université de Montréal, 30 Août 2010

Jeannesson, Stanislas: Porquoi la France a-t-elle occupé la Ruhr?, in *Vingtiéme Siécle. Revue d'histoire N°51. Juillet – Septembre 1996, pp. 56-67*

ders.: Übergriffe der französischen Besatzungsmacht und deutsche Beschwerden, in *Krumeich, Gerd und Joachim Schröder (Hg.): Der Schatten des Weltkriegs. Die Ruhrbesetzung 1923, Essen 2004, S. 207-231*

Kaiß, Kurt und Zimmermann, Michael: Die Korkenzieher-Bahn. Auf Nebenstrecken von Solingen nach Vohwinkel, Leichlingen 1998

Kartographisches Büro des Reichsverkehrsministeriums (Bearbeitung): Sammlung von Übersichtsplänen wichtiger Abzweigungsbahnhöfe der Reichsbahn, Berlin 1922

KBE: 6 Jahrzehnte Köln-Bonner Eisenbahnen – 50 Jahre Rheinuferbahn, Köln 1956

Kemp, Klaus: Die Ahrtalbahnen. Eisenbahnen zwischen Rhein und Eifel, Freiburg 2013

Kempkens, Klaus: Die Eisenbahn in Osterrath – 130 Jahre Osterrather Bahnhof, in *Meerbuscher Geschichtshefte 1985 Heft 2, S. 18-28 und 1986 Heft 3, S. 8-22*

Kentenich, Gottfried: 12 Jahre unter der Geißel der Fremdherrschaft. Triers Besatzungszeit 1919-1930, Trier 1930

Kieber, Wilhelm: Viersen im Rhein-Ruhr-Kampf, Viersen 1926

King, Joseph: The Ruhr. The history of the French occupation of the Ruhr; its meaning and consequences, London 1924

Kirchner, Johannes: Zwischen den Brückenköpfen. Linz 1923, in *Eisenbahn-Kurier Heft 5 (September/Oktober) 1976, S. 266-268*

Kirschel, Lohr, Thielmann: Lokomotiven mecklenburgischer und oldenburgischer Eisenbahnen, Düsseldorf 1989

Kittel, Theodor: Die Deutsche Reichsbahn-Gesellschaft in ihren Beziehungen zum öffentlichen Recht, in *Die Reichsbahn 9. Jahrgang Heft 2, 11. Januar 1933, S. 27-31*

ders.: Eisenbahn und Staat in Deutschland. Die Überwindung des Partikularismus in Deutschland, in *Archiv für Eisenbahnwesen Jg. 59/1936, S. 709-724*

ders.: Der Plan eines „Bundes der deutschen Staatseisenbahnen", das Ende des preußisch-sächsischen Eisenbahnkrieges, in *Archiv für Eisenbahnwesen 1941, S. 537-550*

ders.: Die Entwicklung des Reichseisenbahngedankens, in *Archiv für Eisenbahnwesen Jg. 73/1963, S. 139-149*

Kleinschmidt, Christian: Rekonstruktion, Rationalisierung, Internationalisierung. Aktive Unternehmensstrategie in Zeiten des passiven Widerstands, in *Krumeich, Gerd und Joachim Schröder (Hg.): Der Schatten des Weltkriegs. Die Ruhrbesetzung 1923, Essen 2004, S. 133-147*

Klenke; Schnitzler: Recklinghausen unter der französischen Besatzung 1923/25, Recklinghausen (1927)

Knipping, Andreas: Eisenbahn im Krieg. Im Dienste des Militärs 1848 – 1948, München 2005

Kolb, Eberhard: Die Reichsbahn vom Dawes-Plan bis zum Ende der Weimarer Republik, in *Gall, Lothar und Manfred Pohl (Hrsg.): Die Eisenbahn in Deutschland. Von den Anfängen bis zur Gegenwart, München 1999, S. 109-163*

Köhler, Günter H.; Seelemann, Claus: Postbeförderung mit Straßenbahnen im südlichen Deutschland und in Elsaß-Lothringen, in *Archiv für deutsche Postgeschichte Heft 2 1988, S. 5-89*

Konrad, Emil: Der Lokomotiveinsatz auf den Eisenbahnen des deutschen Militärbetriebes im Ersten Weltkrieg (1914 – 1918), in *Lok Magazin Nr. 76 Januar/Februar 1976, S. 70-78*

Kopp, Klaus: Die Aartalbahn, Wiesbaden-Dotzheim 1983

ders.: 100 Jahre Langenschwalbacher Bahn, Wiesbaden-Dotzheim 1989

Konrad, Emil: Der Lokomotiveinsatz auf den Eisenbahnen des deutschen Militärbetriebes im Ersten Weltkrieg (1914 – 1918) in *Lok-Magazin Nr. 76 (Januar 1976), S. 70-78*

Körholz, Friedrich: Der Ruhrkampf 1923/1925 in der Stadt Werden, Werden 1929

Krall, Günter: Der Bahnhof Oekoven, Nordhorn 1998

Kraus, Hans-Christof: Versailles und die Folgen. Außenpolitik zwischen Revisionismus und Verständigung 1919 – 1933, Bonn 2014

Kreckler, Wolfgang: Eisenbahngeschichte des Ortes Jünkerath, Jünkerath 1995

Krings, Alois: Losheim – ein Grenzlandschicksal, in *Die Eifel Juli/August 1987, S. 218-221*

Krüger, Gerd: Das Unternehmen Wesel im Ruhrkampf von 1923, in *Horst Schroeder, Realschule und Ruhrkampf. Beiträge zur Stadtgeschichte des 19. und 20. Jahrhunderts, Wesel 2002, S. 91-151*

ders.: „Wir wachen und strafen!“ – Gewalt im Ruhrkampf von 1923, in *Krumeich, Gerd und Joachim Schröder (Hg.): Der Schatten des Weltkriegs. Die Ruhrbesetzung 1923, Essen 2004, S. 233-255*

Krüger, Peter: Deutschland und die Reparationen 1918/19. Stuttgart 1975

Krumeich, Gerd: Der „Ruhrkampf“ als Krieg: Überlegungen zu einem verdrängten deutsch-französischen Konflikt, in *Krumeich, Gerd und Joachim Schröder (Hg.): Der Schatten des Weltkriegs. Die Ruhrbesetzung 1923, Essen 2004, S. 9-24*

Krumeich, Gerd; Schröder, Joachim (Hg.): Der Schatten des Weltkriegs. Die Ruhrbesetzung 1923, Essen 2004

Kuhl, Walter: Riedbahn Darmstadt – Goddelau, *http://www.walter-kuhl.de/riedbahn/griesbhf.htm* (22.7.2013)

Kumpf: Die Franzosen in Witten, in Jahrbuch des Vereins für Orts- und Heimatkunde in der Grafschaft Mark, verbunden mit dem Märkischen Museum zu Witten-Ruhr, Witten/Ruhr 1925

Kuntzemüller, Albert: Achtzig Jahre Eisenbahn in der Ortenau, in *Die Ortenau, Mitteilungen des Historischen Vereins für Mittelbaden 15. Heft 1928, S. 99-138*

ders.: Die Höllentalbahn im Schwarzwald, in *Archiv für Eisenbahnwesen Jahrgang 60 1937*

Küpper, Bernhard: Der Kampf um unsere Eisenbahn, in *Der Eremit am hohen Venn 10. Jahrgang Nr. 7 1935, S. 85-104*

Küppers, Paul: Bochum unter fremder Gewalt in den Jahren der Ruhrbesetzung 1923-1925, Bochum 1930

Lamp, Hermann und Unbehagen, Manfred: Die Rationalisierung der Rangierbahnhöfe im Kölner Raum, in *Die Bundesbahn 1956, S. 169-175*

Lang, Peter: Rheinlandfrage und Rheinlandbewegung (1918-1933). Ein Beitrag zur Geschichte der regionalistischen Bestrebungen in Deutschland. Frankfurt (M) 1979

Lauter, Anna-Monika: Die öffentliche Meinung in Frankreich im Vorfeld der Ruhrbesetzung, in *Krumeich, Gerd und Joachim Schröder (Hg.): Der Schatten des Weltkriegs. Die Ruhrbesetzung 1923, Essen 2004, S. 63-83*

Lee, Joo Hyung: The French Occupation of the Rhineland, 1918-1930. Korean Minjok Leadership Academy International Program, Term Paper, AP European History Class, April 2008, *http://www.zum.de/whkmla/sp/0910/joohyung/ljh2.html* (2.7.2013)

Lindemann, Doris: Kölner Mobilität. 125 Jahre Bahnen und Busse, Köln 2002

Link, Werner: Die Vereinigten Staaten und der Ruhrkonflikt, in *Schwabe, Klaus (Hrsg.): Die Ruhrkrise 1923. Wendepunkt der Internationalen Beziehungen nach dem 1. Weltkrieg, Paderborn 1985, S. 11-28*

Linnebach, Karl: Deutsche und französische Okkupationsmethoden 1871-1873/1920-?, Berlin 1925-1

ders.: Die Sicherheitsfrage. Dokumentarisches Material, Berlin 1925-2

Lloyd George, David: Prime Minister Lloyd George on the British War Aims. From World War I Document Archive. British War Aims, Statement by the Right Honourable, David Lloyd George ,January Fifth, Nineteen Hundred and Eighteen, Authorized Version as published by the British Government. New York: George H. Doran Company.

Lohr, Thielmann: Lokomotiven badischer Eisenbahnen, Düsseldorf 1988

ders.: Lokomotiven württembergischer Eisenbahnen, Düsseldorf 1988

Loth, Wilfried: Die Ruhr im europäischen Kontext, in *Krumeich, Gerd und Schröder, Joachim (Hg.): Der Schatten des Weltkriegs. Die Ruhrbesetzung 1923, Essen 2004, S. 313-321*

Löttgers, Rolf; Reimann, Wolfgang R.: Zwischen Wupper und Ruhr. Bergische Kleinbahnen AG, o.O. 1972

Maixner, Oskar: Die preußische T 15 der Bauart Koechy. Ein Sonderling im deutschen Lokomotivbestand, in *Lok-Magazin Nr. 45 (Dezember 1970), S. 448-450*

ders.: Die deutschen Lokomotiven in Belgien nach dem Ersten Weltkrieg, in *Lok-Magazin Nr. 73 (August 1975), S. 288*

ders.: Am 10. Dezember 1918 auf dem Hauptbahnhof Duisburg, in *Lok-Magazin Nr. 80 September/Oktober 1976, S. 363-369*

ders.: Ein „Lokomotiv-Tag“ im Kriegsjahr 1917, in *Lok-Magazin Nr. 91, Juli 1978, S. 284-286*

ders.: Erinnerungen an die Regiebahnen. Eine Notzeit an Rhein und Ruhr 1923 – 1925, in *Lok-Magazin Nr. 120 Mai 1983, S. 163-168*

Malmedy-St. Vither Volkszeitung 1919 – 1930, St. Vith

Marenberg, Günter: Die Geschichte der Vennbahn, in *Heimatblätter des Kreises Aachen 49. Jahrgang 1994 Heft 1-2*

Marganne, Roland: Contribution à l'histoire de la Vennbahn, in *trans-fer. Histoire et actualités ferroviaires belges numéro spécial 1979 S 39-61*

Marschner, Hans Joachim: Eisenbahndurchzugsstrecken an Deutschlands Grenzen, Dissertation Berlin 1937

McDougall, Walter A.: France's Rhineland Diplomacy, 1914-1924. The last bid for balance of power. Princeton, New Jersey 1978

Meurer, Karl; Meurer, Josef: Dampf im Vichtbachtal. 150 Jahre Eisenbahn in Stolberg. Stolberg 1991

Mierzejewski, Alfred C.: The Most valuable asset of the Reich. A history of the German National Railway Volume 1 1920-1932, Chapel Hill 1999

Mommsen, Hans: Die politischen Folgen der Ruhrbesetzung, in *Krumeich, Schröder, Gerd und Joachim (Hg.): Der Schatten des Weltkriegs. Die Ruhrbesetzung 1923, Essen 2004, S. 305-312*

Mordacq, Jean Jules Henri: Die deutsche Mentalität. 5 Jahre Befehlshaber am Rhein. Wiesbaden 1927

Moritz, Hans: 80 Jahre Rechtsrheinische Eisenbahn, Neuwied 1949

Morsay, Rudolf: Die Rheinlande, Preußen und das Reich 1914-1945, in *Rheinische Vierteljahresblätter Jg. 30 1965, S. 176-220*

Mühl, Albert: Die Pfalzbahn. Geschichte, Betrieb und Fahrzeuge der Pfälzischen Eisenbahnen, Stuttgart 1982

ders.: Weitere Bemerkungen zum badischen Lokomotivpark des Jahres 1919, in *Lok-Magazin Nr. 110 (September/Oktober 1981), S. 338-340*

ders.: Schweizer Mietlokomotiven in Deutschland 1917 bis 1920, in *Lok-Magazin Nr. 116 (September/Oktober 1982), S. 331-334*

ders.: Dokumente und Bemerkungen zum bayerischen Lokomotivpark nach 1918, in *Lok-Magazin Nr. 124 Januar/Februar 1984), S. 31-40*

ders.: Die Lokomotiven der Eisenbahndirektion Köln 1912 bis 1921, in *Lok-Magazin Nr. 133 Juli/August 1985), S. 272-283*

ders.: Die deutschen Lokomotiven auf dem westlichen Kriegsschauplatz 1914 - 1918, in *Lok-Magazin Nr. 151 Juli/August 1988), S. 274-279*

ders.: Internationale Luxuszüge. Die großen europäischen Expreßzüge durch Deutschland, Österreich und die Schweiz, Freiburg 1991

ders.: 5000 Lokomotiven und 150 000 Wagen. Die Waffenstillstandsabgaben 1918/19, in *Lok-Magazin Nr. 200 (September/Oktober 1996), S. 150-161*

Mühl, Albert (Hrsg.): 75 Jahre MITROPA. Die Geschichte der Mitteleuropäischen Schlafwagen- und Speisewagen-Aktiengesellschaft, Freiburg 1992

Mühleisen, Horst: Waffenstillstand 1918 – Verlängerungsverhandlungen in Trier, in *Kurtrierisches Jahrbuch, 28. Jahrgang, Trier 1988, S. 177-193*

Müller, Manfred; Geiger, Anton: Das Papiergeld der deutschen Eisenbahnen und der Reichspost, Frankenthal 2000

Müllenmeister, Peter: Erlebnisse eines Buirer Eisenbahners in seiner 50-jährigen Dienstzeit, in *http://www.wisoveg.de/buir/mm/e00inhalt.html* (1.9.2015)

Näbrich, Fritz; Preuß, Reiner; Meyer, Günter: Lokomotiven sächsischer Staatseisenbahnen. Bd. 1 Schnellzug- und Personenzuglokomotiven, Düsseld. 1984

dies: Lokomotiven sächsischer Staatseisenbahnen. Bd. 2 Güterzug- und Tenderlokomotiven, Triebwagen, Düsseldorf 1984

Nothaft, Philipp: Wandzeitung „Gesellschaft und Staat" 1/2006. 1926 – Deutschlands Beitritt zum Völkerbund, in *http://www.blz.bayern.de/blz/web/700106/2.asp* (2.7.2013)

Neu, Heinrich: Eine Britische Armee am Rhein 1918/1919, in *Aus Geschichte und Volkskunde von Stadt und Raum Bonn. Festschrift Josef Dietz zum 80. Geburtstag am 8. April 1973 Bonn 1973, S. 448-504*

Ottmann, Karl: Ein Beitrag zur Geschichte der deutschen Eisenbahnen, in *Internationales Archiv für Verkehrswesen 1954, Nr. 5, S. 97-106*

ders.: Ein historisches Dokument aus dem Jahre 1924. Das Acworth-Leverve-Gutachten über die Deutsche Reichsbahn, in *Archiv für Eisenbahnwesen 68. Jahrgang 1958, S. 413-454*

ders.: Zur geschichtlichen Entwicklung der Rechts- und Organisationsformen der deutschen Eisenbahnen, in *Jahrbuch des Eisenbahnwesens 1964, S. 117-122*

ders.: Preußens Eisenbahngeschichte als Basis verkehrswirtschaftlicher Grundfragen auch für die Gegenwart, in *Die Eisenbahnszene gestern und heute Bd. 4, Pürgen 1995*

Pabst, Klaus: Der Ruhrkampf, in *Walter Först (Hrsg.): Zwischen Ruhrkampf und Wiederaufbau, Köln und Berlin 1972*

ders: Eupen – Malmedy in der belgischen Regierungs- und Parteienpolitik 1914-1940, in *Zeitschrift des Aachener Geschichtsvereins 76. Bd. Jahrgang 1964, S. 206-513*

Papin, Vauquesal: Un siècle de chemin de fer en Alsace et en Lorraine 1839 – 1938, Levallois-Perret (Frankreich) 1980

Pawley, Margaret: The Watch on the Rhine. The Military Occupation of the Rhineland. London/New York 2007

Pechel, Rudolf: Französische Rheinpolitik in amerikanischer Beleuchtung. Berlin 1925

Perillieux, Winand; Leven, Hans-Joachim; Schwarz, Bernd: Eisenbahnen in Euskirchen. Zwischen Eifel, Börde und Ville, Nordhorn 1991

Peterhänsel, Gerhard. Geschichte der Aggertalbahn, in Siegburg und seine Bahnhöfe. 130 Jahre Siegburger Eisenbahngeschichte, Siegburg 1987

Peters, Jan-Henrik: Die Kunze-Knorr-Bremse. Eine Investition mit hohem Gewinn, in *Lok-Magazin Nr. 198 (Mai/Juni 1996), S. 42-49*

ders.: Ein Imperium schlägt zurück. DRG und Kraftverkehr in der Zeit von 1924/25 bis 1933, in *Lok-Magazin Nr. 199 (Juli/August 1996), S. 88-98*

Petras, Harri: Der Ruhrkampf im Spiegel der Ereignisse im Hattinger Raum, Hattingen 1973

Platzhoff, Walter: Kampf um den Rhein – Beiträge zur Geschichte des Rheinlandes und seiner Fremdherrschaft 1918 – 1930, Mainz 1930

-- Politischen Ordonnanzen der Interalliierten Rheinlandkommission in Koblenz und ihre Anwendungen in den Jahren 1920 – 1924, Die. Berlin 1925. Carl Heymanns Verlag

Pohl, Manfred; Kill, Susanne: Von den Staatsbahnen zur Reichsbahn 1918 – 1924, in *Gall, Lothar und Pohl, Manfred (Hrsg.): Die Eisenbahn in Deutschland. Von den Anfängen bis zur Gegenwart, München 1999, S. 71-107*

Possehl, Ingunn: Der Regierungsbezirk Aachen vom Kriegsende bis zum Dawes-Abkommen (1917-1924) Diss RWTH Aachen 1975

Pressedienst der Bundesbahndirektion Saarbrücken: 130 Jahre Eisenbahndirektion Saarbrücken 1852-1982, Saarbrücken 1982

Rampp, Brian: Deutsche Lokomotiven für Amerika, in *Eisenbahn-Kurier 10/2006, S. 76-82*

Rank, Ernst: Unter der französischen Schreckensherrschaft an Rhein und Ruhr. Leipzig [1926]

Regel, Erik: Die Schiffspostdienste der „Köln-Düsseldorfer Dampfschiffahrts-Gesellschaft", in *Archiv für deutsche Postgeschichte Heft 2/1990, S. 82-92*

Régie des Chemins de Fer des Territoires Occupés: Indicateur des Trains. Service au 1er Juin 1924. Reprint 1978

Reichsministerium des Innern: Reichs-Gesetzblatt Jahrgänge 1919 – 1924

Reichsministerium für die besetzten Gebiete (Hrsg.): Eingriffe der Besatzungsbehörden in die Rechtspflege im besetzten Rheinland. Eine Sammlung von Belegstücken, Berlin 1925

Reith, Willi: Stacheldraht im Ruhrgebiet. Von Ruhrkampf, Haft und Freiheitsdrang, Berlin-Friedenau 1924

-- Rhein, Saar und Ruhr im Lichte der französischen Presse, verschiedene Ausgaben München-Pasing 1922 und 1924

Rhein-Hardtbahn-G.m.b.H.: 50 Jahre Rhein-Hardtbahn, Mannheim 1963

-- Das Rheinlandabkommen und die Ordonnanzen der Interalliierten Rheinlandkommission (Nr. 1-257 in Französisch und Deutsch), Berlin 1924

Rieber, Georg: Verkehrsfragen des besetzten Gebietes, in *Westdeutsche Wirtschaftszeitung 2. Jg. N° 9, 7. Mai 1924*

Ritzau, Hans Joachim: Eisenbahnkatastrophen in Deutschland. Splitter deutscher Geschichte Bd. 1, Landsberg-Pürgen 1979

Röbe, Ludwig: Zusammenbruch der deutschen Eisenbahnen?, Berlin 1920

Rödder, Andreas: Der Mythos der frühen Westbindung. Konrad Adenauer und Stresemanns Außenpolitik, in *Vierteljahreshefte für Zeitgeschichte, Jahrgang 43 (1991) Heft 4, S. 543-573*

Roosevelt, Nicholas: The Ruhr Occupation, in *Foreign Affairs Volume 4 Number 1 October 1925, S. 112-122*

Ruck, Michael: Die Freien Gewerkschaften im Ruhrkampf 1923, Frankfurt (M) 1986

-- Ruhrbesetzung und Reichsbahn, in *Archiv für Eisenbahnwesen 1926, S. 3-78*

Ruser, Ursula-Maria: Die Reichsbahn als Reparationsobjekt, Freiburg 1981

Ruyters, Ferdinand: Die Wandlungen der deutschen Reichsbahn unter dem Einfluß des Dawesplanes, Düsseldorf 1930

-- Sachverständigen-Gutachten, Das. Der Dawes- und Mc. Kenna-Bericht mit Anlagen. Nach dem Originaltext redigierter Wortlaut, Frankfurt (M) 1924 (2. Auflage)

Sarter, Adolph: Die deutschen Eisenbahnen im Kriege, Stuttgart – Berlin – Leipzig 1930

ders.: Die Reichsbahndirektion Saarbrücken, in *Die Reichsbahn 1935 S. 290-299*

ders.: Ein Jahr deutsche Saareisenbahnen, in *Die Reichsbahn 1936 S. 178-188*

ders.: Landesverteidigung und Eisenbahn, Bad Hersfeld 1955

Sarter, Adolph; Kittel, Theodor: Die neue deutsche Reichsbahn-Gesellschaft. Ihr Aufbau und ihr Wirken, Berlin 1924

Schadow, Fr.: Die Saar-Eisenbahnen 1920-1935, nach amtlichen Unterlagen zusammen gestellt, Krefeld-Bockum 1974

Scharf, Hans-Wolfgang: Die Eisenbahn am Hochrhein. Bd. 1: Von Basel zum Bodensee 1840-1939, Freiburg 1993

Scheffler, Peter: Eisenbahnknotenpunkt Mainz/Wiesbaden, Freiburg 1988

Schmelzle, Peter: Die Post auf der Schiene. 150 Jahre Bahnpost in Deutschland, Bonn 2006

Schmidt, Helmut: Deutsche Eisenbahndirektionen. Grundlagen I, Entwicklung der Direktionen, Berlin 2008

Schmidt, Royal J.; Versailles and the Ruhr: Seedbed of World War II, The Hague 1968

Schmöckel, Reinhard; Kemp, Klaus: 150 Jahre Eisenbahn in Bonn, Bonn 1994

Schnabel, Heinz: Lokomotiven bayerischer Eisenbahnen, Düsseldorf 1987

Schnorrenberger, Angelika: Der Düsseldorfer „Blutsonntag" 30. September 1923, in *Krumeich, Gerd und Schröder, Joachim (Hg.): Der Schatten des Weltkriegs. Die Ruhrbesetzung 1923, Essen 2004, S. 289-303*

Schöning, Erwin: Die wenigen Tage einer »Rheinischen Republik«. Passiver Widerstand und Separatismus im Kreis Daun. Heimatjahrbuch Kreis Daun 2000

Schreiber, Martin: Die Stadt Mainz in der Besatzungszeit 1918 – 1930, in *Kampf um den Rhein. Beiträge zur Geschichte des Rheinlandes und seiner Fremdherrschaft 1918-1930, Mainz 1930, S. 93-126*

Schulte Beerbühl, Margrit: Dortmund unter französischer Besatzung (1923-1924). Erfahrungen und Erinnerungen an der Grenze, in *Karl-Peter Ellerbrock (Hg.): Erster Weltkrieg, Bürgerkrieg und Ruhrbesetzung. Dortmund 2010*

Schwabe, Klaus (Hrsg.): Die Ruhrkrise 1923. Wendepunkt der Internationalen Beziehungen nach dem 1. Weltkrieg, Paderborn 1985

Schweers, Hans; Wall, Henning: Eisenbahnen rund um Aachen. 150 Jahre internationale Strecke Köln – Aachen – Antwerpen, Aachen 1993

Schwille, Sieghard: Produktionskapazität und Kapazitätsausnutzung im deutschen Lokomotivbau zwischen 1918 und 1933, Eisenbahn und Museen Folge 22, Karlsruhe 1978

Seidel, Kurt: Die Straßburger Straßenbahn – Compagnie des Tramways Strasbourgois, in *Born, Erhard, Haslauer, Gilbert, Herrenschneider, Albert, Seidel, Kurt und Stöckle, Rudolf: Schmalspur zwischen Vogesen und Schwarzwald, Schwäbisch Gmünd (1972), S. 25-41*

Seitz, Eckhard: 130 Jahre Eisenbahndirektion Saarbrücken. Beginn und Entwicklung staatlicher Eisenbahnverwaltung in Südwestdeutschland, Saarbr. 1982

Siméon, Josef: 50 Jahre Aachener Kleinbahngesellschaft 1880-1930, Aachen O.J.

Solemacher, Victor von: Das Rheinland nach dem Versailler Vertrag, in *Kampf um den Rhein. Beiträge zur Geschichte des Rheinlandes und seiner Fremdherrschaft 1918-1930, Mainz 1930, S. 20-26*

ders.: Die abgetretenen und besetzten Gebiete im deutschen Westen, Tatsachen und Zahlen, Berlin 1925

-- Sommerfahrplan des Güterzugverkehrs, in *Westdeutsche Wirtschaftszeitung Nr. 22, 1. Juli 1925*

Sook, Julius: Unsere Eisenbahnen im Weltkriege und in den Novembertagen 1918, Diss. Frankfurt (M) 1922

Soulez, M. E.: Note sur la Régie des Chemins de Fer des Territoires Occupés, in *Revue Générale des Chemins de Fer, 43. Jg 1924, S. 120-148 und 185-202*

Soutou, Georges-Henri: Vom Rhein zur Ruhr: Absichten und Planungen der französischen Regierung, in *Krumeich, Gerd und Schröder, Joachim (Hg.): Der Schatten des Weltkriegs. Die Ruhrbesetzung 1923, Essen 2004, S. 63-83*

Spennrath: Die Verkehrsverhältnisse im Aachener Grenzbezirk, in *Westdeutsche Wirtschaftszeitung N° 18, 15. September 1924*

Spethmann, Hans: Zwölf Jahre Ruhrbergbau. Bd. I: Aufstand und Ausstand bis zum ersten Generalstreik April 1919, Berlin 1928

ders.: Zwölf Jahre Ruhrbergbau. Bd. II: Aufstand und Ausstand vor und nach dem Kapp-Putsch bis zur Ruhrbesetzung, Berlin 1928

ders.: Zwölf Jahre Ruhrbergbau. Bd. III: Der Ruhrkampf 1923 bis 1925 in seinen Leitlinien, Berlin 1929

Spethmann, Hans: Zwölf Jahre Ruhrbergbau. Bd. IV: Der Ruhrkampf 1923 bis 1925. Das Ringen um die Kohle, Berlin 1929

Spethmann, Hans: Zwölf Jahre Ruhrbergbau. Bd. V:, Berlin 1930

Spielhoff, Lothar: Dampflokomotiven. Bahnen in Elsaß-Lothringen, Düsseldorf 1991

Spoelgen, Eduard: Aus Bonns jüngster Vergangenheit. Erinnerungen an die Jahre 1923, 1924 und 1925, in *Bonner Geschichtsblätter Bd. XVIII, Bonn 1964, S. 117-157*

Steegmans, Christoph: Die finanziellen Folgen der Rheinland- und Ruhrbesetzung 1918-1930, Stuttgart 1999

Steegmans, Christoph: Die Rheinlandbesetzung 1918-1930 im wirtschaftlichen und sozialen Überblick, in *Breuer, Dieter und Cepl-Kaufmann, Gertrude (Hg.): „Deutscher Rhein – Fremder Rosse Tränke?" Symbolische Kämpfe um das Rheinland nach dem Ersten Weltkrieg. Essen 2005, S. 13-56*

Stieler, Georg: Die Vennbahn. Schicksal einer Bahnlinie im Grenzkreis Monschau, in *Eifeljahrbuch 1961, S. 5-13*

Stöters, Friedhelm: Rheinische Eisenbahn. Vom Niederrhein ins Ruhrgebiet, Bühl 1988

Strack, Klaus: 150 Jahre Eisenbahn im Siegtal, Nümbrecht 2010

Stroebe, Hermann: Die Bundesbahndirektion Karlsruhe, in *Die Bundesbahn 1957, S. 985-1002*

Strößenreuther, Hugo (Hrsg.): Dokumentarischen Enzyklopädie Bd. I. Eisenbahnen und Eisenbahner zwischen 1920 und 1924, Frankfurt (M) 1968

ders.: Dokumentarischen Enzyklopädie Bd. II. Eisenbahnen und Eisenbahner zwischen 1925 und 1930, Frankfurt (M) 1970

ders.: Dokumentarischen Enzyklopädie Bd. III. Eisenbahnen und Eisenbahner zwischen 1931 und 1935, Frankfurt (M) 1971

Stumpf, Berthold: Geschichte der deutschen Eisenbahnen, Mainz und Heidelberg 1961

Süss, Martin: Rheinhessen unter französischer Besatzung. Vom Waffenstillstand im November 1918 bis zum Ende der Separatistenunruhen im Februar 1924, Stuttgart 1988

Swoboda, Rolf: Die Bossel-Blankensteiner Eisenbahn, Berlin 1998

ders.: Eisenbahn Gelsenkirchen-Bismarck – Winterswijk, Nordenham 1993

Tägliche Rundschau (Hrsg.); Kriegs-Rundschau Bd. 5: Vom Kriegsende bis Friedensschluss, Berlin 1920

Tiemann, Erich: Die Struktur des Güterverkehrs im Bezirk der Bundesbahndirektion Köln, in *Die Bundesbahn 1956, S. 155-161*

Tirard, Paul: La France sur le Rhin. Douz annés d'occupation rhénane. Paris 1930

Troche, Horst: Die Akkumulator-Triebwagen der Preußisch-Hessischen Staatseisenbahnen und der Deutschen Reichsbahn-Gesellschaft (DB-Baureihen ETA 177 bis 180), Freiburg 1997

Tuckermann, Walther: Eupen, Malmedy und die Vennbahn. Das altbelgische Deutschtum, 3. Auflage Berlin 1935

-- Un an d'occupation. L'œuvre franco-belge dans la Ruhr en 1923, Düsseldorf 1924

United States Army, American Forces in Germany: American Representation in Occupied Germany 1920 – 1921 Volume I, Koblenz 1922

ders.: American Military Government of Occupied Germany 1918-1920, Washington DC 1943

Van Langenhove, Fernand: Contribution à l'histoire de la politique rhénane de la Belgique de 1919 à 1925. In *Revue belge de philologie et d'histoire. Tome 56 fasc. 2, 1978. Histoire (depuis l'Antiquité) — Geschiedenis (sedert de Oudheid). pp. 410-430.*

Van Ypersele: Laurence, Belgien im „Grand Guerre", in *Politik und Zeitgeschichte B 29-30/ 2004, S. 21-29*

ders.: Belgien und die Ruhrbesetzung: Wagnisse und Erwartungen, in *Krumeich, Schröder, Gerd und Joachim (Hg.): Der Schatten des Weltkriegs. Die Ruhrbesetzung 1923, Essen 2004, S. 99-118*

Vercamer, Arvo; Pipes, Jason: German Military in the Soviet Union 1918-1933, in *Feldgrau.com – research on the German armed forces 1918-1945, http://www.feldgrau.com/articles.php?ID=23* (7.7.2013)

Vogels, Werner: Die Verträge über die Besetzung und die Räumung des Rheinlands und die Ordonnanzen der Interalliierten Rheinlandoberkommission in Coblenz. Berlin 1925

Vollert, Adalbert: Als die Dampfrösser nach Nied kamen. Eisenbahngeschichte eines Frankfurter Stadtteils. Frankfurt (M) 2007

Wachendorf, Karl: Zehn Jahre Fremdherrschaft am Rhein. Berlin 1928

Wein, Franziska: Deutschlands Strom – Frankreichs Grenze. Geschichte und Propaganda am Rhein 1919-1930. Essen 1992

Weinberg, Hermann: Die wirtschaftliche Entwicklung der Stadt Aachen von der Einführung der Gewerbefreiheit (1798) bis zur Gegenwart (1928/29), Aachen 1931

Wende, Frank: Die belgische Frage in der deutschen Politik des Ersten Weltkrieges, Hamburg 1969

Wentzke, Paul: Ruhrkampf. Einbruch und Abwehr im rheinisch-westfälischen Industriegebiet, 2 Bände, Berlin 1930 (2. Auflage)

ders.: Der Freiheit entgegen. Deutscher Abwehrkampf an Rhein, Ruhr und Saar. Berlin 1934

Wenz, Jakob: Elf Jahre in Fesseln. Die Leidensgeschichte der Koblenzer Bevölkerung während der Besatzungszeit. Koblenz [1930]

Wenzel, Hansjürgen: Die Baureihe 57, Freiburg 1974

Wiedfeld, Wilhelm: Gequälte Nation. Das Buch vom Ruhrkampf. Duisburg 1933

Wilhelmi, Hans-Herbert: Staat und Staatseisenbahn – Die Entwicklung der Eisenbahnverfassung in Deutschland, in *Archiv für Eisenbahnwesen Jg. 73/1963, S. 377-459*

Winkler, Heinrich August: Deutschland, eine Jahrhundertfrage. In *Der Spiegel. Nr. 8, 2007, S. 52–59,* (17. Februar 2007, online).

Wirtschaftliche Nachrichten aus dem Ruhrbezirk (Hrsg): Taschenfahrplan für den Rheinisch-Westfälischen Industriebezirk verbunden mit Lucas' Taschenfahrplänen, Winter 1921/22, Essen 1921

Wisotzky, Klaus: Der „blutige Karsamstag" 1923 bei Krupp, in *Krumeich, Gerd und Schröder, Joachim (Hg.): Der Schatten des Weltkriegs. Die Ruhrbesetzung 1923, Essen 2004, S. 265-287*

Wolf, Irmgard; Engelhardt, Manfred: Zwischen Thron und Tyrannei. Die Zwanziger Jahre in Bonn und im Rheinland. Bonn 1997

Wolff, Gerd: Deutsche Klein- und Privatbahnen. Bd. 1: Rheinland-Pfalz/Saarland. Freiburg 1992

Wolff, Gerd; Menges, Hans-Dieter: Deutsche Klein- und Privatbahnen. Bd. 2: Baden. Freiburg 1992

Worf, Renate: Die französische Regiebahn – Auswirkungen des Ruhrkampfs im Raume Mainz, in *Jahrbuch für Eisenbahngeschichte Bd. 12 1980, S. 5-34*

Wright, Andrew, Was Britain's Participation in WWI Justified? *http://www.militaryhistoryonline.com/wwi/articles/britainjustified.aspx* (30.7.2013)

Wyszomirski, Curt: Die Entwicklung des deutschen Eisenbahn-Gütertarifs. Chronologische Darstellung mit Fundstellennachweis, in *Archiv für Eisenbahnwesen 67. Jahrgang 1957, S. 322-363*

Zeitung des Vereins mitteleuropäischer Eisenbahnverwaltungen 1919-1925, ausgewertet durch Hans-Jürgen Wenzel, Koblenz

Zerfass, Günter (Hrsg.): Die Pfalz unter französischer Besatzung von 1918 bis 1930. Kalendarische Darstellung der Ereignisse vom Einmarsch im November 1918 bis zur Räumung am 1. Juli 1930, Koblenz 1996

Zibell, Stephanie; Bahles, Peter Josef: Der Freistaat Flaschenhals. Historisches und HistÖrchen aus der Zeit zwischen 1918 und 1923, Frankfurt (M) 2009

Zimmer, Engelbert: Die Saarbrücker Eisenbahnverwaltung im Wandel der Zeit 1847-1957, Saarbrücken 1959

Zimmermann, Ludwig: Frankreichs Ruhr-Politik. Von Versailles bis zum Dawes-Plan, Göttingen 1971

Internet

http://200349.webhosting70.1blu.de/wasgen/?page_id=2 (abgerufen 5.10.2015)

http://www.archive.nrw.de/LAV_NRW/jsp/findbuch.jsp?archivNr=185&id=0664&tektId=7016 (28.2.2014)

http://colonialwarfare18901975.devhub.com/blog/559750-german-world-war-i-aims-the-september-programme/ (30.7.2013)

http://de.wikipedia.org/w/index.php?title=Alliierte_Rheinlandbesetzung&oldid=118891876 (2.7.2013)

http://de.wikipedia.org/wiki/Bahnhof_Herbesthal (28.4.2014)

http://de.wikipedia.org/wiki/Compagnie_Internationale_des_Wagons-Lits (1.6.2014)

http://de.wikipedia.org/wiki/Deutsche_Reichsbahn_(1920%E2%80%931945 (7.7.2013)

http://de.wikipedia.org/wiki/Deutsche_Reparationen_nach_dem_Ersten_Weltkrieg (7.7.2013)

http://de.wikipedia.org/wiki/Dolchsto%C3%9Flegende (26.09.2013)

http://de.wikipedia.org/wiki/Feldpost_der_Alliierten_in_Deutschland_nach_dem_Ersten_Weltkrieg_1918%E2%80%931935 (2.7.2012)

http://de.wikipedia.org/wiki/Feldpost_der_Amerikaner_in_Deutschland_nach_dem_Ersten_Weltkrieg_1918%E2%80%931935 (2.7.2013)

http://de.wikipedia.org/wiki/Feldpost_der_Belgier_in_Deutschland_nach_dem_Ersten_Weltkrieg_1918%E2%80%931935 (2.7.2013)

http://de.wikipedia.org/w/index.php?title=Feldpost_der_Briten_in_Deutschland_nach_dem_Ersten_Weltkrieg_1918–1935&oldid=112993963 (2.7.2013)

http://de.wikipedia.org/wiki/Feldpost_der_Franzosen_in_Deutschland_nach_dem_Ersten_Weltkrieg_1918%E2%80%931935 (2.7.2012)

http://de.wikipedia.org/wiki/Ferdinand_Foch (24.03.2014)

http://de.wikipedia.org/wiki/Fischer-Kontroverse (30.7.2013)

http://de.wikipedia.org/wiki/Friedensvertrag_von_Versailles (10.3.2014)

http://de.wikipedia.org/wiki/Friemersheim_(Duisburg) (7.1.2014)

http://de.wikipedia.org/wiki/Interalliierter_Hoher_Ausschuss_f%C3%BCr_die_Rheinlande (7.7.2013)

http://de.wikipedia.org/wiki/Kriegsschuldfrage (2.7.2013)

http://de.wikipedia.org/wiki/Kriegsziele_im_Ersten_Weltkrieg (30.7.2013)

http://de.wikipedia.org/wiki/MICUM-Abkommen (4.9.2013)

http://de.wikipedia.org/wiki/Preu%C3%9Fische_T_15 (18.3.2014)

http://de.wikipedia.org/wiki/Regiebetrieb_(Eisenbahn)#Unf.C3.A4lle (7.1.2014)

http://de.wikipedia.org/wiki/Schenker_AG (21.9.2014)

http://de.wikipedia.org/wiki/Zugschlusssignal (31.5.2014)

http://dkb-dn.de/unternehmen/ueber-die-dkb/historie/ (15.7.2013)

http://einestages.spiegel.de/static/topicalbumbackground/1157/her_mit_der_kohle.html (2.7.2013)

http://en.wikipedia.org/wiki/Rape_of_Belgium (2.5.2012)

https://en.wikipedia.org/wiki/World_War_I_reparations (31.7.2013)

http://hsc.csu.edu.au/modern_history/core_study/ww1/overview1918-21/page148.htm (30.7.2013)

http://hvb-stiepel.de/index.php/franzoesische-besetzung-1923.html (2.7.2013)

http://de.metapedia.org/wiki/1918 (8.4.2014)

http://rheinkamp.com/index.php?schema=1&buch=201&&kapitel=203 (3.7.2013)

http://universal_lexikon.deacademic.com/318594/Weltkrieg,_Erster%3A_Kriegsziele_und_Friedensbem%C3%BChungen (30.7.2013)

http://wiki-de.genealogy.net/Kreis_Recklinghausen (22.7.2013)

http://wk1-kriegsschuld.de (12.11.2012)

http://www.bundesarchiv.de/aktenreichskanzlei/1919-1933/0000/ma1/ma11p/kap1_1/para2_4.html#d8e364 (23.4.2014)

http://www.chroniknet.de/daly_de.0.html?year=1918 (29.7.2013)

http://www.chroniknet.de/daly_de.0.html?year=1919 (29.7.2013)

http://www.chroniknet.de/daly_de.0.html?year=1920 (29.7.2013)

http://www.chroniknet.de/daly_de.0.html?year=1921 (29.7.2013)

http://www.chroniknet.de/daly_de.0.html?year=1922 (29.7.2013)

http://www.chroniknet.de/indx_de.0.html?year=1923 (29.7.2013)

http://www.chroniknet.de/daly_de.0.html?year=1924 (29.7.2013)

http://www.dhm.de/lemo/html/dokumente/cuno/index.html (2.7.2013)

http://www.dhm.de/lemo/html/weimar/aussenpolitik/reparationen/ (7.7.2013)

http://www.dhm.de/lemo/html/weimar/versailles/ruhr/index.html (2.7.2013)

http://www.deuframat.de/konflikte/krieg-und-aussoehnung/der-erste-weltkrieg-im-kollektiven-gedaechtnis-der-deutschen-und-der-franzosen/deutsche-und-franzoesische-kriegsziele/interpretationen-der-kriegsziele.html (30.7.2013)

http://www.deuframat.de/de/konflikte/krieg-und-aussoehnung/der-erste-weltkrieg-im-kollektiven-gedaechtnis-der-deutschen-und-der-franzosen/deutsche-und-franzoesische-kriegsziele/kriegsziele-deutschlands.html (30.7.2013)

http://www.deuframat.de/konflikte/krieg-und-aussoehnung/der-erste-weltkrieg-im-kollektiven-gedaechtnis-der-deutschen-und-der-franzosen/deutsche-und-franzoesische-kriegsziele/kriegsziele-frankreichs.html (30.7.2013)

http://www.drehscheibe-foren.de/foren/read.php?17,1274352 (18.3.2014)

http://www.duesseldorf.de/stadtarchiv/stadtgeschichte/chronik/1922.shtml (2.7.2013)

http://www.duesseldorf.de/stadtarchiv/stadtgeschichte/chronik/1923.shtml (2.7.2013)

http://www.duesseldorf.de/stadtarchiv/stadtgeschichte/chronik/1924.shtml (2.7.2013)

http://www.eisenbahn-in-dalheim.de/historie.htm (15.7.2013)

http://www.firstworldwar.com/source/armisticeterms.htm (2.7.2013)

http://www.historisches-lexikon-bayerns.de/artikel/artikel_44800 (22.7.2013)

http://www.historisches-lexikon-bayerns.de/artikel/artikel_44943 (6.9.2013)

http://www.hs-merseburg.de/~nosske/EpocheII/dg/e2d_3751.html (2.7.2013)

http://www.ingelheimer-geschichte.de/index.php?id=145 (29.7.2013)

http://www.nahraum.de/indx_de.0.html?article=4263&year=1923 (2.7.2013)

http://www.nahraum.de/indx_de.0.html?year=1923 (22.7.2013)

http://www.rheinische-geschichte.lvr.de/themen/Das%20Rheinland%20im%2020.%20Jahrhundert/Seiten/DerReichskommissarfürdiebesetztenrheinischenGebiete(1919–1930).aspx (6.9.2013)

http://www.rk19-bielefeld-mitte.de/info/Recht/Haager_Landkriegsordnung/42-56.htm (5.12.2013)

http://www.st-goarshausen.de/loreley-rhein/leben-st-goarshausen/stadtportraet/stadtgeschichte/chronik/1918-1930 (22.3.2013)

http://www.ushmm.org/wlc/en/article.php?ModuleId=10007429 (7.7.2013)

http://www.versailler-vertrag.de (29.7.2013)

http://www.waltpolitik.powerbone.de/kv/kv_vietn.htm (23.7.2013)

http://www.wisoveg.de/wisoveg/zeitveith/kreisbahn.html (22.7.2013)

9 Anhang

Bestand an Personenwagen

Wagentyp	Anzahl
Drehgestellwagen mit Faltenbalg	
ABBü	89
ABCCü	42
BBü	5
BCCü	28
CCü	135
DDü	15
PPü	89
Drehgestellwagen ohne Faltenbalg	
ABB	62
ABCC	13
BB	44
BCC	42
CC	200
DD	12
PP	72
2- und 3-achsige Abteilwagen mit Übergängen	
Bi	19
BCi	148
Ci	338
CDi	25
Di	1.004
2- und 3-achsige Abteilwagen ohne Übergänge	
A	2
AB	36
B	382
BC	181
C	2.292
CD	7
D	2.128
P	622
Salon	9
Schlafwagen	3
Krankenwagen	21
Triebwagen	54
Gesamtsumme	**8.120**

Die Entwicklung der Netzlänge und des Verkehrs[1]

	Monat	Betriebslänge [km][1]	Monatliche Zug-km	Fahrgäste pro Monat	Güterverkehr pro Monat in t[3]	
					Stückgut	Fracht[4]
1923	**März[2]**	1.478	29.631	49.000	100	11.000
	April	2.281	38.377	550.000	400	53.000
	Mai	2.482	44.192	1.065.000	700	96.000
	Juni	2.756	51.191	1.641.652	2.800	367.000
	Juli	3.030	58.803	2.567.102	4.667	630.495
	August	3.430	58.187	3.610.192	10.637	879.201
	September	3.547	63.512	4.196.840	15.608	1.024.500
	Oktober	3.576	75.677	4.971.765	17.395	1.547.475
	November	4.044	115.237	5.472.395	19.885	2.298.620
	Dezember	4.894	145.000	7.605.391	26.440	4.060.350
1924	**Januar**	5.050	174.810	9.379.118	40.639	5.709.447
	Februar	5.050	208.704	9.250.239	38.599	7.601.851
	März	5.074	303.786	10.918.380	58.332	9.618.389
	April	5.251	334.257	11.851.661	63.798	10.106.926
	Mai	5.251	306.983	11.309.806	75.451	7.068.758[5]
	Juni	5.251	326.218	11.994.062	72.794	8.070.960[5]
	Juli	5.251	340.383	13.231.089	93.866	8.646.479
	August	5.251	329.623	13.766.326	91.133	8.485.728

1) Nicht eingeschlossen sind Nebenbahnen
2) 12 Tage
3) Nicht eingeschlossen sind Militär- und Nachschubtransporte
4) Im Durchschnitt betrug die Anzahl der beladenen Wagen (10 t Last pro Wagen) pro Werktag ab Februar 1924 32.500 Einheiten, davon 23.000 im Ruhrgebiet. An bestimmten Tagen wurden 42.000 Wagen zu 10 t Last im ganzen Netz der Regie beladen, davon 28.000 an der Ruhr
5) Sinkende Produktion auf Grund von Streiks an der Ruhr

Übersicht über die Längen der Bahnstrecken im besetzten Gebiet (Stand September 1923)

	Gesamtumfang [km]			Davon im französisch-belgischen Gebiet [km]			Von der Regie betrieben [km]			Stillgelegt [km]			In der Kölner Zone von der Reichsbahn betriebene Strecken [km]		
RBD	**Hauptbahnen**	**Nebenbahnen**	**zusammen**	**Hauptbahnen**	**Nebenbahnen**	**zusammen**	**Hauptbahnen**	**Nebenbahnen**	**zusammen**	**Hauptbahnen**	**Nebenbahnen**	**zusammen**	**Hauptbahnen**	**Nebenbahnen**	**zusammen**
Elberfeld	774	744	1518	221	109	330	70	–	70	66	23	89	105	120	225
Essen	1209	50	1259	993	44	1097	354	–	354	417	25	442	12	–	12
Frankfurt (M.)	1039	993	2032	162	174	336	113	109	222	33	66	93			
Karlsruhe	1568	291	1859	45	5	50	22	–	22	22	5	27			
Köln	1098	652	1750	916	585	1501	916	532	1448	–	25	25	182	67	249
Ludwigshafen	559	315	874	568	293	861	424	71	495	135	244	379			
Mainz	908	277	1185	538	186	724	500	44	544	38	142	180			
Münster	939	582	1521	20	–	20	–	–	–	6	–	6			
Trier	888	567	955	388	567	955	360	438	798	–	49	49			
Summe	8482	4471	12953	3846	1963	5809	2760	1194	3954	717	573	1290	299	187	486

Personalstatistik der Regiebahn vom März 1923 bis zum Oktober 1924

		Eisenbahner			Feldeisenbahner		Hilfskräfte			Summe
Jahr	**Monat**	**Franzosen**	**Belgier**	**Deutsche**	**Franzosen**	**Belgier**	**Franzosen und Belgier**	**Andere Nationalitäten**	**Deutsche**	
1923	**März**	9.079	957				120			10.156
	April	11.150	1.181	6			1.668	104	70	14.179
	Mai	12.164	2.632	150			1.702	193	4.000	20.841
	Juni	12.915	2.521	250			1.728	221	5.945	23.580
	Juli	12.399	2.235	357	157	355	1.981	249	6.125	23.858
	August	12.785	2.236	414	153	355	2.563	276	7.327	26.109
	September	12.037	2.305	689	280	348	2.868	152	7.372	26.051
	Oktober	12.615	2.314	30.825	241	350	3.431	145	9.267	59.188
	November	12.214	2.362	48.626	512	216	3.405	140	9.046	76.521
	Dezember	12.220	2.368	56.467	445	216	3.530	170	9.344	84.760
1924	**Januar**	11.908	2.346	61.907	445	132	3.580	158	8.979	89.455
	Februar	11.572	2.238	69.755	181	113	3.669	204	8.488	96.220
	März	11.664	2.230	73.606	122	113	4.111	393	8.695	100.934
	April	11.628	2.211	78.621	3	108	4.393	320	7.973	105.257
	Mai	11.711	2.204	79.631	73	110	4.588	300	7.790	106.407
	Juni	11.383	2.186	80.468	89	126	4.761	295	7.456	106.764
	Juli	11.383	2.182	81.088	127	111	4.987	281	7.215	107.374
	August	11.285	2.240	81.234	93	111	5.071	277	7.310	107.621
	September	10.174	2.017	82.385			4.912	261	7.215	106.964
	Oktober	9.760	1.942	84.219			4.724	242	7.034	107.921

Unfalle und Anschläge auf die Eisenbahnen im Rheinland und Ruhrgebiet

Zusammengestellt nach deutschen und französischen Quellen

Datum	Beschreibung
2/1923	Der D-Zug Mainz – Paris fährt bei Ingelheim durch falsche Weichenstellung auf ein totes Gleis, hält aber noch rechtzeitig.
2/1923	Bei Ingelheim wird ein Stück aus den Schienen entfernt, so dass die Lok des Kölner Zuges entgleist und umkippt, zu Verlusten von Menschenleben kommt es wegen der langsamen Fahrt des Zuges nicht.
6.2.1923	Zwischen Düsseldorf und Kettwig verursacht die Regiebahn einen Unfall.
8.2.1923	Zusammenstoß zweier Militärzüge zwischen Düsseldorf und Kettwig. 28 Tote, viele Verwundete.
ca. 8.2. 1923	Zusammenstoß zwischen Militärzuges und in Wanne und Herne beschlagnahmten Kohlezug auf der Fahrt nach Recklinghausen
15.2.1923	– Entgleisung eines Militärzuges zwischen Aachen und Düren. Die Zahl der Opfer ist unbekannt. – Bei Krefeld, Zusammenstoß eines Militärzuges mit einem Kohlenzug, keine Details bekannt. – In Bochum-Dahlhausen Zusammenstoß eines Lokzuges (5 Loks) mit einem Militärzug. 2 Tote und 11 Verletzte. – Ein Güterzug von Wanne nach Bottrop wird während eines Halts in Karnap von französischen Soldaten beschossen. Der schwerverletzte Lokführer stirbt später.
18.2.1923	– Zwei von Franzosen gefahrene Personenzüge stoßen im Bahnhof Bochum-Dahlhausen zusammen, weil der von Hattingen kommende Zug auf dem falschen Gleis fährt. 5 Tote und etwa 10 Verletzte. – In Brühl (Strecke Köln – Bonn) ereignet sich ein Unfall ebenso wie auf der Strecke Herne – Recklinghausen.
19.2.1923	Unfall der Regiebahn in Gelsenkirchen-Buer.
20.2.1923	Ein weiterer Unfall der Regiebahn in Bochum-Dahlhausen.
21.2.1923	Der dritte Unfall in Serie in Bochum-Dahlhausen.
24.2.1923	Unfall auf der Strecke Koblenz – Bingerbrück bei Königsbach
28.2.1923	Auf der Strecke Düsseldorf – Kettwig stoßen zwei französische Militärzüge zusammen. 28 Soldaten kommen ums Leben.
5. + 9.3. 1923	Über Ludwigshafen wird wegen angeblicher Zerstörungs akte im Betrieb der Eisenbahn der Belagerungszustand einschließlich einer Verkehrssperre verhängt.
9.3.1923	Ein Regiezug verunglückt auf der Strecke Alzey – Mainz.
13.3.1923	Sprengung von Gleisen auf die Eisenbahnstrecke Werden – Heisingen, verübt durch Albert Leo Schlageter.
14.3.1923	Gegen 2.30 Uhr explodiert an der Bahnstrecke in der Nähe des Viadukts von Moresnet (Strecke Aachen – Montzen) eine Bombe, die die Gleise aufreißt. Eine zweite explodiert nicht. In der Nähe findet sich ein an den Schienen befestigtes Eisenstück. Die Strecke ist einen Tag lang gesperrt.
15.3.1923	Die Sprengung der Brücke des Schwarzbaches bei Kalkum unterbricht den Eisenbahnverkehr auf der Strecke Düsseldorf – Duisburg für einige Tage. Die Franzosen beschuldigen den ehem. Freikorpsoffizier Albert Leo Schlageter, den Anschlag ausgeführt zu haben und verurteilen ihn zum Tode. Am 26. Mai 1923 wird er standrechtlich erschossen.
16.3.1923	– Bei Friedrichssegen stoßen ein von Franzosen geführter Güterzug und eine Rangiereinheit zusammen. Die Strecke muss für längere Zeit gesperrt werden. (Eine andere Quelle spricht von zwei Güterzügen mit Personenbeförderung.) – Zwischen Ober- und Niederlahnstein stoßen zwei von Franzosen geführte Regiezüge zusammen. – In Hohenbudberg gibt es einen Unfall der Regiebahn.
17.3.1923	Friemersheim (heute Rheinhausen), Zusammenstoß eines Militärzuges mit einer Lok durch Sabotage. Wenigstens 40 Tote und viele Verletzte sind zu beklagen. Eine nächtliche Ausgangssperre wird verhängt.
20.3.1923	Am Abend wurde ein Zug, der den Hbf Wiesbaden verließ, gegen den Prellbock eines Abstellgleises geleitet, wobei die Lok von einem 5 m hohen Damm auf einen Schuppen stürzte. Mehrere Tote.
22.3.1923	Unfall in Wellen (Strecke Trier – Apach).
24.3.1923	Unfall in Gerolstein.
25.3.1923	Unfall in Neuss.
26.3.1923	Unfälle in Jünkerath und in Wiesbaden.
27.3.1923	Unfälle in Ludwigshafen Ostbahnhof und Kaiserslautern.
29.3.1923	In der Gemarkung Friesdorf der Gemeinde (Bonn-) Godesberg kommt es zu einem Sprengstoffanschlag. Über die Gemeinde Godesberg wird eine Verkehrssperre mit einer nächtlichen Ausgangssperre verhängt. Unfall in Neustadt a. d. Haardt.
30.3.1923	Anschlag auf die Bahnstrecke Überruhr – Kupferdreh. Unfall in Schifferstadt.
31.3.1923	Bei Gerolstein (Eifelbahn) stoßen zwei von Franzosen geführte Züge zusammen. 11 Tote, davon 6 Deutsche, zahlreiche Verletzte.
05.4.1923	Sprengung des Bahngleises zwischen Werden und Kettwig.
08.4.1923	Anschlag auf eine der Bahnstrecken bei Essen – Frillendorf.
08.4.1923	Eine Zeitbombe explodiert 800 m südlich des Bahnhofs Uerdingen bei der Durchfahrt eines Schnellzuges und zerstört die Schienen.
10.4.1923	Sprengung der Bahnunterführung am Egerplatz in Gelsenkirchen beim Bahnhof Buer Nord (Strecke Bottrop – Hamm).
11.4.1923	Unterhalb des Bahnhofs Schmidtheim an der Eifelstrecke Köln – Trier wird das Gleis gesprengt. Die Besatzungsbehörde drohte mit Geiselnahmen, wenn der Täter nicht gefunden wird.
12.4.1923	Attentat auf die Bahnstrecke Volmarstein – Hagen-Vorhalle.
15.4.1923	Eine Bombe explodiert im Zug 7078 zwischen Gerolstein und Oberbettingen, der Lokführer ist verletzt. Beschädigt werden das Gleis, ebenso die Telegrafen- und Telefonleitungen sowie die Maschine. Der Verkehr ist unterbrochen.
17.4.1923	– Eine Brücke bei Düren wird vor der Überquerung des Schnellzuges Brüssel – Köln gesprengt. Der Schnellzug dem der Anschlag gilt und in dem die französischen und belgischen Minister Le Trocquer und Devez reisen, kann rechtzeitig gestoppt werden. – Im Bahnhof Ronheide bei Aachen wird ein Sprengstoffanschlag auf die Gleisanlagen verübt. Ein vorbeifahrender Personenzug wird unerheblich beschädigt. Die Besatzung befiehlt die Ausweisung des gesamten Eisenbahnpersonals von Ronheide.
18.4.1923	An der Strecke Aachen – Montzen wird eine Bombe gefunden, die nicht explodiert ist.
4/1923	Wenige Tage später explodiert eine Bombe in Aachen-Ronheide unter dem Schnellzug Antwerpen – Berlin, die den letzten Wagen einen Güterwagen, entgleisen lässt. Es entstehen nur Sachschäden.
24.4.1923	In der Nähe des Blocks Grullbad an der Strecke Recklinghausen – Wanne wird ein Attentat verübt. Details sind nicht bekannt. Über den südlichen Teil der Stadt Recklinghausen

wird ab dem 26. April acht Tage lang eine nächtliche Ausgangssperre verhängt. Die Stadt selbst wird zu einer Strafe von 100 Mio. Papiermark verurteilt. Der Stadtbaurat wird verhaftet, als die Stadt nicht zahlen will.

25.4.1923 Eine Mine lässt den Zug 4 A in Viersen Helenabrunn an der Strecke Duisburg – Mönchengladbach entgleisen. Die Schienen werden aufgerissen, viele Wagen sind beschädigt. Der Verkehr ist unterbrochen.

26.4.1923 An der Strecke Mainz – Ludwigshafen, etwa 1 km von Bobenheim entfernt, werden Schienenstücke und große Steine an einer Weiche angebracht, um diese in einer bestimmten Richtung festzuklemmen, was zu einer Entgleisung führt.

26.4.1923 Sprengung am Tunnel bei Welper der Strecke Düsseldorf – Hagen. Daneben finden drei weitere Anschläge in Blankenstein und Vormholz statt. Verhaftung von insgesamt 18 Personen aus Blankenstein, Welper und Hattingen, um sie als Geiseln zu benutzen.

30.4.1923 Zündung einer Sprengkapsel an der Bahnbrücke zwischen Endenich und Dransdorf (Strecke Bonn – Köln), ohne größeren Schaden.

5/1923 Fehlgeschlagener Sprengstoffanschlag auf die Bahnbrücke über die Rur (Strecke Aachen – Mönchengladbach,) geringer Schaden.

1.5.1923 Zwischen Kierberg und Liblar explodiert eine Mine, als Zug 503 vorbeifährt. 5 Wagen entgleisen, viele Telegrafenleitungen zerrissen.
Anschlag auf die Ruhrtalbahn zwischen den Bochum-Dahlhausen und Hattingen „nördlich der Winzer Biegung“. Daraufhin verhafteten die Franzosen vier Geiseln, die auf Militärzügen zwischen Essen-Steele und Witten-Bommern mitfahren mussten.

2.5.1923 Brandstiftung zerstört in Koblenz-Lützel die Büros des Güterbahnhofs, das Stellwerk N° 4, die Güterhalle und die lagernde Fracht.
Zwischen Wedau und Lintfort explodiert eine Bombe, während ein Kohlezug vorbeifährt. Drei beladene Güterwagen entgleisen.

3.5.1923 Anschlag auf die Brücke am Bahnhof Essen-Süd.

5.5.1923 Wegen Sprengstoffanschlägen auf die Strecke Köln – Koblenz bei (Bonn-)Mehlem wird über die Gemeinde Godesberg-Mehlem eine nächtliche Ausgangssperre verhängt. Rund 100 Beamte mit ihren Familien wurden ausgewiesen und mussten ihre Wohnungen in vier Stunden verlassen.

6.5.1923 Zwischen Düren und Langerwehe zerstört die Explosion einer Bombe die Schienen auf der Brücke in Richtung Aachen.

7.5.1923 – Zwischen Düren und Buir explodiert eine Bombe beim Passieren des Zuges D 414. Die Lok entgleist, die Schienen sind unterbrochen. Der Lokführer erleidet Verletzungen.
– Während der Vorbeifahrt des Zuges C 124 bei Bobenheim an der Linie Mainz – Ludwigshafen explodiert eine Bombe. Die Strecke ist unterbrochen. Die Lok und 13 Wagen entgleisen.

8.5.1923 Die Explosion zweier Sprengsätze zwischen Euskirchen und Jünkerath sowie zwischen Düren und Euskirchen unterbricht den Verkehr zwischen Trier und Düren vollständig. Die Züge werden über Aachen umgeleitet.

9.5.1923 Sankt Goar, Entgleisung eines Personenzugs, der in den Rhein stürzt. Man geht davon aus, dass alle Reisenden ertranken. Wenigstens 29 Tote werden geborgen. Genaue Zahlen gibt die Regiebahn nicht bekannt.
Wegen eines Unfalls, in den ein Militärfahrzeug und ein Wagen der Vestischen Straßenbahn verwickelt sind, muss diese Gesellschaft den Betrieb auf ihren Strecken Recklinghausen – Suderwich – Datteln und Recklinghausen-Henrichenburg – Datteln vom 9. bis zum 13. Mai 1923 einstellen.

10.5.1923 Zwischen Waltrop und Lünen Süd sprengt eine Bombe die Brücke bei km 89,300. Die Strecke ist auf eine Länge von 40 m zerstört.

12.5.1923 – Zwischen Oberhausen und Osterfeld explodiert eine Mine auf der Brücke über den Emscherkanal vor Zug 284 mit Soldaten und schwerer Artillerie-Ausrüstung. Das wachsame Lokpersonal kann den Zug 40 m vor dem Anschlagsort anhalten.
– Zwischen Düren und Elsdorf an der Strecke Neuss – Düren explodiert eine Bombe, als der Zug C.F. 51 vorbeifährt. Die Schienen sind aufgerissen. Das Lokpersonal wird verletzt.

13.5.1923 Zwischen Föhren und Schweich, Strecke Koblenz – Trier entgleist Zug 412 nach der Explosion einer Bombe. Das Gleis 2 ist auf eine bestimmte Länge zerstört, der Lokführer wird verletzt.

17.5.1923 Nach Minenexplosion entgleist Zug C.H. 21 ca. 1,2 km vom Bhf. Krefeld Forsthaus entfernt (Strecke Krefeld – Mönchengladbach).

18.5.1923 Auf die Ruhrtalbahn wird in Essen-Horst ein Anschlag verübt. In den folgenden Tagen nehmen die Franzosen vier Geiseln. Am 5. Juni verhafteten sie ein Mitglied der von ihnen verbotenen NSDAP und verurteilten ihn wegen dieses Anschlags und der anderen auf diese Bahnstrecke vom 26.4. und 1.5 zu sechs Monaten Gefängnis.

20.5.1923 Auf der Eifelbahn zwischen Kierberg und Liblar fährt eine Lok auf einen Militärzug.
In Oberhausen West stoßen zwei Züge zusammen.

22.5.1923 Eisenstangen werden auf dem von Krefeld ausgehenden Gleis plaziert, aber kurz vor der Durchfahrt eines Zuges entdeckt.
In Angermund (Ruhr) verursacht die Explosion einer Bombe die Entgleisung des Zuges 136. Der Lokführer wird verletzt.

23.5.1923 Ein Unfall in der Nähe des Koblenzer Schützenhofes an der Strecke nach Bingen wird von den Besatzern als Sabotage bezeichnet. Es gibt eine mehrtägige nächtliche Ausgangssperre.

27.5.1923 Anschlag auf die Strecke Koblenz – Bingen bei Boppard. Die Besatzer verbieten einige Tage jeden Verkehr mit Fahrrad, Auto und Fuhrwerk.

29.5.1923 – Zwischen Insheim und Landau explodiert ein Sprengsatz und bringt den Zug D 103 zum Entgleisen.
– Zwischen Landau und Insheim explodiert der Kessel einer von Franzosen gefahrenen Lok.
– In der Nähe von Weidenthal bei Bad Dürkheim (Strecke Kaiserslautern – Ludwigshafen) bringt eine Bombe eine Lokomotive zum Entgleisen. Wegen dieses Vorfalls und dem bei Insheim verhängen die Franzosen eine Verkehrssperre, sperren die Rheinbrücken für jeden Verkehr und weisen Beamte aus.

30.5.1923 – Zwischen Rheingönheim und Mutterstadt an der Strecke Ludwigshafen – Schifferstadt versuchte Sprengung. Der Täter Paul Görges wird gefasst und von einem französischen Kriegsgericht zum Tode verurteilt. Das Todesurteil wird jedoch nicht vollstreckt.
– An der Strecke Wiesbaden – Diez zwischen Eiserner Hand und Chausseehaus werden Schüsse auf zwei Elektriker der Regiebahn abgegeben. Einer wird verletzt.

6/1923 Auf den Schnellzug nach Paris wurde ein Bombenattentat verübt, bei dem zwischen Uhlerborn und Budenheim eine

Bombe unter dem Zug explodierte, einen Waggon beschädigte und 10 Personen verletzte.

6/1923 Auf die Strecke Bingen – Kreuznach zwischen Langenlonsheim und Bretzenheim wird ein Anschlag verübt. Darauf nehmen die Franzosen 8 Bürger aus den beiden Orten als Geiseln und halten sie mehrere Wochen lang in Haft.

2.6.1923 Bei der Durchfahrt des Zuges G.E. 60 durch Ratingen-Lintorf an der Strecke Mülheim-Speldorf – Düsseldorf – Troisdorf explodiert eine Bombe. Die Tenderlok und 13 Wagen entgleisen und stürzen um. Es entsteht ein großer Materialschaden. Die Strecke bleibt längere Zeit gesperrt.

4.6.1923 Der Kessel der Lok eines Regiezuges explodiert in Troisdorf. Es gibt einen Toten zu beklagen.

8.6.1923 Anschlag auf die Strecke Katerberg-Süd – Gelsenkirchen.

1.6.1923 Bei km 26 der Strecke Wiesbaden – Griesheim (– Frankfurt) werden 26 Dynamitkapseln auf den Schienen entdeckt, ehe sie Schaden anrichten können.

11.6.1923 Wegen der Tötung eines französischen Bahnpostens am Hauptbahnhof in der Nacht zum 11. Juni wird bis zum 21. Juni der Belagerungszustand über die Stadt Recklinghausen verhängt sowie die Stadt mit einer Geldstrafe von 700 Mio. Papiermark belegt. Als sie sich weigert zu zahlen, wird der Stadtschulrat am 8. August verhaftet. Am 11. August holen sich die Besatzer bei der Stadthauptkasse, der Stadtbank und der Stadtsparkasse mit Waffengewalt 3,3 Mio. Mark. Nach deutscher Auffassung lag ein Unglücksfall oder eine fahrlässige Tötung vor.

12.6.1923 – Zwischen Duisburg und Block Ruhrtal explodieren zwei Bomben. Die Gleise werden aufgerissen. Dadurch ist der Verkehr zwischen Duisburg und Oberhausen unterbrochen. Danach entdeckte man einen weiteren Sprengsatz, der noch nicht explodiert war. (Nach einem deutschen Bericht explodieren an diesem Tag an insgesamt sechs Stellen Sprengsätze).

– Eine Explosion zwischen Liblar und Euskirchen verursacht eine Entgleisung, die Strecke wird unterbrochen.

13.6.1923 – Bei Vorbeifahrt des Zuges 1329 explodiert zwischen (Bonn-)Bad Godesberg und (Bonn-)Mehlem ein Sprengsatz. Die Strecke ist unterbrochen. Die Lok wird beschädigt und entgleist, ebenso wie neun Wagen. Der Lokführer und der Heizer werden verletzt.

– Am selben Tag und auf derselben Strecke explodiert ein weiter südlich bei km 42,150 (zwischen Bonn-Mehlem und Bonn Neuer Weg) ein Sprengsatz unter Zug 1232. Lok, Tender, ein geschlossener und drei offene Güterwagen entgleisen. Die Strecke ist zeitweise gesperrt. Wegen der beiden Vorfälle wird über den Kreis Bonn-Stadt und Bonn-Land der Belagerungszustand verhängt. Die Straßenbahn Bonn – Mehlem muss den Betrieb einstellen. Der Belagerungszustand wird am 18. Juni aufgehoben.

– Bei Namedy (Strecke Köln-Koblenz) wird ein Sprengstoffanschlag verübt. Daraufhin erklärten die Besatzungsmächte den Belagerungszustand für die Region, der bis zum 3. Juli andauerte.

14.6.1923 – Anschlag auf Eisenbahnanlagen im Bereich von Viersen. Vier junge Männer werden mit insgesamt 75 kg Dynamit und mit Revolvern bewaffnet festgenommen, ehe sie den Anschlag ausführen können. Verhängung einer nächtlichen Ausgangssperre vom 15. bis 25. Juni 1923. Die Täter werden zu jeweils 20 Jahren Zwangsarbeit verurteilt.

– Auf die Strecke Herdecke – Vollmarkstein wird ein Sabotageakt ausgeführt. Ein Beigeordneter aus Hagen-Vorhalle wird als Geisel verhaftet. Die Besatzung reißt die Straßenbahngleise zwischen Hagen-Vorhalle und Herdecke auf und verhängt eine besondere Grenzsperre über Herdecke.

– Zwischen (Heidesheim-)Uhlenborn und Budenheim (Strecke Mainz – Bingen) explodiert ein Sprengsatz unter dem vierten Wagen des Zuges D 141. Sieben Reisende werden verletzt, einer davon schwer. Ein Gleis ist zerstört.

18.6.1923 – Zwischen Elsdorf und Bedburg (Strecke Neuss – Düren) explodiert beim Vorbeifahren des Zuges C.E. 59 eine Mine. Die Strecke ist unterbrochen, ein Wagen entgleist, und die Lok wird beschädigt.

– Eine Explosion verursacht eine Entgleisung zwischen Wickrath und Rheydt an der Strecke Mönchengladbach – Aachen.

19.6.1923 – Zwischen Wanne und Herne fährt ein Kokszug auf einen auf der Strecke stehenden Bauzug auf. Der Güterzugbegleitwagen und vier Güterwagen wurden stark beschädigt. Die Wagen wurden von den Schienen gekippt, nur das Gütergleis von Herne nach Wanne konnte noch benutzt werden.

– Ein Kohlezug, bestehend aus 150 Wagen, der mit Vorspann gefahren wurde, fährt in Wanne auf einen stehenden Zug auf. Es gibt erheblichen Sachschaden.

– Bei einem Rangierunfall wird ein Güterwagen bei Wanne-Crange (Strecke Herne – Gelsenkirchen-Nordstern) über den Prellbock geschoben und hängt halb über der Dorstener Straße. Dabei fällt eine Achse heraus und zerreißt die Oberleitung der Straßenbahn. Bei diesem Unfall kommen zwei Franzosen ums Leben.

– Zusätzlichen verursachen im Bahnhof Wanne zwei französische Rangiereinheiten einen Unfall, bei dem alle ihre Waggons entgleisen und dabei stark beschädigt werden.

20.6.1923 – Im Tunnel Mainz-Süd werden acht Pakete eines hochexplosiven Sprengstoffes gefunden. Dadurch kann ein Unfall von größter Tragweite knapp vermieden werden.

– Ein französischer Nachschubzug wird in Wanne auf ein Gleis gelenkt, von dem die Besatzungstruppen selbst einige Schienen entfernt hatten. Vier Wagen entgleisen.

– Im Hauptbahnhof von Wanne entgleisen die Lokomotive und acht Wagen eines Zuges aus unbekannten Gründen.

23.6.1923 – Bei km 46,100 zwischen Jockgrim und Wörth an der Strecke Schifferstadt – Wörth explodiert ein Sprengsatz beim Passieren des Zuges A 10. Beide Gleise werden zerstört, 24 Wagen entgleisen. Fünf Wagen stürzen vom Bahndamm, sechs Wagen türmen sich auf dem Bahndamm übereinander. Ein deutscher Eisenbahner wird schwer verletzt. Wegen des Anschlags verhängen die Franzosen zwei Tage später eine nächtliche Ausgangssperre und ein Verbot des Kraftwagenverkehrs. Die Rheinbrücken werden gesperrt und Beamten ausgewiesen.

– Wegen der Sprengung von Schienen entgleist ein Personenzug bei Landstuhl.

6/1923 Eine belgische Wache am Gemmenicher Tunnel (Strecke Aachen – Montzen) wird mit Steinen beworfen. Eine Stunde später kehren die Angreifer zurück und geben Revolverschüsse auf die Wache ab, die mit Gewehrfeuer antwortet.

26.6.1923 – In der Schalterhalle des Wiesbadener Hauptbahnhofs explodiert eine Bombe. Zwei Reisende werden verletzt, einer davon schwer. Es gibt erheblichen Sachschaden. Wegen des internationalen Publikums dort verzichtet die Besatzungsmacht auf die Verhängung des Belagerungszustandes und verhängt nur Ein- und Ausreisesperren für Deutsche.

– Ein Unbekannter deponiert im ersten Wagen des Zuges 626 Bonn – Euskirchen eine Bombe. Sie explodiert unterwegs in Meckenheim und zerstört die beiden ersten Wagen völlig, die glücklicherweise unbesetzt sind.

– In der Nähe des Hp Breithardt auf der Aartalbahn Wiesbaden – Diez kommt es beinahe zu einem Frontalzusammenstoß, weil auf der eingleisigen Strecke von Schwalbach und von Michelbach zwei Zügen gleichzeitig Ausfahrt gegeben wurde.

30.6.1923 – Auf einen belgischen Soldatenzug wird bei der Hochfelder Rheinbrücke ein Bombenattentat verübt. Die Explosion einer Zeitbombe tötet 8 (nach anderer Quelle 12) Personen und verletzt 10. Franzosen und Belgier machen deutsche Saboteure für den Vorfall verantwortlich und fordern Genugtuung. Zwischen dem 30. Juni und dem 20. Oktober 1923 werden insgesamt 246 Duisburger Bürger, vorrangig aus der Beamtenschaft, aber auch Führungskräfte aus Betrieben, als Geiseln festgenommen. Zeitweise wird der Verkehr zwischen dem besetzten und dem unbesetzten Gebiet verboten.
– Eine Bombe bringt einen Personenzug auf der Strecke Weißenburg – Landau zum Entgleisen. Zwei Wagen stürzen die Böschung hinunter. Weitere Details sind nicht bekannt.

2.7.1923 Ein Sprengsatz explodiert auf dem Portal des Mainzer Tunnels. Ein zweiter Sprengsatz, der nicht gezündet hat, wird entdeckt.

8.7.1923 In Igel werden Schüsse auf einen französischen Eisenbahner abgegeben. Eine Stunde später wird der Posten 2 des Bahnhofs Igel mit Feuerwaffen angegriffen.

9.7.1923 In Landstuhl wird eine Patrouille, die die Bahnstrecke bewacht, um 22 Uhr von einer Gruppe Deutscher angegriffen. Der Unteroffizier wird verletzt, ein Deutscher stirbt. Nach deutschen Berichten handelte es sich um die willkürliche Erschießung eines Passanten.

11.7.1923 Auf dem Bahnübergang der Zechenbahn in der Nähe des Recklinghäuser Schlachthofs erfasste eine Lok der Regiebahn mit französischem Personal ein Pferdefuhrwerk und schleuderte es gegen einen Mast der Straßenbahnoberleitung. Der Lenker des Fuhrwerks und das Pferd wurden verletzt sowie der Wagen schwer beschädigt. Der Bahnübergang war ungesichert. Der Lokführer hatte ihn ohne Warnsignal und mit unverminderter Geschwindigkeit befahren.

13.7.1923 In Bochum-Langendreer entlaufen 80 Güterwagen nach Bochum Nord, wo ein Teil der Wagen einen Trümmerhaufen bilden.

18.7.1923 In Oberhausen West plündern Kriminelle die Telefonzentrale. Elektrische Leitungen und Klemmleisten werden zerstört, elektrische Apparate zerstört und Kabel am Boden abgeschnitten.

21.7.1923 In Oberbettingen (Strecke Köln – Trier) werden die Drähte für das Ausfahrsignal in Richtung Gerolstein durchgeschnitten, ebenso wie die elektrischen Leitungen.

25.7.1923 Unfall eines französischen Regiezuges im Bahnhof Süden der Kruppschen Werke in Essen. Die Lok und mehrere Güterwagen werden beschädigt.

30.7.1923 – Im Essener Hauptbahnhof werden die elektrischen Kabel im Anschlusskasten zur Bedienung der Weichen zerstört, um Unfälle zu provozieren.
– Im Rangierbahnhof Kaiserslautern überfährt ein Güterzug den Prellbock, 8 Wagen werden zertrümmert, weitere 8 Wagen schwer beschädigt. Ein Eisenbahner stirbt und zwei werden schwer verletzt.

6.8.1923 In Stromberg an der Strecke Langenlonsheim – Simmern sind Holzplanken zwischen Schienen und Leitschienen eingeklemmt, um eine Entgleisung zu provozieren.

31.8.1923 In Karthaus wird ein elektrischer Schaltkasten in Brand gesetzt.

5./6.10.1923 Unbekannte beschädigen die Telegrafenleitungen des Aw Darmstadt.

22./23.10. Unbekannte beschädigen in der Nacht Anlagen in der elektrischen Werkstatt des Aw Mainz-Kastel

23.10.1923 Unbekannte beschädigen Bahnanlagen im Bereich von Düsseldorf.

23.3.1924 Belgier verursachen vor dem Amtshaus in Marl eine Flankenfahrt zweier Straßenbahnen. Eine Bahn kippt auf die Seite.

11.8.1924 Frontalzusammenstoß in Essen an der Schwanenkampbrücke

22.9.1924 Eisenbahnsabotage in Essen. Eine nächtliche Ausgangssperre von 8 Tagen wurde über den Stadt- und Landkreis verhängt.

28.9.1923 Im Bahnhof Friedberg (Hessen) entgleist der zwangsumgeleitete P 1004 auf einer vorzeitig umgestellten Weiche „wegen Regieeingriffs". Es gibt zwei Tote und 16 Verletzte.

2.11.1923 Gegen 20 Uhr stoßen zwei Güterzüge frontal auf der Rheinstrecke Bonn – Koblenz am nördlichen Ausgang des Güterbahnhofs Godesberg zusammen. Beide Lokomotiven werden stark beschädigt und mehrere Wagen zertrümmert. Es gibt einen Toten und mehrere Verletzte zu beklagen.

21.1.1924 Die Flankenfahrt eines Regiezuges in Darmstadt fordert 28 Verletzte.

29.5.1924 Zwischen Landau und Insheim explodiert der Lokomotivkessel eines Regiezuges, der daraufhin entgleist.

8/1924 Betriebsunfall eines mit Kohle beladenen französischen Regiezuges nahe der Zeche Concordia VI. Mehrere offene Güterwagen werden total zertrümmert.

1.10.1924 Der Zug D 670 Köln – Basel erhält im Tunnel zwischen Mainz Hbf und -Süd eine Zwangsbremsung. Während sich die Zugbegleitpersonale noch bemühen, von der schlechten Sicht und Luft im Tunnel behindert, die Ursache der Zwangsbremsung zu finden und zu lösen, fährt der im Planabstand von 5 min folgende P 682 Mainz – Worms auf (14 Tote, zahlreiche Verletzte). Die französisch/belgische Regieverwaltung weist die Schuld von sich. Die deutschen Zugbegleitpersonale hätten die Deckung des liegen gebliebenen Zuges unterlassen und dadurch den Unfall verursacht. Tatsächlich scheint die Ursache jedoch woanders zu liegen: Die französisch/belgische Regiebetriebsleitung in Mainz Hbf hatte bald nach Amtsübernahme wegen einer Signalstörung den signalabhängigen Streckenblock des Tunnelabschnittes außer Kraft gesetzt und sich darüber hinaus wochenlang nicht mehr an den Brauch gehalten, erst die Rückmeldung eines Zuges abzuwarten, bevor der nachfolgende Zug abgelassen wurde. Man fuhr also auf gut Glück, und es bedurfte nur einer dichten Zugfolge und eines Zwangshaltes im Tunnel, um die Katastrophe auszulösen. Schuld ist also offensichtlich der stellvertretende Bahnhofsvorsteher, ein Franzose, der zwar deshalb verurteilt, aber später begnadigt wird.

14.10.1924 Bei einem Unfall auf der Strecke Essen-West – Essen-Hbf ereignet sich ein Unfall, bei dem 6 Streckenarbeiter getötet werden. Ein Verschulden der Regie ist nicht erwiesen.

1/1925 Im Januar 1925, kurz nach Übernahme der Bahnstrecken von der Regie, verunglücken bei einem Zugzusammenstoß bei Herne 22 Personen tödlich, während 12 schwer verletzt werden.

18.11.1926 Der wohl letzte Anschlag auf die Eisenbahn ereignet sich auf der Rheinbrücke von Maxau, wo zwei französische Soldaten des Brückenwachkommandos Bohlen auf die Schienen legen. Ein deutscher Bahnbeamter entdeckt sie rechtzeitig und verhindert dadurch einen Unfall. Die Schuldigen werden zu 14 Tage Gefängnis verurteilt.

Erste Reihe von Vereinbarungen zwischen der Regie und der Deutschen Reichsbahnverwaltung

Mainz, den 1. Dezember 1923

Die auf Grund der Düsseldorfer Entschließungen vom 11. November in der Zeit vom 22. November bis 1. Dezember in Mainz abgehaltenen Besprechungen zur Festsetzung der Bedingungen für einen Modus Vivendi zwischen der Regie und der deutschen Reichsbahnverwaltung haben zur ersten Reihe folgender Abmachungen geführt:

A. Abmachungen im 2. Ausschuß (Personalfragen)
[...]

B. Abmachungen im 3. Ausschuß (Betriebsfragen)
I. Die Reichsbahnverwaltung betreibt folgende Strecken durch die besetzten Gebiete:
Dortmund Ost einschließlich bis Dortmund Süd einschließlich,
Dortmund Süd einschließlich nach Hengstey und Hagen-Eckesey über Hörde-Hacheney einschließlich nach Löttringhausen einschließlich und Herdecke einschließlich,
Lünen Nord ausschließlich nach Lüdinghausen,
Lünen Süd ausschließlich nach Hamm,
Dortmund Hauptbahnhof ausschließlich nach Scharnhorst einschließlich und Hamm,
Dortmund Süd einschließlich nach Dortmund-Brackel einschließlich und Unna-Königsborn,
Hörde-Hacheney einschließlich nach Hörde einschließlich, Aplerbeck einschließlich und Schwerte,
Hattingen ausschließlich nach Schee,
Kupferdreh ausschließlich nach Langenberg,
Ratingen ausschließlich nach Wülfrath,
Düsseldorf Hauptbahnhof ausschließlich nach Düsseldorf-Gerresheim einschließlich,
Troisdorf ausschließlich nach Siegburg einschließlich und Hennef einschließlich ,
Montabaur ausschließlich nach Walmerod einschließlich und Westerburg,
Eschofen ausschließlich nach Wetzlar,
Frankfurt nach Homburg
Höchst ausschließlich nach Frankfurt über Block Niederwald und über Nied einschließlich und Griesheim bei Frankfurt einschließlich,
Goldstein einschließlich nach Biebesheim einschließlich,
Griesheim bei Darmstadt einschließlich nach Goddelau-Erfelden einschließlich,
Neu-Isenburg einschließlich nach Arheiligen einschließlich,
Rödelheim nach Cronberg.
Die Strecken im Brückenkopf Kehl unter der Voraussetzung, daß, wenn die Regie einen entsprechenden Antrag stellt, der Bahnhof Kehl (ausschließlich Bahnhof Kehl-Hafen) in gemeinschaftliche Nutzung genommen wird und daß die französischen Bahnen ihre direkten Binnentarife bis und von diesem Bahnhof anwenden können.

II. Die Regie behält sich den Durchlauf ihrer Züge auf den nachstehend angegebenen Strecken vor:
Troisdorf nach Hennef,
Höchst nach Frankfurt,
Groß-Gerau nach Worms,
Goddelau-Erfelden nach Darmstadt.

III. Die in der Richtung vom besetzten nach dem unbesetzten Gebiet letzten, von der Regie betriebenen Bahnhöfe sind folgende:

Büderich ,	Düsseldorf Hauptbahnhof,
Spellen,	" -Derendorf,
Friedrichsfeld,	" -Lierenfeld,
Dorsten,	" -Eller,
Sinsen,	Troisdorf,
Lünen Süd,	Flammersfeld,
Lünen Nord,	Selters,
Dortmund Hauptbahnhof,	Montabaur,
" -Obereving,	Staffel,
" -Eving	Eschhofen,
Dortmunderfeld,	Höchst,
Dortmund-Dorstfeld,	Schwanheim,
" -Huckarde	Groß-Gerau,
Annen Süd,	Weiterstadt,
Wetter-Ruhr,	Worms[2],
Volmarstein,	Ludwigshafen[2],
Blankenstein-Ruhr,	Mundenheim,
Hattingen,	Rheinbahnhof Speyer[2],
Kupferdreh,	Germersheim[2],
Kettwig,	Maximiliansau[2]
Ratingen West,	

IV. Die in der Richtung vom unbesetzten Gebiet letzten, von der Reichsbahn betriebenen Bahnhöfe sind die folgenden:

Wesel,	Elz,
Hervest-Dorsten,	Kerkerbach,
Haltern,	Rödelheim,
Bork,	Frankfurt Verschiebebahnhof,
Oberaden,	" Hauptbahnhof,
Scharnhorst,	Nied,
Dortmund Ost,	Frankfurt-Niederrad
" Süd,	Goldstein,
Hörde,	Darmstadt Hauptbahnhof,
Löttringhausen,	" Kranichstein,
Vorhalle,	Dornberg-Groß-Gerau
Bredenscheid,	Hofheim,
Nierenhof,	Lache,
Steinkoten,	Mannheim,
Düsseldorf-Gerresheim,	Altlussheim,
Siegburg,	Rheinsheim,
Nettersen,	Maxau.
Bannberscheidt-Staudt,	

V. Um den Wechselverkehr zu ermöglichen, sollen die Züge in den gleichen Bahnhöfen, unter den gleichen Bedingungen und in der gleichen Ordnung wie vor dem 11. Januar 1923 gebildet werden. Werden Abweichungen als notwendig erkannt, so sollen sie Gegenstand gemeinschaftlicher Prüfungen zwischen den örtlichen Nachbardirektionen bilden, die ihre Vorschläge der Generaldirektion der Regie und dem Reichsverkehrsministerium zur Genehmigung unterbreiten. [...]

VI. [...]

VII. Die Regie der Eisenbahnen wird das Wagenmaterial, das sich auf den von ihr betriebenen Strecken befindet, nach eigenem Befinden verteilen.
Sie wird dem Verbindungsbeamten bei der Generaldirektion den Bedarf und den verfügbaren Bestand des von ihr betriebenen Netzes mitteilen. Der von ihr betriebene Teil der Direktion Essen ist davon ausgenommen. Der Bedarf und der verfügbare Bestand des Ruhrbezirks wird durch das Wagenamt der Regiedirektion in Essen dem dort eingesetzten Verbindungsbeamten bekanntgegeben. Abgesehen von diesem einzelnen Punkt wird an den allgemeinen,

vor dem 11. Januar 1923 in Kraft gewesenen Grundsätzen für die Wagenversorgung für dieses Gebiet nichts geändert. [...]
Die Regie wird auf ihre Kosten auf den Grenzbahnhöfen nach Frankreich, Luxemburg, Belgien, Holland sowie nach dem Saargebiet ihr unterstehende Dienststellen einrichten, die die Unterlagen für die Abrechnung über den Wagenaustausch aufstellen. Die Regie wird die Wagenübergangsnachweise an das Wagenabrechnungsbüro in Magdeburg übersenden. Die Schuldnachweise, die aus dem Wagenaustausch über diese Grenzübergänge herrühren, werden durch Vermittlung der Regie dem Wagenrechnungsbüro in Magdeburg übersandt. (Es herrscht Einverständnis darüber, daß die unmittelbaren Grenzübergänge Schuld- und Forderungsnachweise, die aus dem Wagenaustausch über die unmittelbaren Grenzübergänge zwischen der Reichsbahn und den französischen und holländischen Bahnen herrühren, in vorstehenden Nachweisen nicht einbegriffen sind.) [...]
Die Regie und die Reichsbahn werden die auf ihren Strecken befindlichen Wagen im Fall der Reparaturbedürftigkeit ausbessern und zwar nach den deutschen Ausbesserungsvorschriften. [...]
Sowohl die Regie wie die Reichsbahn werden am 1. Sonntag jedes Monats eine Zählung der Wagen vornehmen, die sich an diesem Tage auf dem von ihnen betriebenen Strecken befinden. Die erste Zählung findet am Sonntag, den 2. Dezember statt. Die Regie und die Reichsbahn werden sich gegenseitig die Ergebnisse der Zählung mitteilen.

VIII. Die Lokomotiven und das im Dienst der Eisenbahnregie stehende Zugpersonal dürfen auf die von der Reichsbahn betriebenen Strecken übergehen und umgekehrt.
Jedoch darf Zugpersonal, das früher der deutschen Verwaltung nicht angehörte, bis auf weiteres auf den von der Reichsbahn betriebenen Strecken in den unbesetzten Gebieten dienstlich nicht fahren.
Der Lokomotiv- und Zugpersonalwechsel wird auf den Punkten erfolgen, die hierfür geeignet und im gegenseitigen Einvernehmen in möglicher Nähe der Grenzpunkte gewählt sind. [...]
Durch Vereinbarung wird dasjenige der beiden Bahnnetze bestimmt, dem die Bildung der übergehenden Personenzüge, die nicht internationale Schnellzüge sind, obliegt. Für die Wagen, die in diesen Zügen verwendet werden, kommt weder Miete noch Ausgleich in Frage.
Internationale Züge, die auf Strecken der Reichsbahn verkehren, werden aus Wagen gebildet werden, die durch die Reichsbahn in dem Umfang beigestellt werden, wie Deutschland vereinbarungsgemäß zu ihrer Bildung beitragen muß. Die Wagen dieser Züge, die nicht dem deutschen Wagenpark angehören, werden den Gegen-stand von Abrechnungen bilden, deren Ergebnisse auf Rechnung der Deutschen Reichsbahn gehen.
Die Zugbildungsstation, welche die Zuggarnitur stellt, setzt deren Beleuchtung und Heizung instand. Das Personal der Züge ist verpflichtet, an der Bedienung der Züge sich in dem Maß zu beteiligen, wie es durch die Dienstvorschriften des Bahnnetzes bestimmt ist, auf dessen Strecken es tätig ist. Die Reinigung und Desinfektion der Personen- und Gepäckwagen wird auf den Zugbildungsbahnhöfen ohne Entschädigung erfolgen. Auf den gemeinschaftlich benutzten Bahnhöfen wird jedes Bahnnetz dem anderen unentgeltlich die Einrichtungen seiner Lokomotivstationen, die Schuppen, Drehscheiben, Wendedreiecke, Wasserkrane und Wasser zur Verfügung stellen.
Es wird außerdem unentgeltlich die notwendigen Aufenthaltsräume für das Zugpersonal in den Bahnhöfen zur Verfügung stellen, wo das Personal wechseln muß, einschließlich Beleuchtung und Beheizung.
Jedes Bahnnetz wird das Notwendige veranlassen, um dem Zug- und Lokomotivpersonal das Übernachten zu ermöglichen. In den Bahnhöfen, die nicht gemeinsam benutzt werden, können die Lokomotiven unentgeltlich Wasser nehmen. Bei Versorgung mit anderen als den oben vorgesehenen Stoffen wird Ausgleich in Natur vorgenommen. Im übrigen darf hierauf nur ausnahmsweise zurückgegriffen werden. [...]

IX. Am Sonntag, den 16. Dezember, wird eine Zählung der Personenwagen stattfinden, die sich auf den von der Regie und von der Reichsbahn betriebenen Strecken befinden. Auf Grund dieser Zählungen wird die Reichsbahn der Regie die Anzahl von Personen- und Gepäckwagen übergeben, die als notwendig für ihre Bedürfnisse anerkannt werden und zwar entsprechend dem Eintreten dieser Bedürfnisse und unter Berücksichtigung der Wichtigkeit dieses Verkehrs sowie der Fahrpläne der Züge. Die Regie wird ihrerseits der Reichsbahn die Personen- und Gepäckwagen übergeben, die für sie nicht notwendig sind. Die Regie der Eisenbahnen hat die für ihre Bedürfnisse zugestellten die Personen- und Gepäckwagen auf eigene Rechnung gemäß den deutschen Vorschriften zu unterhalten.

X. Was die Fahrpläne betrifft, kommen zwei Fälle in Betracht. Für die Güterzüge wird es zunächst den örtlichen Nachbardirektionen überlassen werden, sich über die Einlegung der Züge und über die Fahrpläne zu verständigen. Sodann wird man, wenn die Entwicklung des Verkehrs es als notwendig erscheinen läßt, zu einer allgemeinen Konferenz für die Regelung der Fahrpläne schreiten.
Für die Personenzüge werden Sonderausschüsse unverzüglich die Fahrplanfrage regeln.

XI. – XVII [...]

C. Abmachungen im 4. Ausschuß (Betriebs-, Maschinen- und Werkstättendienst)

I. [...]

II. Die Verwaltung der Deutschen Reichsbahn wird ein Verzeichnis liefern:

a) der Lokomotiven, die am 11. Januar 1923 dem besetzten Gebiet zugeteilt waren,
b) der Lokomotiven, die aus dem besetzten Gebiet fortgeschafft wurden,
c) der Lokomotiven des besetzten Gebietes, welche sich in den Eisenbahnwerkstätten oder in der Privatindustrie des unbesetzten Gebietes in Ausbesserung befanden,
d) der Lokomotiven des unbesetzten Gebietes, welche sich in den Eisenbahnwerkstätten oder in der Privatindustrie des besetzten Gebietes in Ausbesserung befanden,
e) der Lokomotiven des unbesetzten Gebietes, welche sich zum Zeitpunkt der Besetzung in den besetzten Gebieten befanden und dort requiriert wurden,
f) der neuen, von der Deutschen Reichsbahnverwaltung bereits bezahlten, ihr aber nicht zur Verfügung gestellten Lokomotiven.

Die Regie wird dagegen liefern:

g) ein Verzeichnis der Lokomotiven, die sich in ihrem Besitz befinden,
h) ein Verzeichnis der neuen Lokomotiven, welche für sie in den Werkstätten des besetzten Gebietes requiriert worden sind.

Die deutsche Verwaltung wird nach und nach die von der Regie angeforderten Lokomotiven im normalen betriebsfähigen Zustand beistellen in dem Maß, wie das Anwachsen des Verkehrs es erforderlich macht, und zwar bis zur Höchstzahl der Lokomotiven jeder Bauart, wie sie am 10. Januar 1923 im Park der Strecken des besetzten Gebietes vorhanden waren. Die Übergabe erfolgt nach gemeinsamer Untersuchung an Orten, die im gemeinsamen gegenseitigen Benehmen bestimmt werden. Jeder erforderlichen Maschine wird das Betriebsbuch beigegeben.

III. Die Deutsche Reichsbahn wird ein Verzeichnis nebst Angabe der Heimatstationen über die Aufräumungskräne, Hilfsgerätewagen und Schneepflüge geben, die vor dem 11. Januar 1923 dem augenblicklich besetzten Gebiet zugeteilt waren. Diejenigen dieser Wagen und Fahrzeuge, welche fortgeschafft worden sind, werden mit ihren Einrichtungsgegenständen zurückgegeben werden.

IV. [...] Die Deutsche Reichsbahn wird die in dem besetzten Gebiet gelegenen Lokomotiv- und Wagenwerkstätten Dortmund und Limburg betreiben. Dabei werden der deutschen Verwaltung alle Erleichterungen für den Zugang zu diesen Werkstätten gewährt. Zwischen der Regie und der Reichsbahn ist vereinbart, daß sie auf Wunsch gegenseitig, soweit als möglich, im den von ihnen betriebenen Werkstätten Lokomotiven, Personen- und Güterwagen auf Kosten des Bestellers ausbessern. Die Bedingungen für die von einem Bahnnetz auf des anderen ausgeführten Ausbesserungen werden im gegenseitigen Benehmen festgestellt.
Die Deutsche Reichsbahn wird die Weichenwerkstätte in Limburg betreiben. Auf Verlangen der Regie wird ihr die Hälfte der Arbeiten dieser Werkstätte vorbehalten werden zu Bedingungen, die im gegenseitigen Benehmen festgesetzt werden. Auch für den Zugang zu dieser Werkstätte werden alle Erleichterungen gewährt.

D. Abmachungen im 5. Ausschuß (Bahnanlagen und Gelände)
[...]

Der Tag des Inkrafttretens der vorstehenden Abmachungen wird auf Montag, den 10. Dezember 1923 festgelegt. [...]

Mainz, den 1. Dezember 1923.
Die Vertreter der Deutschen Reichsbahnverwaltung:
gez. Wolf, Sommerlatte, Freiherr von Eltz, Leibbrand, Stäckel

Der Direktor der Regie:
gez. Bréaud

Gesehen: Der belgische Unterdirektor:
gez. Berger

Mainzer Vereinbarungen

vom 16. Februar 1924 zwischen der Regie, den englischen Vertretern und der Reichsbahn

§ A.
Die deutschen Vertreter erklären, daß sie den Modus Vivendi vom 14. Dezember 1923 und die Erläuterungen kennen und annehmen, die seit diesem Tag zwischen den Hohen Kommissaren ausgetauscht worden sind, und von denen sie mündlich durch den Hohen englischen Beamten Kenntnis erhalten haben. Der Hohe englische Beamte erklärt seinerseits, daß die Erläuterungen, die auf der einen Seite von der Deutschen Regierung der Englischen Regierung und auf der anderen Seite von dem Hohen englischen Kommissar dem Hohen französischen Kommissar gegeben worden sind, miteinander übereinstimmen.

§ B.
Vereinbarungen der gemeinsamen Ausschüsse für Betrieb und Zugdienst vom 14. und 15. Februar 1924.

I. Die letzten von der Regie betriebenen Bahnhöfe in der Richtung von der Regie nach der englischen Zone sind folgende:

Wahn,	Bedburg-West,
Sechtem,	Rommerskirchen,
Liblar,	Dormagen,
Düren,	Düsseldorf Hauptbahnhof,
Elsdorf-West	" -Eller.

II. Die letzten von der Kölner Direktion betriebenen Bahnhöfe in der Richtung der Direktion Köln nach dem Gebiet der Regie sind die folgenden:

Porz-Urbach,	Bedburg-Ost,
Brühl,	Stommeln,
Kierberg,	Worringen
Köttingen,	Düsseldorf-Reisholz,
Buir,	Hilden.
Elsdorf-Ost.	

III. Die Haupteinfahrsignale der letzten Regiebahnhöfe auf der Kölner Seite bilden die Grenze zwischen dem von der Regie und dem von der Kölner Direktion betriebenen Gebiet.

[...]

IV. Um den Verkehrsaustausch durchführen zu können, sind die Züge auf denselben Bahnhöfen unter denselben Bedingungen, namentlich für geschlossene Züge, und in derselben Reihenfolge wie vor dem 11. Januar 1923 zu bilden. Sollten Ausnahmen von dieser Regel als notwendig anerkannt werden, so bilden sie den Gegenstand gemeinsamer Prüfungen zwischen den örtlichen Regiedirektionen auf de reinen Seite und der Kölner Direktion auf der anderen Seite.

V. Die Eisenbahnregie und die Kölner Direktion treffen jede für sich alle notwendigen Anordnungen, um den Austausch des Verkehrs zu erleichtern.

Sie versuchen so rasch wie möglich etappenweise unter Berücksichtigung der neuen Bedürfnisse einen Dienst wieder herzustellen, der an den Dienst vor dem 11. Januar 1923 herankommt. Zu diesem Zweck verwirklichen sie, was den Personendienst anbelangt, in erster Linie folgendes Programm:

a) Durchführung der Eil- und Personenzüge der Regie, die augenblicklich auf beiden Rheinstrecken verkehren, durch die englische Zone,
b) Durchführung der Personenzüge, die für die Bedienung der Sieglinie und weiter in Betracht kommen, über die Linie Wahn – Troisdorf,
c) Bedienung der Strecken, die in Köln enden, und der Strecken von Bedburg und Elsdorf nach Rommerskirchen und Liblar.

Bei den Arbeiten, die durch dieses Anfangsprogramm und seine weitere Entwicklung erforderlich sind, sind die nachfolgenden Richtlinien zu befolgen:

1. weitestgehende Benutzung des augenblicklich im Lauf befindlichen Zugparks,
2. wird die Benutzung von Sonderparks als erforderlich anerkannt, so ist vorheriges Einverständnis darüber herbeizuführen, welche Verwaltung sie zu stellen hat.
3. Als Zugbildungsbahnhöfe und als Endbahnhöfe für Personenzüge sind. Soweit als möglich, dieselben Bahnhöfe zu wählen, wie vor dem Januar 1923, damit dem Publikum die gleichen Erleichterungen geboten werden können wie vor diesem Zeitpunkt.

Beim Güterdienst ist von nachstehendem Programm auszugehen:

Es sind einzurichten:	regelmäßige Läufe in jeder Richtung
auf der Strecke Wedau – Troisdorf	12
" " " Köln – Bonn	2
" " " Neuß – Köln – Euskirchen	5
" " " Köln – Aachen	2
" " " Köln – Grevenbroich	2
" den Strecken, die in Bedburg, Elsdorf, Rommerskirchen und Liblar endigen	je ein regelmäßiger Lauf in jeder Richtung

Die Fahrpläne sind unverzüglich festzusetzen. Die ersten Programme, die nach den Verkehrsbedürfnissen und nach Möglichkeit nach und nach zu erweitern sind, sind zu vereinbaren zwischen den örtlichen Direktionen, wenn es sich um Züge handelt, die nur eine einzige Regiedirektion berühren, und im Benehmen mit der Generaldirektion, wenn es sich um direkte Züge mit langem Durchlauf handelt, an dem mehrere Direktionen beteiligt sind.
[...]

VIII. Die Lokomotiv- und Zugpersonalwechsel sind folgende

	Regiestrecken	**englische Zone**	**Kölner Bahnhöfe**
rechte Rheinseite	Eilzüge, Personenzüge; Güterzüge	Niederlahnstein –Troisdorf	"
linke Rheinseite	Eilzüge, Personenzüge; Güterzüge	Coblenz – Bonn	"
Strecke Köln – Trier	alle Züge	Euskirchen	"
Strecke Köln – Aachen	Eilzüge,	Aachen	
	Personenzüge, Güterzüge	Aachen oder Düren (Die Verteilung zwischen diesen beiden Punkten erfolgt schätzungsweise nach der im Jahre 1923 in Kraft gewesenen Formel)	"
Strecke Köln – Grevenbroich	alle Züge	Grevenbroich	"
Strecke Köln – Neuß	alle Züge	Neuß	"
Strecke Köln – Düsseldorf	alle Züge	Düsseldorfer Bahnhof	"
Strecke Wedau – Troisdorf	Güterzüge	Wedau und Troisdorf	"

IX. Personenverkehr. Alle von der Regie betriebenen Bahnhöfe geben Fahrkarten 1., 2., 3. und 4. Klasse aus, ebenso gewöhnliche Abonnementskarten, Schüler- und Arbeiter-karten, und zwar für alle in der englischen Zone gelegenen Bahnhöfe und umgekehrt. Die Regie und die Reichsbahn stellen jede für sich die Fahrkarten und Abonnementskarten, die von ihren Bahnhöfen auszugeben sind, her. Für wenig benutzte Verkehrsbeziehungen können handschriftlich ausgestellte Karten benutzt werden, sogenannte Blankokarten (billete passe-partout). Die Regie und die Reichsbahnverwaltung teilen sich gegenseitig die Muster der Fahrkarten, Abonnementskarten und Blankokarten mit, damit diese zur Kenntnis des Überwachungspersonals gebracht werden können, die damit ihre Gültigkeit gegenüber den Reisenden nicht beanstandet werden kann. In gleicher Weise teilen sich die Regie und die Reichsbahnverwaltung gegenseitig die Muster der Ergänzungsscheine und Nachlösescheine, die sie in Benutzung nehmen, mit.

X. Gepäckverkehr. Alle von der Regie betriebene Bahnhöfe fertigen das Gepäck unmittelbar auf die Bahnhöfe der englischen Zone ab und umgekehrt. Die Regie und die Reichsbahnverwaltung teilen sich gegenseitig die Muster der verschiedenen Arten von Gepäckscheinen mit, die in ihrem Netz in Kraft sind.

XI. Eil- und Frachtgutverkehr. In allen Fällen ist die Abfertigung von Eil- und Frachtgut von jedem Bahnhof der Regie nach jedem Bahnhof der englischen Zone und umgekehrt zulässig. Frachtbriefe und Frachtpapiere sind unmittelbar auf die Empfangsstationen auszufertigen, ohne daß Umabfertigungen oder Aufstellung von Übergabelisten oder kontradiktorischen Untersuchungsverzeichnissen auf den Unterwegsstationen stattfindet. Alle Sendungen sind für den gesamten Durchlauf in Frankatur abzufertigen. Vorschüsse, Nachnahmen oder Angabe von Interessen an der Lieferung sind bis auf weiteres nicht zugelassen. Nachträgliche Verfügungen sind nur zulässig bei Auslieferung des Guts an einen anderen Empfänger auf demselben Bahnhof.

XII. Verkehr mit dem nicht besetzten Gebiet. Der Verkehr zwischen den Bahnhöfen der englischen Zone und den Bahnhöfen des nicht besetzten Gebietes ist reiner Reichsbahnverkehr, wenn die Strecken der Regie nicht benutzt werden. Auch der Verkehr der Strecke Wahn – Troisdorf, der von der Siegbahn kommt oder dahin geht, ist reiner Reichsbahnverkehr. Der Verkehr zwischen der Regie und dem nicht besetzten Gebiet im Durchgang durch die englische Zone wird in allen Fällen in Köln gebrochen. Infolgedessen geben je nach der Richtung die Regiebahnhöfe und die Reichsbahnhöfe Fahrkarten aus ausschließlich für Köln, von wo aus ein neuer Transportvertrag entsteht. Das Gleiche gilt auch für die Abfertigung von Gepäck und für die Ausfertigung der Papiere für Eil- und Frachtgüter.
[...]

Mainz, den 16. Februar 1924

Der Vertreter der Verwaltung der Deutschen Eisenbahnen
gez. Sommerlatte
Dr. Meiser
Dr. von Renesse

Für den Hohen englischen Beamten
gez. L. Manton

Der Direktor der Regie
gez. Bréaud

Gesehen:
Der belgische Direktorstellvertreter
Berger

Verordnung N° 149 Speziell für die Organisation der Eisenbahnen in den rheinischen Gebieten

Die Hohe Interalliierte Kommission der Rheinischen Gebiete:
In Anbetracht dessen, was aus vielen Dokumenten hervorgeht und damit bewiesen ist, dass das Reich formale Anweisungen an das Personal der Eisenbahnen erlassen hat, nicht nur den Dienst auf den Eisenbahnen in den besetzten Gebieten völlig zu unterbrechen, sondern auch seine Wiederherstellung unter Verletzung des Artikels 10 der Verordnung 6 des Hohen Kommission zu behindern;
In Anbetracht dessen, dass nicht nur das Führungspersonal der besetzten Gebiete ausfällt, sondern dass es durch seine Anordnungen die Einstellung des Betriebes provoziert hat;
In Anbetracht dessen, dass unter diesen Bedingungen das Schiedsverfahren, das durch die Verordnung 53 vorgesehen ist, keine Anwendung findet;
In Anbetracht dessen, dass die interalliierten Militärbehörden bei ihrem Bemühen, den Betrieb wieder aufzunehmen, auf kriminelle Akte der Sabotage gestoßen sind;
In Anbetracht des Vorherstehenden folgt schließlich:

1° Dass die Sicherheit und die Versorgung der Streitkräfte, für die die Hohen Kommission im Rahmen des Abkommens zuständig ist, auf die schwerste Weise gefährdet sind
2° Dass die Existenz der Bevölkerung der besetzten Gebiete und ihre vitalen Interessen durch die Gefährdung der öffentlichen Ordnung bedroht sind sind.

Unter Berücksichtigung der Bestimmungen der Verordnung Nr. 104 über den Weiterbetrieb der öffentlichen Dienstleistungen im Notfall; Wird angeordnet:

Art. 1
Die Hohe Kommission überträgt dem Oberbefehlshaber der Streitkräfte die notwendigen Vollmachten, was die Eisenbahnen in den besetzten Gebieten betrifft, alle notwendigen Maßnahmen zu gewährleisten, um die Bedürfnisse der Streitkräfte zu erfüllen und die der Zivilbevölkerung hinsichtlich der Anforderungen ihrer Existenz.

Art. 2
Die ausgefallene Verwaltung der deutschen Eisenbahnen wird durch eine „Regie der Eisenbahnen der besetzten Gebiete" ersetzt, die für die Verwaltung und den technischen, kaufmännischen und finanziellen Betrieb der Eisenbahnen verantwortlich ist.
Die Regie kann jedoch durch besondere und unter den von ihr festgelegten Bedingungen vorübergehend bestimmte Linien oder Teile von Linien ihres Netzes außerhalb ihrer Zuständigkeit belassen. Diese Regie ist qualifiziert, kollektive oder individuelle Entlassungen von Personal auszusprechen und die Einstellung sicherzustellen. Sie muss die Interessen der eingestellten Mitarbeiter wahren.

Art. 3
Die Regie unterliegt in Bezug auf die Autorität und die Kontrolle durch den Oberbefehlshaber, durch den Generaldirektor des Transport- und Nachschubwesens der Streitkräfte und der Interalliierten Kommission der Feldbahnen den gleichen Bedingungen, wie sie für die Verwaltung der deutschen Eisenbahnen galten.

Art. 4
Die Regie wird von einem französischen Direktor geleitet und verwaltet, unterstützt von einem stellvertretenden belgischen und einem stellvertretenden französischen Direktor. Diese drei Funktionäre werden von der Hohen Kommission aus leitenden Funktionären der belgischen und französischen Netze benannt und durch den Oberbefehlshaber genehmigt.

Art. 5
Alles Personal untersteht dem Befehl des Direktors. Er stellt die Leitung des Netzes sicher, und mit der Unterstützung seiner Dienstleiter ergreift er alle erforderlichen Durchführungsmaßnahmen. Er prüft den Entwurf des Haushaltsplans der Regie, und hinsichtlich der Ausgaben übt er die Funktionen eines Weisungsberechtigten aus.

Art. 6
Der Sitz der Regie ist Koblenz.
Sie kann je nach den Umständen vorübergehend an jedem anderen Ort verlegt werden.
Vorübergehend wird sie in Düsseldorf etabliert.

Art. 7
Die vorliegende Verordnung tritt sofort in Kraft.

Koblenz, 1. März 1923
Die Hohe Interalliierte Kommission.

Fünfzig Millionen Mark
Einzulösen an unserer Kasse oder an der Kasse des Bankhauses L. Pfeiffer, Cassel, vom 16. bis 31. Oktober 1923.
Cassel, den 10. September 1923.
pr. pa. Henschel & Sohn G. m. b. H.
LITH. u. DRUCK: A.-G. WENDEROTH, CASSEL

10 000 000
Mark
Gutschein
der Deutschen Reichsbahn
über
Reihe A
№ 649625
Zehn Millionen Mark
Dieser Gutschein wird von allen Eisenbahn- und andern öffentlichen Kassen in Zahlung genommen. Er verliert seine Gültigkeit einen Monat nach Aufkündigung in den Kölner Ortsblättern.
Köln, den 11. August 1923.
Reichsbahndirektion Köln

Deutsche Reichsbahn
DD № 592432
Eine Million Mark
Dieser Schein wird an allen Kassen der Deutschen Reichsbahn wie gesetzliche Zahlmittel in Zahlung genommen und bis zum 31. Oktober 1923 eingelöst.
Berlin, den 12. August 1923.
Der Reichsverkehrsminister:

Gutschein über Mark
Hundert Millionen
Wir zahlen an unserer Hauptkasse in Oberhausen (Rhld.) gegen diesen Gutschein Hundert Millionen Mark. Dieser Gutschein verliert seine Gültigkeit am 31. Dezember 1923.
Oberhausen (Rhld.), den 15. September 1923.
Gutehoffnungshütte
Aktienverein für Bergbau und Hüttenbetrieb
Reihe Ok 14
100

Brückenkopf Coblenz
Caub
Lorch
Freistaat Flaschenhals
Brückenkopf Mainz
Limburg
Nassau
Lg. Schwalbach
St. Goarshausen
Rüdesheim
Der Rheinstrom
Bacharach
Nirgends ist es schöner als in dem „Freistaat" Flaschenhals.
50 PFENNIG

Fünfhundert Millionen Mark
Einzulösen an unserer Kasse oder an der Kasse des Bankhauses L. Pfeiffer, Cassel, vom 15. bis 30. November 1923.
Cassel, den 10. Oktober 1923
pr. pa. Henschel & Sohn G. m. b. H.
Fabrik-Nr. 20 000
LITH. u. DRUCK: AKT.-GES. WENDEROTH, CASSEL.

Notgeld der Stadt Bochum
Fünfhunderttausend
500 000 Mark
zahlen die städtischen Kassen in Bochum dem Einlieferer dieses Scheines.
Bochum, den 15. August 1923.
Der Magistrat der Stadt Bochum
Reihe K
Oberbürgermeister
Bürgermeister
Dichter der Jobsiade.

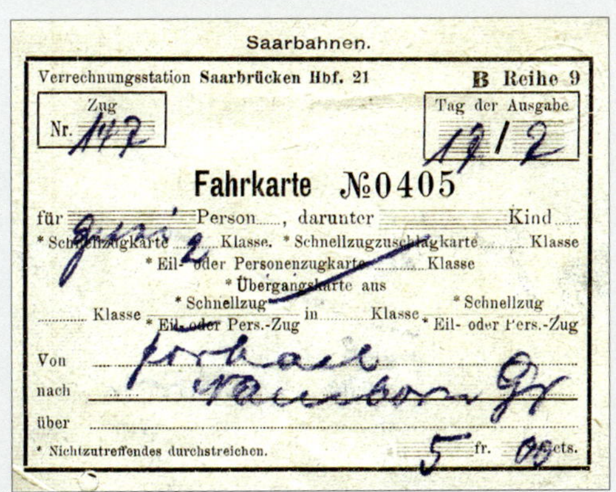
Saarbahnen.
Verrechnungsstation Saarbrücken Hbf. 21
B Reihe 9
Zug Nr.
Tag der Ausgabe
Fahrkarte №0405
für Person, darunter Kind
* Schnellzugkarte Klasse. * Schnellzugzuschlagkarte Klasse
* Eil- oder Personenzugkarte Klasse
* Übergangskarte aus
Klasse * Schnellzug * Eil- oder Pers.-Zug in Klasse * Schnellzug * Eil- oder Pers.-Zug
Von
nach
über
* Nichtzutreffendes durchstreichen.
fr. Cts.